James J. Sheehan
Der deutsche Liberalismus

JAMES J. SHEEHAN

Der deutsche Liberalismus

Von den Anfängen im 18. Jahrhundert
bis zum Ersten Weltkrieg

1770–1914

*Aus dem Englischen übersetzt
von Karl Heinz Siber*

VERLAG C.H. BECK MÜNCHEN

Der Übersetzung liegt folgende Ausgabe zugrunde:
James J. Sheehan, German liberalism in the nineteenth century
© The University of Chicago, Chicago 1978
Lizenzausgabe mit freundlicher Genehmigung
The University of Chicago, Chicago, Illinois, U.S.A.

Für Elena

CIP-Kurztitelaufnahme der Deutschen Bibliothek

Sheehan, James J.:
Der deutsche Liberalismus: von d. Anfängen im 18.
Jh. bis zum 1. Weltkrieg; 1770–1914/James J.
Sheehan. Aus d. Engl. übers. von Karl Heinz Siber. –
München: Beck, 1983.
   Einheitssacht.: German liberalism in the nineteenth
century ⟨dt.⟩
   ISBN 3 406 09653 0

ISBN 3 406 09653 0
Für die deutsche Ausgabe:
© C.H. Beck'sche Verlagsbuchhandlung (Oscar Beck) München 1983
Satz: Fotosatz Uhl + Massopust GmbH, Aalen
Druck: C.H. Beck'sche Buchdruckerei, Nördlingen
Printed in Germany

INHALT

Vorwort zur deutschen Ausgabe. 6
Einleitung: Liberalismus in einer illiberalen Gesellschaft 7

I. Die Ursprünge des deutschen Liberalismus 1770–1847. 11
   1. Partei und Bewegung. 13
   2. Sozialer Wandel und der „Mittelstand". 26
   3. Staat und Volk 44

II. Revolutionäre Ouvertüre 1848–49. 61
   4. Der Anfang der Revolution. 63
   5. Das Frankfurter Parlament und das Dilemma der Freiheit. 72

III. Alte Probleme, neue Realitäten 1850–66 93
   6. Auf der Suche nach einer liberalen Gesellschaft 95
   7. Die Suche nach einem liberalen Volk 114
   8. Die Suche nach einem liberalen Staat 130

IV. Die „Liberale Ära" 1866–77 145
   9. Der Liberalismus und der Bismarck-Staat 147
   10. Demokratie als Herausforderung und Gefahr 168
   11. Die liberale Wählerschaft und der Triumph der Interessenpolitik . . 190

V. Spaltung und Niedergang 1877–90 213
   12. Die „Zweite Reichsgründung" 214
   13. Der Nationalliberalismus rückt nach rechts 224
   14. Die liberale Linke und das harte Brot der Opposition 241

VI. Das Wilhelminische Zeitalter 1890–1914. 259
   15. Von der Bewegung zur Minderheit. 260
   16. Die Zerbröckelung der liberalen Mittelschicht. 280
   17. Die liberalen Parteien zwischen rechts und links 302

Resümee: Liberalismus, Nationalismus und die deutsche Frage 319

Abkürzungen 335
Anmerkungen 337
Bibliographie. 415
Register 441

VORWORT ZUR DEUTSCHEN AUSGABE

Das vorliegende Buch wurde 1976 fertiggestellt, im Verlauf des darauffolgenden Jahres geringfügig überarbeitet und 1978 gedruckt. Kaum nötig zu sagen, daß, wenn ich heute mit einer Arbeit über den deutschen Liberalismus begänne, am Ende ganz bestimmt ein völlig anderes Buch herauskäme. Ich habe mich gleichwohl entschlossen, den ursprünglichen Text für diese deutsche Ausgabe weitgehend unverändert zu lassen. Einige kleinere Darstellungs- und Interpretationsirrtümer habe ich korrigiert.[1] In den Anmerkungen habe ich versucht, nachträglich auf einige der wichtigeren neuen Arbeiten aufmerksam zu machen, die im Verlauf der vergangenen drei oder vier Jahre zum Thema erschienen sind. Ansonsten entspricht diese deutsche Ausgabe der englischen Originalfassung.

Der Versuchung, den Text einer grundlegenden Revision zu unterziehen, habe ich aus drei Gründen bewußt widerstanden. Der erste ist ein persönlicher: Ich arbeite inzwischen an neuen Projekten, die ich nicht gerne im Stich lassen würde, um mir nochmals ein bereits durchgearbeitetes Thema vorzunehmen – mir schien, daß man bei einem solchen Unterfangen wohl viel von der Mühsal, aber wenig von der Freude zu kosten bekäme, die das Bücherschreiben gemeinhin bereitet. Der zweite Punkt ist, daß ich zwar heute viele Dinge anders sehe als vor einigen Jahren, daß ich aber zu den wesentlichen Aussagen des Buches nach wie vor stehe, das in seiner Darstellung, wie ich glaube, eine innere Folgerichtigkeit und Geschlossenheit aufweist, die bei einer Überarbeitung leicht verlorengehen könnten. Drittens schließlich würde jede Revision, gleich wie aktuell die in sie eingeflossenen Erkenntnisse wären, ihrerseits nach kurzer Zeit schon wieder revisionsbedürftig. Es gibt auf historische Fragen keine endgültigen Antworten; jedes Geschichtswerk ist eine Wortmeldung in einem Gespräch, das niemals zu Ende sein wird. Ich bekenne mich somit zu dieser Arbeit über den deutschen Liberalismus, nicht weil ich sie für der Weisheit letzten Schluß hielte, sondern weil ich mich darauf verlassen kann, daß andere Historiker ihre Schwächen und Mängel aufdecken und richtigstellen werden.[2]

Stanford, Januar 1983

EINLEITUNG
Liberalismus in einer illiberalen Gesellschaft

Der Liberalismus nahm seinen Anfang als Teil jenes Bündels von Entwicklungssträngen, das zuweilen unter dem Begriff der „Modernisierung" zusammengefaßt wird: Ausweitung der Verwaltungsapparate, Erweiterung der demokratischen Mitwirkungsmöglichkeiten, Bevölkerungswachstum und soziale Mobilität, wirtschaftliche Entwicklung und Verstädterung, wissenschaftlicher Fortschritt und kulturelle Säkularisierung sind Stichworte, die auf andere Stränge aus diesem Bündel verweisen. Der Liberalismus als Weltanschauung verkörperte einen der ersten und wirkungsvollsten Versuche, diese Veränderungen zu begreifen und zu bewerten. Und wie jede einflußreiche Weltanschauung war auch der Liberalismus gleichzeitig ein Aufruf zum Handeln, und in dieser Eigenschaft schuf er sich sehr rasch einen organisatorischen Unterbau. Der Liberalismus war demnach ein Versuch, die Welt sowohl zu verstehen als auch zu verändern, war Weltanschauung und Bewegung, Idee und Institution zugleich.

Liberale Ideen und Institutionen sind in nahezu allen Ländern aufgetreten, in denen die Einflüsse der Moderne traditionelle Formen und Wertvorstellungen, „die althergebrachten Meinungen und Lebensregeln", wie Edmund Burke sie genannt hat, auszuhöhlen begannen.[1] Seine tiefsten Wurzeln schlug das liberale Denken jedoch in Westeuropa und Nordamerika, wo es den fruchtbarsten gesellschaftlichen Boden und das günstigste politische Klima für seine Entfaltung vorfand. Es war daher nur natürlich, wenn Liberale in Deutschland und anderswo nach dem Westen blickten, um sich von dort Inspiration und Orientierung zu holen; wenn Robert von Mohl sein „politisches Bewußtsein" als „das eines englischen Whigs, eines französischen Mitglieds der linken Mitte, eines amerikanischen Förderalisten" charakterisierte, so ist dies nur eins von vielen Beispielen, die man anführen könnte, um zu illustrieren, daß deutsche Liberale die Vergangenheit, Gegenwart und Zukunft ihres Landes, ihrer Gesellschaft, zunächst einmal mit Hilfe eines aus den atlantischen Ländern importierten Kategoriensystems zu deuten versuchten.[2] Allein, während sie mit einem Auge gen Westen schielten, um dort vielleicht Modelle gesellschaftlichen Fortschritts und Wegzeichen für die eigene Zukunft zu entdecken, blickten sie zugleich mit dem anderen Auge nach innen, um sich die spezifischen Werte, Traditionen und Probleme ihrer eigenen Gesellschaft zu vergegenwärtigen. Dieses Blicken nach zwei Richtungen haben die Fortschrittsgläubigen aller weltanschaulichen Couleur miteinander gemein, denn sie alle mußten und müssen westliche Ideen und Erfahrungen auf die Verhältnisse im eigenen Land „übertragen". Bei diesem Vorgang muß das Original freilich oft modifiziert und manchmal vielleicht sogar stark entstellt werden, ehe es dem Übertragenden und seinem Publikum überhaupt verständlich werden kann. Je größer die Entfernung zwischen den westeuropäischen Mutterländern des Liberalismus und dem Land wurde, in das seine Ideen jeweils verpflanzt werden sollten, desto problematischer wurde der Übertragungsprozeß.

In Deutschland wurden die Schwierigkeiten, die sich einer Adaption liberalen Ideenguts unter den je herrschenden regionalen und örtlichen Bedingungen entgegenstellten, oft unterschätzt, zumindest bis zur Mitte des 19. Jahrhunderts. Es schien doch ziemlich unproblematisch, deutsche Entsprechungen für die politisch-soziologischen Begriffe der Franzosen und Engländer zu finden. Staat, Volk, Mittelstand, Partei, Bewegung, all diese Termini schienen einer gemeinsamen europäischen politischen Sprache anzugehören. In Wirklichkeit jedoch schleppten diese Begriffe im Deutschen einen Wust von Bedeutungsnuancen mit sich herum, die von Traditionen, weltanschaulichen Vorannahmen und nationalen Denkgewohnheiten bestimmt waren. Auch eine ganze Reihe von Entwicklungen, die sich in Deutschland vollzogen, schien einem gemeinsamen europäischen Erfahrungserbe anzugehören: der schrittweise Ausbau konstitutioneller Regierungsformen, das sich beschleunigende Tempo der wirtschaftlichen Entwicklung, die zunehmend breitere öffentliche Teilhabe am politischen Prozeß. Die Bedeutung jedoch, die diesen Entwicklungen beigemessen wurde, fluktuierte, ebenso wie die Bedeutung der Begriffe, mittels derer sie beschrieben wurden, je nach den historischen Traditionen und realen gesellschaftlichen Strukturen, in deren Bann der einzelne stand. Wir können somit nur dann hoffen, ein Verständnis der Eigentümlichkeiten des deutschen liberalen Denkens und Handelns zu gewinnen, wenn wir uns zugleich um ein Verständnis der Eigenarten und Besonderheiten der Entwicklung Deutschlands zum modernen Staatswesen bemühen.

Zweck dieses Buches ist es, das Verhältnis und die Beziehungen zwischen dem Liberalismus und der deutschen Gesellschaft zu untersuchen. Im Mittelpunkt der Betrachtung steht das 19. Jahrhundert, wenngleich hin und wieder auch kurz auf die Zeit vor 1815 und nach 1914 eingegangen wird. In ihrer geographischen Spannweite beschränkt sich die Analyse im wesentlichen auf die Teile des deutschsprachigen Mitteleuropa, die schließlich im 1871 gegründeten Deutschen Reich aufgingen. Analysiert werden die Auffassungen führender liberaler Politiker und Denker sowie, wo immer möglich, diejenigen Zeugnisse, die Aufschluß über die Verankerung der liberalen Bewegung in der breiten Bevölkerung geben.

Als ich die Beschäftigung mit dem deutschen Liberalismus vor etlichen Jahren aufnahm, war eine so breite Anlage der Thematik noch nicht vorgesehen. Doch gelangte ich jedesmal, wenn ich mir einen Teilbereich der Bewegung, eine einzelne Partei oder eine spezifische Periode vorzunehmen versuchte, zu der Überzeugung, die Darstellung dieses Teilbereichs werde ohne Bezugnahme auf einen anderen unverständlich bleiben. Schließlich sah ich ein, daß ich nur dann einen wirklich sinnvollen Beitrag zur historischen Erforschung und Darstellung des deutschen Liberalismus würde leisten können, wenn ich versuchen würde, in einer Synthese ein möglichst vollständiges Bild des deutschen Liberalismus mit allen seinen Komponenten und Facetten zu zeichnen. Am Ende mußte ich feststellen, daß der größere Überblick, den die synthetische Darstellung gewährte, oft mit einem Verlust an Schlüssigkeit und Sicherheit des Urteils erkauft werden mußte. Vieles von dem, was ich zu sagen habe, ist vorläufiger Natur und provoziert eher Fragen, als daß es Antworten liefert. Ich hoffe zwar, daß ich mit dem vorliegenden Buch eine getreue Aufarbeitung dessen geleistet habe, was über das Thema derzeit bekannt ist, hoffe aber auch zugleich, daß meine Arbeit für andere Forscher Anlaß sein wird, diesen Kenntnisstand zu erweitern und aufzuzeigen, wo ich fehlgegangen bin.³

Anders als ein großer Teil der jüngsten wissenschaftlichen Arbeiten über den deutschen Liberalismus – insbesondere der nach 1945 entstandenen Arbeiten amerikanischer Historiker –, läuft mein Ansatz nicht darauf hinaus, das Versagen der deutschen Liberalen aus einem Mangel an moralischer Standfestigkeit zu erklären. Und ich beiße mich auch nicht an den konkreten Fehlern fest, die von liberaler Seite bei der Revolution von 1848, im preußischen Verfassungskonflikt und in der kritischen Phase nach 1867 begangen worden sind. Daß etliche Liberale kurzsichtig und egoistisch waren, ist unbestritten; ebenso, daß viele andere ein dürftiges politisches Urteil und ein beträchtliches Maß an Unfähigkeit bewiesen. Ich will diese intellektuellen und charakterlichen Schwächen keineswegs entschuldigen. Ich bin jedoch andererseits nicht überzeugt, daß diese Schwächen es waren, die das Schicksal des deutschen Liberalismus besiegelten. Ich wünschte, ich wäre es, und sei es auch nur, weil sich dann eine schlüssigere Geschichte ergäbe. Abgesehen davon, liegt etwas Tröstliches in der Vorstellung, es hätte nur einer etwas anderen Handlungsweise einer kleinen Gruppe von Männern bedurft, und der Liberalismus hätte eine andere Entwicklung genommen. So einfach, scheint mir, war es nicht gewesen. Mir scheint wichtiger, daß man immer wieder auf historische Situationen stößt, in denen die Umstände den Entscheidungsspielraum der Liberalen verengten und oft verhinderten, daß sie einen Weg einschlugen, auf dem die Liberalen sich und ihre Ideale hätten retten können. Ein subjektiver Grund für diesen Standpunkt liegt sicherlich darin, daß es mir eher um die scheinbar zwangsläufige Kontinuität langfristiger Entwicklungstendenzen zu tun war, als um die Möglichkeiten zu einer Wende, die in einer bestimmten historischen Situation gegeben zu sein scheinen. Ein weiterer Grund liegt, wie ich argwöhne, in dem Umstand, daß ich an diesem Buch bereits in den späten 60er und frühen 70er Jahren gearbeitet habe, zu einer Zeit, da mir meine eigenen politischen Erfahrungen wenig Anlaß zu der Hoffnung gaben, durch individuelles Handeln ließe sich der Gang der Dinge beeinflussen. Diejenigen amerikanischen Historiker, die sich mit den deutschen Liberalen zu einer Zeit beschäftigt haben, die von einem größeren Spielraum für demokratische Veränderungen gekennzeichnet war, werden vielleicht eher geneigt sein, ihnen ihre Unterlassungen und Halbheiten als persönliches Versagen anzurechnen.

I
DIE URSPRÜNGE DES DEUTSCHEN LIBERALISMUS 1770–1847

Eine einfache Definition des Begriffs „Liberalismus" ist deshalb nicht möglich, weil verschiedene Leute immer etwas Verschiedenes darunter verstanden haben. Es ist einer jener Ausdrücke, die, um eine Anleihe bei T. S. Eliot zu machen, „entschlüpfen, entgleiten, vor Ungenauigkeit zerfließen ... nicht stillhalten wollen". Angesichts der Schwierigkeiten, die eine Definition von „Liberalismus" bereitet, überrascht es nicht, daß viele Historiker das Problem umgangen haben, indem sie davon ausgingen, daß der Begriff sich auf etwas Dingliches beziehe, auf einen umgrenzten Gegenstand, der geduldig darauf warte, untersucht zu werden. Andere haben hinter irgendwelchen vagen allgemeinen Bestimmungen zum Kern der liberalen Weltanschauung („Individualismus", „Ansätze eines neuen persönlichen Ichs") oder zur gesellschaftlichen Basis der liberalen Bewegung („die Bourgeoisie", „die neue ökonomische Klasse") Deckung genommen. Die meisten dieser Definitionen sind unzulänglich, entweder weil sie den Liberalismus nicht präzise beschreiben oder weil sie ihn so beschreiben, daß die Definition auch auf eine Reihe anderer politischer Bewegungen zutrifft.[1]

Als besonders lästig erweist sich das Definitionsproblem, wenn man sich mit dem Liberalismus der ersten Hälfte des 19. Jahrhunderts befaßt. Die politische Terminologie dieser Epoche war äußerst ungenau und unbeständig. So gab es etwa, selbst nachdem das Attribut „liberal" in den späten zwanziger Jahren eine politische Bedeutung anzunehmen begonnen hatte, eine Anzahl zweifelhafter Kandidaten, darunter Goethe und der junge Bismarck, die ihre eigene Haltung mit diesem Wort bezeichneten.[2] Und auch bei Organisationen war die politische Richtung oft unklar, und die politischen Neigungen und Strömungen in der Bevölkerung blieben amorph. Kurz gesagt: Es fällt uns sehr schwer, den Liberalismus, wie er sich in seiner Formationsperiode darstellte, zu definieren, weil es den Liberalen sehr schwer fiel, sich selbst zu definieren.

Man kann versuchen, das Problem durch die Formulierung einer Reihe von kleinsten gemeinsamen Nennern für die Liberalen zu lösen. Man kann dabei auf einem hohen Abstraktionsniveau operieren – mit Ausdrücken wie „Konstitutionalismus", „Individualismus" und „Fortschritt" –, aber sobald man konkreter zu werden versucht, beginnen sich immer mehr Anomalien und Ausnahmen einzustellen. Es scheint ratsamer, sich den Liberalismus als eine „Familie" von Ideen und Verhaltensmustern vorzustellen. Es ist dies eine Metapher, die Ludwig Wittgenstein zur Kennzeichnung von Wörtern vorgeschlagen hat, die sich auf „ein kompliziertes Netz von Ähnlichkeiten beziehen, die einander übergreifen und kreuzen, Ähnlichkeiten im Großen und Kleinen".³ Zusammengesehen, ermöglichen es uns diese Ähnlichkeiten, Liberale als solche zu erkennen, ebenso wie sie es in der Formationsperiode der Bewegung den Liberalen ermöglichten, einander zu erkennen. Natürlich gab es, wie in den meisten Familien, auch unter den Liberalen solche, die in sich einen größeren, und solche, die in sich einen kleineren Teil der gemeinsamen Merkmale vereinigten; und es gab auch diejenigen, die zunächst dazuzugehören schienen, sich aber bei näherer Prüfung als außerhalb stehend erwiesen.

Die folgenden drei Kapitel handeln von den anfänglichen Bemühungen der Liberalen, ihre Weltanschauung zu definieren und die Grundlage für ein gemeinsames Dasein zu schaffen. Unsere erste Aufgabe wird es sein, die Entstehung liberaler Institutionen zu untersuchen und uns anzuschauen, wie diese Institutionen bestimmte Auffassungen über das Wesen und die Ziele politischen Handelns nährten; sodann werden wir uns der sozialen Zusammensetzung der Bewegung zuwenden und zu verstehen versuchen, inwiefern diese zur Ausformung der liberalen Ideen über gesellschaftliche und wirtschaftliche Veränderungen beitrug; und schließlich werden wir uns mit der liberalen Politik befassen, unter besonderer Betonung der Frage, wie die Liberalen jene beiden Schlüsselelemente der politischen Gleichung – „Staat" und „Volk" – einander zuzuordnen versuchten.

1. Partei und Bewegung

> Die Klage über die Zerfahrenheit des Liberalismus ist sehr allgemein... weil alle Welt der schönen Reden und fertigen Klageformeln satt ist, sich vielmehr nach den Thaten der liberalen Partei sehnt... Die Forderung ist gerecht; aber giebt es denn eine liberale Partei; kann es überhaupt unter uns eine geben?
>
> Arnold Ruge (1843)[1]

Die geistigen Vorläufer des deutschen Liberalismus lassen sich bis ins 17. Jahrhundert zurückverfolgen, aber für unser Vorhaben ist es am besten, mit dem letzten Drittel des 18. Jahrhunderts anzufangen. In dieser Zeit können wir Anzeichen für die Existenz einer „politischen Öffentlichkeit" feststellen, einer kleinen, aber bedeutsamen Gruppe, die den Versuch machte, außerhalb der bestehenden administrativen, kirchlichen und korporativen Apparate Beziehungsstrukturen herzustellen. Dies war die „Öffentlichkeit", auf die Männer wie Immanuel Kant mit soviel Hoffnung blickten; wenn diese Öffentlichkeit nur die Freiheit besäße, Ideen zu diskutieren und zu verbreiten, dann, so glaubte Kant, könnte sie das Licht der Aufklärung in ihren eigenen Reihen und letzten Endes in der ganzen Gesellschaft verbreiten.[2]

Der klarste Anhaltspunkt für das Aufkommen einer solchen Öffentlichkeit war eine neue Vitalität im kulturellen Leben Deutschlands. Es gab nicht nur eine außerordentliche Fülle von Genialität in Dichtung, Philosophie, Theater und Musik, es gab auch eine dramatische quantitative Zunahme an „kulturellem Konsum". Zwischen 1764 und 1800 verdreifachte sich die Zahl der jährlich neu herauskommenden Bücher; die Zahl neugegründeter Zeitschriften stieg von 411 um 1750 auf 1225 in den achtziger Jahren des gleichen Jahrhunderts; in der Zahl und der Verbreitung von Zeitungen zeigte sich ein ähnlich deutlicher Anstieg.[3] Das Publikum, auf das diese Veröffentlichungen stießen, war dasselbe, das auch die in dieser Periode gedeihenden neuen Organisationen trug: Logen und Klubs, wissenschaftliche Gesellschaften und akademische Vereinigungen sowie – am bezeichnendsten von allen – Lesegesellschaften, von denen es um die Jahrhundertwende mehrere hundert gab.[4]

Der politische Gehalt dieser Publikationen und Institutionen war häufig verborgen und stets verdeckt. Es war dies eine notwendige Voraussetzung für das Überleben in dem repressiven Klima, das in den meisten Staaten Mitteleuropas herrschte. Ungeachtet dessen enthielten die Werke vieler Schriftsteller unmißverständlich kritische Motive, und viele Organisationen widmeten sich der Verbreitung neuer Ideen über die Regelung der öffentlichen Angelegenheiten. Zusammengenommen markieren diese Ideen und Institutionen den Beginn eines neuen politischen Bewußtseins bei Leuten, die, wie es im Programm einer neugegründeten Gesellschaft 1777 hieß, versuchten, „die Deutschen mit sich selbst bekannter und auf ihre eigenen Nationalangelegenheiten aufmerksam zu machen".[5]

Als die Auswirkungen der Französischen Revolution östlich des Rheins fühlbar wurden, nahm die Suche nach neuen Formen der politischen Äußerung an Bedeutung und Dringlichkeit zu.[6] Die Ereignisse der Jahre 1789–1815 besaßen welthistorisches Format und waren zugleich von unmittelbarer Wirkung auf die Wirklichkeit des alltäglichen Lebens. So sahen sich beispielsweise in Frankfurt und Köln die traditionellen politischen Führer zum selben Zeitpunkt, als es zu einem radikalen Wandel im Verhältnis zwischen diesen Städten und der sie umgebenden Welt kam, mit einer ihre Autorität bedrohenden Herausforderung aus den Reihen der Stadtbürger selbst konfrontiert.[7] Im Süden und Südwesten kam es unter der napoleonischen Hegemonie zu massiven Gebietsumschichtungen und zur Säkularisation kirchlichen Grundbesitzes, und viele Kleinfürstentümer verloren ihre Souveränität. So saugte beispielsweise der bayerische Staat in seinen erweiterten Grenzen sechs kirchliche Fürstentümer und ebenso viele freie Reichsstädte, zwei Herzogtümer und – nach 1815 – ein weiteres Fürstentum, ein früheres Herzogtum sowie die Pfalz auf. Baden, noch 1803 ein ziemlich unbedeutender Kleinstaat, wurde durch eine Vergrößerung auf das Vierfache seines vormaligen Territoriums zu einem vollwertigen Mittelstaat.[8] Die Folge dieser Veränderungen war eine Auflösung alter Gefolgschaftsverpflichtungen, die bei den Betroffenen häufig eine tiefgehende Wirkung hinterließ. So zog etwa der junge Karl von Rotteck, als er erleben mußte, wie seine Heimatstadt Freiburg nacheinander mehreren verschiedenen Staaten zugeschlagen wurde, hieraus die Konsequenz und wandte sich der politischen Opposition und liberalen Idealen zu, denen er dann sein ganzes Leben lang treu blieb.[9] In der Tat läßt sich feststellen, daß viele der bedeutendsten Zentren des Liberalismus im 19. Jahrhundert – Baden, die bayerische Pfalz, Teile von Württemberg und Hannover sowie die westlichen Provinzen Preußens – Gebiete waren, in denen die Durchtrennung traditioneller Loyalitäten in der napoleonischen Ära das politische Bewußtsein der Menschen geschärft und ihre Neigung zu politischer Opposition verstärkt hatte.[10]

Wir sollten die Zahl derjenigen, die zu Anfang des 19. Jahrhunderts aktiv am politischen Geschehen beteiligt waren, nicht überschätzen; die meisten Deutschen blieben nach wie vor die unglücklichen, aber passiven Figuren eines politischen Spiels, das sie allenfalls in vagen Umrissen verstanden. Im Laufe der Revolutionsepoche jedoch begann eine gewichtige Minderheit einige höchst bedeutsame Einsichten in das Funktionieren des politischen Lebens zu gewinnen. Angesichts des Zusammenbruchs mehrerer deutscher Staaten unter der Wucht der französischen Waffen begriffen sie etwas von der Zerbrechlichkeit politischer Strukturen. Und angesichts der Inkraftsetzung neuer Gesetze, der Festlegung neuer Grenzlinien und der Errichtung neuer Institutionen erkannten sie die Formbarkeit menschlicher Einrichtungen und gelangten damit zur Einsicht in eine der Grundvoraussetzungen des politischen Lebens. Ein fortschrittlicher Pastor brachte dieses Gefühl in seiner Neujahrsansprache zum Jahr 1800 zum

Ausdruck, als er sagte: „Reges, treues Aufstreben zu etwas Neuem und Besserem ist also der unverkennbare Charakter unseres Jahrhunderts".[11]

Die Eroberung Mitteleuropas durch die französischen Heere veränderte das öffentliche Leben in Deutschland, indem sie alte Sicherheiten ins Wanken brachte, alte Loyalitäten erschütterte und nicht zuletzt auch eine Welle der patriotischen Begeisterung auslöste. Gewiß, die Beteiligung der Massen an den sogenannten Befreiungskriegen war zu einem beträchtlichen Teil das Ergebnis staatlichen Zwangs oder herkömmlicher dynastischer und lokalpatriotischer Loyalität. Aber bei manchen jungen Leuten weckte der Krieg gegen die Franzosen den Geschmack an der politischen Tat und ein neues Bekenntnis zu den Idealen der Freiheit und der nationalen Einheit.[12] Nach 1815 suchten die deutschen Universitätsstudenten diese Ideale in die Burschenschaften einzubringen, die, wie sie hofften, als Modelle für ein freies und nationales politisches Leben dienen würden.[13] Selbst nach der Unterdrückung der Burschenschaftsbewegung lebte das historische Gedenken an den Krieg sowohl in Feiern zu den Jahrestagen der Siege als auch in Geschichten weiter, die davon erzählten, wie die Nation, durch Reformen aktiviert und in nationale Begeisterung versetzt, ihr Geschick selbst hatte bestimmen können.[14] Die Macht dieser von Riten und Mythen getragenen und gestärkten Erinnerung war für viele Liberale weiterhin ein bedeutsames Moment und half mit, ihre Überzeugung zu festigen, daß nationale Macht und innere Reform unauflöslich miteinander verbunden seien, eine Überzeugung, die sich am Leben hielt, bis Bismarck 1866 schließlich den Gegenbeweis lieferte.

In der Nachfolge der französischen Siege versuchten viele führende deutsche Staatsmänner, das allgemeine politische Bewußtsein zu heben und die Bevölkerung zur Teilnahme an den öffentlichen Angelegenheiten aufzurufen. Sie brauchten die „unendlichen Kräfte", die ihrer Überzeugung nach „im Schoße einer Nation" schlummerten, als Bündnispartner nicht nur gegen den französischen Eroberer, sondern auch gegen innere Rivalen wie den Landadel, die Kirchen und die überkommenen Lokalgewalten. Dies traf insbesondere für die Mittelstaaten zu, wo die Politiker hofften, repräsentative Vertretungen würden zur Integration neuerworbener Gebiete in den Staat beitragen. Die für diese Staaten entworfenen Verfassungen sahen daher die Errichtung von Parlamenten vor, die sorgsam begrenzte, aber potentiell sehr gewichtige neue Zugänge zur politischen Teilhabe eröffneten.[15] In Preußen war die Lage komplizierter. Während seiner kurzen Amtszeit war es dem Freiherrn vom Stein gelungen, ein Gesetz zur Errichtung repräsentativer Körperschaften in den Städten durchzubringen, aber weder er noch seine Nachfolger waren imstande, diesen Weg bis zu einer parlamentarischen Vertretung auf nationaler Ebene fortzusetzen. Trotz der vom König gegebenen Versprechen blieb Preußen ohne Verfassung und ohne Parlament, wenn auch als Ersatz für die gesamtstaatlichen Institutionen, die den Reformern als Endziel vorgeschwebt hatten, Provinziallandtage eingerichtet wurden.[16]

Die Niederlage der preußischen Reformer in der Frage eines landesweiten Parlaments war ein Teilmoment in einer breiten Welle der Reaktion, die Europa nach 1815 überschwemmte. Nachdem durch die Niederlage Napoleons der Hauptmotor der Veränderung ausgeschaltet war, kehrten in fast allen Staaten konservative Kräfte an die Macht zurück und suchten der politischen Betätigung Zügel anzulegen. Die zur politischen Beteiligung drängenden Energien, in denen man zuvor eine unverzichtbare Quelle staatlicher Macht gesehen hatte, wurden nun als Quelle von Unruhe und Revolution verdammt. Die Regierungen der Mitgliedsstaaten des neugeschaffenen Deutschen Bundes verabschiedeten strenge Gesetze gegen gefährliche Ideen und Organisationen. Die Burschenschaften und ähnliche Gruppierungen wurden in ihrem Tätigkeitsspielraum beschnitten oder aufgelöst. Bücher und Zeitschriften wurden zensiert und zuweilen verboten. Öffentliche Vereinigungen wurden überwacht und ihre führenden Köpfe manchmal verhaftet.[17]

Ungeachtet dieser repressiven Maßnahmen gab es im Vormärz einiges mehr an politischem Handlungsspielraum, als es im 18. Jahrhundert der Fall gewesen war. So wurde beispielsweise die Zensur unterschiedlich gehandhabt; Zeitungen wurden stärker zensiert als Bücher, kürzere Publikationen stärker als längere, und in einigen Ländern war die Zensur strenger als in anderen. Zeitweise wurde sie gelockert – wie beispielsweise 1842 in Preußen – und dann später wieder verschärft. Ferner gelang es einer großen Zahl von Organisationen trotz allem, sich zu konstituieren und funktionsfähig zu bleiben, und ein großer Teil von ihnen besaß, zumindest latent, eine politische Bedeutung. So läßt sich, allgemein gesprochen, sagen, daß der Liberalismus in einer Atmosphäre Gestalt annahm, die restriktiv genug war, um das politische Leben zu fesseln, aber nicht restriktiv genug, um es ganz abzuwürgen.

Dieses Wechselspiel von Chancen und Restriktionen läßt sich auch bei den repräsentativen Institutionen des Vormärz verfolgen. Die bloße Existenz dieser Körperschaften war ein bedeutsamer Fortschritt gegenüber der verödeten politischen Landschaft des 18. Jahrhunderts. In jedem Staat suchte freilich die Regierung die Effektivität des Parlaments als eines Instruments politischer Mobilisierung und politischer Artikulation zu beschneiden. In den Mittelstaaten kontrollierte die Regierung die parlamentarischen Prozeduren und behielt sich die Gesetzgebungsinitiative – die Vorlage von Gesetzentwürfen und die Gestaltung der Debatten – vor. Die Situation war von Staat zu Staat etwas verschieden, aber überall wurden Anstrengungen unternommen, der Entstehung funktionsfähiger politischer Gruppierungen vorzubeugen: Gewöhnlich wurde dafür gesorgt, daß gleichgesinnte Männer im Parlament nicht zusammensaßen, die Redeordnung war so angelegt, daß eine konsequente Debatte nicht möglich war, und die Veröffentlichung parlamentarischer Vorgänge war durch Auflagen beschränkt.[18] Noch stärker behindert als anderswo war das parlamentarische Leben in Preußen. So war es beispielsweise den Stadtverordneten durch Gesetz verboten, sich mit anderen Fragen als denen zu befassen, die unmittelbar ihre Gemeinde betrafen. In ähnlicher Weise wurde alles Denkbare getan, um der politischen Öffentlichkeit die Verhandlungen der Provinziallandtage vorzuenthalten: Diese Organe traten recht selten und in geschlossener Sitzung zusammen, ihre Beschlüsse wurden erst einige Zeit nach Schluß der Sitzung veröffentlicht, und jede Diskussion über allgemeine politische Fragen wurde vereitelt.[19] Kurz gesagt, die konservativen Herrscher und Politiker suchten den Drang nach institutioneller Beteiligung in die traditionellen Strukturen der ständischen Vertretungen des Ancien régime zu kanalisieren. Das war es, was König Friedrich Wilhelm IV. von Preußen meinte, als er der Versammlung der Vereinigten Provinziallandtage 1847 eröffnete, „sie sollten nicht Meinungen... sondern nach altem deutschen Brauch ihre eigenen gesonderten Rechte" repräsentieren.[20]

Der Absicht, die neuen Parlamente soweit es ging an der Mobilisierung einer öffentlichen politischen Meinung zu hindern, dienten auch verschiedene Beschränkungen des Wahlrechts. Abgesehen von Baden gab es im Wahlrecht aller Mittelstaaten noch ständische Elemente, mit denen sichergestellt wurde, daß der Adel und die Geistlichkeit in den Parlamenten überproportional vertreten waren. Und selbst in Baden blieb ein großer Teil der Gesellschaft durch Besitzklauseln und durch ein indirektes Wahlverfahren von der politischen Mitbestimmung ausgeschlossen.[21]

In einigen der kleineren Staaten war das Wahlrecht noch stärker eingeschränkt. In Nassau beispielsweise galten so hohe Vermögensanforderungen, daß bei einer Wahl in zwölf der zwanzig Wahlbezirke kein wählbarer Kandidat gefunden werden konnte, während es im ganzen Land nur 70 Männer gab, die für das passive Wahlrecht qualifiziert waren. Auch die preußischen Provinziallandtage wurden von einer eng eingegrenzten Bevölkerungsgruppe gewählt. In Westfalen unterschied das Wahlrecht vier Gruppen: Die Angehörigen der ersten, die „Standesherren", besaßen Anrecht auf einen Sitz ohne jeden Wahlvorgang; die anderen drei (die „Ritterschaft", die Städte und die Landbezirke) konnten Vertreter wählen, aber in jeder Gruppe war das Wahlrecht an bestimmte Voraussetzungen hinsichtlich des Alters, des Vermögens und der Ortsansässigkeit geknüpft. Im Jahre 1826 besaß etwa ein Fünftel der erwachsenen männlichen Bevölkerung der Provinz Stimmrecht; zu den nicht Stimmberechtigten gehörten die meisten Beamten und anderen Angehörigen der Bildungselite, die nicht über Vermögen oder über ein eigenes Geschäftsunternehmen verfügten.[22]

Wie so oft, wurde auch im Deutschland des Vormärz die Wirkung äußerer Beschränkungen durch tiefverwurzelte Bewußtseinshaltungen in der Bevölkerung verstärkt. Jahrhunderte unumschränkter Fürstenherrschaft hatten eine politische Kultur erzeugt, in der den meisten Menschen die Rolle des Untertanen als das ihnen angemessene und unentrinnbare Los erschien, während ihnen die Rolle des Staatsbürgers fremd und unbehaglich war.[23] Selbst dort, wo eine Tradition der politischen Teilhabe existierte, wie in den alten Reichsstädten des Südens und Südwestens, war das Interesse an abstrakten Programmen und anderswo ausgetragenen politischen Kämpfen gering. Die Wortführer der Liberalen mußten sich also nicht nur mit repressiven Gesetzen auseinandersetzen, sondern auch mit dem Mißtrauen und der Passivität eines großen Teils der Bevölkerung.

Das waren gewaltige Hemmnisse, und es überrascht nicht, daß die Entwicklung des Liberalismus langsam, schwierig und unstet verlief. In den zwanziger Jahren des 19. Jahrhunderts, als der Ausdruck „liberal" zum erstenmal zur Kennzeichnung einer bestimmten politischen Haltung gebraucht wurde, bestand die Bewegung aus kleinen und verstreuten Grüppchen, die verzweifelt die in der Ära der Revolution und Reform geborenen Hoffnungen wachzuhalten suchten. Bezeichnenderweise gingen diese Bemühungen an den Unterdrückungsmaßnahmen der Regierung und an der weitgehenden Apathie der Bevölkerung zugrunde. In den Mittelstaaten zeigte die Mehrheit der Menschen wenig Interesse an den Verfassungskämpfen, die den Übergang von der „Reform-" zur „Restaurationszeit" markierten.[24] Fand eine Wahl statt, so war die Beteiligung fast immer sehr gering: So erwies es sich beispielsweise einmal in einem württembergischen Wahlbezirk als unmöglich, die Wahl durchzuführen, weil die festgelegte Mindestanzahl von Wählern nicht erschien.[25] Ein ähnliches Klima öffentlicher Apathie umgab die preußischen Stadtverordneten-Versammlungen in den ersten beiden Jahrzehnten ihres Bestehens. In diesen Versammlungen, wie in den meisten anderen Vertretungskörperschaften, spiegelte die herrschende Stimmung viel eher die Erbschaft des Absolutismus wider, als die auf die Reformzeit zurückgehenden Chancen und Ideale.[26]

Den Höhepunkt politischer Aktivität zwischen 1815 und 1840 stellte die durch die französische Revolution von 1830 ausgelöste Woge der Erregung dar. Die Nachricht, daß die Bourbonen-Monarchie gestürzt worden war, gab in einigen Städten Anstoß zu Unruhen und flößte den Befürwortern liberaler Reformen in einer Reihe von Länderparlamenten neuen Mut ein.[27] Aber wenn die Ereignisse von 1830 auch zeigten, daß es in Deutschland ein beträchtliches Potential an Unzufriedenheit gab, so deuteten sie doch nicht auf die Heraufkunft dauerhafter politischer Bewegungen hin. Die Unruhen waren rasch unterdrückt, und ein großer Teil der in den Parlamenten an den Tag gelegten Tatkraft verebbte bald wieder.[28] Im Lauf der dreißiger Jahre kam es zu weiteren kurzen Episoden politischer Aktivität: das Hambacher Fest von 1832, eine Demonstration für die freie Meinungsäußerung, parlamentarische Auseindersetzungen über Fragen wie den Deutschen Zollverein und einige wenige unzusammenhängende Fälle öffentlichen Aufruhrs, wie beispielsweise 1834 in Frankfurt.[29] Im großen und ganzen jedoch traf die Einschätzung, die David Hansemann von der Lage im Rheinland gab, auch für fast alle anderen deutschen Staaten und Regionen zu: „Nirgends", schrieb er 1840, gebe es „wirklich politische Freiheit, auch keine starke Partei, die bemerkbar dahin strebt."[30]

In den vierziger Jahren setzte dann schließlich eine anhaltende politische Agitation ein. Das war teilweise den vereinten Anstrengungen von Liberalen in den Groß- und Kleinstädten überall in Deutschland zu verdanken; ihre langsam und mühselig fortschreitende Arbeit begann sich endlich im Rahmen einiger Länderparlamente und in örtlichen Organisationen bemerkbar zu machen. Sehr wichtig war dabei das wachsende Krisenbewußtsein, das sich in den Jahren vor der Revolution von 1848 in weiten Teilen Europas ausbreitete; wirtschaftliche Entwurzelung, soziale Unruhe und heftiger religiöser Konflikt, dies waren die Erscheinungen, die die Aufmerksamkeit einer immer größeren Öffentlichkeit auf sich zogen. Im Laufe der vierziger Jahre zeigte nahezu jeder Gradmesser des öffentlichen Interesses am politischen Geschehen eine kräftige Tendenz nach oben: die Verbreitung von Zeitungen, die Buchproduktion, die Zahl der neugegründeten politischen Organisationen, die Heftigkeit der parlamentarischen Debatten und das Ausmaß öffentlicher Demonstrationen.[31] In Königsberg veröffentlichte beispielsweise ein junger Arzt namens Johann Jacoby 1841 ein Pamphlet, in dem er eine „gesetzmäßige Teilnahme der selbständigen Bürger an den Angelegenheiten des Staates" forderte. Die Schrift erregte in ganz Ostpreußen beträchtliches Aufsehen und wurde zu einem Programm für alle diejenigen, die anfingen, in Stadtversammlungen und auf anderen örtlichen Plattformen politische Forderungen anzumelden. Im Laufe der darauffolgenden Jahre mußte Jacoby sich als Angeklagter in einer Reihe von politischen Prozessen verantworten, die lediglich dazu beitrugen, den Ruf nach Reformen zu verschärfen und öffentliche Unterstützung für ihn zu mobilisieren.[32] Es herrschte, zumindest bei bestimmten Gruppen und an manchen Orten, ein starker Drang nach politischer Mitsprache. Um mit einem der Beteiligten zu sprechen, war es 1842 nicht mehr möglich, „politisch und kirchlich nicht einer Partei zugezählt zu werden."[33]

Es ist offenkundig, daß ein großer Teil des in den vierziger Jahren aufflammenden politischen Interesses nicht dem Liberalismus zuzurechnen war; die Tumulte und Demonstrationen, die bei den Zeitgenossen soviel Eindruck hinterließen, reflektierten häufig eher eine soziale und wirtschaftliche Unzufriedenheit als eine Parteinahme für irgendein politisches Programm. Dazu kam, daß passive Einstellungen weiterhin verbreitet waren. Jene Bürger von Halle, die das Exemplar des Jacobyschen Pamphlets, das ihnen in die Hand gedrückt wurde, lieber gleich wegwarfen, als das Risiko des Sich-Engagierens einzugehen, standen wahrscheinlich immer noch für die Mehrheit der Deutschen.[34] Doch ungeachtet dessen konnten die deutschen Liberalen am Vorabend der Revolution mit einiger Befriedigung auf die wachsende Stärke und Vitalität ihrer Bewegung blicken.

Hinter diesem landesweiten Trend zu einer zunehmend liberalen Tendenz verbarg sich ein komplexes Muster regionaler Verschiedenheiten. Das Niveau der gesellschaftlichen und wirtschaftlichen Entwicklung, das herrschende soziale Klima und die dem öffentlichen Leben auferlegten gesetzlichen Beschränkungen, all dies war von einem Staat zum anderen und häufig auch innerhalb ein und desselben Staates verschieden. Das bedeutete, daß das politische Handeln der Liberalen an verschiedenen Orten einen verschieden starken Impetus besaß. Mancherorts – in einigen wenigen Großstädten, in Teilen Badens und im Rheinland – war die liberale Bewegung stark und ruhte auf ziemlich breiter Grundlage. Anderswo war sie schmächtig und wurde nur von einer kleinen und isolierten Minderheit getragen. Dazu kam, daß das Antlitz der liberalen Bewegung an verschiedenen Orten von unterschiedlichen Kräften geformt wurde. Es konnte nicht ausbleiben, daß die jahrhundertelange politische und gesellschaftliche Zersplitterung

Deutschlands der im Entstehen begriffenen Bewegung ihren Stempel aufdrückte: Unterschiede zwischen Norden und Süden, Osten und Westen, protestantischen und katholischen Ländern, städtischen und ländlichen Bereichen, wohlhabenden und verarmten Regionen spiegelten sich in ihr wider.

Die langfristigen Auswirkungen dieser regionalen Verschiedenheit wurden verstärkt durch den Umstand, daß die praktischen Erfahrungen der Liberalen auf örtliche Verhältnisse bezogen blieben. Sie mochten sich als Teil einer nationalen Bewegung fühlen, aber sie waren fast alle nur innerhalb der Grenzen ihrer eigenen Gemeinde tätig. Ein Grund hierfür war die staatliche Repressionspolitik. Polizeiliche Überwachung, Zensur und gesetzliche Auflagen, all dies behinderte die Entstehung und Entwicklung eines nationalen Zusammenhangs, innerhalb dessen Gedanken frei ausgetauscht und gemeinsame Strategien hätten beschlossen und praktiziert werden können. Das Kommunikationsnetz blieb während der ersten Jahrhunderthälfte verhältnismäßig unentwickelt, Reisen war beschwerlich, der Postdienst war langsam und unzuverlässig. Und schließlich fehlte Deutschland ein kulturelles oder politisches Zentrum wie London und Paris, ein Ort, an dem begabte und ehrgeizige Leute hätten zusammenströmen und einander kennenlernen können.[35]

In den zwanziger und dreißiger Jahren fanden Kontakte zwischen den verschiedenen liberalen Gruppen relativ selten und in unsteter Folge statt. Einige wenige Männer brachten es dank ihrer parlamentarischen Tätigkeit oder ihres akademischen Ansehens zu regionaler oder gar nationaler Bekanntheit; einige wenige Zeitschriften und andere Publikationen wie das *Staatslexikon* erfuhren eine ziemlich weite Verbreitung.[36] Nach 1840 führten die zunehmende Belebung des politischen Geschehens, die Verbesserung der Kommunikations- und Verkehrsverbindungen und die kumulative Zunahme der persönlichen Beziehungen zwischen den verschiedenen liberalen Wortführern zur Entstehung erster Ansätze einer nationalen liberalen Elite.[37] Allein, als die Revolution 1848 ganz plötzlich ein nationales politisches Forum schuf, waren die einigenden Bindungen unter den Liberalen noch sehr zart entwickelt, und die institutionelle Aktivität war noch sehr stark von den Erfahrungen und Konturen der jeweiligen örtlichen Verhältnisse bestimmt.

An den meisten Orten war das Zentrum liberaler Aktivität eine Organisation, die nach außen hin unter einem unpolitischen Etikett figurierte. Um polizeiliche Sanktionen zu vermeiden, mußten die Liberalen im Rahmen von geselligen Vereinen, akademischen Gesellschaften oder Freizeitklubs operieren.[38] Johann Jacoby beispielsweise trat durch den „Donnerstagsklub", eine vermeintliche gesellige Vereinigung, in das öffentliche Leben ein. Das Leipziger Schillerfest von 1841 war als kulturelles und literarisches Ereignis angekündigt, nahm aber unter dem Einfluß von Männern wie Robert Blum rasch eine politische Färbung an. Etwas ganz Ähnliches passierte in Gesangs- und Turnvereinen, bei kulinarischen Treffen und in Lesezirkeln, in Bildungsvereinen und bei Vortragszyklen.[39] Quasioffizielle Körperschaften wie die Handelskammern wurden manchmal zum „Tummelplatz der Parteien, [wurden] der Sprechsaal öffentlicher Angelegenheiten, der eigentliche Mittelpunkt öffentlicher Interessen...".[40] Akademische Vereinigungen von Lehrern und Anwälten, die jährlichen Zusammenkünfte von Literaturkritikern oder Rechtsgelehrten, alle diese Gelegenheiten wurden genutzt, um gleichgesinnte Männer zu politischer Opposition zu sammeln. Die „Lichtfreunde", deren offizielles Ziel religiöse Reformen waren, wurden zu einem Forum politischer Agitation. Wie Rudolf Haym es formulierte:

Durch die Agitation für eine freiere Gestaltung des kirchlichen Lebens war gleichsam der Boden bereitet für die Anteilnahme am Öffentlichen überhaupt. Der kirchliche Liberalismus war die Übungsschule für den politischen gewesen...[41]

De facto waren alle diese Organisationen für die Liberalen der ersten Jahrhunderthälfte so etwas wie Übungsschulen. Im Rahmen dieses diffusen und heterogenen institutionellen Netzes lernte die erste Generation liberaler Wortführer politisch zu denken und zu handeln. Hier nahmen ihre Ideen über die angemessene Form und Zielsetzung der politischen Mitbestimmung erstmals Gestalt an.

Ein charakteristischer Aspekt dieser Ideen war die Neigung der Liberalen, die politische Mitbestimmung auch als geistige Errungenschaft zu sehen. Der Zweck dieser Mitbestimmung bestand, so glaubten viele von ihnen, in der Verbreitung aufklärerischer Ideen und in einer Verbesserung der allgemeinen Moral; der Prozeß sollte eine erzieherische Form haben: die Übermittlung aufgeklärter Auffassungen an eine aus unabhängigen und vernünftigen Menschen bestehende Öffentlichkeit. Im Denken von vielen Liberalen bestand demgemäß ein enger Zusammenhang zwischen Politik und einer umfassenden, auch im charakterlichen und moralischen Sinn gemeinten Bildung.[42]

Die Neigung, politische Fortschritte und geistige Aufklärung im Zusammenhang zu sehen, hatte von den Anfängen des Liberalismus im letzten Drittel des 18. Jahrhunderts an zu seiner Philosophie gehört. Kant hatte den politischen Veränderungsprozeß als einen Vorgang der Meinungsbildung und der moralischen Erhöhung gesehen, und seine Zeitgenossen in den Logen, Lesezirkeln und den mannigfaltigen anderen Bildungsinstitutionen hatten eben diese Ziele verfolgt.[43] Der preußische Reformer Freiherr vom Stein trat für repräsentative Vertretungen ein, weil er glaubte, daß „die Teilnahme der Nation an der Gesetzgebung und Verwaltung... Liebe zur Verfassung, eine öffentliche richtige Meinung über Nationalangelegenheiten und die Fähigkeit bei vielen einzelnen Bürgern, die Geschäfte zu verwalten" wecken würde.[44] Auf dieser frühen Stufe der Entwicklung des Bildungsbegriffes als politischer Kategorie lag die Betonung eindeutig auf Reform, nicht auf Opposition. Das Ziel politischer Bildung wurde zumeist in einer Versöhnung des Bürgers mit dem Staat und nicht in der Mobilisierung der öffentlichen Meinung gegen die bestehende Ordnung gesehen.

In den zwanziger Jahren hatten die Liberalen begonnen, einen kritischeren, eher oppositionellen Impetus in die politische Bildung hineinzutragen. Aber der Zusammenhang zwischen politischer Teilhabe und Bildung blieb bestehen. Die liberalen Professoren und Beamten – die „Gebildeten" –, die als die ersten nationalen Wortführer der Bewegung fungierten, hoben die enge Beziehung zwischen geistiger und politischer Reform hervor. Man beachte beispielsweise, wie Georg Gervinus die Revolution von 1830 erklärte:

> Die Welt liegt geöffnet vor uns, der Blick hat Raum nach allen Seiten, jeder Tag bringt neue Erfahrungen; die langsam aber sicher gereifte Bildung in Europa trägt ihre Früchte; das geistige Streben drängt sich gewaltsam in die Begebenheiten und durchdringt sie, und allmählig geschult an dem Handbuch der Geschichte und Erfahrung beugen Despotismus und Obscurantismus die Häupter und ehren den Geist der Menschlichkeit, der gewaltig die verschiedensten, entferntesten, vergessensten Länder ergreift und aus dem Schlaf schüttelt.[45]

Die Liberalen sahen in Lesezirkeln und anderen bildungsfördernden Aktivitäten weiterhin den sichersten Weg, auf dem sie ihrer eigenen Gesellschaft die Früchte der Freiheit würden bringen können. Wie ein Zeitgenosse es ausdrückte: „Volksbildung ist Volksbefreiung." Und im *Staatslexikon* lesen wir: „Die Verbreitung richtiger und gründlicher Kenntnisse in allen Sphären des Wissens muß [der liberalen Richtung] nothwendig angelegen sein; ja sie kann nicht fortbestehen ohne dieselbe."[46] Auf den Bildungsaspekt hin waren auch viele von jenen Organisationen orientiert, die sich die Förderung der untersten Gesellschaftsschichten zum Ziel gesetzt hatten, und ebenso eine Anzahl von Vereinigungen ohne erklärte kulturelle Zielsetzung. Die Handelskammern beispielsweise sahen eine ihrer vorrangigen Aufgaben in der Verbreitung von Informationen und der Förderung korrekter Auffassungen in wirtschaftlichen Fragen.[47] Liberale Studentengruppen wollten „mittels sittlicher, wissenschaftlicher und körperlicher Ausbildung auf den Hochschulen" dem Volk zu mehr Freiheit und Gerechtigkeit verhelfen.[48] Viele ihrer Lehrer waren mit ihnen einig darin, daß akademische Betätigung und politische Bildung zusammengehörten. So forderte Rudolf Haym 1842, die Historiker müßten stets versuchen, „aus der Vergangenheit die Gegenwart zu begreifen und für die Zukunft von daher Hoffnung, Trost und Lehre zu schöpfen". Für Historiker wie Sybel, Gervinus und Dahlmann, für Naturwissenschaftler wie Justus von Liebig und für Publizisten wie Karl Biedermann existierte keine Disharmonie zwischen Wissenschaft und Politik, zwischen Lernen und Leben.[49]

Das Bild, das die Liberalen sich von ihrer eigenen Bewegung als politischer Partei machten, leitete sich von dieser engen Verbindung zwischen politischem Handeln und geistiger Aufklärung ab. Für die meisten Liberalen bedeutete die Zugehörigkeit zur Bewegung beziehungsweise zur Partei, daß man bestimmte Ideen und Wertvorstellungen miteinander teilte, nicht aber, daß man sich unbedingt gemeinsamen institutionellen Zielen verpflichtet fühlte. Unter den Liberalen von Königsberg war „das Gemeinsame ... also", so Ferdinand Falkson, „wie man sich damals ausdrückte, die Gesinnung. Die Kampfmittel waren das gedruckte und gesprochene Wort".[50] Als Karl Rosenkranz 1843 vor der Deutschen Gesellschaft einen Vortrag über den „Begriff der Politischen Partei" hielt, hob er die Verwurzelung der Parteien in religiösen und intellektuellen Konflikten und ihre Bedeutung für die öffentliche Meinungsäußerung hervor, hatte aber kaum etwas über den organisatorischen Aspekt zu sagen.[51] Zehn Jahre zuvor hatte

Heinrich von Gagern in ähnlichem Sinn an seinen Vater geschrieben: „Ich leugne nicht, Parteimann zu sein, was heißt das anders, als eine Meinung haben, für diese werben und sie geltend zu machen suchen."[52]

Natürlich erkannten die Liberalen, daß es innerhalb ihrer Bewegung unterschiedliche Standpunkte gab. Aber sie waren überzeugt, daß diese Differenzen weit weniger bedeutsam waren als die ihnen allen gemeinsamen Ideale. Um nochmals Falkson zu zitieren: „Wohl gab es verschiedene Meinungsnüancen in der Versammlung, aber verschiedene Parteien nicht. Die liberale Partei Königsbergs war... eine einheitliche, was bei der Allgemeinheit Ihres Programms natürlich war."[53] Die hier festgestellte Tatsache der Einigkeit wird unterstrichen von dem Eindruck, den man aus der Lektüre zeitgenössischer Berichte über politische Gruppen gewinnt, in denen gewöhnlich die abstrakten Ideale hervorgehoben werden, während wichtigen taktischen oder theoretischen Differenzen in den Reihen der Liberalen fast keine Aufmerksamkeit gewidmet wird.[54] Ein Unternehmen wie die *Rheinische Zeitung*, die in den vierziger Jahren Liberale und Radikale aus einer verblüffenden Vielfalt von Gruppen um sich sammelte, wäre nach 1850 undenkbar gewesen.[55]

Da die Liberalen sich selbst als Advokaten einer aufgeklärten Weltanschauung sahen, kamen sie zu einem im Grunde dualistischen Verständnis des politischen Konflikts:

Überall erblicken wir zwei sich feindlich gegenüberstehende Parteien: auf der einen Seite die Herrscher und Aristokraten mit ihrer Neigung zur Willkür und dem starren Festhalten an alten vernunftwidrigen Formen; und der anderen die Völker mit ihrem neuerwachten Kraftgefühl und der lebendigen Sehnsucht nach freierem Aufschwung...[56]

Bei dieser Konfrontation zwischen den Kräften des Lichts und denen der Dunkelheit stellte der Liberalismus nicht einfach einen unter mehreren möglichen Standpunkten dar, sondern verkörperte vielmehr Vernunft, Fortschritt und Aufklärung – in summa alles das, was der ganzen Nation zum besten gereichte. Die Liberalen waren überzeugt, daß ihre Gegner von Sonderinteressen und egoistischen Motiven geleitet waren, während sie selbst für das wirkliche Volk sprachen. Ihre Partei war daher die einzig legitime Partei. In den Worten Paul Pfizers: „So leitet der Liberalismus den Staatszweck wieder auf das zurück was die Gesamtheit in ihrem vernünftigen Interesse will oder wollen muß."[57]

Die Liberalen waren überzeugt, daß sie nicht nur das Allgemeinwohl vertraten, sondern auch diejenigen historischen Kräfte verkörperten, die den schrittweisen Sieg der Aufklärung und der Freiheit sicherstellen würden. Ihre Ziele fielen mit der Richtung des Fortschritts zusammen. „Der Liberalismus", schrieb Theodor Mundt 1834, „will nichts als die Zukunft der Geschichte." Eine ähnliche Zuversicht sprach aus den Worten Paul Pfizers: „... die Freiheit ist jetzt eine Nothwendigkeit geworden, und keine menschliche Gewalt darf hoffen, jene weltbewegenden Ideen zu ersticken, die ihren Weg durch alle Hemmnisse und Schranken finden werden, bis ihre Bahn, die eine höhere Hand gezeichnet hat, durchlaufen ist."[58]

Wenn die Liberalen ihre eigene Sache als eine „Bewegung" sahen, so neigten sie dazu, zwei verschiedene Bedeutungen dieses Ausdrucks miteinander zu vermischen. Sie waren eine von einem gemeinsamen Ziel und von einer in eine bestimmte Richtung drängenden Zeitströmung geeinte Gruppe. Sie waren also die „Partei der Bewegung", und ihr letztendlicher Sieg würde aus der Logik der historischen Entwicklung ebenso zwingend folgen wie der Untergang ihrer politischen Gegner, die in der historischen Versenkung verschwinden würden.[59] Der typische Liberale sprach über die fortschrittlichen Tendenzen, für die er stand, in philosophischer Ausdrucksweise: „Alles bewegt sich in Deutschland", schrieb Benzenberg 1815, „...ein lebendiger Geist ist über alles Volk gefahren ... und das, was die Welt bewegt, wird die Welt besiegen." Karl von Rotteck sprach einige Jahre später etwas sehr Ähnliches aus: „In den Bewegungen unserer Zeit ist – mächtiger waltend und weiter reichend als in irgendeiner der früheren – ein vorherrschend geistiger Charakter, ein Kampf um Ideen erkennbar ..."[60]

Mit der Betonung des geistigen Charakters ihrer Bewegung ging bei den Liberalen häufig ein gewisses Mißtrauen gegenüber den praktischen Erfordernissen der Organisation und des politischen Handelns einher. So erhielt beispielsweise der Begriff der Partei einen negativen Beigeschmack, wenn er mit Bezug auf etwas anderes als eine weltanschaulich geprägte Gemeinschaft gebraucht wurde. Wie die Brockhaus-Enzyklopädie es 1846 formulierte: „Es läßt sich nichts gegen das natürliche Entstehen und Zusammenhalten der durch Gleichheit der Ansichten und Strebungen verbundenen, aber sehr viel gegen organisierte mit bewußter Berechnung verfahrende Parteien sagen."[61] Diese Abneigung gegen die Mitgliedschaft in einer „Partei" stellt in den Schriften vieler Liberaler über politische Themen ein wichtiges Leitmotiv dar. So bekannte beispielsweise Georg von Vincke „mit der öffentlichen Meinung in Übereinstimmung zu handeln", rühmte sich aber andererseits mit den Worten: „Ich kenne keine Partei und setze eine Ehre darin, keiner Partei anzugehören." In ähnlichem Tenor pries ein anonymer Beitrag in den *Grenzboten* 1846 die Unterentwickeltheit des politischen Lebens in Deutschland und wies auf die Vorteile hin, die sich daraus ergaben, daß man es hier nicht mit organisierten politischen Gruppierungen zu tun hatte, wie es sie in Westeuropa gab.[62] Häufig beklagten sich Liberale darüber, daß Parteien, indem sie Konformität erzwangen und für Disziplin nach außen sorgten, die Entscheidungsfreiheit des einzelnen beschnitten. Andere befürchteten, organisierte Parteien würden den Egoismus und den persönlichen Ehrgeiz auf Kosten des Pflichtbewußtseins gegenüber dem allgemeinen Wohl fördern. Dieser Gedanke bewegte Friedrich Murhard, als er im badischen Landtag einen auf eine engere Zusammenarbeit der liberalen Abgeordneten zielenden Vorschlag zurückwies; er fürchtete, es werde „statt einer edlen Bestrebung nach Sachen, nach der Realisierung von Ideen ... ein schnödes Rennen nach Minister- und Staatsratsstellen [geben], und das Interesse des Volkes [werde] unterdrückt durch jenes von Partheyen oder von einzelnen Ehrgeizigen".[63]

Die Verbindung von Politik und Bildung, das Verständnis von „Partei" als einer weltanschaulichen Gemeinschaft, die Identifikation des Liberalismus mit einem historisch vorgezeichneten Siegeszug der Aufklärung – alle diese Aspekte der politischen Vision der Liberalen halfen mit, die Bewegung in den langen und schweren Jahren vor 1848 intakt zu erhalten. Diese ihre Überzeugungen verliehen den Liberalen die Kraft, sich gegenüber den starken Mächten der Repression und der gesellschaftlichen Bevorrechtigung zu behaupten, und die Zuversicht, daß ihre Vereine und Lesezirkel irgendwie dazu beitragen würden, eine bessere Welt zu schaffen. Angesichts der dem politischen Handeln in der Epoche des Vormärz auferlegten Beschränkungen ist es verständlich, daß die geistige Aufklärung für die Liberalen zu einem, wie Hans Rosenberg es einmal genannt hat, „Ersatz für das fehlende, heiß ersehnte parlamentarische Leben"[64] wurde.

Aber diese Haltung, so sehr sie auch im Vormärz notwendig gewesen sein mochte, zeitigte einige für die Zukunft des Liberalismus als politischer Bewegung unglückliche Folgen. Daß die Liberalen sich selbst als die im Grunde einzig legitime politische Partei sahen, machte es ihnen schwer, zu einem pluralistischen Verständnis des politischen Prozesses zu gelangen und die Auseinandersetzung zwischen verschiedenen Parteien als ein unvermeidliches und potentiell kreativitätsförderndes Element in der Politik zu erkennen. Ihre Neigung, das politische Leben in dualistischer Weise als Kampf zwischen Gut und Böse zu sehen, hemmte die Entwicklung jener Bereitschaft zu Kompromiß und politischem Handeln, der ein so unverzichtbarer Bestandteil der parlamentarischen Politik ist.[65] Und schließlich das Wichtigste: Die primär geistig-philosophische Interpretation der politischen Mitbestimmung förderte in breiten Kreisen der Liberalen eine geringschätzige Einstellung zu alltäglicher Organisations- und Agitationsarbeit. Zu oft wurde ihnen der Glaube an die Allmacht der „Bildung" zu einer Zuflucht, nicht bloß vor den Repressalien eines reaktionären Staates, sondern auch vor den Gefahren, die in einem unruhigen Volk schlummerten. Um verstehen zu können, warum dies so war, müssen wir in eine Erörterung der sozialen Dimensionen des Liberalismus eintreten.

2. Sozialer Wandel und der „Mittelstand"

> Die Misere des deutschen Status Quo besteht hauptsächlich darin, daß keine einzige Klasse bisher stark genug gewesen ist, ihren Produktionszweig zum nationalen Produktionszweig par excellence und damit sich selbst zur Vertreterin der Interessen der ganzen Nation aufzuwerten. Alle Stände und Klassen, die seit dem zehnten Jahrhundert in der Geschichte aufgetaucht sind ... existieren nebeneinander. Friedrich Engels (1847)[1]

Über ein Jahrhundert lang, von den Ursprüngen des Liberalismus in der politischen Öffentlichkeit des späten 18. Jahrhunderts bis zur Bismarckschen Reichsgründung, rekrutierten sich die prominentesten Wortführer der Bewegung aus der akademischen Elite und insbesondere aus den in der Verwaltungsbürokratie und in der Justiz Tätigen. Angehörige dieser Gruppen sind unter den Autoren von Zeitschriftenartikeln über soziale und politische Themen in den Jahren zwischen 1770 und 1790 in der großen Mehrzahl; sie waren in großer Zahl in den Logen, den Lesezirkeln und den anderen frühen meinungsbildenden Institutionen vertreten.[2] Ihr Einfluß bestand nach der Jahrhundertwende weiter und läßt sich auch in den ersten sich ausdrücklich als liberal verstehenden Gruppen einzelner Parlamente der Vormärzzeit feststellen. In Baden beispielsweise hatten Staatsbeamte häufig eine Mehrheit der Parlamentssitze inne und stellten aus ihren Reihen die Wortführer sowohl der liberalen Opposition als auch der „gouvernementalen" Fraktion. Dieselbe Situation scheint in Ländern wie Württemberg und Kurhessen bestanden zu haben, wenn auch der Liberalismus in keinem von ihnen so stark war wie in Baden.[3] Es ist schwierig, die Rolle der Beamten innerhalb des preußischen Liberalismus mit einiger Genauigkeit zu beschreiben, weil Preußen vor 1848 keine „nationale" Vertretungskörperschaft besaß und Beamte in den Provinziallandtagen keine große Rolle spielten. Wie dem auch sei, die meisten Zeitgenossen stimmten darin überein, daß der Liberalismus in den Reihen der Verwaltungs- und Justizbeamten weit verbreitet war, eine Einschätzung, die bestätigt wird durch das erfolgreiche Abschneiden liberaler Beamter bei den ersten landesweiten Wahlen 1848.[4]

Auch andere Angehörige der Bildungselite waren in den Reihen derjenigen, die als erste mithalfen, liberale Ideen volkstümlich zu machen und liberale Organisationen ins Leben zu rufen, zahlreich vertreten. In jeder Geschichte des deutschen Liberalismus findet sich ein Abschnitt über die politisch aktiven Professoren des Vormärz, die ihre Lehrtätigkeit an der Universität und zuweilen auch eine nebenbei ausgeübte Funktion als Zeitschriftenherausgeber oder Publizisten dazu nutzten, liberales Gedankengut zu verbreiten. Es versteht sich, daß ihr Einfluß im Vergleich zu ihrer eher geringen Zahl sehr groß war. Viel weniger wissen wir von den in den niedrigeren Bereichen des Bildungswesens als Lehrer Tätigen; immerhin hat es den Anschein, daß sich auch unter ihnen aktive Parteigänger des Liberalismus befanden, die sich vorwiegend auf örtlicher Ebene betätigten.[5] Dasselbe galt für Ärzte und Pastoren, von denen etliche in lokalem Rahmen zu den liberalen Führungsfiguren gehörten, von denen es aber, zumindest vor 1848, kaum einmal einer zu nationaler Bekanntheit brachte.[6] Gewicht und Einfluß der Juristen war von Region zu Region sehr unterschiedlich. In Hannover wurde die Justiz zu einer Zuflucht für Männer, denen die Aufnahme in den Verwaltungsapparat, oft aus politischen Gründen, versagt worden war; es fällt nicht schwer, sich vorzustellen, daß dies die oppositionellen Neigungen dieser Berufsgruppe förderte. Auch in Frankfurt scheinen die Juristen bei der Verbreitung liberaler Ideen in den dreißiger und vierziger Jahren eine Pionierrolle gespielt zu haben.[7] Schließlich fanden in den Jahren nach 1830 eine Reihe von „Gebildeten" den Weg in den Journalismus, der zu dieser Zeit anfing, zu einer Berufslaufbahn zu werden. Diese Männer trugen zu der ausgeprägten Intensivierung der liberalen Agitation in Zeitungen und Zeitschriften bei, die sich in den Jahren unmittelbar vor der Revolution von 1848 verfolgen läßt.[8]

Was trieb diese Angehörigen der Bildungselite in die politische Opposition? Es ist klar, daß es nicht eine für alle gültige Antwort auf diese Frage gibt. Johann Jacobys Eintreten für politische Reformen war untrennbar mit seinem Verlangen verbunden, die volle Gleichberechtigung der Juden zu erreichen.[9] Andere sahen in den geforderten Reformen Teilschritte eines Kampfes für mehr religiöse Freiheit oder Antworten auf die regionalen Gegensätze, die sich infolge der in der napoleonischen Ära vorgenommenen Gebietsverschiebungen ergeben hatten. Für manche Beamte wurde der Liberalismus eine weltanschauliche Waffe in dem jahrhundertealten Kampf gegen lokale Selbstverwaltungsrechte und gegen die den althergebrachten Institutionen noch verbliebenen Befugnisse.[10] Aber zu diesen vielfältigen Motiven trat gewöhnlich noch jene besondere Mischung aus Privileg und Frustration hinzu, die für die Stellung des Gebildeten in der deutschen Gesellschaft charakteristisch war. Die Bildungsreformen des späten 18. und des frühen 19. Jahrhunderts hatten die Privilegien der Gebildeten institutionalisiert: Ein abgeschlossenes Universitätsstudium wurde zur Voraussetzung gemacht für die Bekleidung einer Reihe von Schlüsselberufen und -positionen und zur Erlangung bestimmter Sonderrechte – wie des nur einjährigen Militärdienstes. Der Aufwand an staatlichen Mitteln für die zum Universitätsstudium hinführenden Bildungseinrichtungen wurde immer weiter erhöht, bis ein klaffendes Mißverhältnis zu den Investitionen für andere Schularten erreicht war.[11] Aber staatliche Unterstützung ging Hand in Hand mit staatlicher Kontrolle. Die Bedeutung, die Staat und Gesellschaft den Akademikern zuerkannten, erhöhte ihr Selbstbewußtsein, aber ihre Unabhängigkeit wurde häufig durch frustrierende Bestimmungen und Auflagen beschnitten. Das galt für Lehrer, Pfarrer und Journalisten; der Erfolg ihres Wirkens in Sachen Aufklärung litt oft unter den ihnen zuteil werdenden Zensurmaßnahmen und unter anderen staatlichen und gesellschaftlichen Sanktionen. Das galt auch für Beamte, die sich als Sachwalter des Allgemeinwohls verstanden, aber feststellen mußten, daß ihre Vorgesetzten oft wenig Bereitschaft zeigten, sie im Sinne dieses Allgemeinwohls, so wie sie es verstanden, wirken zu lassen.

In den dreißiger und vierziger Jahren verschärfte sich die Unzufriedenheit unter den Gebildeten infolge der steigenden Zahl von Akademikern, die auf der Suche nach einer angemessenen Beschäftigung waren. 1839 belehrte etwa der preußische Justizminister die angehenden Bewerber für den Justizdienst darüber, daß wegen des Überangebots an Kandidaten nur die Besten sich Hoffnungen auf eine Anstellung machen dürften.[12] Angesichts des heftigen Wettbewerbs um Arbeitsplätze und der deutlichen Verlangsamung des Beförderungstempos innerhalb der Bürokratie zog es viele junge Männer in andere Bereiche. In manchen Städten stieg die Anzahl der Rechtsanwälte zwischen 1820 und 1835 nahezu auf das Doppelte; in Frankfurt kam ein Anwalt auf jeweils 468 Einwohner. Darüber hinaus wandte sich eine Reihe frustrierter Juristen dem Journalismus zu und landete auf diese Weise häufig bei einer der politischen Opposition verschriebenen Zeitschrift.[13] Berufliche und persönliche Spannungen, die die Angehörigen der deutschen Bildungselite in ihrem Leben erfuhren, wirkten sich notwendigerweise tiefgreifend auf die politische Einstellung aus. Bei Männern, deren Tätigkeit auf die eine oder andere Weise eng an den Staat gebunden war, mündeten berufliche Frustrationen fast zwangsläufig in politische Frustration.

Um die Führungsrolle der Gebildeten in der liberalen Bewegung verstehen zu können, müssen wir uns auch fragen, weshalb große Teile der politischen Öffentlichkeit bereit waren, sie als Führer anzuerkennen. Der offensichtlichste Grund dafür war natürlich das Prestige, das die Zugehörigkeit zum Staatsdienst mit sich brachte. Dieses Prestige genossen neben den Beamten gleichermaßen auch die Professoren, und allen Akademikern kam die wohlverankerte Verknüpfung zwischen Bildungsgrad und sozialem Status zugute. Aber akademische Bildung und Tätigkeit im Staatsdienst verliehen den Betreffenden mehr als bloß gesellschaftliches Ansehen. In einer Gesellschaft ohne entwickeltes Kommunikationssystem, ohne nationalen Markt, ohne eine nationale Presse oder auch nur einheitliche politische Institutionen waren es die akademische Bildung, der wissenschaftliche Informationsaustausch und vor allem der Zusammenhang der bürokratischen Institutionen, die für die Entwicklung überregionaler persönlicher und politischer Bindungen erstrangige praktische Bedeutung erlangten.[14]

Ein weiterer Vorteil, den die Angehörigen der Bildungselite gegenüber potentiellen Mitbewerbern besaßen, war ihre „Abkömmlichkeit", wie Max Weber es genannt hat, die Verfügbarkeit des einzelnen für die Übernahme einer politischen Funktion.[15] Ein Beamter konnte sich zugunsten der Wahrnehmung eines parlamentarischen Mandats vom Dienst beurlauben lassen, ein Rechtsanwalt konnte versuchen, eine selbständige Praxis mit politischer Betätigung zu verbinden, und ein Journalist konnte versuchen, seinen Lebensunterhalt damit zu verdienen, daß er über Ereignisse schrieb, an denen er selbst teilnahm. Im Gegensatz dazu war es für Männer, die verantwortlich in einem Wirtschaftsunternehmen tätig waren, sehr schwer, ihren Wirkungsbereich für längere oder auch nur kürzere Zeit zu verlassen. Während des späten 18. und des frühen 19. Jahrhunderts herrschte auf allen Ebenen ein starker Mangel an qualifiziertem Personal, und dies ließ den meisten Besitzern und Führungskräften von Wirtschaftsunternehmen keine andere Wahl, als ihre Aufgaben im Betrieb zu erfüllen. Man braucht nur der Nöte und Schwierigkeiten eines politisch aktiven Unternehmers wie Friedrich Harkort zu gedenken, um sich eine Vorstellung von den Risiken machen zu können, die ein Geschäftsmann einging, wenn er sein Unternehmen in andere Hände legte. Für die Besitzer von Kleinunternehmen brachte eine politische Betätigung außerhalb des Heimatorts sogar noch größere Risiken und Härten mit sich.[16]

Diese praktischen Gesichtspunkte erklären zu einem guten Teil, warum die Bildungselite so viele der bekanntesten liberalen Wortführer stellte. Indessen müssen wir stets achtgeben, daß wir nicht den prominenten Liberalen mit dem typischen Liberalen gleichsetzen. Wenn wir unseren Blick denjenigen zuwenden, die in Institutionen auf provinzieller und örtlicher Ebene aktiv waren, so stellen wir fest, daß die Gebildeten dort zwar eine wichtige, aber nicht eine so entscheidende Rolle spielten, wie oft angenommen worden ist. Das galt sogar für die Parlamente einiger kleinerer Staaten: Siegfried Büttner ist es gelungen, achtzehn liberale Abgeordnete des 1826 gewählten Landtags von Hessen-Darmstadt zu identifizieren. Unter ihnen waren neun örtliche Amtsträger (von denen die meisten noch eine zweite Beschäftigung angaben, in der Regel die Landwirtschaft), drei Landwirte, zwei Fabrikanten, ein Einzelhändler, ein Notar, ein Krankenhausdirektor und ein Staatsbeamter. Die Daten, die uns für andere Parlamente zur Verfügung stehen, erlauben keine so akkurate Gegenüberstellung von gesellschaftlicher Funktion und politischer Parteizugehörigkeit, aber im badischen Landtag von 1831 übten nahezu zwei Fünftel der Abgeordneten irgendeine wirtschaftliche Tätigkeit aus; diesem Landtag wird im allgemeinen ein überwältigendes liberales Übergewicht nachgesagt. Wolfram Fischer hat unlängst eine Liste derjenigen badischen Unternehmer zusammengestellt, die im parlamentarischen Leben des Vormärz eine wichtige Rolle spielten, wenn sie auch im Verhältnis zur Gesamtheit aller Abgeordneten eine Minderheit blieben.[17]

Für die meisten Geschäftsleute bot sich die Lokalpolitik als das geeignetste Forum für die eigene politische Betätigung an. Die Daten über die soziale Zusammensetzung der Stadt- und Gemeindeparlamente in der Vormärz-Epoche zeigen in bezug auf die liberalen Wortführer ein vielfältigeres soziales Spektrum und einen höheren Anteil unternehmerisch Tätiger als in den meisten Landtagen. Infolge der Vielfalt der politischen Traditionen und der sozio-ökonomischen Verhältnisse in den deutschen Städten sind verallgemeinernde Schlußfolgerungen über die Zusammensetzung kommunaler Körperschaften riskant. Zwei typische Muster scheint es jedoch gegeben zu haben, die sich auf die Mehrzahl der deutschen Kommunen anwenden lassen. In Städten, in denen es eine traditionsreiche und fest etablierte örtliche Elite gab, blieb diese in der Regel trotz aller institutionellen Reformen, die in den ersten Jahrzehnten des 19. Jahrhunderts vollzogen wurden, in ihrer Position: Hamburg, Münster und Krefeld gehören in diese Kategorie.[18] In Städten, wo die Führungsgruppen nicht so fest etabliert waren, fanden die lokalen Verwaltungsreformen anfänglich oft nur ein schwaches Echo: Eine apathische Wählergemeinde gab ihre Stimmen einigen bereitwilligen Handwerkern, Ladeninhabern oder anderen kleinen Geschäftsleuten. So war die Situation in den meisten preußischen Städten nach Inkrafttreten der Steinschen Städteordnung, deren Wahlordnung das Kleinbürgertum begünstigte.[19] In den Jahren nach 1830 sorgte der wachsende Einfluß liberalen Gedankenguts in den Städten dafür, daß in eine große Zahl von Stadt- und Gemeindeparlamenten neue Vitalität und eine neue politische Zielstrebigkeit einzogen. In Hamburg äußerte sich dies in einem Generationswechsel zugunsten jüngerer Geschäftsleute und Juristen, die – in ihrer Mehrzahl persönlich eng mit den etablierten Führungsgruppen verbunden – auf liberale Reformen zu drängen begannen. Vertreter der Etablierten (zum Beispiel der Bäckermeister Kochhann) verbündeten sich mit Gruppen, die bis dahin wenig Interesse an lokalpolitischen Fragen gezeigt hatten – mit Unternehmern, Journalisten und einigen Vertretern aus den Reihen der Gebildeten.[20] Wie auch immer die exakte soziale Zusammensetzung der Stadtparlamente ausgesehen haben mag, die historischen Daten weisen darauf hin, daß es dem Liberalismus gelang, bei einer gesellschaftlich ziemlich breit gestreuten und heterogenen Gruppe Fuß zu fassen.

Vereinzelte Daten über die liberalen Gefolgsleute unterhalb der Ebene der gewählten Führer weisen ebenfalls auf die soziale Heterogenität der Bewegung hin. So erstellten beispielsweise die Behörden der Pfalz 1832 eine Liste derjenigen Bürger ihres Staates, die sich am Hambacher Fest beteiligten: Unter ihnen waren 29 Akademiker verschiedener Sparten und 57 Studenten; ferner 101 Personen, die in irgendeiner Form geschäftlich tätig waren, darunter 36, die als Ladeninhaber und Händler, und 34, die als Handwerker ausgewiesen waren.[21] Ein ganz ähnliches Bild ergibt sich aus dem Berufsprofil derjenigen, die im Jahre 1845 in Breslau eine Protestpetition gegen die Verfolgung der „Lichtfreunde" unterschrieben.[22] Der liberalen Bürgergesellschaft in Königsberg gehörten in den vierziger Jahren ungefähr tausend Handwerksmeister, Geschäftsleute und Gebildete an (die Gesellschaft wurde wegen ihres politischen Charakters von der Regierung liquidiert). Ungefähr um die gleiche Zeit wurde in Breslau die „Städtische Ressource" gegründet, eine Vereinigung, in der Menschen aus ganz unterschiedlichen sozialen Gruppen zusammenkamen, um unter Leitung der liberalen Mitglieder der Stadtverordnetenversammlung über aktuelle Probleme zu diskutieren.[23]

Man kann nicht davon ausgehen, daß jeder einzelne von denen, die in Hambach demonstrierten, die „Lichtfreunde"-Petition unterschrieben oder den Klubs in Königsberg und Breslau angehörten, bereit gewesen wäre, sich selbst als einen Liberalen zu bezeichnen. Es ist aber wahrscheinlich, daß die meisten von ihnen sich als Angehörige einer diffusen und schillernden politischen Oppositionsbewegung betrachtet hätten, die ihre Grundideen und ihre führenden Köpfe aus dem Liberalismus bezog. Der von den Daten nahegelegte Eindruck eines vielfältigen sozialen Spektrums bestätigt sich, wenn man aus zeitgenössischen Darstellungen erfährt, bis zu welchem Ausmaß der Liberalismus in den Jahren unmittelbar vor der Revolution Unterstützung aus einem breiten gesellschaftlichen Umfeld erfuhr. So war beispielsweise Hans Viktor von Unruh in den vierziger Jahren der Überzeugung, daß der Liberalismus nicht nur unter den Gebildeten in Mode gekommen war, sondern sich auch ins Kleinbürgertum hinein ausgebreitet hatte. Stephan Born stellte in Übereinstimmung hiermit fest: „[Der] kleinbürgerliche Mittelstand war durchwegs liberal und schloß sich in liberaler Gesinnung den sogenannten Honorationen, Kaufleuten und Beamten an..." In einem Rückblick auf die Entwicklung der liberalen Bewegung in Königsberg am Vorabend der Revolution hob F. Falkson die Mitbeteiligung von Gruppen sowohl aus der Kaufmannschaft als auch aus der Handwerkerschaft hervor. Selbst Friedrich Engels, der doch die Rolle der „Bourgeoisie" im Liberalismus hervorhob, räumte ein, in Deutschland sei „die Zusammensetzung der verschiednen Klassen des Volkes, die die Grundlage eines jeden politischen Organismus bilden..., komplizierter als in irgendeinem anderen Land".[24]

Diese soziale Komplexität, von der Engels sprach, läßt sich an einem Vergleich der Biographien einiger Liberaler illustrieren. Heinrich Karl Jaup und Ludwig von Liebenstein waren hochangesehene und hochrangige Beamte, wogegen Hermann Schulze ein junger Patrimonialrichter war, dessen Laufbahn sich in lokalen Bahnen bewegte und dessen Lebensführung so bescheiden war wie die der Bauern und Handwerker, in deren Mitte er lebte. Rotteck und Welcker waren berühmte Professoren und Publizisten, während Carl d'Ester ein schlechtverdienender Arzt war. Rheinische Liberale wie Hansemann, Camphausen und Mevissen waren energische Unternehmer, ebenso wie der bremische Eisenbahnpionier Duckwitz; aber der Bewegung gehörten auch Patrizier wie Johann Hüffer und Friedrich Bassermann, kleine Geschäftsleute wie der Berliner Bäcker Kochhann und kleinstädtische Gastwirte wie Philip Thiebauth an. Und wir sollten auch Männer wie Theodor Fontane nicht vergessen, der sich später erinnerte, wie er – zu jener Zeit Apothekerlehrling in Berlin – seine freien Nachmittage damit zubrachte, in seinem besten Sonntagsstaat zeitunglesend im Café zu sitzen und sich besonders glücklich schätzte, „an dem erwachenden politischen Leben" in Deutschland „teilnehmen zu können".[25]

Man kann somit davon ausgehen, daß die Liberalen sich in Deutschland in ihrer Mehrzahl aus den sogenannten mittleren Schichten der Bevölkerung rekrutierten, aus dem Mittelbau der Wirtschafts- und der Statushierarchie: Angehörige der akademischen Elite, kleine und große Geschäftsleute, Fabrikanten, Ladenbesitzer, Handwerker, selbständige Bauern und dergleichen mehr. Dazu kamen einige wenige liberale Adlige, aber sie bildeten die Ausnahme. Auch einzelne Facharbeiter gehörten der einen oder anderen liberalen Organisation an, aber im allgemeinen war die Masse der Bevölkerung – die Armen der Städte, die landlosen Feldarbeiter, die meisten Lohnempfänger, Dienstboten und Gesellen – an politischer Betätigung für die liberale Sache entweder uninteressiert oder davon ausgeschlossen.[26]

In Anbetracht der Bandbreite gesellschaftlicher Gruppierungen, aus denen sich die Führer und Parteigänger des Liberalismus rekrutierten, erscheint es nicht allzu sinnvoll, die Bewegung allein mit der ökonomischen Mittelschicht, mit der „Bourgeoisie", zu identifizieren.[27] Zunächst einmal suggeriert eine solche Bestimmung das Vorhandensein eines gemeinsamen Grundstocks wirtschaftlicher Interessen, beruhend auf einem gleichartigen Verhältnis zu den Produktionsmitteln. Eine solche Gemeinsamkeit existierte jedoch bei den deutschen Liberalen nicht. Zum zweiten unterstellt eine solche Bestimmung, daß die so benannten Gruppen einander in den verschiedenen Ländern im großen und ganzen entsprochen hätten, daß die deutsche „Bourgeoisie" ein allenfalls etwas blasserer Ableger der englischen oder französischen gewesen sei. Allein, die Gruppen, die in Deutschland die Mittelschicht bildeten, waren nicht die blassen, teutonischen Abbilder entsprechender Klassen in „gereifteren" Gesellschaften; sie spiegelten vielmehr sehr lebhaft die eigentümlichen Merkmale ihrer eigenen sozialen Welt wider.[28]

Wie die gesamte Sozialstruktur in Deutschland, so zeigt auch die Mittelschicht von einer Region zur anderen signifikant unterschiedliche Wesensmerkmale.[29] In den meisten Städten und Gemeinden des Südens, des Südwestens und der östlichen Provinzen Preußens setzte sich der Mittelstand aus einer Handvoll von „Gebildeten" sowie einigen wenigen Ladeninhabern und Handwerkern zusammen. In größeren Städten fächerte er sich in der Regel in ein vielfältigeres Spektrum gesellschaftlicher Gruppen auf und schloß gewöhnlich eine wohletablierte Elite von Kaufleuten ein. In einigen wenigen Bereichen, beispielsweise in Teilen des Rheinlands, lassen sich die Anfänge einer Elite wirtschaftlicher Unternehmer ausmachen. Intensiviert wurden diese regionalen Unterschiede durch den wirtschaftlichen und bevölkerungsmäßigen Wachstumsprozeß der ersten Jahrhunderthälfte. Wie es häufig in den frühen Stadien einer Entwicklung zu beobachten ist, wurden die am weitesten entwickelten Regionen – oder genauer gesagt, einige Wirtschaftsunternehmen in diesen Regionen – in internationale wirtschaftliche Systeme und Abläufe hineingezogen, während die benachbarten Regionen noch auf den Rahmen einer lokal begrenzten Wirtschaft beschränkt blieben. Die kommerziell betriebene Landwirtschaft in Ostpreußen oder die westfälische Metallindustrie, um nur zwei Beispiele zu nennen, traten auf ausländischen Märkten im westlichen Europa als Anbieter und Mitbewerber auf. Die Bauern und Handwerker des Südwestens andererseits wirtschafteten im Rahmen eines kleineren, weit enger definierten wirtschaftlichen Kreislaufs.[30] Die Entstehung eines verbesserten Netzes von Verkehrs- und Nachrichtenverbindungen im Innern nach 1830 blieb nicht ohne Auswirkungen auf diese Situation, aber bis weit in die zweite Jahrhunderthälfte hinein blieben Ausdrücke wie „die deutsche Gesellschaft" oder „die deutsche Wirtschaft" bloße sprachliche Formeln, denen kaum eine historische Realität entsprach.

Auch wenn die Zusammensetzung des Mittelstandes regional unterschiedlich war, so läßt sich doch als Gemeinsamkeit eindeutig feststellen, daß in den meisten Teilen Deutschlands ein vorindustrielles, von handwerklicher Produktion, Kleinunternehmertum und Staatsbürokratie geprägtes Umfeld bestand. Ungeachtet einiger eindrucksvoller Anzeichen wirtschaftlichen Fortschritts liefert die Gesamtheit der Daten über Produktion und Konsumtion das Bild einer überwiegend ländlichen, verhältnismäßig unentwickelten Wirtschaft.[31] Die demographischen Daten zeigen, daß in der Vormärz-Epoche mehr Deutsche in Klein- und Mittelstädten lebten als zu jeder anderen Zeit davor oder seither; das Bevölkerungswachstum wirkte sich hauptsächlich in einer Übervölkerung dieser Orte aus, während die großen städtischen Metropolen weniger davon betroffen waren. Die Bewegung der Kapitalinvestitionen deutet darauf hin, daß die meisten Deutschen, ungeachtet der populären Begeisterung für den Eisenbahnbau, ihr Geld vorzugsweise in Staatspapieren anlegten oder in vertraute wirtschaftliche Unternehmungen wie Brauereien und landwirtschaftliche Betriebe steckten. Dasselbe Beharren auf hergebrachten Formen läßt sich auch anhand des Sprachgebrauchs feststellen, in dem sich widerspiegelte, welche Schwierigkeiten viele Menschen hatten, den Unterschied zwischen Handwerk und Industrie, Werkstatt und Fabrik, Meister und Unternehmer, Geselle und Arbeiter zu erkennen.[32]

Die Angehörigen der Mittelschichten scheinen in der Vormärz-Epoche noch überwiegend bei einer eher einfachen, verhältnismäßig gleichförmigen Lebensweise geblieben zu sein.[33] Immer wieder erinnerten Schriftsteller des späten 19. Jahrhunderts an die schlichteren gesellschaftlichen Formen und die weniger sichtbar zutage tretende Verteilung von Wohlstand und Armut. So schrieb beispielsweise Carl Peterson 1885: „Es ist auffallend, wieviel geringer der Unterschied ist zwischen den Lebenszuständen von 1783–1785 und 1825–1827 einerseits und andererseits heute; 1825–1827 war Hamburg noch die patriarchalische, heute ist es die moderne Stadt."[34] Solche Erinnerungen sind natürlich oft irreführend, weil sich in ihnen ebenso spätere Einstellungen des Autors wie vergangene Wirklichkeiten widerspiegeln. Aber selbst wenn man nostalgische Verzerrungen in Abzug bringt, deuten solche Zeugnisse auf eine soziale Welt hin, in der die Mittelschichten die Unterschiede innerhalb ihrer eigenen Reihen noch als Unterschiede gradueller und nicht substantieller Natur sehen konnten.[35]

Bestärkt wurden sie in dieser Auffassung durch den ziemlich hohen Grad an Mobilität, den es innerhalb der Mittelschichten allem Anschein nach gegeben hat. Viele liberale Führer beispielsweise rückten aus den unteren Mittelschichtsbereichen in mächtige und angesehene Positionen auf: Karl Biedermann, Sylvester Jordan, P. Siebenpfeiffer, Heinrich Christian Meyer, Ludolf Camphausen und David Hansemann sind nur einige der Namen, die man hier erwähnen kann.[36] Die verfügbaren Angaben zum sozialen Herkommen von Universitätsstudenten und von Angehörigen der akademischen Berufe bestätigen den Eindruck, der sich aus diesen biographischen Illustrationen ergibt, während die Daten über die Herkunft führender Unternehmer der Vormärzzeit zeigen, daß sehr viele von den Pionieren der frühindustriellen Entwicklung in bescheidenen Verhältnissen anfingen.[37]

Ein weiteres Moment, das den Zusammenhalt zwischen den liberal eingestellten Angehörigen der Mittelschichten stärkte, war die den meisten von ihnen gemeinsame Abneigung gegen diejenigen, die in der gesellschaftlichen Ordnung über ihnen und unter ihnen angesiedelt waren. Im 18. Jahrhundert hatte die Kritik an den Privilegien und an der Moral der Aristokratie in den von der ersten Welle politischer Opposition gezeigten literarischen und journalistischen Äußerungen mit an vorderster Stelle gestanden.[38] Dieses Motiv blieb auch nach 1815 von Bedeutung, ungeachtet dessen, daß die Liberalen unterschiedlicher Ansicht darüber waren, ob der Adel als Stand ganz abgeschafft oder bloß reformiert und in eine aufgeklärte Gesellschaft integriert werden sollte.[39] Noch wichtiger aber war die einmütige Abneigung der Mittelschichten gegenüber den ungebildeten und besitzlosen Massen, gegenüber denjenigen, die klar von den heterogenen, aber gleichwohl noch verhältnismäßig dünnen Mittelschichten abgegrenzt waren. Die Abhängigen – Dienstboten, Taglöhner, Menschen in selbstverschuldeter oder unverdienter Armut – warfen einen immer gegenwärtigen Schatten auf das Gesellschafts- und Menschenbild der Liberalen und erinnerten sie beständig daran, daß es eine andere soziale Welt jenseits ihrer eigenen gab, eine Welt, die von der ihren durch eine viel breitere Kluft getrennt war, als es Klüfte innerhalb ihres eigenen Standes gab. Der Adel auf der einen, die Volksmassen auf der anderen Seite waren es also, gegen die sich der Mittelstand oder die „Mittelklasse" abgrenzte, um einmal die Begriffe zu nennen, mit denen die Liberalen am häufigsten ihre eigene gesellschaftliche Identität und die soziale Heimat ihrer Bewegung umschrieben.

Der Mittelstand war, so glaubten die meisten Liberalen, der Born der Aufklärung und des Fortschritts; die Macht des Staates, das wirtschaftliche Wachstum, die Zunahme der Freiheit, sie alle beruhten letztlich auf ihm. Er war, wie Friedrich Dahlmann schrieb, der „Kern der Nation", in dem sich die Weisheit des alten geistlichen Standes mit dem Vermögen und der Macht des Traditionsadels verband.[40] Ebenso wie die liberale Partei die einzig legitime Partei, der politische Ausdruck des aufgeklärten Bewußtseins war, so war der Mittelstand mehr als bloß eine unter mehreren gesellschaftlichen Gruppierungen. Er war das Zentrum der Gesellschaft, die Heimat der sozialen Tugend, das Vehikel von Harmonie und Kompromißbereitschaft. Der Mittelstandsbürger wirkte in den Organen der Kommunalverwaltung und beteiligte sich im Rahmen der Ständeversammlungen an der Gesetzgebung. Die Interessen des Mittelstandes seien daher, so meinte ein liberaler Lehrer 1839, im Grunde genommen identisch mit dem ganzen Gemeinwohl.[41]

Mittelstand war im liberalen Verständnis nicht nur eine soziale, sondern auch eine moralische Kategorie. Dieses Verständnis beruhte weniger auf objektiven Kriterien als vielmehr auf der Annahme eines gemeinsamen Grundstocks an ethischen Tugenden. Mit diesen Tugenden war gemeint, daß der Mittelstand identisch war mit jenen aufgeklärten und fortschrittlichen Menschen – mit dem „wirklichen Volk", wie die Liberalen oft sagten –, deren politische und soziale Tugenden letzten Endes den Sieg erringen und jene liberale Welt schaffen würden, die der Bewegung als Ziel vorschwebte.

Während die Liberalen jedoch einerseits überzeugt waren, daß der Mittelstand der Sachwalter der Interessen der gesamten Gesellschaft war, wußten sie andererseits, daß er nur bestimmte Teile dieser Gesellschaft in sich schloß. Sie räumten ein, daß die Zugehörigkeit zu ihm an bestimmte materielle Voraussetzungen geknüpft war, wenn sie sich auch nicht darüber einig waren, worin diese Voraussetzungen nun tatsächlich bestanden. Die allermeisten von ihnen sahen wohl ein gewisses Maß von „Unabhängigkeit" als unverzichtbares Attribut eines Mittelstandsbürgers – es war dies die Voraussetzung für die Eignung zu dem, was Kant eine „bürgerliche Persönlichkeit" genannt hatte. Aber wer war unabhängig? Manche Liberalen hätten dieses Prädikat nur denjenigen Gruppen der Gesellschaft abgesprochen, bei denen die Abhängigkeit am offenkundigsten war: den Frauen, den Kindern, den Dienstboten. Andere hätten noch die Lehrlinge, Gehilfen und Taglöhner einbezogen; einige wenige hätten den Begriff der Unabhängigkeit noch enger bestimmt und ihn nur auf Leute von Wohlstand und/ oder Bildung angewandt.[42] Aber für alle Liberalen bestand eine gewisse Spannung zwischen der moralischen und der materiellen Dimension des Begriffs, zwischen dem Ideologem „Mittelstand" als Verkörperung des allgemeinen Wohls und der Realität des Mittelstands als einer Minderheit im gesellschaftlichen Gefüge. Dieselbe Spannung kennzeichnete die politische Erscheinung des Mittelstands, sein Dasein als „das eigentliche Volk". Frolinde Balser hat fünf Bedeutungen herausgearbeitet, die mit dem Ausdruck „Volk" während der beiden ersten Drittel des Jahrhunderts verbunden wurden: eine bestimmte Sprach- oder Volksgruppe; das „Volkstum" der Romantiker mit seinen poetischen und mystischen Untertönen; die einfachen Leute; die „regierten" Klassen im Unterschied zu Staat und Regierung; und die politisch aktiven Teile der Nation.[43] Innerhalb dieser Bedeutungsvielfalt kam es den Liberalen auf eine Unterscheidung ganz besonders an: auf die Unterscheidung zwischen dem „eigentlichen Volk", dessen Wohlfahrt der oppositionellen Tätigkeit der Liberalen die Legitimation lieferte und aus dessen Unterstützung sie ihre Stärke beziehen würden, und dem Volk als „einer unbestimmten Menge", dem Volk der Massen, dem „Pöbel".[44] Die Liberalen benutzten für diese beiden Gruppen deswegen ein und dasselbe Wort, weil sie dazu neigten, zu glauben, daß die Interessen beider konvergierten, daß das liberale „Volk" das „wirkliche Volk" sei. Allein, die meisten von ihnen wußten, daß zwischen der aktiven politischen Nation einerseits und den Massen andererseits unterschieden werden mußte. Es fiel ihnen jedoch sehr schwer, diese Unterscheidung zu treffen, und zwar sowohl im soziologischen Sprachgebrauch als auch in der Welt des politischen Handelns.

Das deutlichste Beispiel für diese Schwierigkeiten liefern die liberalen Ideen zum Wahlrecht, einer Frage, die die Liberalen zwang, zu erklären, welchem Teil der Nation sie eine aktive Rolle im Leben des Staates zubilligten.[45] Auf dem äußersten linken Flügel der Bewegung gab es einige, die bereit gewesen wären, allen männlichen Erwachsenen das Stimmrecht zu geben; auf dem entgegengesetzten Flügel gab es einige, die nichts mehr wünschten als eine Reform der traditionellen ständischen Körperschaften, die in einigen Staaten noch existierten. Es ist bezeichnend, daß die Mehrheit der Liberalen irgendwo zwischen diesen beiden Positionen angesiedelt war. Für sie bestand das Problem darin, einen Modus zu finden, der den Staat vor den Gefahren des Pöbels bewahrte, ohne die

Möglichkeiten politischer Mitbestimmung über Gebühr einzuschränken. Einen Weg, dies zu erreichen, sahen viele in einem indirekten Wahlmodus, bei dem eine zusätzliche Instanz zwischen das Wahlvolk und die Abgeordneten eingeschaltet würde, eine Instanz, mit der vielleicht der Einfluß gemäßigter Männer gestärkt werden konnte. Die meisten Liberalen stimmten ferner darin überein, daß möglicherweise Einkommens- oder Vermögensbedingungen irgendwelcher Art gestellt werden müßten. So erklärte beispielsweise Karl von Rotteck, in den Großstädten müsse der Besitz von Grund und Boden zur Vorbedingung für das Stimmrecht gemacht werden, um der Möglichkeit vorzubeugen, daß die städtische Bevölkerungsmasse die politische Vorherrschaft ergriff.[46] Manche Liberalen allerdings hatten Bedenken gegen Vermögensklauseln; sie wollten nicht, daß in der Politik Geschäftsleute dominierten, denen es in erster Linie um die eigenen wirtschaftlichen Interessen ging.[47] Von einer Seite kam der Vorschlag, eine Bevorzugung der Vermögenden dadurch zu verhindern, daß man das Wahlrecht all denen verlieh, die über die Quellen ihres Einkommens selbst verfügten. Aber eine so wörtlich genommene Definition von „Unabhängigkeit" kollidierte mit der gesellschaftlichen Realität der Bewegung, da man daraus die Folgerung ableiten konnte, den Beamten das Wahlrecht zu verweigern, und dazu wären nur die wenigsten Liberalen bereit gewesen.

Die Ansichten der Liberalen zum Wahlrecht zeigen, wie Kategorien wie „Mittelstand" oder „das eigentliche Volk" brüchig wurden, wenn man sie aus der moralischen Aura der politisch-philosophischen Debatte in die Welt der politischen Realitäten herabholte. Die Liberalen waren unter sich zutiefst uneins darüber, wer gesellschaftlich und politisch zu ihrer Bewegung gehörte und wer nicht, andererseits fürchteten sie, wenn nicht gewisse Grenzen gezogen würden, könnte der Mittelstand von der Masse der abhängigen, unaufgeklärten Leute überrollt werden. Diese Motive der inneren Uneinigkeit und der im Hintergrund wirkenden Ängste treten im politischen Denken der Liberalen während der ersten Jahrhunderthälfte immer wieder zutage.

Das Denken fast aller Liberalen zeigte auf den ersten Blick einen Glauben an den Fortschritt der Gesellschaft und an die Segnungen ökonomischen Wachstums und ökonomischer Entwicklung. Der westfälische Unternehmer Friedrich Harkort beispielsweise betrachtete die industriellen Unternehmer als eine neue Aristokratie, die mit Können und glücklicher Hand die Welt verändern werde, indem sie die Überbleibsel „feudaler" Privilegien und absolutistischer Herrschaftsformen beseitigte.[48] Andere Liberale hoben die Bedeutung des Handels als einer Quelle gesellschaftlicher und politischer Veränderungen und als einer Klammer hervor, welche die Deutschen eng aneinander binden werde. Hermann von Beckerath unterstrich diesen Aspekt, als er 1846 verkündete: „Der Volksgeist drängt in der Form materieller Bestrebungen nach Einheit der Nation". „Der freie Handelsverkehr", so schrieb Friedrich Murhard, „wird ein Band der Nationalität sein, welches von nun an alle Menschen-Stämme umschließt und an welchem der Deutsche den Deutschen erkennt".[49] Das herausragende Symbol für diese Bindungen schaffende Funktion des technischen Fortschritts war die Eisenbahn. So brachte etwa der liberale Journalist Heinrich Brüggemann seine Genugtuung über die Eröffnung einer neuen Bahnlinie auf einen im wesentlichen politischen Nenner: „Unsere Freude ist eine liberale Freude", so schrieb er, „sie ist die Freude über einen neuen Triumph und einen neuen, neue Triumphe verbürgenden Machtzuwachs der liberalen und humanen Prinzipien." Karl Biedermann erinnerte sich in seinen Memoiren daran, wie sehr er dem Anschluß Leipzigs an das Eisenbahnnetz entgegengefiebert hatte. Die Stadt hatte dadurch an wirtschaftlicher und politischer Lebenskraft gewonnen, ganz abgesehen davon, daß vom Eisenbahnbau alle diejenigen, die Aktien erworben hatten, sowie auch viele andere profitierten, und sei es auch nur, indem sie sich als Teilglieder eines erweiterten Beziehungsnetzes fühlten, dessen Symbol die glänzenden Bahnschienen waren.[50]

Aber bei allen wortreichen Lobreden auf den gegenwärtigen und zukünftigen Fortschritt waren doch nur wenige Liberale unzweideutige Befürworter wirtschaftlichen Wachstums und industrieller Entwicklung. Selbst ein ausgesprochener Verfechter des wirtschaftlichen Fortschritts wie Friedrich List war imstande zu erkennen, daß mit dem Sieg der Fabriken über die Welt der Zünfte und Handwerke sehr viel Gutes verlorenging. Andere Intellektuelle, wie etwa Karl Mathy und Robert von Mohl, waren mit ihrem Eintreten für die neue industrielle Ordnung noch weit zurückhaltender. Sie räumten ein, daß der Industrie die Zukunft gehöre, waren aber unglücklich über die schädlichen kulturellen Folgen und die sozialen Gefahren, die sie vom Fabrikwesen erwarteten.[51] Dieses Unbehagen an der Industrialisierung reichte bis in die Reihen derjenigen hinein, die selbst aktiv in Wirtschaftsunternehmen tätig waren. Ludolf Camphausen beispielsweise beklagte die „Menschenanhäufung" in den Fabriken und war besorgt angesichts der Konzentration von Reichtum, zu der dieser Prozeß führen werde. Der erfolgreiche badische Textilmagnat Karl Mez leitete sein riesiges Unternehmen mit großer Energie, doch in der Theorie war er ein Gegner einer zu starken industriellen Konzentration und trat für dezentralisierte wirtschaftliche Strukturen ein.[52] In diesem Zusammenhang ist es angebracht, daran zu erinnern, daß zu den beliebtesten Romanen der dreißiger und vierziger Jahre *Die Epigonen* von Karl Immermann gehörte (1836), der ausführlich den Siegeszug eines industriellen Unternehmers schildert, aber damit endet, daß die Fabriken zerstört werden und die Arbeiter ins Handwerk und in die Landwirtschaft zurückkehren.[53]

Die Skepsis der Liberalen über die Folgen der Industrialisierung hing mit den verschiedenen Auffassungen über die Landwirtschaft zusammen, die in der Bewegung vertreten wurden. Es gab Männer wie Friedrich List, die davon überzeugt waren, daß agrarische Strukturen geistige Stagnation und nationale Ohnmacht beinhalteten.[54] Andere glaubten, Verbesserungen in der landwirtschaftlichen Produktion würden die sicherste Grundlage für weiteren materiellen Fortschritt sein.[55] Rotteck beispielsweise sah in der Landwirtschaft „die naturgemäßeste, freundlichste, wohltätigste Beschäftigung für die einzelnen, und die reichste, selbständigste und sicherste Quelle der Erhaltung des Wohlstandes für die Nation". Mohl machte sich keine Illusionen darüber, daß das industrielle Wachstum aufzuhalten wäre, hielt aber daran fest, daß die Bauern in einer natürlicheren, weniger verdorbenen Welt lebten als die Fabrikarbeiter.[56] Das Verhältnis der Liberalen zur Frage der Großstädte war sehr unterschiedlich. Für Heinrich von Gagern war die Stadt „der Sitz der Intelligenz, die Wiege der Zivilisation, der Hort der Freiheit". Welcker pflichtete bei: „Das Leben in Städten erweckt, vereinigt und schützt die höheren Bestrebungen. Gewerbe, Handel, die Civilization... Der Mensch wird nur durch den Verein mit seinen Mitmenschen stark und gebildet".[57] Aber es gab auch Menschen, die dem Leben in der Stadt einen anderen, bedenklicheren Aspekt abgewannen. Für sie trug das enge Zusammenleben der Menschen weniger zur Förderung der Zivilisation bei als vielmehr dazu, einen günstigeren Nährboden für die Ausbreitung von Epidemien zu schaffen, und zwar nicht nur von solchen im medizinischen Sinn, sondern auch von sozialen Epidemien wie Unzufriedenheit, Kriminalität und Barbarei.[58]

Die Furcht vor den Folgen eines uneingeschränkten Anwachsens der Fabriken und der Großstädte veranlaßte sehr viele Liberale zu einer Relativierung ihrer Parteinahme für eine völlig freie Wirtschaft. Zwar räumten die meisten Liberalen die anachronistischen und schädlichen Folgen der Zunftprivilegien und -beschränkungen ein, aber manche äußerten doch auch Bedenken gegen eine völlige Beseitigung dieser das Anwachsen einzelner Wirtschaftsunternehmen begrenzenden Institutionen. Rotteck beispielsweise wünschte eine Reform der Zünfte, fürchtete aber die Folgen, die ihre totale Abschaffung nach sich ziehen würde:

Mit Aufhebung der Zünfte wird ein Krieg aller gegen alle entstehen, die genügsame, ehrbare, stille Lebensfreude, die so viele Tausende beglückt, dahinschwinden, der Arme von dem Reichen zum Lohnknecht in der Fabrik herabgedrückt und dadurch die unselige Aristokratie des Geldes befördert werden.[59]

Viele Liberale, insbesondere die des südlichen und des westlichen Deutschland, wo die traditionellen wirtschaftlichen Zunftschranken noch den ganzen Vormärz hindurch bestanden, neigten in der Theorie zur Forderung völliger Gewerbefreiheit, wogegen sie eben diese Freiheit in der Praxis wesentlichen Beschränkungen unterworfen sehen wollten. In Baden stimmten Regierung und Opposition darin überein, daß die einheimische Wirtschaft einfach noch nicht reif genug war, um ohne eine gewisse regulierende Tätigkeit des Staates funktionieren zu können.[60] Eine Befürwortung wirtschaftlicher Freiheit in der Theorie, verbunden mit Skepsis und Zögern in der Praxis, kennzeichnet auch die Einstellung der Liberalen zum Freihandel. Manche Liberale stellten die Handelsfreiheit in Frage, weil sie fürchteten, durch sie würden große Unternehmen auf Kosten von kleineren begünstigt. Diese Überlegung veranlaßte Johann Adam von Itzstein, gegen den Zollverein zu opponieren, in dem er, wie viele andere in Süddeutschland, eine Aufforderung zu einem schädlichen wirtschaftlichen Wachstum sah.[61]

Die Auffassung, daß die klassischen Lehren der wirtschaftlichen Freiheit im Prinzip segensreich, in der Praxis jedoch gefährlich seien, war im wirtschaftlichen

Denken der Liberalen in der ersten Hälfte des 19. Jahrhunderts weit verbreitet. Wie Marie Vopelius unlängst gezeigt hat, pries die erste Generation liberaler Volkswirtschaftler in Deutschland die Segnungen der wirtschaftlichen Freiheit, blieb sich aber zugleich der potentiellen Probleme bewußt, die eine konsequente Anwendung dieser Lehre in ihrem Land heraufbeschwören würde.[62] Die meisten von ihnen waren nicht bereit, in der Praxis ganz von jener regulierenden Funktion des Staates Abschied zu nehmen, die für das volkswirtschaftliche Denken und Handeln in Deutschland während der kameralistischen Ära bestimmend gewesen war. Karl Heinrich Rau beispielsweise bekannte sich zum Ideal der Gewerbefreiheit, wies aber zugleich mit Bedacht auf die erzieherische und schützende Rolle hin, die der Staat spielen müsse. Damit nicht genug, zögerte Rau auch nicht, ein Eingreifen des Staates zu bejahen, wenn immer als Folge der wirtschaftlichen Freiheit die Interessen und die Wohlfahrt der Gesellschaft als Ganzes gefährdet schienen.[63] In den vierziger Jahren gab es in Deutschland einige Volkswirtschaftler, die bereit waren, die klassischen ökonomischen Lehren im wesentlichen uneingeschränkt zu vertreten. John Prince Smith, ein nach Deutschland verschlagener Engländer, ist der bekannteste Fürsprecher einer freien Marktwirtschaft.[64] Aber Prince Smith war nicht typisch, und selbst unter denjenigen Liberalen, die einzelne Teile seines Programms – den Freihandel beispielsweise – unterstützten, gab es viele, die Bedenken trugen, das Prinzip des *laisser-faire* konsequent zu übernehmen.

Das Unbehagen der Liberalen gegenüber den möglichen Folgen eines uneingeschränkten Wirtschaftswachstums verstärkte sich im Laufe der vierziger Jahre angesichts dessen, was einige von ihnen als die „soziale Frage" zu problematisieren begannen. Die sozialen Unruhen der vierziger Jahre waren die Folge sowohl langfristig als auch kurzfristig wirkender Störungen in der gesellschaftlichen und wirtschaftlichen Entwicklung Deutschlands: der sich allmählich aufbauenden Spannungen aufgrund des Bevölkerungswachstums, der strukturellen Krisen in bestimmten Gewerbezweigen und der durch Mißernten hervorgerufenen Versorgungsmängel; dazu kam noch eine Handelskrise. Hungeraufstände in einigen großen Städten, gewalttätige Streiks in einigen Regionen und ein beunruhigender Anstieg der Kriminalität und des Pauperismus, all dies rief eine zunehmende Angst vor jenen, wie ein Zeitgenosse es ausdrückte, „titanischen Kräften" hervor, die alles bedrohten, was den Menschen teuer sei, und die Gefahr einer ungeheuren Umwälzung heraufbeschworen.[65]

Die Liberalen reagierten auf diese „titanischen Kräfte" in unterschiedlicher Weise. Einige brachten es fertig, sie vollkommen unbeachtet zu lassen und sich ihre Energien für politische oder religiöse Kontroversen aufzusparen. Andere räumten ein, daß die Gesellschaft mit neuartigen Problemen konfrontiert sei, sahen aber in diesen Problemen eine geistige Krise, der mit kulturellen Reformen zu Leibe gerückt werden müsse, oder eine politische Gefahr, der mit einem Bündnis zwischen dem Mittelstand und dem Staat zu begegnen war.[66] Eine Reihe von Liberalen betrachtete soziale Härten als unvermeidliches Teilmoment des Fortschritts. Prince Smith erklärte, die Armut rühre hauptsächlich von der

„Abneigung gegen Arbeit" und „Roheit" der Armen her. Staatliche Armenfürsorge werde diese Laster nur fördern, so daß die einzig mögliche Antwort auf die sozialen Probleme in einer konsequenteren Anwendung der Marktmechanismen liege.[67] Und selbst manche von denen, die erheblich mehr menschliches Mitgefühl aufbrachten als Prince Smith, neigten zu der Auffassung, die Probleme der vierziger Jahre ließen sich am besten durch eine Verschärfung des wirtschaftlichen Entwicklungstempos und durch eine damit einhergehende Erhöhung des allgemeinen Wohlstands lösen. Mit einem solchen Kurs werde sicherlich weniger Not und Leid erzeugt als mit einer Politik der Behinderung des wirtschaftlichen Fortschritts. Friedrich List brachte diese Auffassung zum Ausdruck, als er erklärte: „Es gibt weit größere Übel als einen Stand von Proletariern: leere Schatzkammern – Nationalunmacht – Nationalknechtschaft – Nationaltod." Die größte Not, so behauptet List, herrsche nicht dort, wo der Fortschritt am schnellsten, sondern dort, wo er am langsamsten vonstatten ging. Die Wahl, vor der Deutschland stand, hieß: entweder wirtschaftliches Wachstum zuzulassen oder sich einem entsetzlichen Elend auszuliefern, wie es als Folge wirtschaftlicher Rückständigkeit über die Iren gekommen war.[68]

Es gab jedoch viele Liberale – und sie waren in der Vormärzzeit typischer für die Bewegung –, die mit der Auffassung, die sozialen Probleme ließen sich am besten durch eine Beschleunigung des wirtschaftlichen Entwicklungstempos erledigen, nicht einverstanden waren. Diese Männer neigten dazu, in der sozialen Misere eine Folge der wirtschaftlichen Entwicklung selbst und nicht etwa ein Symptom ihres mangelnden Fortgangs zu sehen.[69] Bei ihnen bestärkten die Krisen der vierziger Jahre die Bedenken gegenüber der Industrialisierung, die seit einiger Zeit latent in der Bewegung schwelten. Im Brennpunkt ihrer Besorgnisse standen gewöhnlich diejenigen gesellschaftlichen Gruppen, die unter den Folgen eines unkontrollierten industriellen Wachstums am stärksten zu leiden hatten: kleine Geschäftsleute und Händler, Handwerksmeister und Landwirte – mit anderen Worten Gruppen, die als wichtige Elemente des traditionellen Mittelstandes angesehen wurden. Johann Hoffmann, ein früher Befürworter der Gewerbefreiheit in Preußen, erklärte 1844, die Erhaltung eines „zahlreichen, selbständigen und wohlhabenden niederen Mittelstandes" von Handwerkern und Landwirten sei der beste Schutz vor sozialem Aufruhr.[70] Viele Liberale dachten ebenso. Nur wenige sahen in der Industriearbeiterschaft den Kernpunkt der sozialen Frage, denn die Unterscheidung zwischen industrieller und handwerklicher Produktion schälte sich erst allmählich heraus.[71] Selbst als ein Mann wie Mohl die gesellschaftliche Bedeutung der Fabrikarbeiterschaft erkannte, vertrat er weiterhin die Auffassung, das beste Mittel zur Beschwichtigung ihrer Unzufriedenheit bestehe darin, ihnen eine bessere Chance zu einer selbständigen Existenz zu eröffnen. Vielen Liberalen schwebte daher als Ideal nicht etwa eine dynamische Industriegesellschaft vor, sondern eher eine Gemeinschaft florierender Kleinbetriebe und Einzelgewerbe, wodurch das kulturzersetzende Fabrikwesen vermieden und die Entwicklung einer sozialen Ordnung ermöglicht werden konnte, die fest auf einem breiten Fundament mittelständischer Selbständiger ruhte, von denen jeder einen eigenen Betrieb leitete.[72]

Die Liberalen glaubten, wenn nichts für die Erhaltung und Verbreitung des Mittelstandes getan würde, würde dessen gesellschaftlicher Widerpart, jene Gruppe, die manche Zeitgenossen das „Proletariat" zu nennen begannen, stetig an Größe und Bedeutung zunehmen. Was den Ausdruck „Proletariat" betrifft, so scheinen sich die Liberalen, wie vorauszusehen war, nicht einig darüber gewesen zu sein, was er bedeutete. Manche bezeichneten damit alle unzufriedenen Elemente in der Gesellschaft, andere ausschließlich Arbeiter, Gesellen und Handwerksmeister ohne Gehilfen. Wie ein Liberaler 1847 hervorhob, waren die Begriffe, die den „Schlagwörtern unserer Zeit, Pauperismus, Proletariat, Kommunismus, Sozialismus, Arbeitsorganisation" zugrunde lagen, dunkel und verworren.[73] Aber fast alle Liberalen gebrauchten den Ausdruck „Proletariat", ebenso wie den Terminus „Mittelstand", als eine sowohl moralische als auch soziale Kategorie. Die wesentlichen Kennzeichen des Proletariats waren für sie materielle Armut und geistige Heruntergekommenheit. Karl Biedermann definierte Proletarier als Menschen „ohne feste Stellung im Leben, ohne einen selbständigen Geschäftsbetrieb, ohne einen eigenen Besitz". Und er erkannte, daß mit diesem Mangel an materieller Unabhängigkeit eine moralische Unfähigkeit zu rationalen Entschlüssen einherging.[74] Das Proletariat war somit das gerade Gegenteil des Mittelstandes: abhängig, irrational, wurzellos. Und das war es, was seine Angehörigen zu einer solchen Gefahr für die soziale Ordnung machte. Da sie in den bestehenden Verhältnissen nichts zu verlieren hatten und auch über keine Möglichkeit verfügten, aufgeklärte Auffassungen zu entwickeln, waren sie zu jeder Zeit offen für die Versuchung, sich gegen die Gesellschaft zu betätigen, sei es als Kriminelle, als Revolutionäre oder als die politischen Werkzeuge skrupelloser Demagogen.

Da das Proletariat ein wirtschaftliches und moralisches Problem darstellte, hatten die meisten liberalen Reformvorschläge sowohl eine materielle als auch eine erzieherische Seite. Friedrich Harkort beispielsweise wollte das deutsche Schulwesen verbessern, um dort der kulturellen Unterernährung der Armen entgegenwirken und ihnen die für die Verbesserung ihrer wirtschaftlichen Lage erforderlichen Fähigkeiten vermitteln zu können.[75] Aber für Harkort und für viele andere Liberale beinhaltete die Forderung nach einer verbesserten Bildung für die Armen nicht nur einen Ausbau des institutionellen Schulwesens, sondern auch die Gründung von Arbeitervereinen; diese wurden zur typischsten institutionellen Antwort der Liberalen auf die soziale Frage der vierziger Jahre. Vereinigungen mit dem Ziel der Erwachsenenbildung, des Aufbaus von Arbeiter-Sparkassen, der Vermittlung besonderer fachlicher Qualifikationen und moralischer Werte galten als die geeignetsten Mittel, um einen Ersatz für jene ständischen Institutionen zu schaffen, die von den Naturkräften der sozio-ökonomischen Entwicklung zerstört wurden. Diese Vereine würden den Menschen helfen, ihre Ressourcen in einen Topf zu werfen, würden sie lehren zu kooperieren, ihnen neue Fertigkeiten vermitteln und ihnen, was das wichtigste war, helfen, das Gefühl der Entfremdung, des Abgeschobenseins ins gesellschaftliche Abseits zu überwinden. Schließlich würden solche Vereinigungen die Armen vor der völligen

Verelendung bewahren und sie mit ihrer untergeordneten Stellung in der Gesellschaft versöhnen.[76] Aber letztlich bestand das Ziel darin, einer möglichst großen Zahl von Menschen die Fertigkeiten und die geistigen Voraussetzungen zu vermitteln, die für einen Aufstieg in den Mittelstand erforderlich waren. Mit den Worten einer Hamburger Bildungsvereinigung:

So vereint Euch denn, deutsche Arbeiter, Gesellen, Gehülfen oder wie Ihr Euch sonst nennt, werft Euer Scherflein zusammen, um gemeinsam Bildung und Belehrung Euch zu erleichtern und dereinst der Stolz und die Zierde des Staates in einem goldenen Mittelstande zu werden und ein goldenes Zeitalter zu schaffen.[77]

Obgleich die Liberalen große Hoffnungen hinsichtlich des Bildungseinflusses von Arbeitervereinigungen hegten, erkannten viele von ihnen, daß solche Institutionen vielleicht nicht ausreichen würden, um die Woge der sozialen Unzufriedenheit aufzuhalten. Nur der Staat war stark genug, im Zusammenwirken mit Vereinen und anderen Formen der kooperativen Selbsthilfe die bestehende gesellschaftliche Ordnung zu bewahren. Der Staat war, wie Karl Biedermann glaubte, der „natürliche Vormund der Arbeiter" und trug die Verantwortung für soziale Reformen.[78] In der krisengeladenen Atmosphäre der vierziger Jahre waren viele Liberale bereit zuzugestehen, daß bei einer Verwirklichung dieser Reformen einige der gesellschaftlichen Freiheiten, die sie in der Theorie proklamierten, gewisse Einschränkungen erfahren müßten. Die Freizügigkeit beispielsweise war eines der anerkannten liberalen Ziele, seit langem in Kritik an jenen traditionellen Institutionen gefordert, die an dem Grundsatz festhalten wollten, daß eine Gemeinde das Recht hatte, zu entscheiden, wer sich in ihr niederließ. Nach 1840 jedoch begann sich bei manchen Liberalen die Furcht zu regen, bei einer stark wachsenden Bevölkerung könne sich eine ungehinderte Mobilität als ernste Gefahr für die soziale Ordnung erweisen; sie waren daher bereit, sich zu Fürsprechern neuer Beschränkungen zur Regulierung der Bevölkerungsbewegung zu machen. Und natürlich gab es nur eine Instanz, die die Macht hatte, solche Beschränkungen ein- und durchzuführen. Mevissen trat für eine Dezentralisierung der Industrie ein, der der Staat mit einer planmäßigen Streuung wirtschaftlicher Unternehmen nachhelfen sollte. Und Mohl, jener berühmte Streiter für den Rechtsstaat, war bereit, sogar noch weiter zu gehen. Als letztes Mittel zum Schutz vor einer Überbevölkerung sollte der Staat seiner Meinung nach Menschen zur Auswanderung zwingen und sogar ihr Recht, sich zu verheiraten, beschneiden können. Der Magistrat von Berlin, der in den vierziger Jahren als politisch liberal eingestellt galt, zog die Möglichkeit in Betracht, vom Staat ein Verbot des Zuzugs in die Stadt zu fordern, damit diese nicht zu einem „Magnet für die Armut" würde.[79]

Die Krisen der vierziger Jahre verstärkten die Furcht der Liberalen vor sozialen Unruhen, verstärkten auch ihre Zweifel hinsichtlich des sozialen Fortschritts und ihre Neigung, den Staat um Schutz anzurufen. Aber diese Haltungen waren immer schon als Leitmotiv im liberalen Denken vertreten gewesen. Ihre wahrscheinlich prägnanteste und einflußreichste Formulierung hat diese Neigung in

Hegels *Rechtsphilosophie* (1821) gefunden; Hegel erkannte darin die Bedeutung der wirtschaftlichen Betätigung und Freiheit an, beharrte aber darauf, daß der Staat gewärtig sein müsse, die in der „bürgerlichen Gesellschaft" latent schlummernden Sprengkräfte zu zügeln. Aus diesem Grund solle die politische Macht in den Händen von Beamten bleiben, die einem „universellen Stand" angehörten und sich somit der Verteidigung des allgemeinen Wohls gegen partikulare Interessen verpflichtet fühlten.[80] Ähnliche Auffassungen treten in unterschiedlicher Form in allen Bereichen liberalen Denkens zutage: So forderte beispielsweise der Autor eines Artikels im *Staatslexikon* staatliche Initiativen auf dem Gebiet sozialer Reformen, mit der Begründung, der Staat repräsentiere „die Gesellschaft in ihrer Einheit". Gustav Mevissen sah im Unterschied der Begriffe „staatlich" und „sozial" den Kontrast zwischen dem Allgemeinen und dem Einzelnen, zwischen Einheit und Konflikt verkörpert.[81] Selbst bei Liberalen, deren Sympathien eindeutig auf seiten der gesellschaftlichen Freiheit und der Marktwirtschaft lagen, stand im Hintergrund eine Befürchtung, ohne die starke Hand des Staates könnten diese Kräfte möglicherweise die Gesellschaft ins Chaos stürzen.

3. Staat und Volk

> Nicht wenige Menschen scheinen zu glauben, daß der Staat... geben könne ohne zu nehmen... Die, welche vom Staat alles, was sie wünschen und verlangen, erwarten und fordern, gleichen den Gästen, welche zu einem Freimahl geladen zu seyn glauben, aber am Ende des Mahles mit der Rechnung überrascht werden.
>
> K.S. Zachariä (1839)[1]

Zu Anfang der siebziger Jahre des 18. Jahrhunderts, als der Liberalismus zum erstenmal als weltanschauliche und politische Bewegung in Erscheinung trat, hatte sich in Mitteleuropa der bürokratische Staat bereits fest als bedeutendste politische Kraft installiert. Die Beziehung des Liberalismus zur Staatsmacht war von Anfang an ebenso innig wie problematisch. Auf der einen Seite betrachteten die Liberalen den Staat als ihren Feind, als Bewahrer des Status quo und Instrument der Unterdrückung. Auf der anderen Seite erkannten sie, daß der Staat auch ein wertvoller Verbündeter, ein Garant für fortschrittliche Reformen und für den Schutz vor politischen Gegnern sein konnte. Die Ambivalenz der Liberalen gegenüber dem Staat reflektierte die historische Rolle, welche die Bürokratie in den deutschen Staaten des 18. Jahrhunderts übernommen hatte. Als Werkzeuge des fürstlichen Absolutismus waren die Beamten häufig gegen diejenigen tätig geworden, die sich der Politik der Fürsten widersetzten. Andererseits strebten die Beamten als „Staatsdiener" die gleichen Ziele an wie viele fortschrittliche Deutsche: eine funktionierende Verwaltung, Gleichheit vor dem Gesetz und materiellen Wohlstand. Das Bekenntnis zu diesen Zielen bewegte viele Verwaltungs- und Justizbeamte dazu, sich den Vereinigungen anzuschließen, die gegen Ende des 18. Jahrhunderts die Heraufkunft einer die Sache des Fortschritts vertretenden Öffentlichkeit ankündigten. Wie andere Teile der Bildungselite wollten auch diese Beamten eine aufgeklärte öffentliche Meinung schaffen, die sie im Kampf um Reformen unterstützen würde.[2]

Bis zur Jahrhundertwende schwächten Uneinigkeiten in den eigenen Reihen, die Macht der traditionellen Institutionen und die Zaghaftigkeit oder Gegnerschaft ihrer fürstlichen Herren den Einfluß dieser reformerisch gesinnten Beamten. Die mit der Eroberung Mitteleuropas durch die Franzosen einsetzende Ära eröffnete ihnen neue und nie dagewesene Möglichkeiten. Aus dem politischen Trümmerfeld, das die militärische Niederlage hinterließ, tauchten in vielen deutschen Staaten liberale Beamte als die funktionsfähigsten Garanten von Wandel und Zusammenhalt empor. Die Reformgegner innerhalb der Beamtenschaft hatten den Halt verloren, traditionelle Institutionen waren aus den Angeln gehoben, und die Abneigung der Herrscher gegen eine Reform verringerte sich angesichts der verzweifelten Lage, in der sie sich befanden. In Preußen beispielsweise erschien eine Ausweitung der Befugnisse des Verwaltungsapparates auf Kosten fürstlicher und ständischer Macht der einzig gangbare Weg zu sein, wenn das Land die demütigenden Niederlagen von 1806 überleben sollte. In den „Mittelstaaten" des Rheinbunds gingen unter napoleonischer Schirmherrschaft die letzten Überreste aristokratischer und reichsstädtischer Sonderfreiheiten in einem administrativ vereinheitlichten Staatenbündel auf. Die Macht der Bürokratie wurde bestärkt durch die Straffung der Kontrollbefugnisse der Beamten über ihre eigenen Institutionen, durch einen weiteren Abbau der Machtbefugnisse des Adels auf dem Land und der städtischen Selbstverwaltungsorgane sowie durch eine erhebliche Zentralisierung der das soziale, wirtschaftliche und kulturelle Leben regelnden Institutionen.[3] Die sogenannte Reformzeit war also im Normalfall eine Zeit der Reformen durch – und häufig für – die Verwaltungsbürokratie.

Mit den Worten von Graf Maximilian Montgelas, einem führenden bayerischen Reformer, dienten diese Reformmaßnahmen dem Ziel, alle Untertanen in einen wohltätigen Bund mit dem gemeinsamen bayerischen Vaterland einzuschließen und ihnen die Vorteile einer engeren Verbindung mit der Verwaltung zukommen zu lassen. Diese kritische Periode der deutschen Geschichte brachte mithin eine bedeutsame Stärkung der Rolle des Staates als des wichtigsten Motors politischer Veränderungen.

Nach der Niederlage Napoleons bei Waterloo hofften viele der Gegner dieser bürokratischen Reform auf die Wiederkehr alter Machtpositionen und die „Restauration" traditioneller Institutionen. Diese Gruppen – preußische Junker, süddeutsche Standesherren, Kirchenführer und Fürsprecher des Prinzips der lokalen Selbstverwaltung – hatten mit ihren Bemühungen gewisse Erfolge, insbesondere in den ersten Jahren nach 1815. Doch sie waren zu keiner Zeit imstande, taktische Erfolge in strategische Siege umzumünzen: Es gelang ihnen in den Jahren zwischen 1815 und 1848 nicht, die traditionellen Machtstrukturen wieder herzustellen; der „Beamtenstaat" florierte. Die Verwaltungsbürokratie besetzte im Lauf dieser Zeitspanne das Zentrum eines komplexen Feldes sozialer und politischer Kräfte. Beamte fungierten als die Hauptexekutoren jener reaktionären Politik, für die der Name Metternich steht, die aber bis zu einem gewissen Grad in allen mitteleuropäischen Staaten praktiziert wurde. Dies machte sie häufig zu Verbündeten der aristokratischen Gegner der Revolution, mit denen sie ungeachtet dessen weiterhin über Fragen der lokalen Selbstverwaltung und der Befugnisse ständischer Institutionen im Streit lagen. Ein ähnliches Schema von Konflikt einerseits, Zusammenarbeit andererseits zeichnete die Beziehungen der Beamtenschaft zu der heraufkommenden liberalen Bewegung aus: Die Rolle der Beamten als Garanten des reaktionären Status quo führte zu tiefer gegenseitiger Abneigung zwischen ihnen und den Liberalen, aber das Fortwirken der Reformimpulse in gewissen politischen Maßnahmen der Verwaltung sowie im politischen Denken vieler einzelner Beamter lieferte eine Grundlage zur Zusammenarbeit.

Der auffälligste Aspekt des Verhältnisses der Liberalen zum Staat in den Jahren nach 1815 war die Erbitterung, mit der sie fast in ihrer Gesamtheit den Exzessen bürokratischer Herrschaft und insbesondere den bürokratisch erzwungenen

Beschränkungen der Entwicklung einer aufgeklärten Öffentlichkeit gegenüberstanden. Kein liberales Programm war denkbar ohne eine scharfe Kritik an der Zensur, und in der Laufbahn keines der liberalen Wortführer fehlten frustrierende, demütigende und oft gefährliche Zusammenstöße mit den staatlichen Zensoren.[5] Die Zensur behinderte den freien Informationsfluß und damit die Möglichkeit der unverfälschten Äußerung öffentlicher Anliegen und Wünsche. Die Zensur behinderte nicht nur die liberale Bewegung (in der die Liberalen selbst den politischen Ausdruck dieser öffentlichen Anliegen sahen), sondern enthielt dem Staat auch die Informationen vor, die er zu einem wirksamen Funktionieren benötigte. Selbst ein so gemäßigter Mann wie Friedrich Dahlmann betrachtete jede Einschränkung der Pressefreiheit als einen Fehler, denn, so meinte er, „des Geistes Auge wird leicht auch durch ein Stäubchen getrübt".[6] Um die Intensität des Hasses ermessen zu können, den die Zensur bei den Liberalen auslöste, muß man sich deutlich machen, daß die Frage der Publizität und der öffentlichen Meinungsäußerung für viele Liberale ein fast geheiligter Glaubensartikel war: „Zeitungen", schrieb August Ludwig von Schlözer Ende des 18. Jahrhunderts, „...mit einem Gefühl der Ehrfurcht schreibe ich dieses Wort nieder. Zeitungen sind eins der großen Kulturmittel, durch welche wir Europäer Europäer geworden sind, wert, daß sich noch jetzt Franzosen und Deutsche über die Ehre ihrer Erfindung streiten." Für spätere Generationen waren Zeitungen, Zeitschriften und Pamphlete die kulturelle Nahrung, durch die „Deutsche zu Deutschen werden konnten" und durch die sich die öffentliche Meinung im Staat artikulieren konnte.[7]

Die durch die Zensur aufgeworfenen beständigen Konflikte waren Teil eines breiten Spektrums liberaler Enttäuschungen über die trivialen und manchmal schwerwiegenden Mißbräuche bürokratischer Macht, die sie in ihrer Umwelt miterlebten. Manchmal war es einfach der Ärger über Beispiele von Beamtenpedanterie; man stelle sich etwa den Unmut aufgeklärter Menschen vor, wenn sie erfuhren, daß badische Beamte eifrig dabei waren, Alleebäume zu numerieren und Schilder mit der Aufschrift anzubringen: „Es ist gestattet, auf dieser Straße zu fahren."[8] Häufig waren die Steine des Anstosses ernsterer Natur. Ein seriöser Geschäftsmann wie David Hansemann beispielsweise geriet in die Fänge der Polizei, weil an seinen Reisepapieren eine Kleinigkeit nicht stimmte; Robert von Mohl und eine ziemlich große Zahl seiner Berufskollegen wurden wegen politischer Unzuverlässigkeit ihres Lehramts enthoben; Sylvester Jordan, Friedrich Murhard und viele andere mußten wegen ihrer politischen Überzeugung Verhaftungen und Gefängnisstrafen in Kauf nehmen. Die 1848 ins Frankfurter Parlament gewählten Vertreter der liberalen Elite waren zu mehr als einem Sechstel einmal oder mehrmals polizeilich verfolgt worden.[9] Natürlich hatte die politische Verfolgung im Vormärz noch nicht jenes perfekte Niveau erreicht, zu dem unser Jahrhundert es gebracht hat. Manchmal wurden die Verhafteten von fortschrittlich denkenden Richtern freigesprochen. Gleichwohl bestand der Lohn für politisches Engagement nicht selten in einer verkorksten Laufbahn, in persönlichem Leiden und zuweilen in Gefängnis oder Exil. Die Tatsache, daß das öffentliche Auftreten als Liberaler Zivilcourage voraussetzte, eine zu allen Zeiten und an allen Orten nicht eben häufig vorkommende Eigenschaft, wird von denen, die den deutschen Liberalismus als leere Phraseologie oder als bloße Bemäntelung materieller Eigeninteressen abtun, zu oft übersehen.

Weil die Macht der Bürokratie in der ersten Hälfte des 19. Jahrhunderts in extensiver und intensiver Beziehung so groß war, beschränkte sich das Potential für mögliche Konflikte mit der liberalen Bewegung nicht auf die rein politische Sphäre. Auch die Religion etwa war ein Bereich, der sowohl für den Staat als auch für viele seiner Gegner große Bedeutung hatte. Kirchliche Reformen waren ein wichtiges Element der deutschen Aufklärung gewesen und lagen denjenigen nach wie vor am Herzen, die sich nach 1815 mit der liberalen Opposition zu identifizieren begannen. Zu gleicher Zeit kam es im Zuge des allgemeinen bürokratischen Machtzuwachses zu einer Stärkung der Funktion des Staates als religiöser Autorität (hierin setzte sich eine dem deutschen Protestantismus eigentümliche Tradition fort). Als der Staat versuchte, seine Macht zur Verteidigung der orthodoxen Lehren und Institutionen zu mobilisieren, wurden aus religiösen Konflikten politische.[10] Diejenigen, die für größere Toleranz hinsichtlich abweichender theologischer Auffassungen und für eine beweglichere Politik der Kirchenführer eintraten, wurden notgedrungen in eine Oppositionshaltung gegenüber dem Staat getrieben. Auch Gruppen und Personen, denen theologische Fragen an sich gleichgültig waren, konnten in kirchenpolitische Auseinandersetzungen hineingezogen werden, in denen sie eine Kraftprobe zwischen der bürokratischen Macht und den Rechten des einzelnen sahen. Die Forderung nach religiöser Freiheit wurde daher zu einem Bestandteil der liberalen Bemühungen, eine freie Öffentlichkeit zu schaffen, die es jedem Menschen erlauben würde, sein Handeln ausschließlich dem Diktat der eigenen, aufgeklärten Einsicht zu unterwerfen. Die Kontroverse um die „Lichtfreunde" in den vierziger Jahren bietet ein gutes Beispiel für die Art und Weise, wie politische Opposition und religiöser Dissens zusammenwirken und einander wechselseitig bestärken konnten.[11]

Für manche Teile der liberalen Bewegung war die Einmischung des Staates in wirtschaftliche Angelegenheiten eine wichtigere Ursache politischer Opposition als die staatliche Religionspolitik. Das galt besonders für die in dynamischer wirtschaftlicher Entwicklung befindlichen Regionen wie etwa das Rheinland; die dortigen Unternehmer beklagten sich beständig über das fehlende Verständnis des Staates für und über seine schädlichen Eingriffe in wirtschaftliche Vorgänge. Diese Männer sahen ihre Handlungsfreiheit häufig bedroht durch die, wie sie es empfanden, eingewurzelte Feindseligkeit mancher Beamten gegenüber ihrer wirtschaftlichen Tätigkeit. Von solcher Art müssen sicherlich die Empfindungen einer Abordnung von Industriellen aus Barmen gewesen sein, die sich in Berlin von einem Minister sagen lassen mußten, die Industrie sei ein „Krebsgeschwür", das an den Lebenswurzeln der Gesellschaft fresse.[12] Einen Anlaß zur Erbitterung lieferte den Unternehmen auch die unbeständige Haltung des Staates zum wirtschaftlichen Wachstum. Manche Beamten standen ihm positiv gegenüber, mißtrauten jedoch bestimmten Unternehmensformen wie den Aktiengesellschaften und den Banken. Andere waren heftigere Verfechter einer uneingeschränkten wirtschaftlichen Freiheit als die Unternehmer selbst und verweigerten ihnen den staatlichen Schutz, der ihnen erforderlich erschien. Wieder andere ließen staatlichen Schutz nur bestimmten – und in den Augen der Unternehmer gerade den falschen – wirtschaftlichen Sektoren angedeihen, auf Kosten der Bereiche, die die Liberalen für die aufstrebendsten und wichtigsten hielten. In bezug auf die Einschätzung des Staates war bei den liberalen Kapitalisten und Unternehmern weder eine in sich konsequente noch eine einheitliche Auffassung auszumachen, aber die meisten waren doch der entschiedenen Ansicht, daß sie vom „Beamtenstaat" benachteiligt wurden und loteten beständig die Grenzen aus, bis zu denen dieser Staat ihre Aktivitäten zu tolerieren oder zu fördern bereit war.[13]

Die Opposition gegen die das Leben und die Handlungsfreiheit der Deutschen beeinträchtigende Kultur- und Wirtschaftspolitik des bürokratischen Staates stellte nach Auffassung der meisten Zeitgenossen das wichtigste treibende Moment der liberalen Bewegung dar. In den Verhandlungen der preußischen Provinziallandtage und der Parlamente der süddeutschen Mittelstaaten finden wir, ebenso wie im Briefwechsel liberaler Wortführer und in einer zunehmenden Zahl von Büchern und Pamphleten, einen ganzen Katalog von Beschwerden über die „Beamtenkaste" und ihre ungerechtfertigten Eingriffe in den Gang des Fortschritts und der Aufklärung.[14] Diese Opposition gegen bürokratische Übergriffe half die Differenzen innerhalb der liberalen Bewegung verdecken, weil man, konfrontiert mit diesem mächtigen gemeinsamen Gegner, die Konflikte in den eigenen Reihen erst einmal zurückstellte. Überdies profitierten die Liberalen von dem Umstand, daß ihre Gegnerschaft zur Bürokratie von einer Anzahl anderer Gruppen der deutschen Gesellschaft geteilt wurde. Junge Adlige, wie Heinrich von Gagern und Rudolf von Bennigsen, trieb der Abscheu vor der Arroganz und Sturheit des bürokratischen Apparates in die Arme der liberalen Bewegung. Auch manche Katholiken gerieten in den Einzugsbereich der politischen Opposition, weil ihnen klar geworden war, daß die von dieser geforderte Beschneidung der staatlichen Machtbefugnisse auch ihre Kirche vor amtlichen Eingriffen schützen würde. Und in einer Reihe von Regionen, beispielsweise im Rheinland, rührte die Anziehungskraft des Liberalismus teilweise von der Abneigung her, die viele Menschen gegenüber einer zentralisierten Bürokratie empfanden, deren Maßnahmen infolge regionaler Gegensätze noch an Unbeliebtheit gewannen.[15]

Trotz der auf der Hand liegenden Bedeutung des liberalen Protests gegen die Auswüchse des „Beamtenstaats" im Vormärz wäre es unkorrekt, wenn man die Bewegung hauptsächlich unter dem Aspekt ihrer politischen Absicht definieren würde, „Macht und Einfluß des Staates zugunsten der Freiheit des Einzelnen zurückzudrängen".[16] Gewiß gab es unter den deutschen Liberalen zu aller Zeit einige unbeirrbare Gegner der Staatsmacht, aber bei den meisten war das Verhältnis zum Staat doch ein gutes Stück komplizierter. Die Mehrzahl der Liberalen verurteilte zwar scharf jeden Mißbrauch der Staatsmacht, anerkannte aber andererseits die Bedeutung des Staates als Gestalter grundlegender gesellschaftlicher, wirtschaftlicher und politischer Institutionen. Für eine deutliche

Mehrheit innerhalb der Bewegung stellte sich das Problem so: Wie ließ sich der Haß auf die Despotie der Bürokraten mit der Einsicht vereinbaren, daß gerade die Staatsmacht das Werkzeug zur Verwirklichung einiger der am höchsten geschätzten liberalen Ideale gewesen war und es vielleicht noch oder wieder sein konnte. Friedrich Dahlmann nannte Preußen einmal einen Staat, der den „wunderbaren Speer besitzt, welcher heilt zugleich und verwundet", eine verblüffende Metapher, die viele seiner Zeitgenossen vielleicht für das Phänomen der Bürokratie allgemein hätten gelten lassen.[17]

Die starke Ambivalenz, die die Haltung der meisten Liberalen gegenüber dem Staat prägte, kam in der politischen Literatur der ersten Hälfte des 19. Jahrhunderts häufig zum Ausdruck. In Paul Pfizers berühmtem *Briefwechsel zweier Deutschen* scheint diese Ambivalenz in der gegensätzlichen Einschätzung des Staates durch die beiden „Briefpartner" auf; zusammengenommen repräsentierten ihre Auffassungen die widersprüchlichen Impulse, die Pfizer wie viele seiner Zeitgenossen in seinem Denken zu vereinbaren suchte.[18] Auch das einflußreiche *Staatslexikon* enthielt zahlreiche Angriffe auf die Bürokratie, wenngleich nur sehr wenige seiner Autoren den Staat zu einem bloßen Wächter von Gesetz und Ordnung degradiert sehen wollten. Theodor Welcker beispielsweise verband seine Gegnerschaft zum „Kastengeist" der Bürokraten mit der Überzeugung, daß „ein Staat ohne positive sittliche Belehrung ... wie eine Ehe, wie eine Familie in Rechtsform, aber ohne Liebe" sein würde. Auch Karl Mathy war der Auffassung, der Staat müsse eine wichtige Rolle im gesellschaftlichen und wirtschaftlichen Leben der Nation spielen.[19] Eines der besten Plädoyers in diesem Sinne war ein Artikel mit dem Titel „Über Bureaukratie", den Robert von Mohl 1846 veröffentlichte. Mohl analysierte darin die Ursprünge und die zunehmende Verwendung des Ausdrucks „Bürokratie", dessen negativer Klang die wachsende Antipathie vieler Deutscher gegen die staatliche Verwaltung widerspiegelte. Er bestätigte die Richtigkeit dieser Klagen und wies auf die Notwendigkeit einer verstärkten Beteiligung der Öffentlichkeit an politischen Vorgängen hin. Aber Mohl erkannte auch die positiven Errungenschaften des Staates an und erklärte, das beste Mittel, um der Kritik am Verwaltungsapparat den Boden zu entziehen, bestehe nicht darin, diesen abzubauen, sondern darin, besser qualifizierte Beamte einzustellen.[20]

Die Ambivalenz, mit der einzelne Liberale dem Staat gegenüberstanden, reproduzierte sich innerhalb der gesamten Bewegung. Auf dem einen Flügel gab es eine Minderheit, die dem Staat von ganzem Herzen ablehnend gegenüberstand und wünschte, ihn in seinen Aufgaben stark beschnitten zu sehen. Das andere Extrem bildeten einige Liberale, die daran festhielten, daß der Staat, ungeachtet der in der Praxis gelegentlich vorkommenden Machtmißbräuche, der wichtigste Träger des gesellschaftlichen Fortschritts sei. Für einen liberalen Beamten, wie Otto Camphausen beispielsweise, sorgte der rigorose Ausleseprozeß bei der Zulassung zur preußischen Verwaltungslaufbahn, zusammen mit der relativen Unabhängigkeit der Beamten dafür, daß sich „eine Art Aristokratie der Kapazitäten" herausbildete, deren Angehörige „als die wahren Vertreter des Gesamtinteresses erscheinen". Johann Gustav Droysen pflichtete ihm bei; in seinen Augen beherbergte die preußische Bürokratie „die edelsten geistigen Kräfte des Vaterlandes"; man sollte freilich nicht übersehen, daß Droysen auch die Notwendigkeit einer stärkeren öffentlichen Beteiligung am politischen Leben anerkannte.[21]

Die Vielschichtigkeit liberaler Haltungen läßt sich zeigen, wenn wir liberale Auffassungen zur Rolle des Staates in einigen Schlüsselbereichen des gesellschaftlichen Lebens der ersten Hälfte des 19. Jahrhunderts untersuchen. Als erstes Beispiel eignet sich gut der Bildungsbereich, da die Liberalen der Schulbildung größte Bedeutung für die Zukunft beimaßen. „Wo Schulen blühen, da ist der Fortschritt gesichert, der langsame, allmähliche, aber unausbleibliche", so prophezeite ein liberaler Sprecher.[22] Viele Bürokraten stimmten damit überein; wie Lorenz von Stein es einmal formulierte: Der Staat sei im Begriff zu erkennen, daß er Bildung ebenso benötigte „wie... Geld, das Heer und Straßen".[23] Daher widmeten sich im späten 18. und im frühen 19. Jahrhundert Beamte vieler deutscher Staaten der Aufgabe, das Schulwesen auszubauen und im gleichen Zuge den eigenen Einfluß auf sein Funktionieren zu vergrößern. Wie nicht anders zu erwarten, beklagten sich viele Liberale bitter darüber, daß das Bildungssystem im Dienste reaktionärer Absichten eingespannt wurde; sie brandmarkten die Verfolgung von Lehrern, deren politische Ansichten der Bürokratie nicht orthodox genug erschienen. Gleichwohl sahen die Liberalen ein, daß die Macht und die Mittel des Staates unverzichtbar waren, wenn Deutschland die Schulen bekommen sollte, die sie sich wünschten. In einer vielgelesenen Streitschrift zur Bildungsreform erklärte Friedrich Harkort, es sei offensichtlich, daß die Schulen eine „Staatsangelegenheit" seien; der Lehrer müsse aufhören, der „Handlanger des Pfarrers" zu sein, und müsse zum „Diener des Staates" werden. Eine sehr ähnliche Botschaft klingt in den langen Artikeln über Bildung im *Staatslexikon* auf, in denen sich Kritik an staatlichen Machtmißbräuchen mit der Forderung verbindet, der Staat solle das Schulwesen unterstützen und fördern, ja, solle die Schule inspizieren und kontrollieren.[24] Das vielleicht beste Einzelbeispiel für ein solches Denken bietet die Laufbahn von Wilhelm von Humboldt, dem Autor einer berühmten Abhandlung über die Grenzen der staatlichen Macht und Verantwortlichen für die während der Reformzeit in Preußen durchgeführten, bürokratisch inspirierten Maßnahmen auf dem Bildungssektor.[25]

Der Hauptgrund dafür, daß viele Liberale bereit waren, die Zuständigkeit des Staates für die Belange des Bildungswesens anzuerkennen, lag in ihrer Überzeugung, daß der Staat ein unverzichtbarer Bundesgenosse gegen andere, noch gefährlichere Kräfte war, die im gesellschaftlichen Leben Deutschlands wirksam waren, wie etwa die katholische Kirche, deren Macht über ihre Gläubigen gebrochen werden mußte, ehe eine aufgeklärte Öffentlichkeit sich herstellen konnte. „Tritt der Staat die Schule der Kirche wieder ab", so argumentierte Harkort, „so ist es um seine Unabhängigkeit geschehen." Und Droysen glaubte, daß „nur der Staat tolerant in Sachen der Religion" sein kann. Diese „Toleranz" konnte zuweilen eine repressive Dimension beinhalten. So sahen es beispielsweise viele Liberale gern, daß der Staat seine Macht zur Vertreibung der Jesuiten einsetzte, obgleich sie solche Formen der Repression scharf verurteilten, wenn sie gegen ihre eigenen Institutionen gerichtet waren. Auf dem radikalen linken Flügel der Bewegung gab es viele, die in einer Ausweitung der staatlichen Machtbefugnisse sowohl über die protestantische als auch über die katholische Kirche einen notwendigen Schritt in Richtung auf die Säkularisation der Gesellschaft sahen.[26] Und selbst die gemäßigteren und eher religiös gesonnenen Liberalen tendierten dazu, einzuräumen, daß im Falle eines Konflikts zwischen Staat und Kirche der Staat stets das letzte Wort behalten solle. So konnte ein fortschrittlicher Theologe wie Schleiermacher erklären, daß es der Staat ist, der „das Individuum in die allgemeinen Zwecke und den göttlichen Weltplan" einbindet.[27]

Es gab in der liberalen Bewegung auch viele, die vom Staat die Emanzipation der deutschen Juden erhofften. Das war etwa die Position, die C. W. Dohm in seiner Schrift *Über die bürgerliche Verbesserung der Juden* (1781) vertrat, und seine Argumente wurden in einem großen Teil der nach der Jahrhundertwende geschriebenen Emanzipationsliteratur wiederholt. In der Tat konfrontierte der bürokratische Staat die Juden mit genau derselben Verbindung von progressiven und repressiven Maßnahmen, die für seine Rolle in so vielen anderen Bereichen des gesellschaftlichen Lebens bezeichnend war. Amtliche Verordnungen, die den Juden Gleichheit vor dem Gesetz garantierten, waren ein wichtiger Aspekt der Reformzeit gewesen; nach 1815 jedoch hatten reaktionäre Beamte häufig Beschneidungen dieser Rechtsgleichheit erzwungen. Es überrascht daher nicht, daß sich in der politischen Einstellung vieler Juden ursprünglich eine Neigung zu radikaler Kritik und Auflehnung mit dem Gefühl verband, daß der Staat das unabdingbare Werkzeug für die Reformen der Zukunft und für ihre eigene Emanzipation sei.[28]

Ebenso wie sich in den kulturellen und religiösen Einstellungen der Liberalen der Protest gegen Zensur und erzwungene Orthodoxie mit einem Wunsch nach fortschrittlichen Initiativen von seiten des Staates verband, stellten die wirtschaftspolitischen Anschauungen der Liberalen eine Mischung aus Klagen über die Bürokratie und dem Ruf nach Zusammenarbeit mit dem Staat dar. Theoretiker und Unternehmer suchten den Staat zum Verbündeten in ihrem Streben nach gesellschaftlichem Fortschritt und persönlichem Vermögenserwerb zu machen. Die vielleicht bekannteste theoretische Begründung für die Notwendigkeit staatlichen Handelns auf wirtschaftlichem Gebiet stammt von Friedrich List. Obgleich List sich darüber klar war, daß bürokratische Eingriffe in das Wirtschaftsleben unter manchen Umständen ungute Folgen haben konnten, hielt er daran fest, daß, angesichts der in Deutschland verbreitet herrschenden wirtschaftlichen Rückständigkeit, staatlicher Protektionismus ein Ding der Notwendigkeit war, sollte die Entwicklung der deutschen Industrie nicht durch die Konkurrenz der industriell weiterentwickelten Nationen gehemmt werden.[29] Protektionismus und Subventionen wurden auch von vielen Unternehmern gefordert, insbesondere von solchen, die in Branchen wie dem Eisenbahnbau aktiv waren, der einen großen Kapitaleinsatz erforderte und mit umständlichen rechtlichen Auseinandersetzungen verbunden war. Auf der Grundlage der Erfahrungen, die er als Unternehmer im Rheinland gesammelt hatte, gelangte Gustav Mevissen zu der Überzeugung, „daß nur eine kräftige Politik des Staates dem wirtschaftlichen Leben den zu seinem Gedeihen notwendigen Rückhalt zu bieten vermochte". Sowohl Mevissen als auch David Hansemann sahen im Aufbau einer Infrastruktur, welche die Grundlage für ein zukünftiges industrielles Wachstum bereitstellte, eine Aufgabe für den Staat.[30] Friedrich Harkort erweiterte diesen Gesichtspunkt insofern, als er vom Staat nicht nur die materiellen, sondern auch die geistigen Grundlagen weiterer Entwicklung erwartete: Der Staat, so meinte er, müsse im Ausbildungsbereich die Maßnahmen treffen, die notwendig waren, um fachlich geschulte Arbeiter und aufgeschlossene Konsumenten zu schaffen. Harkort verstand unter Liberalismus nicht in erster Linie freie Märkte und wirtschaftliche Mobilität, sondern zunächst einmal die Schaffung eines „schutzgewährenden bürgerlichen Staates".[31]

Vielleicht am folgenreichsten war die Ambivalenz der Liberalen gegenüber dem Staat in bezug auf die nationale Einheit und die Rolle, die der Staat ihrer Auffassung nach im Prozeß ihrer Herstellung spielen sollte. Die meisten Liberalen erkannten, daß die Verwaltungsapparate der verschiedenen deutschen Staaten ebenso viele schwerwiegende Hindernisse auf dem Weg zu dem geeinten Nationalstaat darstellten, den sie so sehr herbeisehnten. Manche glaubten, eine notwendige Voraussetzung für die Beseitigung dieser Hindernisse sei die Freisetzung der politischen Energien des deutschen „Volkes": „Nur Freiheit kann das Nationalgefühl so weit heben, daß provinzielle Verschiedenheiten dagegen verschwinden, und daß insbesondere jene dahinscheidende Nationalität aufrichtig dem neuen Vaterlande, mit welchem sie verbunden ist, sich anschließt."[32] Andere Liberale allerdings waren sich da nicht so sicher. In der historischen Realität war es natürlich nicht die „Freiheit", sondern waren es die Verwaltungsapparate Preußens und der Mittelstaaten gewesen, die während der Reformzeit die alten regionalen Institutionen aufgelöst hatten. Und für Liberale wie Paul Pfizer verkörperte die Staatsmacht noch immer die bestbegründete Hoffnung auf eine Fortsetzung dieses Prozesses auf nationaler Ebene. Pfizer schrieb: „Ob größere persönliche Freiheit in den konstitutionellen deutschen Staaten uns zur Einheit führen werde, ist immerhin zweifelhaft. Nicht zu bezweifeln dagegen ist, daß, wenn einmal die Einheit vorhanden ist, die Freiheit, dieses heiligste Besitztum der Völker, das aber ohne die Kraft der Einheit niemals Bestand hat, nicht ausbleiben kann."[33] Auch hierüber waren verschiedene Libarale anderer Meinung. In der Praxis drückte sich die Unsicherheit der Liberalen über die Rolle des Staates im Kampf um die nationale Einheit häufig in ihrer ambivalenten Haltung zu Preußens aus, das die einen als den „Gendarm des Absolutismus" anprangerten, während die anderen in ihm einen potentiellen Verbündeten im Ringen um Freiheit und Einheit sahen.[34]

Die liberalen Einstellungen zum Staat waren mithin das Produkt zweier widerstreitender Motivgruppen: auf der einen Seite die antistaatlichen Impulse des westeuropäischen liberalen Denkens und die von den repressiven Realitäten des bürokratischen Absolutismus verursachten Frustrationen; auf der anderen Seite jedoch die Tradition der unter Führung des Staates verwirklichten fortschrittlichen Reformen sowie, ebenso wichtig, die Überzeugung vieler Liberalen, daß der Staat in einer kulturell, religiös und wirtschaftlich so rückständigen Gesellschaft wie der deutschen nach wie vor ein unverzichtbarer Bündnispartner war. Die meisten deutschen Liberalen wollten die staatliche Macht nicht begrenzen oder zerschlagen, sondern sie lediglich von Auswüchsen reinigen und auf liberale Ziele hin ausrichten.

Wer meint es nicht wohl mit dem Staate? Wir alle wünschen ihn groß, mächtig, stark, vernünftig. Wir alle haben keinen anderen Wunsch, als in ihm aufzugehen, ihm unsere Kräfte zu weihen; unser höchstes Ziel ist, Staatsbürger zu werden, uns als solche zu wissen und zu betätigen.[35]

Es ist bezeichnend, daß hier nicht einfach von Bürgern, sondern von Staatsbürgern die Rede ist; die für das Verhältnis des Liberalismus zum Staat charakteristischen widerspruchsvollen Momente sind hier gewissermaßen terminologisch kristallisiert.[36] Vom Anbeginn eines modernen politischen Lebens in Deutschland an war der Staat es gewesen, der die Grundlagen für das bürgerliche Dasein geschaffen hatte, indem er die in der alten Gesellschaft geltenden sozialen Schranken geschwächt, die Macht regionaler Institutionen und Gefolgschaftsstrukturen gebrochen und Gesetze geschaffen hatte, die den einzelnen auf die zentrale Staatsmacht bezogen. Das Hauptproblem des Liberalismus war, wie man auf diesen Leistungen des Staates weiterbauen, zugleich aber das in dem Ausdruck „Bürger" liegende Versprechen erfüllen konnte, das Versprechen einer am politischen Prozeß teilhabenden Öffentlichkeit, die willens und fähig war, ihre Bestimmung selbst zu definieren.

Fast jeder Liberale in der ersten Hälfte des 19. Jahrhunderts hätte als ersten Schritt, der in Richtung auf einen „mächtigen, kraftvollen und nationalen Staat" getan werden mußte, die Aufstellung von Grundgesetzen gesehen, d. i. die Schaffung eines „Rechtsstaats", in dem alle Regierungsorgane an rechtliche Grundsätze gebunden sein sollten. In der Tat wurde der Begriff des Rechtsstaats erstmals von Beamten formuliert, die in der Herrschaft des Gesetzes eine Waffe gegen die lokalen Bräuche und Gewohnheitsrechte der traditionellen Gesellschaft sowie gegen die willkürlichen Launen der Fürsten sahen. Gegen Ende des 18. Jahrhunderts wurde der Gedanke des Rechtsstaats auch auf die Beziehung zwischen dem Staat und seinen Bürgern angewandt. Kant benutzte diesen Begriff, um seine Hoffnung auf eine freiheitliche Gesellschaft mit seiner Achtung vor der Autorität des Staates zu verbinden. Einige wenige Liberale der Zeit nach 1800 sahen im Rechtsstaat das letzte Ziel aller fortschrittlichen Politik; er würde bürokratische Auswüchse reduzieren, aber andererseits die fundamentale und autonome Macht des Staates neu festigen.[37] Für die meisten Liberalen jedoch gehörte zur Verwirklichung eines Rechtsstaats mehr als bloß dies. Für sie setzten Recht und Gerechtigkeit notwendigerweise die Schaffung politischer Institutionen voraus, durch die eine aufgeklärte öffentliche Meinung sich Ausdruck verschaffen und Eingang in den politischen Entscheidungsprozeß finden konnte.[38]

Die Liberalen waren sich über diese Fragen keineswegs einig. Auf der einen Seite gab es diejenigen, die den Wert repräsentativer Institutionen anerkannten, deren Einfluß auf politische Angelegenheiten jedoch so gering wie möglich halten wollten. So vertrat beispielsweise der Autor eines Artikels über „Verfassungsfragen", der 1846 in der *Deutschen Vierteljahrsschrift* erschien, die Auffassung, die Öffentlichkeit werde das Parlament höher schätzen, wenn es an politischen Entscheidungen nicht beteiligt sei und somit keine Gelegenheit habe, Fehler zu machen und sich die Feindschaft der Masse zuzuziehen. Derselbe Autor war auch überzeugt, daß es ein großer Fehler wäre, das Wissen und die Erfahrung der Bürokratie zugunsten von Parlamentsausschüssen zu opfern. Er schlug als Lösung des Problems vor, nicht dem Parlament mehr eigenständige Befugnisse einzuräumen, sondern vielmehr seinen Mitgliedern die Gelegenheit zu geben, als „Beisitzer" an der Regelung von Verwaltungsangelegenheiten teilzunehmen.[39] In den Vorstellungen Friedrich Dahlmanns nahmen die Vertretungsorgane eine ähnlich bescheidene Rolle ein. Nach seiner Meinung sollte „durch Reichsstände ... die Willkür des Herrschers beschränkt, aber nicht die Kraft der Staatsregierung geschwächt werden".[40] Manche Liberale waren jedoch bereit, hierin sehr viel weiter zu gehen. John Prince Smith sah den politischen Fortschritt in Zusammenhang mit einer „Einwirkung des Volkes auf die Führung der Staatsgeschäfte". Und natürlich gab es auf der extremen Linken der liberalen Bewegung auch Männer, die überzeugt waren, die Legitimation politischer Macht und Souveränität liege im Volk.[41] Die meisten Liberalen indes standen wahrscheinlich irgendwo zwischen diesen Extremen. Es war bezeichnend, daß die gemäßigte Mehrheit sich bemühte, die auf der äußersten Rechten und Linken der Bewegung scharf pointierten Alternativen in ihrem eigenen Denken und Handeln miteinander zu verbinden.[42]

Gut beobachten läßt sich dieses Bemühen in Baden, dem deutschen Staat mit der fortschrittlichsten Verfassung und dem am höchsten entwickelten parlamentarischen Leben der ersten Jahrhunderthälfte. Im Verlauf einer Landtagsdebatte im Jahre 1821 vertraten liberale Abgeordnete den Standpunkt, eine Regierung könne auf lange Sicht nicht ohne Unterstützung der öffentlichen Meinung regieren, ohne die „entwickelte und in Tätigkeit gesetzte Vernunft", wie ein Redner es definierte. Die Kunst des Staatsmanns bestehe, so meinten sie, darin, die öffentliche Meinung zu erkunden und sich von ihr leiten zu lassen. Aber, entgegnete ein Mitglied der Regierung, hieß das nicht, die politische Macht für das Parlament zu fordern? Die Liberalen bestritten, daß dies ihre Absicht sei; sie erklärten vielmehr, in den parlamentarischen Debatten könne sich die Meinung der aufgeklärten Öffentlichkeit artikulieren, und dann werde der kluge Staatsmann den von ihr gewiesenen Weg einschlagen.[43] Dieser Wortwechsel weist einige charakteristische Elemente der liberalen Auffassungen zu einer repräsentativen Regierung auf: den Glauben an das aufgeklärte Niveau der öffentlichen Meinung, das Beharren auf ihrer Bedeutung für das öffentliche Leben sowie ein tiefes Widerstreben dagegen, genauere Angaben über den Mechanismus zu machen, kraft dessen ihr Einfluß sich geltend machen sollte. Derselbe Motivkomplex läßt sich im politischen Denken Karl von Rottecks aufweisen. Er betrachtete den „Gesamtwillen" als eine der Hauptsäulen des politischen Lebens, und räumte ein, daß eine auf Wahlen beruhende Regierung die klarste und „einwandfreiste" politische Verwirklichung des „Gesamtwillens" wäre. Direkt auf das Problem des Verhältnisses zwischen „Gesamtwillen" und Regierung angesprochen, flüchtete er sich jedoch in die Versicherung, kein Herrscher könne der Kraft des aufgeklärten Willens seiner Bürger lange widerstehen. Damit nicht genug, hob Rotteck immer wieder hervor, die Regierung müsse ihre „Unabhängigkeit" bewahren. Selbst eine Republik würde „gefahrvoll und unhaltbar ... solange die Exekutive der Landgemeinde oder den Volksrepräsentativen gegenüber nicht eine gewisse Selbständigkeit hat".[44] Theodor Welcker, mit Rotteck zusammen Herausgeber des *Staatslexikons*, lieferte eine bündige Zusammenfassung seines Standpunkts mit der folgenden Erklärung: „Der Staat ist der souveräne, moralische, persönliche, lebendige, freie Gesellschaftsverein des Volkes, welcher nach dem gemeinschaftlichen Verfassungsgesetz im frei constituierten Volkskörper, unter Leitung einer verfassungsmäßigen und constitutionellen, selbständigen Regierung die richterliche Freiheit und innerhalb derselben die Bestimmung und dadurch die Glückseligkeit aller Mitglieder erstrebt."[45]

Diese Versuche, sowohl die politische Macht des Volkes als auch die Unabhängigkeit des Staates zu bejahen, waren typisch für das politische Denken sehr vieler Liberaler des ganzen 19. Jahrhunderts. Manche, wie Welcker und Rotteck, sprachen einfach ihren Glauben an beide Prinzipien und ihre Überzeugung aus, ein Konflikt zwischen ihnen sei unwahrscheinlich. Andere suchten Zuflucht in einer organischen Konzeption des Staates, in der auf irgendeine nicht näher beschriebene Weise repräsentative Institutionen und bürokratische Macht miteinander verzahnt wären. Wieder andere sahen in einer vereinten deutschen Nation den Integrationsfaktor, der diese Elemente vielleicht miteinander versöhnen würde. Wie auch immer die Formulierungen im einzelnen lauteten, bei allen Autoren läßt sich das gleiche Widerstreben feststellen, definitiv den Träger der politischen Souveränität zu benennen, ein Widerstreben, das daher rührte, daß die Liberalen davor zurückschreckten, den vollen praktischen und theoretischen Implikationen ihres Wunsches nach einer Repräsentation des Volkes gegenüber dem Staat in die Augen zu sehen. Daher waren die meisten von ihnen nicht imstande, eine klare Alternative zur monarchischen Souveränität zu entwickeln, die in den Verfassungen der Mittelstaaten und ebenso in ihrer politischen Praxis vielmehr ganz unangetastet blieb – so etwa in Preußen, wo es bis 1848 überhaupt keine Verfassung gab.[46]

Wie andere Aspekte ihres Denkens und Handelns in der Vormärz-Epoche, so diente auch das politische Vokabular der Liberalen häufig dazu, ihre Zwiespältigkeiten zu verdecken. Wie ein Zeitgenosse es formulierte: „Das öffentliche Leben ist bei uns neu, so neu, daß selbst die Sprache desselben fremd ist. Besonders ist in den Begriffen, welche man mit den Worten Souveränität und Konstitution verbindet, große Verwirrung."[47] Ein gutes Beispiel für diese Verwirrung war die Forderung der Liberalen nach der Verantwortlichkeit der Minister, in der viele von ihnen eine wichtige Garantie dafür sahen, daß der Staat sich nach den

Forderungen der aufgeklärten Öffentlichkeit richtete.[48] Die meisten von denen, die von der Verantwortlichkeit der Minister sprachen, machten jedoch niemals deutlich, *wem gegenüber* sie verantwortlich sein sollten und was geschehen sollte, wenn sie „unverantwortlich" handelten. Mit ihrem Eintreten für die „Unabhängigkeit" der Regierung anerkannten sie denn auch implizit, daß die politische Verantwortlichkeit der Regierung nicht sehr weit gehen konnte. Die meisten Befürworter der Verantwortlichkeit scheinen dabei eher an eine Verantwortlichkeit gegenüber dem Gesetz als gegenüber dem politischen Willen der Vertreter der Nation gedacht zu haben; diesem Verständnis nach würde ein unverantwortliches Handeln der Regierung allenfalls juristische Schritte, nicht aber politische Konflikte zwischen Parlament und Staat nach sich ziehen.[49] Mohl war einer der wenigen Liberalen, die die Schwäche dieser Konzeption durchschauten. Nach langem und mühevollem Ringen – er veröffentlichte unter anderem ein 700 Seiten starkes Buch über die rein juristischen Aspekte der Ministerverantwortlichkeit – war er in der Lage, ein klares Bild eines funktionsfähigen parlamentarischen Systems zu entwerfen, und er war auch bereit, diesen Entwurf als Vorschlag zur Lösung der Zwiespältigkeiten im Denken und Handeln der deutschen Liberalen einzubringen. Indes war Mohl selbst nicht frei von der allgemeinen liberalen Scheu, sich auf eine direkte Konfrontation mit dem Staat einzulassen. Wie wir im letzten Kapitel gesehen haben, gestand er dem Staat unter gewissen Umständen das Recht zu, zur Abwendung sozialer Unruhe außerordentliche Maßnahmen zu ergreifen. Dazu kam, daß sein Glaube an das parlamentarische System in den Jahren nach 1850 schwand und er seine Forderung, es in Deutschland einzuführen, an bedeutsame Vorbehalte zu knüpfen begann.[50]

Ein aufschlußreiches Symptom für jene fortwährende, das politische Denken so vieler Liberaler verdunkelnde Unklarheit darüber, wer die politische Macht letzten Endes ausüben solle, war ihre Unfähigkeit, das Wesentliche der englischen Institutionen zu begreifen. Nicht einmal ein Anglophiler wie Friedrich Dahlmann vermochte die Rolle des Parlaments im öffentlichen Leben Englands voll zu verstehen, was ihn prompt zur Überschätzung der Bedeutung des Monarchen verleitete. In ähnlicher Weise mißverstanden die meisten deutschen Beobachter die Bedeutung der Ministerverantwortlichkeit in England und neigten dazu, sie nach Maßgabe ihrer eigenen staatsrechtlichen Begriffe zu interpretieren. Diese Mißverständnisse waren teilweise dem Umstand zuzuschreiben, daß die konstitutionelle Entwicklung Englands in der ersten Hälfte des 19. Jahrhunderts noch nicht zur Ruhe gekommen war. Aber sie waren auch ein Zeichen für einen Prozeß, der für das Verständnis der Aufnahme, welche liberale Ideen östlich des Rheins fanden, von großer Bedeutung ist: Die verzerrte Wahrnehmung der englischen Verfassungswirklichkeit durch die deutschen Liberalen bietet ein Beispiel dafür, wie Begriffe und Vorstellungen im Lichte konkreter Erfahrungen ihre Farbe verändern. Die Mißverständnisse in bezug auf England sind nur ein Teil eines breiteren und komplizierteren Bündels von Problemen, wie sie sich bei dem Versuch stellen, westeuropäische Konzeptionen in Ländern zum Tragen zu bringen, wo ganz andersartige historisch-politische Verhältnisse herrschen.[51]

Einen wichtigen Schlüssel zu den Motiven, aus denen heraus Liberale davor zurückscheuten, repräsentative Institutionen als Träger von Macht und Souveränität zu benennen, bieten die politischen Schriften von Karl Zachariä. Zachariä war nicht blind gegenüber den Gefahren eines Sich-Verlassens auf den Staat, wie seine im Epigraph zu diesem Kapitel zitierten Bemerkungen deutlich machen. Doch teilte er, obwohl er der Wichtigkeit des Parlaments im Rahmen des politischen Systems das Wort redete, den charakteristischen liberalen Widerwillen gegen eine präzise Darlegung der Art und Weise, in welcher Parlament und Regierung miteinander interagieren sollten. Er räumte auch ein, daß im Falle eines Konflikts zwischen ihnen die Regierung sehr wahrscheinlich die Oberhand behalten würde. Es ist aufschlußreich, zu untersuchen, wie Zachariä den Unterschied zwischen diesen beiden Trägern politischer Macht formulierte: „Die erbliche Einherrschaft verhält sich zur Volksvertretung wie das Bleibende zum Wechselnden, wie die Ruhe zur Bewegung, wie die Natur zur Kunst, wie die Einheit zur Vielheit, wie die öffentliche Macht zur öffentlichen Freiheit."[52] Diese Dichotomien treten im politischen Denken vieler Liberaler zutage, für die der Staat ein unersetzlicher Garant für Kontinuität, Sicherheit und Ordnung war. Damit einher ging oft die stillschweigende (und manchmal auch nicht ganz stillschweigende) Befürchtung, das Volk sei möglicherweise zu unstet, chaotisch, launenhaft, wankelmütig. So betonte Paul Pfizer, der gelegentlich wie ein Anhänger der Volksherrschaft wirkte, der Monarch müsse stark sein, „um jedesmal die Zügel zu ergreifen oder straffer anzuziehen, sobald das Volk keinen entscheidenden Willen hat und durch Parteiung oder Schlaffheit den Gefahren der Auflösung entgegengeht".[53]

Dieses Gefühl einer latent vorhandenen Gefahr war ein Leitmotiv im Denken vieler Liberaler, das sich nicht recht mit ihrem wortgewandt vorgetragenen Lob der öffentlichen Meinung und mit ihrer Aufklärungseuphorie vertrug. Es läßt auf eine Angst schließen, die von der Ahnung der Liberalen herrührte, daß jenseits der aufgeklärten Oberschichten der Nation jene konturlosen, feindseligen Gruppen standen, die die Gesellschaft womöglich ins Chaos treiben konnten: der Pöbel, der in den Augen Welckers „ein ärgerer Feind als alle andern vor ihm" war. Selbst ein so fortschrittlicher und überzeugter Liberaler wie Friedrich Murhard konnte schreiben: „Selbst bürgerlich geboren, dem Interesse des Bürgers mit ganzer Seele zugetan, der Sache des Bürgers treu bis zum letzten Atemzuge, ist mir kein Anblick widerlicher, als wenn ich sehe, daß der plumpe Pöbel stolz sich an die Stelle des anständigen Fürstenstolzes setzen will!"[54]

Diese Furcht vor dem Mob war es, die die meisten Liberalen höchst kleinlaut machte, wenn es darum ging, das Recht der Bürger auf Widerstand und Auflehnung gegen eine ungerechte Herrschaft anzuerkennen. Gewiß, einige von ihnen standen für dieses Recht ein: Friedrich Murhard beispielsweise, wenn auch erst nach langem und schwerem geistigen Kampf und nach der bitteren Erfahrung einer Gefängnisstrafe für seine politischen Ansichten.[55] Die meisten Liberalen jedoch sahen in der Auflehnung gegen die Staatsmacht jenes Potential für Terror und Tyrannei, das die Französische Revolution zur Schreckensherrschaft pervertiert hatte – ein historisches Beispiel, das in ihr politisches Weltbild eingebrannt war.[56] Ebenso wie die Liberalen das Problem einer möglichen Konfrontation zwischen Staat und Volk ungelöst stehen ließen, nahmen sie auch die bedauerliche Möglichkeit nicht zur Kenntnis, daß die Kräfte der Reaktion sich als zu stark erweisen könnten, um der stetig wirkenden Macht der aufgeklärten öffentlichen Meinung zu erliegen.

Das Unbehagen der Liberalen gegenüber dem Recht zur Rebellion, ihre Scheu davor, eine klare parlamentarische Alternative zur monarchischen Herrschaft zu vertreten, und ihre Neigung, im bürokratischen Staat einen potentiellen Verbündeten zu sehen, all dies war ein Resultat ihrer historischen Position. Die Tatsache, daß so viele der bekanntesten Wortführer der Bewegung im Sold des Staates standen, führte dazu, daß die Theorie des deutschen Liberalismus von Männern bestimmt wurde, die ihre Beamtentätigkeit mit politischer Opposition zu verbinden und Institutionen zu kritisieren versuchten, von denen sie selbst abhängig waren. Dies zu tun, erforderte oft Mut, setzte aber auch der Fähigkeit und Bereitschaft der Liberalen Grenzen, sich im Denken vom Staat zu lösen und in der Praxis gegen ihn zu handeln. Zu der Zeit, als die liberale Bewegung in Deutschland begann, war der Staat bereits eine mächtige Kraft im politischen Leben – im Gegensatz zur Entstehungszeit der klassischen liberalen Theorie in England. In vielen Teilen Mitteleuropas machte das staatliche Unterdrückungspotential Kritik und Widerstand zu einer gefährlichen Sache, während zugleich die positive Rolle des Staates Hoffnungen auf eine fruchtbare Zusammenarbeit weckte. Und schließlich spiegelten die Einstellungen der Liberalen zur bürokratischen Obrigkeit ihr Empfinden wider, daß die moralische und materielle Rückständigkeit Deutschlands ein Bündnis mit dem Staat nicht nur gegen die fortwirkenden Einflüsse traditioneller Strukturen, sondern auch gegen die Gefahren einer möglichen Pöbelherrschaft erforderlich mache. Das Staatsverständnis der deutschen Liberalen hing, mit anderen Worten, untrennbar mit ihrem Verständnis der deutschen Gesellschaft zusammen. Mangelnde Courage gegenüber der Obrigkeit und Angst vor Aufruhr, Hoffnung auf den Staat und Furcht vor dem Volk, dies waren miteinander in Wechselbeziehung stehende und einander gegenseitig bestärkende Elemente einer und derselben politischen Weltanschauung.

Ungeachtet all dessen, was ihnen zu schaffen machte, erreichten die deutschen Liberalen in der Vormärz-Epoche eine ganze Menge. In ihren Zeitungen und Zeitschriften und in Publikationen wie dem *Staatslexikon* konnten sie einige grundlegende Fragen zur Zukunft Deutschlands formulieren. In Länder- und Gemeindeparlamenten begannen sie eine Fraktion zu bilden, Programme zu skizzieren und Strategien zu diskutieren. In Groß- und Kleinstädten im ganzen deutschsprachigen Raum begannen sie in Gestalt von Klubs, Bildungsvereinigungen und ähnlichen Organisationen eine institutionelle Struktur aufzubauen. Aber unbeschadet dieser eindrucksvollen Leistungen wies der deutsche Liberalismus weiterhin die Muttermale der widrigen Verhältnisse auf, unter denen er sich entwickelte. Hinter den tapferen Hoffnungen der Liberalen auf eine mächtige

"Partei", eine vereinte, vom zuverlässigen Wind des geschichtlichen Fortschritts zum Sieg getragene Bewegung, wirkten die beständigen Brüche in ihrer politischen Praxis und Erfahrung und die nach wie vor schmale Basis ihrer Unterstützung und Verankerung im Volk fort. Hinter ihrer Identifikation mit dem Allgemeinwohl und ihrer Selbstproklamation zum aufgeklärten "Mittelstand" wirkten komplizierte gesellschaftliche und wirtschaftliche Differenzierungen und anhaltende Befürchtungen hinsichtlich der Richtung des sozialen Wandels. Hinter ihrem Versprechen einer Versöhnung zwischen Volk und Staat wirkte eine tiefwurzelnde Angst vor den Gefahren einer Volksherrschaft und eine ausgeprägte Scheu davor, den Staat als höchste Autorität in Frage zu stellen. Solange die Liberalen in der Opposition blieben und gezwungen waren, in zensurierten Abstraktionen miteinander zu kommunizieren und im Rahmen eines ungeordneten Systems lokaler Institutionen zu handeln, konnten diese Probleme latent bleiben; gewiß liegen sie uns Heutigen klarer vor Augen als seinerzeit den meisten Zeitgenossen. Nach 1848 jedoch, als die Liberalen versuchten, ihre Ideen und Organisationen für eine Erneuerung des politischen und gesellschaftlichen Lebens in Deutschland zu verwenden, sollten diese Probleme in deutlicheren Konturen hervortreten.

II
REVOLUTIONÄRE OUVERTÜRE
1848–49

Einer der bemerkenswertesten Aspekte der Revolutionen von 1848 war die Tatsache, daß sie von so vielen Zeitgenossen vorausgesehen wurden. Wie ein amerikanischer Diplomat 1847 aus Europa berichtete: „Alle gut informierten Leute sprechen die Überzeugung aus, die jetzige Krise sei so eng mit den Ereignissen der Gegenwart verwoben, daß sich in ihr nichts anderes als jene große Revolution ankündige, die, wie sie erwarten, früher oder später die bestehende Verfassung der Dinge auflösen wird."[1] Gespenst, Sturm, Vulkan – dies waren die Worte, mit denen die Menschen die unvermeidlich bevorstehende Umwälzung beschrieben, die das Heute vom Morgen scheiden würde. Als dann, in jenen ungewöhnlich warmen Märztagen des Jahres 1848, der Sturm schließlich loszubrechen schien, waren viele deutsche Liberale von der Hoffnung erfüllt, am Beginn eines neuen Zeitalters, ihres Zeitalters, zu stehen. Im Eröffnungsstadium der Revolution bildete diese Hoffnung eine unabdingbare Quelle der Kraft und des Mutes. Aber als die Zeit verging und der revolutionäre Frühling dem Sommer und dem Herbst Platz machte, wurde es immer deutlicher, daß die Hoffnungen der Liberalen auf ein neues Zeitalter auf grausamen und demoralisierenden Illusionen beruhten.

Allmählich zeigte sich, daß der revolutionäre Sturm die Welt des Vormärz zum größten Teil unerschüttert gelassen hatte. Trotz einer kurzen nationalen Wahlkampagne blieb Deutschland ein zersplittertes politisches Gebilde, in dem lokale Gefolgschaftsstrukturen, vielfältige regionale Verschiedenheiten, zerbrechliche institutionelle Bindungen und unzulängliche Nachrichten- und Verkehrsverbindungen das kollektive Handeln erschwerten. Trotz eines weitverbreiteten Unbehagens an den herrschenden Verhältnissen waren die Deutschen untereinander zutiefst uneins, weil sie in vielfältigen wirtschaftlichen Sonderinteressen und miteinander unverträglichen sozialen Wertbegriffen befangen waren. Obgleich die Regierungen sich zu Anfang als ohnmächtig erwiesen, blieben die Instrumente ihrer Macht intakt, die Reihen ihrer Soldaten geschlossen und ihre Verwaltungsapparate funktionsfähig. Darüber hinaus lebte die Welt des Vormärz auch in den Einstellungen, Gewohnheiten und Wertmaßstäben der Liberalen selbst weiter. Nur wenige von ihnen verfügten über jene Art von Erfahrungen, die ihnen hätten helfen können, mit den sich ihnen stellenden Problemen wirksam fertig zu werden. Schließlich waren sie gewöhnt, miteinander im Rahmen der engen institutionellen Grenzen eines örtlichen Klubs oder eines Länderparlaments zu diskutieren; jetzt mußten sie auf einem nationalen Forum agieren und sich an die breite Masse der Deutschen wenden.[2] Sie waren an den Staat gebunden – mit ihrer Laufbahn, ihren Idealen und ihren Gefühlen –, und nun hätten sie ihre untertanenhaften Denk- und Lebensgewohnheiten abwerfen und sich selbst als legitime Träger der politischen Macht erkennen müssen.[3] Hätten die Liberalen es besser fertig gebracht, ihre eigene Vergangenheit zu überwinden, wären sie weniger kurzsichtig und dafür mutiger gewesen, sie hätten vielleicht den Sieg davongetragen. Gewiß aber hätten sie denen, die in der zweiten Jahrhunderthälfte ihr Erbe antraten, ein heroischeres Vermächtnis hinterlassen können. Wie dem auch sei, wir tun gut daran, wenn wir die traurige Geschichte des letztlichen Scheiterns der liberalen Revolutionäre Revue passieren lassen, uns der beträchtlichen Hindernisse zu erinnern, die sich vor ihnen auftürmten.

4. Der Anfang der Revolution

> Die Tage unserer politischen Unschuld, des vertrauensseligen Sichregierenlassens sind unwiederbringlich vorüber – der Tag staatlicher Freiheit aber ist noch keineswegs angebrochen...
> Johann Jacoby (5. Juni 1848)[1]

Am Ende des Jahres 1847 waren viele Liberale überzeugt, den Beginn einer neuen Phase in der Entwicklung des politischen Lebens in Deutschland zu erleben. Wie ein anonymer Autor in der populären Zeitschrift *Grenzboten* schrieb, habe die Freiheit in Deutschland aufgehört, ein Dichtertraum zu sein, und begonnen, ein Fundament in den Bevölkerungsmassen zu gewinnen.[2] Das Jahr 1847 hatte in vieler Hinsicht ein Erwachen des politischen Bewußtseins gebracht, wie es in Deutschland noch keines gegeben hatte. Das vielleicht aufsehenerregendste einzelne Ereignis war das Zusammentreten des sogenannten Vereinigten Landtags in Berlin, einer Versammlung der Vertreter verschiedener Provinzparlamente, einberufen vom preußischen König in dem Bemühen, damit die immer höher schlagenden Wogen der Opposition in seinem Land zu glätten. Der Vereinigte Landtag zeitigte jedoch genau die umgekehrte Wirkung: Er verschaffte nicht nur einigen liberalen Wortführern ein nationales Forum zur Verkündigung ihrer Forderungen, sondern seine schließliche Auflösung verschärfte die in Preußen herrschende Unzufriedenheit beträchtlich.[3] Im Herbst 1847 machte sich allenthalben im Königreich der Druck der nach Reformen verlangenden Kräfte bemerkbar. So nutzte beispielsweise im November eine große Zahl von Stadt- und Gemeindeparlamenten das ihnen jüngst zugestandene Recht zur Abhaltung öffentlicher Sitzungen, um öffentliche Kundgebungen für eine Veränderung der Verfassungsgrundlagen zu veranstalten.[4] Diese politischen Aktivitäten spielten sich vor dem Hintergrund eines zunehmenden Engagements in sozialen und wirtschaftlichen Fragen ab; im Laufe des Jahres 1847 kam es mehrmals zu spontanen Demonstrationen, bei denen Unzufriedenheit über die Knappheit an Lebensmitteln und über andere wirtschaftliche Probleme laut wurden. Im gleichen Jahr führten Unstimmigkeiten in der Zollpolitik zur Gründung der ersten unabhängigen wirtschaftlichen Interessengruppe in Preußen, des Freihandelsvereins von John Prince Smith.[5]

Die durch die Ereignisse in Berlin ausgelöste Erregung führte, zusammen mit der zunehmenden Dynamik der sich auf lokaler Ebene organisierenden Bewegungen, zu einem rapiden Anwachsen der politischen Aktivität in allen Kleinstaaten des Südens und Südwestens. In Württemberg fand eine außerordentliche Sitzung des Landtags statt, bei der die politische Opposition eine ungewöhnlich aktive Rolle spielte. In Sachsen und Hessen-Darmstadt waren Liberale an einer Reihe von Auseinandersetzungen mit der Regierung über verschiedene Fragen beteiligt.

In Bayern trug die im Volke herrschende, teilweise durch die Abneigung gegen eine Geliebte des Königs, die Tänzerin Lola Montez, verursachte Unzufriedenheit zum erzwungenen Rücktritt des reaktionären Ministeriums Abel bei; im Herbst wurde eine Sondersitzung des bayerischen Parlaments anberaumt.[6]

Es kam auch zu einem deutlichen Anstieg der Zahl regionaler und sogar nationaler Organisationen und Gruppierungen. Im Sommer hielten Ärzte, Anwälte, Philologen, Philosophen, Förster und Turner nationale Kongresse mit durchweg politischem Unterton ab. Dazu kam, daß die informellen Kontakte zwischen Liberalen aus verschiedenen Teilen Deutschlands in dem Maß zunahmen, wie die einzelnen Gruppen sich miteinander über den künftigen Lauf der Dinge zu verständigen begannen.[7]

Einen bedeutsamen formellen Ausdruck fand diese neue politische Vitalität im September, als politische Führer aus einer Reihe südwestdeutscher Staaten in Offenburg zusammentrafen, um ein Programm zu formulieren. Zusätzlich zu der gewohnten Forderung nach Abschaffung der Zensur und der anderen Unterdrückungsinstrumente wurde in der Erklärung von Offenburg eine Volksvertretung beim Deutschen Bund sowie die Einsetzung einer „volkstümlichen Verwaltung" gefordert. Es wurde nicht der Versuch gemacht, die Bedeutung dieser Begriffe zu präzisieren, und auch von Wahlrechtsprinzipien oder konkreten Verfassungsgrundsätzen war nicht die Rede, aber daß die Betonung auf dem Prinzip einer Regierung durch und für das Volk lag, war eindeutig. Einen Monat später versammelte sich eine andere Auswahl liberaler Köpfe in Heppenheim. Sie verabschiedeten zwar kein formelles Programm, aber die *Deutsche Zeitung* veröffentlichte dafür einen ausführlichen Bericht über ihre Debatten, die allgemein als eine gemäßigte Antwort an die Offenburger interpretiert wurden. Im großen und ganzen waren die Differenzen zwischen den beiden Dokumenten eher eine Sache des Tons und der Gewichtung und verbargen sich, kaum sichtbar, hinter vagen Allgemeinformeln und abstrakten Postulaten. Aber die Unterschiede waren doch auffallend genug, um die Wertung zu rechtfertigen, ein Ergebnis des neuerwachten politischen Bewußtseins sei eine schärfere Konturierung der Gegensätze innerhalb der Opposition gewesen. So sahen beispielsweise die Heppenheimer eher in dem unter preußischer Führung stehenden Zollverein das geeignete Fundament für eine zu begründende Nation als im Deutschen Bund, eine Neigung, die sowohl ihre propreußische Orientierung als auch ihr primär auf die wirtschaftlichen Vorteile der nationalen Einigung gerichtetes Denken widerspiegelte. Wie im Offenburger Programm wurde auch in der Debatte von Heppenheim die Notwendigkeit repräsentativer Organe bestätigt, wobei es jedoch den Anschein hatte, als ob die Heppenheimer etwas weniger dazu neigten, unbedingtes Zutrauen in die schöpferische Kraft des Volkes zu setzen.[8]

So war die politische Aktivität am Vorabend der Revolution im Begriff, die beengten Grenzen der Vormärz-Institutionen in vielerlei Hinsicht zu durchlöchern. In den Diskussionen von Provinz- und Länderparlamenten, Stadt- und Gemeindeversammlungen, politischen Klubs und Vereinen sowie in der privaten Korrespondenz liberaler Wortführer ist zu dieser Zeit ein neues Krisen- und

Chancenbewußtsein zu spüren. In dieser bereits in Bewegung geratenen Atmosphäre waren die Akte revolutionärer Gewalt, die in den ersten Wochen des Jahres 1848 in Italien und Frankreich einsetzten, von unmittelbarer katalytischer Wirkung. Als sich Ende Februar die Nachricht vom Sturz der französischen Monarchie verbreitete, löste sie östlich des Rheins verbreitete politische Agitation und öffentliche Unruhe aus. Auf Gedeih oder Verderb fanden sich Menschen in ganz Mitteleuropa zum erstenmal zu dem Versuch bereit, auf breiter Front eine grundlegende politische Veränderung von unten her zu bewirken.

Die Durchschlagskraft und der anfängliche Erfolg der Revolution rührten von dem Umstand her, daß viele verschiedene Gruppen der deutschen Gesellschaft, infolge ihrer Unzufriedenheit mit dem Status quo, gemeinsame Sache machten. Wie beinahe jede moderne Revolution war auch die von 1848 eine „Revolution der entgegengesetzten Erwartungen", gemacht von Menschen, die keine gemeinsame Perspektive hinsichtlich der Art und Weise besaßen, wie die soziale Unzufriedenheit beseitigt werden könnte.[9]

Von Anfang an taten sich bedeutsame Differenzen auf zwischen denen, die die Revolution als ein primär politisches Phänomen mit dem Ziel einer Verfassungsreform sahen, und denen, die sie als ein Mittel zur Linderung wirtschaftlicher und sozialer Probleme betrachteten. Das relative Gewicht dieser beiden Gruppen, die Bruno Bauer als die „nationale" und die „soziale" Kraft der Revolution bezeichnete, sowie ihr Verhältnis zueinander waren von Ort zu Ort verschieden.[10] In ein paar Regionen gab es kaum soziale Unruhe, und die Liberalen blieben die einzigen, die sich als Befürworter gesellschaftlicher Veränderung hervortaten. Aber mancherorts brachen Massenunruhen aus, die die Liberalen zur Seite fegten oder sie einfach keine Rolle spielen ließen: Solches geschah im Süden und Westen Deutschlands, wo Bauern die Villen ihrer Grundherren belagerten, um ihrem Abscheu gegen die feudalen Verpflichtungen Luft zu machen, und in manchen Industriestädten, wo Handwerker Fabriken stürmten und Maschinen zerstörten, von denen sie sich in ihrer Existenz bedroht sahen; anderswo ergriffen die Leute die von der Revolution geschaffene Gelegenheit, um gegen einen verhaßten Beamten tätlich zu werden oder gegen eine unpopuläre Politik zu protestieren. Diese gewaltsamen Ausbrüche des Volkszorns stellten eine intensivierte Neuauflage der sozialen Unruhen dar, die in der Vormärzzeit immer wieder sporadisch aufgeflammt waren.[11] In manchen Gegenden kam es, wenn auch nur für kurze Zeit, zu einer Verschmelzung der politischen und sozialen Unzufriedenheit, so beispielsweise in Berlin; die Berliner Ereignisse sind von allen revolutionären Episoden die bekanntesten, aber gewiß nicht die typischsten. Hier wirkten konterrevolutionäre Gewalttätigkeit, verbreiteter Haß auf das Militär und eine seit langem schwelende Enttäuschung über das königliche Regime zur Entstehung einer breiten, gegen die Regierung gerichteten Koalition zusammen. In anderen preußischen Städten, so etwa in Köln, bezogen gemäßigte Liberale von Anfang an Stellung gegen die aufständischen Massen.[12]

Die These aufzustellen, wie einige Wissenschaftler es getan haben, daß die Liberalen während der Eröffnungsphase der Revolution die Massen „angeführt" hätten, hieße die unterschiedlichen und oft unausgegorenen Beziehungen zwischen den politischen und sozialen Bewegungen zu sehr vereinfachen.[13] Es ist wahr, daß manche – besonders die auf dem äußersten linken Flügel der Vormärz-Opposition angesiedelten – die Massen gerne in einen revolutionären Sturm gegen die bestehende Ordnung geführt hätten. Aber das war nur für eine kurze Zeit und in wenigen Regionen der Fall. Andererseits gab es jene Vertreter des rechten Oppositionsflügels, die von Anfang an Angst vor der „Kommunistenclique" hatten, wie Ludolf Camphausen sie nannte. Camphausen und andere, die wie er dachten, kamen rasch zu der Überzeugung, nur eine Koalition zwischen den Reformern und dem Staat könne die öffentliche Ordnung wieder herstellen.[14] Die Mehrzahl der Liberalen bewegte sich irgendwo zwischen diesen Extremen. Die meisten von ihnen hatten ein ungutes Gefühl wegen des gewalttätigen Aufruhrs, hofften aber weiterhin, die „vorangeeilte Revolution" auf „reformatorischem Wege einzuholen".[15]

Zusätzlich zu diesen komplexen Zusammenhängen zwischen den politischen und den sozialen Komponenten der Revolution gab es eine Reihe von Konflikten und Spaltungen innerhalb der politischen Opposition selbst. Auch hier wieder ist es wichtig, die regionalen Unterschiede nicht aus den Augen zu verlieren. Mancherorts bestand die politische Kräftekonstellation der Vormärzzeit weiter, und das Grundgerüst der repräsentativen Institutionen blieb praktisch unverändert. Die Liberalen bedienten sich hier kommunaler Institutionen, lokaler Vereine und verschiedener formloser Organisationen, um Kräfte zu ihrer Unterstützung zu mobilisieren und Reformforderungen an den Staat zu richten. Anderswo allerdings brachen diese Institutionen unter dem Gewicht der Agitation, mit der sie plötzlich überschwemmt wurden, rasch zusammen. Neue Vereinigungen wurden gegründet, Meinungsverschiedenheiten taten sich auf zwischen radikalen und gemäßigten Elementen, und neue Männer traten in den Vordergrund und machten den etablierten liberalen Honoratioren ihre Stellung streitig.[16] In Württemberg beispielsweise machten sich Meinungsverschiedenheiten zwischen Gemäßigten und Radikalen von den ersten Revolutionstagen an bemerkbar. Die ersteren entwickelten eine wachsende Furcht vor öffentlichen Erhebungen und waren daher bald bereit, im Einvernehmen mit dem Staat zu handeln; die letzteren mißtrauten den bestehenden Institutionen und betrachteten bald jede Zusammenarbeit mit ihnen als eine fatale, den Reaktionären in die Hände spielende Taktik. Jedoch zogen diese Meinungsverschiedenheiten nicht einmal in Württemberg sofort institutionelle Konsequenzen nach sich; vielmehr entwickelte sich auch hier erst allmählich eine Infrastruktur von eindeutig einem politischen Programm verpflichteten „Vereinen".[17]

Am auffälligsten und artikuliertesten traten die politischen Spaltungen innerhalb jener Versammlungen führender liberaler Köpfe auf, die zunächst in Heidelberg und dann im sogenannten Frankfurter Vorparlament zusammentraten, um darüber zu entscheiden, auf welchem Weg eine nationale Verfassung zu schaffen sei. Anfänglich wandten sich Gemäßigte wie Heinrich von Gagern und Friedrich Bassermann gegen den Gedanken einer verfassunggebenden Versammlung, die, wie sie fürchteten, zum Republikanismus und ins Chaos führen werde. Sie wünschten eine nationale Verfassung, scheuten aber davor zurück, die traditionellen politischen Institutionen dabei einfach zu übergehen. Selbst die Erfahrung der Revolution genügte nicht, den Untertanengeist gegenüber dem Staat zu beseitigen, der in manchen Liberalen so tief verwurzelt war. Schließlich und endlich jedoch mußten die meisten Gemäßigten zugestehen, daß ein nationales Parlament unumgänglich war. Die Unfähigkeit des Deutschen Bundes, die offensichtliche Schwäche der verschiedenen Einzelstaaten und die Energie der populären Nationalbewegung machten jede andere Möglichkeit illusorisch. Es wurde nun notwendig, wie ein Zeitgenosse es ausdrückte, „revolutionär [zu werden], um eine Revolution zu verhüten".[18]

Viele Liberale empfanden, obgleich sie der Schaffung eines Nationalparlaments zustimmten, weiterhin ein Unbehagen über eine so weitgehende Beteiligung des Volkes am politischen Leben. Dies spiegelte sich sehr deutlich in der Erklärung des Vorparlaments zur Wahlrechtsfrage wider. Die Mehrheit wies jede Einschränkung des Wahlrechts zurück, aber die Schlußerklärung forderte das Stimmrecht für alle „unabhängigen" Deutschen. Wie das Wort „unabhängig" in den abschließenden Text gelangte, ist unbekannt. Denkbar ist, daß es sich dabei um einen politischen Taschenspielertrick handelte, aber wahrscheinlicher ist, daß wir darin nur ein weiteres Beispiel für die begriffliche Vagheit und die ideologische Unsicherheit vor uns haben, durch die sich die Einstellung der Liberalen zum Volk stets ausgezeichnet hat. Es ist gut möglich, daß die Gemäßigten im Vorparlament davon ausgingen, mit „allen Bürgern" seien alle „unabhängigen Bürger" gemeint, ebenso wie sie stillschweigend davon ausgingen, daß mit allen Bürgern alle männlichen Bürger gemeint waren.[19] Wenn sich die Ambivalenz der Liberalen gegenüber dem Volk im Wortlaut der Wahlrechtsbestimmungen verriet, so demonstrierte die Durchsetzung dieser Bestimmungen ihre Abhängigkeit von den Einzelstaaten. Da das Vorparlament nicht die Macht besaß, seine Beschlüsse in die Tat umzusetzen, blieb ihm keine andere Wahl, als die verschiedenen Staaten um die Durchführung der Wahlen zu bitten.

Da es den Staaten freistand, das Wort „unabhängig" nach ihrem Belieben zu interpretieren, und da sie selbst bestimmen konnten, ob sie die Abstimmung als direkte oder indirekte Wahl ausrichteten, kamen in den einzelnen deutschen Staaten ziemlich verschiedenartige Wahlen zustande. Häufig wurde der Versuch gemacht, die demokratischen Intentionen der Beschlüsse des Vorparlaments zu modifizieren. So entschieden sich beispielsweise die meisten Staaten für ein indirektes Wahlverfahren, weil sie glaubten, die Einschaltung eines Wahlmännergremiums zwischen die Masse der Wähler und ihre gewählten Vertreter werde eine mäßigende Wirkung ausüben. Und in einer Reihe von Gebieten wurde „Unabhängigkeit" so eng definiert, daß bedeutende Teile der Bevölkerung von der Wahl ausgeschlossen blieben.[20]

Wichtiger als das Wahlrecht und seine Anwendung waren jene Denk- und Verhaltensgewohnheiten, die das Verhältnis der Deutschen zu ihrem politischen System prägten. Es kann kaum überraschen, daß eine über Jahrzehnte gewachsene politische Kultur sich nicht unvermittelt durch einen wenige Wochen dauernden Wahlkampf umkrempeln ließ. In manchen Regionen (und es waren dies in der Regel diejenigen, über die wir am meisten wissen), gelang es den örtlichen Aktivisten, ein beträchtliches öffentliches Interesse an der Wahl zu wecken. Anderswo aber blieben Apathie und Untertanengeist vorherrschend, und die Teilnahme an den politischen Vorgängen hielt sich in ziemlich engen Grenzen.[21] Im großen und ganzen ist zu vermuten, daß weniger als die Hälfte der männlichen erwachsenen Deutschen von ihrem Wahlrecht Gebrauch machte.[22]

Der Wahlkampf, der in verschiedenen Teilen Deutschlands geführt wurde, legt die Annahme nahe, daß eine sehr große Zahl liberaler Führer in nicht geringerem Maß als die Masse der Wähler weitgehend den Denk- und Verhaltensgewohnheiten der vorrevolutionären Epoche verhaftet blieb. Es ist wahr, daß in manchen Regionen – insbesondere in Teilen des Südwestens und in einigen der größeren Städte – die Wahlkampagne spezifische politische Programme produzierte und scharfe Auffassungsgegensätze innerhalb des liberalen Lagers an den Tag brachte. Es lassen sich, insbesondere auf der äußersten Rechten und Linken der Vormärz-Opposition, klar formulierte Positionen zur zukünftigen Rolle der bestehenden deutschen Staaten, der monarchischen Institutionen und der allgemeinen politischen Mitbestimmung finden.[23] Aber die meisten gemäßigten Liberalen äußerten ihre Hoffnung auf eine Versöhnung der demokratischen Bestrebungen mit der Staatsmacht weiterhin in charakteristischer Vagheit. Rudolf Haym beispielsweise erklärte seinen Anhängern, das Ansehen und die Sicherheit der Fürsten würden in dem Maß zunehmen, wie der Geist der Freiheit bis ins tiefste Innere des Volksbewußtseins vordringe.[24] Ungefähr um die gleiche Zeit wurde den Bürgern von Hamm ein lebendiges Beispiel für die Ambivalenz der Liberalen in bezug auf Staat und Volk und für ihren Wunsch vorexerziert, eine Entscheidung zwischen beiden zu vermeiden:

Unsere Ideen von Freiheit, von Gleichheit aber zu verwirklichen, wollen wir vor allem andern eine mächtige und kräftige Regierung, die, gestützt auf dem legislatorischen Prinzipe der Volks-Souveränität, gestärkt durch die Autorität der erblichen Monarchie, jede Zügellosigkeit, jede Rechts-Verletzung mit eisernem Arme niederhält.[25]

Die politischen Diskussionen vom Frühjahr 1848 offenbarten weiterhin jene Unverbindlichkeit und jene Neigung zur Abstraktion, die die Meinungsunterschiede innerhalb des Liberalismus in den vorausgegangenen Jahrzehnten überdeckt hatten. In Hildesheim beispielsweise bezeichnete sich jeder, der ein Gegner des monarchischen Absolutismus war, als „Demokrat". Und Rudolf Virchow verkündete stolz seinen Republikanismus, fügte aber hinzu, er glaube, das Amt des Präsidenten der Republik solle erblich sein.[26] Sehr viele Liberale sahen den Zweck der Wahlen nicht darin, daß Klarheit über Programme gewonnen und taktische Alternativen diskutiert wurden, sondern eher darin, daß Männer von aufgeklärtem Geist und lauterer Gesinnung gewählt würden, die sodann vernünftig miteinander diskutieren und eine neue politische Ordnung entwerfen konnten. In diesem Sinne forderte ein in Dortmund verteiltes Wahlpamphlet die Wähler auf, „feste, freie Männer [zu wählen], welche durch keine Furcht, durch kein Interesse von der Bahn des Rechten abzubringen sind, die außerdem die erforderliche politische Reife und Urteilskraft besitzen... um die Zeit und deren Ereignisse zu begreifen".[27] Selbst als sich plötzlich ungeahnte politische Chancen auftaten, änderte dies nichts an der Neigung der Liberalen, politisch-weltanschauliche Probleme in Fragen der moralischen Einstellung umzudeuten.

Abgesehen von diesen der Gewinnung von Klarheit in politischem Denken und Handeln im Wege stehenden Hindernissen war die politische Darstellungsfähigkeit auch durch eine Reihe praktischer Erwägungen beeinträchtigt. Die relative Unentwickeltheit der Nachrichten- und Verkehrsverbindungen sowie der Mangel an gefestigten überörtlichen Bindungen zwischen den politischen Gruppen verhinderten auch weiterhin die Entwicklung einer allgemein anerkannten politischen Elite auf nationaler Ebene. Das bedeutete, daß die Wähler, wenn etwa keiner der einheimischen politischen Wortführer willens oder imstande war, sich als Kandidat aufstellen zu lassen, dazu tendierten, ihre Stimme der einen oder anderen nationalen Berühmtheit, auch wenn sie sehr wenig über sie wußten, oder vielleicht einem bekannten Mann aus der nächstgelegenen Stadt zu geben.[28] Alle diese Faktoren helfen mit, zu erklären, wie aus einer Wahl, die im Rahmen eines zersplitterten politischen Systems und unter mannigfach verschiedenen Zulassungsbestimmungen vor sich ging, eine so homogene Auswahl parlamentarischer Vertreter hervorgehen konnte.

Tabelle 4.1
Die soziale Zusammensetzung des Frankfurter Parlaments

	Anzahl der Abgeordneten (%)
Beamte	
Verwaltung	157 (19,7) *
Justiz	119 (14,9)
Professoren, Lehrer	123 (15,4)
Rechtsanwälte	130 (16,3)
Geistliche	45 (5,6)
Schriftsteller, Journalisten	36 (4,5)
Ärzte usw.	25 (3,1)
Geschäftsleute	75 (9,4)
Grundbesitzer	68 (8,5)
Heeresoffiziere	15 (1,9)
Verschiedene, Beruf unbekannt	6 (0,7)
Gesamt	799 (100)

QUELLE: Eyck, *Frankfurt* (1968), S. 95
* darunter eine ziemlich kleine Zahl von Kommunalbeamten.

Wie aus Tabelle 4.1 zu ersehen ist, waren Beamte des öffentlichen Dienstes im Frankfurter Parlament besonders stark vertreten. Das lag daran, daß sich bei ihnen, mehr als bei jeder anderen gesellschaftlichen Gruppe in Deutschland, ein hohes lokales Prestige mit der Einbezogenheit in ein überörtliches Beziehungsnetz verband, sowie – gleich wichtig – daran, daß sie in der Lage waren, ein Mandat zu übernehmen, ohne deswegen ihre reguläre Berufstätigkeit aufgeben zu müssen.[29] Auch das preußische Parlament war seiner sozialen Zusammensetzung nach eine Domäne der Bildungselite (9,5 Prozent Verwaltungsbeamte, 24 Prozent Richter, 25,4 Prozent sonstige Akademiker), wenn auch bei den preußischen Abgeordneten die Angehörigen niedriger gesellschaftlicher Schichten etwas stärker repräsentiert waren als bei den Frankfurtern. Dem preußischen Parlament gehörte auch eine weit größere Zahl (22 Prozent) von Handwerkern und Landwirten an. Wir können heute nicht mehr feststellen, ob in den Unterschieden zwischen diesen beiden gleichzeitig gewählten parlamentarischen Vertretungen ein Wissen der Wähler um ihre unterschiedliche Funktion zum Ausdruck kam oder ob es für Leute mit bescheidenen Mitteln in Preußen einfach leichter war, als Abgeordnete zu fungieren.[30]

Die lokalen Gruppen waren, wie es auch im Vormärz der Fall gewesen war, in ihrer sozialen Zusammensetzung heterogener als die nationalen Führungszirkel. In den Wahlmännergremien, die die Parlamentsabgeordneten bestimmten, und in den politischen Vereinen, die sich im ganzen deutschsprachigen Raum auszubreiten begannen, läßt sich dasselbe berufliche Spektrum finden, aus dem sich die politische Opposition vor der Revolution rekrutierte: Beamte und andere „Gebildete", Geschäftsleute, Fabrikanten, Ladenbesitzer und Handwerker.[31] Trotz des offensichtlich großen Gewichts, das der Bildungselite in den nationalen Angelegenheiten zukam, sollte man daher nicht unterstellen, daß diejenigen, die in den Parlamenten von Frankfurt und Berlin saßen, annähernd typisch für die Bewegung als ganze gewesen seien.

Das Problem der „Abkömmlichkeit" stellt einen Grund dafür dar, daß es sehr schwierig ist, anzugeben, wie genau die politische Zusammensetzung der revolutionären Parlamente die Anschauungen des Wahlvolks wiedergab. Es ist zum Beispiel denkbar, daß die relative Stärke der Liberalen in Berlin und Frankfurt von der Tatsache herrührte, daß sie in jenen Teilen der Bevölkerung überproportional stark vertreten waren, die sowohl daran interessiert als auch dazu befähigt waren, nationale Mandate wahrzunehmen, das heißt, unter den „Gebildeten". Dazu kommt, daß Wählen stets eine Entscheidung zwischen Alternativen beinhaltet, und in Anbetracht der Vagheit, durch die sich die Wahlprogramme in vielen Regionen auszeichneten, können wir keineswegs sicher sein, daß den Wählern alternative politische Positionen vorgestellt wurden und daß sie diese verstanden. Es lassen sich Beispielfälle anführen, in denen ein und dieselbe Wählergruppe Männer mit stark voneinander abweichenden Anschauungen wählte, vielleicht nur, weil alle diese Männer örtliches Ansehen genossen und bereit waren, zu kandidieren. Das beste Beispiel hierfür bietet das Wahlergebnis in Köln, wo die Wähler den Erzbischof Geissel, den Rechtsliberalen Camphausen sowie einen demokratisch gesonnenen Justizrat als ihre Abgeordneten nach Berlin und den Radikalen Raveaux (und als seinen Ersatzmann den einheimischen Polizeichef)

Der Anfang der Revolution

nach Frankfurt entsandten.[32] Und schließlich überließ das indirekte Wahlsystem die endgültige Entscheidung einer ziemlich kleinen Gruppe örtlicher Honoratioren, wodurch die gewählten Kandidaten der Masse der Wähler noch weiter entrückt wurden.

Allein, nachdem alle diese Fragen und Vorbehalte vermerkt sind, bleibt doch die Tatsache bestehen, daß die Frühjahrswahlen von 1848 einen klaren Sieg für die politische Vormärz-Opposition im allgemeinen und für die liberale Bewegung im besonderen brachten. Im Eröffnungsstadium der Frankfurter Verhandlungen waren nur etwa 15 Prozent der Abgeordneten als entweder dem äußersten rechten oder dem äußersten linken Flügel zugehörig zu identifizieren, weitere 27 Prozent waren nicht eindeutig einer bestimmten politischen Richtung zuzurechnen, und die übrigen neigten dem einen oder anderen Bereich des liberalen Spektrums zu.[33] In Berlin lag das politische Schwerkraftzentrum etwas weiter links, doch selbst hier schien den Liberalen eine deutliche Mehrheit zu gehören.

Viele sahen in diesem Wahlerfolg ein zuverlässiges Zeichen dafür, daß das „wirkliche Volk" gesprochen und den Liberalen die Aufgabe der Schaffung einer neuen Nation anvertraut habe. Und was ebenso wichtig war: Die Ernennung von Männern aus den Reihen der politischen Opposition zu Ministern in den Regierungen fast aller deutschen Staaten schien die Hoffnungen der Liberalen auf eine Versöhnung von Regierungsmacht und aufgeklärter Weltanschauung zu erfüllen. Zwei Monate nach Ausbruch der Revolution schien es daher, als stehe der Triumph des Liberalismus vor der Tür.

5. Das Frankfurter Parlament und das Dilemma der Freiheit

> Ist das noch wirklich ein Volk, welches jene Männer in der
> Nationalversammlung und in den Kammern repräsentieren?
>
> Bruno Bauer (1849)[1]

Am 18. Mai 1848 trat das Frankfurter Parlament zu seiner ersten förmlichen Sitzung zusammen. Nach der Wahl eines vorläufigen Präsidiums im alten Rathaus zogen die Abgeordneten in feierlicher Prozession zur Paulskirche, die während der folgenden elf Monate ihre Verhandlungsstätte bleiben sollte. Die Kirche war in vieler Hinsicht eine unglückliche Wahl: ihre Größe und ihre akustischen Mängel machten Diskussionen innerhalb des Plenums von vornherein sehr schwierig; es gab keine Nebenräume, wo Abgeordnete sich zu informellen Gesprächen versammeln oder wo Fraktionen und Ausschüsse hätten tagen können; die Tribünen waren so groß, daß der Tagungspräsident oft nur schwer die Ordnung aufrechterhalten konnte.[2] Aber an dem Tag, an dem das Parlament mit seiner Arbeit begann, erkannten nur wenige diese Nachteile. Im Gegenteil, viele Abgeordnete sahen in der Paulskirche die ideale Stätte für eine Versammlung aufgeklärter Männer, die, unbelastet durch Fraktionshader, ihre Vorstellungen über die Zukunft Deutschlands miteinander austauschen konnten, während ein dankbares Volk von den Tribünen zusah und die sich allmählich abzeichnende politische Ordnung mit Applaus begrüßte.

Manche Abgeordnete brauchten nicht lange, um zu erkennen, daß diese schöne Rechnung nicht aufgehen würde. Ganz offensichtlich waren einige interne organisatorische Maßnahmen erforderlich, um die Diskussion zu kanalisieren und einem vollständigen Debattierchaos vorzubeugen. Die in diesem Sinne unternommenen Versuche, die Parlamentsarbeit effizienter zu machen, waren anfänglich noch deutlich von dem Mißtrauen gegenüber organisierten „Parteien" gekennzeichnet, das im Denken vieler Liberaler so tief verwurzelt war. Den im Lauf der ersten Sitzungswochen beschlossenen Verfahrensregeln zufolge wurden die Abgeordneten durch das Los in fünfzehn „Abteilungen" aufgeteilt, die dazu herangezogen werden konnten, Ausschüsse zu wählen, Wahlergebnisse zu prüfen und zu bestätigen und andere parlamentarische Geschäfte zu besorgen, die für das Plenum zu umständlich und zeitraubend gewesen wären.[3] Letztlich bildeten sich aber doch parlamentarische Fraktionen heraus. Teilweise geschah dies deshalb, weil die mehreren hundert einander fremden Abgeordneten, die sich unvermittelt mit einer Reihe gemeinsamer Aufgaben konfrontiert sahen, kongeniale Gesinnungsfreunde und verläßliche Verbündete finden mußten.[4] Dazu kam, daß sich, als das Parlament über die wichtigsten auf seiner Tagesordnung stehenden Fragen debattierte – über seine eigenen Machtbefugnisse und Zuständigkeiten, über die gegenwärtige und zukünftige Rolle der bestehenden deutschen Einzelstaaten und über die richtige Definition von politischer Freiheit und Volkssouveränität –, politische Frontlinien abzuzeichnen begannen.[5] Im Lauf des Sommers fanden sich gleichgesinnte Männer zu Fraktionen zusammen, die nach den Wirtshäusern und Gaststätten benannt wurden, in denen sich die betreffenden Abgeordneten jeden Abend zusammenfanden, um über das Vorgehen des nächsten Tages zu beratschlagen.[6] Als der Herbst kam, hatten sich die Abgeordneten in etwa zu den Fraktionen gruppiert, wie sie in Tabelle 5.1 aufgeführt sind.

Tabelle 5.1
Politische Gruppierungen im Frankfurter Parlament
(September 1848)

	Zahl der Mitglieder (%)
Café Milani (Rechte)	50 (12)
Kasino (rechte Mitte)	120 (30)
Landsberg (rechte Mitte)	40–50 (10)
Augsburger Hof (Mitte)	45 (11)
Württemberger Hof (linke Mitte)	36 (9)
Westendhalle (linke Mitte)	40 (10)
Deutscher Hof (Linke)	50 (12)
Donnersberg (extreme Linke)	25–30 (6)
Gesamt	406–21 (100)

QUELLE: Kramer, *Fraktionsbindungen* (1968), S. 283–85.

Die angegebenen Zahlen und die politische Charakterisierung sollten lediglich als grobe Annäherungen verstanden werden. Nicht übersehen werden sollte auch, daß fast die Hälfte der Parlamentsabgeordneten in der Tabelle nicht erfaßt sind, zweifellos weil ihre Zugehörigkeit zu einer der Gruppen unsicher oder zu unbeständig war.

Die sich so herauskristallisierenden Gruppen gaben sich Regeln für ihre internen Diskussionen, wählten Fraktionsführer und versuchten, sich auf eine einheitliche Politik zu verständigen. Im September kam es durch Änderungen der für die Debatten im Plenum geltenden Regeln – Änderungen, die der anarchischen Debattierfreiheit einer rein individualistischen Redeordnung praktisch ein Ende setzten – zu einer bedeutsamen Aufwertung der Fraktionen. Am Ende des Jahres war es soweit, daß die Frau eines Abgeordneten bemerken konnte, „alle Fragen werden gegenwärtig außerhalb der Sitzungen, in den Clubs ausgemacht, und es wird unter den Seltenheiten gehören, daß ein Beschluß anders ausfällt, als man voraussagt... die Debatten werden nur pro forma gehalten, da jeder schon vorher entschlossen ist, wie er stimmen wird".[7]

Bei aller offensichtlichen Bedeutung der Fraktionen wurde doch die Unverbindlichkeit, welche die politischen Gruppierungen des Vormärz charakterisiert hatte, auch in Frankfurt nie ganz überwunden.[8] Mindestens hundert Abgeordnete unterließen es, sich einer der Fraktionen anzuschließen. Diejenigen, die einer

Gruppierung angehörten, mochten mit ihren Fraktionskollegen bei politischen Entscheidungen gemeinsame Sache machen, aber das hieß noch nicht unbedingt, daß sie dies auch in regionalen, religiösen, sozialen oder wirtschaftlichen Fragen taten.[9] Allgemein gesprochen gelang es der Linken mit einigem Erfolg, Regeln zur Einhaltung einer Art Fraktionsdisziplin zu formulieren und durchzusetzen.[10] In den mittleren Bereichen des politischen Spektrums jedoch führten schwankende Haltungen und Meinungsverschiedenheiten über grundlegende weltanschauliche Fragen nach wie vor zu einer ständigen Verschiebung der Frontstellungen und zu Spaltungstendenzen. Dazu kam, daß viele gemäßigte Liberale, während sie einerseits bereit waren einzusehen, daß bestimmte institutionalisierte Gremien außerhalb des Plenums sein mußten, doch andererseits ihr Mißtrauen gegenüber „Parteien" und einer allzusehr organisierten politischen Betätigung beibehielten. Das war das Grundmotiv der Argumente Rudolf Hayms gegen Bemühungen des „Kasinos", ein konkretes Programm sowie eine Satzung zu entwerfen, die die Disziplin der Gruppenmitglieder gewährleisten sollte: „Es heiße das Wesen unserer Gesellschaft zerstören, wenn man dieselbe durch ein prinzipielles Credo binden wolle, denn was uns binde, sei weniger die Ansicht, als die wesentlich gleiche Gesinnung der Verbündeten..."[11] Für Männer wie Haym konnte die hergebrachte Auffassung von der liberalen Bewegung als einer „Gesinnungsgemeinschaft" auch nicht durch die Notwendigkeit außer Geltung gesetzt werden, eine Bewegung aufzubauen, die soviel Zusammenhalt und Verbindlichkeit besaß, daß sie Deutschlands politische Zukunft festlegen und verwirklichen konnte.

Die Notwendigkeit des Aufbaus einer politischen Bewegung beschränkte sich natürlich nicht auf die nähere Umgebung der Paulskirche. Die Abgeordneten mußten nicht nur lernen, miteinander umzugehen, sondern auch sich mit ihren Anhängern in der Nation zu verständigen. Auch hier war es die Linke, die allem Anschein nach am ehesten befähigt war, diese Aufgabe in Angriff zu nehmen. Mit Organisationen wie dem Märzverein sowie mit einer Reihe nationaler Kongresse versuchten die demokratischen Fraktionen des Frankfurter Parlaments sich einen dauerhaften Rückhalt in der deutschen Gesellschaft zu schaffen.[12] Die gemäßigteren Abgeordneten bewegten sich zögernder in diese Richtung, aber viele von ihnen übermittelten ihren Wählern Botschaften und schrieben Artikel für ihre einheimischen Zeitungen; schließlich begannen alle Fraktionen eigene Berichte über die Tätigkeit des Parlaments zu veröffentlichen. Umgekehrt sandten die Wähler Petitionen, Erklärungen und zuweilen auch Mißtrauensvoten ans Parlament. Dies alles änderte nichts daran, daß die Beziehung der Abgeordneten zu ihren Wahlbezirken unter den schlechten Nachrichtenverbindungen litt, und die Unausgegorenheit sowie die oft schmale institutionelle Basis der politischen Aktivitäten sorgten dafür, daß die Bindungen zwischen dem Abgeordneten und seinen Wählern zu Hause weiterhin begrenzt blieben. Ein ebenso wichtiger Faktor war, daß dadurch, daß das Frankfurter Parlament als etwas Einmaliges und zeitlich Begrenztes betrachtet wurde und nicht als Teil eines regelmäßigen Turnus' von Wahl und Wiederwahl, die Möglichkeiten der Wahlbürger, Einfluß auf ihren jeweiligen Abgeordneten zu nehmen, ebenso gedämpft wurden wie sein Bedürfnis, in Kontakt mit seinen Wählern zu bleiben. Zusammenfassend gesagt, waren die institutionellen Bindungen zwischen den Frankfurtern und der Nation eindrucksvoll, wenn man sie mit den Beziehungen vergleicht, die es im Vormärz gegeben hatte, jedoch nach wie vor schwach und unstetig, wenn man kritische Maßstäbe anlegt.[13]

Das Verhältnis zwischen den Abgeordneten der Nationalversammlung und der Nation wurde auch weiterhin dadurch kompliziert, daß während der Zeit, als die Debatten in der Paulskirche ihren Fortgang nahmen, das politische Leben in den einzelnen Staaten weiterging: Länderparlamente traten wie gewohnt zusammen, Wahlen fanden statt und politische Gruppierungen formierten sich unter dem Eindruck von Ereignissen, auf die die Männer von Frankfurt wenig oder gar keinen Einfluß hatten. Der Zusammentritt des Berliner Parlaments war unzweifelhaft der wichtigste dieser parallelen Vorgänge. Das Verhältnis dieser Versammlung zu der von Frankfurt war von Anfang an unklar und wurde im Herbst 1848 noch ungewisser, als der preußische König Truppen in die Hauptstadt schickte, erfolgreich seine monarchische Autorität wiederherstellte, das Kabinett umbildete und Neuwahlen zum preußischen Abgeordnetenhaus ansetzte. Dieser gegenrevolutionäre Schlag veränderte nicht nur radikal das Kräftegleichgewicht zwischen den traditionellen Ordnungsmächten und den Revolutionären, sondern verbreiterte auch beträchtlich die Kluft zwischen dem preußischen Parlament und der Frankfurter Nationalversammlung.[14]

Die Wiederherstellung der monarchischen Macht in Preußen war nur ein Beispiel für die Unfähigkeit der Frankfurter, das öffentliche Leben der Nation, die sie zu repräsentieren beanspruchten, selbst zu gestalten. Ähnliche Entwicklungen gingen in anderen Länderparlamenten vor sich, wo bei Neuwahlen revidierte Wahlrechtsbestimmungen, veränderte lokalpolitische Bedingungen und der sich wandelnde Charakter der Revolution ihren Niederschlag fanden. So brachten beispielsweise in Kurhessen Wahlen, die Ende November – nach dem Erfolg der Gegenrevolution in Wien und Berlin – unter verschärften Stimmrechtsbedingungen abgehalten wurden, ein Ergebnis, das die Linke zu einer kleinen Minderheit schmelzen und eine nach rechts tendierende „konstitutionalistische" Gruppe zur eindeutig beherrschenden Fraktion werden ließen. In Württemberg dagegen bescherte eine 1849 abgehaltene demokratische Wahl der Linken ein Zwei-zu-eins-Übergewicht über die konstitutionellen Liberalen. Das Ergebnis der bayerischen Wahl vom Dezember 1848 war ein Landtag ohne klare politische Mehrheit, aber von einer sozialen Zusammensetzung, die sich wesentlich von der der Bildungselite unterschied, die in Frankfurt über die Zukunft Bayerns debattierte.[15]

Unterhalb der Ebene der Landtage stellte sich die Situation noch komplexer und zerrissener dar. Im großen und ganzen scheint es, als sei der politische Frontverlauf, wie er sich bereits im Frühjahr abgezeichnet hatte, bis zum Ende des Jahres 1848 bestehen geblieben. Der rechte Flügel der vorrevolutionären politischen Opposition richtete das Augenmerk mit wachsender Verbissenheit auf die in der politischen Unruhe und in Massenaktionen liegenden Gefahren, auf den „neuen Feind", der „in unserer Mitte erstanden ist", wie es einer von ihnen formulierte. Viele dieser Männer waren bereit, zu fast jeder Bedingung ein Bündnis mit den Ordnungsmächten zu akzeptieren.[16] Auf der äußersten Linken wurde – bei Versammlungen wie der des Berliner *Gegenparlaments* im Oktober 1848, das die Lossagung von allen repräsentativen Institutionen forderte – wachsende Ungeduld laut.[17] Diese beiden Strömungen schwollen im Laufe der Revolution an und verstärkten einander wechselseitig. In dem politischen Raum zwischen diesen beiden Extremen jedoch fanden sich weiterhin zahlreiche örtliche Organisationen, deren Zusammensetzung und deren weltanschauliche Ausrichtung fluktuierend und ungewiß waren. So sprachen beispielsweise die württembergischen Konstitutionalisten noch immer von einer Versöhnung der Monarchie mit einem „volkstümlichen und freien Geist" und setzten damit die aus dem Vormärz bekannte Tendenz fort, Fragen von Souveränität und Macht nicht zu klären, sondern zu verwischen.[18] Während manche örtlichen Gruppen mit der Zeit exklusiver und programmatisch präziser wurden, fuhren andere fort, vorrevolutionären Praktiken zu huldigen und ihre Anhänger vor einer zu starken Identifizierung mit einer Partei zu warnen. In einer Erklärung zur preußischen Wahl vom Januar 1849 hieß es: „Wählt Leute zu Wahlmännern, die über dem Getriebe, der Parteileidenschaft stehen..., die mit der gehörigen Einsicht und Ruhe den Mut verbinden, ihre Meinung frei und kühn auszusprechen."[19]

Was an Daten zur Kommunalpolitik in den Jahren 1848 und 1849 zugänglich ist, bezeugt eine beträchtliche politische Aktivität in den Reihen der Liberalen. Aber die Wirksamkeit dieser Aktivität auf nationalpolitischer Ebene litt darunter, daß innerhalb der Bewegung bedeutsame Differenzen in taktischen und weltanschaulichen Fragen bestanden und daß die für die Vormärzzeit charakteristische institutionelle Zersplitterung keineswegs überwunden war. Wie Veit Valentin sich ausdrückte: „Der neue Partikularismus der vielerlei Ständeversammlungen, der vielerlei Parteien, der tausend Klubs zersetzte das neue Deutschland beinahe schlimmer, als das alte durch den alten Partikularismus zersetzt war. Der schlimmste Feind der Revolution waren die vielen Revolutiönchen."[20] Natürlich nährten sich der „neue" wie der „alte" Partikularismus aus denselben Eigentümlichkeiten der deutschen Situation: dem Fehlen einer politischen Metropole, den Mängeln im Nachrichtenwesen und in der institutionellen Verankerung einer Politik der demokratischen Mitbestimmung, sowie aus der Zähigkeit lokaler hierarchischer Ordnungen und politischer Gruppierungen, denen wiederum die wirtschaftlichen, sozialen und kulturellen Ungleichheiten in den deutschen Staaten zugrunde lagen. Im hochgeladenen politischen Klima des Jahres 1848 trugen diese Faktoren mit dazu bei, ein Gefüge sich schneidender und überlagernder politischer Konflikte zu produzieren, das die Liberalen daran hinderte, ihren Ideen und Zielen einen wirksamen institutionellen Ausdruck zu verleihen.

Die Probleme, die mit der Unfähigkeit der Liberalen, eine nationale politische

Bewegung zu schaffen, zusammenhingen, vergrößerten sich infolge ihrer wachsenden Entfremdung von wichtigen Gruppen der deutschen Gesellschaft. Wie wir am Ende des letzten Kapitels gesehen haben, zeigten die Frühjahrswahlen von 1848 allem Anschein nach, daß der Liberalismus eine breite Anhängerschaft im Volk besaß. Den Sommer über wurden die Versammlungen von Berlin und Frankfurt mit Petitionen überschwemmt, die den Schluß zuließen, daß viele Deutsche nach wie vor von ihren gewählten Vertretern Rat und Führung erwarteten. Paul Noyes zitiert eine typische Eingabe, die 193 Krefelder Handwerker im Juni nach Frankfurt schickten; sie verliehen darin zunächst einmal ihrer Überzeugung Ausdruck, daß die „Allerhöchste Versammlung" es als eine ihrer Hauptaufgaben betrachten werde, etwas gegen die zunehmende Verarmung der Handwerkerklasse zu unternehmen, die einstmals eine unerschütterliche Stütze des Staates gewesen sei und für diesen noch immer eine hinreichende Schutzfunktion erfüllen könne.[21] Die in der Petition vorgebrachten Forderungen legen die Vermutung nahe, daß die Handwerker aus Krefeld von der Revolution in erster Linie die Lösung sozialer und wirtschaftlicher, nicht aber verfassungsmäßiger Fragen erwarteten. Für sie und für Tausende von anderen, die sich im Lauf des Frühjahrs und Sommers an die Parlamente wandten, bestand das Ziel der Revolution darin, die leidvollen Realitäten des täglichen Lebens erträglicher zu gestalten, eine von Wohlergehen und Sicherheit geprägte soziale Welt wiederherzustellen, von der sie glaubten, sie sei von den endemischen sozialen Krisen der Vormärzzeit in Gefahr gebracht worden. In manchen Gegenden spielten auch religiöse Fragen eine wichtige Rolle und provozierten Petitionen, in denen vom Parlament gefordert wurde, die Kirchen gegen den vom „Beamtenstaat" ausgeübten, verderblichen Druck in Schutz zu nehmen.

Eine Reihe von Liberalen erkannte, daß es unbedingt mit zu ihrer Aufgabe gehörte, auf diese allgemeine Unzufriedenheit einzugehen. Schon einige Abgeordnete des Vorparlaments hatten die Forderung nach Maßnahmen zugunsten der wirtschaftlich Benachteiligten und der sozial Entwurzelten erhoben. Doch hatte sich das Vorparlament nicht auf konkrete Vorschläge zu einigen vermocht. Seine Abgeordneten hatten sich statt dessen damit begnügt, in erhaben klingenden Phrasen „Schutz der Arbeit durch Einrichtungen und Maßregeln" zu versprechen, „um Arbeitsunfähige vor Mangel zu bewahren, Erwerblosen lohnende Beschäftigung zu verschaffen, die Verfassung des Gewerbs- und Fabrikwesens den Bedürfnissen der Zeit anzupassen."[22] Wie so oft zuvor und danach, stellten die Liberalen Einigkeit durch die Verkündung allgemeiner Prinzipien her, über deren Verwirklichung jeder seine eigenen Vorstellungen haben konnte.

Als das Frankfurter Parlament mit seiner Arbeit begann, forderten einige seiner Angehörigen, daß das vom Vorparlament gegebene Versprechen bezüglich gesellschaftlicher Reformen eingelöst werden müsse. Ihre Bemühungen führten zur Einrichtung eines Ausschusses für Arbeiter-, Gewerbs- und Handelsverhältnisse, dessen Arbeit parallel zu der des Verfassungsausschusses laufen und sicherstellen sollte, daß das Parlament die sozialen und wirtschaftlichen Probleme nicht aus den Augen verlor. Am 3. Juni erklärte der Erste Vorsitzende dieses

Ausschusses, Friedrich von Rönne, von welchen Voraussetzungen die Ausschußarbeit ausging:

„Das Volk hat uns hierher gesendet, um ein neues politisches Gebäude aufzurichten; aber dieses Gebäude soll begründet werden auf dem soliden Boden der verbesserten materiellen und socialen Zustände. Ein bloß politisches Netz würde eben nur ein Netz sein, sehr zerreißbarer Natur, solange nicht die verschiedenen deutschen Staaten in ihren Bedürfnissen von einander abhängig sind, solange nicht die materiellen Interessen auf das engste miteinander verkettet sind."[23]

In den Erklärungen von Rönnes stecken implizit zwei für die ganze weitere Arbeit des Ausschusses charakteristische Elemente. Zum einen neigte der Ausschuß dazu, die Probleme der Arbeiter und Handwerker als Teilmomente eines allgemeinen Bemühens um die Verbesserung der sozialen und ökonomischen Bedingungen zu sehen. Als von Rönne seine Erklärung abgab, hatte der Ausschuß seinen Zuständigkeitsbereich auf das gesamte Spektrum wirtschaftlicher, sozialer und handelspolitischer Fragen ausgedehnt und sich in „Wirtschaftsausschuß" umgetauft. Zum anderen betrachtete der Ausschuß – wie auch das Parlament als Ganzes – die sozialen und wirtschaftlichen Fragen als in politische Probleme und insbesondere in das Problem der politischen Einheit eingebettet (man beachte, wie leichtfüßig von Rönne von den einen zu den anderen springt). Für die Geschäftsleute und Professoren, die im Wirtschaftsausschuß das Übergewicht besaßen, war die „soziale Frage" zweifellos von großer Bedeutung, aber sie war für sie ein – vielleicht notwendigerweise untergeordnetes – Teilmoment weiterreichender Fragen der politischen und wirtschaftlichen Entwicklung. Diese Auffassung erklärt zum Teil, warum der Wirtschaftsausschuß ungeachtet seiner außerordentlichen Energie und seiner fleißigen Arbeit in Frankfurt kaum einmal eine schöpferische Rolle zu spielen vermochte. Solange Sozialreformen als Teilmoment einer politischen Veränderung gesehen wurden, war es fast unvermeidlich, daß verfassungspolitische Fragen (und damit der Verfassungsausschuß) den Vorrang hatten. Dies zeigte sich insbesondere bei den entscheidenden Debatten über die Verfassung zu Beginn des Jahres 1849, es zeichnete sich jedoch auch schon bei der ersten Auseinandersetzung des Parlaments mit sozialen Fragen und auch bei der Diskussion über die „Grundrechte" ab, die im Juli 1848 begann.[24]

Der Gedanke, die Verfassung müsse mit einer Erklärung der „Grundrechte" beginnen, folgte dem zwingenden Vorbild der großen Verfassungsdokumente des 18. Jahrhunderts und der in der Reformzeit von den Mittelstaaten in Kraft gesetzten Verfassungen.[25] Darüber hinaus sahen einige der einflußreichsten der in Frankfurt versammelten Männer zwei zusätzliche Gründe dafür, ihre Erörterungen mit einer Diskussion über die Grundrechte zu beginnen. Zum einen hatten viele das Gefühl, das Parlament sei noch nicht so weit, daß es grundlegende Verfassungsprobleme bewältigen könne, und solle sich zunächst mit Fragen befassen, über die leichter Einigkeit erzielt werden konnte. Und zum zweiten war man der Ansicht, eine Erklärung der Grundrechte werde dazu beitragen, den von den Volksmassen ausgeübten Druck zu vermindern. Georg Beseler, der der

Vollversammlung den vom Verfassungsausschuß ausgearbeiteten Entwurf präsentierte, stellte in der Einführungspassage seiner Rede folgendes fest:

Einmal hielten wir für nothwendig, daß bei der großen socialen Bewegung, die ganz Deutschland ergriffen hat, von hier aus ein Wort darüber gesprochen werde, wo wir die Grenze finden, über welche diese Bewegung nicht hinausgeführt werden soll.

An einer späteren Stelle wies er auf einen Punkt hin, an dem sich in der Diskussion über die Grundrechte fundamentale Spannungen entzünden sollten:

Wir wollen Mißbräuche entfernen durch die Grundrechte, aber hier tönt uns die warnende Stimme entgegen, welche uns zwingt, die wohlerworbenen Rechte zu achten und Eingriffe in dieselben nur dann für gerechtfertigt zu halten, wenn eine unabweisliche Nothwendigkeit, nur wenn es das allgemeine Beste dringend erheischt. Es soll das Polizeiunwesen entfernt werden, die Willkür und die Bevormundung. Allein es darf auch nicht dasjenige aufgehoben werden, was nothwendig ist zur Sicherung staatlicher Zustände, zumal in einer solchen Entwicklungsperiode, in der wir uns jetzt befinden, unter den socialen Verhältnissen, in denen wir uns bewegen, kurz bei der ganzen Lage der Gegenwart.[26]

Die Formulierung Beselers spiegelt die anhaltende Ambivalenz vieler Liberaler gegenüber der Freiheit treffend wider. Wie im Vormärz, so ging es auch 1848 Männern wie ihm hauptsächlich darum, einen Kompromiß zwischen Reform und Sicherheit, zwischen Freiheit und Ordnung zu finden.

Die Vorteile, die vermeintlicherweise darin lagen, daß das Parlament seine Tätigkeit mit einer Erklärung der Grundrechte begann, erwiesen sich als illusorisch. Die darin beschlossenen Probleme waren, wie sich zeigte, weit komplexer und weit geeigneter, zu Konflikten zu führen, als die meisten Abgeordneten es sich hatten vorstellen können. Die Debatte, die am 3. Juli mit langen Mehrheits- und Minderheitsberichten sowohl des Verfassungsausschusses als auch des Wirtschaftsausschusses begann, zog sich über die darauffolgenden acht Monate hin.[27] Und die ambivalenten und häufig obskuren Ergebnisse dieser Debatten vermochten auch nicht jene Grenzen für die soziale Bewegung abzustecken, von denen Beseler gesprochen hatte. Im Lauf der langwierigen Diskussion über die Grundrechte verbreitete sich die Kluft zwischen dem Parlament und den vielen, die anfänglich hoffnungs- und erwartungsvoll nach Frankfurt geblickt hatten.

Wir brauchen die unter dem Begriff „Grundrechte" zusammengefaßten Fragen – darunter Aussagen über staatsbürgerliche und prozessuale Rechte, über Reformen der ländlichen Gesellschaft, über Beschneidungen der Adelsprivilegien und über viele andere wichtige Bereiche – nicht in voller Breite zu untersuchen. Wir werden uns statt dessen auf jene drei Teilaspekte der Debatte konzentrieren, die für ein Verständnis der langfristigen Probleme der Liberalen im 19. Jahrhundert am wichtigsten erscheinen sowie auf die unmittelbaren Schwierigkeiten, die sich im Rahmen ihres Verhältnisses zu den Massenbewegungen der Jahre 1848 und 1849 ergaben: auf das Problem der Gemeinschaftsrechte und der individuellen Freizügigkeit, auf den Arbeitsschutz und die Gewerbefreiheit sowie auf das Verhältnis zwischen der katholischen Kirche und dem Staat.

Der erste Satz des vom Verfassungsausschuß vorgelegten Grundrechte-Entwurfs sprach jedem Deutschen die „allgemeine deutsche Staatsbürgerschaft" zu. Was hätte ein selbstverständlicherer Ausgangspunkt sein können? Konnte irgend jemand daran zweifeln, daß der Grundsatz der deutschen Staatsbürgerschaft das Fundament war, auf dem die verfassungspolitischen Bemühungen des Parlaments würden ruhen müssen? Natürlich nicht. Aber fast unverzüglich sahen sich die Abgeordneten vor ein Problem gestellt, das ihnen in den folgenden Monaten nur allzu vertraut werden sollte: Ein Grundsatz, der in abstrakter Form für jedermann annehmbar schien, konnte sich als höchst geeignet erweisen, die Geister zu scheiden, wenn es darum ging, konkrete Folgerungen aus ihm abzuleiten. So beinhaltete die Staatsbürgerschaft für einige Diskussionsteilnehmer das Recht, sich freizügig zu bewegen und sich nach Belieben irgendwo in Deutschland niederzulassen; für andere jedoch – insbesondere für die Abgesandten der Hansestädte und der ehemaligen „Reichsstädte" des Südens und Südwestens – waren „Bürger" zunächst einmal Bürger ihrer Gemeinde, und jeder Gemeinde stand ihrer Auffassung nach das Recht zu, sich vor Übervölkerung zu schützen, darüber zu entscheiden, wer in ihren Angelegenheiten mitbestimmen durfte, und den Kreis der Empfänger von Armenhilfe selbst zu bestimmen. Wenn das Parlament daher die Freizügigkeit als uneingeschränktes Recht proklamierte, würde es zwangsläufig mit dem Glauben der Liberalen an die kommunale Selbstverwaltung kollidieren. Diese Schwierigkeit löste eine lange und komplizierte Debatte aus, die quer zu weltanschaulichen Fronten lief und erneut unterstrich, wie sehr die Liberalen über Fragen von individueller Freiheit und sozialer Ordnung entzweit waren. Am Ende beschloß das Parlament, die kommunalen Befugnisse zugunsten der individuellen Freizügigkeit zu opfern. Damit setzte sich eindeutig die Orientierung durch, die den Erfahrungen und Interessen der in Frankfurt versammelten überörtlichen Eliten am besten entsprach. In dieser Lösung spiegelte sich auch die Unfähigkeit des Parlaments wider, sich darüber zu einigen, wie mögliche Grenzen der Freizügigkeit definiert und wie sie institutionalisiert werden konnten. Der Grundsatz der Freizügigkeit wurde zwar eingeschränkt, aber nicht durch konkrete Vorbehaltsklauseln, sondern durch die Ankündigung eines später zu erlassenden „Heimatsgesetzes", das praktische Handhaben enthalten sollte, mit denen die Gemeinden sich vor den möglichen Nachteilen der Freizügigkeit würden schützen können.[28]

Die Frage des Vorrangs kommunaler Macht vor den individuellen Rechten der ansässigen Bürger stand in engem Zusammenhang mit der Frage von Gewerbebeschränkungen. In den Augen derjenigen, die für größere Freizügigkeit eintraten, war es klar, daß die Freiheit, sich niederzulassen, wo man wollte, zusammen mit der Freiheit, das Gewerbe seiner Wahl auszuüben, eine optimale Verteilung der Produktivkräfte der Gesellschaft gewährleisten würde.[29] Die Gegner dieser Art der individuellen Freiheit behaupteten, sie verletze die Rechte bestimmter Gruppen, ihre Angelegenheiten selbst zu regeln und ihre gemeinsamen Interessen zu schützen. Die Opposition gegen die Gewerbefreiheit verfügte allerdings über eine viel breitere Basis in der deutschen Gesellschaft als die Opposition gegen die

Freizügigkeit. Die kommunale Selbstverwaltung spielte in einer Reihe von Gebieten, darunter in Preußen, keine Rolle, weil sie dort längst der Entfaltung des bürokratischen Staats zum Opfer gefallen war. Hingegen gab es in vielen Teilen Deutschlands Beschränkungen für die Ausübung eines Gewerbes, wenn auch sehr unterschiedlich in ihrer Anwendung und Wirksamkeit. Und selbst dort, wo die Machtbefugnisse der Zünfte und Innungen bis zur Bedeutungslosigkeit geschrumpft waren, bestand doch die Erinnerung daran ebenso fort wie die Hoffnungen derjenigen, die in einer Neubelebung der Gilden das probateste Mittel zur Linderung der sie drückenden Schwierigkeiten sahen.[30]

Von Ende Juli bis in den darauffolgenden Februar hinein befaßte sich der Wirtschaftsausschuß mit verschiedenen Stellungnahmen zur Frage der Gewerbebeschränkungen. Vertreter des Ausschusses trafen mit den Wortführern verschiedener Gewerbezweige zusammen, nahmen an von verschiedenen gesellschaftlichen Gruppen abgehaltenen Kongressen teil und studierten die Petitionen, die nach wie vor aus ganz Deutschland in Frankfurt eintrafen. Die meisten von denen, die für die eine oder andere Gruppe der deutschen Gesellschaft zu sprechen beanspruchten, stimmten darin überein, daß die bestehende Situation unerträglich und daß neue Bestimmungen notwendig seien, um die Lage zu verbessern. Keine eindeutige Übereinstimmung herrschte jedoch darüber, worin diese Bestimmungen im wesentlichen bestehen, welchem Ziel sie dienen und welches Ausmaß sie annehmen sollten, denn die Interessen der einzelnen betroffenen Gruppen gingen sehr stark auseinander. Die konkreten Reformvorschläge spiegelten daher notwendigerweise die außerordentliche Heterogenität der deutschen Sozialstruktur wider, eine Heterogenität, welche die Folge der ungleichen rechtlichen, sozialen und wirtschaftlichen Entwicklung in den einzelnen Gebieten, der unterschiedlichen Bedingungen in den verschiedenen Gewerbezweigen und der komplexen hierarchischen Unterteilungen zwischen Meistern, Gesellen und Lohnarbeitern waren.[31] Im Dezember legte Moritz Veit, ein Mitglied des Wirtschaftsausschusses, eine Zusammenfassung der maßgeblichen Auffassungen zur Gewerbefreiheit vor, um damit die Endphase der Erörterungen im Ausschuß zu strukturieren. Veit unterschätzte allerdings die Heterogenität der deutschen Gesellschaft und neigte außerdem, was uns nicht überraschen sollte, dazu, soziale und wirtschaftliche Probleme als politische Probleme zu betrachten. Immerhin rührte sein Bericht an den Kern des Problems, wenn er eine industrielle Ordnung forderte, „welche die Ausschließlichkeit des Privilegs ebenso vermeiden sollte wie die ungezügelte Anarchie des *laisser-faire*".[32] Aber man war sich im Wirtschaftsausschuß zutiefst uneinig darüber, wie diesen unerwünschten Extremen vorzubeugen war. Den zentralen Hintergrund der Auseinandersetzungen bildete jenes subtile Wechselspiel von Hoffnung und Befürchtung, mit dem so viele Liberale auf die Verheißungen und Gefahren der gesellschaftlichen Freiheit reagierten. Schließlich und endlich bejahte der Ausschuß in seinem Bericht den Grundsatz der Gewerbefreiheit, wenngleich nicht ohne gewisse vage Einschränkungen. Der Bericht wurde nicht von der Mehrheit der Ausschußmitglieder getragen und bei seiner Vorlage am 26. Februar von mehreren Minderheitsberichten ergänzt.[33] Zu diesem Zeitpunkt hatte das Parlament seine ganze Aufmerksamkeit den politischen Aspekten der Verfassung zugewandt. Der Bericht des Wirtschaftsausschusses wurde niemals debattiert, und der abschließende Verfassungsentwurf kündigte die Verabschiedung einer Gewerbeordnung für einen unbestimmten späteren Zeitpunkt an. Bereits früher im Februar waren Entschließungen zugunsten des Rechts auf Arbeit und eines verbesserten Arbeitsschutzes debattiert, aber nicht verabschiedet worden.[34]

Die Probleme, denen die Liberalen bei ihrem Versuch gegenüberstanden, das Verhältnis zwischen der katholischen Kirche und dem Staat zu ordnen, ähnelten den Schwierigkeiten, die sich in der Debatte über die sozio-ökonomischen Fragen ergaben. Wie die kommunale Selbstverwaltung und die Gewerbefreiheit berührte auch die Frage nach der Rolle der Kirche unmittelbar das Dasein vieler Deutschen, und ebenso wie jene bewirkte sie eine außerordentliche Scheidung der Geister im Parlament selbst und trug am Ende zur Entfremdung von Teilen der deutschen Gesellschaft von der politischen Opposition bei.

In den ersten Phasen der Revolution hatten die Katholiken – wie die Anhänger der Gemeindeautonomie und der Zunftprivilegien – gehofft, die von den Wortführern der Revolution versprochene Freiheit werde auch mehr Freiheit für ihre eigenen Einrichtungen bedeuten.[35] Aber wie sich in der Debatte über die religiösen Grundrechte zeigte, hatten die Liberalen von dieser versprochenen Freiheit ganz andere Vorstellungen. Für die meisten Liberalen bedeutete Religionsfreiheit das Recht eines jeden einzelnen, in religiösen Dingen seinem eigenen Gewissen zu folgen. Wenn dieses Recht gewährleistet sein sollte, mußten die Kirchen von den staatlichen Einrichtungen getrennt werden. So sollte beispielsweise die Zivilehe obligatorisch werden, weil sie den einzelnen von der Notwendigkeit befreite, sich zu einer bestimmten Konfession zu bekennen. Im selben Sinn erschien ihnen eine Entkonfessionalisierung des Schulwesens erforderlich, weil nur dadurch sichergestellt werden konnte, daß die Kirchen keinen unziemlichen Einfluß auf die öffentliche Meinungsbildung würden nehmen können. Manche Liberale, insbesondere diejenigen des linken Flügels, waren willens, sogar noch weiter zu gehen. Sie waren überzeugt, daß der Staat religiöse Organisationen wie die Jesuiten, die eine Bedrohung für die Freiheit darstellten, verbieten solle. Es war offenkundig, daß diejenigen, die den Interessen der Kirche das Wort redeten, unter Religionsfreiheit etwas ganz anderes verstanden: Für sie war die Hauptsache der Schutz der Kirche vor staatlicher Bevormundung. Sie sahen in der obligatorischen Zivilehe und in der Entkonfessionalisierung des Schulwesens – ganz zu schweigen von einer Unterdrückung der Jesuiten – eine Einmischung des Staates in Lebensbereiche, für die von Rechts wegen die Kirche zuständig war.[36] Die Versuche der Liberalen, die den Deutschen versprochene Freiheit in konkrete Formen zu gießen, zeigten daher – weder zum ersten- noch zum letztenmal in der Geschichte der liberalen Bewegung –, daß die Freiheit des einen notwendigerweise mit der Unterdrückung eines anderen einherzugehen schien.

Zu dem Zeitpunkt, da das Parlament mit seinen langwierigen und bändefüllenden Debatten über die Grundrechte fertig war, hatten viele Deutsche für sich beschlossen, daß sie von den Verheißungen einer neuen verfassungsmäßigen Ordnung wenig zu erhoffen hatten. Katholiken, Anhänger der kommunalen Selbstverwaltung und viele andere gesellschaftliche und wirtschaftliche Interessengruppen wandten sich zunehmend der Vertretung ihrer eigenen Sonderinteressen zu.[37] Dies wirkte sich notgedrungen zum Vorteil der bestehenden deutschen Einzelstaaten aus, in deren Macht es lag, diesen Gruppen Zugeständnisse zu machen oder zu versprechen. Das Ausmaß dieser Vorbehalte von Teilen der Öffentlichkeit gegenüber der Frankfurter Versammlung und ihrer Verfassungsarbeit sollte nicht übertrieben werden. Wie die Auseinandersetzungen über die Verfassung im Frühjahr 1849 zeigen sollten, blieb der Rückhalt, den die politische Opposition beim Volk genoß, in einigen Regionen und bei gewissen gesellschaftlichen Gruppen erhalten. Nichtsdestoweniger ist ein Abrücken der öffentlichen Meinung vom liberalen Parlamentarismus nicht zu übersehen. Dieses Abrücken war nicht nur deshalb bedeutsam, weil es mithalf, den Boden für das Scheitern der Revolution zu bereiten, sondern auch weil es einen Vorgeschmack auf die letztlich sich erweisende Unfähigkeit der Liberalen vermittelte, auf die sozialen, wirtschaftlichen und religiösen Bedürfnisse eines großen Teils ihrer Landsleute einzugehen.

Die Abwendung dieser Gruppen von der politischen Opposition war besonders tragisch für die liberalen Wortführer in Frankfurt, aber sie waren nicht die einzigen, denen diese Entwicklung zum Nachteil gereichte. Das Berliner Parlament war keineswegs besser befähigt als sein Frankfurter Gegenstück, sich der sozial und religiös Unzufriedenen anzunehmen. Und ebensowenig war der radikale Flügel der politischen Opposition in der Lage, die öffentliche Unzufriedenheit vor den Karren seiner eigenen Forderungen nach politischer Demokratie zu spannen.[38] Warum war dies so? Weshalb waren die Männer in Frankfurt und Berlin, waren Liberale und Radikale, Gemäßigte und Demokraten so wenig imstande, den Aderlaß an öffentlicher Unterstützung aufzuhalten, der sie in ihrem Kampf gegen die ungebrochenen Kräfte der Reaktion so sehr schwächte? Eine Antwort auf diese Frage liegt sicherlich in der gesellschaftlichen Herkunft der nationalen Wortführer dieser Gruppen. Wie wir wissen, können die im Frühjahr 1848 gewählten Männer schwerlich als repräsentativ für die Masse ihrer Wähler gelten; in der Tat waren sie von ihren Interessen und Erfahrungen her in vielerlei bedeutsamer Hinsicht von der Masse des deutschen Volkes verschieden. Diejenigen, die aus der Wirtschaft kamen, gehörten gewöhnlich jener kleinen Unternehmerelite an, die ihrem wirtschaftlichen Interesse gemäß die Abschaffung jeglicher örtlichen Zunftprivilegien und die Errichtung eines nationalen Wirtschaftsraums forderten. Den Verwaltungsbeamten, Richtern und Professoren, die den Kern des parlamentarischen Liberalismus bildeten, fiel es ebenfalls sehr schwer, die Vorzüge der kommunalen Selbstverwaltung, die Hoffnungen und Klagen der Zunftvertreter, die Sorgen der Gesellen und die religiöse Loyalität der überzeugten Katholiken zu verstehen und ihre Sympathie dafür zu entdecken. Statt dessen neigten sie dazu, in politischen Begriffen zu denken und zu hoffen, das zu schaffende Verfassungssystem werde schon irgendwie die Grundlage für eine Befriedigung dieser unterschiedlichen Bedürfnisse zu einem in der Zukunft liegenden Zeitpunkt schaffen. Dazu kam, daß sie ihre Zuflucht vor diesen andrängenden Klagen und Unzufriedenheiten nur allzu bereitwillig in jenen Abstraktionen suchten, die ein so typisches Element des sozialen und politischen Diskurses in der vorrevolutionären Epoche gewesen waren.

Doch die Unfähigkeit der Liberalen, auf die Bedürfnisse großer Teile der Bevölkerung einzugehen, reflektierte nicht nur die Grenzen, die ihnen ihre eigenen Interessen und ihre Erfahrungen auferlegten. Ebenso wichtig waren die Schwierigkeiten, die einer Definition des Freiheitsbegriffs unter den in Deutschland herrschenden Verhältnissen innewohnten. Was wäre beispielsweise geschehen, wenn das Frankfurter Parlament die Bedeutung der kommunalen Selbstverwaltung anerkannt und die Freizügigkeit mit gewissen Einschränkungen versehen hätte? Hätte das nicht zu einer Entfremdung all derer geführt, die sich von den Auflagen, die die Gemeinden in diesem Falle hätten erteilen können, in ihrer Freiheit beschnitten gefühlt und in ihren Erwartungen enttäuscht gesehen hätten? Und wenn die Liberalen sich die Forderung nach weitergehenden Einschränkungen der Gewerbefreiheit zu eigen gemacht hätten? Hätte das nicht jene Gesellen und Lohnarbeiter zur Abkehr bewogen, die sich von der Macht der Zunftmeister bedroht und bedrückt fühlten? Und wenn die Liberalen die Forderungen der katholischen Kirche akzeptiert hätten, hätten sie sich dadurch nicht diejenigen entfremdet, die ihre Freiheit von der Macht der kirchlichen Institutionen beschnitten sahen? Diese Schwierigkeiten anzuerkennen, heißt nicht, in Abrede zu stellen, daß die Liberalen 1848 eine bessere Figur hätten machen können. Gewiß hätten sie mit mehr Leidenschaft, Einfühlungsvermögen und Klarsicht handeln können. Wir sollten jedoch vor jenen auf der Hut sein, die die Schuld für das Fehlschlagen der Revolution allein in den offenkundigen intellektuellen und willensmäßigen Unzulänglichkeiten der Liberalen suchen. Welchen Kurs die Liberalen auch immer eingeschlagen hätten, es fällt schwer, sich vorzustellen, wie sie die Fesseln einer historischen Situation hätten abstreifen sollen, in der es unmöglich war, Freiheit für einige zu bestimmen, ohne die Freiheit anderer zu beeinträchtigen.[39]

Im Lauf des Winters 1848-49, als die Unterstützung der Öffentlichkeit für das Parlament nachzulassen begann, wandten die Männer von Frankfurt ihre Aufmerksamkeit, wie Georg Beseler es nannte, „von den tieferen Schichten des öffentlichen Lebens", von dem Problem der Grundrechte ab und konzentrierten sich auf die „Spitzen der höchsten Gewalt", auf die Fragen der verfassungsmäßigen Autorität.[40] Aber wenn der Gegenstand der Debatte auch wechselte, so blieben doch die Probleme, mit denen die Parlamentarier konfrontiert waren, in auffälliger Weise dieselben. Wie bei ihren Bemühungen, die Grundrechte zu definieren, so mußten die Abgeordneten auch bei ihrer Beschäftigung mit der Verfassung Mittel und Wege finden, ihre Vormärz-Erfahrungen mit den neuen Erfordernissen einer revolutionären Situation in Beziehung zu setzen. Darüber hinaus mußten sie sowohl im politischen als auch im sozialen und wirtschaftlichen Bereich schließlich und endlich mit der Kluft fertig werden, die sich zwischen ihren Hoffnungen und Idealen und den eingefahrenen Realitäten der deutschen Szene auftat.

Schon an den ersten Sitzungstagen des Parlaments wurde offensichtlich, daß viele liberale Abgeordnete dem in der Vormärz-Zeit errichteten Ideologierahmen verhaftet geblieben waren. Sie erwarteten von der neuen Verfassung, daß sie die Auswüchse des bestehenden politischen Systems beseitigte, waren aber ansonsten bereit, die monarchische Autorität und das einzelstaatliche Gefüge mehr oder weniger unangetastet zu lassen. Dieser Geist beseelte den von Friedrich Dahlmann im April für den sogenannten „Ausschuß der Siebzehn" ausgearbeiteten Verfassungsentwurf. Im Vorwort seines Entwurfs ließ Dahlmann keinen Zweifel daran, wo das Zentrum der politischen Macht seiner Ansicht nach weiterhin liegen solle: „An unsere Fürstenhäuser knüpft sich nicht bloß die alte Gewohnheit des Gehorsams, welche sich durchaus nicht beliebig anders wohin übertragen läßt, sondern in Wahrheit die einzige Möglichkeit, dieses weitschichtige, vielgestaltige Deutschland allmälig in die Staatseinheit einzuführen, die sich aus höheren Gründen nicht länger entbehren läßt." Und in welcher Beziehung sollte die Macht der Fürsten zu der des Volkes stehen? Dahlmann beantwortete diese Frage mit einer typischen Ausflucht: „Die Fülle der Reichsgewalt ist in dem Reichsoberhaupt und dem Reichstage vereinigt".[41] Im ganzen Verlauf der Frankfurter Verhandlungen sollten Dahlmann und viele andere, die wie er dachten, sich immer wieder durch eine unsichere Haltung zu den parlamentarischen Gesetzgebungsbefugnissen, durch große Ehrfurcht vor der monarchischen Autorität und durch eine Neigung zu rhetorischer Zweideutigkeit auszeichnen.

Der linke Flügel im Frankfurter Parlament war freilich nicht willens, solche Auffassungen unwidersprochen durchgehen zu lassen. Eine gewichtige Minderheit wandte sich gegen den dualistischen Souveränitätsbegriff der Gemäßigten, der das Prinzip der parlamentarischen Autorität verwässerte und die Leitung der Politik in den Händen des Fürsten beließ. Diese Männer traten für Volkssouveränität, ein demokratisches Wahlrecht und die Verantwortlichkeit der Minister gegenüber dem Parlament ein. Ihre Auffassungen, die eher mit den revolutionären Ursprüngen der Frankfurter Versammlung selbst übereinzustimmen schienen, führten im Laufe der langen Debatte über die zukünftige politische Ordnung zu Spannungen.[42]

Einen Vorgeschmack darauf, welchen Verlauf die Debatte nehmen und wie sie am Ende ausgehen würde, vermittelte schon der zweite Verhandlungstag des Parlaments, als der radikale Abgeordnete Raveaux den Antrag stellte, die Frankfurter Versammlung solle sich zum einzig rechtmäßigen Organ der verfassungsmäßigen Veränderung erklären. In den Augen vieler gemäßigter Liberaler hätte eine solche Erklärung von vornherein die von ihnen erhoffte Möglichkeit ausgeschlossen, daß die Einzelstaaten und die Fürsten eine positive Rolle im Verfassungsprozeß spielten, und hätte dem unerprobten Parlament, dem sie selbst angehörten, zuviel potentielle Macht beigelegt. Nach einigen Verzögerungen einigte man sich in dieser Frage auf einen Kompromiß, der der Forderung der Linken nach einer verfassungsmäßigen Vorrangstellung der Frankfurter Versammlung Rechnung zu tragen schien. Die praktischen Folgerungen aus diesem Beschluß waren jedoch durchaus ungewiß. Wie wir wissen, tagten die Parlamente der Einzelstaaten weiter, und die Herrscher fuhren fort, mehr oder weniger unabhängig von der Nationalversammlung zu regieren.[43] Dasselbe Gemisch aus theoretischem Radikalismus und praktischer Mäßigung stand am Ende der zweiten großen Debatte über Verfassungsfragen, der Debatte über die vorläufige Zentralgewalt. Den Forderungen der Linken folgend, reklamierte das Parlament für sich das Recht, eine vorläufige Exekutive für das Reich zu schaffen. Aber dann wurde in die Spitzenposition dieser Exekutive ein österreichischer Erzherzog berufen, und der Versuch, ihn und sein Amt dem Parlament gegenüber verantwortlich zu machen, schlug fehl.[44] Im Grunde genommen übertrugen die Männer von Frankfurt das zarte Pflänzchen der exekutiven Autorität der neuen Nation einem Ersatzmonarchen, eine Lösung, die an die Antwort erinnert, die sieben Jahrzehnte später die Weimarer Versammlung auf ein ähnliches Verfassungsproblem geben sollte.

Die parlamentarischen Konstellationen, die sich im Lauf der Debatte über die vorläufige Zentralgewalt herauszukristallisieren begannen, erfuhren ihre Feuerprobe und eine teilweise Revision in der Krise, die auf den Abschluß des Waffenstillstandes zwischen Preußen und Dänemark in Malmö folgte. Die Handlungsweise Preußens, die eine Mißachtung des Parlamentswillens darstellte (insofern als Preußen den Kampf um Schleswig-Holstein aufgab), ließ eine Reihe Gemäßigter unter der Führung Dahlmanns zur Opposition überschwenken. Dieser Linksruck führte zum Rücktritt des Kabinetts des Fürsten Karl von Leiningen. Aber die Uneinigkeit innerhalb der Nationalversammlung verhinderte die Bildung einer neuen, auf einer parlamentarischen Mehrheit basierenden Regierung. Die Septemberkrise zeigte auch, daß das Parlament in politischen nicht weniger als in sozialen, wirtschaftlichen und religiösen Angelegenheiten mit inneren Zwistigkeiten und dem von äußeren Umständen ausgehenden Druck fertig werden mußte. Mitte September wurde Frankfurt von Unruhen erschüttert, die das Weiterbestehen der Nationalversammlung selbst zu bedrohen schienen. Diese Unruhen zeigten in psychologisch höchst eindrucksvoller Weise, daß die Versammlung das „Volk" nicht unter Kontrolle hatte. Ebensowenig hatte sie die Einzelstaaten unter Kontrolle: Preußen ignorierte ihre Proteste, und was noch wichtiger war: Die Abgeordneten wandten sich mit der Bitte um Schutz vor öffentlichem Aufruhr an die Staatsregierungen.[45] Die September-Ereignisse legten für einen Augenblick die drei Ursachen für das schließliche Scheitern des Parlaments frei: seine eigene Uneinigkeit, seine Entfremdung von der Masse der Bevölkerung und seine Abhängigkeit von seinen Feinden – alles Bedingungen, die ebenfalls an die Schwierigkeiten erinnern, vor denen 1918 eine andere deutsche Generation bei dem Versuch stand, eine liberale politische Ordnung in Mitteleuropa zu errichten.

Alle diese Probleme verschärften sich in den Monaten, die auf die Septemberkrise folgten. Der öffentliche Rückhalt der Frankfurter litt unter der wachsenden Apathie der einen und der wachsenden Antipathie der anderen Deutschen. Die Wiederherstellung der monarchischen Autorität in Wien und Berlin bezeugte zur gleichen Zeit die Erholung der antirevolutionären Kräfte in diesen beiden Schlüsselstaaten. Allerdings war die Bedeutung dieser Entwicklungen für viele der in Frankfurt Versammelten nicht so offenkundig, wie sie uns heute im Rückblick erscheint. Die Zuversicht der Linken wurde bestärkt von der augenfälligen Unterstützung, die sie von den verschiedensten Organisationen in ganz Deutschland erfuhr. Die Gemäßigten stellten mit Genugtuung fest, daß der Sieg der Gegenrevolution in Berlin nicht etwa exzessive reaktionäre Maßnahmen nach sich zog, sondern in die Gewährung einer Verfassung mündete, die – mit den Worten eines Beobachters – den Versuch darstellte, „die neue Freiheit von 1848 mit der Autorität der Krone und des Gesetzes" zu versöhnen.[46] Je mehr die Parlamentarier sich in ihre selbstgestellte Aufgabe vertieften, desto mehr neigten sie, wie es schien, dazu, die äußere Realität außer acht zu lassen und sich auf die unmittelbaren Erfordernisse zu konzentrieren, die das Entwerfen einer Verfassung mit sich brachte. Vielleicht war es nur natürlich, daß die Beteiligten in dem Maß, wie ihre Debatten hitziger und komplexer wurden, dazu übergingen, die Lösung ihrer eigenen, internen Probleme mit der Lösung der Probleme der politischen Welt außerhalb der Paulskirche zu verwechseln. Dazu kam als ein übriges, daß eine Neigung, sich aus der Welt der Macht und des politischen Handelns in den Bereich abstrakter Diskussion zurückzuziehen, sich bei Leuten, deren politisches Bewußtsein von den bildungsorientierten Institutionen des Vormärz-Liberalismus geprägt war, quasi natürlich einstellte.

Ehe wir auf die Frage eingehen, in welcher Weise sich in der Frankfurter Verfassungsdebatte althergebrachte liberale Einstellungen zum Verhältnis zwischen Volk und Staat widerspiegelten, ist es erforderlich, sich zu vergegenwärtigen, daß diese Frage 1848 untrennbar mit dem Problem des Verhältnisses der Nation zu den bestehenden Einzelstaaten verknüpft war. Die Schaffung eines geeinten Deutschland war natürlich seit langem ein wichtiger Punkt auf der Tagesordnung der Liberalen gewesen. Die meisten von ihnen waren davon ausgegangen, daß die nationale Einheit Bestandteil einer Reform der politischen Ordnung sein werde, in der die Kräfte und Wünsche des Volkes ihren Ausdruck finden würden. Ebenso nahmen sie an, daß die gewichtigen Vorteile einer nationalen Einigung jene engstirnigen Loyalitätsgefühle zerstreuen würden, welche die Menschen ihrem jeweiligen Kleinstaat gegenüber empfanden. Wie im Falle der sozialen, wirtschaftlichen und religiösen Freiheit, so erkannten die Liberalen hier nicht, daß das, was sie als die wundervolle Freiheit, ein Deutscher zu sein, betrachteten, anderen als eine Nötigung erscheinen mochte, kein Österreicher, Bayer und so weiter mehr sein zu dürfen. Auch hier wieder überschätzten die Liberalen weit die gesellschaftliche Verbreitung ihrer eigenen Freiheitsvorstellungen und unterschätzten die Kraft konkurrierender Loyalitäten und Institutionen. Die in Frankfurt geführten Debatten über die Nation brachten diese Probleme rasch an den Tag. Von Oktober 1848 bis Januar 1849 waren die

Delegierten auf der Suche nach einer Formel, die die Spannung zwischen Preußen und Österreich hätte beseitigen können, zwischen den Befürwortern einer „kleinen" protestantischen Nation mit dem Zentrum Berlin und denen einer größeren katholischen, Österreich einschließenden Nation. Die Tatsache, daß das österreichische Reich ein Vielvölkerstaat war, und die darin liegende Rätselfrage nach der Zukunft der nichtdeutschen österreichischen Untertanen komplizierten die Sache noch zusätzlich.[47] Eine Lösung fanden diese Probleme erst in der letzten Phase der Verfassungsdebatte, als man sie nicht mehr auf die lange Bank schieben konnte. Unausweichlich wurde die Entscheidung an jenem Punkt, wo die Frage von Staat und Volk und die von Staat und Nation einander überschnitten: bei der Frage, wer über die neue deutsche Nation herrschen sollte.

Als die Debatte hierüber in ihr entscheidendes Stadium trat, begannen sich eine Anzahl einflußreicher Gemäßigter – viele von ihnen aus Preußen sowie aus den südwestdeutschen Kleinstaaten – zu einer Gruppierung zusammenzuschließen, die in der Folge die „Erbkaiserpartei" genannt wurde. Ihre Position lief im wesentlichen auf ein Eintreten für den König von Preußen als erblichen Kaiser der Nation hinaus. Obgleich sie wußten, daß Preußen hierdurch eine Vorrangstellung im Reich erlangen würde, hofften einige Vertreter dieser Richtung, daß eine föderative Beziehung zum deutschsprachigen Österreich doch möglich sein würde. Im großen und ganzen machte sich die Erbkaiserpartei auch die Hauptbestandteile aus dem gemäßigten Programm des Vormärz-Liberalismus zu eigen: ein auf die „unabhängigen" männlichen Erwachsenen beschränktes Wahlrecht, eine starke Exekutive und als wichtiges, aber letzten Endes untergeordnetes Gegengewicht zu dieser ein Parlament.[48] Zum großen Vorteil gereichte dieser Gruppe, daß ihre Gegner, obzwar zahlreich, ebenfalls unter sich zutiefst uneins waren. Auf der Rechten der Nationalversammlung gab es diejenigen, die gegen Preußen, nicht aber gegen eine erbliche Monarchie auftraten; auf der Linken gab es diejenigen, die einen stärker zentralisierten, aber auch einen demokratischeren Staat wollten.

Ende Januar wurde ein Antrag zugunsten eines erblichen Kaisertums mit 263 zu 211 Stimmen abgelehnt. Nach dieser Niederlage versuchte die pro-preußische Fraktion, innerhalb des Parlaments soviel Unterstützung wie möglich für sich zu mobilisieren; es gab einige Verschiebungen in der Parteienkonstellation, aber dennoch keine Mehrheit für die preußische Lösung. Eine Zeitlang schien es, als seien die Fronten hoffnungslos festgefahren, aber ein Ausweg tat sich auf, als einige der Gegner der Erbkaiserpartei vom linken Flügel sich erboten, als Gegenleistung für Zugeständnisse in bestimmten anderen Punkten der Verfassung für ein erbliches Kaisertum zu stimmen.[49]

Der erste und in mancher Hinsicht schmerzlichste Kompromiß zwischen diesen Gruppen kam im Februar zustande, als die Versammlung über ein Gesetz debattierte, das die Wahlen zum nationalen Parlament regulieren sollte. Bei den Diskussionen im Verfassungsausschuß und später im Parlament selbst brachten einige Liberale ihre alten Argumente gegen ein allgemeines Wahlrecht vor, Argumente, die im Licht der jüngsten Ereignisse an Überzeugungskraft gewannen. Wie der Sprecher des Verfassungsausschusses es formulierte:

Keine Staatsordnung, möge sie sein, welche sie wolle, monarchisch oder republikanisch, wird bestehen oder doch zu irgend welcher Stätigkeit gelangen können, wenn die Entscheidung aller politischen Fragen in die Hände der großen Masse, die sich nur zu oft willenlos leiten läßt und launenhaft Tag um Tag dem einen oder andern Führer folgt, gelegt wird.[50]

Am Ende aber wies die Versammlung den Antrag des Ausschusses auf ein eingeschränktes Wahlrecht zurück und stimmte für den Grundsatz der allgemeinen, direkten und geheimen Wahl. Abgesehen von ihrem Wunsch nach einem Kompromiß mit der Linken gab es für die Liberalen zwei Gründe, dieses Schlüsselelement ihres Programms preiszugeben. Zum einen besaß die Forderung nach demokratischer Wahl einen beträchtlichen Rückhalt in der Öffentlichkeit, wie der Umstand bewies, daß selbst die im Dezember erlassene preußische Verfassung daran nicht rührte. Zum zweiten wurde bei der Debatte deutlich, daß die Liberalen keine Einigkeit darüber erzielen konnten, wo die Grenzlinie zwischen den wahlberechtigten und nicht wahlberechtigten Teilen der Bevölkerung liegen sollte. Eine Reihe von Rednern zeigte, daß der Versuch des Verfassungsausschusses, denjenigen die politische Mitbestimmung vorzuenthalten, die nicht „unabhängig" waren, für die Praxis von geringem Belang war.[51] Dieses Scheitern des Versuchs, „Unabhängigkeit" zu definieren, ist, was die Geschichte des Liberalismus im 19. Jahrhundert angeht, der wohl interessanteste Aspekt der Wahlrechtsdebatte. Wie so viele Begriffe und Ideale der Liberalen löste sich auch ihre Vorstellung von einer politisch aktiven Klasse „unabhängiger" Männer in Dunst auf, als sie sie auf die komplexen Realitäten der deutschen Wirklichkeit zu beziehen versuchten. In dieser Hinsicht bestätigte die Debatte über das Wahlrecht nochmals, was schon die Diskussionen über die kommunale Selbstverwaltung und über die Gewerbefreiheit hatten ahnen lassen: Die Liberalen vermochten nicht, ihr eigenes Wahlvolk, den Mittelstand, den „Kern der Nation", auf dessen Unterstützung sie angewiesen waren und für den sie zu sprechen behaupteten, in überzeugender Weise einzugrenzen.

Verglichen mit der Wahlrechtsfrage, entsprach die von der Verfassung gegebene Definition des Verhältnisses zwischen Monarchen und Parlament viel eher dem Geist des liberalen politischen Denkens der Vormärz-Epoche. Im Verlauf der über dieses Thema geführten Diskussionen, die mit Unterbrechungen vom Sommer 1848 bis zum März 1849 fortgingen, gab es wiederholt Beispiele für jene Unschlüssigkeit über den definitiven Ort der politischen Macht, wie sie dem liberalen Denken in bezug auf das Verhältnis von Staat und Volk schon vor der Revolution innegewohnt hatte. Der Linken gelang es in der letzten Phase der Debatte, eine Bestimmung abzuwenden, die dem Monarchen ein absolutes Vetorecht gegen vom Parlament beschlossene Gesetze eingeräumt hätte, ein Recht, von dem die Liberalen erklärten, es sei im Interesse einer Bewahrung der inneren Stabilität des Staates in Zeiten des Aufruhrs erforderlich (Dahlmann hatte es im Dezember ein „Recht der rettenden That" genannt). Aber wenn dem Monarchen auch die Befugnis verwehrt wurde, Gesetze zu blockieren (er besaß allerdings ein aufschiebendes Veto), so waren die übrigen seiner Macht auferlegten

Schranken um so brüchiger. Und dazu kam, daß dem Monarchen Notstandsbefugnisse zu Gebote standen, von denen er Gebrauch machen konnte, um im Falle von Unruhen und innerer Instabilität einzuschreiten.

Die Schlüsselfrage in bezug auf die Macht des Parlaments betraf, wie im Vormärz, so auch in den Debatten der Paulskirche die Bedeutung des Begriffs „Verantwortlichkeit"; nach der Frankfurter Verfassung mußten Minister und Monarch zusammen jedes Gesetz abzeichnen; die Minister wurden für „verantwortlich" dem Parlament gegenüber erklärt, aber ernannt wurden sie von der Krone. Mußte ein Kabinett notwendigerweise eine Mehrheit im Parlament hinter sich haben? Die Verfassung sagte dies nicht ausdrücklich. Konnte ein Minister durch ein Mißtrauensvotum zum Rücktritt gezwungen werden? Auch hierüber gab die Verfassung keine Auskunft; wenn im Verlauf der Diskussionen eine solche verbindlich verstandene Verantwortlichkeit angeregt wurde, fand sich dafür keine Unterstützung. Kurz: Die Verfassung sah für das Parlament bedeutsame Machtbefugnisse vor, scheute aber davor zurück, ein echtes parlamentarisches System zu errichten.[52] In dieser grundlegend wichtigen Beziehung erwies sich der Kompromiß zwischen Linken und Liberalen eindeutig als eine Frucht derselben politischen Tradition, aus der heraus auch die preußische Verfassung vom Dezember 1848 entstanden war und die ebenso die Bismarcksche Verfassung von 1867 beseelen sollte.

Im größten Teil des nichtösterreichischen Deutschland wurde die Verfassung von liberaler Seite mit Begeisterung begrüßt. Viele hatten vermutlich ihre Zweifel hinsichtlich der Zugeständnisse an die Linken, aber sie nahmen diese als den notwendigen Preis für die Schaffung eines deutschen Nationalstaats hin und hofften auf die Möglichkeit zukünftiger Revisionen und Ergänzungen. Kurz gesagt, akzeptierten die Gemäßigten die Kompromisse mit der Linken aus den gleichen Gründen, aus denen sie zwei Jahrzehnte später einen Kompromiß mit Bismarck hinnahmen. Aber anders als 1866 gewannen die Liberalen 1849 durch ihre Kompromißbereitschaft nicht die Machtmittel, deren es bedurfte, um die Resultate des Kompromisses praktisch wirksam zu machen. Mit Hilfe der Stimmen der Linken vermochten sie die „Erbkaiserliche Verfassung" in Frankfurt zu verabschieden, aber die Macht, diese Verfassung zur politischen Wirklichkeit werden zu lassen, hatten sie nicht. Wie so oft vor 1848 und auch danach, sahen sich die Liberalen gezwungen, an den preußischen Staat zu appellieren, daß er ihnen ihr Programm verwirklichen helfe. In den Händen der preußischen Regierung würde letztlich die Entscheidung über das Schicksal der Revolution liegen, nicht bei den Menschenmengen, die den Gesandten des Parlaments auf ihrer Reise nach Berlin zujubelten, und auch nicht bei den stolzen Stadträten, die sich ihrem Zug durch die preußische Hauptstadt anschlossen. Am Ende dieser hoffnungsfrohen Expedition mußten die liberalen Volksvertreter wieder einmal feststellen, daß der Staat ein zwar mächtiger, aber durchaus eigenwilliger Bündnispartner war. Der König von Preußen lehnte die Krone, die sie ihm anboten, kategorisch ab.[53]

Als der König sich weigerte, das Frankfurter Parlament mit den Machtmitteln auszustatten, die es benötigt hätte, um seinen politischen Willen durchzusetzen, trat die Machtlosigkeit der Liberalen plötzlich für alle Augen sichtbar zutage. Im Gefolge dieser Offenbarung ging die Revolution zu Ende, wie sie begonnen hatte: mit einer Reihe unzusammenhängender Protestkundgebungen, Versammlungen, Demonstrationen und bewaffneter Aufstände.[54] Wie im Frühjahr des vorausgegangenen Jahres ließen sich verschiedene Gruppen auf mannigfaltige Aktivitäten ein, von den gesetzesfrommen rheinischen Großbürgern mit ihren wütenden Proklamationen bis zu den südwestdeutschen Revolutionsarmeen mit ihren verzweifelten Gefechten. Wie im Frühjahr 1848 gab es für das Aufbegehren der Menschen eine Reihe unterschiedlicher Motive. In manchen Regionen diente die Verfassung einer auf ziemlich breiter Grundlage angetretenen Volksbewegung als Kristallisationspunkt; anderswo bildeten soziale und wirtschaftliche Streitfragen das Grundmotiv für Erhebungen. Aber 1849 waren die Aktionen dieser verschiedenen Gruppen nicht von der kräftemobilisierenden Illusion der Einigkeit beseelt; und ferner traten sie 1849 nicht gegen eingeschüchterte und unschlüssige Regierungen an, sondern gegen eine erneuerte und zuversichtliche Koalition, die willens war, die bestehende Ordnung zu verteidigen. Unfähig, eine nationale politische Bewegung aufzubauen, unfähig, die Kräfte der allgemeinen Unzufriedenheit zu kanalisieren und zu leiten, und zuletzt von der Staatsmacht im Stich gelassen, sahen die Liberalen sich der bedrückenden Alternative gegenüber, entweder auf verlorenem Posten weiterzukämpfen oder klein beizugeben. Gewiß sollten wir jene nicht vergessen, die den Mut hatten, sich für das erstere zu entscheiden, und die diese Wahl teuer bezahlten. Aber die meisten Liberalen dachten und handelten wie C. H. Alexander Pagenstecher, ein früherer Burschenschafter, Angehöriger der Vormärz-Opposition und Abgeordneter im Frankfurter Parlament. Ihn brachten die „unglückseligen Erfahrungen von 1848-1850" zu der Überzeugung, daß es nunmehr gelte,

ein *otium cum dignitate,* ein würdiges Privatleben zu gründen, eine geistreiche Beschäftigung zu eröffnen, die Familie zu erziehen und zu beglücken, bedeutende, gleichgesinnte Freunde zu gewinnen, mit den nächsten Kreisen in Frieden zu leben, patriarchalische Gastfreundschaft zu üben, kurz, ein rein menschliches Dasein zu führen.[55]

Nach den gewaltigen Hoffnungen und Enttäuschungen der Revolutionsepoche kehrten die Liberalen in ihren vertrauten Lebenskreis zurück, manche erleichtert, manche widerwillig, manche verzweifelt.

III
ALTE PROBLEME, NEUE REALITÄTEN
1850–66

Das endgültige Scheitern der Revolution veranlaßte einige Zeitgenossen, das Ende der liberalen Bewegung zu verkünden. So erklärte beispielsweise Friedrich Engels: „...der Liberalismus in der Politik, die Herrschaft der Bourgeoisie...ist fortan in Deutschland unmöglich."[1] Engels düstere Einschätzung korrespondierte mit den leidenschaftlichen Wünschen derer am anderen Ende des politischen Spektrums, die zu demonstrieren suchten, daß die liberale Morgendämmerung nur ein episodisches Zwischenspiel, eine kurze Unterbrechung der Kontinuität ihrer eigenen Macht gewesen sei. In Frankfurt versammelten sich Repräsentanten des wiedererrichteten Deutschen Bundes und widerriefen feierlich die vom Revolutionsparlament proklamierten „Grundrechte". Fast in ganz Deutschland wurde die Zensur wiedereingeführt, wurden politische Organisationen wieder aufgelöst und vorhandene Ansätze zur politischen Mitbestimmung getilgt. Wo Wahlen abgehalten wurden, war die Beteiligung schwach; die politische Apathie dominierte.[2]

Doch auch noch in den dunkelsten Tagen der Reaktion nährten viele Liberale weiterhin die Hoffnung, die Zukunft werde ihnen gehören. Natürlich wußten sie, daß sie eine Schlacht verloren hatten, aber sie waren nicht überzeugt, daß es mit ihrem Kampf vorbei war. Schon im Dezember 1848 verlieh ein mit der liberalen Sache sympathisierender Autor jenem Gemisch aus unmittelbarer Verzweiflung und langfristiger Zuversicht Ausdruck, das während des folgenden Jahrzehnts vielen zum Trost gereichte: „... ich zittre vor der Wüstenfahrt, so sehr ich auch glaube an das gelobte Land der Freiheit und einer glücklicheren Zukunft." Und um drei weitere Beispiele aus unterschiedlichen Abteilungen der Bewegung anzuführen: Schulze-Delitzsch (im Juli 1849), Alexander von Soiron (im Dezember 1850) und L.K. Aegidi (im Januar 1851) gaben in Briefen an Freunde durchwegs die gleiche Botschaft kund: Wir stehen für die großen historischen Ideen, wir wollen zuversichtlich sein, denn am Ende werden wir den Sieg davontragen.[3]

Gegen Ende der fünfziger Jahre begann der reaktionäre Druck nachzulassen, und die Deutschen sprachen von einer „neuen Ära" voller Verheißungen und Möglichkeiten. Das öffentliche Interesse an politischen Fragen belebte sich wieder, und liberale Vereinigungen nahmen einen neuen Aufschwung. Sogar der alte Doktor Pagenstecher ließ die Freuden der Häuslichkeit vorübergehend im Stich, um sich an einer neuen liberalen Regierung in Baden zu beteiligen.[4] Denjenigen, die nach 1858 ins öffentliche Leben zurückkehrten, kam die politische und gesellschaftliche Welt zugleich trügerisch vertraut und bedeutsam verändert vor. Viele der Probleme, denen die Liberalen sich im Vormärz gegenübergesehen hatten, waren geblieben. Aber sowohl die konkrete Form als auch das Umfeld dieser Probleme hatten sich durch die Revolution und ihre Nachwirkungen gewandelt. Die Wirtschaftsentwicklung beispielsweise war nach der Jahrhundertmitte in ein neues Stadium getreten und hatte einen unübersehbaren Einfluß auf Werte und Verhaltensnormen auszuüben begonnen. Der im Revolutionsjahr ins Leben gerufene und in modifizierter Form auch nach 1849 beibehaltene preußische Landtag war zu einem neuen und bedeutenden Brennpunkt der politischen Aktivität nördlich der Mainlinie geworden.[5] Und schließlich hatte der Krimkrieg von 1854-56 das internationale System erschüttert, das seit 1815 die europäischen Angelegenheiten bestimmt hatte, und eine Periode diplomatischer Verwicklungen und gewaltsamer Auseinandersetzungen eingeläutet.[6]

In der Periode zwischen 1850 und 1866, zwischen der Revolution und der Reichsgründung, mußten die Liberalen mit einem komplexen Gemisch aus Kontinuität und Erneuerung sowohl in der sie umgebenden Welt als auch in ihren eigenen Reihen zu Rande kommen. Das Problem, das sich uns bei der Nachzeichnung der Entwicklung des Liberalismus in dieser Periode stellt, besteht darin, die historischen Kontinuitätsstränge nicht aus den Augen zu verlieren und zugleich diejenigen Kräfte in den Blick zu bekommen, die das politische Leben und die Gesellschaft in Deutschland neu gestalteten. Wir werden damit beginnen, daß wir die Auswirkungen des Wirtschaftswachstums auf den Liberalismus untersuchen, werden uns dann der Entwicklung der liberalen Institutionen zuwenden und schließlich jene kritischen Verfassungskonflikte analysieren, die zum erneuten Male das problematische Verhältnis der Liberalen zum Volk und zum Staat offenbarten.

6. Auf der Suche nach einer liberalen Gesellschaft

> ...der Mittelstand ist und bleibt der unentbehrlichste und wertvollste Stoff für den deutschen Staatsbau, und nichts ist unpolitischer, als bei politischen Entwürfen auf ein Material mit idealen Eigenschaften zu rechnen und dessen Vorhandensein in irgendeiner noch unerforschten Region der Gesellschaft vorauszusetzen.
>
> L. A. von Rochau (1853)[1]

„Die Industrie", schrieb der preußische Statistiker Dieterici 1855, „greift in neuester Zeit mit solcher Macht und solcher Bedeutung in die Verhältnisse des Lebens ein, daß eine Vergleichung mit früheren Zuständen kaum noch zulässig ist; das Fabrikwesen gestaltet die heutige Welt völlig neu."[2] Tatsächlich war die deutsche Wirtschaft, wie eine Anzahl von Zeitgenossen erkannte, zu Anfang der fünfziger Jahre in ein neues Entwicklungsstadium getreten. Innerhalb einer sehr kurzen Zeitspanne wurde das Fundament für zukünftiges Wachstum gelegt; zum erstenmal blitzte jene außerordentliche wirtschaftliche Vitalität auf, die in den folgenden hundert Jahren ein Markenzeichen Deutschlands bleiben sollte. Zwischen 1850 und 1869 stieg die Kohleförderung von 5,1 auf 26,7 Millionen Tonnen, die Roheisenerzeugung von 0,2 auf 1,4 Millionen Tonnen; die Dampfkraftkapazität erhöhte sich von 260000 auf 2480000 Pferdestärken, die Länge des Schienennetzes von 5855 auf 17432 Kilometer. Im gleichen Zeitraum kam es zu einer eindrucksvollen Zunahme der Bank- und Handelstätigkeit, zu Veränderungen in der Struktur der Wirtschaftsunternehmen und zu wichtigen technischen Fortschritten.[3]

So bedeutsam alle diese Veränderungen waren, Kontinuitätsstränge, welche die fünfziger und sechziger Jahre mit der Welt des Vormärz verbanden, blieben doch bestehen. Zunächst einmal war die deutsche Wirtschaft trotz ihrer eindrucksvollen Entwicklung im Vergleich mit der englischen noch verhältnismäßig unterentwickelt: Noch 1870 betrug der Kohleverbrauch der deutschen Bevölkerung pro Kopf nur 17 Prozent des englischen Wertes, die Erzeugung von Roheisen pro Kopf 16 Prozent, von Baumwollgarnen 13 Prozent und von Wollgarnen 39 Prozent der englischen.[4] Darüber hinaus war die deutsche Gesellschaft auch am Ende dieser Periode noch vorwiegend ländlich und agrarisch strukturiert. So begann etwa der Anteil der in Dörfern und Kleinstädten lebenden Deutschen erst nach 1871 abzunehmen, und ungeachtet des raschen Anwachsens einiger Großstädte lebten bis dahin nur etwa 5 Prozent der Bevölkerung in Städten von mehr als einhunderttausend Einwohnern. Auch verlief die gesellschaftliche und wirtschaftliche Entwicklung weiterhin sehr ungleichmäßig. Wie in der Vormärzzeit tritt dies am deutlichsten bei regionaler Betrachtungsweise zutage: Zwischen 1849 und 1861 nahm die Bevölkerung eines wirtschaftlich aufstrebenden Landes wie

Sachsen um mehr als 13 Prozent zu, während die Bevölkerungszahl von Baden und Württemberg entweder stabil blieb oder leicht rückläufig war.[5] Ein ähnliches, wenn auch komplexeres Bild ungleichmäßigen Wachstums boten die verschiedenen Produktionssektoren. In einigen von ihnen stellte das Fabrikwesen eine sehr ernste Gefahr für die Handwerksbetriebe dar, während sich in anderen die traditionellen Gewerbeformen behaupten oder gar ausdehnen konnten. Im großen und ganzen blieb die Zahl der Handwerksmeister in Preußen zwischen 1849 und 1861 auf dem gleichen Stand, während die Zahl der Lehrlinge und Gesellen um 37 Prozent zunahm.[6]

Wirtschaftliche Veränderungsprozesse waren von unmittelbarer und offenkundiger Wirkung auf die Struktur der Gesellschaft. So wuchs beispielsweise nach 1850, wie einige Zeitgenossen sehr schnell erkannten, eine neue Unternehmerelite heran, Männer, die, wie es schien, aggressiver und gewinnorientierter waren als ihre Vorgänger, eher bereit, Gemeinschaftsverpflichtungen und religiöse Werte zu ignorieren, und im Privatleben stärker dem Luxus und dem Prunk zugetan. Ihr Reichtum, ihre gesellschaftliche Stellung, ihr Lebensstil und ihre wirtschaftliche Funktion, all dies hob sie sozial und wirtschaftlich von der Welt des kleinen Handwerksmeisters und Gewerbetreibenden ab.[7] Zur gleichen Zeit, als diese neue wirtschaftliche Elite sich von den bescheideneren Gruppen des Mittelstandes abzusetzen begann, spielte sich in den unteren Rängen der Gesellschaft ein ähnlicher Vorgang ab. Hier begannen die in den Fabriken manuell Tätigen sich als *Arbeiter* in einer wirtschaftlichen Position und mit einer sozialen Identität zu begreifen, die deutlich verschieden waren von der Stellung und sozialen Identität der Handwerksmeister und ihrer Gesellen.[8]

Es ist klar, daß keiner dieser Prozesse unvermittelt im Jahr 1850 einsetzte und daß keiner von ihnen nach Ablauf der Periode, mit der wir uns in diesem Abschnitt beschäftigen, zu Ende war. Restposten traditioneller Werte und Institutionen erhielten sich bis weit in die sechziger Jahre hinein. So nahm etwa das Selbstbild des Unternehmers erst allmählich Gestalt an, und erst nach 1871, als einige Berliner Betriebsgründer sich selbst als „Unternehmer" zu bezeichnen begannen, bürgerte sich dieser Ausdruck in seiner heutigen, das Moment des Dynamischen und Innovativen beinhaltenden Bedeutung ein. Gustav Freytag stellte in seinem berühmten, im Wirtschaftsmilieu angesiedelten Roman *Soll und Haben* nicht den internationalen Bankier oder den Großindustriellen in den Mittelpunkt, sondern einen geizigen und peniblen Kaufmann, der viel besser zu den Fuggern gepaßt hätte als zu Siemens oder Krupp.[9] Und August Bebel bemerkte, noch bis weit in die sechziger Jahre hinein hätten die Handwerksgesellen sich selbst eher als zukünftige Meister denn als Angehörige einer untergeordneten Klasse von Handarbeitern betrachtet.[10] Die Veränderung der Begriffe, mittels derer die Menschen die Gesellschaft, in der sie lebten, zu verstehen versuchten, vollzog sich daher nach 1850 auf ebenso ungleichmäßige und bruchstückhafte Weise wie die Veränderungen in der gesellschaftlichen und wirtschaftlichen Landschaft selbst.

Das komplexe Miteinander von Erneuerung und Kontinuität läßt sich auch an der sozialen Zusammensetzung der liberalen Bewegung in den fünfziger und sechziger Jahren ablesen. Einige der Unternehmer, die mit ihrer Tätigkeit die kommerzielle und industrielle Szenerie veränderten, spielten auch im politischen Leben eine wichtige Rolle. Einige wenige, wie etwa Friedrich Hammacher und Franz Peter Buhl, wurden zu landesweit anerkannten liberalen Wortführern.[11] Es ist wohl schwierig, festzustellen, wie verbreitet der Liberalismus in Unternehmerkreisen war, aber die vorliegenden Anhaltspunkte deuten darauf hin, daß sich eine Mehrheit der politisch aktiven Wirtschaftsführer vor 1866 vermutlich mit der liberalen Bewegung identifizierte. So zeigt beispielsweise eine Untersuchung über die Berliner Wahlmänner, daß bei der Wahl von 1862 nahezu 90 Prozent der führenden Männer der Wirtschaft dieser Stadt für einen liberalen Kandidaten stimmten.[12] Gewiß war Berlin keine „typische" deutsche Stadt, ebensowenig wie 1862 ein „typisches" Wahljahr war, aber auch die Daten zu anderen Wahlen in Preußen zwischen 1858 und 1866 zeigen, daß der Liberalismus in den meisten Städten großen Rückhalt bei denjenigen Bevölkerungsgruppen genoß, die in der ersten der drei Wahlklassen abstimmten, das heißt in der Klasse derer, die am meisten Steuern zahlten. Ferner sind Geschäftsleute in den hier und da vorfindlichen Unterlagen zur Schichtzugehörigkeit örtlicher liberaler Wortführer in anderen deutschen Staaten vorrangig vertreten.[13] Und schließlich bezog der Liberalismus in dieser Zeitspanne seine wirksamste Unterstützung zum größten Teil aus den Ratskollegien großer und kleinerer Städte überall in Deutschland, und diese Kollegien repräsentierten oft die wirtschaftliche Elite der jeweiligen Stadt.[14]

Ungeachtet der zunehmend bedeutsameren Rolle, die Männer der Wirtschaft in vielen Regionen zu spielen begannen, bezog die liberale Bewegung ihre nationalen Wortführer weiterhin aus der Gruppe der „Gebildeten", genauso wie sie es in der Zeit vor 1848 getan hatte. Dies galt sogar für den Kongreß Deutscher Volkswirte, eine mit dem Ziel der Förderung der wirtschaftlichen Tätigkeit und des aufklärerischen Gedankenguts ins Leben gerufene Organisation, in der ursprünglich Beamte, Richter und Journalisten den Ton angaben. Bis zum Jahr 1861 hatte sich die Zahl der dem Kongreß angehörenden Industriellen und Kaufleute erheblich erhöht, aber noch immer stellten sie nur etwa ein Drittel der Mitglieder.[15] Die Daten zur sozialen Zusammensetzung des Nationalvereins zeigen ein sehr ähnliches Mischungsverhältnis zwischen Bildungs- und Besitzbürgertum.[16]

Das schlagendste Beispiel für die unveränderte Bedeutung der Bildungselite bot der preußische Landtag, wie aus Tabelle 6.1 zu ersehen ist, die die Berufe der während der Hochkonjunktur der liberalen Aktivität zu Anfang der sechziger Jahre gewählten Abgeordneten angibt. Kein Wunder, daß sich das preußische Parlament in Karl Marx' ungnädigen Augen wie eine Kombination aus Klassenzimmer und Amtsstube ausnahm.[17] In keinem anderen deutschen Staat war dieses Übergewicht der „Gebildeten" so deutlich, aber in den meisten repräsentativen Versammlungen spielten sie eine beträchtliche Rolle. Im sächsischen Landtag von 1864 beispielsweise setzte sich der linke Flügel aus sechs Juristen, fünf Landwirten, acht Geschäftsleuten und einem Arzt zusammen; die siebzehnköpfige Fortschritts-Fraktion im bayerischen Parlament umfaßte sieben „Gebildete", fünf Geschäftsleute, zwei Landwirte, einen Posthalter, einen Gastwirt und einen Major im Ruhestand. Für Baden liegen uns keine verläßlichen Statistiken vor, es hat aber den Anschein, als hätten die in der liberalen Bewegung Badens traditionell führenden Beamten im Laufe der späten fünfziger und frühen sechziger Jahre an Bedeutung verloren, was aber keineswegs heißt, daß sie keine Rolle mehr spielten.[18]

Warum waren die Gebildeten weiterhin so wichtig, auch dann noch, als die Wirtschaftsentwicklung den Grundstein für das Heraufkommen einer neuen wirtschaftlichen Elite gelegt hatte? Der stets wirksame Faktor der „Abkömmlichkeit" war sicher einer der Gründe dafür: Wie vor 1850, so war auch danach die erste Sorge des Geschäftsmanns sein Geschäft, und dieses mit einer parlamentarischen Laufbahn zu verbinden, blieb ein schwieriges Unterfangen. Dazu kam, daß das Prestige, das ein akademischer Titel oder ein staatliches Amt seinem Inhaber verlieh, in den meisten Regionen weiterhin ein wichtiger Faktor war, insbesondere dort, wo die politische Mitbestimmung noch in den Kinderschuhen steckte und traditionelle politische Formen weiterbestanden.[19] Und schließlich war es die Regel, daß es selbst dort, wo sich eine bedeutsame Veränderung in der politischen Kultur vollzogen hatte, wo sich Parteigruppierungen herausbildeten und eine verstärkte politische Agitation stattfand, oft die Angehörigen der Bildungselite waren, die den neuen Erfordernissen des politischen Lebens am besten Rechnung zu tragen wußten. So erlebte diese Periode die Herausbildung einer neuen Untergruppe innerhalb des Bildungsbürgertums, bestehend aus Männern, die nach und nach so weit kamen, daß sie praktisch ihre ganze Zeit der politischen Betätigung widmeten, wobei sie freilich weiterhin Einkünfte aus einem akademischen Beruf oder aus einer amtlichen Stellung bezogen. Zu dieser Gruppe gehörten Publizisten und hauptberufliche Interessenvertreter wie Viktor Böhmert und Schulze-Delitzsch, Anwälte wie der junge Eduard Lasker und Staatsbeamte wie Forckenbeck und Becker. Die Zahl solcher Männer blieb verhältnismäßig gering, aber ihre Bedeutung für die Bewegung war oft beträchtlich.[20]

Während sich die Führerschaft der liberalen Bewegung nach wie vor aus der Bildungselite – in vielen Fällen aus der Beamtenschaft – rekrutierte, hatte die Bewegung ihre gesellschaftliche Basis weiterhin in den Mittelschichten der deutschen Gesellschaft.[21] Die vorliegenden Daten geben, wie üblich, keinen exakten oder umfassenden Aufschluß, aber wir wissen genug, um davon ausgehen zu können, daß die Liberalen ihren sozialen Rückhalt bei einem verhältnismäßig breiten und ziemlich heterogenen Spektrum der *politisch aktiven* Bevölkerung fanden. Wenn diese letzte Spezifizierung hervorgehoben ist, so deshalb, weil der bedeutsamste Einzelaspekt des politischen Wahlgeschehens vor 1866 die Tatsache war, daß die Mehrheit der zu dieser Art der politischen Mitwirkung Berechtigten von ihrem Wahlrecht keinen Gebrauch machte – ein Punkt, den wir weiter unten noch erörtern werden. Nichtsdestoweniger war es eine Tatsache, daß in vielen Regionen diejenigen, die wählten, sich für einen liberalen Kandidaten entschie-

Tabelle 6.1
Die soziale Zusammensetzung der liberalen Gruppierungen in der preußischen Abgeordnetenkammer (1862)

	Anzahl der Abgeordneten (%)	
Beamte		
Verwaltung	14	(5)
Justiz	82	(29)
Kommunalbeamte	15	(5)
im Ruhestand	17	(6)
Professoren, Lehrer	10	(3,5)
Rechtsanwälte	16	(5)
Ärzte und sonstige Akademiker	13	(4)
Schriftsteller, Redakteure, Buchhändler	4	(1,4)
Geschäftsleute und Rentiers	37	(13)
Landwirtschaftliche Berufe		
Rittergutsbesitzer	39	(13,6)
Andere	32	(11)
verschiedene Berufe oder Beruf unbekannt	6	(2)
Gesamt	285*	

QUELLE: Hess, *Parlament* (1964), S. 65 ff.

* Unter diesen 285 (von insgesamt 352) Abgeordneten der Kammer waren Mitglieder der Deutschen Fortschrittspartei (135), der „Linken Mitte" (103), der Freien Parlamentarischen Vereinigung (21) und der Konstitutionalisten (26).

den. Die Unterlagen über die Wahlen in Preußen nach dem Dreiklassensystem zeigen, daß zwischen den einzelnen wirtschaftlichen Gruppen, was den Anteil der liberalen Anhängerschaft angeht, keine allzu großen Unterschiede bestanden. Der ausschlaggebende Faktor für das Wahlverhalten war nicht die Höhe des steuerbaren Einkommens eines Wählers; entscheidend war vielmehr der Unterschied zwischen Stadt und Land. Wie Tabelle 6.2 zeigt, war das Abschneiden der Liberalen sowohl in ländlichen wie städtischen Wahlbezirken in bezug auf die drei Wahlklassen ziemlich homogen. Die Zusammensetzung dieser drei Klassen variierte sicherlich von einer Region zur anderen, aber es dürfte klar sein, daß die zweite und die dritte Klasse fast überall eine große Zahl von Handwerkern, Kleinunternehmern, Landwirten, Ladeninhabern, niederen Beamten und so weiter umfaßten.[22] Was uns an Material über die liberalen Wahlmänner in Preußen sowie über liberale Parteigänger in anderen deutschen Staaten zur Verfügung steht, bestätigt tendenziell die Annahme, daß die liberale Bewegung sich in ihrer Masse aus den Mittelschichten rekrutierte.[23]

Ehe wir nicht detailliertere und adäquatere lokale Untersuchungen zur Verfügung haben, werden wir nicht in der Lage sein, die wichtigen Fragen zu beantworten, die hinsichtlich der liberalen Wählerschaft noch offenbleiben: Welche Alternativen standen den Wählern offen und welche politische Bedeutung hatte es, wenn sie sich für einen liberalen Kandidaten entschieden? Wie stark

Tabelle 6.2
Aufgeschlüsselte Resultate der preußischen Landtagswahl
von 1863 (in Prozent der abgegebenen Stimmen)

	Wahlklasse I	II	III	Gesamt
Städtische Wahlbezirke				
Liberale	65,17	67,00	67,67	67,39
Konservative	21,77	20,87	19,39	19,80
Ländliche Wahlbezirke				
Liberale	43,89	41,13	35,60	37,36
Konservative	34,56	33,36	38,50	37,19
Alle Wahlbezirke				
Liberale	50,50	50,00	48,20	48,80
Konservative	30,50	29,00	30,90	30,50

QUELLE: Gagel, *Wahlrechtsfrage* (1958), S. 177-78.

variierte das liberale Wählerpotential von einer Region zur anderen? Welche Berufsgruppen erscheinen in der liberalen Anhängerschaft als über- oder unterproportional repräsentiert, und aus welchem Grund? Dieselbe Mischung aus Kontinuität und Erneuerung, welche die soziale Zusammensetzung des Liberalismus kennzeichnete, bestimmte auch die Grundzüge dessen, was es zwischen der Revolution und der Reichsgründung an liberaler Sozialphilosophie gab. Genauso wie wir in dieser Periode eine tatkräftige Unternehmerschicht und eine selbstbewußte Arbeiterklasse auf den Plan treten sehen, finden wir hier auch neue Interpretationen gesellschaftlicher und wirtschaftlicher Verhältnisse, Interpretationen, die nach 1866 innerhalb der Bewegung große Bedeutung gewinnen sollten.

In ihren öffentlichen und privaten Äußerungen während der fünfziger Jahre legten viele Liberale einen ungewohnt starken Akzent auf die Bedeutung des wirtschaftlichen und gesellschaftlichen Wandels. Ein Grund hierfür war der offenkundige Kontrast zwischen der auf wirtschaftlichem Gebiet herrschenden Dynamik einerseits und der Stagnation im politischen Leben Deutschlands andererseits. Gustav Mevissen wies auf diesen Kontrast 1851 hin, als er von der „totalen Ohnmacht der Kammer in politischen Fragen" sprach und zu dem Schluß gelangte, „...daß die materiellen Interessen die einzige Stelle bilden, von wo aus eine bessere Zukunft sich zu gestalten vermag".[24] Und viele Liberale waren, wenn sie sich in der von den Trümmern ihrer einstigen Hoffnungen übersäten politischen Landschaft umsahen, geneigt, dem beizupflichten. Ludwig Bamberger beispielsweise war tief beeindruckt von Bastiats klassischer volkswirtschaftlicher Abhandlung *Sophisme économique*, die er studierte, kurz nachdem er aus Deutschland geflohen war, um sich einer Strafverfolgung wegen seiner Teilnahme an den Aufständen von 1849 zu entziehen. Nach dem Scheitern seiner politischen Ambitionen muß Bastiats zuversichtliche Verheißung einer dem wirtschaftlichen Fortschritt gehörenden Zukunft für Bamberger wohl eine trostreiche Lektüre gewesen sein.²⁵ Je länger sich der wirtschaftliche Aufschwung der fünfziger Jahre fortsetzte, desto deutlicher wurde, welche Möglichkeiten in der wirtschaftlichen Entwicklung steckten. „Was die idealistischen Bestrebungen vergebens versuchten, es ist dem Materialismus in wenigen Monaten gelungen", verkündete 1856 ein Artikel der liberalen *Nationalzeitung*.²⁶

Auch als Ende der fünfziger Jahre die politische Aktivität wieder einsetzte, blieb bei vielen Liberalen das neuerwachte Interesse an wirtschaftlichen Entwicklungen bestehen. Ja, das Wiederaufleben der politischen Energien fand mit seinen ersten Niederschlag im Kongreß deutscher Volkswirte, dessen Wortführer ihre praktische Anteilnahme an den materiellen Grundlagen des Fortschritts dem von „Wünschen und Ideen" geleiteten Handeln des Frankfurter Parlaments entgegensetzten.²⁷ Die meisten der von liberalen Parlamentsgruppierungen in den frühen sechziger Jahren formulierten programmatischen Äußerungen enthielten eine Aussage zu wirtschaftlichen Fragen. Im Jahr 1860 forderten die badischen Liberalen die Errichtung eines mit wirtschaftlichen Angelegenheiten befaßten Ministeriums, weil, wie sie glaubten, „die Entwicklung der materiellen Interessen... eine solche Bedeutung gewonnen [hat] und [sie] bedürfen so sehr einer eigentümlichen Behandlung, daß sie nicht als Nebenarbeit administrativer oder finanzieller Tätigkeit besorgt werden dürfen".²⁸ Ähnliche Gedanken finden sich in einer Anzahl liberaler Zeitschriften und Publikationen wie Bluntschlis *Staatswörterbuch;* sie alle widmeten der Wirtschaft viel größere Aufmerksamkeit, als sie es vor 1848 getan hatten. Selbst das *Staatslexikon*, dieses Evangelium des Vormärz-Liberalismus, behandelte in seinen nachrevolutionären Ausgaben industrielle und handelspolitische Fragen in größerer Breite und Tiefe. So ließen die Herausgeber beispielsweise in der dritten Ausgabe den Artikel zum Stichwort „Gesellschaften, Geheime" wegfallen und ersetzten ihn durch einen Eintrag über „Gesellschaften, Aktien –".²⁹

Bei einer gewichtigen Gruppe von Liberalen gesellte sich zu dieser Aufgeschlossenheit für wirtschaftliche Entwicklungen ein wachsender Glaube an die fortschrittlichen Anstöße, die von einer freien Wirtschaft ausgehen konnten. Schon Prince-Smith fand nach 1850 zunehmenden Anklang mit seiner Auffassung, die Lösung der politischen Konflikte könnte ebenso wie die Behebung der materiellen Mangelzustände nur durch eine „gesunde Wirtschaftspolitik" erreicht werden.³⁰ Selbst diejenigen, die sich diese Reduktion politischer und sozialer auf wirtschaftliche Probleme nicht zu eigen machten, erkannten an, daß die freie Marktwirtschaft der klassischen Nationalökonomen ein solides Modell darstellte. Viele Liberale waren der Überzeugung, es bedürfe nur einer Freisetzung der wirtschaftlichen Kraftreserven der Gesellschaft, um Fortschritt und Wohlstand zu gewährleisten; jedwede Beeinträchtigung des freien Spiels der Gesetze des Marktes, welche die Bewegung und Verteilung dieser Kraftreserven regulierten, hielten sie für unproduktiv und letzten Endes verhängnisvoll. Die kräftigste Unterstützung für derartige Auffassungen kam selbstredend von den kaufmännischen und industriellen Interessenvertretern, die sich einen Gewinn versprachen für den Fall, daß der Staat aufhörte, sich in ihre wirtschaftliche Betätigung einzumischen.

Aber auch viele andere glaubten an die Segnungen einer freien Wirtschaft – Intellektuelle, Bürokraten, ja selbst manche Handwerker und Kleinfabrikanten, die überzeugt waren, in der Atmosphäre eines freien Marktes wirtschaftlich besser gedeihen zu können.[31] Diejenigen, die in einer freien Wirtschaft das zu erstrebende Ziel politischer Veränderungen sahen, konnten sich durch die Entwicklungen der fünfziger und sechziger Jahre sehr ermutigt fühlen: Ein Staat nach dem anderen hatte in dieser Zeit die Zölle gesenkt, Handelsabkommen unterzeichnet und bestehende Beschränkungen der wirtschaftlichen Betätigungsfreiheit beseitigt oder doch abgeschwächt. Ein Zeitalter der Gewerbefreiheit und der Handelsfreiheit schien angebrochen zu sein. Um die Mitte der sechziger Jahre konnte der Autor eines Artikels im *Staatslexikon* das vorherrschende Meinungsklima mit der Feststellung zusammenfassen, der Glaube an die wirtschaftliche Freiheit sei, wenn auch noch nicht allgemein, so doch „im Grunde vorherrschend".[32]

Trotz der Anziehungskraft, die die Vorstellung einer freien Wirtschaft auf das Denken vieler Liberaler ausübte, wäre es nicht korrekt, den Liberalismus in der Zeit nach der Jahrhundertmitte mit einem wirtschaftlichen *laisser-faire*-Standpunkt oder mit dem Sonderinteresse einer kapitalistischen Bourgeoisie gleichzusetzen. Gewiß übten diese Ideen und Interessen innerhalb der Bewegung größeren Einfluß aus als vor 1850, aber das Ausmaß und die Kraft ihres Einflusses wurden begrenzt durch das Fortbestehen überkommener Haltungen und Verhaltensmuster. Nehmen wir zum Beispiel den Kongreß Deutscher Volkswirte, der oft als Forum für die Propagierung des Manchestertums in Deutschland apostrophiert worden ist.[33] Wie wir wissen, war der Kongreß der Ausdruck einer wachsenden Zuwendung vieler Liberaler zu wirtschaftlichen Problemen und eines unter ihnen verbreiteten Wunsches, ihren Bemühungen um mehr Freiheit in Deutschland eine praktischere Zielrichtung zu verleihen. Gewiß, einige der führenden Köpfe des Kongresses entsprachen dem Klischee, das am reinsten John Prince-Smith verkörperte. In mehreren bedeutsamen Aspekten jedoch ähnelte der Kongreß viel eher einem der Bildungsvereine aus der ersten Jahrhunderthälfte als einer wirtschaftlichen Interessengruppe der Gründerzeit. Seine Aktivitäten waren darauf angelegt, die Verbreitung von Informationen und die Diskussion über die Wirtschaft anzuregen. Die Versammlungen des Kongresses waren für jeden zugänglich, der ihnen beiwohnen wollte, die Mitgliedschaft war an keinerlei besondere Voraussetzungen gebunden, und die Meinungsvielfalt innerhalb der Organisation war groß. Die vom Kongreß geförderten Publikationen waren eher wissenschaftlicher als populärer Natur. Für Wilhelm Lette, einen preußischen Beamten und gemäßigten Liberalen, der der erste Vorsitzende des Kongresses war, bestanden Anliegen und Zweck der Organisation darin, durch die Verbreitung aufgeklärter Auffassungen den gesellschaftlichen Fortschritt zu fördern, ein Ziel nicht unähnlich dem, das der *Zentralverein für das Wohl der arbeitenden Klassen* verfocht, den Lette in den vierziger Jahren mitgegründet hatte. Dazu kam, daß zu denen, die den Versammlungen des Kongresses beiwohnten, Männer wie Julius Wiggers gehörten, ein Theologe und Sprachwissenschaftler, der nicht viel Interesse an wirtschaftlichen Fragen hatte, aber die Gesellschaft der anderen

Mitglieder des Kongresses genoß, sich freute, namhafte Liberale aus verschiedenen Teilen Deutschlands dort zu treffen, und überzeugt war, durch seine Anwesenheit sein Eintreten für liberale Ideale im allgemeinen und nicht so sehr für eine spezielle Programmatik zu demonstrieren.[34]

Wie die Praxis des Kongresses ahnen läßt, waren viele Liberale nach wie vor der Überzeugung, daß sie mit ihren Aktivitäten eine erzieherische Wirkung ausüben müßten, und daß es falsch sei, materielle Interessen und Themen übermäßig in den Vordergrund zu rücken. Die *Grenzboten* beispielsweise brachten im Lauf der fünfziger Jahre eine ganze Reihe von Artikeln über wirtschaftliche, soziale und naturwissenschaftliche Themen, gaben sich aber auch große Mühe, vor der Überbetonung eines einseitigen „Erwerbs- und Spekulationsgeistes" auf Kosten eines „echt menschlichen und organisch rechtlich und sittlich läuternden Berufsgeistes" zu warnen, wie einer der Autoren es formulierte. Ähnliche Töne schlug Schulze-Delitzsch an, als er die „ganze sittliche Macht der Gesellschaft" beschwor, ungeachtet dessen, daß er im übrigen von den theoretischen Voreingenommenheiten der Vormärzzeit nichts wissen wollte. Gustav Mevissen, der sich in den fünfziger Jahren mit der Anhäufung eines großen Vermögens beschäftigte, führte weiterhin die moralischen und geistigen Kategorien aus früheren Tagen im Munde: Er empfahl die Gründung von Aktiengesellschaften nicht einfach deswegen, weil sie ein Mittel zur Erringung größerer wirtschaftlicher Macht waren, sondern auch wegen ihres, wie er es nannte, „ethisch-sozialen Geistes".[35] Selbst Ludwig August von Rochau, der im allgemeinen als Prediger des Materialismus und der Realpolitik gilt, stellte die Rolle geistiger Kräfte im politischen und gesellschaftlichen Leben nicht in Abrede. Wenn Rochau über die Bedeutung der Macht in den Angelegenheiten der Menschen sprach, zählte er die geistige Macht als ein Bestimmungsmoment dazu und rühmte das „Bürgertum" nicht nur für seine materiellen, sondern auch für seine ideellen Leistungen. Ideen, so erkannte Rochau, bezogen ihre Kraft aus realen gesellschaftlichen Kräften, aber diese Erkenntnis hielt ihn nicht von der Überzeugung ab, daß „unter allen Umständen der Zeitgeist den entscheidenden Einfluß auf die allgemeine Richtung der Politik" hat.[36]

Wie im Vormärz, so gab es auch nach 1850 in der Bewegung sehr viele, die bezweifelten, ob eine vollständige wirtschaftliche Freiheit überhaupt wünschenswert sei. Wie die Diskussion über den französisch-preußischen Handelsvertrag von 1862 zeigte, waren beileibe nicht alle Liberalen Anhänger des Freihandels.[37] Und ferner gab es immer noch die eine oder andere gesellschaftliche Gruppe, die zwar mit politischen und kulturellen Zielvorstellungen der Liberalen sympathisierte, in einer unumschränkt freien Marktwirtschaft aber eine Gefahr für die eigene wirtschaftliche Existenz und gesellschaftliche Position sah.[38]

Der Widerstand gegen das Umsichgreifen einer uneingeschränkten *laisser-faire*-Liberalität setzte sich auch auf theoretischer Ebene fort. Robert von Mohl beispielsweise bestritt nicht die Bedeutung einer freien Wirtschaft, versuchte aber sehr wohl, einen mittleren Standpunkt zwischen dem chaotischen Individualismus des *laisser-faire*-Modells und den überlebten Beschränkungen der traditionellen Gesellschaft zu finden. Dies war das zentrale Anliegen, das er in seinem vielbeachteten Aufsatz über *Die Staatswissenschaften und die Gesellschaftswissenschaften* vertrat, der erstmals 1851 und in überarbeiteter Fassung vier Jahre später nochmals veröffentlicht wurde. Mohl versuchte in dieser Arbeit zu zeigen, daß es „zwischen der Sphäre der einzelnen Persönlichkeit und der organischen Einheit des Volkslebens" noch eine andere, die gesellschaftliche Sphäre, gab: ein Ensemble institutioneller Beziehungen, die weder vom Staat noch direkt von den Interessen der einzelnen Personen abhängig waren.[39] Diese institutionellen Gefüge ähnelten in vieler Hinsicht dem, was Hegel „Körperschaften" genannt hatte. Und ebenso wie Hegel sah Mohl ihren Zweck in der Herstellung und Aufrechterhaltung sozialer Bindungskräfte, die zwar auf die der Marktwirtschaft zugrundeliegenden individualistischen Antriebe aufbauten, diese letzten Endes aber transzendieren sollten.[40]

Manche Liberale hielten wenig von dem heiklen Gleichgewicht zwischen Individualismus und Zusammenhalt, das Mohl in der sozialen Sphäre zu finden suchte; für sie war es vielmehr einzig der Staat, der Schutz vor den potentiellen Gefahren gesellschaftlicher und wirtschaftlicher Freiheit bieten konnte. Dies war der Tenor der Kritik, die Heinrich von Treitschke an Mohls Aufsatz übte. Treitschke lehnte die theoretische Unterscheidung zwischen politischer Wissenschaft und Gesellschaftswissenschaft ab, weil er glaubte, ein richtig verstandener Staat müsse das gesamte Spektrum institutioneller Zusammenhänge und Beziehungen in sich schließen.[41] Rudolf Gneist war bereit, die Unterscheidung zwischen Staat und Gesellschaft zu akzeptieren, war aber wie Treitschke der Auffassung, der Staat müsse die Gesellschaft beherrschen. Deutschland sei, so schrieb Gneist 1860, „die letzte Zufluchtsstätte in Europa, in welcher der Staat gegen die Volkswirtschaft noch Gehör findet, wo der Charakter der Nation noch einen Halt gibt gegen die einseitigen Anschauungen einer in der Umbildung begriffenen Gesellschaft".[42] Diese Staatsgläubigkeit, die ein zentrales Element der liberalen Gesellschaftstheorien der ersten Jahrhunderthälfte gewesen war, prägte nach wie vor die Einstellungen, wie sie sich in Bluntschlis vielzitiertem *Staatswörterbuch* niederschlugen. Bluntschli selbst stellte beispielsweise die „Körperschaften" in seinem eigenen Artikel zu diesem Stichwort als wertvolle Instrumente zur Vertretung gesellschaftlicher Interessen und als taugliche Schutzvorrichtungen sowohl gegen despotische als auch gegen revolutionäre Tendenzen dar. Er ließ jedoch zu keinem Zeitpunkt den geringsten Zweifel daran, daß der Staat sich vor einer Aufbrechung seiner wesensmäßigen Einheit durch diese gesellschaftlichen Organe schützen müsse: „Die staatlichen Funktionen dürfen in keiner Beziehung von dem Sonderwillen der Körperschaften abhängig gemacht werden." Johannes Huber hob in seinem Artikel über *Sozialismus und Kommunismus* auf den gleichen Punkt ab; er erklärte: „... daß der Staat, als der mit Bewußtsein nach den höchsten Zielen der Humanität ringende, dem blinden Walten der elementaren Mächte in der Gesellschaft vorzusehen, sie zu regeln, und seiner Aufgabe dienstbar zu machen hat."[43]

Diese Widerstände gegen die Modellvorstellung eines freien gesellschaftlichen und wirtschaftlichen Systems bezogen ihre Kraft aus der fortbestehenden Abneigung der Liberalen, vor den potentiellen Gefahren ungezügelter gesellschaftlicher und wirtschaftlicher Kräfte die Augen zu verschließen. Befürchtungen im Hinblick auf den möglichen Verlauf sozialer Veränderungsprozesse, auf die unberechenbare Masse, auf das Anwachsen der Städte und auf die Ausbreitung des Fabrikwesens blieben auch nach 1850 ein bedeutsames Leitmotiv im deutschen Denken, ein Motiv, das etwa in einem so vielgelesenen Roman wie Wilhelm Raabes *Der Hungerpastor* (1864) zum Ausdruck kam, der eine beredte Anklage gegen das Großstadtleben enthält. In den Augen eines Mannes wie J. G. Droysen, der seine prägenden Erfahrungen in der ersten Jahrhunderthälfte gemacht hatte, stellte der Wirtschaftsaufschwung der fünfziger Jahre eher eine ernste Gefahr als eine strahlende Verheißung dar. In seinem Aufsatz über *Die Europäische Krise* (1854) warnte Droysen: „Der wirtschaftliche und moralische Ruin dringt immer furchtbarer, immer rascher vorwärts." Er wies auf wirtschaftliche Betrugsmanöver, auf die übermäßige Macht des Geldes und den unverantwortlichen Gebrauch, der davon gemacht wurde, sowie auf die Verarmung der niederen Klassen hin, in welch letzteren er die Kraft sah, die die alte Ordnung der Dinge zerstören würde.[44] In den fünfziger und sechziger Jahren war es unter den Liberalen wahrscheinlich nur eine Minderheit, die Droysens düstere Einschätzung der Zeitläufte teilte. Aber auch bei vielen von denen, die das Heraufkommen einer neuen sozialen und wirtschaftlichen Welt begrüßten, blieb ein Rest jener Furcht vor der gesellschaftlichen und wirtschaftlichen Freiheit bestehen, die vor 1848 im Liberalismus eine so sichtbare Rolle gespielt hatte. Diese Mischung aus einer großen Portion Zukunftseuphorie und einem Tropfen Unheilserwartung durchzieht etwa Wilhelm Kiesselbachs bemerkenswerte Darstellung des Lebens dreier Kaufmannsgenerationen in Bremen. Kiesselbach, der seinen Aufsatz 1860 schrieb, erkannte, daß die Welt, in der sein Großvater gelebt hatte, enger und begrenzter war als die seine; er vermochte indessen eine gewisse Wehmut in der Erinnerung an jene einfacheren und anspruchsloseren Zeiten nicht zu unterdrücken. Am Ende sah Kiesselbach der Zukunft voll inbrünstiger Hoffnung entgegen, daß sie halten werde, was sie versprach, wenngleich er mahnend hinzufügte, die Gegenwart sei eine zwiespältige Zeit voller bedrohlicher Kräfte.[45]

Ein zunehmendes Rechnen mit materiellen Interessen bei fortbestehendem Festhalten an geistigen Werten, ein wachsender Glaube an den freien Markt bei altgewohntem Sich-Verlassen auf die ordnende Macht des Staates, ein breiteres Zutrauen zum Fortschritt der Gesellschaft bei unterschwellig weiterbestehenden Ängsten im Hinblick auf die Implikationen sozialen Wandels – dies sind mithin die dissonanten Elemente, aus denen sich das politische und soziologische Denken des Liberalismus in den fünfziger und sechziger Jahren zusammensetzte.

Das Bild, das die Liberalen sich von sich selbst als einer sozialen Bewegung machten, wurde ebenfalls von einer dissonanten Mischung aus neuen Tendenzen und vertrauten Gewohnheiten bestimmt. Eine Reihe von Liberalen hob nach 1850 die Bedeutung wirtschaftlicher Interessen und Eliten für die Gegenwart und

Zukunft der Bewegung hervor. Kiesselbach beispielsweise kritisierte den Liberalismus alter Spielart, weil dieser nicht erkannt habe, daß „ein politisch selbständiges Bürgertum eine ökonomische Selbständigkeit als Basis haben muß". Julius Fröbel ging noch einen Schritt weiter, indem er erklärte, der Liberalismus sei im wesentlichen ein Denksystem, das im Interesse ganz bestimmter Elemente der Gesellschaft liege, die im gewerblichen und industriellen Mittelstand versammelt seien. Friedrich Kapp bekräftigte, als er nach einem Jahrzehnt im ausländischen Exil nach Deutschland zurückkehrte, die Bedeutung dieser Gruppen. Die jüngstvergangenen paar Jahre hatten die Verantwortung für die Zukunft Deutschlands von den Schultern der „Gebildeten" genommen und in die Hände von „jungen Technikern, Industriellen und besseren Handwerkern" gelegt.[46] In Auffassungen dieser Art finden wir die Anfänge jener selbstbewußten Klasse wirtschaftlich orientierter Männer, die das Industrie- und Handelsbürgertum der Reichsepoche bilden sollte. Allerdings finden sich in manchen anderen Versuchen, die gesellschaftliche Basis des Liberalismus dingfest zu machen, Nachklänge des vorrevolutionären „Mittelstands". So glaubte beispielsweise Theodor Welcker, im Mittelstand noch immer das Mark und „die Macht der Nation" sehen zu können. Ein Mitarbeiter der *Grenzboten* unternahm 1861 den Versuch, den Unterschied zwischen „Honoratioren" und „Kleinbürgertum" zu definieren, gelangte dabei jedoch zu dem Schluß, daß die Grundinteressen dieser beiden Gruppen dieselben waren.[47] Und der Autor eines Artikels über politische Parteien im *Staatslexikon* siedelte die gesellschaftliche Basis des Liberalismus entschlossen in einem „Mittelstand" an, den er als den Born sozialer Harmonie und homogener Interessen betrachtete.

Der politische Einfluß, zu dem dieser Stand gelangte, gründet sich nicht etwa auf eine politische Sonderung der Stände, sondern auf einem Naturgesetz. Der Mittelstand hat nichts Exclusives, es läßt sich demnach keine scharfe Grenze zwischen ihm und der großen Masse des Volkes ziehen... Nichts liegt mehr im wohlverstandenen Interesse des Mittelstandes, als daß sich Aufklärung und Wohlstand unter allen Schichten des Volks verbreite und daß endlich jeder befähigt werde zum Vollgenuß aller politischen Rechte.[48]

Selbst viele von denen, die eine Revision der Auffassungen zur gesellschaftlichen Basis des Liberalismus für notwendig erachteten, sagten sich nicht gänzlich von liberalen Haltungen los, wie sie vor 1848 verbreitet gewesen waren. So hob Karl Mittermaier die Bedeutung wirtschaftlicher Funktionen in seinem Artikel über das „Bürgertum" in der Neuausgabe des *Staatslexikons* zwar hervor, strich aber zugleich nach wie vor die Wichtigkeit der „Bildung" sowie die Neigung zur Freiheit als Grundkennzeichen dieser gesellschaftlichen Gruppe heraus. Einen ähnlichen Kurs vertrat Johann Bluntschli in seinem *Staatswörterbuch*. Für ihn wie für Mittermaier leitete sich die Zugehörigkeit zum „Bürgertum" sowohl von der Tätigkeit als auch von der „Gesinnung" ab. Er hielt damit an jener Mischung aus sozialen und moralischen Bestimmungen fest, die für das soziologische Vokabular des Liberalismus in der ersten Jahrhunderthälfte charakteristisch gewesen war.[49] Endlich ist auch die Analyse des Mittelstands zu beachten, die Rochau in seinem

Werk über Realpolitik gab: Rochau hatte viel deutlicher als die meisten politischen Schriftsteller seiner Generation erkannt, daß die den deutschen Mittelstand ausmachenden Gruppen einige tiefgehende Schwächen und Gegensätze aufwiesen. Die Erfahrung der Revolution hatte ihm „die Schattenseiten im Charakter" gezeigt. Nichtsdestoweniger war er überzeugt, „kein politischer Gedanke, dem die Zustimmung des Mittelstandes fehlt, [ist] reif zur Ausführung, keine politische Neuerung, welche ohne dieselbe zustande kommt, hat Aussicht auf Bestand; den Mittelstand für sich zu gewinnen, ist die wichtigste Aufgabe jeder politischen Partei".[50] Rochau erkannte also, daß der Mittelstand nicht notwendigerweise die Aufgeklärtheit oder auch nur die Liberalität verkörperte. Aber er blieb dem grundlegenden Glaubenssatz der Liberalen treu und behauptete, diese gesellschaftliche Gruppe „ist und bleibt der unentbehrlichste und wertvollste Stoff für den deutschen Staatsbau".

Es besteht kein Zweifel, daß die Liberalen nach 1850 ein geschärftes Bewußtsein für materielle Interessen sowie für die gesellschaftlichen Differenzierungen in ihren eigenen Reihen entwickelten, aber eine Reihe von Faktoren sorgte dafür, daß dieser Prozeß das Bild eines Mittelstands, in dem die Wurzeln sowohl der liberalen Bewegung als auch des Allgemeinwohls ruhten, nicht vollkommen zu zerstören vermochte. Zunächst einmal waren die von den wirtschaftlichen Entwicklungen der fünfziger und frühen sechziger Jahre erzeugten Veränderungen, wie wir gesehen haben, nicht umwälzend genug, um das Vermächtnis des Vormärz zu verdrängen. Die gesellschaftliche Struktur, der begriffliche Bezugsrahmen und die soziale Zusammensetzung des Liberalismus behielten selbst viele der charakteristischen Merkmale aus der Entstehungszeit der Bewegung bei. Zum zweiten wurde die Tendenz zur sozialen Differenzierung von den gemeinsamen politischen Zielen überdeckt, die nach wie vor Priorität genossen. Solange die nationale Einheit noch nicht erreicht war und Verfassungskonflikte in einer Reihe von Staaten weiterschwelten, konnten sich Liberale aus unterschiedlichen gesellschaftlichen und wirtschaftlichen Gruppierungen zu einem politisch ausgerichteten Bündnis zusammenschließen, das jenseits ihrer Differenzen über spezielle soziale und wirtschaftliche Fragen funktionierte. Und schließlich wurde das Zugehörigkeitsgefühl der Liberalen zu einem einheitlichen Mittelstand nach wie vor von ihrer gemeinsamen Gegnerschaft zu anderen, in der sozialen Hierarchie über oder unter ihnen stehenden Gruppen genährt. In den fünfziger und sechziger Jahren blieb die Gegnerschaft zum Adel ein wichtiges Motiv im Denken der Liberalen, ein Motiv, das sich häufig mit ihrem politischen Kampf gegen reaktionäre Tendenzen paarte. Zugleich bestand auch das Mißtrauen der Liberalen gegen die „Masse" fort, ja, die unschönen Erinnerungen an die Revolution vertieften dieses Mißtrauen. Gewiß, die liberalen Haltungen gegenüber dem Adel und gegenüber den Massen waren typischerweise uneinheitlich; aber die Existenz dieser beiden Gruppen sorgte dafür, daß die „unabhängigen" Männer von Vermögen und Kultur weiterhin Ansatzpunkte für Gemeinsamkeiten fanden.

Zuletzt sollte noch ein Aspekt des politischen Denkens der Liberalen gewürdigt werden: ihre Haltung zu dem, was die Zeitgenossen die „soziale Frage" nannten. Wichtig ist dieser Aspekt nicht nur, weil diese Haltung zu der wachsenden Entfremdung zwischen Liberalismus und Arbeiterschaft nach 1871 beitrug, sondern auch weil sie einen Ansatzpunkt bietet, von dem aus erneut die Heterogenität und die Zwiespältigkeiten in den Blick geraten, die das politischsoziologische Denken der Liberalen in den Jahren zwischen 1850 und 1866 insgesamt kennzeichneten.[51]

Die gestiegene Popularität, deren sich nach 1850 der Wirtschaftsliberalismus erfreute, stärkte denjenigen den Rücken, die bereit waren, das Risiko eines sozialen und wirtschaftlichen Abstiegs als bedauerlichen, aber unvermeidlichen Preis des Fortschritts hinzunehmen. Wie gewohnt, wurde John Prince-Smith zum repräsentativen Sprachrohr dieser Gruppe von Unternehmern und Publizisten. Im Jahre 1864 veröffentlichte er einen Aufsatz mit dem Titel *Die sogenannte Arbeiterfrage*, in dem er die Auffassung vertrat, soziale Krankheiten unterlägen, ähnlich wie körperliche, bestimmten unabänderlichen Gesetzmäßigkeiten. Diese Gesetzmäßigkeiten bei der Suche nach Lösungen für schwelende soziale Probleme außer acht zu lassen, heiße das Risiko einzugehen, daß man wesentlich mehr Schaden anrichtete als Gutes bewirkte. Prince-Smith war überzeugt, das einzige Mittel zu einer Verringerung des in der Gesellschaft vorhandenen Ausmaßes an Leiden bestehe darin, die Bildung der Arbeiter zu verbessern und das allgemeine Wohlstandsniveau durch das freie Spielenlassen der Marktkräfte zu heben.[52]

Auch Liberale, die nicht uneingeschränkt für *laisser-faire*-Grundsätze eintraten, waren sich nicht sicher, ob die soziale Frage für sie auf der Tagesordnung ganz oben stehen müsse. Benedikt Waldeck beispielsweise, einer der Wortführer des linken Flügels der preußischen Liberalen, nannte die soziale Frage einen „Schwindel" und beschwor die liberal Denkenden, sich nicht von den grundlegenderen politischen und nationalen Fragen ablenken zu lassen.[53] Dieser Glaube an die Vorrangigkeit politischer Veränderungen hatte auch in den demokratischen Parteien Sachsens und Württembergs das Übergewicht. Die Führer dieser Parteien legten zwar großen Wert darauf, Arbeiter als Verbündete im Kampf für größere politische Freiheit zu gewinnen, zeigten aber wenig Verständnis für die wirtschaftlichen und sozialen Sorgen der arbeitenden Menschen.[54] Wie einst 1848 fiel es daher auch jetzt sowohl dem gemäßigten als auch dem demokratischen Flügel der politischen Opposition äußerst schwer, ein sozialpolitisches Programm zu formulieren, das, indem es Probleme angesprochen hätte, die den Industriearbeitern und der armen Stadtbevölkerung sehr am Herzen lagen, den liberalen Feldzügen für eine bessere verfassungsmäßige Ordnung stärkeren Rückhalt verschafft hätte.

Dieses Unvermögen, auf die soziale Frage einzugehen, war zum Teil eine Folge des engen Erfahrungs- und Interessenhorizonts der Liberalen selbst. Ähnlich wie in der ersten Jahrhunderthälfte waren die Angehörigen der Bildungselite, die für die Bewegung standen und sprachen, von den Massen des deutschen Volkes durch eine soziale Kluft getrennt, die groß genug war, um eine Verständigung und eine effektive Zusammenarbeit mit den Arbeitern zumindest zu erschweren. Und als liberale Unternehmer die Auswirkungen der Unzufriedenheit der Arbeiterschaft zu spüren bekamen in Form von Streiks und gewerkschaftlicher Organisation, verhärteten sich die gesellschaftlichen und wirtschaftlichen Gegensätze. Die fehlende Bereitschaft der Liberalen, die Bedeutung sozialer Unruhen zur Kenntnis zu nehmen, war auch mit ein Ergebnis der historischen Situation: des ungleichmäßigen und unvollständigen Charakters des Industrialisierungsprozesses in Deutschland sowie der Unentwickeltheit des Klassenbewußtseins und der sozialen Beziehungen. Es ist in diesem Zusammenhang wichtig, sich daran zu erinnern, daß die institutionellen Äußerungsformen sozialer Unzufriedenheit vor 1866 noch äußerst schwächlich waren. Ferdinand Lassalle wirbelte beispielsweise mit seiner Kampagne für eine unabhängige Arbeiterbewegung 1863 ziemlich viel Staub auf, aber der praktische Erfolg hielt sich in sehr bescheidenen Grenzen.[55] In dieses Bild fügt sich auch die – für die Liberalen immerhin etwas tröstliche – Tatsache, daß, ungeachtet gewisser Spannungen, die in einer Reihe von Regionen und Organisationen zwischen Liberalen und Arbeitern bestanden, die Mehrheit derjenigen Arbeiter, die aktives Interesse an der Politik zeigten, dies allem Anschein nach im Rahmen von liberalen Klubs, Bildungsvereinigungen und so weiter taten. Wie August Bebel sich in seinen Memoiren erinnerte, blieben die meisten Arbeiter auch in den sechziger Jahren weit mehr an der Verwirklichung einer freien Marktwirtschaft als an den von Lassalle propagierten staatlich geförderten Arbeitergenossenschaften interessiert.[56] Es ist denkbar, daß gerade die Schwäche der eigenständigen Arbeiterbewegung den Liberalen eine einzigartige Chance eröffnete, innerhalb der Arbeiterklasse massive Unterstützung für ihre Sache zu mobilisieren; aber eben diese Schwäche verdeckte auch die Gefahren, die eine Nichtwahrnehmung dieser Chance mit sich bringen würde.[57]

Es gab indes einige Liberale, die sowohl die Chancen als auch die Gefahren sahen, die in der sozialen Frage steckten. 1865 vertrat der Autor eines Aufsatzes aus dem Essay-Sammelband *Unsere Tage* den Standpunkt, die Arbeiterfrage sei das zentrale Problem der Zeit und werde es bleiben, ein weit bedeutsameres Problem, als es die verfassungspolitischen Fragen seien, welche die Aufmerksamkeit der meisten Zeitgenossen fesselten.[58] Acht Jahre zuvor hatte Franz Vorländer die soziale Frage als das moderne Sphinxrätsel bezeichnet und Zweifel geäußert, ob ein einzelner Ödipus in der Lage sein werde, mit einem Problem fertig zu werden, das „mit allen Bedingungen des socialen Fortschritts so eng verknüpft [ist]".[59] Wir können nicht wissen, wie viele Liberale dieses Gefühl für die große Bedeutung der sozialen Frage teilten. Unbestritten ist aber, daß eine beträchtliche Anzahl von ihnen sich aktiv im Rahmen von Bildungsvereinen, Genossenschaften und anderen Organisationen betätigte, in denen Antworten auf die Probleme einer modernen Gesellschaft gesucht wurden.

In den Augen vieler Zeitgenossen war der Mann, der das unausgesetzte liberale Interesse an sozialen Reformen verkörperte, Hermann Schulze aus Delitzsch. Die politischen Kämpfe der Revolutionsjahre hatten bei Schulze, wie bei vielen anderen, die bleibende Überzeugung hinterlassen, der Weg zu einer Reform führe eher über soziale und wirtschaftliche als über politische Errungenschaften.[60]

Während der sechziger Jahre wurde er polizeilich verfolgt, an der Ausübung des Anwaltsberufs gehindert und somit in seinem persönlichen und beruflichen Leben empfindlich beeinträchtigt. Diese eigenen Leidenserfahrungen verstärkten sein Mitgefühl für die entwurzelten und verarmten Handwerker seiner Gegend. Aber Schulze ließ sich auch von den Argumenten der liberalen Volkswirtschaftler überzeugen und machte sich die Vorstellung einer von unabänderlichen Gesetzmäßigkeiten beherrschten Marktwirtschaft zu eigen. Er hoffte, die Genossenschaftsbewegung werde einen Weg zu sozialen Reformen im Rahmen einer freien Wirtschaft eröffnen. Nach seiner Auffassung sollte die Gründung von Genossenschaften die Armen und Unterprivilegierten in die Lage versetzen, ihre Kräfte und Mittel zusammenzuwerfen und so ihre individuelle wirtschaftliche Schwäche zu überwinden. Daher begann Schulze in den frühen fünfziger Jahren die Bildung von Genossenschaften in Delitzsch und anderswo zu fördern und in Zeitschriften wie den *Grenzboten*, in Organisationen wie dem Kongreß Deutscher Volkswirte und schließlich auch im preußischen Landtag zur Nachahmung dieser Beispiele aufzurufen.

Die Erfolgsbilanz der als praktische Lösungsversuche für die soziale Frage propagierten Genossenschaften nahm sich für die fünfziger und sechziger Jahre recht unterschiedlich aus. Nur die Kreditgenossenschaften florierten wirklich: Ihre Zahl stieg von 4 (mit 1019 Mitgliedern) im Jahre 1854 auf 532 (mit 193712 Mitgliedern) im Jahre 1866.[61] Dagegen kamen Genossenschaften, die zum Zwecke der Beschaffung von Rohstoffen für Kleinproduzenten, der Herstellung von Gütern oder der Vermarktung von Produkten gegründet wurden, nicht so gut zurecht, wie ihre Befürworter gehofft hatten. Nichtsdestoweniger spielten Genossenschaften weiterhin eine zentrale Rolle im sozialen Denken einer Gruppe, zu der Männer extrem unterschiedlichen Zuschnitts gehörten: Konservative wie V.A. Huber, Radikale wie Lassalle, Katholiken wie Bischof Ketteler sowie Liberale wie Leopold Sonnemann, Karl Biedermann, Friedrich Harkort, Johannes Miquel, Gustav Schmoller und Viktor Böhmert.[62] Es scheint, als habe sich der Genossenschaftsgedanke in die Anschauungen eingefügt, die diese Männer über die grundlegenden Probleme der deutschen Gesellschaft hegten: Genossenschaften würden, indem sie den Angehörigen der unteren Klassen einen Platz in einer organisierten Gemeinschaft verschafften, indem sie ihnen die Möglichkeit gaben, ihre Kräfte zusammenzutun und aktive, produktive Gemeinsamkeit zu lernen, mithelfen, sowohl die materielle als auch die geistige Krise zu lindern, die der Zerfall der traditionellen Gesellschaft heraufbeschworen hatte. Friedrich Harkort traf den Kern dessen, was für viele bürgerliche Förderer des Genossenschaftswesens die Faszination des Modells ausmachte, als er in den fünfziger Jahren schrieb: „Man schaffe dem Proletarier Besitz irgendeiner Art, und er gehört der Ordnung, dem Bürgerthum, an."[63]

Die Genossenschaften besaßen in den Augen mancher sozial denkender Liberaler auch noch andere Vorzüge. Zunächst einmal waren sie nicht unvereinbar mit einer freien Marktwirtschaft. Anders als bei den alten Zünften brauchte es bei ihnen keine Zwangsmitgliedschaft zu geben, und sie hatten auch kein

Interesse daran, Produktions- und Verkaufsbeschränkungen durchzusetzen. Sie konnten daher als aus freien Stücken organisierte Teilmomente der Marktwirtschaft betrachtet werden, die dem Gesetz von Angebot und Nachfrage unterlagen und letzten Endes auf dem wirtschaftlichen Eigeninteresse ihrer Mitglieder beruhten. Gleichzeitig jedoch fand der Genossenschaftsgedanke auch bei denen Anklang, die noch den hergebrachten liberalen Vorstellungen von Aufklärung und moralischer Reform nachhingen. Für diese Männer stellten Genossenschaften eine besonders wirksam funktionierende Organisationsform, im Grunde eine der Bildung dienende Institution dar, im Rahmen derer die Menschen lernen konnten, ihre geistige Isolation und ihre Unwissenheit zu überwinden.[64] Wichtigen Anteil an der Popularität Schulze-Delitzschs hatte seine Fähigkeit, diesen beiden Motiven Ausdruck zu verleihen: Manchmal hob er die Vereinbarkeit der Genossenschaften mit der Modellvorstellung einer freien Marktwirtschaft hervor; bei anderen Gelegenheiten sprach er von ihrer geistigen Aufgabe als Schutzwall gegen die Zeitübel des ungezügelten Egoismus und des Materialismus.[65]

Ein weiterer Grund für die verbreitete Unterstützung, die der Genossenschaftsgedanke fand, lag darin, daß er sowohl den Bedürfnissen verarmter Handwerker, die dem Wettbewerb mit der industriellen Produktion nicht gewachsen waren, als auch den Industriearbeitern, die durch die Unmenschlichkeit des Fabriksystems entfremdet wurden, entgegenzukommen schien. Genossenschaften besaßen den Vorteil, daß sie die Unterschiede zwischen diesen beiden Gruppen auflösten, indem sie sowohl Handwerkern als auch Arbeitern die Möglichkeit eröffneten, materiell und moralisch Zugang zur stabilen Welt des Mittelstands zu finden. Zwar herrschte bei vielen Liberalen während der fünfziger und sechziger Jahre fortwährend Ungewißheit darüber, welche dieser Gruppen die geeignete Adressatin ihrer Bemühungen sei, aber mit der Zeit setzte sich die Erkenntnis durch, daß die Industriearbeiterschaft das anfälligste und gefährlichste Potential für soziale Unruhe darstellte. Um die Mitte der sechziger Jahre hatten die Agitation Lassalles sowie Streiks in mehreren Schlüsselregionen die Liberalen in der Überzeugung bestärkt, daß die „soziale Frage" sich nunmehr zur „Arbeiterfrage" zugespitzt hatte.[66]

Diese Entwicklung läßt sich anhand des Weges nachzeichnen, den Hermann Schulze zurücklegte und der ihn von der Sorge um die leidenden Handwerker im halbländlichen Bezirk Delitzsch zu einem Programm für die gesamte Arbeiterklasse führte. Aber für Schulze bedeutete die Zuwendung zur Industriearbeiterschaft, ebensowenig wie für viele andere liberale Sozialreformer, eine Abkehr von der Auffassung, daß die Stabilität der Gesellschaft letzten Endes auf einem breiten und mächtigen Mittelstand beruhe. Diese für das sozialpolitische Denken des Liberalismus im Vormärz so zentrale Überzeugung bestimmte auch in der nachrevolutionären Epoche noch die Reaktion der Liberalen auf die sozialen und wirtschaftlichen Gegebenheiten. Schulzes eigene Anschauungen finden sich hübsch zusammengefaßt in einer Rede, die er im November 1862 vor einer Berliner „Arbeiterversammlung" hielt. Nachdem er erklärt hatte, wie sehr ihm eine Verbesserung der Lage der arbeitenden Menschen am Herzen liege, hob er die gemeinsamen Interessen der Arbeiter und des Mittelstandes hervor:

Weil wir einen Mittelstand in Deutschland haben müssen, auf daß deutsches Wesen, deutsche Gesittung und deutsche Bildung immer mehr nach der ureigensten Anlage der deutschen Volksnatur sich entfalten: deshalb brauchen wir einen in seiner Existenz nicht mehr gefährdeten Arbeiterstand.[67]

Nachklänge zum Vormärz sind aus dieser Äußerung deutlich herauszuhören: der Mittelstand als die wahre Verkörperung des allgemeinen Wohls, eine Neigung, moralische Kategorien mit materiellen zu vermischen, und die implizit gemachte Voraussetzung, daß das Wohl der Arbeiter in gewisser Hinsicht ein untergeordnetes Ziel, bestenfalls eine Vorbedingung für die Heilung der wirklichen Leiden der Gesellschaft sei. Diese fortbestehenden Denkmuster offenbaren sich in noch größerer Klarheit in einer Passage aus der bekannten Äußerung Schulzes zum Problem der Mitgliedschaft von Arbeitern im liberalen Nationalverein:

Wenn mich ein Arbeiter fragt, wohin soll ich vor allem treten, zum Arbeiter- oder zum Nationalverein, so antworte ich: Mein lieber Freund, du dienst der nationalen Sache viel besser, wenn du zunächst an deine materielle Besserung denkst, denn unsere nationale Sache wird durch nichts so sehr gefördert, als durch die Hebung des Arbeiterstandes. Hast du dann noch etwas übrig, so werden wir dich mit offenen Armen empfangen. Aber zuerst denkt an euch und *begründet erst ein gewisses Maß von Wohlstand* und *verbessert eure Bildung*. Was hilft alles politische Recht, wenn ich in einem gewissen bescheidenen Wohlstand stehe? Die ganze Demokratie ist eine Phrase, wenn sie nicht dafür sorgt, daß die Arbeiter sich mit Politik beschäftigen können. Der Arbeiter jedoch, der wirklich so schlimm gestellt ist, daß er nur von der Hand zum Munde lebt, hat er wohl Zeit und Sinn, sich für die Öffentlichen Angelegenheiten zu bekümmern? Nein! wahrlich nicht; die Befreiung aus dieser Not des Daseins, das ist für jeden Volksfreund und für Deutschland ganz besonders eine große nationale Aufgabe. Und rechte Arbeiter, die ihre Ersparnisse dazu verwenden, begrüße ich hiermit, im Namen des Ausschusses, als *geistige Mitglieder*, als *Ehrenmitglieder* des Nationalvereins.[68]

Schulze war ein persönlich anständiger Mann, und aus seinen Bemerkungen sprach ein aufrichtiges Verlangen, das Los der Arbeiterklasse zu verbessern. Gleichwohl ist es nicht schwer zu erkennen, weshalb Schulze und andere, gleichgesinnte Männer letzten Endes kein Bündnis zwischen dem Liberalismus und der Arbeiterbewegung herbeizuführen vermochten. Der gönnerhafte Tenor seiner Äußerungen ist nicht zu überhören, und zu übersehen ist auch nicht seine Unfähigkeit, die Industriearbeiterschaft als eine besondere gesellschaftliche Gruppe mit eigenen Interessen zu definieren. Diese „theoretischen" Unzulänglichkeiten Schulzes hatten auch ihre institutionelle Dimension: Das Eintreten der Liberalen für Genossenschaften und Bildungsvereinigungen allein reichte nicht aus, um das Bedürfnis der arbeitenden Menschen nach einer Bestimmung ihrer sozialen Identität und nach einer Artikulierung ihrer Interessen als autonome gesellschaftliche Gruppe zu befriedigen. Bis 1866 überdeckte die Unausgereiftheit der sozialen und wirtschaftlichen Verhältnisse in Deutschland noch diese Unzulänglichkeiten der liberalen Reformer; aber je weiter der Prozeß des sozialen und wirtschaftlichen Wandels in der deutschen Gesellschaft vordrang, desto deutlicher sollte die Entfremdung zwischen Liberalismus und Industriearbeiterschaft zutage treten.

7. Die Suche nach einem liberalen Volk

> Die Frage nach dem *wahren*, dem eigentlichen Volk, pflegt allen Parteien sehr geläufig zu sein, und jede Partei findet das wahre, das eigentliche Volk da, wo sie ihre eigenen Ansichten oder wenigstens bereitwillige Werkzeuge für ihre Zwecke findet.
>
> L. A. von Rochau (1853)[1]

Als die reaktionären Tendenzen in der Politik sich gegen Ende der fünfziger Jahre abschwächten, erlebte die liberale Bewegung einen außerordentlich raschen und lebhaften Neuaufschwung. Schon im Herbst 1858 registrierte ein Zeitgenosse ein „frohe(s) Gefühl der Erleichterung", welches das ganze Land aufatmen lasse.[2] Im Verlauf der darauffolgenden paar Jahre konnte Heinrich Schultheß' *Europäischer Geschichtskalender*, selbst ein Hervorbringsel der „neuen Ära", mit unverhüllter Genugtuung über eine nahezu ununterbrochene Serie liberaler Wahlsiege berichten. In Preußen begann sich ein Wählerpotential für die Liberalen im Jahr 1858 abzuzeichnen; bis Mitte der 60er Jahre hatten sie es geschafft, ihre politischen Gegner im Landtag zu einer winzigen, belagerten Minderheit zu komprimieren (siehe Tabelle 7.1). Auch in einigen der kleineren deutschen Staaten erzielten die

Tabelle 7.1
Die politische Zusammensetzung
der Preußischen Abgeordnetenkammer 1858–63.

Partei	1858 Sitze (%)	1861 Sitze (%)	1862 Sitze (%)	1863 Sitze (%)
Konservative	47 (13)	14 (4)	11 (3)	35 (10)
Fortschrittspartei	–	104 (29,5)	133 (38)	141 (40)
Andere Liberale:				
Vincke, Mathis	195 (55)	–	–	–
Grambow	–	91 (26)	–	–
Konstitutionelle	–	–	19 (5)	–
Linke Mitte	–	48 (14)	96 (27)	106 (30)
Katholiken	57 (16)	54 (15)	28 (8)	26 (7)
Polen	18 (5)	23 (6,5)	22 (6)	26 (7)
Fraktionslose	35 (10)	18 (5)	43 (12)	18 (5)
Gesamt	352	352	352	352

QUELLE: Vogel et al., *Wahlen* (1971) S. 287.

Liberalen eindrucksvolle Erfolge. Baden blieb, getreu seiner Vormärz-Tradition, die liberale Hochburg unter den süddeutschen Mittelstaaten; 1861 waren von den

63 Sitzen im Karlsruher Parlament 48 von liberalen Abgeordneten besetzt.³ Imposante Zugewinne verzeichneten auch die liberalen Parteien in Hessen, Hessen-Darmstadt, Nassau, Hamburg und Hannover. In Württemberg beherrschten Liberale und Demokraten den Landtag. Selbst in Staaten wie Sachsen und Bayern, wo antiliberale Kräfte sich eine starke Stellung bewahrten, besaß die Bewegung genügend Dynamik, um wieder eine politisch schlagkräftige und profilierte Fraktion ins Parlament zu entsenden.⁴

Das stützende Fundament, das den Höhenflug der Liberalen trug, bestand aus einem weitgestreuten und vielfältigen Geflecht von Institutionen. In den meisten größeren Städten beherrschten Liberale das Stadtparlament und die Kommunalverwaltung.⁵ Häufig auch dominierten sie Körperschaften der Wirtschaft wie die Handelskammern, ferner Berufsverbände, akademische Vereinigungen, Turn- und andere Vereine und zuweilen auch die Burschenschaften und Korps an den Universitäten. Vielgelesene Zeitschriften boten ein Forum für den Austausch liberaler Ideen, viele einflußreiche Tageszeitungen propagierten die Ziele der Bewegung, und auch so manche wissenschaftliche Zeitschrift förderte die liberale Sache. Jenen Zeitgenossen, die sich der Bewegung verbunden fühlten, schien es daher so, als seien es gerade die schöpferischsten und dynamischsten Elemente innerhalb der deutschen Gesellschaft – Gelehrte und Unternehmer, Publizisten und Beamte, lokale Honoratioren und nationale Eliten –, die sich in der liberalen „Partei der Bewegung" sammelten. Unter diesen Umständen glaubten sie, darauf hoffen zu können, daß die Scharte der gescheiterten Revolution ausgewetzt war und die ansteigende politische Erfolgskurve des Liberalismus die Gewähr für eine liberale Zukunft Deutschlands bot.

Zumindest in einer Hinsicht lagen diejenigen, die aus diesen Anzeichen für die zunehmende Stärke der liberalen Kräfte solche Hoffnungen schöpften, durchaus richtig: Der Liberalismus war in den 60er Jahren des 19.Jahrhunderts zweifellos das dynamischste und populärste Zugpferd für die Sache der demokratischen politischen Mitbestimmung. Im Rückblick läßt sich allerdings deutlich genug erkennen, was auch manchen Zeitgenossen schon damals klar war: daß es für die Liberalen, ungeachtet der allem Anschein nach beeindruckenden Stärke ihrer Bewegung, noch ganz erhebliche Probleme zu lösen gab, ehe sie mächtig genug sein würden, ihre Feinde zu besiegen. Zuallererst einmal mußten sie die programmatischen und institutionellen Mittel und Wege finden, um die Konflikte in ihren eigenen Reihen zu bewältigen und ihre Bestrebungen und Aktivitäten auf nationaler Ebene zu koordinieren. Zweitens mußten sie konkrete politische Forderungen formulieren und zugleich Organisationsformen entwickeln, die geeignet sein würden, ihre Bewegung in der breiten Masse der deutschen Bevölkerung feste Wurzeln schlagen zu lassen. Kurz und gut: Diejenigen, die ein liberales Deutschland anstrebten, mußten zunächst einmal eine liberale Bewegung aufbauen, die auf die Unterstützung durch ein liberales Volk zählen konnte. Und um dies zu bewerkstelligen, mußten sie gegen eine und zugleich innerhalb einer politischen Kultur kämpfen, in der noch viele der charakteristischen Probleme akut waren, die sich als Folge einer traditionellen institutionellen Zersplitterung und einer ebenso traditionellen politischen Apathie eines Großteils der Bevölkerung eingestellt hatten.

Gleich vom Beginn der „Neuen Ära" an bemühten sich einige Liberale um den Aufbau von Institutionen mit nationaler Spannweite und Aufgabenstellung. Der Kongreß Deutscher Volkswirte beispielsweise sollte Männer aus ganz Deutschland organisatorisch zusammenfassen.[6] Viele von denen, die an den Jahresversammlungen des Kongresses teilnahmen, waren auch am Aufbau des Nationalvereins beteiligt, dessen Gründung 1859 beschlossen wurde und der die erste seiner jährlichen Mitgliederversammlungen im Jahr darauf abhielt. Der Anstoß zu dieser Gründung ging von den Vorgängen in Italien aus, wo der Prozeß der nationalen Einigung zu dieser Zeit gerade im Gang war; das konkrete Vorbild war die Società Nazionale, eine Gesellschaft, die es unternommen hatte, die öffentliche Meinung in Italien auf die nationale Einheit einzustimmen.[7] Neben dem Kongreß und dem Nationalverein gab es noch eine Reihe weiterer Institutionen, die als Vehikel für eine Verlagerung der politischen Handlungsfelder von der örtlichen auf die nationale Ebene dienen konnten. In den frühen 60er Jahren versammelten sich Parlamentarier der verschiedenen Länderkammern auf dem sogenannten Abgeordnetentag in Frankfurt, wo sie über gemeinsame Ziele und Probleme diskutierten. Aktive Mitglieder der Handelskammern gründeten den Deutschen Handelstag, der jährlich eine Hauptversammlung abhielt. Auch Gesangs-, Schützen- und Turnvereine aus ganz Deutschland trafen sich zu jährlichen nationalen Veranstaltungen, die, zwar verhüllt, aber doch unverkennbar, politischen Zwecken dienten. Das gleiche gilt für den Deutschen Juristentag, der erstmals 1863 zusammentrat und diese Veranstaltung mit einem Bekenntnis zur nationalen Einheit und zu einer verfassungsmäßigen Regierungsform beschloß. Im gleichen Jahr wurde unter Mitwirkung von Johann Bluntschli, der auch zu den Anregern und Aktivisten des Juristentags zählte, der Deutsche Protestantenverein ins Leben gerufen, der unter Berufung auf religiöse Gesichtspunkte für liberale und nationale Ziele eintrat.[8] Bluntschli und viele andere sahen in der Entstehung dieser Organisationen ein Zeichen dafür, daß es in Deutschland eine breite liberale Strömung gab, die nun endlich auch ihren Niederschlag in nationalen Institutionen fand:

[Diese Vereine] sind Symptome eines politischen Lebens, das in der Nation ist und wächst. Ich möchte alle diese Vereine mit Bächen vergleichen, die einem großen Strome zufließen, mit Bächen, die fort und fort größer werden, bis der Strom sie zusammenfaßt und fortreißt.[9]

Gefördert wurde das Wachstum dieser nationalen Organisationen durch den fortschreitenden Ausbau der Verkehrs- und Nachrichtenverbindungen innerhalb Deutschlands. 1862 gab es allein in Preußen bereits ein Netz ganzjährig befahrbarer Straßen von insgesamt 6000 Kilometer Länge (gegenüber weniger als 800 Kilometern im Jahr 1816) sowie über 1100 Kilometer Eisenbahnstrecke. Nach 1850 verbesserte sich der Postdienst beträchtlich, und der Telegraph leitete eine

Revolution in der Nachrichtenübermittlung ein. Auch die Handelsgeschäfte und die korporativen Unternehmensformen begannen in dem Maße, wie die Märkte sich ausdehnten und die ersten überörtlich aktiven Banken auf den Plan traten, über die engen Grenzen der Gemeinde oder des Bezirks hinauszugreifen. Ebenso wichtig war, daß mit diesem zunehmenden Umschlag von Menschen, Gütern und Geldern ein noch rascher wachsender Umschlag an Nachrichten und Ideen einherging. Publikationen wie Schultheß' *Geschichtskalender* ließen vor den Augen eines nationalen Publikums die Ereignisse eines jeden Jahres Revue passieren, und zugleich begannen einige wenige Tageszeitungen sich, namentlich von Berlin aus, an ein nationales Publikum zu wenden.[10]

Die Entwicklung, die die Verkehrs- und Nachrichtenverbindungen und andere landesweite Einrichtungen nahmen, war eingedenk des Bildes, das sie bis zur Jahrhundertmitte geboten hatten, ziemlich beeindruckend. Doch ist es wichtig, sich gleichwohl zu vergegenwärtigen, daß diese Fortschritte im Grunde nur den Alltag der wenigsten Deutschen veränderten. Tageszeitungen beispielsweise waren ein teurer Luxus und erreichten einen beschränkten Leserkreis – alle in Preußen erscheinenden liberalen Zeitungen zusammen brachten es in den 60er Jahren auf eine Auflage von einer Viertelmillion Exemplaren. Und was ebenso wichtig war, sie waren nach Inhalt und Aufmachung für die verhältnismäßig kleine Bildungsschicht bestimmt. Nur ganz wenige Deutsche waren in der Lage, weite Reisen zu unternehmen, noch wenigere, in unmittelbare Berührung mit den neuen Banken und Geschäftsunternehmen zu treten. Die Mitgliederzahlen der auf nationaler Ebene organisierten Vereinigungen bezeugten, eine wie dünne Schicht dieses landesweite Publikum nach wie vor bildete. So vermochte etwa der Kongreß Deutscher Volkswirte zwischen 1858 und 1865 bei keiner seiner Versammlungen mehr als 320 Teilnehmer zu mobilisieren, und üblicherweise bewegte sich die Teilnehmerzahl um die 200. Der Nationalverein konnte trotz intensiver organisatorischer Anstrengungen seine Mitgliederzahl lediglich auf einen Höchststand von 25000 im Jahr 1862 steigern, wonach aber wieder ein rascher Rückgang auf etwa 10000 Mitglieder Ende 1865 einsetzte. Viel mehr Zulauf hatten die Gesangs- und Turnvereine (mit landesweit ca. 60000 bzw. 170000 Mitgliedern Mitte der 60er Jahre), aber auch das entsprach nur einem Bruchteil der erwachsenen Bevölkerung.[11]

Man kann daher feststellen, daß, ungeachtet einiger bedeutsamer Fortschritte in Richtung auf eine nationale politische Kultur, Politik für die meisten Deutschen nach wie vor auf einige Fürstenstaaten, ja sogar eher noch auf die eigene Gemeinde oder Stadt mit der umliegenden Region konzentriert war. Da die institutionellen Fäden, welche die örtlichen und regionalen politischen Organe und Organisationen miteinander verknüpften, noch dünn waren, spiegelten sich in den Wertvorstellungen, Einstellungen und Verhaltensweisen der Liberalen nach wie vor die vielfältigen gesellschaftlichen, politischen und wirtschaftlichen Verschiedenheiten wider, die für Mitteleuropa so charakteristisch waren und die daher einen einigermaßen einheitlichen Erfahrungshorizont der dort lebenden Menschen nicht zuließen.

Einige der nach 1850 einsetzenden Entwicklungen waren in der Tat sogar geeignet, diese Verschiedenheiten noch zu verstärken. Die Ungleichmäßigkeit des gesellschaftlichen und wirtschaftlichen Fortschritts hatte zur Folge, daß etwa Liberale aus Baden und aus dem Rheinland – um zwei Regionen herauszugreifen, in denen die liberale Bewegung verhältnismäßig stark war – zwar nach 1850 die Möglichkeit hatten, leichter miteinander ins Gespräch zu kommen, doch waren ihre sozialen Verhältnisse im Vergleich zur ersten Jahrhunderthälfte vermutlich sehr viel unterschiedlicher. Auch Umfang und Art der demokratischen Mitbestimmung differierten weiterhin erheblich, je nach den institutionellen Voraussetzungen in den einzelnen Staaten. Es gab im Wahlrecht ebenso große Unterschiede wie in den Machtbefugnissen der parlamentarischen Institutionen, in der Einstellung der Regierungen zur liberalen Bewegung und im politischen Charakter der Konkurrenten und Gegner, mit denen die Liberalen sich jeweils auseinanderzusetzen hatten. Wie sich diese zählebigen Unterschiede des politischen Erfahrungshorizonts der Liberalen auswirkten, läßt sich durch einen Blick auf die politische Orientierung und das Verhalten liberaler Gruppierungen in den einzelnen Staaten verdeutlichen.

In Preußen war, im Zeichen des durch die Regentschaft des Kronprinzen Wilhelm geweckten allgemeinen Optimismus, die „Neue Ära" angebrochen. Ursprünglich versuchte eine ganze Reihe oppositioneller Gruppierungen, sowohl untereinander als auch mit der Regierung, zusammenzuarbeiten. So ließen sich etwa bei den Wahlen von 1858 einige linksliberale Politiker nicht als Kandidaten nominieren, weil sie diese einmal erreichte Eintracht nicht stören wollten. Im neuen Landtag schlossen sich dann die meisten Liberalen einer Fraktion an, die von Georg von Vincke, einem Mann vom äußersten rechten Flügel der Bewegung, angeführt wurde.[12] Allein, die mit der „Neuen Ära" verbundenen Hoffnungen verblaßten allmählich in dem Maß, wie die Beziehungen zwischen den Liberalen und der Regierung sich verschlechterten. Anfang 1861 war es soweit, daß ein Teil der liberalen Abgeordneten der äußerst gemäßigten Politik Vinckes die Gefolgschaft aufkündigte. Im Juni traten diese Männer dann aus seiner Fraktion aus und gründeten die Deutsche Fortschrittspartei. In den Augen Vinckes und seinesgleichen stellte diese neue Partei in Organisation und Programm das Prinzip der Gewissensfreiheit des einzelnen Abgeordneten auf bedrohliche Weise in Frage. Doch die Gründer der Fortschrittspartei waren der festen Überzeugung, die sich verschärfende Verfassungskrise mache sowohl eine straffere Organisation als auch ein klarer formuliertes Parteiprogramm erforderlich.[13] Wie die *Westfälische Zeitung* es 1861 formulierte: „Das Programm bedeutet die Sache, es... muß der Person vorangehen."[14] Obgleich die Gründung der Fortschrittspartei zur Klärung der politischen Meinungsfronten und zur Hebung des politischen Bewußtseinsniveaus beitrug, sollte man doch auch nicht übersehen, daß die Programmaussagen der Partei vage und unbestimmt blieben. Die meisten Formulierungen waren sehr allgemein gehalten und konnten unterschiedlich gedeutet werden. Über die heikle Frage des allgemeinen Wahlrechts – ein Punkt, über den die Meinungen in der Partei entschieden auseinandergingen

– äußerte das Programm sich mit keinem Wort. Es überrascht von daher nicht, daß es der *Kölner Zeitung* „zu sehr nach einem theoretischen Glaubensbekenntnis" aussah, mit dem die Wahlkandidaten „praktisch im einzelnen... sehr wenig" anfangen könnten.[15] In der Tat stellte das Programm zwar gegenüber den hochtrabenden Abstraktionen, die im Vormärz gang und gäbe gewesen waren, einen Fortschritt dar, war jedoch auch noch geprägt von der fortbestehenden Neigung der Liberalen, internen Konflikten durch die Flucht in die ebenso feierliche wie unverbindliche rhetorische Beschwörung geistiger Harmonie und Übereinstimmung auszuweichen.[16]

In Baden kam es in der Frage einer Zusammenarbeit mit der Regierung, die in Preußen durch den Verfassungskonflikt eine so brisante Bedeutung gewann, gar nicht erst zum Streit. Baden erfreute sich einer kräftigen liberalen Tradition, eines verhältnismäßig milden politischen und gesellschaftlichen Klimas und eines fortschrittlich denkenden Fürsten. Im Zusammenwirken aller dieser Faktoren ergab sich ein Jahrzehnt fruchtbarer Zusammenarbeit zwischen der liberalen Bewegung und der Regierung, und so wurde hier aus den Liberalen eine sogenannte Regierungspartei.[17] Dies verhinderte freilich nicht, daß sich auch in den Reihen der badischen Liberalen an einer Anzahl umstrittener Fragen die Geister schieden. Sollte Baden für einen deutschen Einheitsstaat unter preußischer Führung eintreten? Wie weit sollte die Demokratisierung im eigenen Staat gehen? Wie weit sollte die Regierung mit ihren Kampfmaßnahmen gegen die katholische Kirche gehen? Sollte Baden sich für eine Politik der wirtschaftlichen Freiheit oder für einen maßvollen Protektionismus entscheiden? In dem Versuch, eine Verhärtung der in dieser Frage zutage tretenden Differenzen zu festgefahrenen Gegensätzen zu verhindern, verzichteten die Liberalen zunächst auf jede verbindliche Programmaussage zu diesen Punkten. Als 1863 zum erstenmal nach 1848 wieder eine Zusammenkunft von Liberalen aus ganz Baden stattfand, sorgten die Regisseure der Veranstaltung dafür, daß über Vorschläge und Anträge zur organisatorischen Straffung und zur programmatischen Präzisierung nicht debattiert wurde. „Dieser Geist [der Reform] ist unser Programm", erklärte Johann Bluntschli in einer Rede, die ganz im Sinne der alten liberalen Angewohnheit gehalten war, die grundsätzliche geistige Einigkeit hervorzuheben, wenn sich konkrete Meinungsverschiedenheiten abzeichneten. Zwei Jahre später sahen sich die badischen Liberalen, als die Spannungen zwischen ihnen und der Regierung zunahmen und ihre katholischen Widersacher zu einer mächtigen Gegenoffensive antraten, dann doch gezwungen, sich um ein tragfähigeres organisatorisches Fundament für ihre politische Aktivität zu bemühen.[18] Doch auch für die badische Fortschrittspartei gilt, wie für ihr preußisches Gegenstück, daß sie ihre Meinungsverschiedenheiten im Inneren mit einem ziemlich allgemein gehaltenen Programm zu übertünchen suchte, das zu den Fragen, bei denen man fürchtete, keine Einigkeit zu erzielen, einfach schwieg.

Auch in den meisten anderen Mittelstaaten organisierten sich die Liberalen in den 60er Jahren zu Fortschrittsparteien. Wie in Baden und Preußen, bemühten sich diese Parteien auch anderswo, ein möglichst breites Spektrum von Anhängern dadurch zu mobilisieren, daß sie konkrete politische Festlegungen vermieden, die geeignet schienen, die Linke oder die Rechte zu verprellen. In Bayern wirkte sich eine reaktionäre Unterdrückungspolitik der Regierung förderlich auf den liberalen Zusammenhalt aus.[19] In Hannover sammelten Führungsfiguren wie Rudolf von Bennigsen und Johannes Miquel das liberale Lager hinter einem allgemeinen Programm, das auf den Nationalverein ausgerichtet war.[20] In Hessen schmiedete der Konflikt mit der Regierung über religiöse Fragen die Liberalen bis zur Mitte der 60er Jahre zusammen; dann jedoch löste sich der rechte Flügel der Bewegung von der Fortschrittspartei.[21] In Teilen Hessens und Bayerns und ebenso auch in Staaten wie Sachsen und Württemberg sah sich die liberale Bewegung auch einer Herausforderung von links her gegenüber. Diese Herausforderung war dort am nachdrücklichsten, wo mehrere verschiedene Gegensätze zusammenkamen und in dieselbe Richtung wirkten, d. h. wo Differenzen über nationale und ethnische, weltanschauliche und sozio-ökonomische Fragen sich in tendenziell gleichartigen politischen Frontverläufen niederschlugen. Das beste Beispiel hierfür bietet Württemberg, wo eine gegen die Liberalen auftretende demokratische Gruppierung all jene um sich scharte, die den Liberalen ihre preußische Orientierung, ihre politische Mäßigung und ihre Bindungen an freihändlerische Wirtschaftsinteressen verübelten. Doch war auch in Württemberg die Abgrenzung zwischen Gemäßigten und Radikalen gewöhnlich alles andere als scharf: Männer beider Flügel betätigten sich anfänglich im Nationalverein und taten sich auch später noch zu gemeinsamer Opposition gegen bestimmte Regierungsvorhaben zusammen. Zur Bildung einer eigenen Volkspartei-Fraktion im württembergischen Landtag kam es erst 1868.[22]

Wenn man die Binnenstruktur und die programmatischen Aussagen der liberalen Bewegung während der „Neuen Ära" mit den entsprechenden Parametern vergleicht, wie sie sich in der ersten Jahrhunderthälfte präsentierten, wird deutlich, daß ein gewisser Klärungsprozeß stattgefunden hatte. Zu Beginn der 60er Jahre war bei den meisten Liberalen die Erkenntnis gereift, daß sich hinter jener gemeinsamen „Gesinnung", die Ferdinand Falkson vor 1848 gefeiert hatte, so manche gewichtigen Differenzen sowohl hinsichtlich der Ziele als auch der Mittel des politischen Handelns verbargen. Allerdings war dieser Klärungsprozeß innerhalb der liberalen Bewegungen der einzelnen Regionen und Staaten unterschiedlich weit fortgeschritten, und das gleiche galt natürlich auch für die organisatorischen und programmatischen Konsequenzen, die sich aus ihm ergaben. Wie nicht anders zu erwarten, bildeten sich die klarsten gegensätzlichen Positionen an den „Flügelspitzen" der Bewegung heraus. Der äußerste rechte Flügel der alten Vormärz-Opposition, der schon im Sommer 1848 auf den Kurs der Regierung eingeschwenkt war, neigte dazu, sich von den politisch aggressiveren Elementen innerhalb der Bewegung abzusetzen und für Kompromisse mit dem Staat um fast jeden Preis einzutreten. Repräsentanten dieser Richtung waren die Gefolgsleute Vinckes in Preußen, die „Altliberalen" in Hessen und ähnlich gesinnte Kräfte in den anderen Staaten. Mancherorts war eine ähnliche Abspaltungstendenz am linken Flügel zu beobachten, die ebenfalls in der Regel auf Risse zurückging, die sich während der Revolution aufgetan hatten. In den frühen 60er Jahren war die Entwicklung in vielen Mittelstaaten so weit gediehen, daß die demokratischen Kräfte dort eine Zusammenarbeit mit staatlichen Institutionen ablehnten und ihre Hoffnungen auf eine spontane Volksbewegung richteten.[23] Sobald wir uns jedoch von den rechten und linken Randgruppen ab- und der Mitte zuwenden, stoßen wir auf die gleiche Unentschiedenheit und Vielfalt der Auffassungen, durch welche die Bewegung sich vor 1848 ausgezeichnet hatte.

Der zumindest teilweise in Gang gekommene Klärungsprozeß spiegelte sich in dem neuen Verständnis wider, das die Liberalen von sich selbst und ihrer Bewegung gewannen. Anders als Rudolf Haym in seiner vorrevolutionären Studie über den Vereinigten Landtag, sonderte E. Schmidt-Weißenfels in seinem Buch über den Preußischen Landtag von 1862 die Liberalen in mehrere Kategorien und verwandte einige Mühe auf den Versuch, die Unterschiede zwischen ihnen herauszuarbeiten.[24] Ein Vergleich zwischen der ersten und der dritten Auflage des *Staatslexikons* läßt erkennen, daß sich auch dessen Autoren der Parteiungen innerhalb der liberalen Bewegung bewußt waren. Hatte der Artikel über die „Bewegungspartei" in der ersten Ausgabe das Schwergewicht noch auf die simple Unterscheidung zwischen Liberalen und Reaktionären gelegt, so hielt man es in den 50er Jahren bereits für erforderlich, auf unterschiedliche Gruppierungen innerhalb der „Bewegungspartei" hinzuweisen und die Notwendigkeit ihrer Aussöhnung zu betonen.[25] Auch in der 1860 herausgekommenen vierten Auflage von Pierers *Universal-Lexikon* findet sich die Feststellung, die Liberalen ließen sich nicht mehr als Angehörige einer einheitlichen Bewegung betrachten.[26] In den meisten derartigen Bekundungen wurden gleichwohl weiterhin sowohl das Ausmaß als auch die Dauerhaftigkeit der innerparteilichen Meinungsverschiedenheiten unterschätzt. Schmidt-Weißenfels beispielsweise bewies eine im Vergleich zu Haym beachtlich gereifte Einsicht, und doch blieb sein Verständnis der realen Gegebenheiten innerhalb des preußischen Liberalismus höchst unvollständig. Er operierte, wie Haym, innerhalb eines biographischen Interpretationsrahmens und hob die Vorstellungen und die Persönlichkeit einiger weniger namhafter Parlamentarier hervor. Es scheint ferner, daß er der Überzeugung war, viele der internen Meinungsverschiedenheiten im liberalen Lager seien bloß zeitweiliger Natur und beruhten weniger auf unterschiedlichen Zielvorstellungen als vielmehr auf Differenzen über die richtige Taktik.[27] In ähnlichem Sinne äußerte sich 1862 auch Hermann Baumgarten, der die Auseinandersetzungen zwischen den verschiedenen Gruppen innerhalb des preußischen Liberalismus für eine spezifisch berlinische Erscheinung hielt, die für das übrige Deutschland nur von geringem Belang sei. Andere betrachteten die Fortschrittspartei lediglich als eine Fraktion innerhalb einer größeren „liberalen Partei".[28]

Nicht gewillt oder nicht fähig, sich der Tatsache ihrer eigenen Gespaltenheit zu stellen, vertraten viele Liberale die Überzeugung, die tragenden Elemente der Vormärz-Opposition seien, mit einigen geringen Reibungsverlusten am äußersten linken und rechten Rand, nach wie vor in einer übergeordneten Gesamtbewegung vereint und würden es auch bleiben. So sah beispielsweise ein bayerischer Liberaler ausgerechnet in der Gründung von Fortschrittsparteien in den einzelnen Staaten „ein kräftiges Zeugnis für die Gleichartigkeit der inneren Entwicklung; gleiche Anschauungen, gleiche Bedürfnisse sind lebendig im Süden und Norden des großen Vaterlandes..."[29] Die Aktivität des Nationalvereins beruhte auf einer ähnlichen Erwartung: daß die Liberalen zu einer Zusammenarbeit auf nationaler Ebene finden könnten; der Verein suchte seine Klientel ausdrücklich in den Reihen der „demokratischen und konstitutionellen Parteien".[30] Solange das nationale politische Leben auf schwachen institutionellen Beinen stand, konnten die Liberalen sich dem zweifelhaften Genuß dieser noch nicht der Probe aufs Exempel unterzogenen Hoffnungen hingeben, doch als dann vor dem Hintergrund der 1866 und 1871 geschaffenen nationalen Institutionen die unausgetragenen Gegensätze innerhalb der liberalen Bewegung allmählich zum Vorschein kamen, mußten sie für ihre Illusionen ein beträchtliches Lehrgeld zahlen.

Wir haben uns bis jetzt mit den »horizontalen« Beziehungen im liberalen Lager befaßt, d.h. mit den Versuchen, ein landesweites Netz von Institutionen zu schaffen und die internen Gegensätze im Griff zu behalten. In beiderlei Hinsicht brachte die „Neue Ära" einige bedeutsame Erfolge, ungeachtet derer jedoch die Errungenschaften der Liberalen in einigen wesentlichen Punkten unbefriedigend blieben. Das gleiche Bild von gewissen Teilerfolgen und allmählichen Fortschritten bietet sich, wenn wir uns den „vertikalen" Beziehungen innerhalb des Liberalismus zuwenden, d.h. den Versuchen der Liberalen, eine feste Verankerung für ihre Bewegung im deutschen Volk zu finden.

Unter dem Eindruck des Scheiterns des Liberalismus in der deutschen Revolution hatten einige Männer der Bewegung den Nutzen einer stärkeren institutionellen Absicherung politischer Aktivitäten erkannt. Als sich gegen Ende der 50er Jahre wieder politische Aktivitäten zu regen begannen, traten einige Liberale für die Organisierung von Wahlkämpfen ein, in denen sie das geeignetste Mittel zur Verkündung der Botschaft des Liberalismus und zur Schaffung einer Volksbewegung unter liberalen Vorzeichen sahen. Joseph Held schrieb 1864, ein öffentliches politisches Leben sei geeignet, den Deutschen ein „edle(s) Selbstgefühl" zu vermitteln, und im Verlauf eines Wahlkampfes, „wunderbar gefördert von den reichen und bequemen Communicationsmitteln unserer Zeit", könnten „zahlreiche Bekanntschaften, Versammlungen, Verbrüderungen der Staatsangehörigen" zustande kommen.[31]

Die „Neue Ära" war gekennzeichnet durch eine Reihe von Bemühungen, aus diesen Einsichten auch praktische Folgerungen zu ziehen. So war etwa die Gründung des Nationalvereins durchaus ein Reflex des Wunsches seiner Initiatoren, ein stabiles institutionelles Fundament für liberales politisches Handeln zu gewinnen. Es wurden Mitgliederbeiträge eingehoben, und zu den Vereinsversammlungen erhielt nur Zutritt, wer sich als Mitglied einschrieb. In ganz Deutschland wurden Ortsverbände ins Leben gerufen, die im lokalen Rahmen um einen breiten Rückhalt für den Verein werben sollten. Man stellte sogar ein kleines Team von Berufsfunktionären an, deren Aufgabe es war, die Aktivitäten der einzelnen Gliederungen des Vereins zu koordinieren. Allein, auch im Nationalverein lebten die eingewurzelten liberalen Gewohnheiten der Vormärzzeit wieder auf. Seine Jahresversammlungen atmeten genau jene gesellige Atmosphäre und jene gesellschaftliche Schmalspurigkeit, durch die sich schon die quasi-politischen Vereinigungen hervorgetan hatten, die in den Jahren unmittelbar vor der Revolution in immer rascherer Folge zu ihren Sitzungen und Palavern zusammengetreten waren.[32] Gewiß, die eine oder andere örtliche Gliederung des Vereins versuchte tatsächlich, sich mit politischer Agitation an die breite Bevölkerung zu wenden, andere jedoch verstanden sich nach wie vor als „Bildungsvereine" ganz im Sinne der traditionellen Gleichsetzung von Politik und (politischer und allgemeiner) Bildung.[33]

Eine ähnliche Mischung aus neuen Anläufen und alten Gewohnheiten finden wir bei der Preußischen Fortschrittspartei. Sie verdankte ihre Gründung der Einsicht einer Reihe preußischer Liberaler in die Notwendigkeit einer radikal anderen Art der politischen Organisation. Die Parteiführer riefen einen zentralen Wahlausschuß mit Sitz in Berlin ins Leben, dem die Aufgabe zugewiesen wurde, den örtlichen Gliederungen mit Rat und Tat behilflich zu sein und ihre Aktivitäten abzustimmen. Wie das Programm der Partei, so war auch ihr organisatorischer Apparat elastisch genug, um Leute mit sehr unterschiedlichen Auffassungen integrieren zu können. Einige der Fortschrittspartei angeschlossene Gruppen, wie der Verein deutscher Handwerker und der Volkstümliche Verein, bekannten sich zu demokratischen Grundsätzen und betrieben eine verhältnismäßig intensive politische Agitation. In vielen Regionen überwogen freilich nach wie vor die nur lose oder überhaupt nicht formell organisierten Gruppierungen, und die Politik blieb die Domäne einer kleinen Gruppe von Honoratioren. In diesen Regionen und in sehr vielen Bereichen außerhalb Preußens schlug sich die Gründung einer Fortschrittspartei zwar in einer Veränderung der Konstellation innerhalb der Parlamente nieder, hatte jedoch nur geringe Auswirkungen auf die institutionelle Seite der lokalen politischen Wirklichkeit.[34]

Daß die liberale Politik auf einem unterschiedlich tragfähigen, an vielen Stellen ziemlich dünnen Unterbau ruhte, war zum Teil eine Folge der anhaltenden politischen Unterdrückung liberaler und demokratischer Bestrebungen in den 50er und 60er Jahren. Obgleich der Staat die politische Aktivität der Bürger weit weniger streng beaufsichtigte und einschränkte als vor 1848, litt die öffentliche politische Aktivität mancherorts nach wie vor unter den Eingriffen der Polizei und der Zensur. Auf örtlicher Ebene konnte es vorkommen, daß ein mächtiger Großgrundbesitzer oder ein anderer Repräsentant der traditionellen Führungsschicht die Bevölkerung mit massivem Druck dazu brachte, in politischer Abstinenz zu verharren. Von ebenso großer Bedeutung war, daß die gesetzlichen Voraussetzungen für eine Mobilisierung der breiten Bevölkerung zu demokratischer Teilhabe weiterhin fehlten. In den meisten Staaten schloß ein restriktives Wahlrecht große Teile der Bevölkerung von der Wahlteilnahme aus. Ferner war durch indirekte Wahlmodi dafür gesorgt, daß die Masse der Wähler von der endgültigen Bestimmung ihrer Repräsentanten ausgeschlossen blieb und der

Einfluß jener zumeist der örtlichen Prominenz angehörigen Wahlmänner überwog, die in der Wahl das letzte Wort hatten.[35] Dazu kamen dann noch die relativ geringe Leistungsfähigkeit des Verkehrs- und Nachrichtenwesens, die Zählebigkeit traditioneller Wertvorstellungen und das Überdauern gewisser serviler Einstellungen gegenüber gesellschaftlich Höhergestellten, und alle diese Faktoren zusammen bildeten eine nicht zu unterschätzende Mauer der Ignoranz und Apathie zwischen der breiten Masse der Bevölkerung und den Mechanismen der politischen Mitbestimmung.

Für die meisten deutschen Staaten stehen uns keine verläßlichen Zahlen über das Maß der Wahlbeteiligung zur Verfügung, aber die Daten für Preußen, wie sie in Tabelle 7.2 aufgeführt sind, bieten ein aufschlußreiches Exempel dafür, wie diese

Tabelle 7.2
Wahlbeteiligung bei den preußischen Landtagswahlen 1855-63
(in % der Wahlberechtigten)

Jahr	Wählerklasse			
	I.	II.	III.	Gesamt
1855	39,6	27,2	12,7	16,1
1858	50,2	37,1	18,5	22,6
1861	55,8	42,4	23,0	27,2
1862	61,0	48,0	30,5	34,3
1863	57,0	44,0	27,3	30,9

QUELLE: Hess, *Parlament* (1964, S. 23).

praktischen und sozialpsychologischen Hemmnisse, die sich einer aktiven politischen Mitwirkung entgegenstellten, im Wählerverhalten niederschlugen. Bei der Interpretation dieser Zahlen sollte man sich die Tatsache vergegenwärtigen, daß die Wahlen der frühen 60er Jahre in einer Krisenatmosphäre stattfanden und von einer nach Auffassung mancher Zeitgenossen massiven politischen Stimmungsmache begleitet waren.

Man kann aus diesen Daten, wenn man will, eine Erklärung dafür herauslesen, weshalb viele Liberale es sich leisten konnten, die von manchen erhobene Forderung nach weitgehenden organisatorischen Reformen innerhalb der Bewegung zu ignorieren. In vielen Teilen Deutschlands führte die geringe Wahlbeteiligung der einfachen Bevölkerung (Klasse III) dazu, daß die Liberalen auch ohne eine Mobilisierung der Massen Wahlen gewinnen konnten. Andersherum gelesen, bezeugen die Zahlen, in welch geringem Maße es der Bewegung gelang, die Masse der Bevölkerung in den Kampf um eine liberale Zukunft einzubeziehen. Wenn man ergründen will, weshalb dies nicht gelang, muß man sich Klarheit darüber verschaffen, welchen Begriff die Liberalen sich vom politischen Handeln und vom Wesen des Volkes selbst machten.

Für eine ganze Reihe von Männern, die während der „Neuen Ära" eine einflußreiche Rolle in der liberalen Bewegung spielten, bestand das eigentliche

Ziel des politischen Handelns nach wie vor in der Verbreitung aufklärerischen Gedankenguts im Volk. Dies war der Tenor der Feststellungen, die Karl Biedermann in der zu Anfang der 60er Jahre erschienenen Ausgabe des *Staatslexikons* zu diesem Thema traf:

Nicht Einzelne, auch nicht künstlich geschaffene Coterien mit ihren ebenso künstlichen Einflüssen, sondern einzig und allein die nachhaltige, unwiderstehliche Macht der Ideen ist es, die eine starke, einflußreiche öffentliche Meinung erzeugt und ihre ... Richtung bestimmt. Darum, wer einen Einfluß auf die öffentliche Meinung gewinnen, wer durch sie einen Einfluß üben will, der begebe sich in den Dienst der Idee; je größer, je freier, je naturgemäßer und gesünder die Idee ist, der er dient, um so größer, um so sicherer, um so nachhaltiger wird sein Einfluß auf die öffentliche Meinung und durch diese auf das öffentliche Leben sowie auf den Culturfortschritt seiner Zeit und vielleicht auch noch künftiger Zeiten sein.[36]

Der weiterhin beherrschende Einfluß der Bildungselite auf die liberale Politik, die anhaltende Beliebtheit der Bildungsvereine, der gelehrte Ton und Gehalt vieler liberaler Veröffentlichungen, all dies zeigte, daß Biedermann, wenn er jene alte Vormärz-Überzeugung, derzufolge die Politik sich inhaltlich auf eine geistige und praktisch auf eine erzieherische Aufgabe reduziere, von neuem bekräftigte, einem Teil der Bewegung durchaus aus dem Herzen sprach. Selbst manche von denen, die die Schwächen dieser Auffassung sahen, hielten im Prinzip an der Vorstellung fest, daß die Idee die bewegende Kraft hinter dem politischen Handeln sei. L. A. von Rochau wußte sehr wohl, daß bestimmte Ideen nicht wegen der ihnen innewohnenden „Größe" oder „Gesundheit" triumphieren; das hinderte ihn jedoch nicht, daran zu glauben, daß „eine Idee, welche, gleichviel ob richtig oder unrichtig, ein ganzes Volk oder Zeitalter erfüllt, die realste aller politischen Mächte" sei.[37] In dieser wie in vielen anderen Beziehungen war der Schöpfer des Begriffs „Realpolitik" ein Mann seiner Zeit, nicht weil sein Denken einen radikalen Bruch mit der Vergangenheit markiert hätte, sondern weil es auf typische Weise alte Denkmuster mit dem Versuch verband, die neuen Kräfte zu begreifen, die sich in der Gesellschaft regten.

Ein Grund dafür, daß diese Neigung zur „Vergeistigung" der Politik weiterbestand, lag in der nach wie vor bestehenden Abneigung vieler Liberaler gegen die verbindlichen Verpflichtungen, die die Mitgliedschaft in einer politischen Organisation mit sich brachte. Wir haben bereits gesehen, mit welcher Begründung ein Rechtsliberaler wie Georg von Vincke sich weigerte, seine „Unabhängigkeit" dadurch aufzugeben, daß er ein bestimmtes Parteiprogramm unterstützte. Vincke war stolz darauf, daß er sich zeit seines Lebens nie aus eigenen Stücken um ein Wählermandat bemühte oder in irgendeiner Form mit seinen Wählern kommunizierte.[38] Ein Quentchen von dieser Abneigung gegen organisiertes politisches Handeln findet sich auch noch bei denen, die viel entschiedener als Vincke politische Opposition betrieben. Karl Twesten beispielsweise erklärte 1859: „Wir haben genug von Phrasen", und forderte eine Festlegung auf konkrete Ziele. Gleichwohl weigerte sich derselbe Twesten vier Jahre später, sich einer liberalen Fraktion im Preußischen Landtag anzuschließen, da er, wie er an einen Freund schrieb, keine großen Nachteile darin sehe, auf sich allein gestellt zu sein. Manche von denen, die in eine Partei eintraten, taten es mit Bedenken und gemischten Gefühlen. Friedrich Hammacher bekleidete lange Jahre öffentliche Ämter in der Kommunal- und Regionalverwaltung und genoß diese Tätigkeit sehr; die Aktivitäten in und mit der Partei hingegen fand er langweilig und lästig. Georg von Bunsen vertrat in dieser Hinsicht eine noch dezidiertere Meinung. „Das Fraktionswesen wie der ganze studentenhafte Ton der Mehrzahl", schrieb er 1862, „das unbeschränkte Schwatzen über Formalien und Parteifragen... sind mir durchaus antipathisch."[39]

In der Beziehung zu ihren Wählern blieben viele Liberale den durch persönliche Bekanntschaft und informelle Kontakte geprägten Formen des politischen Umgangs treu, wie sie für den Vormärz typisch gewesen waren. Man vergegenwärtige sich etwa die Worte, mit denen Eduard von Simson aus Anlaß seiner Wahlniederlage gegen Schulze-Delitzsch im Jahr 1861 einer zu Ende gehenden politischen Ära nachtrauerte. „Auch habe ich den Königsberger Ausgang – gegenüber dem fremden Menschen, den schwerlich ein Viertel der Wahlmänner jemals auch nur gesehen haben mag – als eine persönliche Kränkung empfunden..."[40] Simson glaubte, die Stellung, die er als örtlicher Würdenträger mit tiefverwurzelten persönlichen Bindungen an das Gemeinwesen einnahm, hätte für die Wähler schwerer wiegen müssen als die forschere liberale Position Schulzes. Mit einer Politik, wie Simson sie verstand und praktizierte, war in Städten wie Königsberg nicht mehr viel zu gewinnen, aber es gab auch noch Orte, wo Liberale ein politisches Mandat eher als Lohn für das Ansehen, das der einzelne in der Gemeinde genoß, denn als Resultat politischer Agitation betrachten konnten. Als Leopold Freiherr von Hoverbeck 1858 seine politische Laufbahn antrat, schrieb ihm sein Vater: „Daß Du nicht um Stimmen geworben, wußte ich im voraus, ohne Deine Versicherung, weil Du mein Sohn bist..."[41]

Die Debatten der Liberalen über die Frage, ob sie sich in einer Partei organisieren und aktive Wahlwerbung betreiben sollten oder nicht, waren ein Reflex ihrer Ungewißheit über die adäquate Rolle des Volkes im politischen Leben. Diese Ungewißheit trat bezeichnenderweise in dem Augenblick zutage, da die Liberalen sich mit dem Problem der Wahlrechtsreform auseinanderzusetzen hatten. Wie in der ersten Jahrhunderthälfte, so zwang auch jetzt wieder die Frage, wer wahlberechtigt sein sollte, die Liberalen zu einer Bestandsaufnahme ihrer Vorstellungen vom „wirklichen" Volk einerseits und den empirischen Eigenschaften der Bevölkerung der deutschen Staaten andererseits.[42] Auf dem linken Flügel der Bewegung gab es die ganze „Neue Ära" hindurch Männer, die uneingeschränkt für ein demokratisches Wahlrecht eintraten. Schulze-Delitzsch beschwor die Preußische Fortschrittspartei, sich im Rahmen der Bemühungen um eine breite Unterstützung für die liberale Sache diese Position zu eigen zu machen. Die Liberalen könnten, so versicherte Schulze seinen Gesinnungsfreunden, von der Demokratie nur profitieren, da die Wähler weiterhin wohlhabende und gebildete Männer zu ihren Vertretern wählen würden. Theodor Welcker pflichtete dieser Auffassung bei. In der dritten Ausgabe des *Staatslexikons* unterzog er den ursprünglich von Rotteck stammenden Artikel über das Wahlrecht einer Revision; er verzichtete auf die Argumente, die Rotteck zugunsten von Wahlrechtsbeschränkungen angeführt hatte, und schlug als eine Art Ersatz dafür eine erhebliche Heraufsetzung des Wahlmündigkeitsalters (auf 30 oder 32 Jahre) vor. Wie Schulze, scheint auch Welcker es für sehr unwahrscheinlich gehalten zu haben, daß die Unterschichtwähler einen der ihren zu ihrem Abgeordneten bestimmen würden.[43] Viele andere Liberale waren sich dessen allerdings nicht so sicher. Waldeck, einer der Wortführer der preußischen Linksliberalen, zeigte sich 1864 angesichts der agitatorischen Aktivitäten (und Erfolge) Lassalles so erschreckt, daß er erklärte, es sei „momentan offenkundig nicht der richtige Zeitpunkt", um für eine Demokratisierung des Wahlrechts zu kämpfen.[44] Andere Liberale zogen sowohl die lang- als auch die kurzfristigen Vorzüge eines demokratischen Wahlrechts in Zweifel. J. C. Bluntschli erklärte in seinem *Staatswörterbuch*: „Das beliebte arithmetische System des gleichen Stimmrechts aller in gleichen Wahlkreisen entspricht sicher nicht dem Ideal einer vollkommenen Repräsentation." Ein paar Jahre vorher hatte er dem König von Bayern in einer Denkschrift ein Wahlsystem vorgeschlagen, das eine Vertretung der unteren Klassen durch sogenannte Arbeiterobleute anstatt durch Männer ihrer eigenen Wahl vorsah.[45] Heinrich von Sybel glaubte, die Demokratie widerspreche geradezu der Bestimmung des Staates; er sah nichts Vorteilhaftes in einer Reform, nach der „ohne weiteres der Ungebildete, Uneinsichtige, Unsittliche ebenso großen Antheil an der Staatsgewalt hätte wie der verständige, tüchtige und patriotische Mann".[46] Indes, wie in der Vormärzzeit, bereitete es den Gegnern einer Demokratisierung auch jetzt großes Kopfzerbrechen, sich über die genaue Gestalt der beizubehaltenden Einschränkungen einig zu werden. Ein Klassenwahlrecht, wie es in Preußen praktiziert wurde, ein Vermögenszensus, die alte Vorstellung von der „Selbständigkeit" als Voraussetzung für die Stimmberechtigung – alle diese Konzepte fanden nach wie vor Anhänger. Differenzen über die tatsächliche Zusammensetzung der Wählerschaft schufen, im Zusammenwirken mit taktischen Erwägungen und mit Rücksichten auf die Forderungen vom linken Flügel der Bewegung, bei vielen Liberalen einen Widerwillen gegen eine klare programmatische Festlegung in der Wahlrechtsfrage. Die Folge war jene stammelnde Unbestimmtheit, die man in vielen ihrer öffentlichen Stellungnahmen zu dieser Frage findet.[47]

Obgleich die meisten Liberalen davor zurückscheuten, sich auf einen bestimmten Modus eines eingeschränkten Wahlrechts festzulegen, bestand innerhalb der Bewegung eindeutig eine Tendenz, den elitären Charakter des liberalen Bewußtseins als ein politisch aufgeklärtes zu betonen. Man kann dies am Verhältnis der Liberalen zum Begriff der „öffentlichen Meinung" ablesen, der immer schon eine zentrale Kategorie ihres politischen Denkens gewesen war. In der Zeit des Vormärz definierten liberale Denker diesen Begriff gewöhnlich in einem normativen Sinn als jenes in einer Nation vorhandene Arsenal an aufgeklärtem Gedankengut, das, mehr oder weniger *per definitionem*, die öffentliche Selbstdarstellung der liberalen Bewegung verkörperte. Im Verlauf der 50er Jahre wurde diese Formulierung jedoch mehr und mehr durch eine bescheidenere Definition ersetzt. Einige Liberale begannen sich Gedanken über die Möglichkeit einer fehlgeleiteten öffentlichen Meinung zu machen. Bluntschli schrieb 1862: „Die öffentliche Meinung kann von momentanen Leidenschaften der Menge getrübt werden... Ein einziges bedeutendes Individuum kann richtig sehen, wo alle Welt rings umher falsch sieht."[48] Andere betonten den notwendigerweise elitären Charakter des aufgeklärten Denkens. Der Verfasser eines Artikel in den *Grenzboten* gebrauchte den Begriff in hergebrachter Weise als moralische Kategorie, wies jedoch darauf hin, daß die aufgeklärte öffentliche Meinung niemals etwas anderes sei als „das Urteil der hunderttausend Gebildeten". In die gleiche Kerbe hieb Karl Biedermann, als er deutlich machte, daß politische Organisationen nicht nach ihrer quantitativen Stärke bewertet werden sollten, sondern „nach dem Grade der Bildung und Reife des politischen Urteils, das in ihnen repräsentiert ist".[49]

Diese Meinungsverschiedenheiten innerhalb der liberalen Bewegung in den Fragen der politischen Organisationsform, des Wahlrechts und der Verläßlichkeit der öffentlichen Meinung rührten aus ihrer nach wie vor bestehenden Unsicherheit über die Eigenschaften des „Volkes" her. War das Volk auf dem Weg zu mehr „Selbständigkeit", Wohlstand und weltanschaulicher Stabilität? Manche Liberale schienen dies zu glauben, und sie konnten die Wahlerfolge der Bewegung als triftige Indizien für diese ihre Überzeugung vorweisen.[50] Es gab innerhalb der Bewegung auch andere, die sich durchaus nicht sicher waren, daß es sich so verhielt. In ihren Augen hatte die Revolution „den Wankelmut und die Unzuverlässigkeit der Massen" demonstriert.[51] Sie erkannten darüber hinaus, daß unterhalb der dünnen Schicht der politisch aktiven und zu liberalen Anschauungen neigenden Wähler eine politisch unentschiedene Masse angesiedelt war, welche die Mehrheit der Nation bildete. Diese Männer sahen im „Volk" immer mehr den „rohen, ungebildeten Mob, den Pöbel", wie die Volksmassen in der 10. Auflage des *Brockhaus-Lexikons* charakterisiert wurden.[52] Somit zeichnete sich der Standpunkt der Liberalen zu den zentralen Fragen des politischen Denkens und Handelns auch in der „Neuen Ära" durch Ambivalenz und durch ein komplexes Nebeneinander von Fortschrittsglauben und Angst vor den Implikationen des Fortschritts aus. Die Gründe dafür lagen in den nach wie vor bestehenden Zweifeln und Bedenken hinsichtlich der Übereinstimmungen und Unterschiede zwischen dem „wirklichen Volk", wie es in der Vorstellung der aufgeklärten und liberalen Bürger existierte, und der Masse des deutschen Volkes in seiner empirischen Wirklichkeit.

Die Erfahrungen der „Neuen Ära" und die Erinnerungen an die Revolution wirkten auf unterschiedliche Weise auf die Männer ein, die in den späten 50er und frühen 60er Jahren die Gestalt und die Richtung der liberalen Bewegung zu prägen suchten. Einige von ihnen bemühten sich um den Aufbau nationaler Organisationen, um eine klare gegenseitige Abgrenzung der unterschiedlichen Strömungen innerhalb des Liberalismus und um mehr Verständnis für liberale Anschauungen beim „Volk". Und diese Bemühungen blieben nicht ohne Erfolg. Die Liberalen

Die Suche nach einem liberalen Volk 129

erzielten in der Tat Fortschritte im Aufbau eines schlagkräftigen Systems nationaler Institutionen, im Hinblick auf eine Klärung ihrer internen Differenzen und in der Schaffung einer breiteren demokratischen Organisationsbasis. Gleichwohl muß man bei jedem abschließenden Urteil über die Suche nach einem liberalen Volk im Zeitraum zwischen der Revolution und der Reichsgründung auch die Probleme ansprechen, denen die Liberalen sich nach wie vor gegenübersahen. Der Liberalismus war 1866 noch weit davon entfernt, jene nationale, bindende und volkstümliche Bewegung zu sein, als die er sich in seiner rhetorischen Selbstdarstellung so oft präsentierte. Es gab hierfür viele Gründe, aber keinen, der schwerer wog als die aus dem Vormärz überkommenen Hemmungen und Beschränkungen. Die Macht, mit der dieses Vermächtnis nachwirkte, rührte nicht nur aus der beharrlichen Kontinuität der äußeren Bedingungen her, unter denen die liberale Bewegung sich entwickelte, sondern auch aus der Art und Weise, wie dieses Vermächtnis in den Köpfen der Liberalen selbst weiterwirkte, wie es ihre politischen und sozialen Anschauungen formte.

8. Die Suche nach einem liberalen Staat

> So wird denn aller Voraussicht nach die Zukunft des deutschen Konstitutionalismus keine andere sein, als seine Vergangenheit gewesen ist.
> L. A. von Rochau (1853)[1]

Die Suche nach einem liberalen Staat ging nach 1850 Hand in Hand mit jener nach einem liberalen Volk. Wie im Vormärz hingen die Wertmaßstäbe und Erwartungen, die weltanschaulichen und taktischen Grundsätze der Liberalen von ihrer Einschätzung ab, die sie diesen beiden wichtigen Elementen in der politischen Gleichung gaben. Auf der äußersten rechten Seite der Bewegung gab es viele, die sich aus Angst vor den Massen eindeutig zum Prinzip eines starken Staates bekannten. Auch Friedrich Dahlmann gehörte zu denen, die aus den Erfahrungen der Revolution diese Lehre abgeleitet hatten, eine Lehre, die sich in seinem Fall mit den Auffassungen deckte, die er schon vor 1848 vertreten hatte: „...und auch der Theoretiker der Freiheit mußte sich sagen, daß am Ende, wenn Staatsmacht und Volksfreiheit einmal gleichzeitig nicht zu haben sind, der Staatsmacht in allen Wegen der Vorrang gebühre."[2] Am linken Flügel der Bewegung bewirkten das Scheitern der Revolution, das Wiederaufleben reaktionärer Tendenzen während der 50er sowie die politischen Konflikte der frühen 60er Jahre eine Hinwendung zum Glauben an „das Volk" als wichtigstes Instrument politischer Veränderungen. Hans Viktor von Unruh beispielsweise verwarf vorübergehend den Gedanken eines konstitutionellen Dualismus zwischen Monarch und Volk und nahm für das Prinzip der Volkssouveränität Partei.[3] Am äußersten linken Rand der verschiedenen Fortschrittsparteien und in den demokratischen Gruppierungen Süd- und Westdeutschlands gab es eine Reihe von Männern, die die Ansicht vertraten, nur ein von einer breiten Volksbewegung getragenes politisches Handeln könne die freie Gesellschaft, die das Ziel ihres Kampfes war, hervorbringen.

Ungeachtet dieser am linken und rechten Flügel wirksamen Zentrifugalkräfte zogen es die meisten Liberalen weiterhin vor, eine unzweideutige Parteinahme für eines der beiden Extreme zu vermeiden. Die Mehrheit derer, die sich zur Bewegung zählten, bewahrte sowohl im Hinblick auf die Frage der Staatsmacht als auch auf diejenige der Volkssouveränität eine unentschiedene und zwiespältige Haltung. Ja, eine ganze Reihe von Liberalen sahen in ihrer Unentschiedenheit geradezu ein Zeichen von Stärke und politischer Vitalität. Der Verfasser eines Artikels in der 3. Ausgabe des *Staatslexikons* beispielsweise belobigte die Bewegung dafür, daß sie die Freiheit „gegen beschränkende Institutionen von seiten der Regierung wie gegen die Gewaltthätigkeit von seiten der Masse" verteidigt habe. Joseph Held hieb in die gleiche Kerbe, als er erklärte, die Liberalen wollten sowohl Freiheit als auch Ordnung, „denn die Ordnung, welche herrscht, wo keine Freiheit ist, ist todt und tödtend; die Freiheit aber, die besteht, wo keine Ordnung herrscht, ist unproduktiv und, wenn thätig, nur zerstörend."[4] Dieses Bemühen, einen Mittelweg zwischen den Extremen der Staatsgläubigkeit und der Demokratie zu finden, war ein Grund für die programmatische Unverbindlichkeit der Liberalen, auf die im vorigen Kapitel hingewiesen wurde. Es war darüber hinaus auch die Quelle für die praktischen und theoretischen Schwierigkeiten, von denen in diesem Kapitel die Rede sein wird.

In den Jahren nach 1850 zögerten viele Liberale, sich zu einem autoritären Staatsverständnis zu bekennen. Dies lag einmal daran, daß manche von ihnen in der reaktionären Politik der deutschen Staaten die auslösende Ursache für die elementaren Erschütterungen des Jahres 1848 und für den letztendlichen Fehlschlag des liberalen Experiments sahen. Dazu kam, daß die Liberalen in den 50er Jahren wieder einmal die repressive Seite der Staatsgewalt zu spüren bekamen und eine Wiedereinführung der Zensur und andere staatliche Eingriffe in die politischen Rechte der Bürger ertragen mußten. In manchen Staaten ließen diese reaktionären Tendenzen von 1858 an wieder nach, in anderen hingegen blieben sie ein sehr gegenwärtiger Bestandteil der politischen Alltagswirklichkeit. So hatten liberale Politiker in der Periode zwischen 1850 und 1866 häufig Anlaß und Gelegenheit, ihre altvertrauten Klagen über bürokratische Übergriffe zu erneuern. Rudolf von Bennigsen, der einige unerfreuliche Erfahrungen mit der hannoverischen Staatsverwaltung gesammelt hatte, schrieb 1859: „Was uns in Deutschland totmacht, ist die Bureaukratie und ihr Gegenstück, die mangelnde Selbstverwaltung und behinderte Freiheit der Arbeit und des Arbeiters." Ähnlich dachte auch Rochau, der vehement den, wie er es nannte, „Absolutismus" der Staatsverwaltungen beklagte, der all den Kräften hindernd im Wege stehe, die geeignet seien, die Nation zur Größe zu führen – dem Patriotismus, dem Nationalismus, dem rechtschaffenen Streben, dem männlichen und bürgerlichen Stolz, dem Unternehmungsgeist, dem Selbstvertrauen, der Charakterstärke und dem Wohlstand.[5]

Was das wirtschaftliche Leben anging, so war das Verhältnis zwischen Verwaltungsbeamten und Geschäftsleuten im Alltag oft schwierig und spannungsgeladen. Manche Beamte waren offene Gegner einer Industrialisierung, andere förderten eine bestimmte Branche stärker als eine andere, und einige wenige wünschten sich ein rascheres industrielles Wachstum als viele Unternehmer. Diese uneinheitlichen und oft widersprüchlichen wirtschaftspolitischen Tendenzen schufen immer wieder Anlaß zu Konfrontationen und Irritationen. In dem Maße, wie die Unternehmer sich ihrer wirtschaftlichen Macht und ihrer gesellschaftlichen Bedeutung bewußter wurden, zeigten sie zunehmend weniger Bereitschaft, sich vom Staat gängeln zu lassen. Und natürlich schuf die zunehmende Popularität der Ideen eines wirtschaftlichen Liberalismus eine ideologische Plattform, von der aus der Staat kritisiert und seine Rolle im gesellschaftlichen Leben in Frage gestellt werden konnte.

Von allen Beispielfällen, die sich für eine beharrliche Oppositionshaltung der Liberalen gegenüber dem Staat in den Jahren nach 1858 anführen lassen, war der Verfassungskonflikt in Preußen der bedeutsamste; er begann damit, daß die liberalen Abgeordneten die Pläne der Regierung zu einer Heeresreform ablehnten.[6] Heeresvorlagen waren für die preußischen Liberalen stets ein heikles Thema gewesen; politisch war das Heer traditionsgemäß das Werkzeug der Reaktion; seine repressive Rolle in den Jahren 1848/49 war noch nicht vergessen; gesellschaftlich repräsentierte es die Fortdauer der Macht und des Ansehens des preußischen Adels und war daher geeignet, als Brennpunkt für die tiefempfundene Animosität der Liberalen gegenüber dieser gesellschaftlichen Gruppe zu dienen; wirtschaftlich erschien das Heer vielen als eine ungesunde und unnötig schwere Last auf den Schultern der Steuerzahler, ein Klotz, den der Staat den „produktiven" Teilen der Gesellschaft ans Bein gebunden hatte.[7] Als der König sich weigerte, seine Militärpolitik nach den Forderungen des Parlaments auszurichten, wuchsen sich diese praktischen und symbolischen Fragen zu einer Auseinandersetzung über die Rechte des Parlaments und die rechtmäßige Befolgung der Verfassung aus. Die Folge war eine Pattsituation zwischen König und Landtag, die schließlich, im September 1862, zur Berufung Otto von Bismarcks in das Amt des preußischen Ministerpräsidenten führte. Bismarck stürzte das politische und soziale Gewissen der Liberalen in mehrfacher Hinsicht in Verwirrung.[8] Von Herkommen, Auftreten und äußerer Erscheinung her war er eine Personifizierung der elitären Junkerschicht, was bei vielen Liberalen das Gefühl verstärkte, die Bedeutung ihres Kampfes gehe weit über die unmittelbar strittige Frage hinaus und es handle sich dabei um eine grundsätzliche Konfrontation zwischen Bürgertum und Aristrokratie.[9] Mit seiner arroganten Verachtung für den Geist der Verfassung verhöhnte und verletzte er die tiefempfundene Hochachtung der Liberalen vor dem Prinzip der Rechtsstaatlichkeit. Mit seiner repressiven Politik gegen liberale Beamte, seinen Versuchen, die Pressezensur zu verschärfen, und seiner Praxis, den Verwaltungsapparat im Dienste seiner antiliberalen Gegenoffensive einzuspannen, rief er Erinnerungen an die schlimmsten Übergriffe in der Ära des bürokratischen Absolutismus wach. Dieses verwickelte Geflecht aus aktuellen und langfristigen, praktischen und symbolischen Gegensätzen bestärkte die preußischen Liberalen in ihrer Oppositionsbereitschaft gegen den Staat und lieferte so den Nährboden für eine Krise, die sowohl ihrer breiten Wirkung als auch ihrer Intensität nach an die Situation in den späten 40er Jahren erinnerte.

Trotz der Tatsache, daß die Liberalen konsequent an ihrer oppositionellen Haltung festhielten, ja sie noch verschärften, blieben sie sowohl in ihrer Gegnerschaft zum Staat als auch in der Fähigkeit, eindeutige und konkrete Alternativen zur autoritäten Staatsform aufzuzeigen, in mehreren wichtigen Aspekten der alten Wenn-und-aber-Mentalität treu. Wie bereits gesagt wurde, rekrutierten sich die führenden Persönlichkeiten der Bewegung vielerorts nach wie vor aus dem höheren Staatsdienst: aus Verwaltungsbeamten, Richtern, Professoren. Die praktischen Schwierigkeiten, in die diese Männer gerieten, wenn sie trotz ihres Status als Staatsbedienstete politische Opposition zu treiben versuchten, vergrößerten sich nach 1850 erheblich, weil die betreffenden Zweige der Bürokratie immer weniger bereit waren, gegenüber Regierungskritikern in den eigenen Reihen Toleranz zu üben. Vielleicht noch bedeutsamer als dieser äußerliche Konformitätsausdruck waren freilich die psychischen Hemmungen derjenigen, die ihrer ganzen Ausbildung und Berufslaufbahn nach im Staatsdienst verwurzelt waren. Dieser Dienst förderte in der Regel Denk- und Verhaltensgewohnheiten, die in mehrfacher Hinsicht mit den Anforderungen einer politischen Führungsrolle unvereinbar waren. Die meisten Beamten taten sich schwer damit, jene organisierte Form der Aktivität und der politischen Agitation zu praktizieren, wie sie für den Aufbau einer Massenpartei unerläßlich ist. Dazu kam, daß ihre Einstellung zu politischen Fragen zwangsläufig von einer „juristischen Betrachtungsweise" gefärbt war, wie ein Zeitgenosse es ausdrückte, der diesen Zug etwa an Parlamentariern des preußischen Landtags beobachtet hatte.[10] Die mit der Zugehörigkeit zu bürokratischen Institutionen verbundenen Wertmaßstäbe, Rollenerwartungen und Verhaltensmuster hatten somit weiterhin entscheidenden Einfluß auf die liberale Elite und hemmten ihre Bemühungen sowohl theoretisch als auch praktisch, gegen den Staat aufzubegehren.

Wie im Vormärz wurde die Gegnerschaft der Liberalen gegen den Staat auch jetzt durch ihren Wunsch, in einer Reihe praktischer Anliegen mit dem Staat zu kooperieren, in Grenzen gehalten. So drückte sich etwa in der Einstellung der Liberalen zur Religions- und Bildungspolitik der Grad ihrer Bereitschaft aus, sich bürokratische Institutionen zu Verbündeten im Kampf gegen gesellschaftliche Kräfte und Mächte zu machen, die einen ihrer Ansicht nach schädlichen Einfluß ausübten. Am besten läßt sich diese Neigung am Beispiel Badens demonstrieren, wo die Liberalen nach 1860 die wichtige Rolle der Staatsmacht in dem von ihnen geführten Kampf gegen die katholische Kirche bekräftigten. Roggenbach erkannte in seinem liberalen Programm von 1860 die Unabhängigkeit der Kirche an, gab jedoch klar zu verstehen, daß im Erziehungs- und Bildungswesen und in anderen Bereichen, in denen religiöse Einflüsse den Interessen der Gemeinschaft unter Umständen zuwiderlaufen konnten, der Staat ein entscheidendes Wort mitzusprechen haben mußte: „Der mögliche unbeschränkte Gebrauch dieser Freiheit [zur Verwaltung der inneren Angelegenheiten] muß den Staat dahin führen, für alle notwendigen Verrichtungen des bürgerlichen Lebens, an deren geordneter Wahrnehmung er ein Interesse hat, eigene Institutionen zu schaffen."[11] In der Praxis bedeutete dies für Roggenbach und die meisten seiner Gesinnungsfreunde ein staatlich finanziertes und beaufsichtigtes Schulwesen. Rheinische Liberale wie Heinrich von Sybel, dem der Kampf gegen den Einfluß der Kirche ein ebenso wichtiges Anliegen war, äußerten sich im gleichen Sinne. 1862, als der Verfassungskonflikt in Preußen bereits in vollem Gang war, erklärte Sybel:

Wer die Schule besitzt, der besitzt die Herrschaft über die Zukunft und über die Welt. Nach meiner Überzeugung hoffe ich, daß der Staat die Schule besitzen wird... und damit die Herrschaft über die Geister und über die Zukunft...[12]

Liberale wie Roggenbach und Sybel erblickten hier keinen Konflikt zwischen Freiheit und Staatsmacht, weil sie, wenn sie einer staatlichen Kontrolle das Wort redeten, dabei an einen liberalen Staat dachten. Doch die theoretischen und praktischen Implikationen ihrer Position scheinen eindeutig: daß es bei der Auseinandersetzung mit einem Gegner wie der katholischen Kirche nicht damit getan sei, sich nur auf das freie Kräftemessen konkurrierender Einrichtungen zu verlassen; die Staatsmacht mußte vielmehr die Bedingungen festsetzen, unter denen die Freiheit schließlich und endlich zur Blüte würde gelangen können.

Ebenso wie ihr Eintreten für das Recht auf freie Meinungsäußerung die Liberalen nicht daran hinderte, zu fordern, daß ihren politischen Gegnern dieses Recht nur mit bestimmten Einschränkungen zugestanden werden sollte, ließen sie sich durch ihre immer breitere und entschiedenere Parteinahme für das Prinzip der wirtschaftlichen Freiheit nicht davon abhalten, sich immer dann mit der Staatsmacht zu verbrüdern, wenn dies in ihrem Interesse lag. Im Jahr 1857 beispielsweise versuchte ein schlesischer Fabrikant namens Reichenheim, der später zu einem der führenden Männer in der Preußischen Fortschrittspartei werden sollte, den Landrat seines Bezirks zur Bereitstellung staatlicher Machtmittel zu veranlassen, um damit einen Streik niederzuschlagen, der sein Textilunternehmen lahmlegte.[13] Im gleichen Jahr veranlaßte ein starker negativer Umschwung in der Wirtschaft viele Unternehmer, sich um Hilfe an den Staat zu wenden. Die Handelskammer von Barmen-Elberfeld gab der Hoffnung Ausdruck, der Staat möge „sich des Rechtes und der Pflicht nicht begeben, die bürgerliche Gesellschaft gegenüber ihren Mißbräuchen und Überschreitungen zu schützen".[14] Der Ärger der Unternehmer über bürokratische Einmischungen in ihre Geschäfte wurde, zumindest in einigen Staaten, durch die Kooperationsbereitschaft gedämpft, auf die sie in anderen Bereichen der Verwaltung stießen. In Preußen wurden die gesetzlichen Regelungen über den Bergbau, das Gesellschaftsrecht, die Genehmigungsverfahren für Investitionen und die Steuergesetze zum Vorteil der Wirtschaft geändert.[15]

Selbst auf der Höhe ihrer politischen Konflikte vermochten Regierung und liberale Bewegung in Preußen auf wirtschaftspolitischem Gebiet Hand in Hand zu arbeiten. Manche Unternehmer hatten sogar so viel Zutrauen zum wirtschaftspolitischen Sachverstand des Staates, daß sie es nur allzu gerne gesehen hätten, wenn die Bürokratie bei der Ausarbeitung gesetzlicher Neuerungen im handels- und wirtschaftspolitischen Bereich die Initiative ergriffen hätte.[16] Und schließlich legten die meisten Liberalen 1862 in ihrer politischen Kampagne gegen die Regierung eine Pause ein, um dadurch, daß sie die Werbetrommel für den angestrebten Handelsvertrag mit Frankreich rührten, ihr Einverständnis mit der Handelspolitik des Kabinetts zu demonstrieren.

Die Rückwirkungen, die diese Zusammenarbeit mit dem Staat auf die Liberalen selbst ausübte, variierten von Fall zu Fall. Einige begannen sich zu fragen, ob es nicht vielleicht besser wäre, in ihrer parteipolitischen Aktivität zurückzustecken und sich statt dessen auf die fortschrittlichen Impulse zu konzentrieren, die sich aus einer erfolgreichen liberalen Wirtschaftspolitik gewinnen lassen würden. Andere scheuten deshalb vor einer zu forschen politischen Opposition zurück, weil sie ihre funktionierende Kooperation mit dem Staat auf diesem materiellen Sektor nicht gefährden, den Wohlstand, dessen sie sich erfreuten, nicht aufs Spiel setzen wollten. Und selbst diejenigen, die an der Spitze der Oppositionsbewegung standen, wurden durch ihre wirtschaftlichen Bindungen an die Regierung auf subtile und indirekte Weise zu gewissen Rücksichten veranlaßt.[17]

Am klarsten und letztlich am folgenreichsten zeigte sich die nach wie vor zwiespältige Haltung der Liberalen zum Staat in den Auffassungen, die sie in der Frage der nationalen Einigung vertraten. Wie wir wissen, hatten die Bemühungen des Frankfurter Parlaments, Klarheit in dieser Frage zu schaffen, den Liberalen die Probleme vor Augen geführt, die sich der Errichtung eines Nationalstaats in den Weg stellten. Ludwig August Rochau sah sich sogar veranlaßt, zu schreiben: „Die Einheitsidee ist historisch geworden – das ist das große Ergebnis des Jahres 1848."[18] Nach 1850 nahm diese Idee in den Vorstellungen der meisten Liberalen über die Mittel und Zwecke des politischen Handelns einen beherrschenden Platz ein.

Der Wunsch nach nationaler Einheit war für die meisten Liberalen die Quelle, aus der sich ihre Unzufriedenheit mit dem bestehenden politischen System in erster Linie speiste. Diejenigen von ihnen, die in reaktionären Klein- und Kleinststaaten lebten, sahen in der Einigung Deutschlands den Ausweg aus der provinziellen Engstirnigkeit ihrer unmittelbaren politischen Umwelt. Den preußischen sowie den anderen deutschen Liberalen, die von Preußen die Initiative zur Lösung der „deutschen Frage" erwarteten, erschien der Wunsch nach nationaler Einigung darüber hinaus untrennbar verbunden mit der Hoffnung auf innenpolitische Reformen. Die Tatsache, daß der preußische König sich 1849 geweigert hatte, die deutsche Kaiserkrone anzunehmen, die Demütigung, die Österreich 1850 in Olmütz hatte hinnehmen müssen und die Passivität der preußischen Außenpolitik in den 50er Jahren, all dies verstärkte die Unzufriedenheit der Liberalen mit der Art und Weise, wie der preußische Staat regiert und geführt wurde. In ihren Augen waren innere Reformen die notwendige Vorbedingung für eine kraftvollere Außenpolitik. Rudolf Haym schrieb 1858, diplomatische Initiativen würden zu nichts führen, „wenn nicht die preußische Volkskraft ... durch eine Wandelung der inneren Politik zu allererst den Interessen des Staates nach außen wiedergewonnen" werde.[19] Selbst als es schien, als ob Bismarck außenpolitisch einen forscheren Kurs einschlagen würde, hielten die meisten Liberalen an der Überzeugung fest, außenpolitische Erfolge würden zunächst einmal innere Reformen voraussetzen. Das war die scheinbar zwingende Schlußfolgerung, die sie aus der Geschichte der Befreiungskriege gegen Napoleon gezogen hatten, eine Schlußfolgerung, für deren Richtigkeit der Fortgang der nationalen Einigung in Italien – die von den deutschen Liberalen aufmerksam verfolgt wurde – einen neuen Beweis zu liefern schien.[20]

Obgleich die Liberalen scharfe Kritik an der offiziellen Regierungsdiplomatie übten, lassen sich auch aus ihren außenpolitischen Auffassungen einige jener schon anderswo aufgezeigten Hemmungen ablesen, die ihre Widerstandskraft und -bereitschaft dem Staat gegenüber schwächten. Die meisten von ihnen waren sich darin einig, daß der Kampf um die geeinte deutsche Nation vorwiegend mit den machtpolitischen Mitteln des Staates – sprich: Preußens – ausgetragen werden mußte. Nur die wenigsten glaubten daran, daß eine spontane Volkserhebung oder ein bewaffnetes Bürgerheer imstande sein würden, die äußeren und inneren Widerstände gegen eine Einigung Deutschlands zu überwinden.[21] Anders gesagt: ein Teil ihrer Verärgerung über den Kurs der deutschen Außenpolitik rührte daher, daß der Staat ihrer Überzeugung nach nicht das tat, was getan werden mußte und was sie allein, wie sie wohl spürten, nicht würden bewerkstelligen können. Als dann Bismarck 1864 seine außenpolitische Offensive eröffnete, fuhren viele Liberale fort, seine Politik zu verurteilen, aber nur wenige von ihnen hatten eine Alternative anzubieten.[22]

Als sich die ersten Anzeichen für einen Erfolg der preußischen Politik einstellten, verlegte sich eine einflußreiche Minderheit unter den deutschen Liberalen auf die These, es könne sich unter Umständen als notwendig erweisen, die innenpolitischen Ziele den außenpolitischen unterzuordnen. Der Keim, aus dem dieser Standpunkt entsproß, war schon in den frühen 50er Jahren gelegt worden, als Männer wie Rochau begonnen hatten, die zentrale Rolle der Staatsmacht bei der Herbeiführung eines geeinten Nationalstaats zu betonen.[23] In den Jahren danach wuchs bei einem Teil der Opposition die Bereitschaft, die Priorität der nationalen Belange anzuerkennen, und 1863 erklärte Karl Twesten, wenn er zu entscheiden hätte, ob das Kabinett Bismarck noch eine Zeitlang weiterbestehen oder ob die Herzogtümer Schleswig und Holstein auf immer für Deutschland verlorengehen sollten, so würde er nicht einen Augenblick zögern, das erstere in Kauf zu nehmen. Nach dem raschen Sieg Preußens und Österreichs über Dänemark 1864 erhielt die von Twesten vertretene Auffassung weitere Unterstützung. Aus Bremen schrieb Viktor Böhmert: „Die Einheit Deutschlands ist mir lieber als ein paar preußische Verfassungsparagraphen, über welche doch am Ende nur durch ein deutsches Parlament entschieden wird." Im Sommer 1865 hatte sich die *Nationalzeitung* für die Losung entschieden: „...von der Einheit zur Freiheit, das ist der Weg, das sind die Mittel unserer Partei."[24] Wie diese Äußerungen deutlich machen, bestritten Twesten und Böhmert nicht, daß Einheit und Freiheit untrennbar miteinander zusammenhängen, aber ihre Bereitschaft, bei der Verwirklichung beider Ziele die Reihenfolge umzukehren, trug gerade in den entscheidenden Jahren vor dem endgültigen Sieg der preußischen Militärmacht dazu bei, ihre Entschlossenheit zum Widerstand gegen den Staat aufzuweichen und sie zeichnete auch den Kurs vor, den eine Mehrheit innerhalb der liberalen Bewegung nach 1866 einschlagen sollte.

Der Umstand, daß die Liberalen sich in Bereichen wie der Religions- und Wirtschaftspolitik und in der Frage der nationalen Einigung nach wie vor auf den Staat verließen, läßt auf einige Risse im ideologischen Unterbau ihrer Oppositionsrolle schließen. Ihre Einstellungen zum „Volk" weisen auf den grundlegenden Konstruktionsfehler dieses Unterbaus hin.

Will man dieses Problem näher untersuchen, so beschäftigt man sich am besten mit den taktischen Verlautbarungen der Liberalen aus der Zeit, als sie sich über die unbeirrt illiberale Politik der deutschen Staaten, insbesondere Preußens, ereiferten, und mit der Unsicherheit und Widersprüchlichkeit, die die Äußerungen vieler namhafter Liberaler zu diesem Thema kennzeichnen. In einer Reihe privater und öffentlicher Bekundungen aus den späten 50er und frühen 60er Jahren kam eine Hinwendung zur praktischen Politik, zur Abkehr von den leeren Phrasen der Vergangenheit, zu einer Mobilisierung der Massen im Interesse einer machtvollen liberalen Bewegung zum Ausdruck. Johannes Miquel beispielsweise vertrat entschieden die Auffassung, der Nationalverein müsse „ein politischer Verein" sein. Er wollte nicht, daß die Mitglieder dieses Vereins ihre Zeit mit Debatten über allgemeine theoretische Fragen verplemperten, da sie dadurch nur davon abgehalten würden, „inmitten des Volkes stehende, handelnde Personen zu sein". In den *Preußischen Jahrbüchern* schrieb Treitschke: „Die politischen Ideale, wovon unsere Zeit nicht lassen darf noch wird, sind nur durch Massenbewegungen zu erreichen." Dieselbe Einsicht artikulierte Sybel, als er schrieb: „Die Wissenschaft müßte populär werden, um sich nicht selber die kräftigsten Lebensnerven zu unterbinden." Und schließlich meinte Bluntschli 1863 in einem Brief an Sybel: „Ich weiß, es braucht einige Überwindung, sich an die Massen zu wenden. Aber die Dinge sind so beschaffen, daß nur noch die Massen helfen können..."[25] Klar zu erkennen ist freilich auch, daß diese Liberalen sich höchst unschlüssig darüber waren, in welchem Umfang und bis zu welchem Grad die Massen in Aktion treten sollten und was damit zu erreichen sein würde. Miquel hatte darauf gehofft, daß „Männer der Tat" zum Nationalverein stoßen würden, hatte aber auch erkannt, daß dessen führende Männer, zu denen er selbst gehörte, „weder Diplomaten noch Staatsmänner" waren, sondern lediglich Advokaten der Nation; es genüge daher, so meinte er, wenn sie dem Volk die Wahrheit sagten. Treitschke mochte mit dem Wunsch liebäugeln, daß eine Massenbewegung sich seine Ideen zu eigen machen würde, aber seine *Preußischen Jahrbücher* waren weder ihrem Stil noch ihrem Inhalt nach geeignet, die Massen anzusprechen. Sybel, der die Wissenschaft popularisiert sehen wollte, erkannte gleichwohl, daß zwischen wissenschaftlicher Gelehrsamkeit und politischem Handeln eine Kluft blieb und bleiben würde. „Eine Politik, welche ihrer Aufgabe völlig genügte, wird nie gelesen oder geschrieben werden. Der Staatsmann, der es vermöchte, wird nicht lehren, sondern herrschen." Und wie wir im vorigen Kapitel gesehen haben, hatte Bluntschli, kurz bevor er das soeben zitierte Bekenntnis zur Notwendigkeit von Massenaktionen ablegte, noch den badischen Liberalen nahegelegt, ihre politische Organisation nicht zu verbreitern.[26]

In der gereizten Atmosphäre des preußischen Verfassungskonflikts erwies sich die Unsicherheit der Liberalen, hinsichtlich einer Einbeziehung des Volkes, als besonders schwerwiegendes Handicap. Preußische Liberale sprachen in dieser Zeit sowohl öffentlich als auch privat gerne von dem Rückhalt, den die „Nation" ihrer Bewegung gewähre. Die Fortschrittspartei beispielsweise berief sich in ihrer Proklamation zur Wahl vom September 1861 auf „die große liberale Mehrheit".[27] Neben solchen Erklärungen tauchen freilich erstaunlich viele Klagen über die „unpolitischen Massen", das apathische Bürgertum oder die nicht aus ihrer

Trägheit aufzurüttelnde Bauernschaft auf.[28] Wie wir wissen, waren diese Widersprüche Ausdruck einer realen Situation, die dadurch gekennzeichnet war, daß die Liberalen innerhalb jener kleinen Minderheit, die sich aktiv am politischen Leben beteiligte, eine klare Mehrheit stellten. Wären sie nicht in der unbedingten Überzeugung angetreten, für das „Volk" zu stehen und zu sprechen, die Liberalen hätten keinerlei Aussicht besessen, der Regierung wirksamen Druck entgegenzusetzen und Bismarck mit seinem arroganten Vorhaben, die Staatsgeschäfte auch ohne parlamentarische Billigung zu führen, in die Schranken zu weisen. Freilich, man darf nicht übersehen, daß so manche Liberale, als die Animosität zwischen Krone und Parlament sich verschärfte, mit dem Gedanken an eine Volkserhebung zu spielen begannen, mit dem Gedanken an eine demokratische Offensive gegen die Regierung. Rochau meinte 1863, falls es nicht gelinge, Bismarck aus dem Amt zu drängen, werde „der Schlüssel zur Lösung der deutschen Frage in den Ereignissen zu suchen sein, ... welche den Sturz Preußens herbeiführen". Auch andere sprachen von der Möglichkeit einer militärischen Niederlage Preußens und eines sich daran anschließenden Volksaufstandes.[29] Nur wenige Liberale waren jedoch bereit, in dieser Beziehung über verschwommene Andeutungen hinauszugehen. Sie vermochten ihre eigenen Zweifel am wirklichen Ausmaß ihres Rückhalts im Volk nicht zu besiegen. Wie einer von ihnen auf der Höhe des Verfassungskonflikts schrieb: „Wir, die für Volksfreiheit arbeiten, stehen auf keiner soliden gesellschaftlichen Grundlage."[30] Dazu kam, daß sie (mit Recht, wie man einräumen muß) befürchteten, jedes illegale Unterfangen werde schon im Ansatz erstickt werden: „Wo eine disziplinierte Armee von 200000 Mann noch in Zucht und Disziplin zusammenhält, hat ein Volk noch nie durch Gewalt etwas durchgesetzt."[31] Nimmt es da noch wunder, daß viele von denen, die die Entwicklung in Preußen mit gespannter Erwartung verfolgten, sehr rasch den Eindruck gewannen, der liberalen Opposition fehle es an zielbewußter Orientierung und Führung? „Guter Wille ist genug vorhanden", berichtete Bennigsen 1861 aus Berlin, „aber eine beispiellose Unsicherheit und Verwirrung in den Zielen und Mitteln politischen Handelns."[32]

Die gleichen Selbstzweifel, welche die Liberalen davon abhielten, energisch den Aufbau einer politischen Massenbewegung zu betreiben, hinderten sie auch daran, konkrete theoretische Alternativen zum Fürstenstaat deutscher Prägung zu entwerfen. Zwar hoben die liberalen Verfassungstheoretiker nach wie vor den Wert und die Wichtigkeit repräsentativer Institutionen und verfassungsmäßiger Freiheitsgarantien hervor, doch postulierten die meisten Liberalen auch weiterhin einen Dualismus zwischen Parlament und Monarchen, der ihre ambivalente Haltung zum Volk und zum Staat sowie ihre Skrupel widerspiegelte, die Vormachtstellung des letzteren im politischen Leben in Frage zu stellen.[33] Wie in vielen anderen Bereichen liberalen Denkens und Handelns, so hatten auch hier die Rhetorik und die grundlegenden Selbstverständnisprobleme des Vormärz die Revolution überdauert. Ablesen läßt sich dies beispielsweise an der Formulierung, die Joseph Held dem Problem in der dritten Ausgabe des *Staatslexikons* gab. Held bekannte sich als Anhänger repräsentativer Einrichtungen, er trat für eine gesetzliche Festlegung der parlamentarischen Verantwortlichkeit der Minister und damit für die Möglichkeit der Amtsenthebung eines Ministers, der die Verfassung verletzt hatte, durch das Parlament ein; zugleich hielt er aber daran fest, daß „die Einheit der Regierung wie die Kraft der Verwaltung" in Deutschland nicht durch „Parteiintrigen" geschwächt werden dürfte. Das Volk müsse die Möglichkeit bekommen, seine Meinung zur Geltung zu bringen, die Rechtsstaatlichkeit müsse garantiert sein, aber an dem Grundsatz, daß die letzte Entscheidung bei der Staatsmacht lag, dürfe nicht gerüttelt werden. Für funktionsfähig hielt Held ein solches Arrangement wegen des „bescheidene(n) und ehrliche(n) Zug(es) des deutschen Charakters", eine Auffassung, die einen Vorgeschmack auf spätere Versuche lieferte, politischen Reformbestrebungen durch Verweis auf die besonderen Merkmale und Erfordernisse der deutschen Situation den Wind aus den Segeln zu nehmen.[34]

Selbst unter dem traumatischen Eindruck des Verfassungskonflikts in Preußen blieb diese eigentümliche Unschlüssigkeit in der Frage, bei wem die politische Macht denn nun letzten Endes liegen solle, bei den meisten Liberalen bestehen.[35] Zwar verteidigten die preußischen Liberalen im Verlauf ihrer Auseinandersetzung mit der Regierung über die Heeresreform und das Militärbudget die Befugnisse des Parlaments mit äußerster Beredsamkeit, aber nichts deutet darauf hin, daß sie eine parlamentarisch verantwortliche Regierung nach englischem Vorbild installieren wollten.[36] Was sie wollten und forderten, war in der Zeit des Verfassungskonflikts und weiter bis zum Ende der 60er Jahre nicht mehr, als was sie bereits von Beginn der „Neuen Ära" an gefordert hatten: nicht das Recht, die Regierung zu kontrollieren, sondern lediglich gewisse rechtsstaatliche Garantien, die Befugnis zur Haushaltskontrolle und das Recht, im Parlament die Auffassungen der Nation vorzutragen. Sybel hielt, obgleich er im Verlauf des Verfassungskonflikts notgedrungen nach links rückte, an der Vorstellung eines Kompromisses zwischen parlamentarischem und autoritärem Regime fest: „In Preußen ist die einzig mögliche Form eines gedeihlichen Staatslebens jetzt die parlamentarische unter einer verständigen königlichen Führung."[37] Weder die eine noch die andere könnten für sich allein für das notwendige Maß an politischer Führung sorgen. Auch die links von Sybel Stehenden scheuten vor einer klaren Entscheidung zwischen dem monarchischen und dem parlamentarischen Prinzip zurück. Schulze-Delitzsch etwa ging die Frage, wer regieren solle, zwar mutig an, wich jedoch, kaum daß er sie gestellt hatte, einer konkreten staatsrechtlichen Beantwortung mit Hilfe einer rhetorischen Volte aus – Recht und Gesetz und der König als Garant und Erfüller des Gesetzes sollten herrschen, so erklärte er. Wie Schulze, so bemäntelte auch der junge Eduard Lasker seinen Widerwillen gegen eine Auseinandersetzung mit der Machtfrage hinter vagen Formulierungen über den Triumph liberaler Ideale.[38] Zugrunde lag diesen ganzen Ausweichmanövern letzten Endes jener charakteristische Selbstzweifel, der, wie wir gesehen haben, der liberalen Bewegung von Anfang an innewohnte. „Der Liberalismus", schrieb Sybel 1864, „[ist] wenig geschickt zur Bildung einer starken Regierung, zu langer Behauptung des Ministeriums."[39]

Robert von Mohl war einer der wenigen Liberalen, die sich ausdrücklich zur Notwendigkeit einer parlamentarischen Regierungsform bekannten. In einem erstmals 1852 publizierten und 1860 erneut veröffentlichten Aufsatz schrieb Mohl, er sei quasi wider Willen und schlechten Gewissens zu der Einsicht gelangt, die Möglichkeit eines Dualismus zwischen Volk und Staat verwerfen zu müssen. Er sehe keine andere Alternative, als ein System wie das englische zu schaffen, in dem die Minister von einer parlamentarischen Mehrheit berufen und abhängig sein würden. „Der Fürst" werde „auch hier Inhaber der Staatsgewalt" sein, hätte jedoch praktisch keine andere Wahl, als in Übereinstimmung mit der Parlamentsmehrheit zu regieren. Ungeachtet dieses offenkundigen Bruchs mit liberalen Traditionen enthielt der Aufsatz Mohls deutliche Anklänge an die vertraute liberale Scheu, das Volk als den legitimen Souverän der politischen Macht zu akzeptieren. Dies läßt sich aus den Vorbehalten ersehen, mit denen er sein Eintreten für parlamentarische Institutionen sogleich wieder verknüpfte. Zunächst einmal erklärte er, eine wesentliche Vorbedingung für ein parlamentarisches Regime sei ein nicht-demokratisches Wahlverfahren. Da die Einführung des allgemeinen Wahlrechts den Demagogen Tür und Tor öffnen und zu einer schädlichen Vervielfachung der Wahlen führen würde, dürfe jedes Parlament nur von denen gewählt werden, die legitime Rechte und Interessen zu wahren hätten, und das Gewicht ihrer Stimmen müsse von ihrer gesellschaftlichen und politischen Bedeutung abhängig gemacht werden. Ferner enthält der Aufsatz einige Passagen, die darauf schließen lassen, daß Mohl eine völlige Kontrolle des Staates durch repräsentative Körperschaften wohl doch nicht für erstrebenswert hielt. So erweckt beispielsweise eine Stelle den Eindruck, er wolle der Legislative die Macht, die er ihr zuvor zugedacht, unter bestimmten Umständen wieder wegnehmen; da jede Politik am Grundsatz der staatlichen Einheit ihre Schranken finden müsse, müsse garantiert sein, so schrieb er, daß „der Staatsgedanke immer das letzte Wort hat". Und schließlich gab Mohl zu erkennen, daß das System, das ihm vorschwebte, eine Umstrukturierung des bestehenden Parteiengefüges zur Voraussetzung hatte. Mit anderen Worten: Er versah seine Theorie, was ihre praktische Umsetzung betraf, insofern mit einem prinzipiellen Fragezeichen, als er versicherte, keine der bestehenden Parteien biete die Voraussetzungen für eine Regierungsform, wie er sie sich vorstellte. Wie sollte sein System dann überhaupt verwirklicht werden? Mohl gab in bezug hierauf keine eindeutigen Auskünfte, neigte jedoch, wie es scheint, dazu zu glauben, wenn der Staat ein Parlament nach dem von ihm beschriebenen Muster ins Leben rufe, werde dieses die erforderliche Parteienkonstellation aus sich heraus hervorbringen. Mohls Plädoyer für parlamentarische Formen war somit, genauer besehen, nicht so sehr ein Aufruf zu entschlossener Opposition als vielmehr Ausdruck einer ziemlich naiven Hoffnung darauf, daß der Staat selbst die Werkzeuge zu seiner eigenen Entmachtung bereitstellen würde.[40]

In der Hoffnung, die institutionellen Voraussetzungen für eine Reform würden von oben her geschaffen, wußte Mohl sich mit einer Reihe anderer liberaler Denker einig. Bei einigen von ihnen nahm diese Hoffnung die Gestalt des sehnsüchtigen Wartens auf einen starken Mann, eines „Caesar" an, der die Versöhnung zwischen Volk und Staat zugleich herbeiführen und in seiner Person verkörpern würde. Man kann ziemlich sicher annehmen, daß sich etwa Theodor Mommsen von Hoffnungen dieser Art inspirieren ließ, als er in den 50er Jahren den 3. Band seiner *Römischen Geschichte* niederschrieb – mit jener berühmten Darstellung Caesars als desjenigen, der Monarchie und Demokratie zusammengeführt und beiden zu ihrem „höchsten und letzten Ausdruck" verholfen habe.[41] Karl Bollmann bediente sich einer bunten Reihe biblischer Bilder, um die gleichen Sehnsüchte zum Ausdruck zu bringen: Deutschland bedürfe, so behauptete er, eines „bewaffneten Reformators, der es, und müßte es selbst durch das Rote Meer eines allgemeinen Krieges sein, in das Gelobte Land nahender Einheit und Unabhängigkeit führt". Beinahe zur gleichen Zeit rief Max Duncker nach einem liberalen Diktator, und Unruh ließ sich aufgrund seiner großen Enttäuschung über das Volk zu dem Stoßseufzer verleiten: „Ein tüchtiger Mann an der Spitze Preußens, [und] alle Gefahr wäre vorüber, und eine große Zukunft läge offen..."[42]

Angesichts einer fortbestehenden politischen Pattsituation gewannen diese Sehnsüchte größere Intensität und Verbreitung. Franz Ziegler beispielsweise, ein Abgeordneter, der innerhalb der preußischen Opposition ziemlich weit links stand, zeigte sich zunehmend enttäuscht ob des unproduktiven Kurses der liberalen Politik in den frühen 60er Jahren. Die liberale Bewegung hatte seiner Überzeugung nach kein Verhältnis mehr zum Staat. Seine Lösung? „Man ginge gerne durch den Caesarismus, wenn ein Caesar da wäre." 1866 war Ziegler so weit, daß er außenpolitische Erfolge bereitwillig als Mittel zum Vergessenmachen einer kläglichen Politik im Innern akzeptiert hätte. „Das Herz der Demokratie", erklärte er seinem Wahlvolk in Breslau, „ist immer da, wo die Fahnen des Landes wehen."[43] Bezeichnenderweise fanden sich ähnliche Positionen, wie Ziegler sie vertrat, in den Reihen jener süddeutschen Linksliberalen, denen vor den Folgen eines preußischen Sieges bange war. August Röckel erklärte im Juni 1866, die demokratischen Gegner Preußens müßten mit den Fürsten der kleineren Staaten gemeinsame Sache machen, um zu verhüten, daß der Nation eine kleindeutsche Lösung aufgezwungen würde:

Wie schwer es uns auch halten möge, wir müssen einsehen lernen, daß, solange wir die Fürsten haben und mit ihnen handeln müssen, wir nur durch sie handeln können. Die Demokratie kann noch immer nur aufklärend und heranbildend nach *unten* hin wirken, sie hat noch keine Macht, die Geschicke Deutschlands in die Hand zu nehmen und zu lenken.[44]

Wie viele seiner norddeutschen Zeitgenossen hoffte auch Röckel, dieses Angewiesensein auf den Staat werde sich als zeitlich begrenzt erweisen. Er wollte den Kampf um seine innenpolitischen Ziele nicht aufgehoben, sondern lediglich aufgeschoben sehen. Allein, wie die anderen, so mußte auch er einsehen, daß unter den gegebenen politischen Bedingungen nur die Wahl zwischen einer ungleichen Partnerschaft mit der Staatsmacht einerseits und Passivität und Niederlage andererseits offenstand.

Es ist ungewiß, wie viele Liberale sich 1866 bereit fanden, von ihren innenpolitischen Zielsetzungen vorübergehend oder endgültig Abschied zu nehmen und einen Bund mit dem Staat zu schließen. Klar ist jedoch, daß der mit zunehmender Bitterkeit ausgetragene und in eine Sackgasse geratene Verfassungskonflikt in Preußen, zusammen mit einem ausgeprägten Wirtschaftsabschwung und der wachsenden Gefahr eines Krieges zwischen Österreich und Preußen, spätestens 1866 in breiten Kreisen das Gefühl einer herannahenden Krise hatte aufkommen lassen. Viele teilten jene Befürchtung, der Rudolf Haym im Frühjahr 1866 Ausdruck verlieh: daß Deutschland in eine tragische Epoche eintrat.[45] Wie sollte man sich angesichts dessen als Liberaler verhalten? Bennigsen rief die preußischen Parlamentarier auf, ein für allemal die Entscheidung zu treffen, ob sie Bismarck unterstützen oder ihn bekämpfen wollten – beides, so meinte er, wäre besser als die Passivität, die dieser Phase „der Kindeskrankheiten des preußischen Verfassungslebens" eigen waren.[46] Tatsächlich aber verspürte Bennigsen selbst wenig Lust, die geforderte Wahl zwischen einer Versöhnung mit dem Staat und einer konsequenten Opposition zu treffen. Ohne Vertrauen zu Bismarck, andererseits aber auch nicht bereit und fähig, das Volk zu mobilisieren, sah er sich nicht in der Lage, eine politische Strategie zu empfehlen. Eine ähnliche Unschlüssigkeit, die sich zu einer nahezu vollständigen politischen Lähmung auswuchs, war bei allen Teilen der Bewegung zu beobachten. Beim Jahrestreffen des Nationalvereins 1866 präsentierte sich eine Mehrheit der Teilnehmer nach wie vor als Bismarck-Gegner, wenn sie sich auch freilich nicht über Mittel und Wege verständigen konnten, mit ihm oder gegen ihn tätig zu werden.[47] In den kleineren Staaten – Hannover, Baden, Bayern – mußten die Gegner Preußens auf dem linken Flügel wohl oder übel eine antipreußische Koalition mit ihren reaktionären Gegenspielern eingehen, während die liberalen Preußen-Anhänger sich gezwungen sahen, eine in Berlin praktizierte Politik zu verteidigen, die sich fast in nichts von der Regierungspolitik unterschied, gegen die sie in ihrem eigenen Staat ankämpften.[48] In Preußen selbst schleppte sich der Konflikt weiter, einer Lösung, so schien es, um keinen Schritt näher als vier Jahre zuvor.[49]

Das Jahr 1866 war kein naturgegebener Scheitelpunkt, an dem sich die Entwicklung des Liberalismus als gesellschaftlicher Bewegung oder die Entwicklung liberaler Organisationen in Deutschland entschied; die Liberalen befanden sich in diesem historischen Augenblick noch mitten in dem Prozeß, die Gegebenheiten und Chancen der nachrevolutionären Epoche auszuloten, waren noch immer mit dem Versuch beschäftigt, das Vermächtnis des Vormärz mit den Erfahrungen ihrer eigenen Zeit zu verknüpfen. Auf dem Gebiet der praktischen Politik jedoch waren die Liberalen Mitte der 60er Jahre in eine Sackgasse geraten. In vielen Teilen Deutschlands zappelten sie noch im Netz der „Kleinstaaterei". Auch in jenen süd- und westdeutschen Staaten, in denen sie hier und da überwältigende Wahlsiege errungen hatten, waren sie der Nation, der ihr ganzes Streben galt, noch nicht näher gekommen. In Preußen, dem Land, in dessen Händen nach der Überzeugung vieler Zeitgenossen der Schlüssel zur Lösung der nationalen Frage lag, war die liberale Opposition nicht imstande gewesen, ihren durch die Wahlergebnisse dokumentierten Rückhalt in der Bevölkerung in eine wirksame politische Strategie umzusetzen. Sehr viele Liberale hatten daher 1866, am Vorabend des preußisch-österreichischen Krieges, begonnen, sich mit dem Gedanken abzufinden, daß sie alle ihre Karten auf den Tisch gelegt hatten und das Spiel gleichwohl nicht gewinnen konnten.

IV.
DIE „LIBERALE ÄRA" 1866–77

Nachdem sich die Spannungen zwischen Preußen und Österreich kontinuierlich verschärft hatten, kam es am 6. Juni 1866 zu guter Letzt zum Krieg zwischen den beiden Ländern. Unter den staunenden Augen der anderen europäischen Regierungen errangen die preußischen Armeen eine Reihe außerordentlich rascher und durchschlagender Siege. Nachdem es ihnen mühelos gelungen war, die mit Österreich verbündeten süddeutschen Mittelstaaten auszuschalten, überrannten sie am 3. Juli bei Königgrätz die österreichische Hauptstreitmacht. Drei Wochen später wurde ein Friedensvertrag unterzeichnet, der Bismarck freie Hand für die Verwirklichung seiner Pläne zur Neugestaltung Mitteleuropas ließ. Preußen annektierte einige deutsche Kleinstaaten nördlich des Main (Hannover, Hessen-Kassel, Nassau und die Reichsstadt Frankfurt); die übrigen nördlichen Staaten wurden zu einem Bund zusammengeschlossen, dessen Verfassung im April 1867 von einem Konstituierenden Reichstag verabschiedet wurde. Die besiegten Staaten südlich des Main (Baden, Württemberg, Bayern und Hessen-Darmstadt) wurden mittels einer Reihe von Verträgen, die unter anderem eine enge militärische Zusammenarbeit festlegten, an den Norddeutschen Bund angeschlossen. Nach dem Sieg Preußens und seiner Verbündeten über Frankreich im Krieg von 1870/71 wurden diese Staaten zu Ländern des Deutschen Reiches.

Man muß die Auswirkungen dieser historischen Ereignisse auf die liberale Bewegung vor dem Hintergrund der theoretischen Unsicherheit und der taktischen Handlungsunfähigkeit der Liberalen betrachten. Der Sieg der preußischen Waffen und die überlegene politische Kunst Bismarcks schienen nun plötzlich das möglich zu machen, was die Liberalen selbst nicht geschafft hatten: eine geeinte Nation, ein konstitutionelles Regierungssystem und eine einheitliche Sozial- und Wirtschaftsgesetzgebung. Überrascht es da, daß viele Liberale an den Anbruch eines neuen politischen Zeitalters glauben *wollten*, eines Zeitalters, in dem die Ideale einer liberalen Gesellschaft, eines liberalen Volkes und eines liberalen Staats mit Aussicht auf Erfolg angestrebt werden konnten? Wieder einmal, wie im Frühjahr 1848 und in den ersten Jahren der „Neuen Ära", sonnten sich die Menschen in den warmen Strahlen der Hoffnung auf eine liberale Zukunft.

Allein, die grundlegenden Probleme, die dem deutschen Liberalismus zu schaffen machten, lösten sich 1866 ebensowenig in Luft auf, wie sie es 1848 oder 1858 getan hatten. Auch nach der Reichsgründung zeichnete sich das Verhältnis der Liberalen zum Staat weiterhin durch ein verwickeltes Neben- und Nacheinander von Kompromiß und Opposition aus. Und um die Mitte der 70er Jahre wurde dieses Gemisch sogar zunehmend unbeständiger und widersprüchlicher. Ebensowenig vermochte die Errichtung nationaler politischer Institutionen die Probleme zu bannen, mit denen die Liberalen bei ihren Bemühungen, eine das ganze Volk umfassende Basis zu schaffen, konfrontiert wurden; im Gegenteil: diese Probleme wurden schlimmer und verstärkt durch die schwindenden Wahlerfolge der Partei. Schließlich folgte auf den scheinbaren Triumph der liberalen sozial- und wirtschaftspolitischen Konzeptionen nach 1866 eine ganze Reihe von Umwälzungen, die den Rückhalt des Liberalismus in der Bevölkerung weiter schwächten und die Gegensätze im liberalen Lager selbst vertieften.

9. Der Liberalismus und der Bismarck-Staat

> Es ist ein wunderbares Gefühl, dabei zu sein, wenn die Weltgeschichte um die Ecke biegt. Daß Deutschland eine Zukunft hat und daß diese Zukunft von Preußen bestimmt wird, das ist nicht mehr eine Hoffnung, sondern eine Tatsache...
> Theodor Mommsen (1866)[1]

Der Sieg des preußischen Heers im Sommer 1866 stellte die Voraussetzungen, auf welche die preußischen Liberalen ihre Oppositionspolitik bislang gegründet hatten, in Frage. Bismarck, der Mann, den sie als einen hoffnungslosen Reaktionär geschmäht hatten, entpuppte sich plötzlich als einer der kreativsten europäischen Staatsmänner. Die Streitkräfte, die sie als ein Werkzeug der Repression im Innern kritisiert hatten, bewährten sich nun als Instrument der nationalen Einigung. Und ausgerechnet an dem Tag, an dem bei Königgrätz der Krieg entschieden wurde, machten Stimmeneinbußen der liberalen Parteien bei den Landtagswahlen deutlich, daß sie in ihrem Volk tatsächlich weniger zuverlässigen Rückhalt besaßen, als es noch vor wenigen Monaten den Anschein gehabt hatte.[2] Als das preußische Parlament im Herbst wieder zusammentrat, suchte Bismarck sich die neue Lage zunutze zu machen: Er legte den Liberalen den Entwurf eines Indemnitätsgesetzes vor, das den Grundstein für eine Zusammenarbeit zwischen Regierung und Landtag legen sollte, indem er die nicht verfassungsmäßige Haushaltspolitik der vorausgegangenen Jahre legalisierte.

Unterstützung wurde den Bismarckschen Vorschlägen unverzüglich vom rechten Flügel des preußischen Liberalismus her zuteil. Dort gab es einige Männer, die dem Verfassungskonflikt von Anbeginn an nichts hatten abgewinnen können. Sie registrierten nun mit großer Freude, daß die Revolution von 1866 von „oben, vom Königtum, und nicht von unten, von der ungebundenen Masse geleitet" worden war.[4] Andere hatten der Opposition nur so lange die Stange gehalten, wie sie glaubten, Bismarck werde außenpolitisch ohne Erfolg bleiben; nun schwenkten sie vorbehaltlos auf seine Politik ein. Natürlich gab es im rechten Lager einige Neubekehrte, Männer, deren politische Aussichten unter dem Eindruck der wunderbaren Nachrichten von der Front plötzlich umschlugen. Doch die meisten von denen, die sich in den späten 60er Jahren unter den Anhängern Bismarcks fanden – Treitschke, Haym, Sybel, Baumgarten und Rochau beispielsweise – waren zuvor schon konsequente Verfechter eines „neuen Realismus" gewesen und hatten oft ihre Bereitschaft bekundet, die nationale Einheit, wie sie auch zustande käme, zu akzeptieren. Die „normative Kraft des Faktischen" überzeugte sie 1866, daß sie die ganze Zeit im Recht gewesen waren. In den öffentlichen Erklärungen, die sie nach 1866 abgaben, beriefen sie sich daher gewöhnlich auf die Auffassungen, die sie seit der Jahrhundertmitte vertreten hatten, und bauten auf diesen auf. Man kann dies etwa durch einen Vergleich der ersten und der zweiten Auflage von Rochaus *Realpolitik* feststellen. In der 1869 publizierten Fassung waren die Aspekte der Macht, der schöpferischen Rolle des autoritären Staates und der zentralen Bedeutung des Erfolges weitaus deutlicher hervorgehoben worden. Die einschränkenden Differenzierungen der ersten Auflage waren abgeschwächt, die Anklänge an den Vormärz verblaßt, aber die prinzipielle Orientierung des Rochauschen Denkens war unverändert.[5]

Die liberale Rechte gewann im Lauf der folgenden zehn Jahre an Einfluß. Unter dem unmittelbaren Eindruck des Krieges waren sich freilich viele Liberale durchaus noch nicht schlüssig, wie sich die großen Veränderungen von 1866 auf ihre langfristigen Zielvorstellungen auswirken würden. Ein Beobachter der ersten Sitzung des Preußischen Landtags nach dem Krieg registrierte diese Unsicherheit. „Jeder Redner", berichtete er, „sprach aus persönlichen Anschauungen heraus für sich allein, mit einer gewissen Ängstlichkeit, zweifelnd, ob im ganzen Hause auch nur einer seine Meinung teile."[6] Die Debatte über die Indemnitätsvorlage brachte im Verlauf der folgenden Wochen eine teilweise Klärung der Fronten. Eine Reihe gemäßigter Liberaler entschloß sich zur Unterstützung Bismarcks, nicht unbedingt, weil sie ihre bisherigen politischen Ziele hätten aufgeben wollen, sondern weil sie keinen Sinn darin sahen, auf Oppositionskurs zu bleiben. Schließlich, so argumentierten sie, wenn eine überwältigende liberale Landtagsmehrheit in den frühen 60er Jahren nicht imstande gewesen war, der Regierung ihren Willen aufzuzwingen, welche Chance, dies zu vollbringen, sollte dann eine geschrumpfte liberale Fraktion besitzen – gegen eine Regierung, die sich soeben mit dem Lorbeer des Erfolgs bekränzt hatte? Dazu kam, daß einige der Gemäßigten die Ansicht vertraten, die Siege von 1866 würden, selbst wenn sie nicht mit liberalen Mitteln errungen worden seien, letzten Endes liberale Zwecke fördern. „Ist denn", so fragte Ludwig Bamberger, „die Einheit nicht selbst ein Stück Freiheit?" Jetzt, wo die nationale Einheit erreicht war, mußten da nicht fast zwangsläufig liberale Reformen nachfolgen?[7] Durch ein Eingehen auf das Versöhnungsangebot Bismarcks hofften die Gemäßigten, aus dem fruchtlosen Oppositionsdasein herauszutreten und ihre politischen Ziele mit der Regierung, statt wie bisher gegen sie, verfolgen zu können. Es scheint, als seien Männer wie Bamberger im Grunde überzeugt gewesen, daß die neue Situation die Chance bot, den alten Dualismus zwischen Staat und Volk erneut aufleben zu lassen, der von jeher im Mittelpunkt des gemäßigt-liberalen politischen Denkens gestanden hatte.

In Teilen der Preußischen Fortschrittspartei stieß die Bismarcksche Indemnitätsvorlage auf Ablehnung. In den Augen ihrer Gegner war sie nichts anderes als eine Legalisierung jener „Lückentheorie", mit der der Ministerpräsident die Ausschaltung des Parlaments gerechtfertigt hatte, und bot keinerlei Garantie dafür, daß sich dergleichen nicht wiederholen würde. Ihre Antwort darauf war, daß sie das liberale Parteiprogramm von 1861 erneut bekräftigten und erklärten, sie seien nicht willens, die Oppositionshaltung aufzugeben, in deren Zeichen die Partei ursprünglich angetreten war. Allein, wie der liberalen Opposition vor 1866, so fiel es auch den Gegnern der Indemnitätsvorlage schwer, eindeutige Alternativen zur Politik der Regierung zu formulieren. So stellten sie sich beispielsweise fast geschlossen hinter die Außenpolitik Bismarcks und begrüßten den Sieg der preußischen Militärmacht.[8] Darüber hinaus zeigten die Debatten im Herbst 1866, daß die meisten Vertreter der liberalen Linken kein klar umrissenes Verfassungsprogramm vorzuweisen hatten. Sie waren mit ihren gemäßigten Parteifreunden nicht so sehr in der Frage „Einheit oder Freiheit" uneins, sondern vielmehr darin, ob das Angebot Bismarcks die Chance einer Rückkehr zu einer verfassungsgemäßen Regierung eröffnete. Ebenso wie diejenigen, die für die Vorlage stimmten, stellten auch jene, die sie ablehnten, die herkömmliche liberale Konzeption eines Dualismus von Monarch und Parlament nicht in Frage.

Die Auseinandersetzung zwischen Befürwortern und Gegnern der Indemnitätsvorlage mag von taktischen Erwägungen und weltanschaulichen Nuancen bestimmt gewesen sein, doch sie machte nichtsdestoweniger auf beiden Seiten eine Menge böses Blut. Den Gegnern der Vorlage erschienen ihre Befürworter als Opportunisten, die aus Servilität und Angst ihre heiligsten Grundsätze geopfert hatten. Die Befürworter, Bismarcks spätere Verbündete, betrachteten diejenigen, die gegen die Vorlage stimmten, als doktrinäre Idealisten, die bereit waren, den Liberalismus zu einem spröden Negativismus absinken zu lassen.[9] Viele von denen, die dem Bismarckschen Vorschlag ihre Stimme gaben, traten im Verlauf der darauffolgenden Wochen aus der Fortschrittspartei aus. Es scheint, daß die meisten dieser Männer anfänglich gar nicht vorhatten, eine eigene Fraktion zu bilden, aber allmählich kristallisierten sie sich zu einer Gruppierung, aus der im Juni 1867 die Nationalliberale Partei hervorging. Schon ein Jahr nach der Schlacht von Königgrätz standen sich damit sowohl im Preußischen Landtag als auch im Reichstag des Norddeutschen Bundes zwei liberale Fraktionen gegenüber.[10]

Ein wichtiger Grund dafür, daß die Auseinandersetzungen um die Indemnitätsvorlage zu einem Konflikt zwischen liberalen Fraktionen ausartete, war der Einfluß, den Liberale aus den frisch annektierten preußischen Territorien, den Staaten des Norddeutschen Bundes und, nach 1871, aus den süddeutschen Mittelstaaten ausübten. Einige dieser Männer tendierten zur Fortschrittspartei, die meisten aber fanden in der Nationalliberalen Partei ein ihnen gemäßeres Forum.[11]

Für die regionalen Verschiedenheiten im Kräfteverhältnis zwischen Fortschrittspartei und Nationalliberalen, wie sie aus Tabelle 9.1 zu ersehen sind, gab es verschiedene Gründe. Zum einen war bei den Liberalen, die nicht direkt in den preußischen Verfassungskonflikt verwickelt gewesen waren, nicht jene tiefverwurzelte Feindseligkeit gegen Bismarck vorhanden, die den Oppositionsgeist der preußischen Fortschrittspartei nach wie vor nährte. Zum zweiten wurde in den norddeutschen Kleinstaaten und in einer Reihe anderer Länder die nationale Einigung als Befreiung vom Joch einer engstirnig reaktionären Regierung empfunden. Und zum dritten stand die Reichsgründung in den Augen der liberalen Parteigänger in einigen Mittelstaaten wie Hannover und Sachsen in engem

Zusammenhang mit dem Kampf gegen eingesessene partikularistische und politisierte katholische Kräfte. In allen diesen Ländern gestaltete sich das Verhältnis zwischen Nationalismus und Liberalismus daher wesentlich anders, als es sich im preußischen Kernland auf den ersten Blick darstellte. Was sich zwischen 1866 und 1871 vollzog, erschien liberalen Zeitgenossen aus Hannover, Baden, Bayern und anderen Ländern wie ein siegreiches Kapitel in der langen Geschichte des Kampfes der liberalen Bewegung gegen ihre traditionellen Feinde und nicht etwa als

Tabelle 9.1
Gewonnene Reichstagswahlkreise der Liberalen 1871 und 1874
nach Ländern aufgeschlüsselt.

Land (Gesamtzahl der Wahlkreise)	Nationalliberale		Fortschrittspartei	
	1871	1874	1871	1874
Preußen				
östliche Provinzen (140)	24	48	18	23
Hannover (19)	9	13	–	–
Schleswig-Holstein (10)	1	4	4	2
westliche Provinzen (67)	14	16	6	8
Bayern (48)	10	10	6	5
Sachsen (23)	8	7	8	4
Württemberg (17)	13	9	–	1
Baden (14)	10	11	–	–
Hessen (9)	7	7	–	–
Andere Länder* (35/50)	28	29	4	6
Insgesamt (382/397)	124	154	46	49

QUELLE: VSDR 2, Nr. 3, Teil 2 (1875): 1-154
* Elsaß-Lothringen wählte erstmals 1874.

ein schwerwiegender Rückschlag in einem grundlegenden Konflikt mit dem Staat.[12]

Es kann kein Zweifel daran bestehen, daß die Spaltung, die sich 1866/67 vollzog, von großer Bedeutung war, aber die Historiker haben die Frontverläufe innerhalb der liberalen Bewegung mitunter allzusehr vereinfacht, indem sie die Eindeutigkeit und die Dauer der zweigleisigen Struktur der Bewegung in den 60er Jahren überschätzten. Eine ganze Reihe grundlegender Differenzen unter den Nationalliberalen waren von Anfang an zutage getreten. Freilich, häufig gab es zwischen den verschiedenen Flügeln dieser Partei fast ebenso scharfe Konflikte wie zwischen der Partei insgesamt und der Fortschrittspartei.[13] Ein weiterer Fehler ist es, davon auszugehen, daß das liberale Meinungsspektrum, wie es sich in Berlin darstellte, repräsentativ für die liberale Bewegung als ganze gewesen sei. In den einzelnen Ländern wurde das politische Leben weiterhin von Faktoren beeinflußt, für die es auf nationaler Ebene oft keine Entsprechung gab, und was ebenso wichtig war, die politische Meinungsbildung vollzog sich auf lokaler Ebene nach wie vor im Rahmen von Institutionen, die sich nicht immer in das Muster der parlamentarischen Gruppierungen und Allianzen einfügten. Vielen

Zeitgenossen, die die Ereignisse im Bezugsrahmen ihrer eigenen, lokal geprägten Interessen und Bindungen interpretierten, müssen die Auseinandersetzungen zwischen den Fraktionen in Berlin weit weniger bedeutsam vorgekommen sein, als sie uns erscheinen.

In den meisten Bundesstaaten führten die durch die dramatischen Ereignisse zwischen 1866 und 1871 hervorgerufenen Erschütterungen nicht zu einer Spaltung innerhalb des Liberalismus entlang der Scheidelinie Fortschritt-Nationalliberal. So traten etwa in Baden während der späten 60er Jahre scharfe Gegensätze sowohl in innen- als auch in außenpolitischen Fragen zutage und führten beinahe zu einer permanenten Spaltung im liberalen Lager. Doch der gebieterische Wunsch, auf religionspolitischem Gebiet zusammenzuarbeiten, hielt die Partei zusammen.[14] Auch bei den bayerischen Liberalen standen religiöse Fragen im Vordergrund, Fragen, die nach der politischen Mobilisierung der bayerischen Katholiken in der sogenannten Patriotenpartei eine besonders drängende Aktualität gewonnen hatten. Gemeinsame konfessionelle Interessen und dazu die sehr knappen Mehrheitsverhältnisse im bayerischen Landtag veranlaßten ein breites Spektrum liberaler Gruppierungen zum Verbleiben in der Bayerischen Fortschrittspartei, die ihre internen politischen Differenzen mit programmatischen Gemeinplätzen zudeckte.[15] In Württemberg waren es eher nationale als religiöse Aspekte, die die politischen Konstellationen in erster Linie bestimmten. Im Sommer 1866 wurde dort von einer heterogen zusammengesetzten Ansammlung von Männern, die die preußische Deutschlandpolitik unterstützten, die Deutsche Partei gegründet. Wie in Bayern beruhte auch hier die Einheit der Partei weitgehend darauf, daß man auf die Benennung konkreter politischer Ziele verzichtete; die Mitglieder legten das Schwergewicht stets auf die nationale Politik; sie hofften, hierdurch die, wie ein Beobachter sich ausdrückte, „verschiedenen Elemente in der Partei, die der Fortschritts-, der Nationalliberalen und der Freikonservativen Fraktion in Norddeutschland entsprechen", zusammenhalten zu können. Als Widersacherin stand der Deutschen Partei eine „Volkspartei" gegenüber, die sich sowohl durch demokratische innenpolitische Zielsetzungen als auch durch Opposition gegen die preußische Hegemonie profilierte.[16] In Hessen und Sachsen wirkten nationale und politische Konflikte zusammen und produzierten ein besonders komplexes und instabiles Parteien- und Fraktionsmosaik. In beiden Staaten hatte die Volkspartei eine gewisse Anhängerschaft; ferner gab es in beiden eine selbstbewußte rechtsliberale Gruppierung. Das hatte zur Folge, daß in Hessen und Sachsen keine zentrale liberale Parteiorganisation geschaffen werden konnte, die sich so weit nach links erstreckt hätte wie die badischen Nationalliberalen oder so weit nach rechts wie die Bayerische Fortschrittspartei. Die Folge war eine erhebliche Instabilität in der zweiten Hälfte der 60er Jahre. Nach einer kurzen Episode der Eintracht im Jahr 1871 schieden sich die sächsischen Liberalen schließlich 1873 in eine Nationalliberale und eine Fortschrittsfraktion.[17] In Hessen vermochte die Fortschrittspartei Schritt für Schritt ihre Gegenspieler auf der Rechten auszustechen oder zu absorbieren, freilich um den Preis eines anhaltenden Drucks von links. In nationalen Fragen unterstützte die hessische Fortschrittspartei in der Regel die Position der Nationalliberalen.[18]

In der Verschiedenartigkeit der politischen Linien in den Einzelstaaten spiegelte sich die Tatsache wider, daß innerstaatliche und nationale Themen das politische Leben auf eine von Staat zu Staat ganz unterschiedliche Weise beeinflußten. In Preußen lag, da die dortigen Liberalen sich in den nationalen Fragen einig waren, die Ursache für die Spaltung in Auseinandersetzungen über innenpolitische Belange, Auseinandersetzungen, die bestimmt waren von den Erfahrungen und Positionen des Verfassungskonflikts und die verschärft wurden durch die tiefwurzelnden sozio-politischen Spannungen, an denen Preußen in spezifischer Weise litt. In Baden und Bayern präsentierte sich das Verhältnis zwischen liberaler Bewegung und Staat wesentlich anders als in Preußen; ein wichtiger Unterschied war, daß sowohl in Karlsruhe als auch in München religiöse Auseinandersetzungen für ein gewisses Maß an liberaler Einigkeit sorgten, während in Berlin der Antikatholizismus als einigendes Band kaum eine Rolle spielte. In Stuttgart wurden die internen liberalen Zwistigkeiten nicht nur durch einen allgemeinen Hang zur Identifizierung mit dem preußischen Führungsanspruch in der deutschen Frage gedämpft, sondern auch durch die langjährige Gegnerschaft zwischen den Liberalen auf der einen und einer demokratisch orientierten, antipreußischen Volkspartei auf der anderen Seite. Daß dieser letztgenannte Gegensatz in Württemberg so stark in den Vordergrund trat, lag wiederum daran, daß hier religiöse Konflikte fehlten, die mit denen in den anderen beiden süddeutschen Mittelstaaten vergleichbar gewesen wären. In Hessen und Sachsen lagen die Verhältnisse insofern ähnlich wie in Württemberg, als auch die Liberalen dieser Länder sich mit einer demokratischen Partei auseinanderzusetzen hatten; in beiden Ländern sorgten aber auch konservative Elemente für eine kräftige Opposition von rechts.[19]

Noch bunter gestaltet sich das Mosaik der Gruppen- und Fraktionsbildungen innerhalb des liberalen Lagers, wenn man die auf örtlicher Ebene angesiedelten Organisationen mit in Betracht zieht, in denen sich der Prozeß der politischen Meinungsbildung vollzog und aus denen die liberalen Wortführer hervorgingen. Noch 1876 konnte Eduard Lasker behaupten: „Die liberale Partei im Lande ist in sich nicht nach Fraktionen geschieden, wie die liberalen Abgeordneten im Parlament, sondern ein großes Ganzes, innerhalb dessen, wie überhaupt in jeder größeren politischen Gemeinschaft, die Ansichten wohl im einzelnen vielfach auseinandergehen, man sich aber in seinen großen Zielen völlig einig weiß."[20] Es steht außer Frage, daß diese Einschätzung zu dem Zeitpunkt, als Lasker diese Äußerung tat, zumindest in bezug auf bestimmte Gebiete des Reichs unzutreffend war. Um die Mitte der 70er Jahre war es bereits so weit, daß eine ganze Reihe auf lokaler Ebene tätiger Organisationen fest in der Hand von Fortschrittlern oder aber Nationalliberalen war. Im allgemeinen blieb es jedoch ein Kennzeichen dieser örtlichen politischen Vereinigungen, daß sie nur lose organisiert und in ihrer politischen Orientierung kaum differenziert waren. Die typischste Spielart dieser Organisationen waren die sogenannten Wahlkomitees, die gewöhnlich kurz vor einer anstehenden Wahl von den tonangebenden Persönlichkeiten einer

Gemeinde oder eines Bezirks gegründet wurden. Natürlich gab es auch auf dieser Ebene Parteiungen, aber sie beruhten ebensooft auf persönlichen und lokalspezifischen Konflikten wie auf den programmatischen Unterschieden zwischen den parlamentarischen Fraktionen. Dazu kam, daß selbst dort, wo es Fraktionsbildungen auf lokaler Ebene gab, das Bedürfnis, sich gegen einen gemeinsamen Gegner zusammenzutun, zumindest am Vorabend von Wahlen oft zur Bildung einer „Einheitsfront" führte.[21]

Was die Verbindungen und Beziehungen zwischen dem politischen Leben auf lokaler und dem auf nationaler Ebene betraf, so blieben sie weiterhin sporadisch, informell und von persönlichen Initiativen und Bekanntschaften abhängig. Dies lag teilweise daran, daß jene eigentümlichen infrastrukturellen Merkmale des deutschen politischen Systems, auf die hier schon einige Male hingewiesen wurde, nach wie vor Bestand hatten: die relative Unentwickeltheit der Verkehrs- und Nachrichtenverbindungen, das Fehlen einer reichsweit anerkannten politischen Elite, die Heterogenität der politischen Traditionen und Erfahrungen sowie das unverwüstliche Fortleben alter Loyalitäten und Interessen im örtlichen Rahmen. Auch die gesetzliche und polizeiliche Behinderung politischer Aktivitäten bestand fort und trug dazu bei, die Entwicklung institutionalisierter, auf Kontinuität angelegter Kontakte zwischen den einzelnen Gemeinwesen und den nationalen Organisationen zu hemmen.[22]

Wie schon in den Jahren vor 1866, wirkten sich diese strukturellen Eigentümlichkeiten auch danach auf die Vorstellungen deutscher Liberaler vom Wesen und von den Zwecken organisierten politischen Handelns aus. Es ist erstaunlich, wie sehr die Liberalen in ihrer Partei nach wie vor eine weltanschauliche Gemeinschaft sahen und wie wenig Wert sie auf verbindliche institutionelle Organisationsformen legten. So war beispielsweise im ersten Artikel des Nationalliberalen Programms vom Juni 1867 die Rede von der Notwendigkeit, eine „Nationalliberale Partei" aufzubauen, was, wie man annehmen sollte, die Bildung einer Parlamentsfraktion mit Bindungen und Verbindungen zu anderen politischen Gruppen und Vereinigungen hätte mit einschließen müssen; allein, in seinem letzten Artikel verwies das Programm auf die „anderen Fraktionen der liberalen Partei... denn wir fühlen uns eins mit ihnen im Dienste der Freiheit".[23] Sprachliche Unbestimmtheit weist fast immer auf theoretische oder praktische Unschlüssigkeiten hin: in diesem Fall darauf, daß sich wohl ein beträchtlicher Teil der Liberalen immer noch nicht im klaren war, was die Zugehörigkeit zu einer Partei oder einer Fraktion nun eigentlich bedeutete. Wie einer von ihnen 1872 schrieb: „Für mich ist die Nationalliberale Partei nur noch ein politisches Fluidum und die Fraktion ein Schatten." Ein Jahr später lieferte Georg von Siemens eine noch pointiertere Illustration dieses Aspekts, als er die folgende Begebenheit schilderte:

Morgen ist hier nationalliberale Landesversammlung. Ein Bekannter... fragte mich zur Sicherheit vorher, ob ich auch nationalliberal sei. Auf meine Bitte um eine Definition blieb er mir indessen die Antwort schuldig, so daß ich nicht erfahren konnte, ob ich auch wirklich nationalliberal bin.[24]

Ein weiterer Beweis dafür, daß die Liberalen sich über die Bedeutung ihrer internen Fraktionierungen nach 1866 durchaus nicht im klaren waren, ist die Tatsache, daß viele von ihnen weiterhin für die nahe Zukunft mit dem Zusammenschluß der liberal Gesinnten zu einer einheitlichen nationalen Bewegung rechneten. So schrieb etwa Forckenbeck im Herbst 1871 an Lasker, „eine feste und großherzige liberale Partei" könne zu einer bestimmenden Kraft werden und „ein wirklich politisches parlamentarisches Leben [begründen], an welchem die ganze Nation teilnimmt". Drei Jahre später brachte Franz von Stauffenberg die gleiche Hoffnung zum Ausdruck.[25] Forckenbeck, Lasker und Stauffenberg hielten an dieser Zielsetzung bis weit in die 70er Jahre hinein fest und mit ihnen viele andere vom linken Flügel der Nationalliberalen, die glaubten, sie könnten eine Brücke zwischen den beiden Ablegern der Bewegung schlagen. Auch andere Liberale liebäugelten im ersten Jahrzehnt nach der Reichsgründung mit Hoffnungen dieser Art. So scheint etwa Julius Hölder Anfang 1873 mit einer baldigen durchgreifenden Veränderung der Parteienlandschaft gerechnet zu haben, an deren Ende ein konservativer und ein liberaler Block stehen würden.[26] Vier Jahre später, als die Konflikte innerhalb des liberalen Lagers bereits eine explosive Intensität erreicht hatten, gab es noch immer Stimmen, die die Parlamentarier beschworen, mit ihrem „Fraktionsgezänk" aufzuhören und sich zum gemeinsamen Kampf im Dienst der liberalen Sache zusammenzuschließen.[27]

Daß es den auf lokaler Ebene tätigen liberalen Vereinigungen zumindest bis zur Mitte der 70er Jahre gelang, eine eindeutige Zuordnung zu einer der beiden Fraktionen der Bewegung zu vermeiden, war unter anderem auch dem Umstand zu verdanken, daß Fortschrittler und Nationalliberale in einer Reihe wichtiger Fragen politisch konform gingen. In den norddeutschen Parlamenten unterstützten beide Fraktionen zwischen 1867 und 1875 die Außenpolitik, das sozial- und wirtschaftspolitische Programm sowie den Feldzug der preußischen Regierung gegen die katholische Kirche. Gleichzeitig taten sich Männer aus beiden Fraktionen zum Widerstand gegen die Versuche Bismarcks zusammen, die Position des Reichstags, wie sie in der Verfassung festgelegt war, auszuhöhlen. Die Unstetigkeit der Gruppenkonstellationen innerhalb des Liberalismus wurde unterstützt durch eine gewisse Unstetigkeit in den Beziehungen zwischen den Gruppierungen und Fraktionen sowie zwischen dem Liberalismus als Ganzem und dem Staat.[28] Als es den Fraktionen schließlich unmöglich wurde, diese kombinierte Politik der Zusammenarbeit mit und der Opposition gegen den Staat fortzuführen, wurde es immer schwieriger, die Spannungen, die die linken und die rechten Liberalen entzweiten, zu ignorieren.

Die Verflechtung von Konflikt und Anpassung – sowohl im Verhältnis zwischen den liberalen Fraktionen als auch in beider Verhältnis zur Regierung – wurde deutlich erkennbar im Verlauf der Debatte über die neue Verfassung, die im Februar 1867 im Konstituierenden Reichstag des Norddeutschen Bundes geführt wurde. Mit Ausnahme einiger Vertreter des äußersten linken Flügels der Fortschrittspartei wünschten die meisten Liberalen eine Zusammenarbeit mit Bismarck, nicht nur, weil sie seine Leistungen anerkannten, sondern auch, weil sie hofften, seine Macht ihren eigenen Zwecken dienstbar machen zu können. Bismarck wollte seinerseits die Liberalen für seine politischen Zwecke benutzen: Er benötigte ihre Unterstützung nicht nur, um die Verabschiedung der Verfassung sicherzustellen, sondern auch für den Kampf gegen diejenigen, die sich seiner Lösung des Problems der nationalen Identität widersetzten. Indes, Bismarck wollte, wie schon ein Jahr zuvor bei der Debatte über die Indemnitätsvorlage, so auch jetzt sichergehen, daß eine Zusammenarbeit mit den Liberalen, wenn sie zustande kam, zu den von ihm diktierten Bedingungen erfolgte. Von Anfang an ergriff er in der Verfassungsdebatte die Initiative und suchte sie zu behalten. Im Gegensatz zu der Situation von 1848 sollte der Konstituierende Reichstag von 1867 keinen eigenen Verfassungsentwurf erarbeiten, sondern sein Plazet zu einem Dokument geben, das Bismarck und seine Berater bereits aufgesetzt hatten. Um eine Mehrheit für sich zu gewinnen, nutzte der Ministerpräsident voll das Prestige aus, das er durch die Siege von 1866 gewonnen hatte. Er ließ markige Andeutungen über zukünftige außenpolitische Gefahren und Chancen fallen und gab zu verstehen, daß er für den Fall, daß das Parlament seine Aufgaben nicht pflichtgemäß erfülle, bereit war, die Verfassung per Dekret zu oktroyieren. Eine Regierung, die das Gesetz des Handelns bestimmte, die Beeinflussung innenpolitischer Entscheidungsprozesse durch außenpolitische Argumente und die versteckte, aber dennoch reale Drohung mit einem Staatsstreich – alle diese vertrauten Elemente des ausgereiften Bismarckschen Systems waren ansatzweise schon in den ersten Monaten nach der Geburt des neuen Deutschland vorhanden.[29]

Der dem Reichstag vorgelegte Verfassungsentwurf ging von einem Verhältnis zwischen „Staat" und „Volk" aus, das vom Vorbild jenes „konstitutionellen Monarchismus" abgeleitet war, der in Deutschland seit den ersten Jahrzehnten des 19. Jahrhunderts politische Praxis gewesen war.[30] Die Existenz des Parlaments war garantiert, seine Gesetzgebungskompetenz anerkannt, aber die zentrale Machtinstanz in dem vorgesehenen System blieb der Präsident des Bundes, ein Amt, das *per definitionem* vom preußischem König ausgeübt werden und daher auch erblich sein sollte (nach 1871 trat an die Stelle des Präsidenten der deutsche Kaiser). Der Präsident hatte die Befehlsgewalt über die entscheidenden politischen und militärischen Machtfaktoren und war mit umfassenden Notverordnungsvollmachten für den Ausnahmefall ausgestattet. Bismarck versuchte ferner, die Möglichkeiten des Parlaments zur Einflußnahme auf die politischen Entscheidungsprozesse weiter zu beschneiden. Die Haushaltsbewilligungsbefugnisse des nationalen Parlaments sollten begrenzt und nicht eindeutig umschrieben sein. So war beispielsweise vorgesehen, das Militärbudget zwar grundsätzlich der Kontrolle des Reichstags zu unterstellen, seine Höhe aber durch die Festlegung einer „Kopfquote" (eines fixen Betrags pro Soldat) im voraus zu garantieren; auf diese Weise wurden den Länderparlamenten (insbesondere dem preußischen Landtag) einige Zuständigkeiten weggenommen, die eigentlich auf den Reichstag übertragen werden sollten, dann aber quasi unterwegs „verlorengingen". Der Entwurf

Bismarcks ließ auch eine nationale Exekutive vermissen. Die Verwaltungsaufgaben sollten vermutlich von Behörden wahrgenommen werden, die dem Bundesrat nachgeordnet waren, einer Art Oberhaus, in dem ernannte Vertreter der Einzelstaaten saßen. Dies bedeutete, daß es kein einzelnes Organ und keine klar abgegrenzten Bundesbehörden geben würde, von denen der Reichstag mit Aussicht auf Erfolg Rechenschaft für die Politik der Regierung würde fordern können.

Ein großer Teil der Debatten im Konstituierenden Reichstag entspann sich um die Versuche der Liberalen, die begrenzten Machtbefugnisse des Parlaments auszuweiten. In bezug auf das Recht zur Budgetbewilligung drangen sie damit auch ein Stück weit durch. In ihrer endgültigen Form sah die Verfassung ein uneingeschränktes Kontrollrecht des Parlaments über die jährlichen Ausgaben der Regierung vor; die Höhe des Militärhaushalts wurde allerdings durch eine vorläufige, bis 1871 gültige Kompromißregelung garantiert. Als unvereinbarer erwiesen sich die Standpunkte in der Frage eines nationalen Vollzugsorgans. Bismarck widersetzte sich in dieser Frage den liberalen Forderungen, weil er Einmischungen des Parlaments in außenpolitische Angelegenheiten befürchtete und weil er im Bund bzw. im Reich keine Ministerialbürokratie ähnlich derjenigen aufzubauen wünschte, die ihm in Preußen so große Schwierigkeiten bereitete. Die Liberalen andererseits erkannten, daß eine verfassungsmäßig festgelegte Exekutive in irgendeiner Form unabdingbar war, wenn der Reichstag jemals Aussicht haben sollte, die Regierung für ihre Politik verantwortlich zu machen. In der ersten Phase der Debatte über dieses Problem definierten die meisten Liberalen den Begriff der Verantwortlichkeit in einem enggefaßten juristischen und verfassungsrechtlichen Sinn – sie dachten dabei nicht an eine politische Verantwortlichkeit, die dem Parlament einen direkten Hebel zur Einflußnahme auf die Regierungspolitik in die Hand gegeben hätte. Sie waren, mit anderen Worten, nach wie vor bereit, mit einem Dualismus zwischen Staat und Volk zu leben, wollten andererseits aber nicht auf jede parlamentarische Mitwirkung an den Regierungsgeschäften verzichten.[31] Am Ende mußten sich die Liberalen mit erheblich weniger zufriedengeben, als die meisten von ihnen angestrebt hatten. Artikel 17 der Verfassung schrieb die Schaffung des Amtes eines Bundeskanzlers vor, der, kraft seiner Pflicht zur Gegenzeichnung der Gesetze, mit der „Verantwortung" für die Gesetzgebung betraut wurde. Wem gegenüber der Kanzler verantwortlich war und von wem er gegebenenfalls zur Verantwortung gezogen werden konnte, sagte Artikel 17 allerdings nicht.[32]

Die Mitglieder der Fortschrittspartei fanden am endgültigen Text der Verfassung so viel auszusetzen, daß sie dagegen stimmten.[33] Auch auf dem linken Flügel der Nationalliberalen Partei gab es viele Enttäuschte, aber da sie die Verfassung als ganze nicht aufs Spiel setzen wollten, schlossen sie sich der Mehrheit an, die im April 1867 die Verfassung mit 230:53 Stimmen in Kraft setzte. Ungeachtet ihres unterschiedlichen Verhaltens bei der Abstimmung über die Verfassung gingen die beiden liberalen Fraktionen in den Jahren nach 1867 bei vielen Gelegenheiten konform. Die Fortschrittler sahen sich in der Lage, in einer ganzen Reihe sozialer, wirtschaftlicher und religiöser Fragen gemeinsame Sache mit den Nationalliberalen und der Regierung zu machen. Und auch umgekehrt hinderte die Tatsache, daß sie für die Verfassung gestimmt hatten, die Nationalliberalen nicht daran, sich mit den Fortschrittlichen zu einer Reihe von Anläufen und Versuchen zu einer Stärkung der Stellung des Parlaments im politischen System zusammenzutun.

Das Haushaltskontrollrecht des Reichstags war die wirksamste Waffe, die den Liberalen in ihrem Kampf um mehr parlamentarischen Einfluß zu Gebote stand.[34] Das Recht, Fragen nach der Verwendung von Geldern zu stellen, eröffnete Männern wie Lasker und Eugen Richter die Möglichkeit, die Politik der Regierung in den unterschiedlichsten innen- und außenpolitischen Bereichen kritisch zu prüfen. Da die Regierung für ihre Budgets die Zustimmung des Parlaments benötigte, verschaffte dies den Liberalen auch noch während der frühen 70er Jahre ein Druckmittel von beträchtlicher Wirksamkeit. Bismarck versuchte immer wieder, durch eine Herauslösung der Militärausgaben aus der Haushaltskontrolle des Reichstags diese politische Waffe stumpfer zu machen. Wie 1867, so strebte er auch nach 1871 wieder an, die Militärausgaben durch eine Kopfquote auf Dauer festzulegen und sie dadurch dem Vorgang der jährlichen Bewilligung zu entziehen. Da der Militärhaushalt den Löwenanteil des Gesamtbudgets ausmachte (1874 beispielsweise 288 Millionen Mark bei einem Gesamtumfang des Haushalts von 344 Millionen), lagen die politischen Implikationen dieses Manövers auf der Hand. Als die 1867 ausgehandelte Übergangsregelung 1871 auslief, kam es zu einer heftigen Debatte, bei der sich der linke Flügel der Nationalliberalen dem Widerstand der Fortschrittspartei gegen eine permanente Festsetzung des Militäretats anschloß.[35] Die Auseinandersetzung wurde durch eine erneute Übergangslösung für vier Jahre beigelegt, nur um 1874 mit noch größerer Schärfe neu zu entbrennen. Diesmal verliefen die Scheidelinien sowohl innerhalb als auch zwischen beiden liberalen Fraktionen. Vierzehn Fortschritts-Abgeordnete entzweiten sich mit ihrer Partei und akzeptierten das letzte Angebot Bismarcks, ein auf sieben Jahre im voraus bewilligtes Militärbudget, während die Nationalliberale Partei am Streit über diese Frage beinahe zerbrochen wäre. Der schließlich erreichte Kompromiß, dessen Funktion im Grunde nur darin bestand, die Entscheidung des zugrundeliegenden prinzipiellen Konflikts noch einmal hinauszuschieben, ließ sowohl bei den Liberalen selbst als auch im Verhältnis zwischen ihnen und Bismarck einen bitteren Nachgeschmack zurück.[36]

Abgesehen von dem Bemühen, das Haushaltsbewilligungsrecht des Reichstags zu verteidigen, versuchten die Liberalen auch, die Diskussion über die Schaffung einer verantwortlichen Reichsexekutive wieder zu eröffnen. Schon 1868 hatte Karl Twesten einen Gesetzentwurf zur Einrichtung eines Reichsministeriums vorgelegt. Bismarck hatte diesen Gedanken abgelehnt. Die Frage wurde 1870 und 1874 erneut aufgenommen, aber jedesmal zeigte sich die Regierung in ihrer ablehnenden Haltung unbeirrt, und dies, obwohl die Anträge von weiten Teilen der liberalen Bewegung befürwortet wurden. Anderweitige Versuche, die Stellung des Parlaments zu stärken, waren ebensowenig von Erfolg gekrönt wie die Bemühungen um eine Ausweitung des Artikels 17. So gelang es den Liberalen beispielsweise nicht, durchzusetzen, daß Reichstagsabgeordnete Diäten erhielten. Und ebensowenig waren sie imstande, Einfluß auf die Ernennung hoher und höchster Beamter zu nehmen, außer natürlich, wenn eine von ihnen vorgeschlagene Person zufällig auch der Wunschkandidat Bismarcks war.[37]

Im ganzen gesehen, war den liberalen Bemühungen um eine Weiterentwicklung des konstitutionellen Systems in den späten 60er und frühen 70er Jahren nur geringer Erfolg beschieden. Was sie bestenfalls vermocht hatten, war, Bismarck eine weitere Schwächung der Position des Reichstags zu verwehren; ansonsten hatten sie als Resultat eines zehnjährigen Kampfes, in dessen Verlauf sie stets die größte einzelne politische Kraft dargestellt und zeitenweise über die absolute Mehrheit sowohl im preußischen als auch im nationalen Parlament verfügt hatten, reichlich wenig vorzuweisen.

Ein Grund für diese relative Erfolglosigkeit lag in den Widerständen gegen politische Reformen, die sich innerhalb der liberalen Bewegung selbst bemerkbar machten. Es gab Liberale – als Beispiel sei Treitschke genannt –, die der Ansicht waren, mit der Reichsgründung von 1871 sei das liberale Programm erfüllt worden. Treitschke war in den Jahren nach 1871 aufgrund seiner wachsenden Enttäuschungen über den Reichstag immer weniger bereit, sich für Bestrebungen zu engagieren, die auf eine klarere Umschreibung der Befugnisse des Parlaments abzielten. Robert von Mohl, dessen halbherzige und ambivalente Parteinahme für ein parlamentarisches Regierungssystem bereits erwähnt wurde, begann schon bald, Zweifel daran zu äußern, ob eine Übertragung englischer Staatseinrichtungen auf Deutschland wünschenswert sei.[38] Zweifel dieser Art wurden bekräftigt von Historikern wie Sybel und politischen Führungspersönlichkeiten wie Julius Jolly, der seine Kritik am britischen Parlamentarismus mit einem Plädoyer für den deutschen Status quo verband.[39] In den Ländern, in denen die Mobilisierung der Feinde des Liberalismus die Bewegung bedrohten, wurde das Mißtrauen der Liberalen gegenüber den parlamentarischen Kompetenzen ganz besonders deutlich. So äußerte beispielsweise ein bayerischer Liberaler 1872 seine Erleichterung darüber, daß es in seinem Land kein republikanisches System gab, denn, so meinte er, wenn ein solches bestanden hätte, wäre es infolge der jüngsten Wahlerfolge der katholischen Partei zu einschneidenden Änderungen in der Regierung gekommen.[40] Männer mit solchen Ansichten – die zumeist Beziehungen zum rechten Flügel der Nationalliberalen Partei unterhielten – suchten den Kampf um eine Weiterentwicklung des konstitutionellen Systems in Richtung auf mehr Demokratie zu hintertreiben oder umzudirigieren. Sie sprachen sich vielmehr dafür aus, den Status quo beizubehalten, und unterstützten Bismarck mehr oder weniger vorbehaltlos, weil sie glaubten, Deutschlands Zukunft hinge letztlich von ihm ab.[41]

Behindert wurden die Bemühungen um eine Verfassungsreform auch durch die Unstimmigkeiten und Unschlüssigkeiten, die bei den gemäßigten und linken Liberalen bestanden. Zwar waren viele Nationalliberale bereit, mit der Fortschrittspartei in Fragen, die mit einer Verfassungsreform zusammenhingen, gemeinsame Sache zu machen, aber eine langfristige Zusammenarbeit scheiterte an immer wieder aufflammenden Zwistigkeiten und Rivalitäten. Noch schwerer ins Gewicht fiel, daß es den Reformwilligen nicht gelang, eine konkrete Alternative zur bestehenden Verfassungswirklichkeit oder auch nur eine erfolgversprechende Strategie zur Herbeiführung von Reformen aufzuzeigen. Die für die Liberalen charakteristische Ungenauigkeit über die dem Begriff „Verantwortlichkeit" innewohnende politische Bedeutung hielt bis nach 1871 an. Die programmatischen Äußerungen der Liberalen zeichneten sich nach wie vor durch Vagheit aus und waren von da her kaum geeignet, etwas zur Heranziehung einer gut informierten politischen Öffentlichkeit beizutragen. Man sehe sich beispielsweise einmal an, was die Fortschrittspartei in ihrem Wahlprogramm vom März 1873 zur Frage der Verfassungsreform zu sagen hatte: „Es wird langer und ernster Arbeit bedürfen, um die Lücken der Reichsverfassung und der Reichsgesetzgebung im Sinn einer wahrhaft constitutionellen Entwicklung auszufüllen." Hieß dies, daß man eine parlamentarische Regierungsform anstrebte? Manche Historiker neigen zu der Annahme, daß dies der Fall war, aber es liegen wenig Anhaltspunkte dafür vor, daß die Reformkräfte in ihrer Mehrheit ein solches Ziel vor Augen hatten. Es scheint, als hätten sich die meisten gemäßigten und linken Liberalen im Grunde nur gewünscht, die Regierung möge die Anliegen und Beschlüsse des Parlaments stärker berücksichtigen, als sie es bislang getan hatte. Den Dualismus Parlament-Staat an sich durch die Einführung einer direkten Verantwortlichkeit der Regierung gegenüber dem Parlament zu beseitigen und die Regierung damit zum Vollzugsorgan des Willens der Legislative zu machen, war offensichtlich gar nicht ihr Ziel.[42]

Ihren praktischen Niederschlag fand diese theoretische Unschlüssigkeit der Reformer darin, daß sie versuchten, die Befugnisse des Parlaments zu erweitern, ohne den Anspruch Bismarcks, unter allen Umständen in seinem Amt zu bleiben, anzutasten. Zumindest bis zur Mitte der 70er Jahre versuchten die meisten Liberalen lediglich, dem Kanzler diese oder jene Politik nahezulegen, nicht aber, ihn aus seinem Amt zu drängen. Dies ist teilweise darauf zurückzuführen, daß das außerordentliche Ansehen, das Bismarck sich bei seinen Zeitgenossen in den Jahren unmittelbar nach seinen glänzenden außenpolitischen Triumphen erworben hatte, sich als tief verankert und dauerhaft erwies.[43] Ja, wie wir gehört haben, war die Aussicht auf eine Zusammenarbeit mit Bismarck für diejenigen, die für die Indemnitätsvorlage und für die Verfassung gestimmt hatten, geradezu das ausschlaggebende Motiv gewesen. Um Ludwig Bamberger zu zitieren: „Die Existenz der Nationalliberalen Partei beruhte, wie ihre Entstehung ausweist, nicht bloß auf der Vertretung einer bestimmten politischen Überzeugung, sondern auch auf einem bestimmten, mit dieser Überzeugung harmonierenden Verhältnis zur Regierung."[44] Überraschenderweise teilten viele Kritiker Bismarcks in den Reihen der Fortschrittspartei diesen Standpunkt. So erklärte beispielsweise Albert Hänel, einer der Wortführer der linken Liberalen, als Bismarck 1877 seinen Rücktritt androhte, etwas Schlimmeres als dies könne es für Deutschland nicht geben.[45] Es gab gewiß eine erkleckliche Zahl von Fortschrittlern, die mit dieser Ansicht nicht übereinstimmten, aber nur die wenigsten von ihnen hätten ernsthaft den Versuch gewagt, den Kanzler aus dem Amt zu drängen, um ihn durch einen Politiker aus dem eigenen, liberalen Lager zu ersetzen.

Das Verhältnis der Liberalen zum Staat war, wie so oft in ihrer Vergangenheit, so auch während der 70er Jahre von zwei Konflikten gegensätzlicher Natur bestimmt: auf der einen Seite von ihrem Wunsch, „das Volk" zu repräsentieren und ihr soziales Fundament in diesem Sinne auszuweiten, und auf der anderen Seite von ihrem Verlangen, sich mit dem Staat gegen diejenigen Kräfte der Gesellschaft zu verbünden, die sie für gefährlich hielten. Infolgedessen litt die Fähigkeit der Bewegung, ihre Vorstellungen gegen den Staat durchzusetzen und das bestehende politische System zu reformieren, auch in der „liberalen Ära" darunter, daß die Liberalen der Staatsmacht nach wie vor eine führende Rolle im politischen Leben Deutschlands zuzugestehen bereit waren.

Gut beobachten läßt sich dieser Sachverhalt an der Haltung der Liberalen zur Militär- und Außenpolitik Bismarcks. Wie wir gesehen haben, entzündete sich am Heeresbudget einer der erbittertsten Konflikte zwischen den liberalen Parlamentsfraktionen und der Regierung. Die meisten gemäßigten und linken Liberalen wünschten ein gewisses Maß an parlamentarischer Kontrolle über die Militärausgaben zu bewahren und wollten ihr Etatbewilligungsrecht auch dazu benützen, Einfluß auf die Militärpolitik zu gewinnen. Allein, die Liberalen waren zur Führung einer wirksamen und glaubwürdigen Kampagne für eine parlamentarische Kontrolle des Heeresbudgets schon deswegen nur sehr bedingt in der Lage, weil sie die Grundpositionen der deutschen Außenpolitik nicht in Frage stellten. Beide liberalen Fraktionen im Berliner Landtag feierten anläßlich der Reichsgründung die preußische Militärmacht und beide übten nur äußerst zurückhaltende Kritik an der Bismarckschen Außenpolitik nach 1871. Dies hatte zumindest in zweierlei Hinsicht bedeutsame Rückwirkungen auf ihre politische Position im Innern. Zunächst einmal machte es sie höchst anfällig für die Taktik Bismarcks, innenpolitische Entscheidungsprozesse durch das Einbringen außenpolitischer Gesichtspunkte zu beeinflussen, eine Technik, die der Kanzler immer dann mit beträchtlichem Erfolg einsetzte, wenn er sich mit einer Parteienkampagne für die parlamentarische Kontrolle der Militärausgaben konfrontiert sah. Zum zweiten schnitten sich die Liberalen durch ihre Identifizierung mit dem Gedanken eines „kleindeutschen" Reichs selbst von einer Anzahl potentieller Verbündeten, insbesondere im Süden und Südwesten, ab, die sich sonst vielleicht mit ihnen zu gemeinsamem politischen Ringen zusammengetan hätten.[46]

Die Liberalen akzeptierten den Bismarckschen Staat nicht nur als Werkzeug und Garanten der nationalen Einheit, sie arbeiteten auch Hand in Hand mit ihm, um eine Reihe staatlicher Vorhaben zu verwirklichen, durch welche die neue Nation ein einheitliches Sozial- und Wirtschaftsrecht erhielt.[47] In den späten 60er und frühen 70er Jahren lieferten beide liberalen Fraktionen die erforderlichen parlamentarischen Mehrheiten für ein Sortiment von Gesetzeswerken, mit dem die noch vorhandenen Beschränkungen der sozialen Mobilität und der wirtschaftlichen Betätigung abgebaut oder ganz abgeschafft wurden. Das Freizügigkeitsgesetz (vom November 1867) beseitigte die Einschränkungen, denen die Wahl des

Wohnortes und des Arbeitsplatzes bis dahin unterworfen gewesen war, ein neues Eherecht (Mai 1868) hob die letzten quasi-feudalen Beschränkungen der freien Wahl des Ehepartners auf, und eine neue Gewerbeordnung (Juni 1869) verwirklichte die liberale Forderung nach Gewerbefreiheit. Eine Reihe weiterer, im gleichen Zeitraum verabschiedeter Gesetze beseitigten die Barrieren, die den wirtschaftlichen Verkehr zwischen den Einzelstaaten hemmten, vereinheitlichten die Währung und liberalisierten die Handelsbeziehungen Deutschlands zu anderen Nationen. Diese Zusammenarbeit zwischen der Regierung und den Liberalen in bestimmten gesellschaftlichen und wirtschaftlichen Bereichen trug, wie schon jene zu Beginn der 60er Jahre, dazu bei, die politischen Konflikte zu entschärfen, die sich aus den Gegensätzen in den Grundfragen der Verfassung ergaben. Darüber hinaus legte die liberale Wirtschaftsgesetzgebung, indem sie die Bürger von der direkten Bevormundung durch örtliche und regionale Machtinstanzen befreite, den Grundstein zu einer Ausweitung der regulativen Kompetenz des Staates. Erneut erwiesen sich hier das Interesse der Gesellschaft an einer bürgerlich-demokratischen Entwicklung und das Machtinteresse des Staates als miteinander verzahnt. Ihre Verkörperung fand diese Tatsache während der „liberalen Ära" in der Person von Rudolf Delbrück, der die Wirtschaftspolitik der Regierung zwischen 1867 und 1876 maßgeblich bestimmte; Delbrück war ein Anhänger freiheitlicher Grundsätze in der Gesellschafts- und Wirtschaftspolitik, weil er in der Verwirklichung dieser Grundsätze sowohl ein Resultat als auch eine Bestätigung und Bekräftigung des segensreichen Wirkens der Staatsmacht sah.[48]

Auch in den Gesetzeswerken, mittels derer 1872 und 1876 das kommunale und regionale Verwaltungswesen reformiert wurde, ging die Verwirklichung liberaler Grundsätze mit einer Bekräftigung der Macht des zentralen Staates Hand in Hand. Die preußischen Liberalen hatten institutionelle Veränderungen auf der untersten Verwaltungsebene schon seit langem gefordert, teilweise weil sie hofften, durch die Einführung einer stärkeren Bürgerbeteiligung an lokalpolitischen Vorgängen ihren eigenen Einfluß auf allgemeiner innenpolitischer Ebene vergrößern zu können.[49] Allerdings war die Haltung der Liberalen zur lokalen Selbstverwaltung stets von einer gewissen Zwiespältigkeit geprägt gewesen; bereits der Begriff der Selbstverwaltung verrät eine Neigung, die administrative, bürokratische Seite der Sache stärker zu betonen als ihren politisch-demokratischen Aspekt. Diese Neigung artikulierte sich nach 1866 noch stärker als zuvor. Insbesondere die Wortführer des rechten Flügels der liberalen Bewegung begannen in der lokalen Selbstverwaltung eher ein Mittel der Integration der Bürger in den staatlichen Verwaltungsapparat als eine Chance zur Entwicklung „basisdemokratischer" Ansätze zu sehen, um es mit einem modernen Begriff zu sagen. In ihrer endgültigen Fassung beschnitten die Gesetze von 1872 und 1876 die Machtbefugnisse der Aristokratie und eröffneten gewisse Möglichkeiten der demokratischen Mitbestimmung; ihr Haupteffekt bestand jedoch darin, daß sie die Bürokratisierung des lokalen Verwaltungswesen förderten und beschleunigten. Im Lauf der Zeit zeigte sich, daß der preußische Landadel einen großen Teil des Einflusses, den er durch die Verwaltungsreform ursprünglich zu verlieren gefürchtet hatte, aufgrund der engen persönlichen Verflechtungen zwischen den eingesessenen Adelsfamilien und der Verwaltungsbürokratie de facto festzuhalten vermochte.⁵⁰

Seinen bezeichnendsten und in vieler Hinsicht bedeutsamsten Niederschlag fand das Zweckbündnis zwischen Liberalismus und dem Bismarck-Staat im sogenannten Kulturkampf des Liberalismus gegen den Katholizismus. Dieser Kampf, in dessen Verlauf sich die schon seit langem schwelenden Gegensätze zwischen Katholiken und Liberalen zu einer bis dahin nicht gekannten Intensität steigerten, war das Ergebnis einer Reihe von Entwicklungen, die sich während der späten 60er und frühen 70er Jahre vollzogen hatten. Wie nicht anders zu erwarten, erfüllte die Entstehung eines von Preußen dominierten und daher vorwiegend protestantisch orientierten deutschen Staates die Katholiken mit gewissen Besorgnissen und bestärkte auf der anderen Seite die Liberalen in ihrer Absicht, sich in ihrem Kampf gegen den kirchlichen Einfluß der Machtmittel des Staates zu bedienen, zumal der Vatikan mit seinen jüngsten Angriffen auf die moderne Welt (am provozierendsten mit dem *Syllabus Errorum* und mit der Verkündung der päpstlichen Unfehlbarkeit) die finstersten Befürchtungen der Liberalen hinsichtlich des kirchlichen Obskurantismus und Autoritarismus bestätigt hatte. Dazu kam, daß die Reformen der „liberalen Ära" namentlich in Regionen, in denen eine besonders enge Verbindung zwischen der Kirche und den diese Reformen am heftigsten bekämpfenden Gruppen bestand, die ohnehin schon vorhandenen, tief wurzelnden Gegensätze zwischen Liberalen und Katholiken weiter verschärften.⁵¹

Die Ereignisse spitzten sich zu, als der politische Katholizismus zu Anfang der 70er Jahre eine Reihe von Wahlsiegen erzielte, die bei den Liberalen den Ruf nach einem „Kulturkampf" gegen die Kirche laut werden ließen. Sybel schrieb bereits im Frühjahr 1871: „Jedenfalls müssen wir, was wir bisher gegen die Klerikalen im weißen Offiziersrock getan, jetzt gegen die Klerikalen in der Soutane tun."⁵² Bismarck war bereit, der antikatholischen Kampagne der Liberalen Rückendeckung zu gewähren, nicht weil er irgendein tieferes Interesse an den ideologischen Aspekten des Konflikts gehabt hätte, sondern weil er die neue katholische Partei als ein potentielles Sammelbecken für alle oppositionellen Elemente innerhalb der Grenzen des neuen Reichs betrachtete: der Hannoverschen Welfen, der süddeutschen Katholiken, der Polen aus den preußischen Ostprovinzen und der elsässischen und lothringischen Franzosen. Wie die Liberalen, so erschrak auch der Kanzler über die beträchtlichen Wahlerfolge, die die Katholiken auf Anhieb erzielten, und suchte nach Mitteln und Wegen, ihren politischen Einfluß einzudämmen.⁵³ Das Resultat war eine Serie von Gesetzeswerken, die in drei Etappen durchgebracht wurden: Zunächst einmal wurde der kirchliche Einfluß auf dem Bildungssektor, jenem traditionellen Schlachtfeld der Auseinandersetzung zwischen Kirche, Liberalismus und Staat, zurückgedrängt; in der zweiten Phase, die in der Verabschiedung der berühmten preußischen Maigesetze von 1873 gipfelte, wurde die staatliche Aufsicht über eine Reihe innerkirchlicher Belange, insbesondere über die Ausbildung, Ernennung und die Erziehung der Geistlichen, verschärft; in der dritten Phase schließlich wurden neue rechtliche Handhaben zur Bestrafung von Geistlichen geschaffen, die sich weigerten, den neuen Bestimmungen Folge zu leisten.[54]

Das Bündnis, das die Liberalen im Kulturkampf mit der Regierung eingingen, beeinträchtigte, ebenso wie ihre Unterstützung der Bismarckschen Außenpolitik und des von Delbrück vorgelegten sozialökonomischen Programms, ihre Fähigkeit, den Kampf um politische Reformen konsequent und glaubwürdig zu führen. So ging beispielsweise 1871 ein erheblicher Teil der im Verlauf der Auseinandersetzung um das Militärbudget mobilisierten oppositionellen Energie durch die Verlagerung der Aufmerksamkeit auf den konfessionellen Kriegsschauplatz verloren. Ein Jahr später, als im liberalen Lager, angeregt durch die Debatte über mehr lokale Selbstverwaltung in Preußen, der Wunsch nach einer Verfassungsreform gerade um sich zu greifen begann, fielen die Liberalen notgedrungen in die antikatholische Kampagne ein, die ihren Abschluß in den Maigesetzen von 1873 fand, und im Eifer des Gefechts gingen jene Reformansätze unter. Und schließlich gelang es der Regierung auch, die vehemente Oppositionsstimmung, die anläßlich der Heeresbudgetkrise von 1874 aufflammte, durch eine erneute Verschärfung des Kulturkampfs abzufangen. In allen diesen Fällen war es nicht nur Bismarcks taktisches Geschick, das den Lauf der Dinge in der geschilderten Weise steuerte, sondern auch der Umstand, daß die Liberalen hartnäckig an ihrer altvertrauten Überzeugung festhielten, daß der Kampf *gegen* den Staat immer dann aufgeschoben bzw. hinter ein Bündnis *mit* dem Staat zurücktreten müsse, wenn es gegen die Feinde der Liberalen in der Gesellschaft zu kämpfen galt.[55] Der Kampf gegen die Kirche wurde im Namen der Freiheit und des Fortschritts geführt, trug aber letzten Endes zur Stärkung des Einflusses des bürokratischen Staates auf das öffentliche Leben in Deutschland bei.[56]

Von der Mitte der 70er Jahre an traten im Verhältnis zwischen dem liberalen Lager und dem Bismarckschen Staat, verursacht durch mehrere Entwicklungen, Trübungen und Störungen auf. Um das Jahr 1875 herum verdichteten sich die Anzeichen dafür, daß Bismarck im Begriff stand, seine Einschätzung der politischen Probleme, die dem Reich zu schaffen machten, zu revidieren. Der Kanzler war verstimmt über die fortwährenden Forderungen nach Reformen der Verfassung, die von gemäßigt liberaler und linksliberaler Seite erhoben wurden; das sich zunehmend schwieriger gestaltende Problem der Reichsfinanzen ließ diese Forderungen, deren Erfüllung mit Mehrausgaben für die Staatskasse verbunden sein würden, noch ärgerlicher erscheinen. Was Bismarck darüber hinaus verärgerte, war der Umstand, daß die liberale Mehrheit keine Neigung zeigte, ihre Zustimmung zu einigen geplanten Gesetzen zu geben, mit denen dem politischen Radikalismus, namentlich der immer stärker werdenden Arbeiterbewegung, straffere gesetzliche Fesseln angelegt werden sollten.[57] Zur gleichen Zeit begann der Kanzler zu erkennen, daß es an der Zeit war, den Kulturkampf zu beenden; der Widerstand der deutschen Katholiken hielt ungebrochen an, und es wurde im Lauf der Zeit deutlich, daß ihre politische Agitation im Vergleich zu der Zeit unmittelbar nach der Reichsgründung wohl an Gefährlichkeit eingebüßt hatte.[58] Dazu kam, daß die scharfen Gegensätze zwischen Bismarck und den Konservativen, die Anfang 1876 nochmals zu einer erbitterten Konfrontation geführt hatten, abzuebben begannen; schon im Frühjahr des gleichen Jahres verschärfte die halbamtliche Presse ihre Angriffe gegen die Fortschrittspartei und gab ihre Unterstützung für die neugegründete Deutsch-Konservative Partei zu erkennen.[59] Schließlich sah sich Bismarck veranlaßt, unter dem Eindruck der sozialen und wirtschaftlichen Erschütterungen, welche die auf den großen Krach von 1873 folgende wirtschaftliche Depression mit sich brachte, seine bis dahin zustimmende Haltung zur liberalen Wirtschaftspolitik Delbrücks zu überprüfen. Der Rücktritt Delbrücks im April 1876 ließ Gerüchte aufkeimen, Bismarck wolle sich nach rechts orientieren und schürte bei manchen Zeitgenossen die Erwartung, daß ein innenpolitischer Kurswechsel bevorstehe.[60]

Daß Bismarcks Begeisterung für die „liberale Ära" um diese Zeit so rasch verflog, hing sicherlich auch eng mit dem Umstand zusammen, daß sich am linken Flügel der liberalen Bewegung eine unnachgiebigere politische Opposition formiert hatte. Die Schlüsselfigur in diesem Vorgang war Eugen Richter, der innerhalb der Fortschrittspartei nach dem Abfall des rechten Parteiflügels 1874 und nach dem Tod Leopold von Hoverbecks, eines gemäßigten Wortführers der Partei, im darauffolgenden Jahr stark an Einfluß gewonnen hatte. Richter war bereits seit Jahren ein unbequemer Widersacher Bismarcks gewesen; er war ein hartnäckiger parlamentarischer Kritiker der Regierung, ein Parteimann mit Leib und Seele. Er war über den Kulturkampf niemals sonderlich glücklich und daher, anders als manche seiner Parteifreunde, auch zu keiner Zeit gezwungen gewesen, seine Kritik aus Rücksicht auf gewisse gemeinsame Interessen mit der Regierung zu zügeln. Richters Loyalität galt seiner Fraktion; in erster Linie war er Fortschrittler, erst an zweiter Stelle Liberaler. Dies bedeutete, daß seine Gegnerschaft gegen die Regierung sich ohne weiteres auch mit unversöhnlicher Kritik an den Nationalliberalen paaren konnte.[61] Richter befand sich 1875 in einer Position, die es ihm erlaubte, das aufgestaute Unbehagen vieler Fortschrittler über das Klein-Beigeben im Verfassungskonflikt, über das Steckenbleiben liberaler politischer Reformansätze in der Folgezeit und schließlich auch über den einseitigen Kompromiß in der Heeresbudget-Krise von 1874 zu artikulieren. 1876 trat Richter an der Spitze seiner Fraktion einigen wichtigen Regierungsvorhaben entgegen. In zwei Fällen, nämlich beim Reichseisenbahngesetz und bei der letzten Lesung des Gerichtsverfassungsgesetzes stimmte die Fortschrittsfraktion im Unterschied zu den Nationalliberalen gegen die Regierung.[62] Zu gleicher Zeit formulierte die Partei ihr politisches Programm in einem entschiedeneren Ton. Einen Rücktritt Bismarcks und die Bildung eines liberalen Kabinetts mochte sie zwar noch immer nicht fordern, aber das Ziel einer dem Parlament gegenüber verantwortlichen Regierung wurde nun doch erheblich deutlicher ausgesprochen: In ihren Wahlparolen vom Dezember 1876 forderte die Partei die Schaffung „eines dem Reichstage politisch und rechtlich für den Gang der Gesetzgebung und Verwaltung verantwortlichen Reichsministeriums".[63]

Der Verschärfung der Opposition von links stand eine immer nachdrücklichere Parteinahme der liberalen Rechten für die Regierung gegenüber. Während beispielsweise die Fortschrittspartei die Nationalliberalen wegen ihrer Kompromißbereitschaft in der Frage der Justizreform heftig angriff, beklagte sich die liberale Rechte darüber, daß die Partei den Bismarckschen Vorschlägen zur Einführung strafrechtlicher Bestimmungen gegen den politischen Radikalismus eine Absage erteilt hatte. Gleichzeitig intensivierten dieselben Männer ihre Angriffe auf die Fortschrittspartei, die sie zusammen mit den Sozialdemokraten und anderen politischen Unberührbaren als „Reichsfeinde" brandmarkten, die unter keinen Umständen als Verbündete für eine nationalliberale Partei in Frage kamen, die schließlich davon und dafür lebe, die treue Vertraute und Helferin des Kanzlers zu sein.[64] Bismarck tat sein möglichstes, um – unter Benutzung der halbamtlichen Presse – diese Risse im liberalen Lager zu vertiefen und zu verschlimmern.

Die einander wechselseitig verstärkenden Gegensätze zwischen links und rechts wirkten sich auf die Fraktions- und Gruppenstruktur der liberalen Bewegung in den einzelnen Ländern unterschiedlich aus. In Bayern traten die Liberalen zur Landtagswahl von 1875 noch als geschlossene Einheit an und fuhren fort, ihre internen Differenzen durch programmatische Vagheit zu verwischen. In einigen der kleineren Länder, zum Beispiel in Lippe-Detmold, verbündeten sich die Nationalliberalen mit den Konservativen gegen die Fortschrittspartei. Auch in Sachsen verschlechterten sich die Beziehungen zwischen den beiden liberalen Gruppierungen. Sie fanden keinen gemeinsamen Nenner für eine Kooperation bei den im September 1875 abgehaltenen Landtagswahlen; als das neue Parlament dann zusammentrat, verhinderte eine gemeinsame Front aus linken Liberalen und Konservativen, daß die Kandidaten der Nationalliberalen Partei in das Landtagspräsidium gewählt wurden.[65] Auch in Berlin verschärften sich die Konflikte zwischen den beiden „Fraktionen". Nach einigem Zögern auf beiden Seiten einigte man sich jedoch zu guter Letzt noch darauf, sich bei den im Sommer 1876 stattfindenden Landtagswahlen gegenseitig zu unterstützen. Doch noch vor Ablauf desselben Jahres hatte die Auseinandersetzung über die Justizreform die Beziehungen zwischen Fortschrittlern und Nationalliberalen in Preußen wieder so weit verschlechtert, daß ein Bruch unvermeidlich schien.[66] Nach der Schlußabstimmung über das Gesetz verurteilte die Fortschrittspartei formell das Verhalten der Nationalliberalen und erklärte, sie sei nicht bereit, mit ihnen im Vorfeld der für Januar 1877 angesetzten Reichstagswahl zusammenzuarbeiten. Dieser formelle Beschluß der „Fraktion" stieß nicht auf den ungeteilten Beifall der örtlichen Gliederungen der Partei, vertiefte aber nichtsdestoweniger in einer ganzen Anzahl von Wahlkreisen die Spaltung zwischen den beiden Flügeln der Bewegung.[67] Nach der Wahl verdichteten sich die Spannungen zu einem dramatischen Eklat, als die Nationalliberalen einem von der Fortschrittspartei genannten Kandidaten für das Amt des Reichstags-Vizepräsidenten ihre Stimmen versagten. Während der „liberalen Ära" hatten die Wahlen zum Parlamentspräsidium stets die funktionierende Kooperation der beiden liberalen Fraktionen gezeigt; jetzt schwenkten die Nationalliberalen um und schenkten ihre Gunst einem Kandidaten der Freikonservativen Partei, der mit ihren Stimmen dann auch gewählt wurde.[68]

Für die Vertreter des linken Flügels der Nationalliberalen Partei waren die Ereignisse von 1875 und 1876 höchst schmerzlich. Sie mußten als diejenigen, die sich am meisten für die „Doppelstrategie" einer Zusammenarbeit mit Bismarck einerseits und einer Fortsetzung der Bemühungen um politische Reformen andererseits eingesetzt hatten, in dem Augenblick, da diese Strategie zusammenbrach, zwangsläufig als die Hauptverlierer dastehen. Dazu kam, daß sie die ganze Zeit über gehofft hatten, durch ein Vermitteln zwischen rechtem und linkem Flügel zur Wiedergeburt einer geeinten liberalen Bewegung beitragen zu können; die Verschärfung der Konflikte innerhalb des Liberalismus mußte sie daher tiefer treffen als alle anderen. In der Öffentlichkeit riefen die Sprecher der linken Nationalliberalen die beiden Fraktionen der Bewegung weiterhin zu politischer Gemeinsamkeit auf. Im privaten Kreis jedoch zeigten sich viele von ihnen zutiefst beunruhigt angesichts der Veränderungen, die sich im politischen Leben Deutschlands vollzogen. Friedrich Kapp schrieb bereits im Januar 1875: „Es findet ein Zersetzungsprozeß der alten Parteien statt, der, wie mir scheint, im Laufe des Jahres zum Durchbruch kommen wird. Die Nationalliberale Partei zum Beispiel, der Zahl nach die mächtigste, ist ein solches Sammelsurium aller möglichen, zum Teil unvereinbaren Bestrebungen, Ansichten und Ziele, daß sie aus dem Leim gehen muß."[69] Ähnlich pessimistisch war Lasker. Nach dem zermürbenden Zwist um die Justizreform waren die Beziehungen der liberalen Gruppierungen zueinander seinem Gefühl nach so zerrüttet, wie zuletzt anläßlich der Verfassungsdebatte im Jahr 1867. „Wieviel niedriger Sinn und egoistische Berechnung", so klagte er, „hat sich in den letzten Tagen nur unter der Maske des Liberalismus verraten!" In seiner Beurteilung der Reichstagswahlen vom Januar 1877 gelangte er zu der Überzeugung, die Nationalliberalen hätten keine Veranlassung mehr, Kompromisse mit der Fortschrittspartei zu schließen, und sollten nunmehr versuchen, diese zu einem vernünftigeren politischen Gebaren zu zwingen.[70]

Die Fortschrittler zeigten ihrerseits ebensowenig Lust zur Kooperation. Bei Richter hatte sich mehr und mehr die Überzeugung gefestigt, daß die Nationalliberalen im Grunde keine echte liberale Partei mehr waren (falls sie es je gewesen seien). Er hoffte zuversichtlich, der linke Flügel der Nationalliberalen werde sich früher oder später gezwungen sehen, mit der Parteimehrheit zu brechen und sich der Fortschrittspartei anzuschließen. Dies war die Folgerung, welche die Fortschritts-Fraktion im Reichstag aus den Wahlen von 1877 zog:

Die Nationalliberale Partei geht aus diesem Wahlkampf... wiederum erheblich geschwächt in der liberalen Qualität ihrer Mitglieder hervor... Was noch liberal in der Partei ist... das wird bald zum entscheidenden Bruch mit der Partei geführt werden... unsere Aussichten werden dadurch fortgesetzt wachsen.[71]

Die politischen Konstellationen der „liberalen Ära" waren somit Anfang 1877 in Bewegung geraten. Die einander überschneidenden und überlappenden Gegensätze innerhalb des Liberalismus sowie zwischen liberaler Bewegung und Regierung verursachte vielen von denen, die einst die „liberale Ära" mit soviel Hoffnung und Begeisterung begrüßt hatten, ein Gefühl von politischer Krise. Ehe wir jedoch die weitere Entwicklung dieser Krise verfolgen können, müssen wir zwei andere Entwicklungsstränge untersuchen, die allerdings ebenfalls direkt zu jener Krise hinführen: den Wandel des Verhältnisses der liberalen Bewegung zum deutschen „Volk" und das Zutagetreten schwerwiegender sozio-ökonomischer Konflikte innerhalb des liberalen Lagers selbst.

10. Demokratie als Herausforderung und Gefahr

> Überall sehen wir die alten Ideale verwirklicht, die Leidenschaften der Parteien befriedigt, und überall bekommen die Menschen ein Grauen vor dieser Realität ihrer Ideale, wenn sie es auch noch nicht eingestehen.
>
> Bodo von Hodenberg (1870)[1]

Das bemerkenswerteste Element der deutschen Verfassung von 1867 war die Bestimmung, die allen männlichen Erwachsenen das aktive Wahlrecht einräumte. Dieses demokratische Wahlsystem trug, indem es der Masse der deutschen Bevölkerung den Zugang zur politischen Mitbestimmung öffnete, maßgeblich dazu bei, daß sich die zentrale politische Frage für das deutsche Reich so stellte: Wie konnten die sich wandelnden Anforderungen einer modernen, dynamischen Gesellschaft mit der fortbestehenden Macht eingesessener Eliten versöhnt werden? Es stellte sich heraus, daß die Liberalen ganz besonders durch die Gefahren der Demokratisierung zu verwunden waren, eine Tatsache, in der schließlich ihre Entfremdung vom Volk schmerzlich deutlich wurde.

Mit dem neuen Wahlrecht war eine notwendige Vorbedingung für eine Demokratisierung der deutschen Politik erfüllt, doch ehe die Deutschen die damit eröffneten Möglichkeiten zur Gänze ausschöpfen konnten, mußten zwei weitere Voraussetzungen geschaffen werden. Zunächst galt es, weite Teile der Bevölkerung überhaupt einmal davon zu überzeugen, daß die Teilnahme an der politischen Wahlentscheidung für ihr eigenes Leben von Bedeutung war. Das bedeutete, daß ein kommunikatives Netz geschaffen werden mußte, das es den Deutschen ermöglichen würde, zu verfolgen, was sich im öffentlichen Leben abspielte, und sich darüber klar zu werden, daß dort Entscheidungen fielen, die für sie selbst wichtig waren. Zum zweiten mußten die Deutschen lernen, politische Bindungen, Loyalitäten und Orientierungen zu entwickeln, die ihre Partizipation in kontinuierliche Bahnen lenken konnten. Das hieß, daß ein institutionelles Netz geknüpft werden mußte, durch das politische Mitwirkung von unten gefördert und gelenkt werden konnte.[2] Die Vorbedingungen für eine funktionierende demokratische Mitbestimmung waren zwar allmählich in einem Jahrzehnte andauernden Prozeß entwickelt worden, aber zur Zeit der Reichsgründung waren sie doch noch recht schwach ausgeprägt. Wie wir bereits gesehen haben, machte selbst in Perioden der Krise, wie während der Revolution von 1848 oder in den Jahren des preußischen Verfassungskonflikts, ein großer Teil der Wähler, wahrscheinlich sogar die Mehrheit, von ihrem Wahlrecht keinen Gebrauch. Und bis 1867 war es auch keiner politischen Organisation gelungen, eine breite und zuverlässige Anhängerschaft in der deutschen Bevölkerung zu gewinnen. Obgleich der Prozeß der politischen Mobilisierung der Masse sich langsam und stockend vollzog, traten gegen Ende der 70er Jahre die realen und potentiellen Implikationen einer zunehmenden Demokratisierung unübersehbar zutage, und sie betrafen nicht nur das politische System als solches, sondern auch die liberale Bewegung.[3]

Manche Deutsche fanden den Zugang zur Teilnahme am politischen Leben durch die politische Mobilisierung einer bereits existierenden politischen Gruppe. Das gilt beispielsweise für die Anhänger des politischen Katholizismus. In den späten 60er und frühen 70er Jahren, als die Wortführer des katholischen Lagers die neugeschaffene politische Situation zunehmend als bedrohlich empfanden, bedienten sie sich des enggeknüpften institutionellen Netzes der katholischen Kirche, um ihre Glaubensbrüder an die Wahlurnen zu bringen. Im gleichen Zuge begannen sie Zeitungen zu gründen, Wählervereinigungen zu organisieren und die Bildung von Gruppen zu fördern, die geeignet waren, ergänzend zu dem bereits durch Konfession und Kirche gegebenen Zusammenhalt das Zusammengehörigkeitsgefühl zu stärken. Die Folge dieses, wie ein schockierter Zeitgenosse es nannte, „permanenten Wahlkampfs" war, daß die Partei der Katholiken – das Zentrum – in außerordentlich kurzer Zeit zu einem etablierten politischen Faktor avancierte. Im Unterschied zu früheren episodisch gebliebenen Manifestationen katholischer politischer Meinungsbildung – beispielsweise in den 30er und in den 40er Jahren –, gelang es dem Zentrum, die Basis seiner Wähler zu halten, auch nachdem die unmittelbare Krise vorüber war.[4] Nicht nur die Katholiken, auch mehrere andere in Bedrängnis geratene Gruppen wehrten sich mit Hilfe des Stimmzettels gegen die ihnen, wie sie meinten, feindlich gesonnenen Kräfte, die innerhalb des neuen Reiches am Werk waren: die Polen in den preußischen Ostprovinzen, die Dänen in Nordschleswig, die Franzosen im Elsaß und in Lothringen und schließlich auch partikularistisch orientierte Kräfte, die sich einer bestimmten Region oder einer bestimmten Dynastie verbunden fühlten.[5] Die Mobilisierung all dieser Gruppen wurde erleichtert und zugleich geprägt durch bereits existierende Identitätssymbole, anerkannte Führungspersönlichkeiten und gewöhnlich auch dank dem Bestehen institutioneller Strukturen, die als Grundlage für ein organisiertes politisches Handeln dienten. Um die Mitte der 70er Jahre befand sich ungefähr ein Viertel aller Reichstagswahlkreise in der Hand der Katholiken und der besagten anderen Minderheiten.

In manchen Gebieten wurden die Wähler zur Wahlbeteiligung mobilisiert innerhalb einer Gemeinschaft, die Autorität besaß und ausübte aufgrund ihres anerkannten Prestiges in Verbindung mit offen oder verdeckt ausgeübtem Zwang. Dies war insbesondere in solchen Gegenden von Bedeutung, in denen es eine eingesessene katholische Aristokratie gab (sehr ausgeprägt beispielsweise in den polnischen Gebieten Ostpreußens), sowie in vielen der von einer der konservativen Parteien beherrschten Wahlkreise. In diesen Regionen konnte die traditionelle aristokratische Elite ihre gesellschaftliche Stellung dazu benutzen, die Wahlentscheidung der Bevölkerung in ihrem Sinne zu beeinflussen. Auf lange Sicht funktionierte dieser Autoritätsmechanismus freilich dann am besten, wenn zusätzlich andere Loyalitäten oder Interessen in die gleiche Richtung wirkten, wie es bei den Katholiken und den Polen der Fall war. Die beiden konservativen

Parteien hingegen, die sich bei der ersten Reichstagswahl noch recht gut schlugen, erwiesen sich als sehr anfällig für die Opposition und Konkurrenz der anderen Parteien. Die Freikonservativen, die ihre Wählerstimmen fast ausschließlich dem Autoritätsmechanismus verdankten, erholten sich im Grunde nie ganz von den für sie ungünstigen Wirkungen der allmählichen politischen Demokratisierung. Die preußischen Konservativen begannen in den späten 70er Jahren den Grundstock für eine zuverlässige Stammwählerschaft zu legen, als es ihnen gelang, ihr traditionelles Sozialprestige mit Hilfe eines an interessenbezogene und weltanschauliche Gemeinsamkeiten appellierenden Programms sowie mit aktiver Unterstützung des Staates neu aufzupolieren und abzustützen.[6]

Neue Wähler wurden dem politischen System des Deutschen Reiches auch von der sozialistischen Arbeiterbewegung zugeführt. Wie wir bereits gehört haben, markierte der großangelegte Versuch Ferdinand Lassalles, die Arbeiterschaft dem Liberalismus abspenstig zu machen, einen wichtigen Schritt in der Entwicklung einer selbständigen Partei der Arbeiterklasse. Ein weiterer, ebenso wichtiger Schritt nach vorne wurde nur kurze Zeit später, gegen Ende der 60er Jahre, getan, als etliche Arbeiterführer den liberalen oder demokratischen Parteien, denen sie bis dahin verbunden gewesen, den Rücken kehrten. Mit ein Grund für diese Abkehr war ihre zunehmende Unzufriedenheit darüber, daß die liberalen und demokratischen Organisationen sich schwertaten, die Gewichtigkeit und Legitimität der besonderen sozialen und wirtschaftlichen Interessen der Arbeiterschaft anzuerkennen. In manchen Gegenden verübelten die Arbeiterführer den Liberalen auch, daß sie die „kleindeutsche" Lösung der Nationalfrage unterstützten; und anderswo spielten politische Differenzen – insbesondere im Hinblick auf das Wahlrecht – eine Rolle. Der eine oder andere unter den Wortführern der Arbeiterbewegung muß auch erkannt haben, daß der Triumph Bismarcks von 1866 den Bankrott der politischen Strategie der Liberalen besiegelt hatte. Angesichts des zunehmend schwieriger werdenden Verhältnisses der Liberalen zum Staat nach der Reichsgründung nimmt es kaum wunder, daß einige Deutsche ihre vorerst enttäuschten Reformhoffnungen an die unaufhaltsame Entfaltung der sozio-ökonomischen Widersprüche knüpften, wie Karl Marx sie beschrieb und prophezeite. Dazu kam schließlich, daß Männer wie August Bebel gegen Ende der 60er Jahre erkannten, daß sie in der liberalen Bewegung stets nur Bürger zweiter Klasse sein würden. Eine selbständige Arbeiterpartei bot solchen Männern die Chance, eigene Positionen zu entwickeln und zu vertreten und ohne die manchmal freundschaftliche, gewöhnlich aber herablassende Gängelung durch liberale Honoratioren ihre politischen Fähigkeiten zu erproben.[7]

Langfristig hatte die in den 60er Jahren vollzogene Loslösung der Arbeiterbewegung vom Liberalismus, wie sich zeigen sollte, schwerwiegende Folgen für beide Bewegungen. Anfänglich jedoch vollzog sie sich nur zögernd und schrittweise. Es ist daher äußerst irreführend, von einer „Scheidung der proletarischen und der bürgerlichen Demokratie" nach 1866 zu sprechen.[8] Zum einen blieben Teile der Arbeiterschaft bis über die 70er Jahre hinaus innerhalb des liberalen Lagers. Zum zweiten – und dies ist das gewichtigere Argument – gab es das

„Proletariat", das die Massenbasis für die deutsche Sozialdemokratie stellen sollte, zu dieser Zeit noch gar nicht. Im Unterschied zu den Katholiken und den sozialen Minderheiten war es der Arbeiterbewegung nicht möglich, sich einfach an vorstrukturierte Gruppen zu halten und aus ihnen Stammwähler für ihre Partei zu machen, denn die soziale Gruppe, in der sie ihre Wähler suchte, begann sich gerade erst zu formieren. Ehe die Arbeiterbewegung sich als ernstzunehmender Machtfaktor auf der nationalen politischen Bühne etablieren konnte, mußte die Industrialisierung Deutschlands erst einmal ein bestimmtes Niveau erreichen: Die Betriebe mußten in Zahl und Größe wachsen, mehr und mehr Deutsche mußten in die industriellen Ballungszentren strömen, und ein höchst vielfältiges Spektrum gesellschaftlicher Gruppen mußte ein gemeinsames Identitätsgefühl und ein Bewußtsein ihrer gemeinsamen Interessen entwickeln. Es brauchte seine Zeit, bis Stahlkocher und Werkzeugmacher, Werftschlosser und Bergleute, Textilarbeiter und Zigarrendreher ein Bewußtsein dafür entwickelten, daß sie alle *Arbeiter* mit gemeinsamen Klassengegnern und gleichgerichteten Zielen waren.[9] Der Wachstumsprozeß der Sozialdemokratie verlief daher während des ersten Jahrzehnts nach der Reichsgründung langsam.[10]

Gleich welche Form die politische Mobilisierung nach 1867 auch annahm, fast immer richtete sie sich gegen den Liberalismus. Katholiken, nationale Minderheiten, Partikularisten und Sozialdemokraten, sie alle betraten die politische Wahlkampfarena mit Zielsetzungen, die den politischen Vorstellungen und Programmen der Liberalen eindeutig entgegengesetzt waren. Dies hatte eine höchst bedeutsame Verschiebung der historischen Rolle und der Position des Liberalismus im politischen Kraftfeld zur Folge. Vor der Reichsgründung waren die Liberalen gewöhnlich in Opposition gestanden und hatten häufig von der Unterstützung anderer mit dem Status quo unzufriedener Elemente der Gesellschaft profitiert; nach 1867 jedoch begannen viele Deutsche, die Liberalen als eine Art Regierungspartei zu betrachten. Die Liberalen hatten daher die Verantwortung dafür zu tragen, was den verschiedenen Gruppen an den zeitgenössischen Verhältnissen mißfiel: für die Säkularisierung, die nationale Einigung, die gesellschaftlichen und wirtschaftlichen Freiheiten.[11] In den späten 6oer und frühen 7oer Jahren trat, wie schon bei der Revolution von 1848, gerade im Zeichen des scheinbaren Triumphs gewisser liberaler Ideale, besonders deutlich das Phänomen hervor, daß das, was den Liberalen als Freiheit erschien, in den Augen anderer oft als Unterdrückung wirkte. Die Katholiken sahen in den Gesetzen, die den Einfluß der Kirche zurückdrängten, nicht, wie die Liberalen, eine Befreiung von einem schädlichen Aberglauben, sondern einen willkürlichen Eingriff in ihre geheiligten Glaubensüberzeugungen und Institutionen. Für Hannoveraner und Bayern waren die Ereignisse der Jahre 1866-71 nicht das erlösende Erlebnis, das ihnen den Weg eröffnete, Deutsche zu werden, sondern sie markierten den erzwungenen Abschied von hochgehaltenen Bindungen. So mancher Ladeninhaber oder Handwerker sah in der liberalen Wirtschafts- und Sozialgesetzgebung nicht den Fortschritt zu den Segnungen eines freiheitlichen Zeitalters, sondern einen Akt, der ihn den Gefahren eines rücksichtslosen und unfairen Wettbewerbs aussetzte.

Wenn man verstehen will, weshalb diese antiliberale Stimmung so weit verbreitet und so stark war, ist es vor allem wichtig, sich zu vergegenwärtigen, daß die Motive für eine ablehnende Haltung zur Politik der Liberalen häufig konvergierten und sich wechselseitig bekräftigten. Am besten sichtbar wird dies an den Beispielen des religiösen Widerstands gegen den Kulturkampf und der Opposition gegen die kleindeutsche Reichslösung in gewissen Gegenden des Reichs. In den Hochburgen des politischen Katholizismus – so etwa im Rheinland und in Teilen Bayerns – richtete sich der Widerstand sowohl gegen den liberalen Protestantismus als auch gegen die preußische Hegemonie.[12] Dazu kam, daß regionale und religiöse Oppositionsmotive häufig durch soziale und wirtschaftliche Unzufriedenheiten ergänzt und vertieft wurden: In Hannover und in Bayern, zwei Hauptbastionen der Opposition gegen das neue Reich, waren die liberalen sozial- und wirtschaftsrechtlichen Reformen erst Ende der 60er Jahre durchgesetzt worden; in beiden Regionen identifizierten diejenigen, die von ihnen die meisten Nachteile zu erwarten hatten (oder dies zumindest glaubten), diese Reformen unterschiedlos mit all den anderen Veränderungen, die sich um diese Zeit im politischen Leben Deutschlands vollzogen.[13] Ganz im selben Sinne erkannten die Führer der Zentrumspartei sehr schnell, daß ihre Appelle an die deutschen Katholiken aufmerksameres Gehör fanden, wenn sie sie nicht nur zur Verteidigung der Kirche aufriefen, sondern es verstanden, dieses Anliegen mit der Forderung nach einer Erhaltung bestimmter traditioneller gesellschaftlicher und wirtschaftlicher Gruppenstrukturen zu verknüpfen.[14] Zusätzliche Nahrung erhielten diese Widerstände gegen die liberale Wirtschafts- und Sozialpolitik durch die Erschütterungen, die sowohl der rasante Wirtschaftsaufschwung in den Jahren bis 1873 als auch die darauffolgende jähe Krise in der deutschen Gesellschaft auslösten.[15]

Zupaß kam den Anführern der antiliberalen Bewegungen auch der Umstand, daß sie Differenzen über nationale politische Fragen mit Konfliktthemen zusammenwerfen konnten, die sie auf örtlicher Ebene bereits vorfanden: Konflikte zwischen Protestanten und Katholiken, zwischen kleinen und großen Geschäftsleuten, zwischen Arbeitgebern und Arbeitnehmern, zwischen Alteingesessenen und Außenseitern. So konnte man die Unzufriedenen nicht nur gegen die zwar geschmähten, aber fernab spielenden Machenschaften der Parlamentarier und Bürokraten in den Hauptstädten aufwiegeln, sondern auch gegen deren Helfershelfer in der eigenen engeren Umgebung: gegen arrogante protestantische Honoratioren, gegen fremde Beamte und Lehrer, die vom Staat in die Gemeinde geschickt worden waren, gegen Unternehmer, denen zuzutrauen war, daß sie die Interessen der einheimischen Bevölkerung den Gewinnmöglichkeiten opfern würden, die ihnen auf dem nationalen und internationalen Markt winkten. Dieses Hand-in-Hand-Gehen lokaler mit nationalen Polarisierungen lieferte, zusammen mit der geschilderten konvergierenden und kumulativen Wirkung regionaler, religiöser und sozio-ökonomischer Gegensätze, die atmosphärischen Voraussetzungen für die Entfremdung der liberalen Bewegung von großen Teilen der deutschen Wählerschaft.

Demokratie als Herausforderung und Gefahr

Weder Bismarck noch die Liberalen sahen diese Entwicklung voraus, als der Konstituierende Reichstag 1867 über die Frage des Wahlrechts debattierte. Bismarck glaubte, daß ein undemokratisches Wahlsystem, wie etwa das in Preußen praktizierte Dreiklassenwahlrecht, nur die konservative Opposition begünstigen würde. Er wünschte ein demokratisches Wahlrecht, weil er überzeugt war, die überwiegende Mehrzahl der Deutschen würde sich bei Wahlen stets loyal zu einer staatstragenden parlamentarischen Elite bekennen. Um sicherzustellen, daß dies auch geschehen würde, wollte der Kanzler das Prinzip des allgemeinen (männlichen) Wahlrechts mit drei weiteren Bestimmungen kombinieren: mit der Öffentlichkeit der Stimmabgabe, der Unvereinbarkeit von Abgeordnetenmandat und Tätigkeit im Staatsdienst und mit der absoluten Ehrenamtlichkeit der Parlamentariertätigkeit. Zusammengenommen würden diese Vorkehrungen dafür sorgen, daß ein Parlament ganz nach dem Geschmack Bismarcks zustande käme: eine Versammlung begüterter, aus der aristokratischen und wirtschaftlichen Elite im Lande rekrutierter Männer, die aufgrund ihrer praktischen Lebenserfahrung gegen jene „doktrinäre" Opposition immun sein würden, die unter den liberalen „Gebildeten" so sehr grassierte, Männer, die darüber hinaus aus Rücksicht auf ihre wirtschaftlichen Interessen auf gewisse von der Regierung angewandte Druckmittel sensibel reagieren würden.[16]

Bei der Debatte über diese Vorschläge bekundeten einige wenige Liberale eine unbedingt und unzweideutig ablehnende Haltung zu einem demokratischen, d. h. allgemeinen Wahlrecht. Heinrich von Sybel beispielsweise sah darin „den Anfang vom Ende" des parlamentarischen Systems.[17] Die meisten liberalen Abgeordneten widmeten jedoch ihre Aufmerksamkeit den anderen Aspekten der Wahlgesetzvorlage. Nach umfangreichen Diskussionen vermochten die Liberalen Bismarck zwei Zugeständnisse abzuhandeln: der Wahlvorgang zum Reichstag würde geheim sein, und Staatsbeamte durften kandidieren und Mandate bekleiden. Nicht abrücken wollte der Kanzler indessen von der Bestimmung, daß Reichstagsabgeordnete keine Diäten und Entschädigungen erhielten. Er glaubte, dies könnte die Entstehung einer Kaste von Berufspolitikern fördern, und eine solche Entwicklung wünschte er um jeden Preis zu verhüten.[18]

Die weitgehende Zurückhaltung, deren sich die meisten Liberalen bei der Diskussion über die Frage des Wahlrechts befleißigten, rührte einmal von einer Reihe taktischer Erwägungen her, war zum andern aber auch ein Ausdruck ihrer anfänglichen Unsicherheit über die möglichen Folgen einer Demokratisierung des politischen Systems in Deutschland. Am Vorabend der ersten Reichstagswahl stellte Eduard Lasker die Frage, ob das neue Wahlrecht „die wahre Emanzipation des Volkes" fördern oder nicht vielmehr „den Gegensatz der Menge zu dem reiferen Urteil der Bessergestellten" zutage fördern würde.[19] Das war natürlich eine Frage, die sich Liberale seit jeher insgeheim gestellt hatten: Würde das deutsche Volk, mit politischen Rechten ausgestattet, sich wie das aufgeklärte „wirkliche Volk" verhalten, oder würde es sich als unbesonnene, disziplinlose und ob seiner erdrückenden Überzahl gefährliche „Masse" erweisen? Würde es sich der liberalen Bewegung anschließen oder jenen Demagogen auf den Leim gehen, denen es nur darum ging, die Menge zu gewinnen und vor den Karren von Interessen zu spannen, die nicht ihre eigenen waren? Um die Reaktion der Liberalen auf die Herausforderung der Demokratisierung zu verstehen, scheint es mir erforderlich, die Entwicklung des Wählerverhaltens zu analysieren, wie es sich in den Jahren unmittelbar nach der Reichsgründung in den Augen der zeitgenössischen Beobachter darstellte.

Wie wir bereits gesehen haben, erlitten die Liberalen bei den preußischen Landtagswahlen vom Sommer 1866 einen spürbaren Rückschlag.[20] Daran schlossen sich eine Reihe von Wahlniederlagen in einigen der Mittelstaaten sowie ein ziemlich enttäuschendes Ergebnis bei den Wahlen zu den beiden norddeutschen Reichstagen im Jahr 1867 und zum sogenannten Zollparlament im Jahr 1868 an.[21] Diese rückläufige Entwicklung machte jedoch zu Beginn der 70er Jahre wieder einer Aufwärtstendenz Platz. Bei den Reichstagswahlen von 1871 konnten die beiden liberalen Parteien ihre Stimmenanteile leicht steigern, indes die Zahl ihrer Mandate sogar sprunghaft anstieg (siehe Tabelle 10.1). 1874 konnten sie Kapital aus dem Umstand schlagen, daß es innerhalb der Konservativen Partei zu schweren Konflikten gekommen war, und sie eroberten eine Reihe umkämpfter preußischer Wahlkreise für sich. Diese Siege verschafften ihnen eine knappe Mehrheit im Reichstag. Es hatte demnach Mitte der 70er Jahre durchaus den Anschein, als nähmen die politischen Geschicke der Liberalen im Zeichen des demokratischen Wahlrechts einen günstigen Verlauf.

Tabelle 10.1
Die Zusammensetzung des Deutschen Reichstags 1867–74

Partei	1867 (1) Sitze (%)	1867 (2) Sitze (%)	1871 Sitze (%)	1874 Sitze (%)
Altliberale, Liberale Vereinigung, Freie Vereinigung	41 (13,8)	28 (9,4)	30 (7,8)	3
Nationalliberale	80 (26,9)	78 (26,2)	125 (32,7)	155 (39)
Fortschrittspartei	19 (6,4)	29 (9,8)	46 (12)	49 (12,3)
Volkspartei	–	4 (1,4)	–	–
Konservative	59 (19,8)	64 (21,5)	57 (15)	22 (5,5)
Freikonservative (Reichspartei)	39 (13,2)	34 (11,6)	37 (9,6)	33 (8,3)
Konstitutionelle Vereinigung	18 (6,1)	21 (7)	–	–
Zentrum	–	–	61 (16)	91 (23)
Polen, Dänen, E-L*	15 (5,1)	12 (4,1)	23 (6)	34 (8,6)
SPD	1	3	2	9 (2,3)
Fraktionslose	25 (8,4)	24 (8)	–	–
Insgesamt	297	297	382	397

QUELLE: Vogel et al., *Wahlen* (1971) S. 288, 290.
* Elsaß-Lothringen; hier wurde 1874 erstmals mitgewählt.

Eine ähnliche Tendenz ließ sich in Preußen beobachten (s. Tabelle 10.2). Nach einem deprimierenden Abschneiden bei der Wahl im Kriegssommer 1870 konnten die Liberalen in den folgenden Wahlen ihre konservativen Rivalen aus den preußischen Ostprovinzen überflügeln.[22] Diese Zugewinne bescherten den beiden Fraktionen, zusammen mit dem beträchtlichen liberalen Potential in den neu annektierten Gebieten, bei den Wahlen von 1873 und 1876 jeweils die absolute Mehrheit der Landtagssitze. Wenn die *Nationalzeitung* im Herbst 1876 selbstzufrieden feststellte: „Ja, es gibt in unserem Land eine liberale Partei, fest und unerschütterlich in ihrer Überzeugung, entschieden in ihrem Wollen", so konnte diese Einschätzung durchaus gerechtfertigt erscheinen.[23]

Tabelle 10.2
Zusammensetzung der preußischen Abgeordnetenkammer 1866–76

Partei	1866 Sitze (%)	1867 Sitze (%)	1870 Sitze (%)	1873 Sitze (%)	1876 Sitze (%)
Altliberale u. a.	77 (21,8)	50 (11,5)	11 (2,5)	3	–
Nationalliberale	–	99 (23)	123 (28,4)	174 (40,2)	169 (39)
Fortschritt	95 (27)	48 (11)	49 (11,3)	68 (15,7)	63 (14,5)
Konservative	199 (33,8)	125 (28,9)	114 (26,3)	30 (7)	41 (9,4)
Freikonservative	17 (4,8)	48 (11)	41 (9,4)	35 (8)	35 (8)
Zentrum	–	–	58 (13,4)	88 (20,3)	89 (20,5)
Polen	21 (6)	17 (4)	19 (4,3)	18 (4,1)	15 (3,4)
Fraktionslose	23 (6,5)	45 (10,4)	17 (4)	16 (3,7)	21 (4,8)
Insgesamt	352	432	432	432	433

QUELLE: Vogel et al., *Wahlen* (1971), S. 287.

In den meisten Mittelstaaten läßt sich eine ähnliche Kurve der Wahlergebnisse der beiden liberalen Parteien beobachten.[24] Die durch die Reichsgründung ausgelösten Erschütterungen spielten in Hessen und Sachsen zunächst der Rechten in die Hände, die jedoch den gewonnenen Boden in der Folgezeit rasch wieder an die erneut erstarkenden Liberalen verlor (s. Tabellen 10.3 und 10.4). Das patriotische Stimmungshoch, das die deutschen Siege von 1870/71 hervorgerufen hatten, wirkte sich, zusammen mit den schwerwiegenden Differenzen, die das antipreußische Lager spalteten, in Württemberg zugunsten der Deutschen Partei aus (s. Tabelle 10.5). In Baden, der traditionellen Hochburg des südwestdeutschen Liberalismus, behaupteten die Liberalen eine überwältigende Parlamentsmehrheit (s. Tabelle 10.6). Einzig in Bayern vermochten die antiliberalen Kräfte ihre in den späten 6oer Jahre erzielten Bodengewinne in der Folgezeit zu stabilisieren. Die katholisch-partikularistische „Patriotenpartei" behauptete bei der Wahl von 1875 die knappe Mehrheit, die sie sechs Jahre zuvor errungen hatte. Doch auch in Bayern bot sich keineswegs das Bild einer unaufhaltsamen politischen Talfahrt der Liberalen (s. Tabelle 10.7).
Somit verfügten die Liberalen in allen wichtigeren Vertretungskörperschaften

im Reich über die Mehrheit der Sitze oder zumindest über eine gute Ausgangsposition zur Erringung der Mehrheit. Darüber hinaus herrschten sie nach wie vor in den Rathäusern der meisten großen Städte. Nur in wenigen Stadtzentren – so beispielsweise in Hannover, Aachen, Münster und Dresden – waren die antiliberalen Kräfte stark genug, die Macht zu erobern.[25] Selbst in Gegenden, wo die Liberalen bei Reichstagswahlen schlecht abschnitten, konnten sie ihre kommunalen Bastionen verteidigen – dank des nach wie vor hohen Ansehens der einheimischen bürgerlich-liberalen Elite, dank sie begünstigender Wahlverfahren sowie auch dank der Tatsache, daß wichtige Gruppen der städtischen Bevölkerung dem Liberalismus unbeirrt die Treue hielten.[26]

Tabelle 10.3
Zusammensetzung der hessischen Abgeordnetenkammer 1866–78

Partei	1866–68 Sitze (%)	1868–71 Sitze (%)	1872–75 Sitze (%)	1875–78 Sitze (%)
Liberale	12 (28)	16 (35,5)	40 (80)	40 (80)
Liberalkonservative	19 (44)	16 (35,5)	–	–
Konservative	7 (16)	8 (17,7)	4 (8)	1 (2)
Katholiken	3 (7)	3 (6,6)	3 (6)	5 (10)
Demokraten	2 (4,6)	2 (4,4)	4 (8)	4 (8)
Insgesamt	43	45	50	50

QUELLE: Hess, *Reichstagswahlen* (1958), S. 99 ff. (für 1866–71), sowie Kalkoff, *Parlamentarier* (1917), S. 405 (für 1872–78). Kalkoff verwendet etwas andere Parteibezeichnungen als Hess, so daß man nicht sagen kann, inwieweit die Veränderungen zwischen 1871 und 1872 realen Gewinnen und Verlusten der Parteien entsprechen bzw. inwieweit sie ein terminologisch bedingter Artefakt sind.

Tabelle 10.4
Zusammensetzung der sächsischen Abgeordnetenkammer 1869–77

Partei	1869 Sitze (%)	1873 Sitze (%)	1877 Sitze (%)
Konservative	41 (51)	38 (47,5)	37 (46)
Nationalliberale	30 (37,5)	17 (21)	19 (24)
Fortschrittspartei	8 (10)	5 (6)	20 (25)
Liberale	1	20 (25)	3 (4)
SPD	–	–	1
Insgesamt	80	80	80

QUELLE: *Zeitschrift des Königlich Sächsischen Statistischen Landesamtes* (1905), Nr. 1, S. 1 ff., sowie Sachsen, *StJb* (1912), S. 273. Der Landtag wurde 1869 zur Gänze und von da an alle zwei Jahre zur Hälfte neu gewählt. Die Zahlen für 1873 und 1877 geben die Zusammensetzung der Kammer nach den in diesen Jahren erfolgten Teilwahlen an.

Tabelle 10.5
Zusammensetzung der württembergischen Abgeordnetenkammer 1868–76

Partei	1868 Sitze (%)	1870 Sitze (%)	1876 Sitze (%)
Deutsche Partei	14 (20)	32 (46)	18 (26)
„Gouvernementale" Partei	11 (16)		27 (38,5)
Volkspartei	23 (33)	20 (28,5)	13 (18,5)
Großdeutsch-Katholische Partei	22 (31)	17 (24)	12 (17)
Unbekannt	–	1	–
Insgesamt	70	70	70

QUELLE: Runge, *Volkspartei* (1970), S. 148 (für 1868); Langewische, *Liberalismus* (1974), S. 352ff. (für 1870), sowie *EGK* 1876, S. 216ff. (für 1876). Da über die Zusammensetzung und den quantitativen Umfang dieser Fraktionen alles andere als Einigkeit besteht, sollte man die angegebenen Daten lediglich als grobe Näherungswerte für die relative Stärke der Fraktionen betrachten.

Tabelle 10.6
Zusammensetzung der badischen Abgeordnetenkammer 1867–77

Partei	1867 Sitze (%)	1869 Sitze (%)	1871 Sitze (%)	1873 Sitze (%)	1875 Sitze (%)	1877 Sitze (%)
Nationalliberale	57 (90)	55 (89)	51 (81)	50 (79)	47 (75)	48 (76)
Demokraten	3 (5)	2 (3)	3 (5)	3 (5)	3 (5)	3 (5)
Katholiken	2 (3)	5 (8)	9 (14)	10 (16)	13 (20,6)	12 (19)
Konservative	1	–	–	–	–	–
Insgesamt	63	62	63	63	63	63

QUELLE: Gall, *Liberalismus* (1968), S. 61, Anm. 8 (für 1867 und 1869); Rapp, *Landtagsabgeordnete* (1929), S. 105 (für 1871–77). In Baden wurde alle zwei Jahre ein Viertel der Abgeordneten neu gewählt.

Trotz dieser imposanten Liste von Wahlerfolgen erkannten einzelne liberale Politiker, daß das durch die Verfassung von 1867 geschaffene System für ihre Bewegung radikal neue Gefahren und Fallstricke bereithielt. Schon sehr früh wurden daher Forderungen nach einer Neustrukturierung der liberalen Organisationen laut, um dieser neuen Situation gerecht zu werden. So rief beispielsweise Forckenbeck seine Gesinnungsfreunde 1868 zur Schaffung der organisatorischen Voraussetzungen für die Mobilisierung einer Massengefolgschaft auf.[27] Empfehlungen und Mahnungen wie diese wurden in dem Maß häufiger und eindringlicher, in dem der zunehmende Einfluß der antiliberalen Kräfte offenkundig wurde. Eine in Trier erscheinende Tageszeitung klagte 1874: „Wir [sind] in bezug auf die Leitung der politischen Agitation den Ultramontanen gegenüber noch reine Kinder... Die Organisation dieser Partei soll uns als Muster dienen."[28] Eugen Richter bemühte sich um diese Zeit bereits darum, einen organisatorischen

Unterbau für seine Fortschrittspartei auf die Beine zu stellen. Drei Jahre später stellte die Führung der Nationalliberalen Partei in einem Rundschreiben fest, „die Schwäche der liberalen reichstreuen Mehrheit" sei „hauptsächlich dem Umstande zuzuschreiben... daß deren schon an sich schwerer bewegliche Bestandteile ganz unzureichend untereinander verbunden sind".[29]

Tabelle 10.7
Zusammensetzung der bayerischen Abgeordnetenkammer 1869-75

Partei	1869 Sitze (%)	1875 Sitze (%)
Bayerische Patriotenpartei	80 (52)	79 (51)
Fortschrittspartei	63 (41)	–
Liberale Mittelpartei	6 (4)	–
Andere (zumeist Liberale)	5 (3)	–
Vereinigte Liberale	–	76 (49)
Insgesamt	154	155

QUELLE: Peter Meier, *Daller* (1956), Anhang A, S. 2,4. Die Zahlen für 1869 beziehen sich auf das Ergebnis der zweiten in diesem Jahr durchgeführten Wahl; die erste hatte mit einem Gleichstand von je 71 Mandaten für Patrioten und Liberale geendet.

Diese Aufrufe, die politische Arbeit energischer voranzutreiben, verhallten nicht ganz ungehört. In einigen Gegenden traten an die Stelle der von Fall zu Fall gebildeten liberalen Wahlkomitees besser organisierte und auf Kontinuität angelegte Leitungsgremien. Die Zahl der liberalen Vereine nahm zu, und ihre Öffentlichkeitsarbeit wurde intensiviert. In Wahlkreisen, in denen die politischen Fronten klar gezogen waren, kam es oft zu regelrechten Wahlkämpfen im, wie Friedrich Kapp es nannte, „amerikanischen Stil".[30] Im Rheinland wurde ein Deutscher Verein gegründet, dessen erklärter Zweck darin bestand, die Trommel für die liberale Kampagne gegen den politischen Katholizismus zu rühren und die diesbezüglichen Aktivitäten zu koordinieren.[31] Darüber hinaus lassen sich von der Mitte der 70er Jahre an erste Bemühungen registrieren, die Parteiarbeit in stärkerem Maß von Berlin aus zu leiten und zu kontrollieren. Eugen Richter bemühte sich mit Nachdruck darum, die Gliederungen der Fortschrittspartei zu mehr Disziplin gegenüber den Ratschlüssen der Parteizentrale zu verpflichten, und auch die Nationalliberalen hatten 1877 bereits begonnen, Gelder zum Unterhalt eines zentralen Büros und eines Stabs besoldeter, hauptamtlicher Mitarbeiter beizutreiben.[32]

Leider ist es aufgrund des Umstandes, daß nur wenige Angaben über das breite Spektrum der Formen des politischen Lebens auf kommunaler und regionaler Ebene vorliegen, unmöglich, zuverlässig abzuschätzen, welcher Erfolg diesen Versuchen zu einer Reform des Stils und des institutionellen Unterbaus der politischen Arbeit der Liberalen beschieden war. Es gibt jedoch Gründe für die Annahme, daß die angestrebten Ziele aufgrund gewisser hemmender Faktoren nur in sehr bescheidenem Ausmaß erreicht wurden. Liberale Politik blieb weitgehend eine Politik „nach Honoratiorenart", woran weder Warnungen innerhalb der Bewegung noch Herausforderungen von außerhalb, von ihren Gegnern, etwas zu ändern vermochten.[33] Die liberale Presse zeichnete sich weiterhin dadurch aus, daß sie ihre Leser mit langatmigen, in einer trockenen und umständlichen Prosa geschriebenen Leitartikeln langweilte. Versuche, organisatorische Neuerungen einzuführen, scheiterten oft an der unüberwindlichen Trägheit alter Gewohnheiten und Vorurteile. Der Deutsche Verein beispielsweise, von Sybel als die Verkörperung des Versuchs einer „angestrengte(n) persönliche(n) Einwirkung auf die Massen des Volkes" gepriesen, blieb einem akademisch-spröden Stil verhaftet und erzielte nur eine begrenzte Resonanz. Auch den badischen Liberalen erging es mit ihren Versuchen, der Bewegung von innen heraus neue Kraft einzuhauchen, nicht besser. Es blieb, wie ein Beobachter registrierte, im wesentlichen alles beim alten, „...denn es sind genau die nämlichen einflußreichen Männer, welche durch Lebensstellung, Intelligenz und nach langem Herkommen bei politischen Angelegenheiten an der Spitze zu stehen pflegen".[34] Eine ganze Reihe angesehener liberaler Führer wandte sich in Wort und Tat gegen das an sie herangetragene Ansinnen, die überkommene Honoratiorenpolitik durch neue Formen der politischen Arbeit zu ersetzen oder zu ergänzen. „Die Vertretung des Volkes", so erklärte ein liberaler Kandidat 1867, „ist nach meiner Ansicht überhaupt ein aristokratischer Beruf und soll es sein. Die Aristokratie ist zugleich eine Aristokratie der Intelligenz oder soll es sein."[35] Ein Jahr darauf meinte ein anderer badischer Liberaler, „eine nur auf Kopfzahl gestellte Partei wie die gegenwärtige nationalliberale" sei „ein Unding".[36] Johann Bluntschli ging in seinem vielgelesenen Buch über die politischen Parteien nicht ganz so weit, machte aber gleichwohl deutlich, daß ihm die Vorstellung, die Parteiorganisationen könnten die Handlungsfreiheit des einzelnen durch verbindliche Beschlüsse oder dergleichen einengen, ganz und gar nicht gefiel. Daß „Parteien" notwendig waren, sah er ein; jedoch, so meinte er, sei es wichtig, ihren Zerfall in „Fraktionen" zu verhüten, da Fraktionen ihre Grundlage in irgendwelchen Sonderinteressen anstatt in einer gemeinsamen „Gesinnung" hätten. Diese und ähnliche Äußerungen der Unzufriedenheit mit den Mechanismen und Gegebenheiten der organisierten Parteipolitik waren mit zunehmender Zeit immer häufiger zu hören.[37] So nannte beispielsweise Johannes Miquel als einen der Gründe dafür, daß er sich 1876 zum Bürgermeister von Osnabrück wählen ließ, er sei des parlamentarischen Lebens überdrüssig geworden. Und Gustav Freytag beklagte sich über eine zunehmende „parlamentarische Eitelkeit", die er „von aller Eitelkeit auf Erden" für die „häßlichste, jedenfalls die schädlichste" hielt.[38] Es waren liberale Intellektuelle, die am unmißverständlichsten ihre Abneigung gegen neue Formen der politischen Arbeit kundtaten. Männer, die einmal erklärt hatten, Wissenschaft und Politik sollten letzten Endes dem gleichen Zweck dienen, begannen jetzt die Auffassung zu vertreten, daß die eine mit der anderen unvereinbar sei. Gustav Schmoller beispielsweise schrieb, die Suche nach der Wahrheit vertrage sich einfach nicht mit politischem Engagement.[39] In den

Jahren nach 1867 äußerte sich der Widerstand gegen parteipolitische Agitation und Organisation, der immer schon ein Leitmotiv im liberalen Denken gewesen war, mit zunehmender Lautstärke, und dies trug mit dazu bei, daß die liberale Bewegung auf die politischen Herausforderungen der neuen Welt, die um sie herum Gestalt annahm, nur unzureichende Antworten parat hatte.[40]

Warum waren die Liberalen nicht fähig und häufig auch nicht willens, institutionelle und organisatorische Formen zu entwickeln, die es ihnen ermöglicht hätten, in diesem für die Entwicklung eines demokratisierten öffentlichen Lebens in Deutschland so entscheidend wichtigen Jahrzehnt mit wirksameren Mitteln um die Gunst der nun wahlberechtigten Massen zu werben?[41] Eine Antwort lautet, daß solche Mittel mancherorts nicht erforderlich zu sein schienen. Wie Treitschke es 1879 formulierte: „Manche liberalen Abgeordneten verdanken die Behauptung ihres Mandats nur persönlicher Achtung oder alter Gewohnheit oder auch der Schwierigkeit neuer Parteigruppierungen im Wahlbezirke".[42] Überall im Reich gab es Wahlkreise, in denen „das politische Leben ... noch auf der primitiven Stufe des naiven Glaubens und des persönlichen Vertrauens unter Ausschluß der Kritik" stand und in denen es „selbstverständlich" war, „daß ein zurechnungsfähiger Mensch der Nationalliberalen Partei angehörte".[43] Dazu kam, daß selbst dort, wo das demokratische Wahlrecht die Macht und den Einfluß der Männer, die in einem Wahlkreis „zählten", beträchtlich schmälerte, nach wie vor, zumindest bei Kommunal- und Regionalwahlen, alte Gewohnheiten und Schemata ihre Wirkung taten. Unterschiedliche Wahlgesetze und das System der indirekten Wahl trugen darüber hinaus noch dazu bei, daß der Stil und die Inhalte der „Honoratiorenpolitik" beibehalten wurden und der Impetus der Demokratisierung sich somit nicht voll entfalten konnte.[44]

Wenn man die Zählebigkeit der politischen Gewohnheiten der Liberalen verstehen will, muß man sich auch vergegenwärtigen, daß diese Gewohnheiten nur ein Stein in einem größeren Mosaik zeitbedingter Denkweisen und Beziehungen waren. Die liberale Art, Politik zu machen, erwies sich deshalb Veränderungen gegenüber als so resistent, weil sie in ihren Formen und Inhalten von anderen Faktoren und Aspekten des gesellschaftlichen Daseins des liberalen Bürgertums her bestimmt und mit diesen verschränkt war. Die Formlosigkeit, Improvisiertheit und Personenbezogenheit der politischen Arbeit der Liberalen war ein Reflex der spezifischen Bedürfnisse und Erfahrungen derjenigen, die innerhalb der Bewegung den Ton angaben, ein Kreis von Männern, die sich untereinander gewöhnlich ziemlich gut kannten, die gleichen Schulen besucht hatten, den gleichen Vereinen und Klubs angehörten, sich im Rahmen der gleichen wohltätigen, religiösen, kulturellen und sportlichen Vereinigungen betätigten und in den gleichen Restaurants speisten. Als liberale Gruppierungen damit begannen, organisatorische Fühler nach außen auszustrecken – in Frankfurt 1848, im *Kongreß* und *Nationalverein* zehn Jahre später –, übertrugen sie die im eigenen Kreis entwickelten Formen der politischen Praxis auf das vergrößerte Umfeld ihrer Bewegung. Entsprechend waren die liberalen Zeitungen darauf ausgerichtet, nur bestimmte gesellschaftliche Gruppen anzusprechen; sie waren in eine Aufmachung gekleidet und sprachen eine Sprache, die für ein liberales Publikum bestimmt waren, mit denen jedoch große Teile des Wahlvolks sicherlich nichts anfangen konnten. Hätte man mit der Masse der durch die Verfassung wahlberechtigt Gewordenen wirklich kommunizieren, sie wirklich ansprechen wollen, so hätte man nicht nur neuartige Organisations- und Propagandamethoden aufziehen, sondern auch die Abgeschlossenheit der gesellschaftlichen Welt des liberalen Bürgertums durchbrechen müssen. Dies zu tun, waren nur die wenigsten willens oder fähig.

Wenn die Liberalen dann doch versuchten, ihre gesellschaftliche Basis zu verbreitern, wandten sie sich am liebsten an jene Gruppen, auf denen ihre Hoffnungen immer schon geruht hatten: an die tüchtigen, auf gesellschaftlichen Aufstieg hin orientierten Teile des Mittelstandes. Dort waren Leute zu finden, die den Ehrgeiz hatten, es zu etwas zu bringen, die bereitwillig die herablassende Belehrung, die für so viele liberale Vereinigungen charakteristisch war, akzeptierten und die sich glücklich schätzten, mit denen verkehren zu können, deren gesellschaftliche Stellung ihnen Vorbild und Ansporn war. Die institutionalisierten Kontakte zwischen den liberalen Politikern und ihrer Gefolgschaft liefen, wie vor 1866, so auch danach noch häufig über Bildungsveranstaltungen und -vereinigungen, nicht zuletzt, weil viele Liberale in der Vermittlung aufklärerischen Gedankenguts nach wie vor die adäquate Form politischen Handelns sahen. Wie ein in Bremen (wo sich schon relativ früh sozialistische Organisationen gebildet hatten) tätiger *Volksbildungsverein* 1874 programmatisch formulierte: „Unwissenheit und Roheit zu besiegen, reicht die gute Disciplin einer Partei oder das Geld oder gar die Gewalt einer Regierung nicht aus; die einzig wahre Abhülfe bietet nur die Bildung."[45] Mit einem solchen Politikverständnis konnte man den Bedürfnissen und Interessen der großen Masse der Wähler auf die Dauer nicht gerecht werden.

Die Liberalen vermochten auch nicht, die Reichweite und die Quelle der Macht ihrer Gegner zu erkennen, weil sie sich noch immer als die einzig legitime politische Partei sahen, als die einzige politische Alternative für vernünftige, aufgeklärte Menschen. Daher weigerten sich liberale Politiker oft hartnäckig, anzuerkennen, daß antiliberale politische Bewegungen vielleicht hier und da das legitime Interesse einer Gruppe vertreten oder eine diskutable Alternative darstellen konnten. Statt dessen neigten sie dazu, solche Parteien als von einigen wenigen Agitatoren, Demagogen oder Reaktionären gesteuerte Ärgernisse zu betrachten.[46] Auf diese Art versuchten beispielsweise die badischen Liberalen sich den politischen Katholizismus zu erklären, als dieser sich Mitte der 60er Jahre bemerkbar zu machen begann. Wenn die Katholiken sich gewissen liberalen Reformen widersetzten, dann deshalb – so glaubten die Liberalen –, weil sie von ihren Priestern verunsichert und dazu verleitet wurden; falls es gelinge, so meinten sie, diese schädlichen Einflüsse abzustellen, würden die Katholiken erst richtig „selbständig" und somit fähig werden, sich aus freien Stücken mit dem übrigen aufgeklärten Volk zu vereinigen.[47] Aus dieser Auffassung resultierten die strategischen Positionen, mit denen die Liberalen in die erste Runde des Kulturkampfs gingen, dessen erklärtes Ziel, wie wir wissen, darin bestand, den politischen Einfluß der Geistlichkeit auszuschalten und damit eine Schranke auf dem Weg des politischen und kulturellen Fortschritts zu beseitigen.[48]

Den meisten Liberalen bereitete es auch Schwierigkeiten, die Bedeutung der aufkeimenden und während der 70er Jahre rasch anwachsenden Arbeiterbewegung gebührend einzuschätzen. Ein Grund hierfür war die Periode relativer politischer Schwäche, welche die Sozialdemokratie in den Jahren unmittelbar nach 1867 durchmachte. Schultheß' *Geschichtskalender* konnte 1868 mit unverhohlener Genugtuung über zwei im August des Jahres abgehaltene Versammlungen berichten: In Hamburg kamen 38 Männer zusammen, die ungefähr 7000 Mitglieder des Lassalleschen Arbeitervereins repräsentierten, während sich in Leipzig 160 Liberale versammelten, die 220 000 Mitglieder der Schulze-Delitzschschen Gewerkschaftsbewegung vertraten.[49] Viele Liberale, denen die Sozialisten ein Dorn im Auge waren, glaubten nicht daran, daß die Politik viel für die Linderung der Nöte der Arbeiter tun könne; sie waren und blieben der Überzeugung, die Gesetze des Marktes schlössen eine aktive staatliche Sozialpolitik aus. Soziale Fortschritte, so glaubten diese Männer, würde es nur geben, wenn die Wirtschaft unbehelligt wachsen und der Mittelstand sich verbreitern konnte. Wie eine liberale Zeitung 1867 schrieb: „Ein Arbeiter, der das Bürgertum bekämpft, streitet gegen den Verband, in den einzutreten sein muß und seiner Kinder Ziel sein muß."[50] Arbeiter, die in diese erhabene Sphäre aufsteigen wollten, könnten dies am besten bewerkstelligen, indem sie „ihren sittlichen Ernst, ihre Willenskraft und ihre geistige Potenz zusammenraffen und sich sagen: ‚Hilf dir selbst!'"[51]

In den frühen 70er Jahren gewannen jedoch einige Deutsche unter dem Eindruck des langsamen, aber stetigen Stärkerwerdens der Sozialdemokratie, des Schrecken verbreitenden Exempels der Pariser Kommune und des um sich greifenden Glaubens an die gesellschaftsverändernde Potenz der dynamisch wachsenden industriellen Produktivkräfte die Überzeugung, nach der Lösung der nationalen müsse nun mit der Bewältigung der „sozialen Frage" begonnen werden.[52]

Einige wenige, zumeist linksorientierte Liberale vertraten die Auffassung, die Arbeiter könnten ihren Platz in der bestehenden Gesellschaft am besten mit Hilfe gewerkschaftlicher Organisationen finden. Max Hirsch unternahm den Versuch, im politischen Rahmen der Fortschrittspartei Gewerkschaften aufzubauen, während zugleich Wissenschaftler wie Lujo Brentano zu zeigen suchten, daß ein Gewerkschaftswesen mit einem freiheitlichen Wirtschaftssystem nicht unvereinbar war. Die Unterstützung der Liberalen für die Gewerkschaftsbewegung beruhte im Prinzip auf den gleichen Voraussetzungen wie ihr Eintreten für die Bildung von Arbeitergenossenschaften vor 1866; Gewerkschaften würden, so glaubten sie, bei den Arbeitern ein Interesse an der Wahrung ihres Besitzstandes und damit an der Erhaltung des Status quo wecken und ihnen ein Identitäts- und Sicherheitsgefühl vermitteln, ohne daß hieraus Gefahren für die Grundlagen der liberalen Gesellschaftsordnung erwachsen würden.[53] Gleichzeitig begann bei anderen Liberalen die Erkenntnis zu reifen, daß ein gewisses Maß an staatlichen

Eingriffen notwendig war, wenn man die Arbeiter vor den schlimmsten Auswüchsen des industriellen Wachstums schützen wollte. Gustav Schmoller bekräftigte einen im Vormärz häufig ausgesprochenen Gedanken, als er schrieb, der Staat als der „Träger der sittlichen Zukunft der ganzen Nation" müsse immer dann einschreiten, wenn das Wohl der ganzen Gemeinschaft auf dem Spiel stehe.[54] Brentano und Schmoller waren die tonangebenden Vertreter einer Gruppe von Volkswirtschaftlern und Politikern, die 1872 einen Gesprächskreis gründeten, aus dem dann der Verein für Sozialpolitik hervorging. Eine Zeitlang schien es, als könne dieser Verein zum Ausgangspunkt für eine „Reform der sozialen Verhältnisse" werden, wie seine Gründer sie anstrebten. Allein, die Anstöße, die anfänglich von ihm ausgingen, waren nach wenigen Jahren verpufft, und der Verein entwickelte sich zu einem akademischen Klub zurück, der sich vor allem in gelehrten Debatten erging und kaum noch direkten Einfluß auf die öffentliche Meinungsbildung zu nehmen versuchte.[55]

Der Hauptgrund dafür, daß die zu Beginn der 70er Jahre erkennbaren Reformimpulse sich so schnell verflüchtigten, war der Widerstand, den die liberale Bewegung als ganze ihnen entgegensetzte. Max Hirsch fand in der Fortschrittspartei für seine Gewerkschaften noch weniger Unterstützung als Schulze seinerzeit für seine Genossenschaften. Eine Reihe von Streiks in den späten 60er und in den 70er Jahren tat der Reputation der Hirsch-Gewerkschaften zusätzlichen Abbruch und bestärkte viele Fortschrittler in der Überzeugung, die gewerkschaftliche Organisierung der Arbeiter sei nicht nur ein untaugliches Mittel der Sozialpolitik, sondern berge auch Gefahren.[56] Die Beamten, Fabrikanten, Landwirte und Kaufleute, die in der Partei sowohl auf nationaler als auf örtlicher Ebene den Ton angaben, sahen wenig Veranlassung, die Interessen der Industriearbeiterschaft als legitim anzuerkennen oder auch nur zu verstehen. Das bedeutete, daß selbst wenn die Parteiführung größeres Wohlwollen für die Sache der Arbeiter erübrigt hätte, es ihr schwergefallen wäre, die übrige Wählerschaft zu einer gleichermaßen wohlwollenden Haltung zu bekehren. Wie die meisten Politiker, scheuten auch die Führer der Fortschrittspartei davor zurück, eine Anhängerschaft, über die sie bereits verfügten, für eine andere, die sie hinzugewinnen mochten oder auch nicht, aufs Spiel zu setzen.[57]

Wer sich als Anhänger sozialer Reformen hervortat, mußte auch damit rechnen, vom linken Flügel der Nationalliberalen her unter Beschuß genommen zu werden. Das Startsignal für die antireformistische Kampagne gab H. B. Oppenheim in einem Artikel, in welchem er die Reformwilligen als „Kathedersozialisten" abstempelte. Ein Sozialist war für Oppenheim jedermann, der für staatliche Maßnahmen zur Lösung der sozialen Frage eintrat. In dieser Beziehung sei zwischen einem Mann wie Schmoller und den „Bierkellersozialisten" auf der äußersten Linken kein grundlegender Unterschied zu machen. Ein anderer liberaler Wortführer meinte, es fehle den akademischen Sozialisten, um wie Bebel oder Liebknecht zu sein, „nur der Mut". Die Vehemenz, mit der diese Kritik vorgetragen wurde, rührte zum Teil aus dem unbeirrten Glauben der betreffenden Kritiker an die Doktrinen der klassischen Nationalökonomie und zum Teil aus ihrer Verbundenheit mit denjenigen Gruppen der Wirtschaft her, die am entschlossensten gegen die Gewerkschaften und gegen staatliche Eingriffe in die Wirtschaft Front machten. Darüber hinaus scheint es, als seien Oppenheim, Bamberger und viele andere linke Nationalliberale auch der Überzeugung gewesen, hinter dem „Kathedersozialismus" verberge sich ein Versuch der politischen Rechten, die Arbeiter in ein antiliberales Bündnis hineinzuziehen.[58] Wie dem auch sei, die breitangelegte Kampagne gegen die Sozialreformer liefert ein weiteres Beispiel für die Kurzsichtigkeit, die den Blick so vieler Liberaler für ihre gesellschaftliche und politische Umwelt trübte. Wie anders soll man ihre Abneigung bewerten, soziale Probleme auch nur zur Kenntnis zu nehmen? („Ich möchte selbst", schrieb Oppenheim 1872, „nicht ohne weiteres zugeben, daß es eine ‚soziale Frage' und gar eine ‚Wohnungsfrage' gibt.") Und wie ihre hysterische Reaktion auf relativ gemäßigte Reformvorschläge? (So nannte beispielsweise Bamberger Brentanos Buch über die Gewerkschaften „die pure Klassenhaßpropaganda.")[59]

In den Augen von Männern wie Bamberger und Oppenheim war die Arbeit der „Kathedersozialisten" gefährlich, weil sie das Recht des einzelnen auf unbeschränkte, vor allem wirtschaftliche Entfaltung in Frage stellte. Vielen rechten Liberalen erschienen soziale Reformen deswegen verfehlt, weil ihre Befürworter die wesenhaft hierarchische Natur der gesellschaftlichen Ordnung nicht wahrhaben wollten. Dies war der Tenor der Abhandlung Treitschkes über den *Sozialismus und seine Gönner*, die 1874 erschien.[60] Darin räumte Treitschke ein, daß in der deutschen Gesellschaft eine „unruhige Strömung" entstanden sei, gab jedoch auch seiner Hoffnung Ausdruck, das nach wie vor große gesellschaftliche Gewicht der Bauernschaft und des Handwerks könne vielleicht verhindern, daß es in Deutschland zu einer Polarisierung der Gesellschaft in ganz Reiche und ganz Arme kam. Indes, Treitschke glaubte ungeachtet all dessen, was die Zukunft möglicherweise bringen würde, nicht daran, daß soziale Reformen etwas an den grundlegenden Ungleichheiten in der Gesellschaft ändern könnten: „Die Klassenherrschaft, richtiger: die Klassenordnung ergibt sich ebenso nothwendig aus der Natur der Gesellschaft wie der Gegensatz von Regierenden und Regierten aus der Natur des Staates." Es sei eine bedauerliche, aber nichtsdestoweniger feststehende Tatsache, daß die Massen arbeiten müßten, damit eine Minderheit sich der kulturellen und politischen Tätigkeit widmen könne. In Anbetracht dieses Faktums seien Versuche von liberaler Seite, die Gesellschaft zu verbessern, zwecklos und gefährlich. Das Bemühen um eine bessere Volksbildung beispielsweise werde nur zu einer Zunahme der Unzufriedenheit in der Bevölkerung führen, da den meisten Menschen die materiellen und geistigen Mittel fehlten, die sie bräuchten, um die Früchte ihres Lernens genießen zu können. Auch könne der Staat wenig tun, um die Lebensbedingungen seiner Bürger zu heben; allenfalls könne er die bestehende gesellschaftliche Ordnung aufrechterhalten und als Vermittler zwischen antagonistischen Interessen auftreten. Die einzige wirkliche Hilfe für die Armen sei von geistlicher Seite her möglich: der religiöse Glaube könne ihnen Trost verschaffen und ihnen die Hoffnung auf ein besseres Leben in der jenseitigen Welt geben. Indem Treitschke den Mittelstand ausdrücklich nicht als den expandierenden Kristallisationskern der Gesellschaft darstellte, in dem sich das Allgemeinwohl verkörperte, sondern als eine Elite, die von einer notgedrungen tief unter ihr stehenden Mehrheit abgeschirmt werden mußte, stellte er gerade jene Prämissen in Frage, von denen die liberalen Forderungen nach sozialen Reformen stets ausgegangen waren.

Treitschkes Apologie der sozialen Ungleichheit war Teilmoment einer weitverbreiteten Verhärtung der Anschauungen am rechten Flügel der liberalen Bewegung. Die Konsolidierung des politischen Katholizismus, das stetige Stärkerwerden der Sozialdemokratie sowie eine ganze Reihe anderer atmosphärischer und substantieller Veränderungen in der politischen Wirklichkeit Deutschlands weckten bei einer zunehmenden Zahl von Liberalen im Lauf der mittleren 70er Jahre ein Gefühl des Bedrohtseins. Immer mehr von ihnen kamen zu der Überzeugung, daß sich in der „öffentlichen Meinung" nicht das aufgeklärte Bewußtsein der Nation artikulierte, sondern lediglich ein chaotisches Sammelsurium der unterschiedlichsten Forderungen und Wünsche, und daß das empirische Volk nicht das „eigentliche Volk" des liberalen Wunschdenkens war, sondern eine fremde und unkontrollierbare Masse.[61] Befürchtungen dieser Art waren nichts Neues, aber sie stießen in den 70er Jahren innerhalb der liberalen Bewegung auf größere Resonanz und Zustimmung als zuvor.

Wie in der Vergangenheit, so war auch jetzt die Einstellung der Liberalen in der Wahlrechtsfrage ein aufschlußreiches Barometer ihrer Haltung gegenüber dem Volk. 1867 hatten die meisten Liberalen, wie wir gesehen haben, einem allgemeinen Wahlrecht für den Reichstag zugestimmt, und viele schienen zu dieser Zeit davon auszugehen, daß nach und nach auch auf Länder- und Kommunalebene demokratische Wahlverfahren eingeführt würden. Treitschke beispielsweise empfahl 1869, das Dreiklassenwahlsystem, das für den preußischen Landtag galt, durch ein demokratisches Stimmrecht zu ersetzen. Im gleichen Jahr nannte Bluntschli in seinem Werk über die politischen Parteien den neuen Wahlmodus einen „mächtige(n) und echt liberale(n) Fortschritt unserer Zeit" – wenngleich er den Gedanken einer wirklichen Volkssouveränität als „eine gefährliche radikale Illusion" verwarf.[62] In der Folgezeit jedoch mehrten sich innerhalb der Bewegung die Gegner eines demokratischen Wahlrechts und meldeten sich auch immer entschiedener zu Wort. In den frühen 70er Jahren machten etliche liberale Veteranen – Mohl, Gagern und Prince-Smith – auf die in dem neuen Wahlsystem liegenden Gefahren aufmerksam.[63] Heinrich von Treitschke faßte 1874 das Resultat seines Umdenkens in der Formel zusammen, das allgemeine Wahlrecht verkörpere „die organisierte Zuchtlosigkeit, die anerkannte Überhebung des Unverstandes, die Überhebung des Soldaten gegen den Offizier, des Gesellen gegen den Meister, des Arbeiters gegen den Unternehmer". Drei Jahre später erklärte Rudolph Haym, Deutschland müsse sich dieses Wahlsystem – das er mit einer Bresche in den Mauern einer belagerten Stadt verglich – vom Halse schaffen, oder es werde untergehen.[64] Der von Haym gebrauchte bildhafte Vergleich ist besonders aufschlußreich, weil er treffend das Gefühl des Belagertseins wiedergibt, das sich bei Männern ausbreitete, die erleben mußten, wie ihre Wertvorstellungen und ihre materiellen Interessen von einer Horde fremdartiger politischer Eroberer unter Beschuß genommen wurden.

Diese Belagerten-Mentalität bestärkte die Liberalen in ihrer Bereitschaft, sich beim Staat einzuhängen, bei dem sie schon in der Vergangenheit so oft Zuflucht vor den Gefahren der Demokratie gesucht hatten. Julius Wiggers registrierte schon im Frühling 1872 mit Staunen, wie sehr die Angst vor dem Volk bei manchen Liberalen die Bereitschaft gefördert hatte, nach einem stärkeren Staat zu rufen. „In früheren Jahren", so schrieb er, „hieß es: zuerst die Einheit und dann die Freiheit; wenn die Einheit erreicht ist, so wird die Freiheit sich von selbst finden... Jetzt ist die Parole: keine Freiheit – die Sozialdemokraten und Ultramontanen kommen."[65] Rudolf Gneist verlieh dieser Tendenz in seinem im gleichen Jahr erschienenen Buch *Der Rechtsstaat* eine ebenso vertraute wie schlagende theoretische Rechtfertigung: Die Gesellschaft könne, so schrieb er, die persönliche Freiheit des einzelnen und seine sittliche und geistige Entwicklung nur „in dauerhafter Unterordnung unter eine bleibende höhere Macht" sicherstellen.[66] Treitschke und Schmoller mochten einander in bezug auf die Notwendigkeit einer staatlichen Sozialpolitik noch so heftig bekämpfen, in der Auffassung, daß es eines starken Staates bedürfe, um das in der Gesellschaft vorhandene Unruhepotential in Schach zu halten, stimmten sie überein; in der Tat schrumpften die liberalen Momente im Denken Schmollers mit der Zeit immer weiter zusammen, während sein Geschmack an staatlicher Einmischung im gleichen Maß zunahm.[67] Dieselbe Tendenz läßt sich bei denen beobachten, die zu erkennen begannen, daß der Kulturkampf die politische Macht der Kirche nicht entscheidend zu beeinträchtigen vermocht hatte. Sybel schrieb 1875 an einen Kollegen, er sei aufgrund der Erfahrungen, die er während des Zusammenlebens mit Katholiken im Rheinland gesammelt habe, zu der Überzeugung gelangt, der Staat müsse seine Oberaufsicht über die Polizei, die Verwaltung und die Schulen auf Dauer beibehalten. Würde er in diesen Bereichen seine Macht aus der Hand geben, so ließen sich die westlichen Provinzen nur noch mit der Peitsche und nach Ablauf weniger Jahre nicht einmal mehr mit militärischer Gewalt im Zaum halten. Von einem ähnlichen Gedankengang geleitet, rang sich eine Anzahl namhafter Liberaler dazu durch, sich den Forderungen Bismarcks nach einer Beschneidung der Pressefreiheit und nach strengen Maßnahmen gegen die Sozialisten anzuschließen.[68]

Es ist nicht leicht, die Auswirkungen dieses Umdenkens auf die liberale Bewegung als ganze abzuschätzen. Wir können beispielsweise ein wachsendes Unbehagen am demokratischen Wahlrecht registrieren, doch keine der liberalen Parteien war bereit, offiziell und öffentlich für eine Abänderung des Wahlverfahrens für den Reichstag einzutreten. Als Friedrich Kapp 1873 die nationalliberale „Fraktion" mit einem derartigen Ansinnen konfrontierte, fand er nur bei einer Handvoll von Kollegen Unterstützung.[69] Zum Teil rührte die Scheu vor einer Einmischung in das Reichstags-Wahlverfahren aus taktischen Erwägungen her, zum Teil aus der altvertrauten Schwierigkeit, daß man sich nicht auf eine

Alternative einigen konnte, und zum Teil aus dem Widerstand mancher Liberaler, die ihre Hoffnung, letztlich doch Repräsentanten der Mehrheit des Volkes zu sein, nicht ohne weiteres aufgeben wollten. Allein, die Liberalen, insbesondere jene, die auf Länder- und Kommunalebene politisch tätig waren, konnten die Tatsache eigentlich nicht übersehen, daß es in dem Augenblick, da ihre politischen Gegner mobil machten, nur noch die überkommenen undemokratischen Wahlsysteme waren, denen sie, die liberalen Parteien, ihr Überleben verdankten. Im gleichen Maß, wie diese Einsicht sich herumsprach, schwand der Eifer der Liberalen, auch auf regionaler und kommunaler Ebene das demokratische Wahlrecht durchzusetzen, dahin, wenn sich auch beide Fraktionen weigerten, den Forderungen derjenigen nachzugeben, die einen direkten politischen Angriff auf das Reichstagswahlgesetz wünschten.[70] Gleichzeitig verstärkte die allgemeine Verunsicherung der Liberalen in den 70er Jahren ihre Befürchtungen hinsichtlich der Sozialdemokratie; vor 1878 war jedoch die Mehrheit der liberalen Parlamentarier nicht bereit, den Forderungen der Regierung nach Sondergesetzen gegen die Arbeiterbewegung nachzukommen.

Wenn somit der rechte Flügel des Liberalismus innerhalb der Bewegung seine Auffassungen nicht durchzusetzen vermochte, so zeitigte seine Konsolidierung doch einige grundlegend wichtige Folgen für das liberale Selbstverständnis. Zunächst einmal trug sie dazu bei, daß die politischen Reformimpulse aus dem liberalen Lager schwächer und die Animositäten innerhalb und zwischen den liberalen Fraktionen stärker wurden. Zum zweiten litt das kollektive Selbstbewußtsein der Bewegung unter den von ihrem rechten Flügel artikulierten Befürchtungen und Gegenpositionen, so daß ihre Fähigkeit, positive Antworten auf die mit der Demokratisierung verbundenen Probleme zu geben, beeinträchtigt wurde. Selbst manche Liberale, die von einer Politik, wie sie von Männern wie Treitschke befürwortet wurde, nichts wissen wollten, begannen das von ihm und anderen gepredigte Mißtrauen gegenüber dem Volk zu teilen. Eine besonders unglückselige Wirkung tat dieses Unbehagen an der Demokratie bei jenen gemäßigten und linken Liberalen, denen ihre Zusammenarbeit mit dem Bismarck-Staat gleichermaßen unbehaglich zu werden begann. Die rechten Liberalen konnten, wenn sie nun an der Seite des Staats gegen das Volk Partei nahmen, zumindest für sich in Anspruch nehmen, in einer Hinsicht konsequent geblieben zu sein. Ihre Gesinnungsfreunde zur Linken mußten dagegen versuchen, einen Kurs zu steuern, ohne sich einseitig auf eine der beiden das politische System Deutschlands tragenden Machtsäulen zu stützen. In der engen Fahrrinne zwischen den Klippen des Volkes und den Untiefen des Staates manövrieren zu müssen, sollte das Los vieler Liberaler bis zum Zusammenbruch des Deutschen Reiches sein.

Die Umrisse dieser bedauernswerten Situation begannen sich schon in den ersten Wochen des Jahres 1877 abzuzeichnen. Wie wir gehört haben, hatte sich das Verhältnis zwischen Teilen des liberalen Lagers und der Regierung im Lauf des Jahrs 1876 zu verschlechtern begonnen. Die Ergebnisse der Reichstagswahl vom Januar 1877 vermittelten einen Eindruck von den Problemen, die sich für die

Liberalen in ihrem Verhältnis zum Volk stellten. Wie Tabelle 10.8 zeigt, änderte sich an der absoluten Zahl der Wählerstimmen, die die liberalen Parteien verbuchten, recht wenig, während die Zahl der von liberalen Kandidaten gewonnenen Wahlkreise stark genug zurückging, um die beiden liberalen Parteien ihrer knappen Mehrheit verlustig gehen zu lassen. Die Ursache für die Verluste der Liberalen lagen in gewissen Veränderungen an beiden Extremen des politischen Spektrums. Auf der Rechten konnten die Konservativen ihre Position kräftigen, zum Teil, weil sie ihre internen Zwistigkeiten ein Stück weit beigelegt hatten, zum Teil auch, weil die Verbesserung ihrer Beziehungen zur Regierung ihnen eine Portion dringend benötigter Wahlkampf- und Wahlhilfe seitens der Behörden eingebracht hatte. Und auf der Linken zeichnete sich deutlich ab, daß die Sozialdemokratie in eine neue Phase ihrer Entwicklung eingetreten war: Es war der Partei gelungen, in 200 Wahlkreisen Kandidaten zu nominieren und Wahlwerbung zu betreiben, und sie hatte nahezu 10% aller Erststimmen errungen, unter anderem auch in städtischen Wahlkreisen, die bis dahin eine Domäne der Liberalen gewesen waren.[71]

Die Wahlergebnisse machten die liberale Bewegung frösteln. Eugen Richter bekundete angesichts der Wiederauferstehung der Konservativen im Osten und

Tabelle 10.8
Die Reichstagswahl von 1877

Partei	Stimmen			Wahlkreise (WKE)		
	insges. (in 1000)	% der Wahlberechtigten	Veränderung geg. 1874	Zahl	% aller WKE	Veränderung geg. 1874
Nationalliberale	1604.3	29,7	+ 61.8	141	35,5	− 14
Fortschrittspartei	417.8	7,8	− 29.7	35	8,8	− 14
Volkspartei	44.9	0,8	+ 23.7	4	1,0	+ 3
Konservative	526	9,8	+ 166.0	40	10,1	+ 18
Freikonservative	426.6	7,9	+ 51.5	38	9,6	+ 5
Zentrum	1341.3	24,8	− 104.7	93	23,4	+ 2
Polen, Dänen, Welfen, Elsässer	530.7	9,8	− 14.2	34	8,6	−
Sozialdemokraten	493.3	9,1	+ 141.3	12	3,0	+ 3
Insgesamt	5422.6	61,6	+ 202.7			

QUELLE: Vogel et al., *Wahlen* (1971), S. 291.

und der sozialistischen Herausforderung in den städtischen Hochburgen der Fortschrittspartei tiefe Besorgnis.[72] Ein Wortführer der badischen Liberalen beklagte sich über die Sündenbockrolle, in die seine Partei von den sozial und politisch Unzufriedenen gedrängt worden sei. „Die arbeitende Klasse", schrieb er, schließe sich „durchweg lieber dem Haufen der Unzufriedenen" an und

schiebe „der beherrschenden Partei alle Schuld an mangelndem Verdienst" zu.[73]
Für Otto Elben waren die Wahlen in Württemberg „die traurigsten unter allen...
Die allgemeine Signatur in allen Parteien aber ist Zurücktreten der gebildeten, unabhängigen Elemente und Überwuchern der Landesgrößen, der Hungerleider, des Schreiber- und Beamtentums – lauter gefügige Klassen, wie man sie will!"[74]
Am Vorabend der entscheidenden Auseinandersetzung der Liberalen mit dem Bismarckschen Staat herrschte im liberalen Lager also Verunsicherung, und bei einer ganzen Anzahl liberaler Politiker wuchs die schmerzliche Einsicht, daß ihr Verhältnis zum deutschen Volk in mancher Beziehung zutiefst gestört war.

11. Die liberale Wählerschaft und der Triumph der Interessenpolitik

> Die noch im Jahr 1866 im Vordergrund stehenden rein politischen Fragen sind seit 1871 teils gelöst, teils wird die Zeit ganz von selbst ihre weitere Lösung herbeiführen. An ihrer Stelle sind nach und nach immer schärfer die volkswirtschaftlichen Fragen in den Vordergrund getreten. Diese sind es, welche mit großer Wahrscheinlichkeit – weil innerer Notwendigkeit – eine Zersetzung der jetzigen politischen Parteien herbeiführen werden, ja zum Teil schon herbeigeführt haben.
>
> Felix Freiherr von Stein (1876)[1]

Der Liberalismus, so schrieb Josef Edmund Jörg 1877, „hat seine Seele aus Manchester und hier allein ist er sterblich. Man versteht den herrschenden Liberalismus nicht, wenn man ihn auch heute noch als volkstümliche Freiheitsliebe auffassen will, wie vor Zeiten. Dieser Liberalismus ist vielmehr nichts anderes als die politische Dogmatik derjenigen socialen Classe, welche von der modernen Nationalökonomie geschaffen worden ist."[2] Mit Aussagen wie dieser trug Jörg, ein bekannter katholischer Publizist der Reichsgründungsära, zur Verfestigung eines antiliberalen Klischees bei, das in dem Maße an Beliebtheit gewann, in dem die politischen Feinde des Liberalismus sich mehrten. Den Kern dieses Klischees bildete eine Gleichsetzung des Liberalismus mit der kapitalistischen Bourgeoisie und dem „Manchestertum", eine Gleichsetzung, in der sich Katholiken wie Jörg mit Konservativen wie Rudolf Meyer und Sozialisten wie Marx und Lassalle einig wußten. Alle diese Männer sahen im Liberalismus lediglich eine ideologische Fassade, hinter der sich eigensüchtige Bereicherungsinteressen verbargen. Indem man den Liberalismus so charakterisierte, konnte man ihm all jene unguten sozialen und wirtschaftlichen Entwicklungen in die Schuhe schieben, von denen viele Deutsche sich in ihrer Existenz bedroht sahen.[3]

In seiner extremsten Spielart verband sich das antiliberale Klischee mit einem Antisemitismus neuen Typs, der sich im Verlauf der 70er Jahre zu artikulieren begann.[4] In den Augen einer ganzen Anzahl von Zeitgenossen gehörten Judentum und Liberalismus zusammen und waren die Hauptschuldigen an den Mißständen des Zeitalters. Otto Glagau beispielsweise erklärte, das Judentum sei „das angewandte, bis zum Extrem durchgeführte Manchestertum".[5] Die Juden und die Liberalen galten als die Träger einer dem deutschen Geist fremden Weltanschauung, und man warf ihnen vor, sich gegen diejenigen gesellschaftlichen Gruppen verschworen zu haben, die das moralische und materielle Rückgrat der deutschen Gesellschaft bildeten. Ähnliche, mit unterschiedlicher Vehemenz vorgetragene Anklagen fanden sich in der *Kreuzzeitung*, dem Organ der Konservativen, und in einer Reihe angesehener katholischer Publikationen. Um die Mitte der 70er Jahre zeigte sich ein erstes Echo auf sie auch schon in den Schriften rechter Liberaler wie Treitschke.[6] In den während der „liberalen Ära" zutage getretenen Konflikten und Ängsten können wir somit den Nährboden für jenes bedenkliche Gemisch aus Antiliberalismus und Antisemitismus sehen, das im politischen Leben Deutschlands noch sieben Jahrzehnte lang eine Rolle spielen sollte.

Wie die meisten Klischees, enthielt auch das antiliberale Vorurteil ein Körnchen Wahrheit – auch wenn es in diesem Fall eher die Wahrheit einer Karikatur als die eines Porträtbildes war. In der Tat hatte beispielsweise eine große Zahl deutscher Juden die liberale Bewegung unterstützt, weil sie in ihr das politische Vehikel für die Durchsetzung ihrer eigenen Gleichberechtigung sahen. Ebenso traf es auch zu, daß ein beträchtlicher Teil der Liberalen sich zu den zentralen Dogmen der klassischen Nationalökonomie bekannte und auf politischer Ebene bestimmte Finanz-, Handels- und Industrieinteressen geltend machte. Gleichwohl war es ein offenkundiger Unsinn, den deutschen Liberalismus als „jüdische Bewegung" zu bezeichnen, und kaum weniger irreführend, ihn mit einer einzelnen gesellschaftlichen Klasse wie der „Bourgeoisie" zu identifizieren. Der Liberalismus rekrutierte seine führenden Kräfte auch nach 1866 vor allem aus der Bildungselite des Landes, und seine Gefolgschaft aus einem ziemlich breiten Spektrum von Gruppen im „Mittelbereich" der Gesellschaft.

Ein kurzer Blick auf die Tabellen 11.1 und 11.2, in denen die Mitglieder der Nationalliberalen Fraktion der ersten drei Reichstage nach Berufsgruppen aufge-

Tabelle 11.1
Die soziale Zusammensetzung der Nationalliberalen
Reichstagsfraktion 1871–77

	1871 Sitze (%)	1874 Sitze (%)	1877 Sitze (%)
Beamte			
Staatsverwaltung	15 (12,2)	22 (14)	17 (13,2)
Justiz	21 (17,2)	22 (14)	27 (21)
Kommunalverwaltung	8 (6,5)	10 (6,3)	7 (5,4)
Professoren, Lehrer	16 (13)	17 (10,8)	10 (7,8)
Anwälte	17 (13,9)	19 (12)	12 (9,3)
Ärzte und andere Akademiker	1	1	3 (2,8)
Schriftsteller, Zeitungs-			
redakteure	5 (4)	4 (2,5)	1
Geschäftsleute	15 (12,2)	18 (11,4)	17 (13,2)
Rentner	7 (5,7)	7 (4,4)	8 (6,2)
Landwirtschaftliche Berufe			
Rittergutsbesitzer	8 (6,5)	16 (10,1)	9 (7)
Andere	9 (7,3)	19 (12)	17 (13,2)
Verschiedene bzw. unbekannt	–	2 (1,2)	–
Insgesamt	122	157	128

QUELLE: Kremer, *Aufbau* (1934), S. 13f.

schlüsselt sind, genügt, um die Kontinuität in der sozialen Zusammensetzung der parlamentarischen Elite und die nach wie vor führende Rolle der „Gebildeten" zu erkennen.[7] Die Mehrzahl der liberalen Abgeordneten bestand weiterhin aus Männern, die im weitesten Sinn dem öffentlichen Dienst angehörten; die Zahl derer, die man als aktive Unternehmer bezeichnen kann, war ziemlich klein. Die überraschend hohe Zahl von Landwirten, darunter auch Rittergutsbesitzern, zeigt, daß die Schwäche der Konservativen in den ostelbischen Gebieten den Liberalen zugute kam und ihnen selbst von adliger Seite Zulauf bescherte; diese letztere Entwicklung war allerdings, wie man sieht, 1877 bereits wieder rückläufig.[8]

Tabelle 11.2
Soziale Zusammensetzung der Nationalliberalen Fraktion in der Preußischen Abgeordnetenkammer 1866–79

	1866–67 Sitze (%)	1870–73 Sitze (%)	1877–79 Sitze (%)
Beamte			
Staatsverwaltung	4 (11)	17 (12,6)	18 (9,6)
Justiz	8 (22)	34 (25)	51 (27,4)
Kommunalverwaltung	3 (8)	13 (9,7)	15 (8)
Professoren, Lehrer	2 (5,5)	9 (6,6)	12 (6,4)
Anwälte	2 (5,5)	4 (3)	3 (1,6)
Ärzte und andere Akademiker	3 (8)	2 (1,4)	10 (5)
Schriftsteller, Zeitungsredakteure	–	–	2 (1)
Geschäftsleute und Rentner	7 (19)	23 (17)	36 (19)
Landwirtschaftliche Berufe			
Rittergutsbesitzer	3 (8)	15 (11)	21 (11)
Andere	2 (5)	16 (12)	16 (8,6)
Verschiedene bzw. unbekannt	2 (5)	1 (0,7)	2 (1)
Insgesamt	36	134	186

QUELLE: Kalkoff, *Fraktion* (1913).
N.B.: In jeder Spalte sind alle während der Dauer der betreffenden Legislaturperiode gewählten Abgeordneten berücksichtigt.

Auch die Mehrheit der Fortschritts-Fraktion im Reichstag bestand aus „Gebildeten"; allerdings bewirkten staatlicher Druck und persönliche Neigungen, daß die Fortschrittspartei längst nicht so viele Staatsdiener zu den ihren zählte wie die Nationalliberalen. Diejenigen öffentlichen Bediensteten, die sich der Fortschritts-Fraktion anschlossen, taten dies, wenn man von einigen wenigen Justizbeamten absieht, erst nach ihrem Rückzug aus dem aktiven Staatsdienst. Im großen und ganzen jedoch waren die Unterschiede, die zwischen den beiden liberalen Parteien hinsichtlich ihrer sozialen Zusammensetzung bestanden, eher gradueller Art. Wie bei den Nationalliberalen, so gaben auch bei der Fortschrittspartei Honoratioren den Ton an, von denen nur ein relativ geringer Teil unmittelbar an einem Geschäfts- oder Industriebetrieb beteiligt war (siehe Tabelle 11.3).

Tabelle 11.3
Soziale Zusammensetzung der Reichstagsfraktion
der Fortschrittspartei 1871–77

	1871 Sitze (%)	1874 Sitze (%)	1877* Sitze (%)
Beamte			
Staatsverwaltung (im Ruhestand)	1 (2)	2 (3,7)	1 (2)
Justiz	4 (9)	6 (11)	3 (7)
Kommunalverwaltung	4 (9)	3 (5,6)	2 (4,6)
Professoren und Lehrer	6 (13)	5 (9)	5 (11,6)
Anwälte	7 (15,5)	8 (15)	6 (14)
Ärzte und andere Akademiker	3 (7)	3 (5,6)	–
Schriftsteller, Zeitungsredakteure	3 (7)	4 (7,5)	4 (9)
Geschäftsleute	10 (22)	10 (19)	10 (23)
Landwirtschaftliche Berufe			
Rittergutsbesitzer	3 (7)	5 (9)	5 (11,6)
Andere	4 (9)	7 (13)	7 (16)
Verschiedene bzw. unbekannt	–	–	–
Insgesamt	45	53	43

QUELLE: Kremer, *Aufbau* (1934), S. 46f.
* Nicht mitgezählt die 1874 aus der Fraktion Ausgetretenen.

Zwar blieb das Übergewicht der „Gebildeten" in beiden liberalen Fraktionen erhalten, aber die Anzahl der Abgeordneten mit direkten Verbindungen zur Wirtschaft nahm doch auch zu, mindestens wenn man die beiden Berliner Kammern mit dem Frankfurter Parlament von 1848 und dem Preußischen Landtag der frühen 60er Jahre vergleicht. Gewiß blieben so manche wichtigen Probleme – wie das geringe Sozialprestige des Unternehmers in vielen Gegenden oder nach wie vor die praktischen Schwierigkeiten der „Abkömmlichkeit" – bestehen; doch das deutsche Handels- und Industriebürgertum hatte seinen Einfluß inzwischen so gefestigt und organisiert, daß es mehr Repräsentanten nach Berlin entsenden konnte, als es noch ein Jahrzehnt früher möglich gewesen war.[9] Man kann im übrigen davon ausgehen, daß der Einfluß von Männern mit Beziehungen zur Geschäfts- und Industriewelt sich auf eine Art und Weise verstärkte und niederschlug, die in den statistischen Tabellen nicht klar zum Ausdruck kommt. Im Verlauf der 70er Jahre kam es zu einer Annäherung der „Gebildeten" an wirtschaftliche Interessengruppen aus Handel und Industrie: Führende Nationalliberale wie Miquel und Bennigsen saßen, wenn sie sich nicht unmittelbar unternehmerisch betätigten, doch zumindest im Aufsichtsrat verschiedener Firmen.[10]

Eine weitere Entwicklung, die sich in den quantitativen Daten nicht eindeutig niederschlägt, war das zunehmende politische Gewicht von Männern, die in Berlin ansässig waren und einen Großteil ihrer Zeit der politischen Arbeit widmen konnten. Dieser Gesichtspunkt läßt sich durch einen Vergleich der politischen Laufbahnen von Albert Hänel und Eugen Richter anschaulich machen; beide bemühten sich in einem jahrelangen Konkurrenzkampf darum, bestimmenden Einfluß in der Fortschrittspartei zu gewinnen.[11] Hänel hatte tadellose Referenzen als liberaler Parteimann vorzuweisen. Er stammte aus einer Leipziger Textilfabrikantenfamilie, und sein Stiefvater war Heinrich Laube, ein bekannter liberaler Wortführer. Hänel selbst studierte Jura, lehrte an der Universität Kiel und amtierte politisch im Stadtparlament, im Provinziallandtag und preußischen Landtag sowie im Reichstag. Richter kam aus bescheideneren Verhältnissen: sein Vater war Militärarzt gewesen. Auch Richter studierte Jura, mußte jedoch seine Hoffnungen auf eine Karriere im öffentlichen Dienst aufgeben, da er wegen seiner politischen Aktivität benachteiligt wurde. Mitte der 60er Jahre ging er nach Berlin, leitete dort die örtlichen Gliederungen der Fortschrittspartei und überwachte ihre publizistische Tätigkeit. Er lebte, um mit Max Weber zu sprechen, sowohl für die Politik als auch von ihr. Hänel blieb eine wichtige Figur in der Partei, aber wenn er in irgendeiner Frage gegen Richter auftrat, behielt letzterer fast immer die Oberhand, einfach weil Hänel es als Halbtags-Politiker schwerhatte, gegen das verbissene und intensive Engagement Richters in der und für die Partei anzukommen. Auf ganz ähnliche Weise läßt sich der bestimmende Einfluß Eduard Laskers in den Reihen der linken Nationalliberalen erklären.[12] Die Notwendigkeit, im Brennpunkt des Geschehens zu bleiben, schloß eine gleichzeitige Wahrnehmung politischer Mandate auf örtlicher und nationaler Ebene oftmals aus. So beklagte sich etwa Max von Forckenbeck 1876, seine Pflichten als Bürgermeister erlaubten ihm praktisch nicht, eine tonangebende Rolle auf der nationalen Parteienbühne zu spielen.[13]

Die unterschiedlichen Wahlsysteme, die in den einzelnen Ländern galten, die regionalen Ungleichheiten und Ungleichzeitigkeiten in der gesellschaftlichen und wirtschaftlichen Entwicklung sowie die zählebigen Einflüsse politischer Traditionen und Gewohnheiten, alle diese Faktoren führten dazu, daß es in bezug auf die Zusammensetzung der liberalen Landtagsfraktionen von einem Land zum anderen beträchtliche Unterschiede gab. So scheinen etwa die liberalen Elemente und Sympathien im sächsischen Beamtentum relativ dünn gesät gewesen zu sein, so daß die liberalen Führungsfiguren dort meist aus der Geschäftswelt, dem Anwaltsstand und dem Großgrundbesitz hervorgingen – ein Umstand, der von manchen sächsischen Liberalen als großes Unglück betrachtet wurde.[14] In Baden und Bayern andererseits gab es eine Tradition der Zusammenarbeit zwischen liberaler Bewegung und Staat, so daß es einem Beamten in der Staats- oder Justizverwaltung hier leichter fiel, sich zum Eintritt in die parteipolitische Arena zu entschließen (siehe dazu Tabelle 11.4 und Tabelle 11.5). Allerdings waren die liberalen Fraktionen sowohl des badischen als auch des bayerischen Landtags heterogener zusammengesetzt als die der beiden Parlamente in Berlin. Offensichtlich war es für einen kleinen Geschäftsmann oder einen Gastwirt wesentlich einfacher, ein Mandat in Karlsruhe oder München wahrzunehmen, als sich in den im fernen Berlin tagenden Reichstag wählen zu lassen. Auch bei den liberalen

Parlamentariern Hessens finden wir ein breites Spektrum von Berufen und Biographien vor; es scheint allerdings, als habe es hier, ebenso wie in Sachsen, keine engen Verbindungen zwischen dem öffentlichen Dienst und den liberalen Landtagsfraktionen gegeben.[15] Das Gegenteil galt für die Deutsche Partei in Württemberg, und zwar vor allem deshalb, weil sie als national orientierte Gruppierung ein ziemlich breites politisches Meinungsspektrum repräsentierte. Anders als die württembergische Volkspartei, hatte die Deutsche Partei etliche ziemlich hochrangige Beamte und Richter in ihren Reihen; dazu kam noch eine Reihe anderer mittelständischer Berufsgruppen (siehe Tabelle 11.6).

Je mehr man sich dem lokalen politischen Leben nähert, desto deutlicher werden Stellung und Variationsbreite der liberalen Gefolgschaft. In den meisten Gemeinden scheinen die liberalen Wortführer den verhältnismäßig angesehenen gesellschaftlichen Gruppen angehört zu haben, doch waren diese Gruppen ökonomisch und soziologisch ganz unterschiedlich definiert. In Krefeld beispielsweise konnte ein Mann wie L.F. Seyffardt, der über langjährige Erfahrung als Politiker verfügte, in enger Beziehung zur kaufmännischen Elite der Stadt stand und eine herausragende Rolle im Rahmen der örtlichen Institutionen spielte, zu einem einflußreichen liberalen Wortführer aufsteigen. In Essen, wo es keine so

Tabelle 11.4
Soziale Zusammensetzung der Badischen Abgeordnetenkammer 1867–73

	1867 Sitze (%)	1873 Sitze (%)
Beamte		
Staatsverwaltung	15 (23,8)	9 (14,2)
Justiz	5 (7,9)	9 (14,2)
Kommunalverwaltung*	10 (15,8)	10 (15,8)
Professoren und Lehrer	3 (4,7)	5 (7,9)
Anwälte	4 (6,3)	5 (7,9)
Geistliche	1	3 (4,7)
Ärzte und Apotheker	4 (6,3)	5 (7,9)
Schriftsteller, Zeitungsredakteure	–	–
Geschäftsleute und Rentner	17 (26,9)	10 (15,8)
Handwerker und Gastwirte	4 (6,3)	3 (4,7)
Landwirtschaftliche Berufe	–	–
Verschiedene bzw. unbekannt	–	4 (6,3)
Insgesamt	63	63

QUELLE: Baden, *Verhandlungen* (1868 und 1874).
N.B.: Es ist mir nicht gelungen, ein Verzeichnis der liberalen Abgeordneten des Badischen Landtags ausfindig zu machen, so daß die hier angeführten Zahlen sich auf die gesamte Kammer beziehen. Da sich jedoch die badischen Parlamentarier in ihrer überwältigenden Mehrheit zur liberalen Bewegung zählten (1867 zu 90%, 1873 zu 80%), läßt sich die soziale Zusammensetzung der badischen Liberalen hieraus grob abschätzen.
* Von diesen Männern übten wohl die meisten noch einen zusätzlichen Beruf aus.

Tabelle 11.5
Soziale Zusammensetzung der liberalen Fraktion in der Bayerischen Abgeordnetenkammer 1869–77

	Sitze (%)
Beamte	
Staatsverwaltung	8 (6,3)
Justiz	18 (14,3)
Kommunalverwaltung*	22 (17,4)
Professoren und Lehrer	10 (7,8)
Anwälte	14 (11,1)
Geistliche	4 (3,1)
Ärzte und Apotheker	2 (1,5)
Geschäftsleute	33 (26,1)
Handwerker, Gastwirte	6 (4,7)
Landwirtschaftliche Berufe	9 (7,1)
Insgesamt	126

QUELLE: Berechnet auf Grundlage von: Petermeier, Daller (1956), Anhang
* Von diesen Männern waren die meisten (21) Bürgermeister von Kleinstädten und dürften somit außer ihrer kommunalpolitischen Tätigkeit noch einen anderen Beruf ausgeübt haben.

Tabelle 11.6
Soziale Zusammensetzung der liberalen Fraktionen und der Volkspartei-Fraktion in der Württembergischen Abgeordnetenkammer 1868–82

	Liberale* Sitze (%)	Volkspartei Sitze (%)
Beamte		
Staatsverwaltung	8 (13)	–
Justiz	8 (13)	–
Kommunalverwaltung**	15 (24,5)	8 (21,6)
Professoren und Lehrer	3 (5)	2 (5,4)
Anwälte und Notare	10 (16)	7 (19)
Schriftsteller, Zeitungsredakteure	1 (1,6)	2 (5,4)
Geschäftsleute	9 (14,7)	7 (19)
Handwerker und Gastwirte	2 (3,2)	4 (10,8)
Landwirtschaftliche Berufe	4 (6,5)	7 (19)
Verschiedene bzw. unbekannt	1 (1,6)	–
Insgesamt	61	37

QUELLE: Berechnet aus Angaben, die mir Folkert Nanninga von der Universität Kiel zur Verfügung stellte.
* Fortschrittspartei und Deutsche Partei.
** Von diesen Männern übten wohl die meisten zusätzlich zu ihrer kommunalpolitischen Tätigkeit noch einen anderen Beruf aus.

festgefügte eingesessene Elite gab, lag die politische Dominanz in den Händen einer eher heterogenen Gruppe von Männern. In Kiel waren es Akademiker wie Hänel, die, zusammen mit einem stadtbekannten Zeitungsredakteur und einigen Geschäftsleuten, in der liberalen Politik den Ton angaben.[16] In manchen Städten spielte der Bürgermeister eine Schlüsselrolle, besonders wenn es sich um einen Mann handelte, der auf eine erfolgreiche politische Laufbahn zurückblicken konnte, wie etwa Forckenbeck in Breslau oder Becker in Dortmund.[17] Anderswo mochten Journalisten und Anwälte die dominierenden Figuren sein. Und in ländlichen Gebieten, in denen das soziale Prestige nach wie vor in beträchtlichem Maß durch überlieferte Rollenvorstellungen bestimmt wurde, konnten Grundbesitzer und beamtete Würdenträger ausschlaggebenden politischen Einfluß ausüben. So schildert zum Beispiel Wilhelm Kulemann in seinen Memoiren, wie er einfach kraft seiner Stellung als Richter in der Kleinstadt Gandersheim zu einer lokalen Autorität wurde, von der sich die Leute in allen möglichen Dingen, auch in politischen Fragen, beraten ließen.[18] Den unmittelbaren Unterbau für diese Schicht lokaler Autoritäten bildete eine zahlreichere und noch heterogenere Gesellschaft von Männern, die aktiv in der liberalen Politik mitmischten, sei es als Inhaber kommunaler Ämter, als Kandidaten für das Wahlmännerkollegium (bei indirekten Wahlen) oder als öffentliche Förderer liberaler Kandidaten.[19]

In manchen Gegenden gab es allem Anschein nach bestimmte gesellschaftliche Unterschiede zwischen den einheimischen Führerpersönlichkeiten und aktiven Gefolgsleuten der Nationalliberalen einerseits und der Fortschrittspartei andererseits. Die ersteren fanden ihre Wähler und Gönner, wie es scheint, eher in den Reihen der wohlhabenderen und angeseheneren Bürger, in den höheren Rängen des öffentlichen Dienstes, bei den Akademikern und in der Geschäfts- und Finanzwelt. Die Fortschrittspartei fand das Gros ihrer aktiven Gefolgschaft eine Etage tiefer in der Klassen- und Statushierarchie: bei den kleinen Geschäftsleuten, niederen Beamten, den Lehrern und Handwerkern. Dieser Unterschied tritt dort zutage, wo die beiden liberalen Parteien sich nebeneinander an Landtagswahlen mit Klassenwahlsystem beteiligten: In Bielefeld konnten die Nationalliberalen bei der preußischen Landtagswahl von 1867 die Fortschrittspartei in der Wählerklasse Eins (in der die höchsten Einkommensgruppen vertreten waren) mit 13:7 ausstechen, während sie in den beiden anderen Klassen mit 6:14 und 0:18 unterlagen.[20] Einen ähnlichen Eindruck vermitteln die Daten über die Zusammensetzung der Ortsverbände der Fortschrittspartei in Städten wie Berlin und Kiel; sie zeigen, daß Leute aus den oben genannten Gruppen, aus dem Kleinbürgertum, wie man es zusammenfassend nennen kann, in diesen Verbänden in der Tat das numerische Übergewicht besaßen.[21] Nichtsdestoweniger waren die Unterschiede zwischen den beiden Fraktionen der Bewegung, sei es auf örtlicher, sei es auf nationaler Parteiebene, gradueller und nicht prinzipieller Natur. Die Nationalliberalen hätten sich, selbst wenn sie gewollt hätten, nicht darauf beschränken können, eine Partei des gehobenen Bildungs- und Besitzbürgertums zu sein. Wie die Fortschrittspartei, so mußten auch sie versuchen, ihre aktiven Anhänger aus einem breiten Spektrum *auch* mittelständischer Gruppen zu rekrutieren, wenn sie nicht Gefahr laufen wollten, zu einer wählerlosen und damit politisch toten Partei zu werden.[22]

Mit Hilfe der statistischen Daten zu den Reichstagswahlen können wir uns, die Ebene der liberalen Parteiführer und der aktiven Parteigänger hinter uns lassend, mit der Massenbasis der liberalen Bewegung, mit ihrer Wählerschaft, befassen. Es ist wichtig, sich dabei zu vergegenwärtigen, daß dazu nicht nur die Heranziehung eines andersartigen Datenmaterials gehört, sondern daß man auch mit anderen Voraussetzungen an den Untersuchungsgegenstand herangehen muß. Wahlanalytische Daten vermitteln uns nicht einfach zusätzliches Wissen über liberale Anhänger, sie erzählen uns vielmehr etwas über Menschen, deren Beziehung zur Bewegung vielleicht nur darin bestand, daß sie sich ein einziges Mal entschlossen, für einen liberalen Kandidaten zu stimmen. Man darf nicht davon ausgehen, daß diese Wähler das liberale Programm zur Gänze oder auch nur zum größten Teil guthießen. Möglicherweise sprachen sie nur einer namhaften Persönlichkeit ihr Vertrauen aus (etwa einem einheimischen Grundbesitzer oder auch einem ihnen persönlich unbekannten Mann von nationaler Prominenz, wie dem Kultusminister Falk, der wahrscheinlich die Wahlkreise, die in den 70er Jahren für ihn stimmten, nie selbst besucht hat). Vielleicht wollten sie nur ihr Eintreten für das geeinte Deutsche Reich (wie die nationalliberalen Wähler in Hannover) oder ihren Widerstand gegen eine übermäßige Zentralisierung demonstrieren (wie die Fortschrittswähler in Schleswig-Holstein). Und schließlich wäre es denkbar – und das ist vielleicht der wichtigste Vorbehalt –, daß Leute, die liberal wählten, sich lediglich für das geringste ihnen zur Auswahl stehende Übel entschieden; vielleicht wollten sie gar nicht *für* den Liberalismus stimmen, sondern *gegen* den politischen Katholizismus, gegen den Partikularismus, gegen die Konservativen usw.[23]

Man darf ebensowenig vergessen, daß die Daten mit Schwächen behaftet sind, die ihre Interpretierbarkeit beeinträchtigen. Die veröffentlichten Statistiken beziehen sich ausschließlich auf Wahlkreise; da diese Wahlkreise geographisch ziemlich groß waren und nicht mit anderen Verwaltungseinheiten übereinstimmten, lassen sich kaum Korrelationen zwischen dem Wahlverhalten und anderen soziologischen oder ökonomischen Variablen herausarbeiten. Man muß sich in der Regel mit jenen Kriterien zufriedengeben, die sich für den Wahlkreis als Ganzes definieren lassen: Religion, religiöse Traditionen, Stadt-Land-Profil. Selbst bei Beschränkung auf diese Variablen ist es unmöglich, den „ökologischen Fehlschluß" auszuschalten und die gesellschaftlichen Dimensionen des Wahlverhaltens zu ergründen. Man kann sich ein wenig damit helfen, daß man die Resultate verschiedener lokaler Studien miteinander kombiniert, aber auch damit kommt man allenfalls so weit, daß man die eine oder andere Hypothese formulieren und mögliche Interpretationen diskutieren kann.[24]

Die Daten, die uns über die Beziehung zwischen dem liberalen Stimmenanteil und der Verteilung der Konfessionen in der Wählerschaft zur Verfügung stehen, offenbaren, wie kaum anders zu erwarten, die vom Kulturkampf produzierten politischen Frontverläufe. Es läßt sich zwar nicht beweisen, daß die liberalen

Wähler in ihrer Mehrzahl Protestanten waren, doch ist klar zu erkennen, daß liberale Kandidaten sich in Wahlkreisen mit einer mehrheitlich protestantischen Bevölkerung wesentlich besser schlugen als anderswo. Lokal- und regionalbezogene Untersuchungen bekräftigen den Eindruck, den bereits die Zahlenangaben in Tabelle 11.7 erwecken. So läßt sich beispielsweise in Bayern schon anläßlich der Zollparlamentswahlen von 1868 eine konfessionelle Polarisierung der Wahlkreise erkennen:

Tabelle 11.7
Der Stimmenanteil der liberalen Parteien und die konfessionelle Zusammensetzung der Reichstagswahlkreise 1871–77

	Nationalliberale					
	1871		1874		1877	
	% aller Stimmen	% aller WKe	% aller Stimmen	% aller WKe	% aller Stimmen	% aller WKe
Alle WKe	28,5	31,5	29,7	39	29,7	35,5
Protestantische WKe						
Mit über 75% Prot.	35,4	38,7	40,6	54,8	35,9	46,2
Mit unter 75% Prot.	38,2	47,1	35,1	52,8	39	62,2
Katholische WKe						
Mit über 75% Kath.	15,2	7,2	13,2	5,2	15,6	5,2
Mit unter 75% Kath.	24,2	33,3	26,2	27,1	25,6	22,9
	Fortschrittspartei					
Alle WKe	8,3	11,6	8,6	12,3	7,8	8,8
Protestantische WKe						
Mit über 75% Prot.	14	17,6	13,9	18,6	13	15,1
Mit unter 75% Prot.	8,7	13,2	13,7	20,8	6	7,6
Katholische WKe						
Mit über 75% Kath.	1,4	1	1,1	–	2,3	–
Mit unter 75% Kath.	4,7	6,3	3,7	2,1	2,9	2,1

QUELLE: *Deutschland, StJb* (1886), 7:164-65, 167.

Die vorwiegend katholischen Bezirke Altbayerns und Unterfrankens wählten „partikularistisch", die protestantischen Gebiete Mittel- und Oberfrankens liberal.[25] Die auf einen einzelnen Wahlkreis bezogene Untersuchung von Alfred Kurt zeigt den gleichen Trend: Bei der Reichstagswahl von 1877 erzielten die liberalen Parteien in den protestantischen Teilen des fünften hessischen Wahlkreises (Offenbach-Dieburg) eine deutliche Mehrheit, während die katholischen Stimmbezirke im östlichen Teil des Wahlkreises in der Regel für den Kandidaten des Zentrums oder der Sozialdemokratie stimmten.[26] In einer Reihe von Gegenden avancierten die Liberalen allem Anschein nach zu *der* Alternative zum politischen Katholizismus. Dank dieses Umstandes schlossen sich ihnen auch Männer an, die nicht unbedingt und in jedem Fall die politischen, gesellschaftlichen oder wirtschaftlichen Implikationen des liberalen Programms akzeptierten. Ein Essener Beamter kommentierte die Landtagswahl von 1870 mit dem Satz, es habe sich dabei „weniger um ein bestimmtes politisches als um ein konfessionelles Motiv gehandelt, und um letzteres mit Erfolg zu bekämpfen, haben sich fast alle übrigen Parteien, vom äußersten Fortschrittsmann bis zum maßvollsten Altliberalen, ja anscheinend selbst einzelne Personen, welche früher im konservativen Sinn gewählt haben, in der einen Partei ‚Liberal' vereinigt".[27]

Man kann die liberale Wählerschaft auch anhand des Kriteriums regionaler politischer Traditionen definieren. Im großen und ganzen schlugen sich die liberalen Parteien in solchen Gebieten gut, in denen es keine oder nur schwach ausgeprägte dynastische Loyalitäten gab. Demgemäß verbuchten sie in vielen jener Regionen Erfolge, die unter der napoleonischen Herrschaft einem der größeren Fürstentümer zugeschlagen worden waren, da die Bevölkerung der Dynastie gegenüber, unter die sie willkürlich verpflanzt worden war, kein Loyalitätsgefühl entwickelte. So verhielt es sich zum Beispiel in Teilen des Rheinlands und Westfalens. Noch ausgeprägter war dieses Phänomen in Ländern, in denen es starke Spannungen zwischen national und partikularistisch orientierten Kräften gab. Im Fürstentum Hannover waren es die Bewohner Ostfrieslands (Wahlkreise 1 und 2), die sich nicht mit der Welfen-Dynastie identifizieren mochten, von der sie seit 1815 regiert wurden; diese Wahlkreise stimmten liberal. In den Bezirken dagegen, die ursprünglich das Kernland des Königreichs Hannover gebildet hatten, so etwa in Lüneburg (Wahlkreise 14, 15 und 16), gab es in der Regel Mehrheiten für die welfischen Partikularisten.[28] Ein ganz ähnliches Bild bot sich in Hessen und Bayern.[29] Dynastische Loyalitäten schlugen auch in den reaktionären Kleinstaaten kaum zu Buche; dort war die Reichsgründung von den politisch bewußten Elementen als eine befreiende Sprengung der engen Grenzen ihrer bisherigen politischen Welt begrüßt worden, und so unterstützten sie die 70er Jahre hindurch mehrheitlich liberale Kandidaten.[30]

Die Hauptnutznießer dieser wahlwirksamen religiösen und regionalen Konstellationen waren die Nationalliberalen, weil sie unmittelbar mit der Errichtung eines protestantischen, kleindeutschen Reichs identifiziert wurden. Ihre Kandidaten boten sich als Alternative an sowohl für antikatholische und/oder antipartikularistische Gruppen in den Kleinstaaten als auch in den neu zu Preußen geschlagenen Regionen und in großen Teilen des Südens und Südwestens. Hierin lag eine der wichtigsten Ursachen für den breiten Anklang, den die Nationalliberalen während der 70er Jahre in der Wählerschaft fanden, als sie in bezug auf die Anzahl der Wahlkreise, in denen sie einen effektiven Wahlkampf zu führen vermochten, alle anderen Parteien übertrumpften.[31] Die Fortschrittspartei dagegen fand ihre Wähler in einem geographisch viel enger begrenzten Raum. Bis zum Ende der 70er Jahre gelang es ihr nicht, außerhalb der Gebiete, die schon vor 1866 zum Königreich Preußen gehört hatten, einen Wahlkreis für sich zu entscheiden, ja zumeist nicht einmal, einen nennenswerten Wahlkampf zu führen.[32]

Die Wählerschaft der Nationalliberalen Partei verteilte sich im großen und ganzen ziemlich gleichmäßig über städtische und ländliche Bezirke (siehe Tabelle 11.8). In manchen Teilen des Reichs allerdings – zum Beispiel fast überall in

Preußen – schnitten die Nationalliberalen in den großen Städten weit besser ab als auf dem Land. Das lag daran, daß sie in den Städten besser organisiert waren, daß in städtisch geprägten Regionen der protestantische Bevölkerungsanteil häufig überdurchschnittlich hoch war und – dies vor allem – daß ihre politischen Gegner sich anfänglich schwerertaten, das Wählerpotential, das es für sie in solchen Regionen gab, zu mobilisieren. Der preußische Nationalliberale Friedrich Kapp urteilte über die Wahlchancen seiner Partei noch 1878 so: „Die Städte werden sich im ganzen gut halten, aber das Land, namentlich in den östlichen Provinzen, wird uns mit zwanzig-dreißig Wahlkreisen im Stich lassen."[33] In anderen Teilen Deutschlands holte die Nationalliberale Partei ihre Stimmen jedoch vorwiegend auf dem Land. Dies war insbesondere in den protestantischen Gebieten des Südens und des Südwestens der Fall, in denen es verhältnismäßig wenig landwirtschaftlichen Großgrundbesitz und eine Vielzahl selbständiger Kleinbauern gab.[34] Die Wählerschaft der Fortschrittspartei konzentrierte sich weit stärker auf die Städte. Zwar eroberte die Partei auch in ländlichen Gegenden hier und da einmal einen Wahlkreis, aber ihre eigentlichen Hochburgen hatte sie in den dichtbesiedelten Zentren der großen preußischen Städte – Berlin, Königsberg, Stettin – und in den kleinstädtischen Handels- und Verwaltungszentren.

Tabelle 11.8
Von den liberalen Parteien gewonnene Reichstagswahlkreise, aufgeschlüsselt nach Stadt-Land-Charakteristik, 1871–77

	1871			1874			1877		
	An-zahl	% NL.	% FP.	An-zahl	% NL.	% FP.	An-zahl	% NL.	% FP.
Alle WKe	382	31,5	11,6	397	39	12,3	397	35,5	8,8
Großstädtische WKe	21	19,1	57,1	21	28,5	52,4	21	42,8	28,6
WKe mit Städten	68	36,7	16,2	68	38,2	17,6	81	43,2	12,3
WKe ohne Städte	308	31,2	7,5	308	39,9	8,4	295	32,9	6,4

QUELLE: *Deutschland, StJb* (1886), 7:166.

Im Rückblick wird deutlich, wo die Achillesferse der liberalen Parteien lag: Ihr Reservoir an echten Stammwählern war in Wirklichkeit eher dünn. Auf der nationalen Ebene wurde diese Tatsache zunächst noch durch die Verzerrungen überdeckt, die sich aus der relativ geringen Beteiligung der breiten Masse an den ersten drei Reichstagswahlen ergaben. Auf Landes- und kommunaler Ebene bewirkten die politische Apathie der Bevölkerung und ergänzend (und die Apathie zugleich perpetuierend) die geltenden Beschränkungen des allgemeinen Wahlrechts und die unterschiedliche Gewichtung der Stimmen je nach Klassenzugehörigkeit der Wählenden eine ähnliche Verzerrung. Mit der Zeit jedoch gelang es den politischen Gegnern des Liberalismus, einen immer stärker ins Gewicht fallenden Teil derjenigen für sich zu mobilisieren, die sich bislang politisch passiv verhalten hatten. Die Beteiligung an den Reichstagswahlen nahm stetig zu, insbesondere in den städtischen Bezirken, in denen sie bis dahin unterdurchschnittlich gewesen war.[35] Gleichzeitig büßten die Liberalen in manchen preußischen Landtagswahlkreisen ihren Rückhalt bei den Wählern der Klasse III ein und erhielten auch in Klasse II ernstzunehmende Konkurrenz.[36] Auch anderswo begannen organisierte politische Kräfte gegen die liberale Dominanz aufzutreten und die durch das Dreiklassenwahlrecht oder andere undemokratische Wahlverfahren bedingten Handicaps abzuschütteln. Schon bei der Reichstagswahl von 1877 deuteten einige Anzeichen darauf hin, daß die Liberalen es schwer haben würden, dem Angriff ihrer Gegner standzuhalten. Ergänzend und erschwerend traten zu diesen von außen her drohenden Gefahren die tiefgreifenden Gegensätze, die sich im Lager der liberalen Gefolgschaft selbst aufzutun begannen – innerhalb jener Teile der protestantischen Mittelschichten, die traditionell die Hauptstützen der liberalen Bewegung gewesen waren.

Die Mittelschichten der deutschen Gesellschaft entwickelten sich, sowohl was ihre Zusammensetzung und soziale Charakteristik, als auch was ihre Beziehungen untereinander betraf, nach 1866 in die Richtung weiter, die sich bereits in den 50er Jahren abgezeichnet hatte. Ihre wohlhabendsten und einflußreichsten Elemente verstanden sich zunehmend als eine neue begüterte Elite und distanzierten sich bewußt vom Gros des bürgerlichen Mittelstandes. Die Steuerstatistiken legen die Annahme nahe, daß die Gruppe der Spitzenverdiener vom wirtschaftlichen Wachstum absolut und relativ am stärksten profitierte.[37] Ferner nahm die Zahl der Großunternehmen zu. Zwar waren die allermeisten Fabrikationsbetriebe im Jahr 1875, um einen Beispielszeitraum herauszugreifen, mit durchschnittlich etwa 2,2 Arbeitnehmern noch sehr klein, doch gab es bereits eine imposante Zahl großer und größter Betriebe (ungefähr 8500 mit über 500 und 105 mit über 1000 Arbeitnehmern).[38] Hinter diesen Zahlen verbergen sich bedeutsame Veränderungen im Arbeitsalltag, im Lebensstil und in den Lebenschancen der Menschen. Noch vor nicht allzu langer Zeit hatte es zwischen dem erfolgreichen Fabrikunternehmer und dem gutsituierten Handwerksmeister eine ganze Menge Gemeinsamkeiten gegeben: Mit einer gewissen Wahrscheinlichkeit waren sie aus sehr ähnlichen Verhältnissen gekommen, und mit Gewißheit hatten sich ihre Berufswelten, die organisatorischen und technischen Bedingungen ihrer Arbeit weitgehend gedeckt. In dem Maße jedoch, wie sich die Fabrikbetriebe vergrößerten, wie ihre Organisation bürokratisiert und ihre Arbeitsabläufe maschinell wurden, schwanden diese Ähnlichkeiten dahin. Die neue Fabrikantenelite machte sich zunehmend gesellschaftlich autark, d. h. sie rekrutierte ihren Führungsnachwuchs aus der wissenschaftlichen Intelligenz oder, in Gestalt des Juniorchefs, aus der eigenen Familie. Gleichzeitig begann diese tendenziell geschlossene Gesellschaft neue Lebensformen zu entwickeln, die der Welt des mittelständischen Geschäftsmanns und Handwerkers fremd waren und in denen sich die gängigen Attribute des Reichtums wiederfanden: ausschweifende Konsumgewohnheiten, prachtvolle Vorstadtvillen, Sommerhäuser und eigene Vierspänner.[39] Die graduellen Unterschiede, die den Mittelstand schon immer in mehrere hierarchische Segmente gegliedert hatten, wuchsen sich nun mehr und mehr zu einer prinzipiellen Dichotomie aus.

Die neuen Reichen, die sich auf diese Weise vom Gros des Mittelstandes ablösten, neigten dazu, sich mit den anderen Eliten der deutschen Gesellschaft zu verbinden und zu identifizieren: mit der wissenschaftlichen Intelligenz, dem adligen Großgrundbesitz und mit jener Kaste, welche die politisch-administrative und die militärische Führungsgarnitur zu stellen pflegte. (Natürlich waren insbesondere die zwei letztgenannten Eliten untereinander eng verbunden.) In den Jahren nach 1866 kam es zu einer Annäherung der Spitzen des Bildungs- und des Besitzbürgertums sowohl untereinander als auch zur traditionellen aristokratischen Elite. Die bürgerlichen Emporkömmlinge strebten nach einem Adelstitel oder nach einem der vielen Orden und Ehrentitel, die der Staat zu vergeben hatte; sie erwarben Güter und verschrieben sich denjenigen Formen der Freizeitgestaltung, die auch von den Aristokraten gepflegt wurden, so daß sich hier zwangsläufig die gewünschten Kontakte ergaben; ihre Söhne dienten in den angesehensten Regimentern, strebten hohe Stellungen im Staatsdienst an und suchten sich ihre Frauen unter den Töchtern adliger Familien aus. Diese Vermischung der Eliten war ein allmählicher und ungleichmäßig verlaufender Vorgang, der nicht nur viel Zeit, sondern im Einzelfall beträchtliche Anstrengungen erforderte. Doch ab Mitte der 70er Jahre war er unübersehbar in vollem Gang. Viele Deutsche neigten inzwischen dazu, im wirtschaftlichen Aufstieg, in einer erfolgreichen Laufbahn im öffentlichen Dienst oder an der Universität das Eintrittsbillett in die Klasse derjenigen zu sehen, deren angesehene Stellung in der Gesellschaft auf Grundbesitz und Adelsprädikat beruhte. Daß der Erfolg des einzelnen ein Beitrag zur Weiterentwicklung der Gesellschaft im allgemeinen und zur Verwirklichung der fortschrittlichen Ideale des Mittelstands im besonderen sei, galt nun nicht mehr. In dem Maße, wie das Großbürgertum zum Vorhof der Aristokratie wurde, hörten diejenigen, die ihm angehörten, auf, die Avantgarde für die politische Emanzipation des Mittelstands zu sein.[40] Allgemeine Feststellungen dieser Art über die wirtschaftlichen und gesellschaftlichen Verhältnisse derer, die unterhalb dieser dünnen Schicht begüterter und akademisch gebildeter Bürger angesiedelt waren, lassen sich nicht so leicht treffen. Bestimmte Gruppen innerhalb des Mittelstandes – die akademischen und freien Berufe, die Besitzer kleinerer und mittlerer Unternehmen, die mittleren Ränge des öffentlichen Dienstes und des wirtschaftlichen Managements – prosperierten nach 1866 und blieben verhältnismäßig stabil und ungefährdet. Über ihre Wertvorstellungen und Lebensformen wissen wir sehr wenig; klar ist freilich, daß sie nicht über die Mittel verfügten, sich an dem kostspieligen Wettbewerb um den Zutritt zur aristokratischen Sphäre zu beteiligen. Noch undurchschaubarer wird das Bild, wenn man sich den unteren Regionen des Mittelstandes zuwendet, der Schicht der kleinen Ladeninhaber und Handwerker, der Kleinbauern, niederen Beamten, der Fabrikmeister und Bürovorsteher. Viele Angehörige dieser Gruppen schlossen sich in der Periode nach 1866 dem kontinuierlich fließenden Strom der Auswanderer an, die Deutschland auf der Suche nach einer gesicherten Zukunft in der Neuen Welt den Rücken kehrten. Andere büßten ihre soziale Identität im Gefolge gewisser gesellschaftlicher und wirtschaftlicher Entwicklungen ein. Selbst diejenigen, die wirtschaftlich und sozial überlebten, waren für gewöhnlich verunsichert und hatten Angst vor der Zukunft. Sie befürchteten, sie könnten sich ihre hochgeschätzte „Selbständigkeit", durch welche sie sich von der Masse der gesellschaftlich rang- und namenlosen Arbeiter, Taglöhner und Angestellten abhoben, womöglich nicht bewahren.[41]

Abgesehen von diesen hierarchischen Wohlstands- und Statusunterschieden, gab es innerhalb des Mittelstandes auch ein komplexes Muster horizontaler Untergliederungen. Diese waren teilweise regionaler Natur – so unterschied sich etwa ein Handwerksmeister in Preußen von seinen Standesgenossen in den süddeutschen und westdeutschen Ländern unter anderem dadurch, daß in letzteren die Erinnerung an bestimmte Zunftprivilegien noch viel frischer war. Andere Diskrepanzen rührten von der unterschiedlichen Stellung sozial in etwa gleichwertiger Berufsgruppen zum Markt: Man denke etwa an Ladeninhaber einerseits, Landwirte andererseits. Und ein weiteres trennendes Kriterium waren die unterschiedlichen Bedürfnisse und Existenzbedingungen in den verschiedenen Gewerben und Branchen: Bergbau versus Fabrikindustrie, Exporteure versus Importeure, Zulieferer versus Endfertiger usw.

Sowohl die hierarchischen als auch die horizontalen Differenzierungen innerhalb des Mittelstandes vertieften sich im Gefolge der stürmischen Entwicklung der deutschen Wirtschaft nach 1866. Der österreichisch-preußische Krieg löste eine kurze wirtschaftliche Krise aus, die jedoch in den meisten Gebieten rasch überwunden war. Es folgte eine kurze, äußerst heftige Wachstumsphase, die durch den raschen Sieg Preußens über Frankreich 1870 nochmals einen Beschleunigungsschub erhielt. Die Industrieproduktion nahm sprunghaft zu; neue Firmen schossen aus dem Boden; eine Spekulationswelle sorgte für neue Investitionsrekorde. Allein, nicht alle Deutschen profitierten von der hektischen wirtschaftlichen Dynamik dieser Jahre, der sogenannten Gründerzeit. Mancherorts bedrohte der rasche Wandel gewachsene Strukturen und Institutionen. Und da sich die Früchte der wirtschaftlichen Blüte sehr ungleich verteilten, hinterließen diese Jahre auch bei vielen, die das Gefühl hatten, nicht den ihnen eigentlich gebührenden Anteil an dem neuen Wohlstand erhalten zu haben, einen bitteren Nachgeschmack.[42]

1873 wurde die Finanzwelt von einer Krise erschüttert, die sich dann auf das gesamte Wirtschaftssystem ausbreitete und die „große Depression" auslöste, wie manche Wirtschaftshistoriker sie genannt haben.[43] Die Depression verlief, soweit es ihre meßbaren Auswirkungen betrifft, äußerst ungleichmäßig: Phasen der Erholung und der erneuten Rezession folgten bis zur Mitte der 90er Jahre in raschem Wechsel aufeinander; dann nahm die Konjunktur, wie es scheint, einen neuen Aufschwung. Viele Zeitgenossen litten freilich unter dem plötzlichen Abknicken der wirtschaftlichen Wachstumskurve, die bis dahin einen stetigen Anstieg gezeigt hatte, wie unter einem fast nicht wiedergutzumachenden Unglück. Rudolf Gneist etwa nannte diese Jahrzehnte „eine Epoche der allgemeinen Unzufriedenheit, in welcher die pessimistischen Lebensanschauungen als zusammenfassender Ausdruck der Geistesrichtung der Zeit auftreten".[44] Die Aachener Handelskammer scheute sich nicht, die Folgen der Depression mit den vom Dreißigjährigen Krieg angerichteten Verwüstungen zu vergleichen; ihr Jahresbericht für 1876 schloß mit dem düsteren Ausblick: „Kein Ende ist noch zu ersehen, und man weiß nicht, wie es anders werden soll."[45] Für die psychologischen Folgen der Krise wirkte sich der Umstand erschwerend aus, daß sie verschiedene Gruppen der Gesellschaft auf sehr unterschiedliche Art und Weise in Mitleidenschaft zog. Bestimmte Branchen und Firmen waren sehr schwer betroffen, andere mußten nur einen leichten Geschäftsrückgang hinnehmen. Manche Leute, zum Beispiel alle diejenigen, die ein festes Einkommen bezogen, profitierten sogar von der deflationären Wirkung des Wirtschaftsabschwungs. Es lag unter diesen Umständen nahe, daß diejenigen Gruppen und Regionen, die sich als die Hauptleidtragenden betrachteten, ihren Unmut gegen jene kehrten, denen die Krise weniger zugesetzt hatte.

Einer der Indikatoren dafür, daß soziale und wirtschaftliche Konflikte im Verlauf der 70er Jahre zunehmenden Einfluß auf die Politik gewannen, war der Wandel im Tätigkeitsfeld und in der Struktur der zur Vertretung wirtschaftlicher Interessen ausersehenen Institutionen, der sich während dieser Zeit vollzog.[46] Als bestes Beispiel hierfür kann der 1875 gegründete Centralverband deutscher Industrieller dienen. Dieser Verband unterschied sich in mehreren bedeutsamen Aspekten von älteren Organisationen mit ähnlicher Zielrichtung. Zunächst einmal war seine Gründung ein Versuch, ähnlich gesinnte Männer aus der gesamten deutschen Industrie und nicht nur aus einer bestimmten Branche oder Region zusammenzubringen. Zum zweiten verkörperte der Centralverband das Bestreben, eine engmaschige Organisation mit hauptberuflichem Personal und mit üppiger finanzieller Ausstattung zu schaffen. Und schließlich war der Verband dazu da, politische Entscheidungen in bestimmten Fragen (z.B. in der Frage der Zölle) zu beeinflussen, indem er öffentliche Diskussionen zu initiieren und zu steuern suchte, bei Abgeordneten und Ministerialbeamten antichambrierte und die der Industrie zugetanen politischen Parteien im Wahlkampf unterstützte. Der Centralverband repräsentierte somit den Versuch, die engen Grenzen, die der Wirksamkeit regional operierender Interessenverbände gesetzt waren, zu überwinden; er war ein weitaus zäherer und kraftvoller politischer Lobbyist als die Handelskammern und unterschied sich von Organen wie dem Kongreß Deutscher Volkswirte dadurch, daß er politische Entscheidungsprozesse direkt zu beeinflussen versuchte, statt nur auf mittelbare Weise durch die Verbreitung aufgeklärten Gedankenguts mit den Mitteln der wissenschaftlichen Lehre und Diskussion.[47]

Das Erscheinen von Interessenverbänden neuen Stils auf der politischen Bühne stellte alle politischen Parteien vor Probleme, insbesondere aber die liberalen. Wie wir bereits gehört haben, war es eine liebe Gewohnheit der Liberalen, ihre Gegensätze in bestimmten wirtschaftlichen Belangen nach Möglichkeit dadurch zu übertünchen oder herunterzuspielen, daß sie ihr Selbstverständnis über die allen gemeinsamen Gesinnungen definierten und darauf beharrten, daß alle eventuell in ihrer Bewegung beheimateten Sonderinteressen letztes Endes mit dem wohlverstandenen Interesse der Gesellschaft in ihrer Gesamtheit zusammenfielen. Diese Methode der Selbstdefinition funktionierte, solange verfassungsrechtliche Fragen sowie nationale und kulturelle Belange im Mittelpunkt der liberalen Politik standen. Schon 1866 jedoch begann der Vorrat an Gemeinsamkeiten knapp zu werden, und als in den darauffolgenden Jahren bestimmte Gruppeninteressen immer stärker in den Vordergrund traten, wurde es immer schwieriger, die auseinanderstrebenden Elemente zusammenzuhalten.

Manche Liberale – namentlich Angehörige jener Bildungselite, die in den Parteiangelegenheiten nach wie vor eine Schlüsselrolle spielte – reagierten auf diese Entwicklung damit, daß sie ihre alten Auffassungen mit neuem Nachdruck bekräftigten.[48] So musterte etwa 1873 ein Mitarbeiter der *Nationalzeitung* die Reihen des Liberalismus und gelangte zu folgendem Ergebnis: „Beruf und Erwerbsart, häusliches Leben, Liebe zur Wissenschaft, Stellung zu Religion und Kirche, das alles kann man bei beiden Parteien in denselben Grundzügen und in denselben Abstufungen beobachten."[49] In der *Kieler Zeitung* war im gleichen Jahr zu lesen: „Alle einzelnen Berufsclassen im Volke haben jetzt nur ein gemeinsames Ziel, den Aufbau des Staates im freiheitlichen Sinne."[50] Andere Liberale wandten sich ausdrücklich gegen Bestrebungen, die politische Arbeit ihrer Parteien stärker in den Dienst bestimmter wirtschaftlicher Ziele zu stellen. Treitschke tat die Forderung nach Schutzzöllen als ein bloßes Gerangel um höhere Profite ab; was Deutschland seiner Ansicht nach brauchte, war „eine sittliche Erstarkung, das Wiederaufleben unserer alten Handelsgewohnheiten". Albert Hänel machte sich Sorgen um eine mögliche „Zerreißung unserer politischen Parteien in bloße Interessengruppen".[51] Männer wie Treitschke und Hänel blickten mit Argwohn auf diejenigen ihrer Parteigenossen, die ihrem Eindruck nach bestimmten Interessengruppen zu nahe standen. Das war einer der Gründe für die feindselige Haltung der Fortschrittspartei zu den von Max Hirsch ins Leben gerufenen Gewerkschaften. Aus den gleichen Beweggründen wurde Johannes Miquel wegen seiner Verbindungen zur Hochfinanz kritisiert, und Ludwig Bamberger fühlte sich gezwungen, als Direktor der Deutschen Bank zurückzutreten, weil er befürchtete, diese Stellung sei mit seinem Abgeordnetenmandat nicht vereinbar.[52]

Ungeachtet der Antipathie etlicher Liberaler gegen „Sonderinteressen" ließ sich das Eindringen wirtschaftlicher Fragestellungen in das liberale Parteileben nicht aufhalten. Die Debatten über die Staatsfinanzen und über die Zollpolitik, die 1873 und 1875 geführt wurden, boten einen Vorgeschmack auf die Sprengkraft, die in diesen Fragen steckte.[53] Heinrich Schultheß registrierte im Februar 1876 mit Unbehagen, daß während der im gleichen Monat zu Ende gegangenen Sitzungsperiode des Reichstags wirtschaftspolitische Debatten einen wichtigeren Platz als je zuvor eingenommen hatten.[54] Den unmittelbaren Anlaß für diese Debatten bildeten die immer lauter angemeldeten Forderungen nach einem Wandel in der deutschen Handels- und Fiskalpolitik, Forderungen, die von jenen Gruppen ausgingen, die die Einführung von Schutzzöllen und die Erschließung neuer Steuerquellen wünschten. Gegen diese Forderungen traten diejenigen Teile der Kaufmannschaft auf, die auf das Exportgeschäft angewiesen waren und die von einer Erhöhung der Zollschranken negative Rückwirkungen befürchteten, sowie auch viele Verbraucher und kleine Geschäftsleute, die sich gegen jeden Preisauftrieb durch Zölle oder indirekte Steuern wandten. Die Zoll- und Steuerpolitik berührte daher unmittelbar das tägliche Leben sehr vieler Menschen in der liberalen Wählerschaft.[55] Und was ebenso wichtig war, es bestand ein Zusammenhang zwischen diesen Fragen und bestimmten gegensätzlichen Auffassungen zur gesellschaftlichen und politischen Ordnung. Die Fürsprecher aller in den Debatten aufeinanderprallenden Ansichten rechtfertigten ihre Haltung gegenüber einer bestimmten wirtschaftspolitischen Frage stets mit dem nationalen Interesse; jedermann nahm für sich in Anspruch, daß seine Auffassung diejenige sei, die mit den wirklichen Zielen des Liberalismus und den Interessen der Gesellschaft am besten in Einklang stehe. In dieser Form lebte die traditionelle liberale Kunst der Selbstdefinition fort. Allein, entgegen den von manchen genährten Hoffnungen, trugen diese Beschwörungsformeln nicht zu einer Entschärfung der Interessenkonflikte bei, sondern führten lediglich dazu, daß die Auseinandersetzungen über wirtschaftspolitische Fragen in eine grundsätzliche Gesinnungsdiskussion umschlugen und in dieser Eigenschaft eine ideologische Brisanz erhielten, die es erschwerte, Kompromisse zu finden, und dauerhafte Verstimmungen förderte.[56]

Die Fortschrittspartei widersetzte sich neuen Steuern und höheren Zöllen, eine Haltung, in der sich die Wünsche und Ansprüche ihrer Stammwählerschaft widerspiegelten: Teile der Banken- und Finanzwelt, Fabrikanten, die auf den Außenhandel, und Landwirte, die auf billiges Import-Viehfutter angewiesen waren, sowie insbesondere die städtischen Verbraucher, die jegliche Maßnahmen ablehnten, die eine Erhöhung der Lebensmittelpreise bewirken würden. Allein, die Partei trug ihre wirtschaftspolitischen Forderungen nicht unter Berufung auf diese materiellen Interessen vor. Sie unterstrich statt dessen den Zusammenhang zwischen ihrer ablehnenden Einstellung zum Protektionismus einerseits und ihrem zunehmenden Widerstand gegen andere Entwicklungstendenzen des Bismarckschen Staates andererseits. Die Fortschrittlichen waren in der Tat nicht einmal bereit einzuräumen, daß die politischen Positionen, die sie vertraten, irgend etwas mit materiellen Interessen zu tun hatten. So erklärten sie beispielsweise in ihren Wahlparolen vom Dezember 1876, sie verwahrten sich gegen jegliche „Bestrebungen... welche die Bevölkerung in Interessengruppen zersplittern und die bewährten Grundsätze unserer Handels- und Gewerbepolitik verlassen" wollten.[57] Wie diese Formulierung suggeriert, behaupteten die Fortschrittler, es gehe ihnen nicht um die Durchsetzung materieller Interessen, sondern um die Verteidigung weltanschaulicher und sittlicher Prinzipien; sie beanspruchten, das Gemeinwohl zu repräsentieren, wie die Liberalen es stets getan hatten, während die Befürworter eines Handelsprotektionismus in ihren Augen das Wohlergehen des Ganzen dem materiellen Vorteil einer kleinen egoistischen Gruppe zu opfern bereit waren.

Dieser Methode der Bemäntelung wirtschaftlicher Interessen mit ideologischen Rechtfertigungsformeln befleißigten sich auch eine ganze Reihe nationalliberaler Wortführer. Wie ihre Kollegen vom Fortschritt, beriefen sich auch diese Männer bei der Verfechtung ihrer eigenen Sonderinteressen auf ehrwürdige Ideale und auf die Überzeugung, daß das, wofür sie eintraten, irgendwie auch der Gesellschaft als ganzer zum Wohl gereichen werde. Einer der einflußreichsten unter denen, die diesen Standpunkt vertraten, war Ludwig Bamberger, der sich entschieden gegen jeden staatlichen Eingriff in das gesellschaftliche und wirtschaftliche Leben wandte. Zusammen mit einer Anzahl seiner Parteifreunde – namentlich aus dem preußischen Flügel der Partei – hielt Bamberger die 70er Jahre hindurch an den Grundsätzen einer orthodoxen liberalen Wirtschaftslehre fest und verteidigte mit verzweifelter Entschlossenheit seine Überzeugung, daß Wohlstand und Fortschritt nur in einer Gesellschaft möglich seien, die den Gesetzen des Marktes freien Lauf ließ. Es war kein Zufall, daß diese Vorstellungen gerade bei jenen Elementen in der Nationalliberalen Partei Anklang und Unterstützung fanden, die ihr materielles Wohlergehen einer liberalen Handelspolitik zu verdanken glaubten.

Doch diese Position war innerhalb der Nationalliberalen Partei nicht die dominierende. In der Wähler- und Gefolgschaft der Partei, die ja größer und heterogener war als die des Fortschritts, gab es ein weitaus vielfältigeres Spektrum spezifischer Gruppeninteressen und ideologischer Positionen. Schon um die Mitte der 70er Jahre waren so manchen nationalliberalen Parteigängern Zweifel daran gekommen, ob der Freihandel der Weisheit letzter Schluß sei. Die Wirtschaftskrise ließ Teile der Geschäftswelt und der Landwirtschaft zu der Überzeugung gelangen, die von ihnen vertriebenen bzw. produzierten Güter bräuchten einen vor ausländischer Konkurrenz geschützten Binnenmarkt. Die meisten und die nachdrücklichsten Befürworter einer Schutzzollpolitik kamen, zumindest anfänglich, aus den Reihen der Industrieunternehmer aus den preußischen Westprovinzen und aus Teilen Süddeutschlands, d.h. aus Gebieten, in denen der Nationalliberalismus traditionell als Vollzugsinstrument liberalen politischen Handelns auf der nationalen Ebene anerkannt war.[58]

Wie die Freihändler, so suchten auch die Protektionisten ihre Interessen in allgemeine politische und gesellschaftliche Postulate zu kleiden. In diesem Bemühen erhielten die Protektionisten oft Schützenhilfe von seiten jener nationalliberalen Intellektuellen, denen die Vorstellung und die Realität einer völlig ungelenkten Wirtschaft zunehmendes Unbehagen bereitete. Der Argwohn gegenüber einer schrankenlosen wirtschaftlichen Entwicklung war natürlich schon immer ein Leitmotiv des liberalen Denkens in Deutschland gewesen, ein Motiv, das im Vormärz stark hervorgetreten war und sich auch in den Jahren nach 1850, die die Hochblüte des klassischen Liberalismus in Deutschland markierten, noch artikuliert hatte, wenngleich in etwas abgeschwächter Form. Die Beschleunigung des wirtschaftlichen und sozialen Wandels in der Periode nach 1866 ließ diese alten Besorgnisse wieder laut werden. So schrieb etwa Alfred Dove 1872:

Ich beklage tief die Wandlung der letzten Jahre. Die juristische Persönlichkeit des Kapitals an sich ist zwar wirtschaftlich ein großer Fortschritt, aber sittlich kann sie nicht heißen. Die letzten Bande, die wohltätig Person an Person, den Geber an den Nehmer der Arbeit knüpften, werden sorglos zerrissen. Masse rückt auf gegen Masse, wohlan, so kann die Massenschlacht beginnen.[59]

Die Pariser Kommune hatte Männern wie Dove nur wenige Monate zuvor einen lebhaften Eindruck davon vermittelt, wie eine solche „Massenschlacht" aussehen könnte. Nach 1873 war es die Depression, die das Tempo des wirtschaftlichen Wachstums dämpfte, andererseits aber auch neue Ängste schürte. Jetzt befürchteten die Skeptiker, die Überproduktion an Gütern werde viele Bankrotte und damit auch eine massenhafte Arbeitslosigkeit zur Folge haben und ein wachsendes Heer entwurzelter Menschen produzieren, die in ihrer Verzweiflung zu einem Angriff auf die bestehende Ordnung rüsten würden.[60]

Ähnliche Bilder malten diejenigen an die Wand, die in den 70er Jahren nach staatlichen Hilfen für das Handwerk riefen. In vielen Gewerben hatte die Krise von 1873 die durch die Konkurrenz der Industrie und durch andere strukturelle Veränderungen im deutschen Wirtschaftsleben bereits geschaffenen Probleme noch weiter verschärft. Angesichts dieser in ihren Augen gefährlichen Fehlentwicklung der freien Privatwirtschaft forderte das Handwerk staatliche Hilfen, eine Ausweitung seiner Befugnisse zur wirtschaftlichen Selbstkontrolle und weitere Einschränkungen des freien Wettbewerbs. Dieser Wunsch nach einer Rückkehr in den schützenden Verband der Zünfte ließ so manchen Handwerker Zuflucht bei einer der konservativen Parteien suchen; andere blieben in ihren angestammten liberalen Organisationen und schlossen sich dort dem immer vielstimmiger werdenden Chor derjenigen an, denen das Dogma der wirtschaftlichen Freiheit nicht mehr behagte.[61]

In gewisser Hinsicht war es ein etwas verwunderliches Bündnis: Industrielle, die um die Erhaltung ihrer Fabriken kämpften, Intellektuelle, die sich Sorgen über die sozialen Auswirkungen der Industrialisierung machten, und Handwerker, die ihre Felle wegschwimmen sahen. Die Klammer, die sie einte, war ihr gemeinsamer Widerstand gegen eine ungezügelte wirtschaftliche Freiheit. Ähnlich wie jene Liberale, die sich politischen Reformen widersetzten und vor den Folgen der politischen Demokratisierung warnten, glaubten diese Männer nicht daran, daß das freie Spiel der wirtschaftlichen Kräfte den Fortbestand der bestehenden gesellschaftlichen Ordnung gewährleisten konnte. Sie alle verlangten in dieser oder jener Form nach *Schutz* – Schutz vor dem Volk, Schutz vor ausländischer Konkurrenz, Schutz vor den Gefahren einer freien Marktwirtschaft.

Die Vertrauenskrise, die sich in den 70er Jahren durch die Bewegung zog, veranlaßte manche Liberale zu einer Neubestimmung ihres Verhältnisses zu den Parteien der Rechten. Hans Blum beispielsweise ermahnte 1874 seine Leser, sich über die Niederlage, welche die Konservativen soeben bei der preußischen Landtagswahl erlitten hatten, nicht allzusehr die Hände zu reiben. Blum war zwar kein begeisterter Freund der „fanatischen Kreuzzeitungs-Partei", aber er war sich der Notwendigkeit einer gemäßigten Partei auf der rechten Seite des politischen Spektrums bewußt: „Ein Staat, der die conservativen Elemente mundtodt macht, steht am Anfang der schiefen Ebene, an deren Ende die Sozialdemokraten und alle anderen Feinde der modernen Staatsordnung das Herabgleiten der Kugel fröhlich erwarten, um sie ins leere Nichts zu schleudern."[62] In Sachsen und in anderen Gebieten, in denen sich das politische Potential der Sozialisten schon früh in den 70er Jahren abzeichnete, führten ähnliche Überlegungen häufig zu ersten tastenden Bündnissen zwischen Liberalen und Konservativen.[63]

Hand in Hand mit dieser politischen Neueinschätzung der Rechten ging ein allmählicher Wandel in der Einstellung eines Teils der Liberalen zur preußischen Aristokratie. Vor 1866 war das Junkertum in den Augen der meisten Liberalen der Inbegriff aller jener gesellschaftlichen Werte und Traditionen gewesen, mit denen sie aufräumen wollten – Werte und Traditionen, die es Bismarck erleichterten, die Verfassung zu mißachten, die das Offizierskorps in seiner Arroganz bestärkten und die feudalen Strukturen in den ostelbischen Rittergütern am Leben hielten. Eine der ersten und wirkungsvollsten kritischen Auseinandersetzungen mit diesem traditionellen liberalen Verständnis stammte von Hermann Baumgarten. In einem Aufsatz mit dem Titel „Der deutsche Liberalismus. Eine Selbstkritik", geschrieben in den erregenden Wochen nach Königgrätz, stellte Baumgarten fest: „In jedem monarchischen Staat ist der Adel der eigentlich politische Stand." Der Krieg habe deutlich gemacht, daß „diese viel geschmähten Junker für das Vaterland zu kämpfen und zu sterben wissen". Die Liberalen müßten daher ihre Vorurteile ein Stück weit zurechtrücken und zunächst einmal versuchen, „neben dem Adel eine ehrenvolle Stelle zu behaupten". In engem Zusammenhang mit diesem Plädoyer für die Junker stand Baumgartens Überzeugung, der Mittelstand sei „zur eigentlichen politischen Action ... wenig geschaffen". „Die Natur seiner gesellschaftlichen Stellung, die Wirkung seiner Berufsthätigkeit auf Lebensgewohnheiten und Charakterformen und Gedankenrichtungen wird den bürgerlichen Mann nur in seltenen Fällen befähigen, in großen politischen Geschäften mit Erfolg zu arbeiten." Baumgarten ging in seiner Argumentation somit weit über die Forderung nach einer Revision des liberalen Bildes vom Junker hinaus – er übte grundsätzlich Kritik an den gesellschaftlichen Wertvorstellungen und den ideologischen Axiomen, auf denen die liberale Politik seit jeher beruhte.[64]

Wie die anderen Lehren, die aus der Reichsgründung gezogen werden konnten und gezogen wurden, wurde auch Baumgartens „Selbstkritik" von der liberalen Bewegung erst nach und nach und sehr ungleichmäßig verarbeitet. Eine große Zahl von Liberalen, die ihre Hoffnungen und Erwartungen nicht aufgeben wollten, ließ an dem Aufsatz bei seinem ersten Erscheinen kein gutes Haar.[65] In den Jahren nach 1866 fanden jedoch die von Baumgarten abgesteckten Positionen immer größeren Widerhall; in den 90er Jahren wußte ein junger Liberaler zu berichten, die Menschen seiner Generation hätten den Aufsatz wieder und wieder gelesen und ihn zur Grundlage ihrer politischen Anschauungen gemacht.[66] Die Ideen Baumgartens gewannen an Einfluß, weil sie weitgehend mit jenen Entwicklungen im Einklang standen, denen wir in diesen Kapiteln über die „liberale Ära" unsere Aufmerksamkeit gewidmet haben. Politisch stand hinter der Neubestimmung des Verhältnisses der Liberalen zum Adel der Wunsch nach einer Allianz mit den Konservativen gegen die Linke; sozial das Streben der vermögenden und gebildeten bürgerlichen Elite nach Nobilität; wirtschaftlich eine zunehmende Gemeinsamkeit der Interessen unter den Protektionisten in der Industrie und denen in der Landwirtschaft. Jede dieser Positionen verkörperte einen Teilaspekt des allgemeinen Versagens der Liberalen vor der selbstgestellten Aufgabe, Politik und Gesellschaft in Deutschland nach ihren Grundsätzen zu gestalten.

1876 waren diejenigen, die sich zu den von Baumgarten vorgezeichneten Anschauungen bekannten, in der Nationalliberalen Partei freilich noch eine Minderheit: In einer Verlautbarung vom September dieses Jahres erklärte sich die Partei öffentlich gegen die politische und wirtschaftliche Reaktion, gegen den Versuch, sie zu einer Anwältin materieller Interessen zu machen, und gegen jedes Liebäugeln mit Junkern, Zünften und Protektionisten.[67] Doch der Prozeß, in dessen Verlauf bedeutende Teile der liberalen Bewegung nach rechts rücken sollten, war bereits im Gang. Von welcher Bedeutung dieser Prozeß für die Zukunft des Liberalismus in Deutschland war, wurde im Lauf der beiden folgenden Jahre deutlich, als die Regierung daran ging, die Bewegung zu sprengen und ihren rechten Flügel in einen neuen staatstragenden Machtblock einzuschweißen.

V
SPALTUNG UND NIEDERGANG
1877–90

Im März 1877 brach Bismarck eine Krise vom Zaun. Den unmittelbaren Anlaß lieferte eine Auseinandersetzung mit dem Chef der kaiserlichen Admiralität, General von Stosch, der einigen politischen Rivalen des Reichskanzlers am Hofe nahestand. Bismarck drohte, nachdem er zunächst in einer Rede vor dem Reichstag einen überraschenden und erbitterten Angriff gegen Stosch geführt hatte, mit seinem Rücktritt und zog sich, nicht ohne sich zuvor vergewissert zu haben, daß der Kaiser ihn keinesfalls gehen lassen würde, auf seine Güter zurück, wo er für die folgenden elf Monate blieb.[1] Viele gut informierte Zeitgenossen erkannten, daß sich hinter diesem Manöver mehr verbarg als Bismarcks Abneigung gegen Stosch. So glaubte beispielsweise Rudolf Haym, Bismarck beabsichtige, entweder zurückzutreten und sich um seine Gesundheit zu kümmern oder aber „die Situation so gründlich [zu] ändern, daß es sich lohnt, seine letzten Kräfte daranzusetzen".[2] Haym überschätzte wahrscheinlich die Amtsverdrossenheit des Kanzlers, aber daß Bismarck entschlossen war, eine Neuorientierung in der deutschen Politik durchzusetzen, daran kann in Anbetracht der Ereignisse der beiden darauffolgenden Jahre kein Zweifel bestehen. 1878 und 1879 nahm Bismarck eine Reihe wichtiger personeller Veränderungen im Regierungsapparat vor, initiierte einen Unterdrückungsfeldzug gegen die Arbeiterbewegung und setzte ein Bündel finanz- und handelspolitischer Neuerungen durch.[3]

Die „Zweite Reichsgründung" von 1878/79 setzte der liberalen Ära ein Ende. Mit der Tatsache konfrontiert, daß eine Zusammenarbeit mit dem Staat nicht mehr möglich war und daß ihr Ansehen und ihr Rückhalt beim Volk dahinschwanden, mußte sich die liberale Bewegung mit tiefwurzelnden Gegensätzen im eigenen Lager auseinandersetzen. In den folgenden Kapiteln wird es unsere Aufgabe sein, zunächst einmal die unmittelbaren Auswirkungen der dramatischen Ereignisse von 1878 und 1879 zu untersuchen. Im Anschluß daran können wir den schmerzhaften Weg durch eine Periode der Selbstzweifel und der gegenseitigen Vorwürfe nachzeichnen, den die Liberalen auf ihrer verzweifelten Suche nach neuen Zielvorstellungen und alternativen Strategien gehen mußten.

12. Die „Zweite Reichsgründung"

> Das System Bismarck entwickelt sich mit furchtbarer Schnelligkeit, so, wie ich es immer fürchtete. Allgemeine Wehrpflicht, unangemessene und überreichliche indirekte Steuern, ein disziplinierter und herabgewürdigter Reichstag und eine durch den Kampf aller materiellen Interessen verdorbene und daher ohnmächtige öffentliche Meinung, das ist allerdings die Politik der Machtlosigkeit der Völker, der Untergang jeder konstitutionell freiheitlichen Entwicklung, gleichzeitig aber eine furchtbare Gefahr für das ganze Reich und das junge Kaisertum.
>
> Max von Forckenbeck (19. Januar 1879)[1]

Allem Anschein nach gelangte Bismarck im März/April 1877 aufgrund einer Reihe von Erwägungen zu der Überzeugung, daß in der deutschen Innenpolitik ein ganz neuer Anfang gemacht werden müsse. Zunächst einmal irritierten ihn nach wie vor die Versuche mancher Parlamentarier, sich in die Zuständigkeiten der Exekutive einzumischen. In diesem Zusammenhang ging es ihm auch darum, einen Weg zur Behebung der finanziellen Schwierigkeiten des Reichs zu finden, ohne dabei zugleich die haushaltsrechtlichen Befugnisse des Reichstags zu erweitern. Er kam zu der Überzeugung, daß eine denkbare Lösung für dieses Problem in der Einführung eines Bündels von Schutzzöllen und Staatsmonopolen bestand. Die Erschließung dieser Finanzierungsquellen konnte auch einen Beitrag zur Stabilisierung der Wirtschaft und damit zur vorbeugenden Bekämpfung der Gefahren leisten, die das stetige Anwachsen der sozialdemokratischen Bewegung in sich barg.[2]

Hinter diesen unmittelbar auf die Situation zu Anfang des Jahres 1877 bezogenen Überlegungen stand die langfristige Zielsetzung, die Bismarck nie aus den Augen verloren hatte, seit er fünfzehn Jahre zuvor zum preußischen Ministerpräsidenten ernannt worden war: die Schaffung eines mit begüterten, der bestehenden Ordnung eng verbundenen und dem Staat verpflichteten Männern besetzten Parlaments. 1867, bei der Ausarbeitung der Verfassung, hatte er gehofft, mit der Einführung des allgemeinen Wahlrechts und mit der Bestimmung, daß die Abgeordnetentätigkeit nicht finanziell honoriert werden durfte, die Voraussetzungen dafür geschaffen zu haben, daß ein solches Eliteparlament entstehen würde. Allein, alte politische Feinde wie Lasker und dazu neue Widersacher wie Windthorst und Bebel führten ihm beständig vor Augen, daß diese Hoffnungen sich nicht erfüllt hatten. Was er 1877–79 in Szene setzte, diente somit dem Bemühen, nunmehr das nachzuholen, was er ein Jahrzehnt zuvor verfehlt hatte. Die „Zweite Reichsgründung" war der Versuch, die Ziele zu verwirklichen, die nach der ersten unerfüllt geblieben waren.

Die „Zweite Reichsgründung"

Sowohl die kurz- als auch die langfristigen Ziele, die Bismarck verfolgte, setzten voraus, daß er die Möglichkeit eines von einer liberalen Mehrheit beherrschten Reichstags von vornherein ausschaltete. Zwar hatte die Wahl von 1877 die dünne Mehrheit der Liberalen dahingerafft, doch stellten die beiden Fraktionen zusammen immer noch den größten Abgeordnetenblock. In den ersten Monaten des Jahres 1877 hatten sie sich der Regierung in einer Reihe von Schlüsselvorhaben widersetzt. Bismarck entschloß sich daher zu dem Versuch, die liberale Bewegung zu spalten, ihren linken Flügel zu isolieren und die gemäßigten und rechtsorientierten Elemente in ein stabiles „gouvernementales" Bündnis hineinzuziehen. Um dies zu bewerkstelligen, schickte er sich zunächst an, einen Keil in die National-liberale Partei zu treiben, und zwar genau an der Stelle, an der Rudolf von Bennigsen stand, der hannoverische Adlige, der in seiner Partei einer der einflußreichen Gemäßigten war und innerhalb ihrer Reichstagsfraktion eine wichtige Vermittlerfunktion erfüllte. Im April 1877 versuchte Bismarck, Bennigsen seiner Partei zu entfremden, indem er ihm einen Ministerposten anbot. Bennigsen reagierte indessen nicht so, wie Bismarck es sich gewünscht hatte. Nachdem er sich mit seinen Parteifreunden beraten hatte, forderte er als Vorbedingungen für seinen Eintritt in die Regierung einige Änderungen in der Verfassung sowie zwei weitere Ministerposten für seine Partei; er hoffte, so jene Versöhnung zwischen dem Liberalismus und dem Staat herbeiführen zu können, welche die Liberalen sich schon immer so sehnlich herbeigewünscht hatten. Doch Bismarck wollte ja etwas ganz anderes. Obgleich die Verhandlungen zwischen den beiden Männern sich noch bis zum Februar 1878 hinzogen, war ihr Scheitern doch vorprogrammiert.[3]

Die Bennigsen-Episode zeigte, daß sehr viele Nationalliberale ihre Bereitschaft zur Zusammenarbeit mit der Regierung noch an bestimmte Vorbedingungen knüpften. Die Anziehungskraft des Staates war stark, aber noch nicht unwiderstehlich. Andererseits war jedoch auch die Bereitschaft, sich etwa zu einer kraftvoll geführten politischen Fehde gegen Bismarck zu entschließen, kaum mehr vorhanden. Das wurde deutlich, als der Reichstag im Frühjahr 1878 über die Vorschläge Bismarcks zu einer Reform der Reichsverwaltung debattierte. Viele Liberale wollten, wie wir gehört haben, die Verfassung dahingehend geändert sehen, daß zusätzlich zum Reichskanzler noch weitere „verantwortliche" Regierungsämter geschaffen würden. Als Bismarck Anfang März 1878 den Vorschlag machte, einen „Stellvertreter" des Reichskanzlers zu ernennen, schien er damit diesen Forderungen entgegenzukommen. In seiner Vorlage war jedoch an keiner Stelle von einer „Verantwortlichkeit" dieses Ministers die Rede; in der Tat lief die Vorlage auf eine Bekräftigung der persönlichen Autorität des Kanzlers und seines Rechts hinaus, seine Mitarbeiter selbst zu bestimmen und zu beaufsichtigen. Die Fortschritts-Fraktion lehnte den Gesetzentwurf ebenso ab wie Eduard Lasker und andere linke Nationalliberale. Am Ende jedoch stimmte die Nationalliberale Fraktion zusammen mit den Konservativen für die Vorlage und demonstrierte damit ein weiteres Mal, daß sie nicht bereit war, einen konsequenten und anhaltenden Kampf um eine Reform des politischen Systems zu führen.[4]

Bismarck war nach den Reichstagsdebatten von Februar und März 1878 mehr denn je der Überzeugung, daß eine grundlegende Umschichtung der politischen Konstellationen not tat. Er verfügte noch immer nicht über eine solide Mehrheit für seine wirtschaftspolitischen Vorhaben, und Männer wie Lasker sorgten mit ihrem nach wie vor erheblichen politischen Gewicht dafür, daß der politische Mitgestaltungswille des Parlaments nicht erlosch. Am 10. März ließ Bismarck den nächsten Pfeil seiner antiliberalen Kampagne von der Sehne schnellen, indem er dem Bundesrat ein Paket von Gesetzentwürfen vorlegte, das neben anderen fiskalischen Reformen auch ein staatliches Tabakmonopol vorsah. Er hoffte, mittels dieser Reformen dem Staat eine Reihe vom Parlament unabhängiger Einnahmequellen zu verschaffen und darüber hinaus die liberale Bewegung schwächen zu können, indem er ihre tiefwurzelnden sozio-ökonomischen Meinungsgegensätze von neuem heraufbeschwor. Bei der nächsten Wahl würde die öffentliche Diskussion, so versprach Bismarck, im Zeichen nicht politischer, sondern wirtschaftlicher Streitfragen stehen. Diese Fragen würden die bestehenden Fraktionen entzweien und „die übergroße Zahl der Doctrinaires in den parlamentarischen Körperschaften" verringern.[5]

Bismarck mußte nicht bis zum nächsten Reichstagswahltermin warten, um zum Schlag gegen die liberalen „Doctrinaires" ausholen zu können. Am 11. Mai 1878 wurde ein Attentat auf den Kaiser verübt. Wilhelm I. kam unverletzt davon, aber Bismarck ergriff die Gelegenheit beim Schopf und legte erneut ein Paket von Gesetzen gegen die Sozialdemokraten vor. Er hatte sogleich erkannt, daß die andauernden Meinungsverschiedenheiten im liberalen Lager über die revolutionäre Gefahr von links eine ebenso große potentielle Sprengkraft besaßen wie die Differenzen der Liberalen über die richtige Wirtschaftspolitik. Allein, die in aller Eile ausgearbeitete und unklug präsentierte Regierungsvorlage wurde sowohl von der Fortschritts-Fraktion als auch von der Mehrheit der Nationalliberalen verworfen. Auf dem rechten Flügel der Nationalliberalen war man ob dieses Ausgangs der Abstimmung zutiefst verstimmt, aber dennoch blieb die Fraktion intakt. Dann, nur acht Tage nach der Ablehnung der Vorlage, schlug erneut ein Attentäter zu. Dieses Mal trug der Kaiser eine schwere Verwundung davon. Ohne Zögern löste Bismarck den Reichstag auf und setzte Neuwahlen an. „Jetzt habe ich die Kerle", soll er gesagt haben. „Durchlaucht meinen die Sozialdemokraten?" fragte einer seiner Zuhörer. „Nein, die Nationalliberalen!"[6]

Der Wahlkampf, der von Mitte Juni bis Ende Juli dauerte, stand im Zeichen einer von einer sorgfältigen Regie geschickt geschürten Krisenstimmung. Die Regierung heizte die öffentliche Empörung über die dem Kaiser zugefügten Verletzungen nach Kräften an und zog ihren politischen Nutzen daraus. Die Schuld an dem Attentat wurde den Sozialdemokraten sowie ihren „Mitläufern" in der Fortschrittspartei und in jenen Gruppierungen der Nationalliberalen Partei angelastet, die „unter nationalliberaler Maske" der Politik des Fortschritts Vorschub leisteten.[7] Man beorderte eigens Truppen in die Hauptstadt, um die angebliche Aufstandsgefahr zu unterstreichen. In der Provinz wurde der gesamte staatliche Verwaltungsapparat zur Unterstützung der regierungstreuen Parteien aufgeboten. Bismarck, der das staatsmännische Prestige, das er als Gastgeber und Zentralfigur des beinahe gleichzeitig stattfindenden Berliner Kongresses einheimste, weidlich auszuschlachten verstand, ließ keinen Zweifel daran, daß die Regierung vor radikalen Maßnahmen nicht zurückschrecken würde, falls die Wähler ihr schuldig bleiben sollten, was sie von ihnen erwartete. Im Wahlkampf vom Sommer 1878 führte Bismarck das ganze Arsenal jener Waffen vor, deren er sich zur Durchsetzung seines Willens zu bedienen pflegte: eine bewußt geschürte Revolutionsfurcht, die Nutzung diplomatischer Erfolge im Dienste innenpolitischer Zwecke, die Inanspruchnahme der Behörden als Wahlhelfer und die Drohung mit einem Staatsstreich für den Fall, daß alle anderen Mittel versagten. Die Tatsache, daß Bismarck es für nötig hielt, alle diese außerordentlichen Mittel einzusetzen, nur um sich eine parlamentarische Mehrheit für sein Programm zu sichern, war zugleich ein Symptom und ein Beitrag zu jener Krisenstimmung, von der sich das Deutsche Reich nie wieder ganz zu befreien vermochte.

Die Auseinandersetzung, um die es in diesem Wahlkampf ging, stellte beide liberalen Fraktionen vor schwerwiegende Probleme. Die Fortschrittspartei versuchte ihre Gegnerschaft sowohl gegen die Sozialisten als auch gegen die antisozialistischen Maßnahmen der Regierung glaubhaft durchzuhalten – eine, gelinde gesagt, heikle Gratwanderung. Die Nationalliberalen mußten sich wohl oder übel bemühen, eine Formel zu finden, mit der sie ihre internen Meinungsverschiedenheiten in bezug auf die Legalisierung äußerst unliberaler Unterdrückungsmaßnahmen überdecken konnten. Außerdem mußten sie mit ihren Gegensätzen in wesentlichen sozialen und wirtschaftlichen Fragen fertig werden. Was die Zoll- und Steuerpolitik betraf, so taten sie am besten daran, in ihrer Wahlpropaganda zu versprechen, daß ihre Partei sich bemühen würde, die Interessen der ganzen Nation wahrzunehmen.[8] Die meisten liberalen Führer wußten freilich, daß es mit diesen Vorkehrungen nicht getan sein würde. Sie waren sich einer anschwellenden antiliberalen Stimmung im Lande bewußt, in deren Sog ihre Bewegung in die Rolle eines Sündenbocks für die Beschwerden und Ängste der Nation zu geraten drohte.[9] Der Wahlausgang bestätigte ihre schlimmsten Befürchtungen. Statt einer liberalen Mehrheit, für die noch wenige Monate zuvor so vieles gesprochen hatte, ergab sich nun die, wie Ludwig Bamberger sich ausdrückte, „verderblichste aller verderblichen Kombinationen... Bismarcks Herrschaftssucht hat sich mit der Selbstsucht aller gemeinen Triebe in Deutschland zusammengefunden."[10]

Der Rückgang der liberalen Parteien war, wie sich aus den Daten von Tabelle 12.1 ergibt, Symptom und Teilmoment eines erheblichen allgemeinen Rechtsrucks, der seinen Grund zum Teil auch in der Tatsache hatte, daß der Aufwärtstrend der Konservativen im östlichen Preußen, der sich bereits bei der Wahl von 1877 abgezeichnet hatte, weiter anhielt. Besonders schwer betroffen von dieser Entwicklung, zu der typischerweise die Abwanderung liberaler Parteigänger ebenso beitrug wie die Mobilisierung neuer Wählerschichten durch die antiliberalen Kräfte, war die Fortschrittspartei. Den Wahlkreis Gumbinnen-Insterburg beispielsweise hatte die Fortschrittspartei noch 1877 mit einem Vorsprung von

2000 Stimmen vor den Konservativen (59 zu 40% Stimmenanteil bei einer Wahlbeteiligung von 48%) erobert; 1878 verlor sie ihn mit über 7000 Stimmen Rückstand (26 zu 71% bei einer Wahlbeteiligung von 74%). Auch die Nationalliberalen verloren in den östlichen Landesteilen Preußens sehr viele Stimmen, hier an die Konservativen, dort an die Freikonservativen. Besonders klar tritt dies am Beispiel des Wahlkreises Merseburg 5 hervor; eine zutiefst entzweite Konservative Partei hatte dort 1877 nur 285 Stimmen verbucht und so den Nationalliberalen einen leichten Sieg ermöglicht; 1878 war die Wahlbeteiligung doppelt so hoch (57 gegenüber 28%), und ein Kandidat der Freikonservativen eroberte den Wahlkreis überlegen mit insgesamt 8108 Stimmen. Tabelle 12.2 vermittelt einen Eindruck von der Größenordnung der Einbußen der liberalen Parteien in den ostpreußischen Gebieten. Fast alle Bezirke verzeichneten gegenüber 1877 eine höhere Wahlbeteiligung bei gleichzeitigem Rückgang der absoluten Zahl liberaler Wähler. Bei den drei Bezirken Potsdam, Magdeburg und Merseburg, in denen die Liberalen, abweichend vom allgemeinen Trend, Stimmengewinne erzielten, handelte es sich bezeichnenderweise um Gebiete mit vorherrschend städtisch-industriellem Charakter.

Nicht nur im östlichen Preußen verbuchten die konservativen Parteien Gewinne. Auch in Schleswig-Holstein (Wahlkreis 2), Kassel (WK 6), Sachsen (WK 2), Württemberg (WKe 5, 6 und 8), Baden (WK 10), Mecklenburg-Schwerin (WK 4), Sachsen-Weimar (WK 1), Sachsen-Altenburg und Schwarzburg-Sondershausen führte ein Rechtsrutsch innerhalb der liberalen Gefolgschaft im Zusammenwirken mit einer den Konservativen zugute kommenden höheren Wahlbeteiligung dazu, daß die Wahlkreise an Kandidaten aus einer der konservativen Parteien fielen.[11] So manchen Reichstagssitz mußten die Liberalen auch an ihre anderen politischen Widersacher abgeben. Die Katholiken, die Partikularisten, ja sogar die an die Wand gedrängten Sozialdemokraten konnten aus der Krise der Liberalen Nutzen ziehen und ihnen eine Reihe umkämpfter Wahlkreise knapp entreißen. In diesen Fällen resultierte ihre Niederlage allerdings, anders als dort, wo sie Wahlkreise an die Konservativen abgeben mußten, gewöhnlich nicht aus der Abwanderung liberaler Wähler ins gegnerische Lager, sondern eher daraus, daß es den liberalen Parteien nicht gelang, ihre Anhänger auf die Beine und an die Urne zu bringen.[12] Somit traten im Sommer 1878 die Ursachen für den Niedergang des Liberalismus zutage: Die Gegensätze und Unsicherheiten im eigenen Lager addierten sich mit der zunehmenden politischen Vitalität der Gegner zu einem negativen Trend, der die liberale Bewegung am Ende auf den Status einer „ewigen Minderheit" in der deutschen Parteienlandschaft herabdrückte.[13]

Das unmittelbare Resultat der Wahl von 1878 war, daß Bismarck sein Sozialistengesetz unangefochten durch den Reichstag brachte. Auf dem linken Flügel der Nationalliberalen Partei gab es zwar immer noch einzelne, die der Regierungsvorlage ablehnend gegenüberstanden, aber sie vermochten dem Druck der Parteirechten, die sich nunmehr auch auf die Fürsprache gemäßigter Männer wie Bennigsen stützen konnte, nicht standzuhalten.[14] Nachdem die Nationalliberalen mit den Konservativen noch einige Kompromißregelungen ausgehandelt hatten,

Tabelle 12.1
Die Reichstagswahl von 1878

	Insgesamt (in 1000)	Stimmen % der Wahlberechtigten	Änderung geg. 1877 (in 1000)	WKe Sitze	WKe %	Änderung geg. 1877
Nationalliberale	1486.8	25,8	− 117.5	109	27,3	− 32
Fortschrittspartei	385.1	6,7	− 32.7	26	6,5	− 9
Volkspartei	66.1	1,1	+ 21.2	3	0,8	− 1
Konservative	749.5	13,0	+ 223.5	59	14,9	+ 19
Freikonservative	785.8	13,6	+ 359.2	57	14,4	+ 19
Zentrum	1328.1	23,1	− 13.2	94	23,7	+ 1
Polen usw.	507.7	8,8	− 23.0	40	10,1	+ 6
Sozialdemokraten	437.1	7,6	− 56.2	9	2,3	− 3
Insgesamt	5780.9	63,4	+ 358.3			

QUELLE: Vogel et al., *Wahlen* (1971), S. 291.

Tabelle 12.2
Wahlergebnisse der Liberalen und Konservativen in den östlichen Landesteilen Preußens (ohne Berlin) bei den Reichstagswahlen von 1877 und 1878

| | Anzahl der Erststimmen (gewonnene Sitze) | | | | Wahlbeteiligung (in % der Wahlberechtigten) | |
| | Konservative | | Liberale | | | |
Bezirk	1877	1878	1877	1878	1877	1878
Königsberg	32331 (5)	55716 (8)	40810 (3)	31916	48	54
Gumbinnen	31065 (2)	59270 (7)	33084 (5)	26279	47,9	59
Danzig	9059	18556 (1)	18529 (3)	17257 (1)	60,7	65
Marienwerder	22460 (3)	33998 (5)	33403 (4)	23962 (1)	75	74
Potsdam	53026 (5)	66004 (6)	40213 (5)	56343 (4)	45	56
Frankfurt	51000 (7)	69903 (9)	43423 (3)	40707 (1)	48	57
Stettin	27537 (4)	43454 (6)	27449 (3)	22394 (1)	43	49
Köslin	44601 (5)	46594 (5)	4429	3839	49	49
Stralsund	8682 (1)	14955 (2)	12168 (1)	5167	48	47
Posen	19935 (1)	41102 (1)	26499 (1)	12981 (1)	74	74
Bromberg	25580 (1)	34153 (3)	8502 (1)	3235	74	76
Breslau	61947 (6)	88619 (7)	44147 (4)	36303 (3)	55	61
Liegnitz	37466 (3)	67909 (4)	45727 (7)	45295 (6)	45	58
Oppeln	41862 (1)	72738 (2)	18121	−	69	74
Magdeburg	25411 (2)	39214 (2)	47442 (6)	70767 (6)	42	61
Merseburg	30509 (3)	52733 (5)	39493 (5)	53378 (3)	40	57
Erfurt	18586 (2)	27589 (2)	6134 (1)	5861 (1)	47	54

QUELLE: *SDR* 27, Nr. 6 (1879): 40–86.

wurde das „Gesetz gegen die gemeingefährlichen Bestrebungen der Sozialdemokratie" am 19. Oktober verabschiedet. In beiden Lagern waltete eine ungewöhnlich lückenlose Fraktionsdisziplin: Während die Nationalliberalen und die beiden konservativen Parteien geschlossen für das Gesetz stimmten, erklärten sich Fortschritt, Zentrum, Sozialdemokratie und die nationalen Minderheiten ebenso geschlossen dagegen.[15] Wenn die Nationalliberale Fraktion auch letztlich einstimmig votierte, vertiefte doch die der Abstimmung vorausgehende Debatte die Gegensätze innerhalb der Partei. Die Rechte war aufgebracht über die fortwährenden Einwände und Vorbehalte der Linken, während Lasker und die Seinen mit Verbitterung den Enthusiasmus registrierten, mit dem einige ihrer Parteigenossen für ein Bündnis zwischen der liberalen Bewegung und den beiden konservativen Parteien eintraten.

Diese Wunden hatten keine Zeit zu verheilen, weil unmittelbar auf die Debatte über das Sozialistengesetz eine langwierige Auseinandersetzung über die Zollpolitik folgte. Wie Eugen Richter schon damals klarsichtig erkannte, war jene lediglich ein Vorspiel zu dieser – er sah in der zollpolitischen Initiative den gewichtigsten Versuch der Regierung, die politische Szenerie in Deutschland umzugestalten.[16] Am gleichen Tag, an dem der Reichstag das Sozialistengesetz verabschiedete, gab eine Gruppe, die sich die Volkswirtschaftliche Vereinigung nannte, eine Verlautbarung heraus, in welcher sie eine Revision der Gesetze forderte, die der Wirtschaftspolitik des Reichs zugrunde lagen. Die Erklärung war zwar vorsichtig formuliert (zum großen Teil deshalb, weil die meisten landwirtschaftlichen Interessengruppen sich über die Vor- und Nachteile von Schutzzöllen noch nicht schlüssig geworden waren), aber sie markierte doch eindeutig einen Bruch mit der wirtschaftspolitischen Philosophie der „liberalen Ära". Zusammen mit Männern von den konservativen Parteien und vom Zentrum stellten sich auch nahezu ein Drittel der nationalliberalen Abgeordneten hinter die Verlautbarung.[17] Zwei Wochen später trat in Berlin der Deutsche Handelstag, der Dachverband der Handelskammern, zusammen. Nach einer leidenschaftlich geführten Debatte erlitten die Befürworter des Freihandels eine Abstimmungsniederlage.[18]

Am 15. Dezember veröffentlichte die halbamtliche *Norddeutsche Allgemeine Zeitung* das wirtschaftspolitische Reformprogramm der Regierung. Das Programm stellte einen Versuch dar, nicht nur zoll- und steuerpolitische Reformen miteinander zu verknüpfen, sondern auch die besonderen Interessen der Industrie und der Landwirtschaft zusammenzukoppeln und damit die politische Position der Protektionisten zu festigen.[19] Ferner markierte das Programm vom 15. Dezember einen weiteren Schritt in der Strategie Bismarcks, den Liberalismus zu spalten und jene parlamentarische Koalition vermögender Männer herbeizuführen, die der Regierung als solide Basis würde dienen können. Als im Frühjahr 1879 die parlamentarische Debatte über das Reformprogramm begann, nahm Bismarck seine Angriffe auf die liberale Linke von neuem auf. Am 8. Mai etwa zog er mit bitterem Hohn über jene „Herren" her, „die unsere Sonne nicht wärmt, die unser Regen nicht naß macht... die weder Industrie noch Landwirtschaft noch ein Gewerbe betreiben."[20] Dieses Klischee der liberalen „Doktrinäre", das in den öffentlichen Äußerungen des Kanzlers aus dieser Zeit so häufig auftaucht, bezeichnete den Feind, gegen den zu kämpfen Aufgabe der neuen parlamentarischen Elite sein sollte.

Die Anhänger der Freihandelslehre versuchten diesen Angriff auf die liberale Wirtschaftsphilosophie mit den Argumenten zu kontern, deren sie sich schon immer bedient hatten. Der Protektionismus, so behaupteten sie, opfere das Wohl der ganzen Nation den Interessen einer Minderheit; die wirtschaftliche Freiheit sei eine unerläßliche Vorbedingung der politischen Freiheit; die Gesetze des Marktes ließen sich nicht außer Kraft setzen, ohne daß dadurch die Wirtschaft Schaden nähme und der gesellschaftliche Fortschritt gehemmt würde.[21] Einen Höhepunkt erreichte die Gegenattacke der Freihändler am 17. Mai 1879, als Repräsentanten von 72 deutschen Städten in Berlin zusammenkamen und sich mit überwältigender Mehrheit zum Widerstand gegen jedwede Einfuhrzölle für Lebensmittel bekannten. Am Abend dieses Tages fand ein Bankett statt, auf dem sich außer den Städtevertretern Freihandels-Anhänger aus allen Sektoren der liberalen Bewegung einfanden. Max von Forckenbeck, Oberbürgermeister von Berlin und Präsident des Reichstags, setzte mit seiner Rede den Tenor der Veranstaltung. Unter dem donnernden Jubel der versammelten Honoratioren rief er das „freie Bürgertum" auf, sich zu einer neuen liberalen Partei zusammenzuschließen und im Rahmen einer solchen einheitlichen politischen Bewegung die soziale, wirtschaftliche und politische Freiheit zu erkämpfen.[22] Vielleicht waren unter den Anwesenden tatsächlich etliche, die, zumindest für einen Augenblick, daran glaubten, daß an jenem Abend im Bankettsaal des Zoologischen Gartens die Geburtsstunde einer neuen politischen Kraft geschlagen habe. Allein, wie die Ereignisse der darauffolgenden Monate zeigen sollten, vermochte diese neue Proklamierung eines alten liberalen Traums den Lauf der Dinge in der deutschen Politik nicht zu ändern. Wie schon so häufig in der Vergangenheit, zerstoben auch diesmal die Hoffnungen der Liberalen auf ein geeintes Bürgertum in dem Augenblick, da sie mit den harten Tatsachen der deutschen Wirklichkeit zusammenprallten.

Schon bei den ersten Lesungen der Zollgesetze wurde deutlich, daß sich inmitten der nationalliberalen Fraktion eine unüberbrückbare Kluft auftat.[23] Als der Termin der letzten Lesung herannahte, unternahm Bennigsen einen letzten verzweifelten Versuch, das Zerbrechen seiner Partei noch einmal abzuwenden. Er bot Bismarck die Zustimmung der nationalliberalen Fraktion zu den Zollgesetzen unter der Bedingung an, daß die Regierung im Gegenzug eine Reihe von Verfassungsgarantien zur Absicherung der Kompetenzen des Reichstags gewährte.[24] Allein, Bismarck hatte nicht das geringste Interesse daran, den Liberalen aus ihrem Zwiespalt zu helfen. Er lehnte das Angebot Bennigsens ab und handelte statt dessen eine Vereinbarung mit dem Zentrum aus, die bestimmte Zugeständnisse an die Länder im Rahmen der sogenannten Franckensteinschen Klausel beinhaltete. Dieser Pakt mit den „Erzfeinden" der Liberalen zeigte, wie weit die politischen Prioritäten des Kanzlers sich seit den Tagen des Kulturkampfs verschoben hatten.[25] Zögernd entschlossen sich nun auch gemäßigte Nationalliberale, mit der Fortschrittspartei zusammen gegen die Zollgesetze zu stimmen, die gleichwohl mit einer Mehrheit aus Konservativen und Katholiken den Reichstag passierten. Am 15. Juli, dem Tag, an dem die Zollgesetze in Kraft traten, sagten sich fünfzehn Angehörige des rechten Flügels der Nationalliberalen formell von ihrer Partei los.[26] Dies trug jedoch kaum zur Entschärfung der in der Partei virulenten Gegensätze bei. Die Linke war wütend über die Unentschlossenheit der Partei und über die Gemäßigten, die nicht fähig gewesen waren, sich eindeutig und energisch zu den Grundsätzen einer liberalen Wirtschaftspolitik zu bekennen. Die Enttäuschung hierüber, zu der sich erschwerend noch die Verbitterung gesellte, die eine ganze Reihe interner Konflikte bei den Beteiligten hinterlassen hatte, ließ Männer wie Forckenbeck und Lasker zu der Überzeugung kommen, daß ihre Tage in der Nationalliberalen Partei gezählt waren. Schon am 9. Juni 1879 hatte Forckenbeck geschrieben: „Die Trennung der Partei halte ich nach wie vor für unvermeidlich, ob heute, ob in Wochen, ob am Schlusse des Reichstages, ist Frage der Taktik." Lasker war der gleichen Meinung. Er schrieb am 29. Juni, es seien „nicht die einzelnen Voten", die die Partei spalteten; „weit mehr trennt die auch für die Zukunft voraussichtliche Verschiedenheit der Neigungen und Absichten."[27]

Die Abkehr vom Freihandel war nur der erste in einer ganzen Reihe wirtschafts- und sozialpolitischer Neuanfänge. Eine neue Steuergesetzgebung, Versuche zur Schaffung staatlicher Monopole und ein ehrgeiziges Sozialversicherungssystem, alle diese Vorhaben markierten ein Abgehen von der Idealvorstellung einer Zusammenarbeit zwischen Liberalismus und Staat, die in der Ära Delbrück als Richtschnur gedient hatte. Zugleich verflüchtigte sich auch der religionspolitische Konsens zwischen Regierung und Liberalismus. Einige der im Verlauf des Kulturkampfs eingeführten Regelungen wurden zurückgenommen, andere einfach in der Praxis nicht mehr durchgesetzt. Dazu kam, daß die Verwaltung neuerlich eine gewisse Bereitschaft an den Tag legte, orthodoxe religiöse Auffassungen zu unterstützen und zu fördern.[28]

Hand in Hand mit diesen politischen Kursänderungen gingen wichtige personelle Umbesetzungen. Im Lauf des Jahres 1879 wurde das halbe preußische Kabinett ausgewechselt; die neuen Minister waren in der Regel Männer der politischen Rechten. Sowohl in Preußen als auch im Reich begann ein neuer konservativer Geist in den Staats- und Verwaltungsapparat einzuziehen. Von Bismarck dirigiert, bemühte man sich allerorten, die Vermächtnisse und Restposten der „liberalen Ära" zu tilgen: Die Beförderungen wurden so gesteuert, daß „unzuverlässige" Männer nicht in politisch bedeutsame Positionen aufrückten. Die Kräfte, welche die Tradition der bürokratischen Reform verkörperten, wurden nach und nach von Männern ersetzt, die bereit waren, sich anzupassen, Anordnungen zu befolgen und ohne Wenn und Aber für den Status quo einzutreten.[29] Ein Beobachter, der wußte, wovon er sprach, beklagte sich 1882 darüber, daß „auf überzeugungstreue Beamte förmliche Jagd gemacht wird."[30] Im gleichen Jahr beschrieb Georg von Bunsen seine eigene Enttäuschung mit einem Satz, der sich gut als Grabinschrift für die „liberale Ära" eignen würde:

Der Zweck meines Lebens: in Preußen einen freiwilligen Beamtenstand gründen zu helfen, ... ist zerschlagen, vernichtet, ausgelöscht durch Bismarcks Verstaatlichung und den Mißcredit, den er jeder freien Tätigkeit bereitet.[31]

Der deutsche Liberalismus ging aus den politischen Ereignissen der Jahre 1878–79 schwer angeschlagen hervor. Die Reichstagswahl von 1878 legte die Brüchigkeit jener Vertrauensbasis im Volk bloß, welche die Liberalen zu besitzen wähnten. Die Debatte über die Schutzzölle förderte die tiefgreifenden sozialen und wirtschaftlichen Gegensätze innerhalb der liberalen Gefolgschaft zutage und setzte, als sich dazu noch andere, ebenso strittige Fragen gesellten, einen Zersplitterungsprozeß in Gang, in dessen Verlauf deutlich wurde, daß der Traum von einer in sich einigen liberalen Bewegung für immer ausgeträumt war; und schließlich setzten die politischen und personellen Veränderungen, die Bismarck vornahm, dem letzten aus einer Reihe von Bündnissen auf Zeit zwischen Liberalismus und Staatsbürokratie ein Ende. Als Liberaler konnte man sich nach 1879 nur noch schwerlich der Hoffnung hingeben, die Bewegung könne bei ihrem Kampf um gesellschaftliche und politische Emanzipation eines Tages wieder mit dem Staat als Bundesgenossen rechnen.

13. Der Nationalliberalismus rückt nach rechts

> Wir bezahlen, was wir gewonnen, und zumal die Art, wie wir es gewonnen, mit den entsprechenden Nachteilen. Die Nation hat sich ihre Einheit von einem einzigen Mann, und zwar von einem Mann der eigen. gearteten preußischen Aristokratie machen lassen. Nicht seine Schuld, sondern allein die Schuld der Nation oder ihr Verhängnis zum mindesten ist es, wenn sie im Verlauf der Dinge sich ohne ihn hilflos und verlegen fühlt.
>
> Ludwig Bamberger (1880)[1]

Zwei von einer Reihe von Wahlniederlagen und parlamentarischen Konflikten geprägte Jahre hatten die Nationalliberalen einem schmerzhaften Erkenntnisprozeß unterworfen – an der Tatsache ihrer Gespaltenheit konnten sie im Sommer 1879 nicht mehr vorbeisehen. Diejenigen, in deren Politikverständnis noch immer die geistig-aufklärerische Mission des Liberalismus obenan stand, registrierten mit Verdruß, wie eine auf die Vertretung materieller Interessen reduzierte „Politik ohne eigentlich politische Inhalte" immer mehr in den Vordergrund trat. Wirtschaftsführer und andere, die sich etwas auf ihren „praktischen Sinn" zugute hielten, beklagten den fortdauernden Einfluß von Männern, die in ihren Augen doktrinäre Idealisten waren. Während die Linke jede Unterstützung für den antiliberalen Kurs der Regierung als Verrat an ihren heiligsten Idealen betrachtete, verdächtigte die Rechte die Bismarck-Kritiker in den eigenen Reihen, insgeheim mit dem Fortschritt oder gar mit der Sozialdemokratie im Bunde zu sein. Natürlich gab es immer noch Männer, die nach einer Selbsterneuerung des Liberalismus riefen und an der Vision seines schließlichen Triumphs festhielten, aber solche Stimmen fanden nur geringen Widerhall. In den Briefen der liberalen Wortführer aus dieser Periode herrschen Ungewißheit und tiefer Pessimismus vor. Wieder einmal begann man sich die Frage zu stellen, die immer schon unter der Oberfläche der öffentlichen liberalen Selbstdarstellung gespukt hatte, „... ob eine liberale Partei überhaupt existiert, ob es nicht viel mehr nur eine gewisse Anzahl einzelner mehr oder weniger liberal denkender Männer gibt".[2]

Als die Partei sich im Herbst für die preußische Landtagswahl rüstete, tat sie dies im Zeichen einer lähmenden Resignations- und Untergangsstimmung. In einer Reihe von Wahlkreisen schlugen noch amtierende nationalliberale Abgeordnete eine erneute Kandidatur aus, und die Partei hatte Schwierigkeiten, Ersatzkandidaten zu finden – immer ein Zeichen für tiefwurzelnde Probleme.[3] In Sieg-Mülheim-Wipperfürth beispielsweise gelang es den Liberalen bei ihrer Delegiertenversammlung am 7. September nicht, sich auf einen Kandidaten zu einigen. Es blieb ihnen nichts anderes übrig, als ihren Wählern zu versprechen, daß sie nach der Wahl eine geeignete Persönlichkeit präsentieren würden.[4] So etwas hätte vielleicht zehn oder zwanzig Jahre früher funktioniert, aber den politischen Erfordernissen der späten 70er Jahre wurde es nicht gerecht. Nicht besser lagen die Dinge im Zentrum der Partei: Bennigsen entschloß sich, nicht für den Landtag zu kandidieren, vor allem weil er überzeugt war, daß seine Partei mit ihrem gegenwärtigen politischen Kurs Schiffbruch erleiden würde. Lasker ließ sich zwar aufstellen, führte aber keinen Wahlkampf. Die Parteiführung veröffentlichte – mit einiger Verspätung – ein Wahlprogramm, das jedoch ziemlich farblos geriet, und auch sonst wurde wenig zur Mobilisierung der liberalen Anhängerschaft unternommen.[5] Nicht einmal die Stimmengewinne der Konservativen und der Sozialisten bei der Anfang September abgehaltenen Landtagswahl in Sachsen schreckten die Liberalen aus ihrer Lethargie auf; die *Nationalzeitung* hob ausdrücklich hervor, wie wenig Aufmerksamkeit man dieser Wahl geschenkt habe.[6] „Im ganzen", hatte H. B. Oppenheim schon im August geschrieben, „finde ich es nicht bedenklich, daß die Partei noch schweigt und gleichgültig [ist] ... Sie wird ja doch die nachteiligen Folgen ihrer Tugenden und ihrer Fehler tragen müssen."[7]

Die Wahl in Preußen brachte beiden liberalen Parteien katastrophale Verluste. Wie aus Tabelle 13.1 zu ersehen ist, gingen die Einbußen der Liberalen auch hier mit beträchtlichen Zugewinnen für die Konservativen einher, ein Trend, der sich ja bereits bei der Reichstagswahl von 1878 abgezeichnet hatte. Ein Grund hierfür lag sicherlich darin, daß sich die Behörden als Wahlhelfer betätigten; ihr Einfluß wirkte sich um so nachhaltiger aus, als in Preußen auf Landesebene ja ein öffentlicher und indirekter Wahlmodus praktiziert wurde. Hinzu kam jedoch auch der Umstand, daß die Konservativen es verstanden hatten, sich eine zuverlässige Stammwählerschaft heranzuziehen: Wie sich 1879 zeigte, hatten sie gerade bei jenen städtischen und ländlichen Mittelschichten, die traditionell wichtige Aktivposten für die liberalen Parteien gewesen waren, beachtlich an Boden gewonnen.[8]

Doch nicht nur an die Rechte, sondern auch an ihre anderen politischen Gegner, insbesondere an das Zentrum, verloren die Liberalen Stimmen. Die Auflösungser-

Tabelle 13.1
Zusammensetzung der Preußischen Abgeordnetenkammer,
1876 und 1879

	1876 Sitze (%)	1879 Sitze (%)
Nationalliberale	169 (39)	104 (24)
Fortschrittspartei	63 (14,5)	38 (8,7)
Konservative	41 (9,4)	110 (25,4)
Freikonservative	35 (8)	51 (11,7)
Zentrum	89 (20,5)	97 (22,4)
Polen	15 (3,4)	19 (4,3)
Fraktionslose	21 (4,8)	14 (3,2)
Insgesamt	433	433

QUELLE: Vogel et al., *Wahlen* (1971), S. 287.

scheinungen, die die Bewegung sowohl auf nationaler als auch auf regionaler und kommunaler Ebene zeitigte, erschwerten es ihr, sich gegen die diszipliniert und koordiniert arbeitende Zentrumspartei zu behaupten, die ihre Kandidaten sogar in einigen Wahlkreisen durchzubringen vermochte, in denen der katholische Bevölkerungsanteil nur zirka ein Drittel betrug.[9] Die Liberalen waren erschüttert ob des Ausmaßes ihrer Niederlage, das ihnen zeigte, daß sie unter den Bedingungen eines indirekten und undemokratischen Wahlverfahrens offenbar ebenso verwundbar waren wie unter denen des allgemeinen, gleichen und direkten Reichstagswahlrechts. „Durch Fehler in der Organisation", meinte die *Nationalzeitung,* „haben wir manches eingebüßt, geschlagen [aber] sind wir worden auf dem Boden unseres Programms."[10]

Der große Verlierer der Wahl von 1879 war der linke Flügel des Nationalliberalismus, der nicht nur quantitativ stark dezimiert, sondern durch die Niederlage Eduard Laskers, seines fähigsten Kopfes, auch empfindlich getroffen wurde. Eine demütigende Fortsetzung fand das Debakel der Linken, als nur einer aus ihrem Kreis in den nationalliberalen Fraktionsvorstand gewählt wurde.[11] Die Kehrseite hiervon war eine relative Stärkung des rechten Flügels der Partei, und zwar in zweifacher bedeutsamer Hinsicht: Zum einen eröffnete die Sitzverteilung im neuen Landtag die Möglichkeit einer Mehrheit aus Konservativen und Zentrum. Diejenigen, die ein Bündnis zwischen Liberalen und Konservativen befürworteten, konnten sich nun darauf berufen, daß hierin die einzige Möglichkeit lag, eine „blauschwarze" Koalition zu verhindern, die alle Errungenschaften des Kulturkampfs rückgängig machen würde.[12] Zum zweiten bestärkte das Wahlergebnis die rechten Liberalen in ihrer Überzeugung, daß das Volk einen Oppositionskurs gegen die Regierung letzten Endes nicht honorierte. Die Niederlage von 1879 schien, wie auch schon jene bei der Reichstagswahl vom vorausgegangenen Jahr, den Beweis dafür zu liefern, daß die Liberalen, wie schwierig sich ihr Verhältnis zur Regierung auch immer gestalten mochte, in jedem Fall besser fuhren, wenn sie einen *modus vivendi* mit Bismarck suchten, statt sich auf einen öffentlichen politischen Feldzug gegen die Regierung einzulassen. Wie stets, stand auch diesmal die Anziehungskraft eines Bündnisses mit dem Staat in innigem Zusammenhang mit dem Bild, das die Liberalen sich vom Volk machten.

Die Position der nationalliberalen Linken wurde um so unhaltbarer, je weiter die Gesamtpartei nach rechts rückte. Zwar mühte sich Bennigsen, der wachsenden Bismarck-Hörigkeit seiner Parteigenossen dadurch gewisse Schranken zu setzen, daß er sie auf das Festhalten an wenigstens einigen liberalen Zielvorstellungen einschwor, aber gleichwohl blieb den Wortführern des linken Flügels nicht verborgen, daß der Kanzler an der Art von Zusammenarbeit wie zu Beginn der 70er Jahre jetzt nicht mehr interessiert war.[13] Gegen Ende 1879 nahmen etliche Mitglieder der Linken bereits nicht mehr an den Sitzungen der Fraktion teil. Ihre Trennung von der Partei war nur noch eine Frage der Zeit.

Lasker brachte den Stein ins Rollen. Mitte März 1880 erklärte er förmlich seinen Austritt aus der nationalliberalen Reichstagsfraktion und verließ damit gleichsam ein Schiff, auf dessen Lenkung er dreizehn Jahre lang all seine Zeit und Kraft verwendet hatte. In einer Erklärung an die Adresse seiner Wähler nannte Lasker zwei Argumente, die in den öffentlichen und privaten Äußerungen linker Nationalliberaler von da an immer wieder auftauchen sollten. Zum einen, so erklärte er, sei der gegenwärtige politische Kurs der Fraktion unvereinbar mit liberalen Zielen und setze die Zukunft des Liberalismus aufs Spiel. Indem die Liberalen sich der konservativen Zeitströmung anpaßten, begäben sie sich der Möglichkeit, glaubwürdig auf einen eventuellen Wandel im Zeitgeist zu reagieren. Liberale Politik müsse, so glaubte Lasker, ungeachtet der Probleme und Zwänge der Gegenwart, stets auf die Zukunft gerichtet sein. Der zweite Punkt, den er hervorhob, war, daß er zwar die nationalliberale Fraktion, nicht aber die liberale „Partei" verlassen habe. Indem er die althergebrachte Unterscheidung zwischen „Partei" und „Fraktion" erneut hervorholte, konnte Lasker einerseits seine Zugehörigkeit zur großen weltanschaulichen Gemeinschaft der Liberalen unterstreichen und andererseits seinen Schritt als ein aktives Bekenntnis zur Einheit der liberalen Bewegung, zum Aufbau einer „großen liberalen Partei" darstellen, unter deren Fahne sich alle Freunde der Freiheit im deutschen Volk zusammenscharen würden.[14]

Die Bereitschaft anderer linker Nationalliberaler, dem Beispiel Laskers zu folgen, nahm im Verlauf des Frühjahrs und Sommers 1880 zu, da Bismarck den Preis, den er der Partei für eine Zusammenarbeit abverlangte, kaltblütig in die Höhe schraubte.[15] Als die gemäßigte Parteimehrheit sich schließlich bemüßigt fühlte, einem Schulgesetz zuzustimmen, das eindeutig die Vorstellungen des Zentrums begünstigte, sahen viele Linke den richtigen Zeitpunkt zum Handeln gekommen. Am 19. August hielt Heinrich Rickert vor einer liberalen Vereinigung in Danzig eine vielbeachtete Rede, in der er den Aufbau einer vereinten liberalen Bewegung auf der Grundlage der durch die Namen Falk und Delbrück verkörperten politischen Prinzipien forderte.[16] Ein paar Tage später gaben 27 nationalliberale Reichstags- und Landtagsabgeordnete eine formelle Erklärung heraus, in der es hieß, „die Erfahrungen der letzten zwei Jahre" hätten gezeigt, daß es innerhalb des Nationalliberalismus grundlegende Gegensätze gebe. Die „gesamte liberale Partei" müsse sich wieder auf ihre Rolle als Verteidigerin der politischen und wirtschaftlichen Freiheit besinnen und für echt liberale Ziele, wie eine Steuerreform und den Vorrang des Staates vor der Kirche eintreten.[17]

Unter den Initiatoren der „Sezession" befanden sich mehrere jener Männer „ohne geschäftliche Interessen", gegen die Bismarck soviel rhetorisches Gift verspritzt hatte: Anwälte, kommunale Amtsträger, Rentiers; neben einigen wenigen Grundbesitzern und Geschäftsleuten gehörte ferner auch eine Anzahl von Leuten mit Verbindungen zur Banken- und Finanzwelt dazu.[18] Ihren geographischen Schwerpunkt hatte die Sezessionsbewegung in den östlichen Landesteilen Preußens, wenngleich ihr auch einige Liberale aus anderen Teilen des Reichs – insbesondere aus Hessen, Franken und Thüringen – angehörten. Allgemein gesprochen, bezog die „Liberale Vereinigung" – unter diesem Namen konstituierten sich die Abtrünnigen als eigenständige Fraktion – ihre politische Anziehungskraft daraus, daß sich in ihr die Interessen mehrerer gesellschaftlicher

Gruppen überschnitten: der Anhänger des Freihandels, derjenigen, die keine engeren Bindungen an die Spitzen der Industrie oder der Bürokratie besaßen und schließlich derjenigen, die sich zu Hause des politischen Ansturms konservativer Kräfte zu erwehren hatten. Diese Einschätzung bestätigt sich, wenn man sich die soziale Zusammensetzung und die regionale Verteilung der Abgeordneten betrachtet, welche die „Liberale Vereinigung" 1881, bei der einzigen nationalen Wahl, an der sie als eigenständige Partei teilnahm, in den Reichstag brachte. Wie die Tabellen 13.2 und 13.3 ausweisen, waren Industrielle, Staatsbeamte und Grundbesitzer ebenso unterrepräsentiert wie Abgeordnete aus Hannover, den westlichen Provinzen Preußens, den meisten Mittelstaaten und den Hansestädten.

Tabelle 13.2
Die Reichstagsfraktion der Liberalen Vereinigung, 1881
(soziale Zusammensetzung)

	Sitze (%)
Beamte	
Staatsverwaltung	5 (10)
Justiz	2 (4)
Kommunalverwaltung	5 (10)
Lehrer, Professoren	3 (6)
Anwälte	8 (16)
Andere Akademiker	3 (6)
Geschäftsleute	13 (26,5)
Rentner	2 (4)
Landwirtschaftliche Berufe	
Rittergutsbesitzer	2 (4)
Andere	6 (12)
Insgesamt	49

QUELLE: Kremer, *Aufbau* (1934), S. 25–26.

Die Spaltung der Nationalliberalen Partei am Ende der Periode der „Zweiten Reichsgründung" war im Grunde eine Neuauflage jener Zweiteilung der liberalen Bewegung, die sich nach der Gründung des Norddeutschen Bundes dreizehn Jahre zuvor vollzogen hatte. Gewisse Teile der Bewegung gelangten, 1867 wie 1880, zu der Erkenntnis, daß der Preis, den eine Fortsetzung der Zusammenarbeit mit dem Staat kosten würde, zu hoch war. Allerdings grenzten die nationalliberalen Sezessionisten, ebenso wie die Wortführer der Fortschrittspartei es nach Königgrätz getan hatten, ihre Bereitschaft zur Opposition gegen die Regierung durch einige bedeutsame Vorbehalte ein. So machte beispielsweise Rickert bereits in seiner Rede vom 19. August deutlich, daß er die Außenpolitik des Reichskanzlers weiterhin unterstützen werde; abgezeichnet hatte sich diese Position bereits einige Wochen zuvor, als lediglich eine Handvoll nationalliberaler Abgeordneter gegen die neue Heeresvorlage der Regierung gestimmt hatte.[19] Darüber hinaus gab es sehr viele politische Fragen, zu denen die Liberale Vereinigung sich schlicht und einfach ausschwieg; in den Reden und gemeinsamen Verlautbarungen ihrer

Tabelle 13.3
Die Reichstagsfraktion der Liberalen Vereinigung, 1881
(regionale Verteilung)

Herkunft der Abgeordneten	Zahl
Preußen	
östliche Provinzen	24
Schleswig-Holstein	2
Hannover	–
westliche Provinzen	1
Bayern	4
Sachsen	1
Württemberg	–
Baden	1
Hessen	5
Kleinere Länder	8
Hansestädte	–
Elsaß-Lothringen	–
Insgesamt	46

QUELLE: *SDR* 53, Nr. 3 (1882): 1–50.

führenden Köpfe war beispielsweise von solchen grundlegenden liberalen Zielen wie der Verwirklichung einer echten parlamentarischen Demokratie im Reich nicht die Rede. Hand in Hand mit dieser höchst vertrauten unentschiedenen Haltung zur Frage der Staatsmacht ging eine tiefgreifende Unschlüssigkeit im Verhältnis zum Volk. Während die Sezessionisten in ihren öffentlichen Äußerungen immer wieder die Hoffnung auf eine liberale Zukunft Deutschlands beschworen, beklagten sie sich im privaten Kreis über die mangelnde Resonanz, die sie in der breiten Öffentlichkeit fanden. So schrieb etwa Rickert zu Beginn des Jahres 1880: „Alles ist matt im Volk", und Franz von Stauffenberg beklagte wenige Wochen später die politische Apathie der Bevölkerung in Süddeutschland. „Was man liberale Partei heißt", schrieb er, „führt nur ein galvanisches Scheinleben... unsere Rolle scheint ausgespielt zu sein."[20] Dieses Gefühl, daß ihr gesellschaftlicher Rückhalt schwach war, trug sicherlich mit dazu bei, daß die nationalliberalen Linken so lange zögerten, ehe sie sich zum endgültigen Bruch mit ihrer Partei entschlossen. Es kann ihnen nicht leichtgefallen sein, den zerplatzten Traum einer Zusammenarbeit mit dem Staat ein für allemal zu begraben, wenn es zugleich so wenig Grund zu der Hoffnung gab, daß in Gestalt des Volkes ein funktionierendes Gegengewicht zur Staatsmacht bereitstand.

Ihren klarsten Ausdruck fand die fortbestehende Ambivalenz im Verhältnis der Sezessionisten sowohl zum Staat als auch zum Volk in Ludwig Bambergers Broschüre *Die Sezession*, die im Spätsommer 1880 geschrieben wurde und im Verlauf der darauffolgenden Monate vier Auflagen erlebte.[21] Bamberger hob zuerst einmal hervor, daß die neue Gruppierung sich als Reaktion auf die fehlende Bereitschaft der Regierung zur Zusammenarbeit mit den Liberalen formiert habe. Im Gegensatz zu der von beiderseitigen Kompromissen gekennzeichneten

Kooperation der „liberalen Ära" habe die Regierung nach 1878 versucht, die Bedingungen einseitig zu diktieren. Sie habe „die alte Anhänglichkeit" gefordert, „aber ohne Gegenseitigkeit"; sie habe auch dann noch auf Unterstützung gepocht, als sie längst keine liberalen Ziele mehr verfolgte. Der Kern des ganzen Problems sei die „ungesunde Stellung" Bismarcks, dessen Macht als unantastbar betrachtet werde, während sich um ihn herum die Parteienlandschaft verändere. Diese Konstellation war nach Bambergers Überzeugung ein Unglück für die Parteien und geeignet, in der ganzen Nation tiefe Verwirrung hervorzurufen. Den einzig denkbaren Ausweg sah er daher in der Wiederherstellung „voller Unabhängigkeit" durch eine Rückbesinnung der liberalen Partei auf ihre ureigenen Grundsätze.

Aber was sollte diese „Unabhängigkeit", übersetzt auf die politische Machtverteilung im Reich, nun genau bedeuten? Sollte eine unabhängige liberale Partei zur Basis einer verantwortlichen Regierung werden? Sollte eine liberale Mehrheit die Entlassung Bismarcks betreiben und versuchen, einen der ihren an seine Stelle zu setzen? Dazu sagte Bamberger nichts, vielleicht weil er die Chance, eine solche Mehrheit zustande zu bringen, so pessimistisch beurteilte. Gewiß, er betonte die Notwendigkeit, eine vereinigte liberale Partei zu schaffen, aber er machte auch deutlich, daß dies seiner Ansicht nach eine langwierige und schwierige Aufgabe sein würde. Es sei, so räumte Bamberger ein, nicht die Schuld Bismarcks, wenn er den Deutschen so unersetzlich erscheine: Die Nation habe es sich vielmehr selbst zuzuschreiben, wenn sie sich „ohne ihn hilflos und verlegen" fühle. Diese Klage über die politische Unreife des deutschen Volks ist der zentrale Punkt, um den die Argumente Bambergers kreisen. Mit besonderer Klarheit spricht er diesen Gedanken in der Schlußpassage seines Aufsatzes aus:

Am wenigsten von allen großen Kulturländern hat Deutschland die politische Kraft seines Bürgertums gezeigt. Damit übereinstimmend haben sich die feudalistischen Ideen in Deutschland am meisten erhalten, und die sozialistischen Ideen haben sich in Deutschland mehr und höher hinauf Anhang verschafft als bei irgendeinem anderen Volke.

Aus diesem Grund werde Deutschland der natürliche Schauplatz für den Ansturm der Sozialisten gegen das Bürgertum sein, so wie das Frankreich des 18. Jahrhunderts der gegebene Schauplatz für den Angriff des Bürgertums auf die Aristokratie gewesen sei. Den besten Schutz vor diesem Ansturm, so schloß Bamberger, biete das Heer, das somit der Garant der bestehenden Gesellschaftsordnung sei und um jeden Preis von sozialistischen Einflüssen freigehalten werden müsse. Was für ein eigentümlicher Abschluß eines Aufsatzes, dessen erklärter Zweck es eigentlich war, zu erklären, weshalb die nationalliberale Linke sich entschlossen hatte, sich von denen loszusagen, die bereit waren, die Regierung zu unterstützen!

Die Bambergersche Analyse trifft den Geist der Sezession viel genauer als jene rhetorischen Aufrufe zur liberalen Einheit, von denen die öffentlichen Erklärungen von Männern wie Lasker und Rickert überquollen. Das Gefühl der Entmutigung und des Niedergangs, das sich dem Leser dieser Broschüre mitteilt und das sich aus dem pessimistischen Urteil des Autors über die gesellschaftliche Verwurzelung des Liberalismus in Deutschland speist, erinnert an Baumgartens „Selbstkritik" von 1866. Ebenso wie Baumgartens Aufsatz, verdient Bambergers nüchterne Bilanz des deutschen Liberalismus, zu den wichtigsten Meilensteinen gezählt zu werden, die den langen abschüssigen Weg der Bewegung durch die Geschichte des Deutschen Reiches säumen.

Wenn der Entschluß der nationalliberalen Linken, ins oppositionelle Lager überzuwechseln, von ihrer ambivalenten Einstellung zum „Volk" überschattet blieb, so ließ sich auf der anderen Seite die Rechte von ganz denselben Einstellungen in ihrer Überzeugung bestärken, daß alle konservativen Kräfte in Deutschland zur Verteidigung der bestehenden gesellschaftlichen und politischen Ordnung zusammenstehen sollten. Die in der Periode der „Zweiten Reichsgründung" aufgebrochenen Konflikte veranlaßten die Wortführer der liberalen Rechten in den späten 70er und frühen 80er Jahren zu einer Reihe wichtiger Grundsatzerklärungen, Erklärungen, die im wesentlichen jene Auffassungen bekräftigten und fixierten, die in diesem Sektor der Bewegung in den Jahren nach 1871 Gestalt angenommen hatten.

Eines der Instrumente, mit denen dieser ideologische Mobilisierungsprozeß auf der Rechten vorangetrieben wurde, waren *Die Grenzboten*, eine Zeitschrift, die seit den 40er Jahren des Jahrhunderts existierte und deren Gründung seinerzeit noch ein Zeichen für die Jugend und Lebenskraft der liberalen Bewegung gewesen war. Mit Beginn der 80er Jahre waren *Die Grenzboten* auf einen vorbehaltlosen Pro-Bismarck-Kurs eingeschwenkt. In ihren Spalten häuften sich die Angriffe auf diejenigen, die gegen die Sozialistengesetze Stellung bezogen, sowie auf die Anhänger des „Manchestertums" innerhalb des Liberalismus, deren selbstsüchtiger Kosmopolitismus als eine Frucht semitischen Einflusses betrachtet wurde. Die Autoren, die für *Die Grenzboten* schrieben, hielten die alte Unterscheidung zwischen Konservativen und Liberalen für überholt. Das Bürgertum müsse, so glaubten sie, erkennen, daß die „natürliche" Parteienkonstellation in einem Bündnis aller konservativen (im Sinne von „erhaltenden") Kräfte in der Gesellschaft gegen die Radikalen bestehe; konkret war damit ein Bündnis der Konservativen und der national orientierten Liberalen gegen die Katholiken, den Fortschritt und die Sozialdemokratie gemeint. Damit dieses Bündnis zustande kommen könne, müßten die Liberalen, so hieß es in einem Beitrag von 1879, von einigen der Illusionen Abschied nehmen, die jahrzehntelang Teil ihrer Weltanschauung gewesen waren: beispielsweise von der Illusion, daß „die große Menge des Volkes" am politischen Geschehen Anteil nehme, oder daß der Staat „auf der bürgerlichen Gesellschaft ruhen" könne. Deutschland sei in sich zu zersplittert, seine Bevölkerung zu ungebärdig und unzuverlässig, um ein parlamentarisches Regierungssystem zuzulassen. Das Ziel einer wahrhaft „nationalen Partei" solle vielmehr darin bestehen, „den bildsamen Theil des deutschen Bürgerthums in der Erkenntnis zu lenken, daß das Ziel, die deutsche Einheit in alle Wurzeln unseres

Lebens einzusenken, auf anderen Vorarbeiten ruhen muß, als auf der Souveränität eines Parlaments, welches noch auf lange Zeit nur der Spiegel einer zerrissenen Nation sein kann".[22]

Die von den *Grenzboten* vertretenen Positionen lassen sich auch in einer Reihe anderer Zeitschriften und Bücher aus dieser Periode auffinden. So erschien beispielsweise 1880 eine vielbeachtete Studie von Julius Jolly mit dem Titel *Der Reichstag und die Parteien*. Jolly war durchaus kein Gegner parlamentarischer Organe; in seinen einleitenden Kapiteln würdigte er vielmehr die Errungenschaften des Reichstags während der „liberalen Ära" immer wieder. Er wollte mit seinem Buch allerdings nicht so sehr vergangene Leistungen rühmen als vor zukünftigen Gefahren warnen. Jolly sah in der Sozialdemokratie eine Bedrohung, „eine Krankheit ... Sie bietet nur ein pathologisches Interesse und kommt bei der Weiterentwicklung unseres deutschen Staatswesens nur als Hemmnis, nicht als active Kraft in Betracht." Auch die Zentrumspartei stand Jollys Ansicht nach mit den grundsätzlichen Geboten der deutschen Politik auf Kriegsfuß. Die übrigen Parteien betrachtete er, ungeachtet der jeweiligen Tugenden, über die sie verfügen mochten, als „nicht regierungsfähig"; zusammengenommen bedeutete dies, daß das parlamentarische System in Deutschland nicht praktikabel war.[23]

Dieselben Argumente fanden sich wieder in angesehenen Zeitschriften wie *Im Neuen Reich* oder den *Preußischen Jahrbüchern;* in beiden erschienen Artikel, deren Verfasser zu zeigen versuchten, daß das „englische System" für Deutschland nicht tauge.[24] Die praktische Botschaft dieser Argumente lag auf der Hand: Angesichts der unglücklichen Entwicklungen in der deutschen Parteienlandschaft würde die Aufgabe, das Allgemeinwohl zu sichern, weiterhin der Staatsmacht zufallen müssen. Wie Rudolf Fleischer in der *Deutschen Revue* schrieb: „Gottseidank haben wir einen Bismarck, der über unser nationales Interesse wacht."[25]

Bei manchen Vertretern der liberalen Rechten ging die Verdrossenheit über die Entwicklung der Parteien so weit, daß sie das demokratische Wahlrecht in Frage stellten. Wie viele Liberale mit einer Änderung des Reichstagswahlgesetzes einverstanden gewesen wären, läßt sich nicht sagen, aber vieles deutet darauf hin, daß sich im Lauf der Zeit immer mehr von ihnen zu der Ansicht Rudolf Hayms bekehrten, daß dieses Wahlrecht auf lange Sicht eine Gefahr für den Bestand des Staates darstelle.[26]

Wie stets in der Geschichte ihrer Bewegung, war das Unbehagen, das die Liberalen angesichts der dem demokratischen Wahlrecht und dem parlamentarischen System innewohnenden Probleme empfanden, eng verknüpft mit ihrer Angst vor bestimmten gesellschaftlichen Kräften, die sich in Deutschland regten. In den späten 70er Jahren wuchs die Empfänglichkeit für diese „sozialen Ängste". Die starke Zunahme besorgter Hinweise auf das in den sozialen Verhältnissen schlummernde Unruhepotential erinnert in der Tat an die Krisenstimmung, die in den bewegten Jahren unmittelbar vor 1848 vorherrschte. In der Tatsache, daß diese Zukunftsängste gerade in den Reihen des liberalen Bürgertums zunahmen, können wir ein weiteres Anzeichen dafür sehen, daß die „liberale Ära" zu Ende war. Von diesem Zeitpunkt an machten die verhältnismäßig optimistischen

Einstellungen zum sozialen Wandel, die von der Jahrhundertmitte an zunächst überwogen hatten, allmählich einem pessimistischen Antimodernismus Platz, dessen zersetzender Einfluß mit dazu beitrug, daß vielen Liberalen der Reformenthusiasmus abhanden kam.

Ein anschauliches Beispiel für diesen Vorgang bieten die Schriften Gustav Rümelins, eines altgedienten Liberalen und aufmerksamen Beobachters der gesellschaftlichen Entwicklungen.[27] Rümelin resümierte die jüngste Entwicklung seines Denkens Ende 1879 mit den folgenden Worten:

Ich bin mein Leben lang optimistisch gerichtet gewesen, sehe aber jetzt, sei es mit Grund oder aus Altersschwäche, trüb in unsere deutsche Zukunft. Ich bin eine Art von Malthusianer geworden und sehe in unserer abnorm raschen Bevölkerungszunahme... die größten Gefahren und den eigentlichen und entscheidenden Hauptgrund unserer wirtschaftlichen und sozialen Nöte.[28]

Rümelin stellte seine neugewonnenen Einsichten erstmals in einer Artikelserie vor, die die *Allgemeine Zeitung* im Januar 1878 veröffentlichte und die 1881 unter dem Titel „Zur Überbevölkerungsfrage" in Buchform nachgedruckt wurde. In dem Aufsatz Rümelins artikulierte sich die Krisenpsychologie, die das deutsche Denken nach 1873 so weitgehend prägte. Doch wie viele andere ging auch er über die konkreten Probleme hinaus, vor denen die deutsche Industrie stand, und stellte die Entwicklungsrichtung des gesellschaftlichen Wandels als solche in Frage. Unter dem Eindruck der Wirtschaftskrise revidierte Rümelin seine bisherige positive Einstellung zum städtischen Leben und zur industriellen Entwicklung. Ratlos nach einem Hort der Stabilität suchend, forderte er, die deutsche Landwirtschaft als der stabilste Grundpfeiler von Staat und Gesellschaft müsse geschützt werden. Darüber hinaus trat er dafür ein, wie vier Jahrzehnte vor ihm Robert von Mohl, das Recht auf Eheschließung für Menschen der ärmeren Schichten einzuschränken und das Heranwachsen eines Proletriats auch noch mit anderen staatlichen Maßnahmen zu verhindern.[29] Die politischen Implikationen seiner neuen Position lotete Rümelin in einer Reihe von Aufsätzen aus, die im Verlauf der 80er Jahre entstanden. In einer ausführlichen Erörterung der Frage des Reichstagswahlrechts ließ er die vertrauten Argumente gegen ein demokratisches Stimmrecht Revue passieren (das Fehlen einer homogenen politischen Elite in Deutschland, die spezifisch deutsche Neigung zu Zwist und Gruppenbildung, die Unreife und Unzuverlässigkeit der Massen) und schlug dann vor, das geltende Wahlverfahren durch ein System zu ersetzen, bei dem die Reichstagsabgeordneten von den Länderparlamenten (und zwar von beiden Kammern) gewählt werden sollten. Ein solches System würde, so glaubte er, das Heranwachsen einer hinlänglich qualifizierten Elite fördern, ohne daß dabei die Vorteile eines repräsentativen Vertretungswesens verlorengingen. Acht Jahre später erneuerte Rümelin in einer Schrift mit dem Titel „Der Begriff der Gesellschaft" den Geltungsanspruch jener These vom Spannungsverhältnis zwischen Staat und Gesellschaft, die spätestens seit Hegel ein Standardelement des deutschen politischen Denkens gewesen war: Die Gesellschaft sei ein bedeutsames Reservoir schöpferischer

Energie, doch ohne den stabilisierenden Einfluß des Staates würde sie in Chaos oder Anarchie versinken.³⁰

Nach 1880 nahm der Einfluß des rechten Flügels innerhalb der Nationalliberalen Partei als ganzer dank einer ganzen Reihe von Faktoren zu. Mit dem Abgang der linken Sezessionisten war nicht nur eine große Anzahl von Gegnern verschwunden, die den Positionen der Rechten immer Paroli geboten hatten, sondern auch die soziale Zusammensetzung der Parteielite verändert worden. Zwischen 1877 und 1887 erhöhte sich die Zahl der Unternehmer in der Nationalliberalen Reichstagsfraktion von 17 (13%) auf 33 (32%), während die Zahl derjenigen, die man als „Gebildete" einstufen kann, von 77 (60%) auf 47 (45%) zurückging. Jene beharrliche Vorherrschaft der „Doktrinäre", die im ersten Jahrzehnt nach 1867 den Fortbestand liberaler Traditionen hatte sichern helfen, bröckelte nun allmählich ab.³¹ Bedeutsamer als dieser Wandel war jedoch, daß sich innerhalb der Partei der Einfluß der Repräsentanten derjenigen Gebiete verstärkte, die eher zum Protektionismus tendierten und in denen der Nationalliberalismus nicht mehr eine Partei der Mitte mit Rechtsdrall war, sondern sich zu einer staatstragenden Partei gewandelt hatte (bzw. sich bemühte, eine zu werden), die gegen die Katholiken und die Linken Front machte.³²

Zur selben Zeit, da sich diese sozialen und regionalen Verschiebungen in Reichstagsfraktion und Führungsspitze der Nationalliberalen Partei vollzogen, kam es in den Ländern zu einigen wichtigen politischen Veränderungen.³³ In Baden bedrohten katholische Siege bei den Teilwahlen von 1879 und 1881 die bis dahin unangefochtene Vorherrschaft der Liberalen im Landtag. Selbst in dieser traditionellen liberalen Hochburg schien die „liberale Ära" also ihrem Ende entgegenzugehen. In Bayern, wo der Liberalismus nie eine so starke Stellung gehalten hatte, sahen die Liberalen sich angesichts stetiger Stimmengewinne des politischen Katholizismus weiterhin in die Defensive gedrängt. Die stärkste Herausforderung für den sächsischen Liberalismus ging von den Konservativen aus, denen es gelang, bei den Teilwahlen von 1879 und 1881 eindrucksvolle Siege zu erringen. Auch in Hessen gab es einen Rechtsruck, der sich hier allerdings eher innerhalb des liberalen Lagers selbst vollzog; nach 1881 nahm der Einfluß konservativer Kräfte in der Partei merklich zu, und zugleich festigte sich die Macht rechtsliberaler Führungsfiguren wie die des Freiherrn von Heyl.³⁵

In allen diesen Ländern – und dazu in einer Reihe anderer Teile des Reichs – brachten etliche Liberale nun das Argument ins Spiel, ihre Partei könne ihre Position am besten dadurch wahren, daß sie ihre rechte Flanke verstärke und die Basis für eine Zusammenarbeit mit staatstragenden Gruppen aller Art, insbesondere mit den Freikonservativen, verbreitere. Ganz ähnliche Vorstellungen wurden auch in Hannover und Württemberg geäußert, wo nach wie vor einheimische partikularistische Kräfte die politischen Hauptgegner waren. Wie ein württembergischer Liberaler es 1881 ausdrückte: „Uns ist... Bismarck eben auch der mächtigste Schutz gegen die wieder schreckenhaft überhandnehmende Versumpfung in den alten Partikularismus. Und im Vergleich damit schwindet uns das, was uns nicht gefällt, ganz anders, als Ihnen inmitten des großen Staatswesens."³⁶

Die gemäßigten Elemente innerhalb des Nationalliberalismus versuchten, von Bennigsen dirigiert, diesen wachsenden Druck von rechts auszupendeln. Bennigsen steuerte in der Phase unmittelbar nach der Sezession weiterhin seinen schwierigen Kurs zwischen Opposition gegen die Regierung und konsequenter Zusammenarbeit mit ihr. Mit dem Parteiprogramm vom Mai 1881, das auf diesen Kurs zugeschnitten war, versuchte er einerseits die Rechte zufriedenzustellen, ohne andererseits die Gefahr weiterer Abspaltungen auf der Linken heraufzubeschwören. Am Anfang des Programms stand die Feststellung, daß die Beziehung zwischen der Partei und dem Staat in eine neue und schwierigere Phase getreten sei; ihr folgte sogleich das Versprechen, die Partei werde die Vorschläge der Regierung sorgfältig prüfen und diejenigen unter ihnen, die sie akzeptabel fand, unterstützen. Zu wirtschaftspolitischen Fragen äußerte sich das Programm ebenso verschwommen:

Entschlossen, die bestehende gewerbliche Gesetzgebung und die auf ihr beruhende wirtschaftliche Freiheit gegen reaktionäre Angriffe zu verteidigen, halten wir an der Überzeugung fest, daß entgegenstehende Meinungen über Schutzzoll und Freihandel nicht zur Grundlage politischer Parteibildung dienen dürfen... [daß] innerhalb unserer Partei abweichenden Anschauungen über Zollfragen Raum gelassen wird. Ein Aufgeben dieser Freiheit würde eine über ganz Deutschland sich erstreckende nationalliberale Partei unmöglich machen.

Das Programm leistete auch nichts zur Klärung des Verhältnisses der Partei zu anderen liberalen Gruppierungen: Es verurteilte den Radikalismus von links und rechts und bekundete die Bereitschaft des Nationalliberalismus, mit allen zusammenzuarbeiten, die ähnliche oder gleiche Ziele wie er verfolgten. Das Programm war ein bravouröses Beispiel für rhetorische Unverbindlichkeit; die verschiedenen Gruppen in der Partei konnten die unterschiedlichsten Dinge aus ihm herauslesen.[37] Für diejenigen freilich, die sich ein unzweideutiges Bekenntnis zum neuen Bismarck-Staat in allen seinen Erscheinungsformen wünschten, war diese Art Rhetorik ein Ärgernis. Bennigsen, äußerst enttäuscht darüber, daß seine Bemühungen, den Nationalliberalismus als eine „mittlere Partei" zu erhalten, gescheitert waren, legte im Frühjahr 1883 sein Abgeordnetenmandat nieder.[38]

Bennigsens Rückzug ebnete den Weg für Männer wie Johannes Miquel, die den Nationalliberalismus zu einem Bollwerk des protektionistischen Staates machen wollten.[39] Die in diese Richtung zielenden Bemühungen der Rechten gewannen im März 1884 an Durchschlagskraft, als sich in Heidelberg 40 Mitglieder der „nationalen und liberalen Parteien" Badens, Württembergs, Bayerns und Hessens versammelten. Die „Heidelberger Erklärung", die von Miquel formuliert und bei diesem Treffen ratifiziert wurde, spiegelte die Veränderungen wider, die sich in den zurückliegenden Jahren im nationalliberalen Lager vollzogen hatten.[40] In erster Linie artikulierte sie, was die Partei so lange versucht hatte, zurückzudrängen: eine eindeutig definierte Position zur Schutzzollfrage. Die Männer, die sich in Heidelberg versammelten, waren der Überzeugung, daß jeder Versuch, an der aktuell praktizierten Schutzzollpolitik etwas zu ändern, „schädlich und gefährlich" wäre. Sie begrüßten darüber hinaus die Sozialversicherungspläne Bismarcks und seine Anläufe zu einer Reform des Steuersystems. In einer Wendung, die dem zunehmenden politischen Gewicht landwirtschaftlicher Interessen im Süden und Südwesten gerecht wurde, hob die „Heidelberger Erklärung" sodann die grundlegende Bedeutung des bäuerlichen Standes für das deutsche Wirtschaftsleben hervor. Neben der allgemeinen Zustimmung zum Programm der Regierung klang in der Erklärung auch eine aktualpolitische Note an: Im Anschluß an einige kurze Bemerkungen über die Notwendigkeit, die Rechte des Parlaments zu verteidigen, betonte sie die Notwendigkeit, mit Bismarck zusammenzuarbeiten und insbesondere seine Bemühungen, die er zur Erhaltung eines starken Heeres unternahm, zu unterstützen – eines starken Heeres, das, so hob die Erklärung hervor, gebraucht werde, um die bestehende Ordnung vor den Gefahren der Revolution zu schützen. Zu guter Letzt wandte sich die Erklärung gegen die Bemühungen um eine Einigung mit anderen Kräften im liberalen Lager und besiegelte damit die Teilung des Liberalismus, ein Vorgang, der sich einige Wochen zuvor angebahnt hatte, als die Sezession sich mit der Fortschrittspartei vereinigt hatte.

Kurz nach dem Heidelberger Treffen unterstrich Miquel die fundamentale Natur der Entzweiung zwischen dem Links- und dem Rechtsliberalismus, als er in Neustadt einer Gruppe nationalliberaler Parteihonoratioren erklärte, die beiden Flügel der Bewegung verträten vollkommen gegensätzliche Ansichten über die Pflichten, Rechte und Aufgaben des modernen Staates. Mit dieser Formulierung umriß Miquel den Bereich, in dem er seine Partei auf die in Heidelberg definierte Position festzunageln wünschte: rückhaltlose Unterstützung des Bismarck-Staates, wie er aus der „Zweiten Reichsgründung" hervorgegangen war.

Das Treffen von Neustadt, dem liberale Abgesandte aus dem ganzen süd- und südwestdeutschen Raum beiwohnten, erwies sich als voller Erfolg für Miquel und seine Gesinnungsgenossen.[41] Die meisten der Anwesenden begrüßten die „Heidelberger Erklärung" als brauchbares Programm und zugleich als eine Geste, die es den verschiedenen staatstragenden Parteien leichter machen würde, in engere Beziehungen zum Nationalliberalismus einzutreten. Nun stellte sich allerdings noch die Frage, wie dies alles in Preußen aufgenommen werden würde, wo „die Verhältnisse", wie Miquel wußte, „in manchen Wahlkreisen wenigstens anders liegen".[42] Es gab zu diesem Zeitpunkt eine Reihe von Gründen, dieser Andersartigkeit der Voraussetzungen gewärtig zu sein. So hatte beispielsweise die *Nationalzeitung*, in Preußen nach wie vor das Sprachrohr des linken Nationalliberalismus, am 6. März dem Zusammenschluß der beiden linken liberalen Fraktionen Beifall gezollt und erklärt, das Programm der neuen Gruppierung enthalte keine Forderungen, die man als Liberaler partout nicht unterschreiben könne. Die offizielle *Korrespondenz* der Partei äußerte sich zwar nicht so positiv, doch war ihre Reaktion auf die neue Deutsche Freisinnige Partei, verglichen mit der unverblümten Absage von Heidelberg, von großer Zurückhaltung geprägt.[43] In Norddeutschland erkannte man, daß es in einer Reihe von Wahlkreisen der Zusammenarbeit zwischen Männern von beiden Flügeln des Liberalismus bedurfte, wenn man nicht einem lachenden Dritten zum Sieg verhelfen wollte. Dazu kam, daß es im Norden noch recht viele Anhänger der Freihandelslehre gab, so daß die preußischen Liberalen zögerten, sich ausdrücklich auf die Schutzzollpolitik oder überhaupt auf ein bestimmtes wirtschaftspolitisches Konzept festzulegen. Nur eine Woche nach dem Heidelberger Treffen hatte ein preußischer Landtagsabgeordneter von neuem bekräftigt, daß es die Gleichartigkeit der „Gesinnung und Denkweise" sei, die die Partei zusammenhalte, und nicht etwa gemeinsame wirtschaftliche Interessen.[44]

Die Parteiführung in Berlin ließ sich über einen Monat Zeit, ehe sie auf die neuen Entwicklungen im Süden reagierte. Schließlich traten, Anfang Mai, die Reichstags- und die Landtagsfraktion zusammen und brachten in einer gemeinsamen Verlautbarung ihr enthusiastisches Einverständnis mit der „Heidelberger Erklärung" zum Ausdruck; daß diese das Parteiprogramm von 1881 nur formell anerkannt habe und mit ihm inhaltlich durchaus nicht vollkommen in Einklang stehe, räumten sie ein, doch kam diese laue Feststellung de facto einem Ignorieren der bedeutsamen Differenzen zwischen der Erklärung und dem Programm gleich.[45] Am 18. Mai traten in Berlin mehr als 500 nationalliberale Delegierte zu einem offiziellen Parteitag zusammen; sie verabschiedeten eine sorgfältig formulierte Erklärung, die den Versuch verkörperte, die neuen Impulse, die aus dem Süden kamen, aufzunehmen, ohne den norddeutschen Gemäßigten das Verbleiben in der Partei unmöglich zu machen. Allerdings bekräftigte der Parteitag die Forderung nach einer Zusammenarbeit mit der Regierung und schloß, hierin den Argumenten Miquels folgend, die Möglichkeit eines Zusammengehens mit der Freisinnigen Partei aus. Ein ausdrückliches Bekenntnis zum Protektionismus legte die Versammlung dagegen nicht ab, und sie machte sich auch die Bemerkungen der „Heidelberger Erklärung" über die zentrale Bedeutung der Landwirtschaft nicht zu eigen.[46]

Wenn auch auf dem Berliner Parteitag gewisse nach wie vor bestehende interne Meinungsunterschiede sichtbar wurden, unterliegt es doch wohl keinem Zweifel, daß das Jahr 1884 einen klaren Rechtsruck der Partei brachte. Miquel konnte seine Position in der Parteiführung festigen, und was nicht weniger wichtig war: in etlichen Ländern und Landesteilen erhielten rechtsliberale Kräfte im Kielwasser des Parteitags beträchtlichen Auftrieb. In Hannover und in den preußischen Westprovinzen fand das Heidelberger Programm ein beachtliches Maß an Zustimmung.[47] Und in Teilen des Südens und Südwestens mußten liberale Kandidaten dieses Programm ausdrücklich anerkennen, wenn sie Wahlkampfunterstützung von den örtlichen Parteigliederungen haben wollten.[48]

Der Rechtsliberalismus profitierte 1884 darüber hinaus von Bismarcks überraschendem Entschluß, den Erwerb deutscher Überseebesitzungen zu unterstützen. Für den Kanzler war die Kolonialpolitik – ebenso wie seine Steuer- und Zollpolitik, seine Sozialversicherungspläne und eine Reihe anderer Vorhaben, die er nach 1878 betrieb – ein Mittel, um Gegner zu isolieren und Freunde um sich zu scharen, um sich einen soliden Rückhalt zu verschaffen und damit die Spannungen abzufangen, die das politische und soziale System des Deutschen Reiches strapazierten.[49] Viele Liberale sahen in der Kolonialpolitik ein Integrationsinstrument, da in sie ein breites Spektrum von Wertvorstellungen und Interessen einfließen konnte, die sich auf engerem Raum womöglich nicht miteinander vertrugen. Für eine imperiale Expansionspolitik waren schon seit längerem viele jener führenden Kaufleute und Industriellen eingetreten, die politisch auf der liberalen Rechten beheimatet waren. Diese Männer betrachteten den Erwerb von Kolonien als eine unerläßliche Reaktion auf die wirtschaftliche Krise, da sie der Überzeugung waren, Kolonien könnten zugleich als sichere Absatzmärkte und gewinnträchtige Rohstofflieferanten dienen. Darüber hinaus sahen viele in einer expansiven Kolonialpolitik ein Mittel zur inneren Befriedung und Stabilisierung. Die Vertreter dieser Auffassung, die im übrigen lediglich Argumente ausschlachteten, die Treitschke und andere schon lange vor 1884 ausgesprochen hatten, hoben hervor, wie gut sich außenpolitische Erfolge zur Wiedererweckung eines nationalen Sendungsbewußtseins eignen würden. Und schließlich bescherte die Kolonialpolitik vielen Liberalen genau jene Motive und Themen, bei denen es ihnen traditionell warm ums Herz wurde. Im Gegensatz zu sozial-, wirtschafts- und innenpolitischen Fragen war der Glaube an die Notwendigkeit einer nationalen machtpolitischen Expansion etwas, in dem die allermeisten Liberalen sich einig wußten, würde also ein besonders dankbares Thema für den bevorstehenden Reichstagswahlkampf abgeben. Von der Integrationskraft der Kolonialfrage versprachen sich diejenigen besonders viel, die sich eine engere Bindung an die Parteien der Rechten, insbesondere an die Freikonservativen, wünschten. Tatsächlich betätigten sich Nationalliberale und Freikonservative häufig nebeneinander und miteinander in Vereinigungen und Gesellschaften zur Förderung der Kolonialpolitik und vertieften dabei ihre persönlichen und politischen Beziehungen und Gemeinsamkeiten.[50]

Die Wahlen von 1884 wurden zwar nicht gerade zu einem großen Triumph für die Nationalliberalen, aber der Partei gelang doch ein Achtungserfolg. In einigen Wahlkreisen konnte sie einen Teil des Bodens, den sie drei Jahre zuvor eingebüßt hatte, wieder zurückgewinnen. Anderswo kamen der Partei Rückkehrwähler zugute, die zuvor zu einer der konservativen Parteien abgewandert waren. Insbesondere war dies in den Regionen außerhalb des ursprünglichen preußischen Territoriums der Fall; die „Heidelberger Erklärung" erleichterte es hier den Nationalliberalen, sich selbst als staatstragende Partei zu präsentieren.[51] Die Fälle, in denen sich in einem Wahlkreis Kandidaten der beiden Flügel der liberalen Bewegung gegenüberstanden, nahmen ziemlich sprunghaft zu, während die Zahl der Wahlkreise, in denen die Entscheidung zwischen einem nationalliberalen und einem konservativen Kandidaten fiel, abnahm.[52]

Die Wahl von 1887 führte zu einer Verfestigung dieser Konstellation. Im Januar dieses Jahres löste Bismarck den Reichstag auf, nachdem das Zentrum und die Freisinnigen gemeinsam sein Vorhaben vereitelt hatten, erneut ein auf sieben Jahre festgeschriebenes Heeresbudget durchzusetzen.[53] Die Nationalliberalen und die beiden konservativen Parteien – sie alle hatten das Vorhaben der Regierung unterstützt – schlossen daraufhin ein Wahlbündnis. Sie verpflichteten sich, in Wahlkreisen, die im „Besitz" eines der Bündnispartner waren, nicht gegen diesen anzutreten, und sich in den anderen Wahlkreisen auf einen Kompromißkandidaten zu einigen, der auf die Zustimmung zum neuen Heeres-Septennat eingeschworen war. Der Wahlkampf fand im Zeichen einer außenpolitischen Krise statt, von der viele glaubten, sie werde zu einem Krieg zwischen Frankreich und Deutschland eskalieren. Bismarck tat, wie gewohnt, alles, was in seinen Kräften stand, um aus dieser Sachlage Kapital zu schlagen, zum Beispiel indem er die Gegner seiner Heeresvorlage im eigenen Land mit den äußeren Feinden des Reiches gleichzusetzen versuchte. Die Nationalliberalen konnten unter diesen Vorzeichen wieder einmal einen, wie Miquel es nannte, „rein nationalen Kampf" führen und ihre internen Differenzen ebenso wie ihre Kontroversen mit den Konservativen hinter der flatternden Fahne des Patriotismus verstecken.[54] Somit waren sie in der Lage, sich an „alle Deutschen" zu wenden, „welche die Sicherheit und Unabhängigkeit des neuerstandenen Deutschen Reichs höher achten als die rücksichtslose Geltendmachung von Fraktionsprogrammen".[55] Natürlich fand dieser Appell nicht bei „allen Deutschen" Gehör: Das Zentrum und die Sozialdemokratie beispielsweise konnten ihre Stammwähler bei der Stange halten. Andererseits erschien eine große Zahl von Neuwählern an den Urnen, und zusammen mit einer erklecklichen Anzahl von Wählern, die dem linken Liberalismus den Rücken kehrten, verhalfen sie dem „Kartell" zu einem deutlichen Wahlsieg.[56]

Die Wahl von 1887 war der Höhepunkt des Rechtsdralls der Nationalliberalen in den 80er Jahren. Doch der aus dieser Wahl hervorgegangene Kartell-Reichstag zeigte auch, daß dem Vermögen des rechten Flügels, der Gesamtpartei seinen Stempel aufzudrücken, eine Grenze gesetzt war. Eine ganze Reihe nationalliberaler Abgeordneter mußte nach 1887 feststellen, daß es ihnen nicht möglich war, ihr Wahlbündnis mit Bismarck und den beiden konservativen Parteien anschließend auch in eine produktive politische Allianz umzusetzen. Die Zusammenarbeit mit den preußischen Konservativen erwies sich als zunehmend schwieriger; dazu kam, daß bei manchen Liberalen die Zweifel an der Klugheit der Bismarckschen Innenpolitik, insbesondere seiner Unterdrückungspolitik gegen die Sozialdemokratie, 1890 eine kritische Marke erreicht hatten. Die Unruhe der Nationalliberalen in ihrer Rolle als Kartellpartner wurde durch Bismarcks Suche nach neuen Möglichkeiten der politischen Blockbildung verstärkt. Im Wahlkampf von 1890 setzte er sich nur recht lau für das Kartell ein, und es scheint, daß er mehr mit einem katholisch-konservativen Bündnis oder aber sogar mit dem Gedanken an eine grundlegende Umbildung des gesamten politischen Systems mit einschneidenden Änderungen in bezug auf Charakter und Aufgabenstellung des Reichstags liebäugelte.[57]

Eine ebenso wichtige Rolle wie diese Spannungen innerhalb des Parlaments spielte die nach wie vor große Relevanz regionaler Unterschiede für das politische Selbstverständnis des Nationalliberalismus. So war beispielsweise in manchen Teilen Preußens die Feindseligkeit zwischen Nationalliberalen und Konservativen ungebrochen. Bei den Landtagswahlen von 1885 und 1888 traten in einer ganzen Anzahl östlicher Wahlbezirke konservative und nationalliberale Kandidaten gegeneinander an; eine Übertragung des Kartell-Modells auf Preußen erschien unter diesen Umständen nahezu ausgeschlossen.[58] Dazu kam, daß in Baden und

Bayern, wo das Heidelberger Programm zu Anfang, zumindest teilweise, auf große Zustimmung gestoßen war, nach wie vor religiöse Streitfragen im Blickpunkt standen, die die verschiedenen liberalen Gruppierungen in diesen Ländern zu einer gewissen Zusammenarbeit veranlaßten, so daß die Situation sich dort ganz anders darstellte als in Ländern wie Hessen, Württemberg oder Sachsen.[59] Die lockere Organisationsstruktur der Nationalliberalen, die es der Parteileitung erschwerte, eine zentral festgelegte Politik für die gesamte Partei verbindlich zu machen, war einerseits Ausdruck dieser regionalen Verschiedenheiten und förderte sie andererseits wiederum. Alle diese Faktoren verhinderten in ihrer Gesamtwirkung, daß der rechte Flügel der Nationalliberalen seine Wahlerfolge von 1884 und 1887 zum Ausbau einer dauerhaften und unangefochtenen innerparteilichen Vormachtstellung nutzen konnte. Obgleich der Rechtsrutsch, der sich in den 80er Jahren in der Bewegung vollzog, auch in der Nationalliberalen Partei den Kräfteschwerpunkt nach rechts wandern ließ, ermöglichte er es den Nationalliberalen nicht, konsequent auf die Verwirklichung eines homogenen Programms politischer Ziele hinzuarbeiten.

14. Die liberale Linke und das harte Brot der Opposition

> Unser gesamtes Parteileben ist in der Auflösung begriffen, in der Kunst der Zersetzung ist Bismarck in der Tat ein vollendeter Meister. Man kann nur mit Schaudern an die Liquidation seiner politischen Erbschaft denken... Theodor Barth (1887)[1]

Obwohl die Fortschrittspartei sowohl bei der Reichstagswahl 1878 als auch bei der preußischen Landtagswahl 1879 schwere Einbußen erlitt, blieben ihr zermürbende innerparteiliche Flügelkämpfe, wie die Nationalliberalen sie durchmachen mußten, erspart. Da ihre politische Klientel nur ein relativ schmales Spektrum sozio-ökonomischer Gruppen umfaßte und da sie ihren Schwerpunkt in Preußen hatte, kam es in der Fortschrittspartei nicht zu jenen Konfrontationen über die Steuer- und Zollpolitik, die der größeren Schwesterpartei so sehr zu schaffen machten. Dazu kam, daß das plötzliche Ende der „liberalen Ära" das Selbstverständnis der Fortschrittspartei weit weniger nachhaltig erschütterte. Sie war schließlich als oppositionelle Kraft angetreten, während bei der Geburt der Nationalliberalen Partei die Annahme Pate gestanden hatte, daß ein bestimmtes Maß an Zusammenarbeit mit der Regierung möglich sei. So klang fast etwas wie Erleichterung durch, als Eugen Richter die Rückkehr Bismarcks zur reaktionären Politik der Konfliktzeit verkündete. Er war überzeugt, daß der Widerstand gegen die Regierung seine Partei zusammenschweißen würde, geradeso wie die Aussicht auf Kooperation mit dem Staat sie, zuerst 1867 und dann nochmals 1874, entzweit hatte.[2] Ein weiterer Grund für die Solidarität der Fortschrittspartei lag in der Person Richters selbst; unter allen liberalen Führungsgestalten der 70er Jahre besaß er als einziger die Energie, den Willen und die organisatorischen Fähigkeiten, eine politische Bewegung ins Rollen zu bringen und im Sinne seiner eigenen strategischen und weltanschaulichen Zielvorstellungen zu führen.

Die Vorstellungen Richters über Gestalt und Programm der Fortschrittspartei beherrschten deren ersten nationalen Parteitag, der im November 1878 in Berlin abgehalten wurde. Diese Veranstaltung markierte den Versuch der Fortschrittspartei, ihr Programm und ihre Organisationsstruktur so weit zu modernisieren, daß sie auf die neue Wendung in der Politik der Regierung und den Machtzuwachs ihrer politischen Gegner sowohl zur Rechten als auch zur Linken reagieren konnte.[3]

Das Parteiprogramm, das am Ende von einer Mehrheit der Delegierten gebilligt wurde, erneuerte und bekräftigte einleitend die ursprünglichen Ziele der Partei: Wahrung der verfassungsmäßigen Rechte und der bürgerlichen Freiheiten, Förderung des materiellen und sittlichen Wohlergehens der Nation. Im Anschluß daran forderte das Programm „die Entwicklung der parlamentarischen Verfassung durch Kräftigung der Rechte des Reichstages und durch Einrichtung eines demselben verantwortlichen Reichsministeriums".[4] Wenn diese Forderung auch ein gutes Stück konkreter war als die vagen Bekenntnisse zu einem parlamentarischen Regime, mit denen man sich in den 60er Jahren begnügt hatte, so verkniff die Partei es sich doch, zu erläutern, welche zusätzlichen Rechte der Reichstag im einzelnen bekommen sollte. Und nirgendwo finden wir die Forderung etwa nach einer Entfernung Bismarcks aus seinem Amt oder nach der Berufung eines anderen, auf eine parlamentarische Mehrheit gestützten Ministeriums. Im Gegenteil, Männer wie Albert Hänel, einer der beschlagensten Staatsrechtler der Partei, vertraten nach wie vor die Auffassung, dem Parlament müsse als Gegengewicht ein starker und unabhängiger Staat gegenüberstehen.[5]

Einen noch vorsichtigeren Standpunkt bezog die Partei in der Frage der demokratischen Mitbestimmung. Man wollte, wie ein Delegierter es ausdrückte, sowohl gegen die Regierung als auch „gegen die Massen, welche die Gesellschaft bedrohen", Front machen. Diese Denkweise schlug sich in der Haltung der Partei zur Wahlrechtsfrage nieder: Zwar sprach sich das Programm für eine Beibehaltung des allgemeinen Stimmrechts für den Reichstag aus, doch verzichtete sie auf die Forderung, es auch auf Landtags- und Kommunalwahlen auszudehnen. Daß die Fortschrittspartei keineswegs vorbehaltlos für das demokratische Prinzip eintrat, zeigte sich noch deutlicher in der Abfuhr, die der Parteitag den Forderungen einiger Gruppierungen des linken Flügels erteilte, die die Partei auf einen Neubeginn im Zeichen einer demokratischen Organisationsform und auf ein verbindliches Bekenntnis zu einer breiten antireaktionären Koalition festlegen wollten. Richter wies demgegenüber darauf hin, daß die Fortschrittspartei von 1878 das Vermächtnis des 1861 geschlossenen Kompromisses zwischen Gemäßigten und Demokraten und nicht allein das der demokratischen Bewegung von 1848 verwalte. Das bedeutete, daß andere linke Kräfte, wie etwa die süddeutsche Volkspartei nur dann als Verbündete willkommen waren, wenn sie sich zur Fortschritts-Position bekannten. Was die Sozialdemokratie betraf, so waren die meisten Delegierten sich mit Rudolf Virchow einig, der erklärte: „Der Sozialdemokrat, der mit Bewußtsein seine Ziele verfolgt, ist unser direkter Gegner... Ja, er ist noch mehr unser Gegner, als ein Konservativer." Offiziell lehnte die Partei Sondergesetze gegen die Sozialisten nach wie vor ab; dennoch stimmte 1884, als die Verlängerung des Sozialistengesetzes anstand, eine genügend große Zahl ihrer Abgeordneten mit Ja, um eine Mehrheit für die Verlängerung sicherzustellen – offenbar mit Richters heimlichem Einverständnis.[6]

Anträge, die auf eine Aufnahme bestimmter sozialreformerischer Forderungen in das Programm der Partei abzielten, wurden von der Mehrheit der Delegierten abgelehnt. Als gegen Richter der Vorwurf laut wurde, er zeige kein aktives Interesse an der „sozialen Frage", beschwor er in seiner Entgegnung den Geist Schulze-Delitzschs. Soziale Probleme seien, so erklärte er, eigentlich kulturelle Probleme und ließen sich am besten durch Erziehung, Bildung und Selbsthilfe lösen.[7] In diesem entscheidenden Punkt brachte der Parteitag vom November 1878 mithin kein nennenswertes Abrücken von den seit den 60er Jahren eingenommenen Positionen. Ungeachtet der tiefgreifenden Umwälzungen, die sich in der deutschen Gesellschaft vollzogen, lautete die Zauberformel, die die Fortschrittspartei den Industriearbeitern und den Bewohnern der städtischen Elendsviertel anzubieten hatte, nach wie vor: Werdet wie wir.

In seinen politischen und sozialen Aussagen spiegelte das Fortschritts-Programm die Wertvorstellungen derjenigen wider, in deren Reihen die Partei schon immer ihre Anhänger gesucht hatte: der „unabhängigen, gewerbetreibenden, wohlhabenden" Elemente im mittleren Bereich des guten alten deutschen Bürgertums. Tabelle 14.1 zeigt, auf welche gesellschaftlichen Gruppen sich die Delegierten des Parteitags von 1878 – d. h. im wesentlichen die den lokalen Gliederungen der Partei in ihren preußischen Hochburgen vorstehenden Würdenträger und Funktionäre – verteilten: Richter, städtische Bedienstete, Lehrer, Anwälte, Journalisten, Unternehmer (zumeist kleinen und mittleren Zuschnitts), ein paar Handwerksmeister und sehr wenige Landwirte.[8]

Tabelle 14.1
Die Teilnehmer des Parteitags der Fortschrittspartei vom November 1878, nach Berufsgruppen aufgeschlüsselt

	Anzahl (%)
Beamte	
Staatsverwaltung	1
Justitz	13 (4)
Kommunalverwaltung	21 (7)
Professoren, Lehrer	13 (4)
Anwälte	30 (10)
Ärzte und andere Akademiker	23 (8)
Schriftsteller, Zeitungsleute	36 (12)
Unternehmer	76 (26)
Rentner	6 (2)
Handwerksmeister, Gastwirte	11 (4)
Landwirtschaftliche Berufe	
Rittergutsbesitzer	1
Andere	33 (11)
Verschiedene bzw. unbekannt	26 (9)
Insgesamt	290

QUELLE: Fortschrittspartei, *Parteitag* (1879), S. 5 ff.

Diese Männer mochten zwar den reaktionären Staat nicht, aber sie fürchteten auch die möglichen Früchte der Demokratie. Sie waren sich ihrer Abhängigkeit vom Staatsapparat bewußt, erkannten aber zugleich, daß die katholischen und sozialistischen Massen sie bei Wahlen auf nationaler und lokaler Ebene möglicherweise um Amt und Würden bringen konnten. Als Angehörige der Mittelschicht, die sich etwas auf ihre „Unabhängigkeit" zugute hielten, nahmen von diesen Männern nur die wenigsten Anteil an den Problemen der Industriearbeiterschaft. Sie sahen nicht ein, weshalb sie höhere Steuern bezahlen sollten, nur damit der

Staat den Mittellosen besser helfen konnte. Der Einfluß Eugen Richters in der Partei basierte auf seiner Fähigkeit, die Leute, die so dachten, anzusprechen und für sie zu sprechen.

In seinem Bemühen, die Basis seiner Partei in der Wählerschaft zu verbreitern, setzte Richter mehr auf die Strategie, den deutschen Mittelstand wirksamer zu organisieren, als etwa auf den Versuch, in neue Wählerschichten vorzudringen. Diese Ansätze zu einer organisatorischen Straffung waren ein Hauptthema des Parteitages und bestimmten in den darauffolgenden Jahren maßgeblich das Bild der innerparteilichen Aktivität.[9] Unter der Führung Eugen Richters versuchte die Fortschrittspartei, organisatorische Stützpunkte im ganzen Reich aufzubauen. In sehr vielen Regionen wurden Ortsvereine gegründet und Bezirksparteitage abgehalten. In programmatischen und taktischen Entscheidungen behielt jedoch die Parteiführung in Berlin die Kontrolle, die politische Richtlinienkompetenz lag in den Händen einer Vorstandschaft, der Fortschritts-Abgeordnete aus den beiden in Berlin residierenden Parlamenten angehörten. De facto war es Richter selbst, der, dank seiner Schlüsselstellung im Parteivorstand und der Kontrolle, die er über die der Übermittlung von Informationen und Beschlüssen an die örtlichen Gliederungen dienende Parteipresse ausübte, in der Partei den Ton angab. Die Aktivitäten der Ortsvereine waren, ganz wie das Parteiprogramm, vor allem auf den Mittelstand ausgerichtet. Ihr Ziel war es, überall im Reich diejenigen anzusprechen und für die Partei zu gewinnen, die sich als Gegner sowohl des reaktionären Staates als auch der radikalen Linken verstanden. In der Vorstellung Richters war der ideale Ortsvereinsvorsitzende kein charismatischer Agitator, sondern ein effektiver und folgsamer Organisator, der mit der sprichwörtlichen Gewissenhaftigkeit eines preußischen Beamten die in Berlin festgelegte Politik vertrat.[10] Wie so viele andere deutsche Liberale, die die Opposition gegen den Staat zu organisieren suchten, blieb auch Richter auf seine Weise den von eben diesem Staat gelieferten ethischen und praktischen Vorbildern verhaftet.

Das auf dem Parteitag von 1878 verabschiedete Programm und die organisatorischen Aktivitäten der Fortschrittspartei trugen auch insofern den Stempel Eugen Richters, als sich in ihnen seine Überzeugung manifestierte, daß die Fortschrittspartei die einzige legitime Trägerin der liberalen Tradition und die einzige Zukunftshoffnung für den Liberalismus in Deutschland sei. Da er nicht daran dachte, seine Organisation in „jener großen liberalen Partei" aufgehen zu lassen, die in der Rhetorik der nationalliberalen Linken so oft und nachdrücklich beschworen wurde, löste die Sezession bei ihm nur wenig Begeisterung aus. Bei einer Sitzung des Parteivorstandes Anfang September 1880 wurde die offizielle Reaktion der Fortschrittspartei auf die Trennung der nationalliberalen Linken von ihrer Mutterpartei festgelegt. Der Parteivorstand würdigte die Sezession „als ein für die gemeinsame liberale Sache günstiges Ereignis", machte aber zugleich deutlich, daß es nach wie vor sehr viele gewichtige Auffassungsunterschiede zwischen der Sezession und der Fortschrittspartei gab. Es gelte daher, abzuwarten, „inwieweit es möglich sein wird, auch in diesem Punkte zu einer Übereinstimmung zu gelangen und zugleich die Grenzlinien gegen die übrigen Parteien schärfer zu ziehen".¹¹ Die Botschaft dieser Erklärung lag auf der Hand: Die Sezessionisten würden in der Fortschrittspartei willkommen sein, sofern sie sich zu deren Programm bekannten und die Brücken zu den Nationalliberalen hinter sich abbrachen.

Die meisten der Betroffenen waren weder willens noch in der Lage, dies zu tun. Vor allem anderen mochten sie Richter nicht und mißtrauten ihm. Sie fanden ihn als Person unangenehm und sahen in der straffen Parteiorganisation, die er aufgezogen hatte, ein autoritäres Machtinstrument in liberalem Gewand.¹² Sie bevorzugten nach wie vor die gute alte Honoratiorenart – ein lockeres Netz persönlicher und informeller Verbindungen, geknüpft und getragen von geistig und materiell unabhängigen Männern. Darüber hinaus erwies sich die Loslösung vom Nationalliberalismus für die Sezessionisten als ein höchst verwickelter und langwieriger Prozeß. Gewiß, in Berlin war die Sache recht einfach gewesen: Eine Anzahl von Abgeordneten hatte ihren Austritt aus der nationalliberalen Reichstags- bzw. Landtagsfraktion erklärt; was sich hieraus für das politische Leben auf regionaler und kommunaler Ebene ergeben würde, war allerdings äußerst schwierig vorherzusehen. Nur wenige Sezessionisten waren sich ihrer Wählerschaft so sicher, daß sie sich ohne weiteres entschlossen, in ihrem Wahlkreis gegen ihre bisherige Partei anzutreten. So kam es, daß die Sezessionisten und die Nationalliberalen dort, wo es galt, die Loyalität örtlicher Parteiführer und -gliederungen auf die Probe zu stellen und zu erobern, im Umgang miteinander zunächst beträchtliche Behutsamkeit walten ließen. Dort, wo die politischen Konfliktlinien klar gezogen waren, währte diese Behutsamkeit nicht lange. Anderswo jedoch blieb das Verhältnis zwischen Nationalliberalen und Sezessionisten zuweilen über einen längeren Zeitraum hinweg ungeklärt.¹³

Ein letzter Grund für das kühle Verhältnis zwischen den Sezessionisten und Richter war, daß erstere sich noch immer mit der Hoffnung auf eine wiedervereinigte liberale Bewegung trugen und sich selbst als die Brückenschläger zwischen den Gemäßigten in der Fortschritts- und in der Nationalliberalen Partei betrachteten.¹⁴ So unternahmen die Wortführer der Sezession im Lauf des Frühjahrs und des Sommers 1881 den Versuch, die beiden anderen liberalen Parteien in ein Wahlbündnis aller liberalen Kräfte hineinzuziehen.¹⁵ Es gelang ihnen nicht. Zwar arbeiteten Nationalliberale und Fortschrittler in manchen Gegenden zusammen, doch war keine der beiden Parteien bereit, eine reichsweite Vereinbarung mit der anderen einzugehen. Die Folge war, daß bei der Reichstagswahl von 1881 in 44 Bezirken nationalliberale und Fortschrittskandidaten gegeneinander antraten. Dagegen stellte die Sezession sich in nur zwölf Bezirken gegen die Nationalliberalen und in nur zwei Bezirken gegen die Fortschrittspartei zur Konkurrenz.¹⁶

Ein Grund dafür, daß Richter von einem Bündnis mit den Nationalliberalen nichts wissen wollte, war seine Überzeugung, daß es in der öffentlichen Meinung einen Umschwung zugunsten der Fortschrittspartei gegeben habe. Schon im Juni 1880 sagte er einen liberalen Sieg ähnlich demjenigen voraus, der in England die Regierung Gladstone an die Macht gebracht hatte.¹⁷ Tatsächlich schien es in den Jahren 1880 und 1881, als erlebe die Fortschrittspartei einen neuen Frühling: Die

Zahl ihrer Ortsvereine verdoppelte sich in diesem Zeitraum (von 40 auf 83), und auf neun Landesparteitagen wurden die Wahlkampfaktivitäten der regionalen Parteigliederungen festgelegt. Eine Reihe aufsehenerregender Erfolge bei Reichstagsnachwahlen bestärkte diejenigen in ihren Erwartungen, die auf einen Erdrutsch zugunsten der Fortschrittspartei bei der 1881 anstehenden Wahl hofften.[18] Richter selbst warf sich mit all seiner Energie – und er besaß ungeheuer viel davon – in diesen Wahlkampf. Er hielt Rede auf Rede und hob in jeder die ablehnende Haltung der Fortschrittspartei gegenüber dem politischen und wirtschaftlichen Programm der Regierung hervor. Er verurteilte die Versuche Bismarcks, die Befugnisse des Reichstags zu schmälern, und griff scharf jene steuer- und zollpolitischen Maßnahmen an, die den Verbraucher und den mittleren Steuerzahler belasteten. Er forderte freilich nicht den Rücktritt Bismarcks, da er nicht das Risiko eingehen wollte, eine Kraftprobe zwischen seiner Partei und der persönlichen Macht und Autorität des Reichskanzlers heraufzubeschwören. Zu bekämpfen sei, so betonte er immer wieder, das System, nicht die einzelne Persönlichkeit.[19]

Das Wiedererstarken des linken Liberalismus vollzog sich im Zeichen einer breitgestreuten Unzufriedenheit, die sich um das Jahr 1880 herum in vielen Sektoren der deutschen Gesellschaft bemerkbar machte. In Hamburg verhalf die Unpopularität der Reichsregierung den Sozialisten bei einer Reichstagsnachwahl im Frühling 1880 zu einer Mehrheit.[20] Anderswo war eine starke Zunahme der antisemitischen Stimmungsmache zu beobachten, ein Ventil, mittels dessen soziale und wirtschaftliche Frustrationen sowohl gegen die Regierung als auch gegen deren vermeintlich „liberale" Verbündete gewendet wurden. So bemühte sich etwa die *Berliner Bewegung* Adolf Stoeckers nach 1879, antijüdische Einstellungen als politische Waffe gegen die Fortschrittspartei zu nutzen; im Laufe des Sommers 1881 kam es in mehreren preußischen Städten zu – vereinzelten – gewalttätigen antisemitischen Ausschreitungen.[21] Im Sommer und Herbst 1881 fanden, während bereits der Reichstagswahlkampf entbrannt war, Landtagswahlen in Sachsen, Baden und Bayern statt. In allen drei Ländern erlitten die am engsten mit der Politik der Reichsregierung verbundenen Kräfte Einbußen, in Sachsen verloren sie an die Rechte, in Baden und Bayern an die Katholiken.[22]

Die Opposition gegen die Reichsregierung prägte auch das Ergebnis der Reichstagswahl. Die liberale Linke erwies sich, genau wie Richter es erhofft hatte, als die Hauptnutznießerin dieses Trends. Das Wahlergebnis bestärkte Richter in seiner Überzeugung, daß eine neue liberale Ära vor der Tür stand. „Die Conservativen", so prophezeite er selbstgewiß, „haben keine Zukunft mehr." Selbst Eduard Lasker, der sich noch zwei Jahre zuvor so pessimistisch über die Zukunftsaussichten Deutschlands geäußert hatte, glaubte nun wieder daran, daß die Liberalen, wenn sie es nur fertigbrächten, zusammenzuarbeiten, bei der nächsten Reichstagswahl vielleicht eine Mehrheit erringen würden.[23]

Indes, wie schon ein kurzer Blick auf Tabelle 14.2 zeigt, brachte die Wahl von 1881 insofern keinen wesentlichen Sieg für den Liberalismus als ganzes, als dessen Gesamtstimmenzahl sich nicht erhöhte. Die wesentlichsten Verschiebungen voll-

Tabelle 14.2
Die Reichstagswahl 1881

Partei	Insges. (in 1000)	Stimmen % der Wahlberechtigten	Veränderung geg. 1878 (in 1000)	Sitze	WKe % aller WKe	Veränderung geg. 1878
Nationalliberale*	746.6	14,6	− 311	47	11,8	− 15
Liberale Vereinigung*	429.2	8,4		46	11,6	
Fortschrittspartei	649.3	12,8	+ 264.2	60	15,1	+ 34
Volkspartei	103.4	2,0	+ 37.3	9	2,3	+ 6
Konservative	830.8	16,3	+ 81.3	50	12,6	− 9
Freikonservative	379.3	7,5	− 406.5	28	7,1	− 29
Zentrum	1182.9	23,2	− 145.2	100	25,2	+ 6
Polen usw.	449.0	8,8	− 58.7	45	11,3	+ 5
Sozialdemokraten	312.0	6,1	− 125.1	12	3,0	+ 3
Insgesamt	5118.4	56,3	− 662.5			

QUELLE: Vogel et al., *Wahlen* ((1971), S. 291.
* Da die Zahlen über diese beiden Parteien sich auf das Jahr 1878 beziehen, als sie noch nicht separat kandidierten, haben die Zahlen, die Veränderungen angeben, strenggenommen nur einen begrenzten Aussagewert.

zogen sich *innerhalb* des Liberalismus: Der linke Flügel der Bewegung erzielte eine Reihe eindrucksvoller Erfolge gegen den rechten. Die beiden linksliberalen Parteien nahmen den Nationalliberalen auf zweierlei Art und Weise Wahlkreise ab: die Fortschrittspartei, indem sie sich ihnen zum direkten Kampf um die Wählergunst stellte, die Liberale Vereinigung zumeist dadurch, daß sie sich im Vorfeld der Wahl die Gefolgschaft einheimischer liberaler Kandidaten und Vereinigungen sicherte. Die beiden konservativen Parteien erlitten 1881 in der Tat eine Reihe gewichtiger Rückschläge. Von den Wahlkreisen, die die beiden linksliberalen Parteien 1881 hinzugewannen, waren 1878 mindestens 32 von den Konservativen oder Freikonservativen besetzt gewesen. 23 dieser 32 Wahlkreise lagen im östlichen Preußen, wo die liberale Linke eine Reihe von Mandaten zurückgewinnen konnte, die drei Jahre zuvor an die Konservativen verlorengegangen waren. In manchen Wahlkreisen lag dies daran, daß zu neuem Leben erwachte Fortschrittsvereine (namentlich in Mittel- und Großstädten) genügend Wähler auf die Beine brachten, um sich eine knappe Mehrheit zu sichern. Anderswo hingegen kam es zu Erdrutschen nach links, vergleichbar den ebenso eindrucksvollen Erfolgen der Rechten drei Jahre zuvor. Als anschauliches Beispiel können die Resultate aus Stettin-Ückermünde (Stettin WK 2) dienen: 1877 hatten dort, bei nur 31% Wahlbeteiligung, die Nationalliberalen mit 57% der abgegebenen Stimmen über die Konservativen triumphiert; 1878 hatte die Wahlbeteiligung bei 49% gelegen, und die Konservativen hatten 71% der abgegebenen Stimmen errungen; 1881 siegte bei einer Wahlbeteiligung von 67% die Liberale Vereinigung mit 59% Stimmenanteil. Auch außerhalb Preußens gewann der linke Liberalismus ein Stück weit an Boden: In Württemberg nahm die Volkspartei den Freikonservativen drei Wahlkreise ab, und letztere büßten auch in Sachsen, Hessen und Schwarzburg Mandate ein. Überall im Reich waren, wie sich zeigte, die Freikonservativen die Hauptleidtragenden der linksliberalen Offensive, wahrscheinlich, weil sie weitgehend mit der Regierung und ihrer Politik identifiziert wurden und sich nach wie vor ihrer gewohnten Geringschätzung für organisierte Politik im allgemeinen und das Führen von Wahlkämpfen im besonderen befleißigten. Die Konservativen andererseits büßten zwar Mandate ein, nicht aber Wählerstimmen. Sie konnten im Gegenteil ihre absolute Stimmenzahl erhöhen, und die Tatsache, daß dies trotz einer im großen und ganzen zurückgegangenen Wahlbeteiligung so war, zeigt, daß Eugen Richters Nachruf auf die deutschen Konservativen ein wenig verfrüht war.

Kein Zweifel, die liberale Linke schlug sich 1881 außerordentlich gut; die wichtige Frage lautet freilich: weshalb? Bedeutete ihr Erfolg, daß die deutschen Wähler sich gegen die von Berlin ausgehende reaktionäre Politik wandten, gegen die von Bismarck initiierte Säuberung des Staatsapparats, gegen seine Drohung, den Reichstag zu entmachten? Richter glaubte dies. Wenn er aber recht hatte, dann trägt er einen großen Teil der Verantwortung dafür, daß die im Zeichen dieses Oppositionswillens zutage getretenen politischen Energien sich nach 1881 so schnell wieder verflüchtigten.[24] Mir scheint jedoch, daß jene politischen Motive die Entscheidung der Wähler in einem geringeren Maß beeinflußt haben, als Richter es glaubte und hoffte. Wenn man die Reichstagswahl im Kontext des Wählerverhaltens vor und nach 1881 analysiert, gewinnt man den Eindruck, daß der Linksrutsch eher das Resultat einer zunehmenden sozialen und wirtschaftlichen Unzufriedenheit war. So ist es beispielsweise leicht denkbar, daß der Anstieg der Verbraucherpreise am meisten zu den Erfolgen der Fortschrittspartei in den preußischen Mittel- und Großstädten beitrug, deren Einwohnerschaft auf diese Weise ihre Abneigung gegen die eingeführten Schutzzölle zum Ausdruck brachte.[25] Anderswo waren es die Pläne der Regierung zur Schaffung eines Tabakmonopols, die bei denen, die von einer solchen Maßnahme direkt betroffen sein würden, viel böses Blut machten. Diese wirtschaftlichen Themen lieferten, zumal sie unter den Bedingungen einer immer noch im Fluß befindlichen Parteienkonstellation und einer diffusen allgemeinen Stimmung ins Blickfeld traten, wohl die wesentlichen Motive dafür, daß so viele Deutsche sich entschlossen, ihre Stimme der liberalen Linken zu geben. Man kann somit sagen, daß die Fortschritts- und die Sezessionistenpartei 1881 deshalb Wähler hinzugewinnen konnten, weil es ihnen gelang, die Unzufriedenen davon zu überzeugen, daß sie mit der Stimmabgabe für die linken Liberalen ihrer Opposition gegen bestimmte Maßnahmen und Vorhaben der Regierung und zugleich ihrer allgemeinen Kritik am Status quo Ausdruck verleihen könnten.[26] Es wurde indessen bald deutlich, daß die Liberalen nicht in der Lage waren, diese Gefolgschaft zu stabilisieren und auszubauen, denn sie verstanden es nicht, die neugewonnenen Wähler in eine auf Kontinuität angelegte politische Reformbewegung mit innerem Zusammenhalt einzuschmelzen.

An die Wahlen von 1881 schlossen sich schwierige Jahre für die Führer aller drei liberalen Parteien an. Wie wir bereits gehört haben, erwies es sich für Bennigsen als unmöglich, gegen den steifen Wind, der vom rechten Flügel des Nationalliberalismus blies, einen Mittelkurs zu steuern. Und in dem Maße, wie die Nationalliberalen nach rechts rückten, mußten die Hoffnungen der Sezessionisten auf eine neue Einheit der liberalen Bewegung dahinschwinden. Trotz etlicher Unterstützung aus den Reihen der Fortschrittspartei (allerdings, wie festgehalten werden sollte, nicht von seiten Eugen Richters) vermochten die Sezessionisten nicht mehr auszuhandeln als ein mageres, weil mit vielen Vorbehalten versehenes Abkommen zwischen den liberalen Gruppierungen für die preußische Landtagswahl von 1882.[27] Und das Ergebnis dieser Wahl machte schließlich auf schmerzliche Weise klar, daß die Richterschen Hoffnungen auf eine neue liberale Ära auf Sand gebaut waren.

Tabelle 14.3 gibt einen Überblick über die durch diese Wahl bewirkten Veränderungen in der Zusammensetzung des Landtags. Die politische Abwärtsentwicklung für die Liberalen, die 1879 eingesetzt hatte, setzte sich fort, wie die Daten der Tabelle zeigen. Die Aufschlüsselung nach den in jeder Provinz gewonnenen und verlorenen Mandaten, wie Tabelle 14.4 sie zeigt, macht deutlich, daß die Verluste der Fortschrittspartei an die Konservativen beträchtlicher waren, als es aus dem Gesamtergebnis der Wahl zu ersehen ist. Die Tatsache, daß die Konservativen die ländlichen Bezirke immer stärker in den Griff bekamen, scheint, zusammen mit den Auswirkungen des indirekten und ungleichen Stimmrechts, jenen radikalen Umschwung im Wählerverhalten verhindert zu haben, der bei der Reichstagswahl von 1881 zutage getreten war. Die Wahlmänner in den Dörfern und Kleinstädten dieser ländlichen Gebiete pflegten, wenn sie einmal nach rechts gerückt waren, in der Regel dort zu verharren. Ferner konnte sich die Linke für ihre Verluste an die Konservativen mit Wahlkreisen entschädigen, die sie den Nationalliberalen abgewann; wie 1881 zogen es die (vermutlich in den

Tabelle 14.3
Die Zusammensetzung der Preußischen Abgeordnetenkammer 1882

Partei	Vor der Wahl Sitze (%)	Nach der Wahl Sitze (%)
Nationalliberale	87 (20)	68 (16)
Liberale Vereinigung	20 (4,6)	20 (4,6)
Fortschrittspartei	40 (9)	39 (9)
Alle Liberalen	147 (34)	127 (29)
Konservative	113 (26)	136 (31)
Freikonservative	53 (12)	50 (11,5)
Zentrum	99 (23)	100 (23)
Polen, usw.	21 (5)	20 (4,6)
Insgesamt	433	433

QUELLE: *EGK* 1882, S. 187.

Städten konzentrierten) liberalen Wähler auch 1882 vor, ihre Stimme einem Kandidaten vom linken Flügel des Liberalismus zu geben.[28]

Die Rückschläge, welche die Fortschrittspartei bei den Wahlen des Jahres 1882 erlitt, waren von Symptomen eines Kräfteverschleißes innerhalb der Partei begleitet. Die Mobilisierung von Geldern gestaltete sich schwieriger, qualifizierte Kandidaten zu finden, wurde zum Problem, und die politische Arbeit der Partei zeigte überall im Reich Erlahmungstendenzen. Diese Probleme schwächten die Überzeugungskraft des Hauptarguments, das Richter immer wieder gegen die Forderung nach Aufnahme engerer Beziehungen zur Sezession ins Feld führte, denn sie ließen Zweifel daran aufkommen, ob die Fortschrittspartei aus eigener Kraft in der Lage sein würde, die liberale Bewegung zu erneuern. Zu Jahresanfang 1884 hatte sich Richter daher dazu durchgerungen, denjenigen Gehör zu schenken, die stets für ein Zusammengehen der beiden linksliberalen Gruppierungen plädiert hatten. Zu gleicher Zeit wuchs auch in den Reihen der Sezession die Bereitschaft zu einem solchen Zusammenschluß: Angesichts des Abdriftens der Nationalliberalen nach rechts und des zunehmend reaktionären Kurses der Regierung erschien eine konsequente Zusammenarbeit der beiden linksliberalen

Tabelle 14.4
Die Ergebnisse der Preußischen Landtagswahl von 1882, nach Provinzen geordnet

Provinzen	National-liberale	Liberale Vereinigung	Fortschr.-Partei	Konservative	Freikonservative	Zentrum	Polen usw.
Ostpreußen	1 (+ 1)	1 (− 1)	2 (−10)	21 (+ 9)	3 (+ 1)	4	−
Westpreußen	4	3	3 (− 1)	3 (+ 1)	4 (− 1)	1 (+ 1)	4
Brandenburg	− (− 2)	2 (+ 1)	9 (− 2)	27 (+ 2)	7 (+ 1)	−	−
Pommern	−	1	−	23	2	−	−
Posen	1 (− 2)	−	3 (+ 2)	7	4 (+ 1)	−	14 (− 1)
Schlesien	2 (− 9)	6	3 (+ 3)	24 (+ 5)	5 (− 2)	25 (+ 3)	−
Sachsen	6 (− 5)	3	1 (+ 1)	13	13 (+ 4)	2	−
Schleswig-Holstein	7	1	6 (+ 2)	1	2 (− 2)	−	2
Hannover	27	−	−	−	5	4	−
Westfalen	5 (− 2)	−	4 (+ 2)	6 (+ 1)	1	15 (− 1)	−
Hessen-Nassau	4 (− 2)	2 (− 1)	7 (+2)	9 (+ 1)	1	3	−
Rheinland	11 (+ 2)	1	1	2	3 (− 1)	46 (− 1)	−
Insgesamt	68	20	39	136	50	100	20

QUELLE: *EGK*, 1882, S. 186–90.

Parteien im Vorfeld der 1884 anstehenden Reichstagswahl angezeigter denn je. Ergänzend kam hinzu, daß einige Mitglieder der Sezession eine möglichst breite politische Basis für ein von ihnen erhofftes liberales Regime unter Führung des Kronprinzen Friedrich Wilhelm aufzubauen suchten.[29]

Die offiziellen Verhandlungen zwischen den beiden liberalen Parteien begannen im Januar 1884. Es gab auf beiden Seiten etliche Bedenken und Meinungsverschiedenheiten, doch schließlich kam der Zusammenschluß zur Deutschen Freisinnigen Partei zustande. Am 5. März wurde ein Programm veröffentlicht und wenige Tage später auf getrennt abgehaltenen Parteitagen ratifiziert.[30] In einigen Teilen stellte dieses Programm einen Kompromiß zwischen den beiden Parteien dar; so wurde es beispielsweise eingeleitet mit der Forderung nach einer parlamentarischen Regierungsform – gegen den Widerspruch Ludwig Bambergers, der überzeugt war, daß man dieses „alte *cheval de bataille*" besser im Stall gelassen hätte; andererseits wurde das Standardverlangen der Fortschrittspartei nach einem jährlich zu bewilligenden Heeresbudget durch die Forderung nach einem einmal pro Legislaturperiode, d. h. alle drei Jahre, neu zu beschließenden Militärhaushalt ersetzt. Im übrigen bekräftigte das Programm fast ausschließlich in allgemeinen Formulierungen die altvertrauten Forderungen und Bekenntnisse der liberalen Linken: die Verteidigung des Reichstagswahlrechts (ohne die Forderung seiner Übertragung auf die Landes- und Kommunalebene), Opposition gegen den „Staatssozialismus" (d. i. Bismarcks Sozialgesetzgebung), Verurteilung einer auf wirtschaftliche Sonderinteressen abgestellten Zollpolitik (d. h. des Protektionismus) und so weiter.

Das Programm der Freisinnigen Partei lieferte ein weiteres Beispiel für die Fähigkeit der Liberalen, auseinanderklaffende Auffassungen auf der rhetorischen Ebene miteinander zu versöhnen. Als Grundlage für eine politische Offensive gegen das Bismarck-System ließ das Programm allerdings eine Menge zu wünschen übrig. Die beiden zentralen politisch-konstitutionellen Fragen, die sich im Hinblick auf die nähere Zukunft des Reichs stellten – die unterschiedlichen und undemokratischen Wahlmodi in den Ländern und auf der kommunalen Ebene sowie die Stellung Bismarcks –, umging man mit Geschick. Und was ebenso schwer ins Gewicht fiel: die materiellen Bedürfnisse großer Bevölkerungsteile blieben unberücksichtigt. Es ist sehr gut möglich, daß selbst einer noch so kraftvoll und konsequent geführten Kampagne gegen den Kanzler kein Erfolg beschieden gewesen wäre; vielleicht hätte der bloße Versuch, eine solche Kampagne zu starten, die liberale Linke einen großen Teil ihrer Gefolgschaft im Mittelstand gekostet, ohne ihr einen nennenswerten Einbruch in das Wählerpotential der Arbeiterschaft und anderer inferiorer Klassen und Gruppen der Gesellschaft zu bringen. Indes, was immer sich auch ergeben hätte, das Programm von 1884 machte deutlich, daß die Führer des linken Liberalismus nicht bereit waren, den riskanten Kurs einer massierten und auf die Massen gestützten Opposition einzuschlagen. Sie entschieden sich statt dessen, den vertrauteren, aber letzten Endes nicht weniger steinigen Weg einer bedingten und maßvollen Opposition sowohl gegen die reaktionären Kräfte als auch gegen die Demokratie weiterzugehen.

Die Entschlossenheit und Kraft der liberalen Linken zum Widerstand gegen den Staat litt auch darunter, daß, trotz der nahezu einhelligen Zustimmung zum gemeinsamen Programm, viele der alten Gegensätze zwischen den beiden Parteien nach wie vor schwelten. Obgleich in den Statuten der Freisinnigen Partei die organisatorische Verschmelzung der beiden Vorgängerparteien festgelegt war, behielt Richter die Fäden der Organisation der Fortschrittspartei in der Hand, und letztere blieb für ihren Weiterbestand weitgehend auf die politischen Organisationen des bürgerlichen Mittelstandes in den preußischen Städten und Großstädten angewiesen. Die Führer der Sezession andererseits versuchten den Honoratiorenstil beizubehalten, bei dem sie sich am wohlsten fühlten, und sie schnitten auch weiterhin in ländlich oder kleinstädtisch geprägten Wahlbezirken am besten ab.[31] Darüber hinaus blieben aber auch manche inhaltlichen Gegensätze bestehen, namentlich auf militär- und außenpolitischem Gebiet, wo die alte nationalliberale Linke weiterhin zu etwas größerer Kritiklosigkeit gegenüber der Regierung tendierte. Wenn man sich diese Divergenzen persönlicher, organisatorischer und ideologischer Art vor Augen hält, überrascht es kaum, daß die 1884 eingegangene Verbindung häufig unter Spannungen zu leiden hatte und schließlich unter der Einwirkung der politischen Wechselbäder, denen die Linke in den Jahren danach ausgesetzt war, auseinanderbrach.[32]

Welche Art von Wechselbädern das sein würde, darauf bot sich bereits bei der Reichstagswahl von 1884 ein kleiner Ausblick.[33] Wie Tabelle 14.5 zeigt, war die liberale Linke die einzige politische Kraft, die trotz einer stark angestiegenen Wahlbeteiligung absolute Stimmenverluste hinnehmen mußte; die Folge war, daß sie eine Reihe 1881 eroberter Wahlkreise wieder verlor. Am stärksten häuften sich die Verluste der Freisinnigen in Altpreußen, wo die Konservativen siebzehn Wahlkreise zurückgewannen, Wahlkreise, die mit Ausnahme von dreien allesamt in vorwiegend ländlich strukturierten, östlichen Gebieten lagen. Es läßt

Tabelle 14.5
Die Reichstagswahl von 1884

Partei	Insges. (in 1000)	Stimmen % der Wahlberechtigten	Veränderung geg. 1881 (in 1000)	Sitze	WKe % aller WKe	Veränderung geg. 1881
Nationalliberale	997.0	17,6	+ 250.4	51	12,8	+ 4
Freisinnige Partei	997.0	17,6	− 81.5*	67	16,9	− 37
Volkspartei	95.9	1,7	− 7.5	7	1,8	− 2
Konservative	861.1	15,2	+ 30.3	78	19,6	+ 28
Freikonservative	387.7	6,9	+ 8.4	28	7,1	−
Zentrum	1282.0	22,6	+ 99.1	99	24,9	− 1
Polen usw.	479.6	8,5	+ 30.6	43	10,9	− 2
Sozialdemokraten	550.0	9,7	+ 238.0	24	6,0	+ 2
Insgesamt	5681.7	60,5	+ 563.3			

QUELLE: Vogel et al., *Wahlen* (1971), S. 291.
* Als Vergleichsbasis dient hier die zusammengefaßte Gesamtstimmenzahl der Fortschrittspartei und der Liberalen Vereinigung bei der Wahl von 1881.

sich nicht mit Sicherheit sagen, ob diese Erfolge dem Absprung liberaler Wähler zu verdanken waren, aber in den meisten Wahlkreisen nahm die Gesamtstimmenzahl der Konservativen zu, während die der Liberalen zurückging. Dies spricht dafür, daß tatsächlich eine Wählerwanderung nach rechts stattfand, obgleich es auch denkbar ist, daß hier oder da potentielle liberale Wähler angesichts eines zunehmenden politischen und gesellschaftlichen Drucks von konservativer Seite einfach auf die Ausübung ihres Wahlrechts verzichteten. Die Resultate aus dem 2. Stettiner Wahlkreis vermitteln einen Eindruck von der Unstetigkeit, die das Wählerverhalten in vielen preußischen Bezirken nach wie vor charakterisierte: 1881 hatte die Liberale Vereinigung bei einer Wahlbeteiligung von 67% einen Stimmenanteil von 59% gegenüber 40% der Konservativen erreicht; 1884, bei einer Wahlbeteiligung von 58%, erzielten die Konservativen 62%, die Freisinnigen nur 36% der Stimmen.[34] In acht der von den Konservativen errungenen Wahlkreise erreichte das Wählerverhalten allem Anschein nach 1884 ein stabiles Niveau: diese Wahlkreise blieben bis zum Ende der Kaiserzeit in konservativer Hand.

Die liberale Linke verlor ferner acht Wahlkreise an die Freikonservativen. In fünfen davon hatten die Freikonservativen einen Kompromißkandidaten nominiert, der für Konservative und Rechtsliberale gleichermaßen wählbar war. Dies war beispielsweise im 20. sächsischen Wahlkreis der Fall, wo die Freikonservativen bereits im ersten Wahlgang mit 70% der Stimmen triumphierten; noch drei Jahre zuvor hatte ein Bündnis zwischen Fortschrittspartei und Sozialisten bei der notwendig gewordenen Stichwahl gegen den konservativen Kandidaten eine Zweidrittelmehrheit erzielt. Die Freikonservativen waren indessen nicht in der Lage, ihre Erfolge von 1884 und die Wähler, die ihnen dazu verhalfen, zu stabilisieren; keiner der Wahlkreise, die sie eroberten, blieb dauerhaft in ihrem Besitz. Wie bereits im vorausgegangenen Kapitel angedeutet, bewirkte die Reichstagswahl von 1884 auch innerhalb des liberalen Lagers eine Verschiebung nach rechts: Die Nationalliberalen gewannen Wahlkreise und Wähler hinzu, manchmal weil ihnen abtrünnige linksliberale Wähler zuwanderten, manchmal weil es ihnen gelang, bisherige Nichtwähler zu mobilisieren oder Wähler aus dem Einzugsbereich der konservativen Parteien an sich zu ziehen.

Ein ebenso bedrohliches Vorzeichen für die Zukunft des linken Liberalismus in Deutschland war die Anzahl der Wahlkreise, die an die Sozialdemokratie verlorengingen: sieben aus dem Besitzstand der Fortschrittspartei, zwei, die zuvor die Liberale Vereinigung, und einen, den die Volkspartei gehalten hatte. Acht dieser Wahlkreise lagen in Großstädten, sechs von ihnen waren seit der Reichsgründung stets an einen liberalen Kandidaten gefallen. Es scheint, daß die Sozialisten ihre Erfolge, ähnlich wie die Konservativen, zum Teil ihrer Fähigkeit zu verdanken hatten, liberale Wähler an sich zu ziehen: In allen Wahlkreisen, die sie eroberten, konnten die Sozialisten ihren Stimmenanteil erhöhen, während die linksliberalen Parteien Stimmen einbüßten.[35] In den meisten Gebieten beruhte der Aufschwung der Sozialisten jedoch hauptsächlich auf der Mobilisierung einer großen Zahl von Neuwählern. Das galt namentlich in schnell wachsenden städtischen und industriellen Ballungszentren, beispielsweise in den beiden Berliner Wahlkreisen, welche die Sozialisten der Fortschrittspartei abnahmen; dort stieg die Zahl der Wahlberechtigten zwischen 1881 und 1884 von 50 000 auf

70 000. In drei Wahlkreisen trug zum Erfolg der Sozialisten über die Linksliberalen auch die Tatsache bei, daß die Liberalen gleichzeitig Wähler an die rechten Parteien verloren. Was sich dort im kleinen vollzog, war ein ziemlich genaues Abbild der Verschiebungen, die die Reichstagswahl von 1884 insgesamt mit sich brachte. Der Niedergang des Linksliberalismus setzte sich auch bei der darauffolgenden Reichstagswahl fort.[36] Wie aus Tabelle 14.6 zu ersehen ist, ging die Gesamtstimmenzahl der Freisinnigen Partei, ebenso wie die der Volkspartei, trotz

Tabelle 14.6
Die Reichstagswahl von 1887

Partei	Insges. (in 1000)	Stimmen % der Wahlberechtigten	Veränderung geg. 1884 (in 1000)	Sitze	WKe % aller WKe	Veränderung gegenüber 1884
Nationalliberale	1678.0	22,2	+ 681.0	99	24,9	+ 48
Freisinnige Partei	973.1	12,9	− 23.9	32	8,1	− 35
Volkspartei	88.8	1,2	− 7.1	−	−	− 7
Konservative	1147.2	15,2	+ 286.1	80	20,2	+ 2
Freikonservative	736.4	9,8	+ 348.7	41	10,3	+ 13
Zentrum	1516.2	20,1	+ 234.2	98	24,7	− 1
Polen usw.	578.9	7,5	+ 99.3	33	8,3	− 10
Sozialdemokraten	763.1	10,1	+ 213.1	11	2,8	− 13
Antisemiten	11.6	0,2	−	1	0,2	+ 1
Insgesamt	7570.7	77,5	+ 1889.0			

QUELLE: Vogel et al., *Wahlen* (1971), S. 291.

eines massiven Anstiegs der Wahlbeteiligung zurück – alle anderen Parteien konnten eine Zunahme ihrer absoluten Stimmenzahl verbuchen. Wie schwach die Linksliberalen 1887 waren, kam auch darin zum Ausdruck, daß sie nur zehn Wahlkreise unmittelbar im ersten Wahlgang erringen konnten. In sechzehn anderen Wahlkreisen – und das bedeutet, in der Hälfte aller Wahlkreise, die ihnen schließlich noch verblieben – verdankten sie ihren Erfolg in der Stichwahl der Unterstützung der Sozialisten, die lieber für einen linksliberalen Kandidaten als für einen Vertreter der rechten Parteien stimmten. Ohne diese Unterstützung wäre der Linksliberalismus möglicherweise von der nationalen politischen Bühne Deutschlands verschwunden. Die Hoffnungen Eugen Richters auf einen liberalen Mehrheitsblock mit der Fortschrittspartei als Kern – eine Hoffnung, die noch sechs Jahre zuvor realistisch erschienen war – hatte sich nun zerschlagen. Wie Ludwig Bamberger bitter bemerkte:

Die neue Vertretung ist der wahre Ausdruck des deutschen Publikums. Junkertum und katholische Kirche, die sehr deutlich wissen, was sie wollen, und ein Bürgertum, kindlich unschuldig, politisch einfältig und weder des Rechts noch der Freiheit bedürftig.[37]

Die Ergebnisse der Reichstags- und Landtagswahlen in Deutschland zwischen

1877 und 1887 demonstrieren anschaulich das Dilemma, dem die liberale Linke sich gegenübersah. Auf der einen Seite war sie mit dem stetigen Erstarken der Konservativen in den alten Hochburgen der Fortschrittspartei im östlichen Preußen konfrontiert. Ihre politischen Gegner von rechts verdankten diese ihre neue Vitalität zwar teilweise der Wahlhilfe und der sonstigen Unterstützung, die den Konservativen von behördlicher Seite zuteil wurde, andererseits aber auch ihrer eigenen Fähigkeit, die ländliche Bevölkerung durch den Appell an gemeinsame wirtschaftliche Interessen, insbesondere auf dem Gebiet der Schutzzölle, für sich zu mobilisieren. Die Fortschrittspartei war aufgrund ihrer starken Bindungen an städtische, freihändlerisch gesinnte Bevölkerungsgruppen nicht in der Lage und bereit, den Konservativen in dieser Frage den Wind aus den Segeln zu nehmen. Auf der anderen Seite gab es, wie die Wahlen von 1878, 1884 und 1887 zeigten, innerhalb der linksliberalen Wählerschaft eine beträchtliche Gruppe, die für bestimmte propagandistische Appelle und Motive der Regierung und der sie tragenden gesellschaftlichen Kräfte nicht unempfänglich war: Immer wenn bei einer Wahl die „sozialistische Bedrohung", das Für und Wider der Kolonialpolitik oder Fragen der Militärpolitik im Brennpunkt standen, sah die bürgerliche Linke sich von einer nicht geringen Zahl ihrer bisherigen Gefolgsleute im Stich und von vielen Neuwählern, die die Regierung mit ihrer Propaganda in den Bann zog, links liegengelassen. Diesen Strömungen offensiv zu begegnen wäre nicht nur ein Verstoß gegen linksliberale Grundsätze gewesen, sondern hätte auch die ohnehin schon bedrohliche Abwanderung von Teilen der liberalen Wählerschaft ins sozialistische Lager noch gefördert.

Hatte die Wahl von 1887 die Hoffnungen Eugen Richters auf ein liberales Volk zerplatzen lassen, so machten die Ereignisse von 1888 die Hoffnungen derjenigen zunichte, die in Kronprinz Friedrich Wilhelm den Garanten einer neuen liberalen Ära sahen. Einige der alten nationalliberalen Linken nahestehende Personen unterhielten bereits seit Jahren Beziehungen zum Kronprinzen und seiner Umgebung. Diese Männer hofften, Friedrich Wilhelm werde, wenn er erst einmal Kaiser geworden wäre, mit seinen fortschrittlichen Anschauungen den Anstoß zu einer Veränderung des politischen Klimas im Reich geben. Diese Hoffnung erwies sich als das traurigste Beispiel für den alten und unverwüstlichen Glauben der Liberalen, ein Fürst mit der richtigen Gesinnung könne sie durch souveräne Eingriffe von oben vor den Folgen ihrer eigenen politischen Mißerfolge bewahren. Es war nicht nur deswegen ein trauriger Fall, weil der Kronprinz zu dem Zeitpunkt, da sein Vater starb, bereits selbst todkrank war, sondern auch weil in seiner Persönlichkeit und seinem Verhalten wenig war, auf das sich optimistische Erwartungen in bezug auf eine liberale Regierungsära gründen ließen. Der „liberale Kaiser" des zweiten Deutschen Reiches nahm keine Veränderungen an dem politischen System vor, das er erbte. Er regierte, in aller Stille, gerade 99 Tage lang.[38]

Sowohl der Sieg des Kartells bei der Wahl von 1887 als auch die kurze, sterile Regierungszeit Friedrichs III. nahmen sich auf den ersten Blick wie Triumphe für

Bismarck aus. Doch wie sich zeigte, gewährleistete weder der neue Reichstag noch
der neue Kaiser, Friedrichs Sohn Wilhelm, ein verläßliches Fundament für die
Macht des Reichskanzlers. 1890 befand sich Bismarck schon wieder auf der Suche
nach Mitteln und Wegen, das Reich zu stabilisieren – ein sicheres Zeichen dafür,
daß viele der mit der „Zweiten Reichsgründung" verbundenen Ziele noch nicht
erreicht waren. Das Auseinanderbrechen des Kartells legte Zeugnis dafür ab, daß
der Versuch, innerhalb des Parlaments eine homogene konservative Elite vermögender Männer zu schaffen, fehlgeschlagen war. Die Tatsache, daß der Reichstag
sich nach wie vor auch um politische Themen kümmerte, zeigte, daß es Bismarck
nicht gelungen war, politisches Interesse durch wirtschaftliche Interessen zu
ersetzen; die wirtschaftlichen Interessengesichtspunkte, deren Eindringen ins
Parteileben er gefördert hatte, hatten vielmehr notgedrungen eine Verknüpfung
politischer Konflikte mit dem Kampf zwischen Interessengruppen zur Folge.[39]
Und zu all dem kam, daß diejenigen, die Bismarck als „Reichsfeinde" gebrandmarkt hatte, allen Repressalien zum Trotz weiter auf dem aufsteigenden Ast
waren: die nationalen Minderheiten, die Katholiken und besonders die Sozialdemokraten, die sich nach zwölf Jahren der Unterdrückung lebendiger und kräftiger
denn je präsentierten. Nimmt es da wunder, daß der Reichskanzler angesichts
aller dieser Anzeichen, die auf ein baldiges Ende seiner Ära hindeuteten, noch
einmal mit dem Gedanken an einen Staatsstreich zu spielen begann, eine Roßkur,
mittels derer er all die ungelösten Konflikte, an denen das Reich laborierte, ein für
allemal aus der Welt würde schaffen können?[40]

Eines der Ziele der „Zweiten Reichsgründung" war allerdings erreicht: Die
„liberale Ära" war vorbei. Von der staatlichen Bürokratie gingen ab 1890 keine
nennenswerten liberalen Impulse mehr aus, und auch einige wichtige Gruppen der
deutschen Gesellschaft – weite Teile der Wirtschaft und der akademischen Berufe,
der Landwirtschaft und des Handwerks – hatten sich von liberalen Zielvorstellungen zu lösen begonnen, selbst wenn viele von ihnen bei Wahlen nach wie vor für
eine liberale Partei stimmten. Im Reichstag und in einer Reihe von Länderparlamenten war die liberale Bewegung nur noch als eine in sich zerrissene Minderheit
ohne Selbst- und Zielbewußtsein vertreten.

Von den Männern, die seit der Reichsgründung an der Spitze des Liberalismus
gestanden hatten, waren zu Beginn der 90er Jahre viele nicht mehr politisch tätig.
Einige waren verstorben, andere hatten sich zurückgezogen, und wieder andere
sahen als passive Beobachter zu, wie ihre Träume zerrannen.[41] Friedrich Kapp
beispielsweise, der aus Amerika zurückgekehrt war, um sich in der Wärme der
liberalen Ära zu sonnen, zog sich aus dem politischen Leben zurück, weil ihm die
neuen Anforderungen, die an die Bewerber um ein politisches Mandat gestellt
wurden, gegen den Strich gingen. Kapp hielt sich etwas darauf zugute, ein
„unabhängiger Mann" ohne Bindung an eine spezielle Interessengruppe zu sein,
während der Politiker neuen Typs, wie er meinte, „auch etwas für sich wollen"
müsse und „ohne es selbst zu wissen, zum Herdenvieh" geworden sei.[42] Dieses
Gefühl, daß die Tonart und der Stil der politischen Arbeit mit den liberalen
Idealvorstellungen von persönlicher und öffentlicher Lebensführung nicht mehr

übereinstimmten, hatte so manchen Liberalen bereits früher heimgesucht, und es griff nach 1880 noch weit stärker um sich. Manche Liberale trugen diesem Gefühl dadurch Rechnung, daß sie sich in die noch vergleichsweise heile Welt der lokalen Politik zurückzogen oder sich den greifbaren Freuden des Privatlebens zuwandten. In beiden liberalen Parteien gestaltete sich die Suche nach Männern, die bereit gewesen wären, sich um ein Mandat zu bewerben und ein politisch verantwortliches Amt zu übernehmen, oft schwierig.[43] Die Tatsache, daß die Ansicht an Popularität gewann, die politische Betätigung sei für einen achtbaren Bürger keine angemessene Aufgabe mehr, war ein beredtes Zeugnis dafür, daß die Grundfesten des Liberalismus zu wanken begonnen hatten.

Auch diejenigen, die politisch aktiv blieben, waren sich häufig bewußt, daß ihre Zeit vorbei war. Selbst Eugen Richter sah sich gezwungen, ein Stück weit von seinem ohnehin schal gewordenen Optimismus abzurücken. In einem 1881 publizierten Buch hatte er noch für die „nahe Zukunft" die Einführung einer parlamentarischen Reichsregierung prophezeit; als das Buch 1889 in neuer Auflage gedruckt wurde, fehlte das Wörtchen „nahe".[44] Andere äußerten ihr Unbehagen über die Entwicklung der Dinge weit unverblümter. Georg von Siemens war 1885 zu der Überzeugung gelangt, der Parlamentarismus sei überall in Europa zu einer „etwas bedenkliche(n) Regierungsform" geworden. Denn, so fragte er, „was ist die Mehrheit? Mehrheit ist der Unsinn; Verstand ist stets bei wenigen nur gewesen." Zwei Jahre später, nach der bitteren Niederlage von 1887, schrieb Ludwig Bamberger: „Der deutsche Parlamentarismus war eine Episode... Never mind." Und Hermann Baumgarten, dessen kritische Bestandsaufnahme des Liberalismus aus dem Jahr 1886 so vieles von dem prophetisch andeutete, was danach kam, fragte 1890 in einem Brief an Heinrich Sybel traurig, ob nicht „die Zeit, in welcher unsere Ideale Macht hatten, für lange, vielleicht für immer, dahin" sei.[45]

VI
DAS WILHELMINISCHE ZEITALTER
1890–1914

Im März 1890 zwang der junge Kaiser Wilhelm II. Bismarck zum Rücktritt.[1] Der Sturz des ersten Reichskanzlers wurde für seine Zeitgenossen bald zu einer geschichtlichen Zäsur und ist seither einer jener „Wendepunkte" geblieben, die den Historikern als Eckpunkte für ihre Schilderungen dienen. Obgleich ich dieser Gepflogenheit hier ebenfalls Tribut zolle, möchte ich doch hervorheben, daß sich die höchst bedeutsamen Veränderungen, die sich in Deutschland während der letzten Jahrzehnte des 19. Jahrhunderts vollzogen, meiner Überzeugung nach nicht auf ein einzelnes historisches Datum festnageln lassen und daß sie nicht an das politische Wirken eines einzelnen Menschen gebunden waren. Diese Veränderungen hatten sich seit Jahrzehnten angebahnt und griffen schließlich und endlich in das Leben fast eines jeden Deutschen ein. Zu ihnen zählen: ein stürmisches Bevölkerungswachstum, eine massenhafte Abwanderung von Männern und Frauen in neu entstehende Ballungsräume, die Entwicklung neuer Berufszweige, die Auflösung alter gesellschaftlicher Interaktionsmuster und die allmähliche Heraufkunft neuartiger Lebensformen, Beziehungen und Wertvorstellungen.[2] Wenn man den Verlauf der Geschichte nach 1890 analysieren will, muß man daher den Blick über jene Vorgänge hinausrichten, in deren Gefolge ein neuer Mann in die Reichskanzlei in der Berliner Wilhelmstraße einzog. Natürlich war die Entlassung Bismarcks ein wichtiges Ereignis, aber weit bedeutsamer sowohl für Deutschland als auch für den deutschen Liberalismus war die Tatsache, daß die gesellschaftliche Welt, auf die er seine Politik zugeschnitten hatte, zum Untergang verurteilt war.

In den nachfolgenden Kapiteln wird die Entwicklung der liberalen Parteien in der, wie man es nennen könnte, „postliberalen" Ära untersucht. Zunächst wird es erforderlich sein, die Umrisse der Bewegung zu skizzieren und die institutionellen Zusammenhänge zu beleuchten, die ihre Anhänger verbanden (und entzweiten). Sodann wird es möglich sein, durch eine Kennzeichnung des Wesens derjenigen Gruppen, die den liberalen Parteien als Wähler treu blieben, und ihres Verhältnisses zueinander den sozialen Ort der Bewegung zu definieren. Schließlich werden wir uns einem alten Problem widmen, das sich unter neuen Vorzeichen stellt: dem traditionellen Konflikt innerhalb des liberalen Lagers zwischen links und rechts, zwischen den Befürwortern der Freiheit und denen der Ordnung, den Bannerträgern des Volkes und denen des Staats.

15. Von der Bewegung zur Minderheit

> Wir werden Millionen, das ist der Grundgedanke der Politik des Industrievolkes.
> Friedrich Naumann (1900)[1]

Zwischen 1871 und 1912, dem Jahr der ersten und dem der letzten Reichstagswahl, verdoppelte sich in Deutschland die Zahl der Wahlberechtigten, und die Zahl derer, die tatsächlich wählten, erhöhte sich sogar auf das Dreifache.[2] Da es den Liberalen nicht gelang, sich einen Anteil an diesem Potential neuer Wähler zu sichern, sanken sie auf den Status einer permanenten Minderheit ab. Die Kurven in den Abbildungen 15.1, 15.2 und 15.3 zeichnen dieses Absinken nach: den *relativen* Rückgang des Stimmenanteils der liberalen Parteien und die drastischere Abnahme der Zahl der Wahlkreise, die sie noch zu halten vermochten. Wie die Kurven erkennen lassen, fand der Niedergang der liberalen Parteien seine Entsprechung im Aufstieg der Sozialdemokraten. 1912 war es soweit, daß die Sozialisten in zwei Dritteln aller Wahlkreise mit mehrheitlich protestantischer Bevölkerung die absolute oder doch die einfache Mehrheit der Stimmen (und damit die Stichwahl) erreichten. Sie hatten, mit anderen Worten, den Löwenanteil der nach 1890 neu hinzugekommenen Wähler (bzw. genauer gesagt: protestantischen Wähler) an sich zu ziehen vermocht.[3] Es gelang den Liberalen zu ihrem Unglück nicht, den Boden, den sie an die Sozialdemokraten verloren, durch Erfolge gegen die Zentrumspartei oder die Repräsentanten nationaler Minderheiten in anderen Wahlkreisen wieder gutzumachen. Das Zentrum konnte sich, obgleich ihm viele Katholiken den Rücken kehrten, in 81 Wahlkreisen für die ganze Dauer der Wilhelminischen Epoche behaupten.[4] Dazu kamen zirka 20 weitere Wahlkreise, die beständig einen polnischen, elsässischen oder dänischen Abgeordneten entsandten. Das bedeutete, daß den Kandidaten der liberalen Parteien ungefähr hundert Wahlkreise – ein Viertel der insgesamt zu vergebenden – auf Dauer versperrt blieben (die an die Sozialdemokraten verlorenen Wahlkreise natürlich nicht mitgerechnet).

Während das Wählerpotential, an das die liberalen Parteien sich wandten, von dem der Sozialisten und der Zentrumspartei vergleichsweise klar abgegrenzt war, bewarben sich liberale, konservative und rechtsradikale Parteien in der Regel um dieselben Wählergruppen, nämlich um die breite, heterogene Masse der protestantischen Mittelschichten. Das bedeutete, daß ein Zusammenhang, und zwar ein sehr komplexer Zusammenhang, zwischen den Wahl(miß)erfolgen der Liberalen und denen der Rechtsparteien bestand. In manchen Gebieten war das Wählerverhalten äußerst instabil, und es kam zu starken und unvermittelten Wählerwanderungen zwischen diesen Parteien. Anderswo gingen die genannten Parteien zusammen oder schlossen enge Bündnisse.

Abb. 15.1
Die Reichstagswahlen von 1890 bis 1912 (Gesamtstimmenzahl, erster Wahlgang)

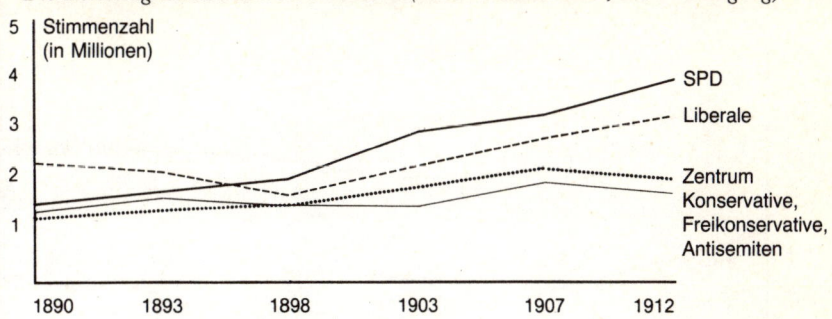

Abb. 15.2
Die Reichstagswahlen von 1890 bis 1912 (Stimmenanteil in %, erster Wahlgang)

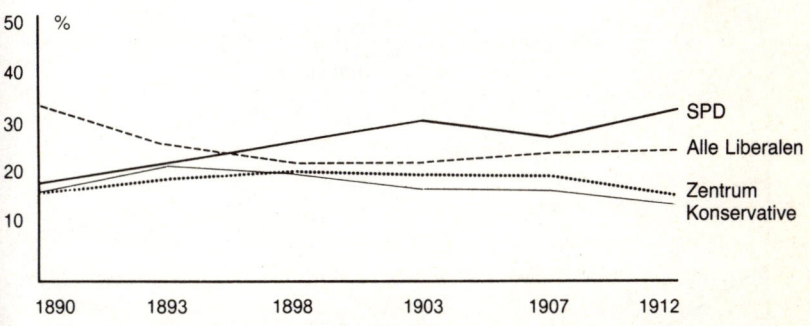

Abb. 15.3
Die Reichstagswahlen von 1890 bis 1912 (Anteil errungener Mandate in %)

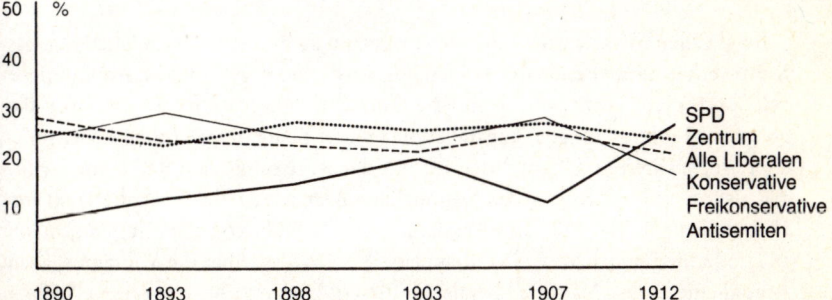

Abb. 15.4
Die Liberalen und die Reichstagswahlen von 1890 bis 1912
(Stimmenanteil in %, erster Wahlgang)

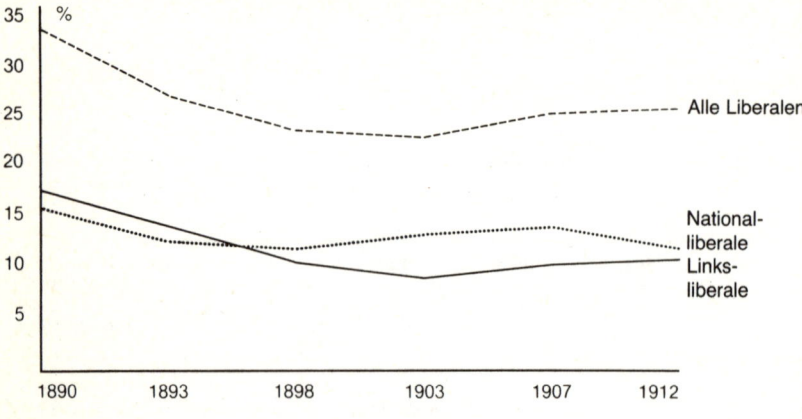

Abb. 15.5
Die Liberalen und die Reichstagswahlen von 1890 bis 1912
(Anteil der errungenen Mandate in %)

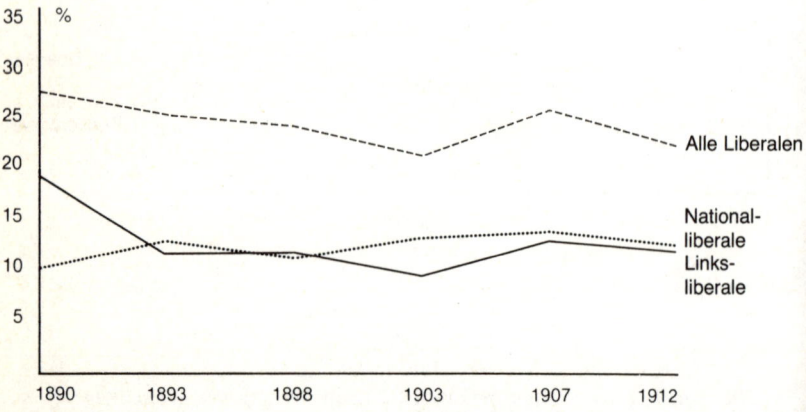

Im gleichen Maß, wie die Liberalen insgesamt an Boden verloren, glich sich das Kräfteverhältnis zwischen den beiden Flügeln der Bewegung aus (s. Abbildungen 15.4 und 15.5). 1890 verbuchte die Fortschrittspartei infolge einer für die politische Linke günstigen Konstellation äußerer Bedingungen (hohe Lebensmittelpreise, verbreitete Unzufriedenheit mit der Regierung) eine Reihe von Erfolgen, davon viele auf Kosten des Nationalliberalismus.[5] Allein, wenn die Wahl von 1890 derjenigen von 1881 ähnelte, dann glich die Wahl von 1893 derjenigen von 1884 oder derjenigen von 1887, denn eine Kontroverse über die Militärausgaben ermöglichte es den Nationalliberalen in diesem Jahr, patriotisch gesinnte Wähler zu mobilisieren und einige der drei Jahre zuvor verlorenen Wahlkreise zurückzuerobern. Danach ging die Zahl der Wahlkreise, die zwischen Links- und Rechtsliberalen hin- und herwechselten, zurück; zu Konkurrenzsituationen und Auseinandersetzungen zwischen den beiden Flügeln kam es nur noch in wenigen Gebieten. Das Kräfteverhältnis zwischen linken und rechten Liberalen entwickelte sich allmählich auf einen Zustand der Ausgeglichenheit hin, und 1912 repräsentierte tatsächlich jeder der beiden Flügel ziemlich genau eine Hälfte der Gesamtbewegung.[6]

Der relative Niedergang des Liberalismus, wie er sich in den Reichstagswahlergebnissen niederschlug, fand zwar seine Fortsetzung und Entsprechung in den Länder- und Kommunalparlamenten, doch was das Tempo, den zeitlichen Ablauf und die Größenordnung der liberalen Abwärtsentwicklung betraf, gab es von Region zu Region beträchtliche Unterschiede, die einmal bedingt waren durch den Fortbestand vielfältiger regionaler Eigenständigkeiten und Eigentümlichkeiten innerhalb des Reichsverbands und zum anderen ganz direkt durch die Verschiedenheit der jeweils geltenden Wahlverfahren, durch die die Inkongruenzen zwischen dem politischen Geschehen auf nationaler und auf lokaler Ebene quasi gesetzlich festgeschrieben waren.[7]

Das beste Beispiel für eine solche Inkongruenz lieferten die beiden Parlamente, die in Berlin tagten. Das für den Preußischen Landtag geltende Dreiklassenwahlrecht, das trotz einiger energischer Reformversuche bis 1918 bestehen blieb, erwies sich als wirksamer Schutzschild gegen die politischen Veränderungen, die sich unter dem Druck demokratischer Mechanismen im Reichstag vollzogen hatten. Im Preußischen Landtag blieb die politische Konstellation, die sich in den späten 70er Jahren hergestellt hatte, bis zum Ende des Kaiserreichs praktisch intakt: Die liberale Mehrheit, die bis 1879 bestanden hatte und dann durch das Erstarken der Rechten verlorengegangen war, kehrte nie wieder; das Zentrum wahrte seinen Besitzstand von zirka 100 Sitzen, die beiden konservativen Parteien hielten sich bei etwa 200 und die beiden liberalen Parteien bei etwa 110 Mandaten (s. Tabelle 15.1).[8] Ganz anders als in Preußen stellte sich die Lage in Sachsen dar; dort veränderte sich die politische Zusammensetzung des Landtags im Verlauf der Wilhelminischen Ära beträchtlich, wie aus Tabelle 15.2 zu ersehen ist. In Sachsen gab es keine den ostelbischen Gebieten Preußens vergleichbare Region, wo eine eingesessene Konservative Partei auf Wahlerfolge abonniert gewesen wäre. Auch der politische Katholizismus spielte hier eine zu geringe Rolle, um, wie in Preußen und auch im Reich als ganzem, eine bestimmte Anzahl von Wahlkreisen dauerhaft beherrschen zu können. Zu erwähnen sind schließlich auch noch zwei wichtige Wahlrechtsänderungen, die sich unmittelbar auf die weiteren politischen Geschicke der Parteien auswirkten. 1896 drückten Konservative und Nationalliberale, alarmiert durch die zunehmende Stärke der Sozialdemokratischen Fraktion im Sächsischen Landtag, ein Gesetz durch, welches das allgemeine und gleiche wieder durch ein Dreiklassenwahlrecht ersetzte. Die Folge war eine zehnjährige Hegemonie der Rechtsparteien. 1909 wurde mit liberaler Unterstützung ein höchst kompliziertes System der Stimmengewichtung verabschiedet, das die

soziale und politische Eigenart der sächsischen Bevölkerung treffender widerspiegelte. Diese Neuerung hatte eine Stärkung der linken Parteien und entsprechend ein rapides Absinken der Konservativen zur Folge.[9]
Die heftigen Auseinandersetzungen zwischen links und rechts, die den Weg der sächsischen Politik nach 1890 markierten, blieben in Baden aus, weil dort die Beziehungen zwischen den Klassen und Schichten der Gesellschaft etwas harmonischer waren und weil das nach wie vor große Gewicht, das religiösen Konflikten hier zukam, eine Polarisierung aus rein politischen oder sozialen Gründen verhinderte. Nach 1890 bröckelte die Stellung der Liberalen, die hier einst stärker gewesen war als überall sonst im Reich, kontinuierlich ab, während das Zentrum und die Sozialdemokratie Boden gewannen (s. Tabelle 15.3). Etwa um die Jahrhundertwende pendelte sich in Baden eine vorübergehend stabile Konstellation dieser drei politischen Kräfte ein: Neben einem liberalen und einem katholischen Lager, die einander mehr oder weniger die Waage hielten, bildete die Sozialdemokratie die dritte Kraft, die sich, je nach der Sachfrage, um die es ging, mit jenen oder mit diesen verbündete. Eine Veränderung trat 1905 ein, als das bis dahin praktizierte indirekte Wahlverfahren durch ein direktes ersetzte wurde, was eine weitere Schwächung der liberalen Position nach sich zog und die – in liberaler Sicht – Gefahr einer Mehrheit für das Zentrum heraufbeschwor. Angesichts dieser

Tabelle 15.1
Die politische Zusammensetzung der Preußischen Abgeordnetenkammer 1879–1913

Partei	1879 Sitze (%)	1882 Sitze (%)	1885 Sitze (%)	1888 Sitze (%)	1893 Sitze (%)	1898 Sitze (%)	1903 Sitze (%)	1908 Sitze (%)	1913 Sitze (%)
Nationalliberale	104 (24)	66 (15)	72 (16)	86 (20)	84 (19)	75 (17)	79 (18)	65 (14)	71 (16)
Linke Liberale*	38 (9)	53 (12)	40 (9)	29 (6,6)	20 (4,6)	36 (8)	32 (7)	36 (8)	40 (9)
Konservative	110 (25)	122 (28)	133 (31)	129 (30)	144 (33)	144 (33)	143 (33)	152 (34)	148 (33,8)
Freikonservative	51 (12)	57 (13)	62 (14)	64 (15)	65 (15)	58 (13)	59 (13,6)	60 (13,5)	54 (12)
Zentrum	97 (22)	99 (23)	98 (22,6)	98 (22,6)	95 (22)	100 (23)	97 (22,4)	104 (23)	102 (23)
Polen	19 (4)	18 (4)	15 (3)	15 (3)	17 (4)	13 (3)	13 (3)	15 (3)	12 (3)
SPD	–	–	–	–	–	–	–	7 (1,5)	10 (2)
Fraktionslose	14 (3)	18 (4)	13 (3)	12 (3)	8 (2)	7 (1,6)	10 (2)	4	3
Insgesamt	433	433	433	433	433	433	433	443	440

QUELLE: Vogel et al., *Wahlen* (1971), S. 287.
* 1879: Fortschrittspartei; 1882: Fortschrittspartei und Liberale Vereinigung; 1885 und 1888: Deutsche Freisinnige Partei; von 1893–1908: Freisinnige Vereinigung und Freisinnige Volkspartei; 1913: Fortschrittliche Volkspartei.

Tabelle 15.2
Die politische Zusammensetzung der Sächsischen Abgeordnetenkammer 1881–1913

Partei	1881 Sitze (%)	1885 Sitze (%)	1889 Sitze (%)	1893 Sitze (%)	1897 Sitze (%)	1901 Sitze (%)	1905 Sitze (%)	1909 Sitze (%)	1913 Sitze (%)
Nationalliberale*	16 (20)	14 (17,5)	13 (16)	14 (17)	21 (25)	22 (27)	24 (29)	28 (31)	29 (32)
Linke Liberale**	15 (19)	14 (17,5)	12 (15)	9 (11)	3 (3,6)	2 (2)	2 (2)	8 (9)	8 (9)
Konservative	45 (56)	47 (59)	48 (60)	43 (52)	50 (61)	58 (71)	54 (66)	23 (25)	29 (32)
Freikonservative	–	–	–	–	–	–	–	1	–
Rechtsradikale	–	–	–	2 (2)	–	–	1	6 (6,5)	–
SPD	4 (5)	5 (6)	7 (9)	14 (17)	8 (10)	–	1	25 (27)	25 (27)
Insgesamt	80	80	80	82	82	82	82	91	91

QUELLE: Für 1881–1909: Sachsen, *StJb* (1912), S. 18; für 1913: Kalkoff, *Parlamentarier* (1917), S. 303.
N.B.: In Sachsen wurde die Abgeordnetenkammer alle zwei Jahre zur Hälfte neu gewählt; in obiger Tabelle sind nur die Resultate jeder zweiten Wahl berücksichtigt.
* Enthält auch alle anderen Gruppierungen, die sich als „liberal" bezeichneten.
** Fortschrittspartei und Freisinnige Partei.

Tabelle 15.3
Die politische Zusammensetzung der Badischen Abgeordnetenkammer 1881–1913

Partei	1881 Sitze (%)	1885 Sitze (%)	1889 Sitze (%)	1893 Sitze (%)	1897 Sitze (%)	1901 Sitze (%)	1905 Sitze (%)	1909 Sitze (%)	1913 Sitze (%)
Nationalliberale	31 (50)	43 (69)	47 (74)	30 (47)	25 (40)	24 (38)	23 (31)	17 (23)	20 (27)
Linke Liberale*	5 (8)	5 (8)	2 (3)	5 (8)	7 (11)	7 (11)	6 (8)	7 (9,5)	6 (8)
Konservative	3 (5)	1	1	2 (3)	2 (3)	1	3 (4)	2 (3)	5 (7)
Rechtsradikale	–	–	–	–	2 (3)	2 (3)	1	1	–
Zentrum	23 (37)	14 (22,5)	13 (20,6)	23 (36)	21 (34)	23 (36,5)	28 (38)	26 (35)	29 (40)
SPD	–	–	–	3 (4,6)	5 (8)	6 (9,5)	12 (16)	20 (27)	13 (18)
Fraktionslose	–	–	–	1	–	–	–	–	–
Insgesamt	62	62	63	64	62	63	73	73	73

QUELLE: Kalkoff, *Parlamentarier* (1917), S. 371.
N.B.: Die Kammer wurde alle zwei Jahre zur Hälfte neu gewählt. In obiger Tabelle sind nur die Resultate jeder zweiten Wahl berücksichtigt.
* Demokraten, Fortschrittspartei und Freisinnige Partei.

Aussicht kam ein Bündnis zwischen Liberalen und Sozialisten zustande, das zwar seinen Zweck, die Katholiken in Schach zu halten, erfüllte, aber den Sozialisten eine wesentlich stärkere Machtposition verschaffte. Unmittelbar vor Kriegsausbruch bewegten sich Zentrum und Nationalliberale auf eine Allianz gegen die Sozialisten zu. Die Liberalen mußten zu dieser Zeit bereits froh sein, wenn es ihnen gelang, eine Vormachtstellung des einen oder des anderen ihrer politischen Konkurrenten zu verhindern; die Zeiten, da sie selbst die dominierende politische Kraft gewesen, waren endgültig und unwiederbringlich vorbei.[10]

Wie in Baden, so sorgte auch in Bayern das stetige Anwachsen der Sozialdemokratie dafür, daß sich die Akzente und Gewichte im traditionellen politischen Ringen zwischen Liberalen und Katholiken verschoben. Während sich freilich in Baden Liberale und Sozialisten zusammentaten, um eine katholische Mehrheit zu verhindern, verbündeten sich in Bayern Sozialisten und Katholiken gegen die Liberalen, und zwar vor allem deshalb, weil die Liberalen sich einer Reform des Wahlsystems widersetzten. Die Liberalen beschleunigten damit allerdings nur ihre parlamentarische Talfahrt. Wie Tabelle 15.4 zeigt, büßten sie bei den Wahlen von 1899 und 1905 über 40 Mandate ein. 1912, als bereits nach dem neuen System gewählt wurde, gegen das sie sich so lange gesträubt hatten, konnten sie, unter anderem dank einiger lokaler Wahlbündnisse mit den Sozialisten, ein wenig Boden gutmachen. Die Einsetzung des Kabinetts Hertling im gleichen Jahr unterstrich gleichwohl, daß der Liberalismus, sowohl was den Landtag als auch was die Exekutive betraf, aufgehört hatte, eine einflußreiche Kraft im politischen Leben Bayerns zu sein.[11]

Anders als in Bayern und Baden, hatte sich in Württemberg die Parteienlandschaft ursprünglich weniger im Zeichen religiöser als unter der Einwirkung nationaler Konflikte geformt. Im Laufe der 90er Jahre begann die Parteienkonstellation, die sich in der Zeit der Reichsgründung herauskristallisiert hatte, unter dem Druck sozialer und politischer Kräfte zu zerfallen. Bei der Landtagswahl von

Tabelle 15.4
Die politische Zusammensetzung der Bayerischen Abgeordnetenkammer 1881–1912

Partei	1881 Sitze (%)	1887 Sitze (%)	1893 Sitze (%)	1899 Sitze (%)	1905 Sitze (%)	1907 Sitze (%)	1912 Sitze (%)
Partriotenpartei/Zentrum	89 (55,9)	79 (50)	74 (46,5)	83 (52,2)	102 (64)	98 (60)	87 (53,3)
Liberale*	70 (44)	70 (44)	67 (42)	44 (27,6)	22 (13,8)	25 (15,3)	30 (18,4)
Volkspartei	–	1	1	1	2 (1,2)	–	–
Konservative usw.	–	5 (3,1)	3 (1,8)	6 (3,7)	4 (2,5)	6 (3,6)	7 (4,2)
Bayer. Bauernbund usw.	–	–	9 (5,6)	12 (7,5)	15 (9,4)	13 (8)	8 (4,9)
SPD	–	–	5 (3,1)	11 (6,9)	12 (7,5)	20 (12,2)	30 (18,4)
Versch. bzw. unbekannt	–	4 (2,5)	–	2 (1,2)	2 (1,2)	1	1
Insgesamt	159	159	159	159	159	163	163

Quelle: Möckl, *Prinzregentenzeit* (1972), S. 213, 461, 488, 532, 541, 546.
* Zusammenfassung verschiedener Gruppierungen, z.B. „Liberale", „Freisinnige" usw.

Tabelle 15.5
Die politische Zusammensetzung der Württembergischen Abgeordnetenkammer
1895–1912

Partei	1895 Sitze (%)	1900 Sitze (%)	1906 Sitze (%)	1912 Sitze (%)
Deutsche Partei/Nationalliberale	10 (14)	12 (17)	13 (14)	10 (11)
Volkspartei	31 (44)	28 (40)	23 (25)	19 (20,6)
Konservative und andere Rechtsparteien	1	6 (8,5)	15 (16)	20 (21)
Zentrum	18 (26)	18 (26)	25 (27)	26 (28)
SPD	2 (3)	5 (7)	16 (17)	17 (18)
Fraktionslose bzw. unbekannt	8 (11)	1	–	–
Insgesamt	70	70	92	92

QUELLE: Schlemmer, *Rolle* (1953), S. VIII.
N.B.: Nicht aufgeführt sind in dieser Tabelle die 23 Abgeordneten, die bis zur Reform von 1906 nicht durch öffentliche Wahl bestimmt, sondern in die Kammer entsandt wurden.

1895 sank die Deutsche Partei, seinerzeit als eine propreußische Koalition aus Liberalen und gemäßigten Konservativen geboren, auf einen Stimmenanteil von 14% ab (s. Tabelle 15.5), wobei sie sowohl nach links als auch nach rechts Wähler verlor. Bei der gleichen Wahl gab die Zentrumspartei, die sich in Württemberg erst ein Jahr vorher organisiert hatte, mit dem Gewinn von 20 Landtagssitzen ein aufsehenerregendes Debüt. Und die Volkspartei, deren Kern diejenigen Kräfte bildeten, die sich einst gegen die Eingliederung in das Bismarcksche Deutsche Reich gewehrt hatten, bekam nun zunehmend Zulauf von linksorientierten Liberalen aus dem ganzen Land. Die Vormachtstellung der Volkspartei währte bis zur Jahrhundertwende, als ihr die Rolle der führenden Linkspartei von der erstarkenden Sozialdemokratie streitig gemacht wurde. Sowohl die Sozialisten als auch die Rechten profitierten von einer 1906 in Kraft gesetzten Verfassungsreform, durch welche die Zahl der direkt vom Volk gewählten Abgeordneten erhöht wurde. Nach der letzten Wahl vor Kriegsausbruch fand sich die Volkspartei daher eingeklemmt zwischen der noch weiter erstarkten Arbeiterbewegung und einer Rechtskoalition aus Katholiken und Konservativen.[12]

In Hessen waren es zu Beginn der Wilhelminischen Ära die Nationalliberalen, die den Landtag fest im Griff hatten. Das Fehlen einer selbständigen konservativen Partei, die verhältnismäßig geringe Zahl von Katholiken, ein nicht-demokratisches Wahlrecht und eine verbreitete politische Apathie der Bevölkerung, alle diese Faktoren wirkten sich zugunsten der Liberalen aus. Nichtsdestoweniger zeigten sich auch die hessischen Liberalen, wie ihre Gesinnungsfreunde in den anderen Mittelstaaten, unfähig, sich in einem von zunehmenden wirtschaftlichen, sozialen und politischen Konflikten geprägten Umfeld zu behaupten. Ihre gefährlichste Widersacherin war die radikale Rechte, die stark genug war, um Hessen zur Hochburg des Antisemitismus in der Vorkriegsepoche zu machen. Unter den Parteigängern der Rechten waren viele, die ehemals nationalliberal gewählt hatten. Im Zusammenwirken mit geringen Zugewinnen der Linksliberalen, des Zentrums und der Sozialdemokraten führte das Erstarken der äußersten Rechten dazu, daß die Nationalliberalen ihre Mehrheit einbüßten (s. Tabelle 15.6).[13]

Tabelle 15.6
Die politische Zusammensetzung der Hessischen Abgeordnetenkammer 1878–1914

	1878–81 Sitze (%)	1884–87 Sitze (%)	1890–93 Sitze (%)	1893–96 Sitze (%)	1900–02 Sitze (%)	1905–08 Sitze (%)	1911–14 Sitze (%)
Nationalliberale	40 (80)	37 (74)	37 (74)	32 (64)	22 (44)	18 (36)	17 (29)
Linke Liberale	1	4 (8)	5 (10)	5 (10)	2 (4)	3 (6)	8 (14)
Konservative	1	1	1	–	–	–	–
Rechtsradikale	–	–	–	4 (8)	–	–	–
Bauernbund	–	–	–	–	–	13 (26)	15 (26)
Zentrum	8 (16)	6 (12)	4 (8)	5 (10)	7 (14)	7 (14)	9 (15)
SPD	–	2 (4)	3 (6)	4 (8)	6 (12)	7 (14)	8 (14)
Fraktionslose	–	–	–	–	13 (26)	2 (4)	1
Insgesamt	50	50	50	50	50	50	58

QUELLE: Kalkoff, *Parlamentarier* (1917), S. 405. (Die höhere Gesamtzahl der Mandate in der letzten Wahlperiode rührt vermutlich von der Tatsache her, daß Kalkoff die bei außerordentlichen Nachwahlen gewählten Abgeordneten mitzählt.)

Noch ausgeprägter erscheinen die fortdauernden Inkongruenzen zwischen den politischen Verhältnissen auf Reichs- und denen auf Landesebene, wenn man sich die Zusammensetzung der kommunalen Vertretungskörperschaften ansieht. In Hamburg, das eine der bedeutendsten Großstädte des Reichs und zugleich eines seiner 26 Länder war, blieb die Kommunalverwaltung und damit die lokale politische Macht in den Händen einer Patrizier-Elite, die ihre Stellung dank eines höchst undemokratischen Wahlrechts für beide Kammern des Stadtparlaments behaupten konnte. Obgleich die drei Hamburger Reichstagswahlkreise seit den 80er Jahren von den Sozialdemokraten gehalten wurden, dauerte es bis zum Jahr 1901, ehe erstmals ein Sozialdemokrat in die zweite Kammer des Kommunalparlaments, die Bürgerschaft, gewählt wurde. Als drei Jahre später bereits zwölf Genossen in die Bürgerschaft einzogen, beschlossen die Stadtväter, etwas gegen diese Entwicklung zu unternehmen. 1906 änderten sie den Wahlmodus, um den Einfluß der Sozialdemokraten zurückzudrängen. Aufgrund dieses Manövers blieb es den Sozialdemokraten verwehrt, die stärkste Kraft in der Bürgerschaft zu werden (1913 verfügte sie nur über 20 der 160 Sitze). Allerdings vertieften die Auseinandersetzungen über die Wahlrechtsfrage die ideologischen Klüfte zwischen den Fraktionen der Bürgerschaft, da im Verlauf der Debatte die jeweiligen politisch-programmatischen Standorte deutlicher hervortraten; die Folge war, daß der Einfluß nationaler politischer Frontstellungen sich stärker geltend machte. Gleichwohl konnte von einer Deckungsgleichheit der Parteienkonstellation oder der praktisch-politischen Gepflogenheiten auf kommunaler Bühne einerseits und auf der Ebene des Reichstags andererseits nicht die Rede sein, wenn sich auch die Hamburger Bürgerschaft von 1914 in vielen Dingen sehr von der informellen und elitären Patrizier-Versammlung unterschied, die sie einst gewesen war.[14]

Auch in vielen anderen deutschen Städten bedienten sich eingesessene Eliten – von denen die meisten mit einer Spielart des Liberalismus identifiziert wurden – undemokratischer Wahlmodi, um ihre Machtposition gegen den Ansturm politischer Massenbewegungen zu behaupten. Mancherorts, so beispielsweise in den beiden Hansestädten Bremen und Lübeck, ferner in einigen Städten Sachsens und anderer kleinerer Länder, bewerkstelligten sie dies durch Änderungen der Wahlgesetze mit dem Ziel, den Vormarsch der Sozialdemokratie zu stoppen. In den meisten preußischen Gemeinden (ausgenommen Frankfurt, Hannover und die schleswig-holsteinischen Städte) blieb ein Dreiklassenwahlrecht in der einen oder anderen Form in Kraft. Anderswo war die Wählbarkeit in ein kommunales Amt an irgendwelche Vermögensvoraussetzungen gebunden. Selbst dort, wo das Wahlrecht nach demokratischen Gesichtspunkten reformiert worden war, versuchten die alteingesessenen Eliten ihre Vormachtstellung zu behaupten und mit Hilfe propagandistischer, wirtschaftlicher und anderer Einflußmöglichkeiten den Impetus der Demokratisierung abzubremsen.[15]

Ein undemokratisches Wahlrecht trug, oft im Verein mit einer weitgehenden politischen Apathie der Bevölkerung, dazu bei, daß die politische Macht auf der kommunalen politischen Bühne ganz anders verteilt war als auf Reichsebene. So dominierte beispielsweise die Zentrumspartei in Trier von Mitte der 70er Jahre an bei allen Reichstagswahlen, doch erst 1911 konnte sie auch in den Stadtverordnetenversammlungen eine Mehrheit erringen.[16] Noch ungünstiger waren die Voraussetzungen für die Sozialdemokraten: 1912, als sie bereits die Mehrzahl aller städtisch geprägten Reichstagswahlkreise für sich entscheiden konnten, waren sie in den meisten Stadt- und Gemeindeparlamenten noch immer eine kleine Minderheit, und nur in den Gemeindeparlamenten einiger weniger, verhältnismäßig unbedeutender Städte stellten sie die Mehrheit der Mitglieder.[17]

Die Stadt- und Gemeindeparlamente waren, wie aus den Daten der Tabelle 15.7 hervorgeht, so etwas wie die letzten Bastionen des Liberalismus im Deutschen Reich, doch selbst hier wurden die Liberalen hart bedrängt, im Rheinland und in Süddeutschland von den Katholiken, in fast allen Großstädten von den Sozialisten und in Sachsen, Hessen und einigen ostdeutschen Städten wie Breslau von rechtsradikalen Splittergruppen. Diese Parteien eroberten nicht nur eine stetig steigende Zahl von Gemeinderatssitzen, sondern führten in der Kommunalpolitik auch Gepflogenheiten ein, die den heiliggehaltenen Vorstellungen der Liberalen darüber, wie die politische Arbeit und Willensbildung auf lokaler Ebene vor sich gehen sollte, ins Gesicht schlugen. Dennoch waren die Stadt- und Gemeindeparlamente die einzigen Vertretungskörperschaften, in denen Spuren der „liberalen Ära" erhalten blieben, und nicht nur als Erinnerung an eine verlorene Welt.[18]

Zwischen der Entwicklung und Veränderung der Kräfteverhältnisse der Partei-

Tabelle 15.7
Die politische Zusammensetzung von fünfzehn ausgewählten Stadtparlamenten, 1910–14

Stadt (Wahljahr)	Liberale	Sozialdemokraten	Zentrum	Konservative/ Rechtsparteien	unbekannt	Quelle
Augsburg (1911)	35	3	8	–	2	KPB, 2:359
Barmen (1911)	18	–	2	10	1	KPB, 2:357
Berlin (1914)	98	44	–	–	–	Graßmann, S. 10*
Bochum (1911)	38	–	10	–	–	KPB, 2:363
Breslau (1910)	57	12	–	33	–	KPB, 1:376
Köln (1911)	19	–	32	–	–	KPB, 2:355
Düsseldorf (1911)	37	–	20	–	–	KPB, 2:357
Frankfurt (1912)	44	23	1	3	–	KPB, 4:18
Karlsruhe (1911)	48	30	16	2	–	KP, 11:899
Königsberg (1913)	ca. 83	19	–	–	–	KP, 13:1 643
Mannheim (1911)	42	40	12	2	–	KP, 11:1 510
München (1911)	30	14	14	2	–	KPB, 2:277
Nürnberg (1911)	42	10	–	7	1	KPB, 2:278
Stuttgart (1913)	16	14	2	3	–	Kohlhass, S. 39**
Würzburg (1911)	15	2	15	9	–	KPB, 2:279

* S. Graßmann, *Hugo Preuss und die deutsche Selbstverwaltung* (Lübeck und Hamburg 1965).
** W. Kohlhass, *Chronik der Stadt Stuttgart, 1913–1918* (Stuttgart 1967).

en untereinander und dem Bedeutungs-, Stil- und Strukturwandel, den diese Körperschaften durchmachten, bestand ein enger Zusammenhang. Sowohl die Parteien als auch die wirtschaftlichen Interessengruppen im engeren Sinn erweiterten im Verlauf des späten 19. und frühen 20. Jahrhunderts ihren organisatorischen Apparat und die Reichweite ihrer Aktivitäten; der Gesamtumfang dessen, was an politischen Publikationen (Büchern, Zeitungen und Zeitschriften, Pamphleten und Flugblättern) produziert wurde, stieg sprunghaft an; die Wahlkämpfe wurden teurer, stärker durchorganisiert und häufig auch erbitterter geführt. Natürlich vollzogen sich diese Entwicklungen nicht überall im Reich auf die gleiche Weise und im gleichen Tempo; auch 1914 gab es noch einige, wenn auch wenige Regionen, in denen der Grad der demokratischen Mitwirkung am politischen Leben noch sehr gering war. Im großen und ganzen jedoch waren demokratische Mechanismen dieser oder jener Art für die meisten Deutschen zu einem Teil ihres Lebens geworden: Organisierte politische Gruppen verhießen ihnen neue Identifikationsmuster, neue Möglichkeiten, ihre besonderen Interessen zu wahren, und nicht zuletzt Hilfe und Unterstützung im Umgang mit dem sich ausweitenden bürokratischen Staatsapparat.[19]

Seine beispielhafteste Verkörperung fand dieser Prozeß in der Sozialdemokratie, die bald nach dem Auslaufen des Sozialistengesetzes im Jahr 1890 zur dynamischsten Kraft auf der politischen Bühne Deutschlands avancierte. Die

Grundlage für die außerordentliche Expansion der sozialistischen Bewegung bildete ein ebenso weitgespanntes wie enggeknüpftes Netz von Organisationen und Institutionen: Gewerkschaften, die die wirtschaftlichen Interessen der Arbeiter vertraten, politische Vereine, in denen sie, insbesondere im Hinblick auf Wahlen, Informationen und Entscheidungshilfen erhielten, Zeitungen, Büchereien und Bildungsvereine, die ihnen zeitgeschichtliche, wissenschaftliche und kulturelle Kenntnisse vermittelten, sowie Gesang-, Sport- und andere Vereine, in deren Rahmen sie ihre Freizeit ihren Bedürfnissen gemäß gestalten konnten.

Bis zu einem gewissen Grad waren ähnliche Entwicklungstrends in allen Parteien wirksam: „Organisation!" (schrieb ein Politiker 1911) „Das ist der Ruf, den man heute auf allen Gebieten des öffentlichen Lebens hört... Überall die Erkenntnis, daß nur fester, wohlgeordneter Zusammenschluß Einfluß und Erfolg verheißt."[20] Bei den nichtsozialistischen Parteien traten neue Formen des organisierten politischen Handelns gewöhnlich neben die traditionellen Loyalitäten, Umgangsformen und hierarchischen Ordnungen, ohne diese zu verdrängen. So verloren beispielsweise in der Zentrumspartei die Pfarrgemeinde und ihre Organisationen, die Religiosität und der politische Führungsanspruch der Geistlichkeit zwar an Einfluß, büßten ihre Bedeutung jedoch nicht gänzlich ein, und auch in der Konservativen Partei behielten die adligen Großgrundbesitzer weiterhin Macht und Einfluß. Doch auf der ganzen Breite des Parteienspektrums bemühte man sich, die institutionellen und organisatorischen Voraussetzungen für die Mobilisierung und Lenkung einer Massengefolgschaft zu schaffen. Die Zentrumspartei gründete und förderte Gewerkschaften und landwirtschaftliche Genossenschaften; die Konservativen unterstützten den Aufbau des Bundes der Landwirte und versuchten sich so unter den neuen politischen Spielregeln zu behaupten. In allen Parteien führte das Nebeneinander und Miteinander alter und neuer Führungsgenerationen und Institutionen zu Reibungen. Doch nirgendwo wurden die Herausforderungen der neuen politischen Ära so schmerzlich und mit soviel Verbitterung empfunden wie bei den Liberalen.

Die Erkenntnis, daß die Organisation in der Politik einen immer größeren Stellenwert bekam, begann in den Jahren nach 1890 in einer ganzen Reihe liberaler Köpfe zu dämmern und ließ einige eindrucksvolle Analysen über die Masse als politisches Objekt und Subjekt entstehen; die Verfasser dieser Analysen drängten ihre Gesinnungsfreunde, sich den Forderungen des neuen Zeitalters zu stellen. Wieder und wieder tauchte diese Forderung beispielsweise in den Schriften Friedrich Naumanns auf, der den Liberalen empfahl, ihre Vorliebe für informelle, individualistische Formen des politischen Handelns rasch über Bord zu werfen:

Die alte liberale Parole vom Einzelmenschen verhält sich zum heutigen Wirtschaftsleben ungefähr so wie die alten Hamburger Lagerschuppen zu den heutigen Riesenspeichern der Amerikalinie am Kaiser-Wilhelm-Quai. Was ist heute der Einzelne mit seinem Kahn auf dem Meere? Die Gemeinschaft, der Zusammenschluß ist alles.[21]

Auch viele andere begriffen, wenn sie diese Ideen auch nicht mit der leidenschaftlichen Eloquenz eines Naumann verfochten, daß die Liberalen die Massen für sich gewinnen mußten, wenn ihre Bewegung politisch überleben sollte. In diesem Sinne begannen liberale Parteileute in der Hauptstadt und auch anderswo damit, ihre Institutionen den veränderten Dimensionen und Inhalten des politischen Lebens anzupassen.

Zwischen 1890 und 1914 erhöhte sich die Zahl der direkt der Nationalliberalen Partei angeschlossenen oder ihr nahestehenden lokalen Organisationen von zirka 300 auf 2 207. Koordiniert wurde die Tätigkeit dieser Organisationen von den Bezirks- und Landesverbänden der Partei. In dem Maß, wie sich das Gebot, die politische Linie der Partei von den Mitgliedern diskutieren und billigen zu lassen, als ungeschriebenes Gesetz durchsetzte, sah die Parteiführung sich genötigt, Parteitage einzuberufen, für deren Durchführung sodann bestimmte Verfahrensregeln formuliert und statutenmäßig fixiert wurden und deren Teilnehmer nach einem festgelegten System die verschiedenen regionalen und wirtschaftlich-sozialen Gruppen in der Partei repräsentierten. Zwischen 1890 und 1914 fanden zwölf solcher Parteitage mit einer ständig wachsenden Zahl von Delegierten statt. Zugleich vergrößerte sich der Umfang der Parteipresse, und die Mitgliederwerbung wurde ebenso verstärkt wie das Bemühen um Kontakt und Kommunikation mit möglichst vielen Wählern. Die Erfüllung aller dieser Aufgaben war nicht möglich ohne einen Stab hauptberuflicher Mitarbeiter. 1902 bestand das Personal der Parteizentrale in Berlin aus einem Generalsekretär und drei Bürokräften. Fünf Jahre später war die Zahl der Angestellten bereits auf siebzehn geklettert. Dieser Parteiapparat nahm sich, verglichen mit dem, den die Sozialdemokraten unterhielten, noch eher bescheiden aus, aber im Vergleich mit der von den Liberalen noch wenige Jahre zuvor praktizierten Art der politischen Arbeit stellte er einen bedeutsamen Schritt nach vorne dar.[22]

Wie wir gehört haben, gab es in den Reihen der liberalen Linken bereits seit den späten 70er Jahren Männer – allen voran Eugen Richter –, die für eine straffe innerparteiliche Organisation eintraten. Nachdem sich die Anhänger Richters und die ehemaligen Sezessionisten 1893 wieder getrennt hatten, bewahrten sich erstere weiterhin die Kontrolle über die Basis-Gliederungen und benutzten sie als Verbindungsknoten zu ihrer preußisch-mittelständischen Wählerschaft.[23] Nach der Jahrhundertwende verstärkten die linken Liberalen, namentlich im Süden und Westen Deutschlands, ihre organisatorischen Aktivitäten. Als es 1910 wieder zur Gründung einer vereinigten linksliberalen Partei kam, wurden diese Aktivitäten nochmals intensiviert und auf nahezu das gesamte Reichsgebiet ausgedehnt: Die Fortschrittliche Volkspartei, wie die neue Gruppierung sich nannte, konnte allein im Jahr 1912 die Zahl ihrer Ortsvereine von 1452 auf 1680 vermehren und war danach in 129 Reichstagswahlkreisen mit örtlichen Gliederungen vertreten. Wie bei den Nationalliberalen, so ging auch hier die Ausweitung des organisatorischen Apparates mit einer Vergrößerung des besoldeten Funktionärsstabes und mit der Institutionalisierung regelmäßiger Parteitage einher, auf denen die Parteiführung sich einen Überblick über das Meinungsbild an der Basis verschaffte und andererseits die innerparteiliche Meinungsbildung in ihrem Sinn zu beeinflussen suchte.[24]

Indes war den Verfechtern organisatorischer Reformen in beiden Flügeln der Bewegung trotz einiger wichtiger Neuerungen, die sie durchzusetzen vermochten, im ganzen nur ein begrenzter Erfolg beschieden. So mußten beispielsweise die Parteigliederungen der Nationalliberalen noch 1902 ermahnt werden, ihre Kandidaten für die anstehende Reichstagswahl nicht erst einen Monat vor dem Wahltag zu nominieren.[25] Und fünf Jahre später sah sich ein rheinischer liberaler Funktionär zu der Bemerkung veranlaßt, die Nationalliberale Partei unterhalte in ihrem Bezirk zwar formell ein Wahlkomitee in Neuwied und ein Netz von Vertrauensleuten in den größeren Städten der Umgebung, diese Organisationsstruktur existiere zum größten Teil jedoch nur auf dem Papier.[26] Sogar noch 1912 gehörten erst 11,4% derjenigen, die bei der Reichstagswahl nationalliberal wählten, einer der mit der Partei verbundenen Organisationen an. Dazu kam, daß eine ganze Reihe dieser Institutionen noch vom traditionellen elitären Führungsstil der liberalen Bewegung geprägt war. In vielen Gegenden waren es nach wie vor die alten Honoratioren, die auf der lokalpolitischen Bühne den Ton angaben, und die Richtlinien der Politik auf nationaler Ebene bestimmten die Parlamentsfraktionen und nicht die Berufsfunktionäre oder die Parteitagsdelegierten.[27]

Bei den Linksliberalen, die ideologisch einem demokratischen Verständnis politischen Handels näherstanden als die meisten Nationalliberalen, verlief der Aufbau innerparteilicher Organisationsstrukturen ebenfalls ungleichmäßig und blieb lückenhaft. Was das Verhältnis von aktiven Parteimitgliedern zu Wählern anging, so war es bei den Linksliberalen sogar noch ungünstiger als bei den Nationalliberalen: Nur 8% derjenigen, die bei der Reichstagswahl von 1912 die Fortschrittliche Volkspartei wählten, gehörten zugleich einer ihrer Organisationen an.[28] Die Mehrheit der Parteimitglieder rekrutierte sich aus jenen Sektoren der Mittelschichten, die immer schon die gesellschaftlichen Träger des Linksliberalismus gewesen waren – eine charakteristische soziale Schmalspurigkeit, aus der die Partei nicht einmal in jenen Gebieten auszubrechen vermochte, in denen sie in den Jahren unmittelbar vor 1914 eine besonders emsige Aktivität entfaltete. Ähnliches galt für die süddeutsche Volkspartei. Trotz mancher Versuche, die Partei institutionell auf eine Massenbasis zu stellen, zeigten sich bei ihr dieselben Unzulänglichkeiten wie bei den anderen liberalen Fraktionen: Auch ihre Parteiorganisationen erfaßten nur ein schmales gesellschaftliches Spektrum, und auch ihre Wählerschaft war wankelmütig und unbeständig.[29]

Die relative organisatorische Unterentwickeltheit der liberalen Institutionen spielte eine wichtige Rolle bei dem allmählichen Niedergang der Bewegung nach 1890. Daß es keiner der liberalen Fraktionen gelang, einen nennenswerten Teil der neuen Wählermassen an sich zu ziehen, die nach 1890 in das politische Kraftfeld strömten, lag teilweise daran, daß die liberalen Organisationen es versäumten, diesen Personengruppen zufriedenstellende Informationsquellen zur Verfügung zu stellen, ihnen ein Gefühl der Gemeinsamkeit zu vermitteln und sich bei ihnen Autorität zu verschaffen. Gewiß hatte die Tatsache, daß das Gefühl der Verbundenheit mit der Partei selbst bei den liberalen Stammwählern nur schwach ausgeprägt war, etwas mit der fehlenden Tiefe und Festigkeit des institutionellen

Wurzelwerks der Partei zu tun. Aber wenn man sagt, daß der Liberalismus wegen seiner institutionellen Unzulänglichkeiten auf den absteigenden Ast geriet, provoziert man damit nur eine andere, grundlegendere Frage: Weshalb gelang es den Liberalen nur in so geringem Maße, Organisationen aufzubauen, die es ihnen vielleicht gestattet hätten, ihren Parteien eine breitere und zuverlässigere Gefolgschaft zuzuführen? Eine Teilantwort auf diese Frage ergibt sich, wenn wir uns vor Augen führen, welche Einstellungen zur Parteipolitik im allgemeinen und welche Formen gemeinsamen, koordinierten Handelns bei jenen Gruppen vorherrschten, bei denen die deutschen Liberalen traditionell ihren gesellschaftlichen Rückhalt gesucht und gefunden hatten.

Eine gewisse Abneigung gegen organisierte Parteipolitik und gegen das Führen von Wahlkämpfen hatte es, wie wir bereits gesehen haben, in den Reihen des deutschen Liberalismus seit jeher gegeben, selbst zu der Zeit, als die Bewegung in ihrer höchsten Blüte stand. Als sich von 1890 an der Stil und die Inhalte des politischen Lebens unter dem Einfluß einer zunehmend wahlfreudigeren Bevölkerung und sich verschärfender politischer Konflikte zu verändern begannen, verfestigte sich diese Abneigung in vielen Fällen zu einem handfesten Widerwillen. Diejenigen, die sich innerhalb der Bewegung für organisatorische Reformen stark machten, wurden von den Repräsentanten des traditionellen Bildungsbürgertums oftmals geringschätzig als unangenehme junge Ehrgeizlinge abgestempelt, als „Berufspolitiker", die nicht über die Selbständigkeit, das Format und die Vornehmheit verfügten, die traditionell als Attribute einer politischen Führerpersönlichkeit galten.[30] Die Notwendigkeit, zu einer großen Menschenmenge sprechen oder sich an dem profanen Geschäft der organisatorischen Kleinarbeit an der Parteibasis beteiligen zu müssen, ließ die ganze Parteipolitik in den Augen vieler Liberaler zu einem Unternehmen werden, an dem sich ein ehrbarer Bürger, so er etwas auf sich hielt, am besten nicht die Finger schmutzig machte.[31]

Viele Angehörige jener gesellschaftlichen Gruppen und Institutionen, die sich bislang der liberalen Sache verschrieben hatten, zogen sich nunmehr aus der aktiven politischen Tätigkeit zurück. Am deutlichsten trat diese Tendenz in der Professorenschaft zutage. Noch in den mittleren Jahrzehnten des Jahrhunderts hatten liberal gesonnene Gelehrte die Notwendigkeit beschworen, wissenschaftliche Arbeit und politisches Engagement zu verbinden; inzwischen jedoch waren die meisten von ihnen zu der Überzeugung gelangt, derjenige, der sich in seiner Arbeit der „Suche nach der Wahrheit" widme, könne nicht gleichzeitig „Parteimann" sein.[32] Wenn ein Professor sich zu öffentlich interessierenden Fragen äußere, solle er dies als objektiver, neutraler Beobachter tun, als Kritiker und Gegenpol der „vulgären Meinungen des Tages" und der „einseitigen Klasseninteressen".[33] Dieser Auffassung zufolge bestand die Aufgabe des Gelehrten nicht darin, die öffentliche Meinung zu gestalten oder zu lenken, sondern eher darin, ihren verderblichen Auswüchsen das Gegengift der Rationalität entgegenzusetzen.

Diese Entpolitisierung der Wissenschaftler blieb natürlich nicht ohne Einfluß auf Methoden und Inhalte einer Reihe wissenschaftlicher Disziplinen. So zog beispielsweise in die Jurisprudenz ein positivistisches Rechtsverständnis ein, in dessen Zeichen die politische Dimension des Rechts heruntergespielt, der Begriff des Rechtsstaates seiner kritischen Impulse entledigt und die Rechtsphilosophie zu einer unkritischen Apologie des Status quo verdünnt wurde.[34] In der Volkswirtschaftslehre war eine auffällige Abwendung von den aktuellen Problemen der Industriegesellschaft zu beobachten, und unter den Ökonomen verbreitete sich zunehmend die Neigung, ihr Fach als eine Hilfswissenschaft für Regierung und Verwaltung zu verstehen.[35] Und was die Zeitgeschichtler betraf, so schenkten sie Themen wie der Entwicklung der Parteipolitik und der demokratischen Mitwirkung wenig Beachtung und studierten statt dessen die diplomatische oder die Geistesgeschichte – unter besonderer Berücksichtigung des triumphalen Aufstiegs des Bismarck-Reichs.[36]

Das studentische Leben war an vielen Universitäten von den Burschenschaften geprägt, die einen unkritischen Patriotismus, überkommene feudale Rituale wie Mensur und Duell sowie ein pragmatisches Karrieredenken pflegten und förderten. Auch die Studenten, die keiner Verbindung angehörten, zeigten wenig Interesse an Parteipolitik und Wahlen. Wie eine vergleichende Analyse studentischer Zeitschriften aus dem Jahr 1904 zeigte, wurden politische Themen überhaupt nur in 15 von 40 der untersuchten Publikationen behandelt, allerdings auch dort nur beiläufig.[37] Ein Franzose, der 1907 Deutschland besuchte und deutsche Studenten in eine politische Diskussion zu verwickeln versuchte, fand „ihre Unwissenheit rührend und ihre Gleichgültigkeit deprimierend".[38]

Es scheint, daß viele akademisch gebildete Deutsche auch nach Absolvieren der Universität in Unwissenheit und Gleichgültigkeit verharrten. So wie die Professoren die Trennung von Wissenschaft und Politik proklamierten, suchten die offiziellen Ideologen des Staates „Verwaltung" und „Politik" säuberlich voneinander zu trennen.[39] Zwar trug hierzu der von der Regierung ausgeübte Konformitätsdruck ein beträchtliches bei, aber andererseits lassen sich ähnliche Einstellungen auch in den Äußerungen kommunaler Amtsträger wiederfinden, die diesem Druck nicht so sehr ausgesetzt waren. Das Zeitalter der politisch engagierten Bürgermeister wie Forckenbeck und Becker ging in den 90er Jahren zu Ende, und anstelle dieser Männer finden wir danach Großstadtbürgermeister wie Franz Adickes in Frankfurt, dessen politische Sympathien zwar ungefähr in Richtung Liberalismus gingen, der jedoch eine aktive Mitwirkung an Parteiangelegenheiten als unvereinbar mit seinen Pflichten und seinem Selbstverständnis als „Beamter" betrachtete.[40] Die Tatsache, daß viele dieser Bürgermeister in den 20er Jahren des 20. Jahrhunderts eine gewisse nationale politische Bedeutung erlangten, läßt sich als ein Indiz dafür interpretieren, wieviel den Deutschen auch zu dieser Zeit noch daran lag, „neutrale" und „objektive" Führerpersönlichkeiten zu finden, „Politiker ohne Partei", wie Hans Luther sie stolz charakterisierte.[41]

Die negative Einstellung zur Parteipolitik, die im deutschen Bildungsbürgertum vorwaltete, zeitigte Einflüsse auf die Lebenswirklichkeit der Deutschen, die weit über die kleine gesellschaftliche Schicht der akademisch Gebildeten hinauswirkten. So sickerte diese Haltung beispielsweise in die an deutschen Gymnasien verwendeten Lehrbücher durch, und deutsche Schüler erfuhren dann etwa, daß gegen Ende der 70er Jahre „die national gesinnten Reichstage... anderen Platz gemacht [hatten], in denen das Fraktionswesen und die Lust am Verneinen jedem Antrage der Reichsregierung entgegentrat".[42] Ähnliche Auffassungen finden sich in vielen der Zeitschriften wieder, die sich an ein mittelständisches Publikum wandten. Wenn in diesen Publikationen von Parteien und Parlamenten überhaupt die Rede war, was selten genug vorkam, dann zuallermeist nur in Form von Klagen über den verderblichen Einfluß, der von ihnen ausgehe.[43] Zum Standardrepertoire des Personenkults um Bismarck – dessen Großtaten unter den Lieblingsthemen der besagten Zeitschriften mit obenan standen – gehörte es, den schädlichen Einfluß der Parteien hervorzuheben, gegen die der „Eiserne Kanzler" hatte kämpfen müssen.[44]

Auch diejenigen, die sich weiterhin aktiv am Parteileben beteiligten, versuchten oft, diese Aktivitäten als etwas nicht eigentlich „Politisches" darzustellen. So erinnerte sich etwa Arnold Brecht daran, daß sein Vater, seines Zeichens Reichsbahnbeamter in Lübeck, zwar politisch für die Liberalen Partei nahm, seine Anschauungen aber schlicht und einfach als „sachlich, vernünftig, unpolitisch" betrachtete. „Alles, was weiter rechts oder links stand, das waren die Politiker."[45] Es gab natürlich viele, die sich in die Parteipolitik stürzten und sich mit großem Engagement um die Ausgestaltung der konstitutionellen Mitwirkungsmöglichkeiten bemühten. Doch deuten die vorliegenden Anhaltspunkte darauf hin, daß ein ganz beträchtlicher Teil der Gefolgschaft der liberalen Parteien seine politische Aktivität im wesentlichen darauf beschränkte, bei Wahlen für einen liberalen Kandidaten zu stimmen. „Meine politischen Anschauungen", schrieb Theodor Fontane, „– allerdings zu allen Zeiten etwas wackliger Natur – haben sich meist mit dem Nationalliberalismus gedeckt, trotzdem ich zu demselben niemals in rechte Beziehungen getreten bin. Also eigentlich nationalliberal."[46]

Hand in Hand mit der Abneigung gegen organisatorische Parteiarbeit ging häufig eine Neigung, die programmatischen Aussagen so weit zu verdünnen, daß nur noch ein Bündel nichtssagender Parolen übrigblieb – oder, noch typischer, den Liberalismus einfach als die abstrakte Negation des Katholizismus, der Sozialdemokratie oder dieser oder jener nationalen Minderheit zu definieren. „Liberal", so verkündete ein Trierer Wahlausschuß in einer seiner Verlautbarungen, „ist bekanntlich in unserer Gegend die Bezeichnung für alles, was nicht klerikal ist."[47] Mit Hilfe einer ähnlichen negativen Abgrenzung – gegen „die katholisierenden Tendenzen des konservativen Kirchentums und die antinationalen Tendenzen des Sozialismus" – definierte auch der junge Otto Baumgarten seine politische Position.[48] Wenn Liberale einmal darlegen sollten, wofür, und nicht nur wogegen sie waren, zogen sie sich häufig auf allgemeine oder vieldeutige Schlagworte wie „Nation", „Toleranz" und „Freiheit" zurück. Als Beispiel sollen hier die Anschauungen Otto Heinemanns dienen, eines höheren Angestellten des Krupp-Konzerns, dessen Autobiographie im Druck erschien, nachdem sein Sohn zum Bundespräsidenten gewählt worden war. Heinemann senior wählte die Fortschrittspartei, weil er Wilhelm II. nicht mochte, aber seinem politischen

„Glaubensbekenntnis" ermangelt es sowohl an weltanschaulichem Tiefgang als auch an konkreten politischen Zielvorstellungen: „Deutsch sein und national sein, mein Vaterland über alles, sozial fühlen, denken und handeln, gleiche Rechte und Pflichten für alle."[49]

Der Mangel an Intensität und Verbindlichkeit im Verhältnis zwischen den liberalen Parteien und ihrer Gefolgschaft war demnach die Folge einer auf beiden Seiten weit verbreiteten Unschlüssigkeit über Sinn und Bedeutung parteipolitischer Arbeit. Indes hinderte ihr gestörtes Verhältnis zur „Politik" die Angehörigen des bürgerlichen Mittelstandes keineswegs daran, am öffentlichen Leben teilzunehmen. Der sogenannte „unpolitische Deutsche" zog sich nicht in seine Privatsphäre zurück. Er war alles andere als ein isoliertes Individuum inmitten einer atomisierten „Massengesellschaft".[50] Wenn der durchschnittliche deutsche Bürger auch mit Geringschätzung auf Parteien und Wahlen herabblicken mochte, so betätigte er sich doch andererseits mit außerordentlichem Eifer im Rahmen eines vielfältigen und weitverzweigten Vereinswesens und suchte dort nicht nur wirtschaftliche Vorteile, sondern auch soziale Identität zu finden und politischen Einfluß auszuüben. Als ein Beispiel hierfür möge der Verein für Sozialpolitik dienen, eine ausdrücklich der Propagierung und Durchsetzung bestimmter politischer Ziele verschriebene, hauptsächlich von deutschen Professoren getragene Organisation, die an keine Partei oder Parteirichtung gebunden sein wollte und so dem Gebot der „Neutralität der Wissenschaft" Genüge zu tun glaubte. Der Verein setzte sich darüber hinaus dadurch vom Bereich der demokratischen Konkurrenz und des Parteienzwists ab, daß er seine Ziele in erster Linie mit erzieherischen, „bewußtseinsbildenden" Mitteln zu erreichen suchte und daß er, wo immer er in Erscheinung trat, eine festliche Atmosphäre verbreitete.[51] In den 90er Jahren hofften Teile der fortschrittlich gesinnten Professorenschaft, im Nationalsozialen Verein Friedrich Naumanns ein angemessenes politisches Forum zu finden. Aber als Naumann wenige Jahre später einer Partei beitrat, in den Reichstag gewählt und – wie einer seiner ehemaligen Verehrer es formulierte – „ein Parlamentär wie jeder andere" wurde, wandten sich viele von ihnen wieder von ihm ab.[52]

Auch in verschiedenen patriotischen Vereinigungen und in einer ganzen Anzahl unterschiedlichster Organisationen, denen allen gemeinsam war, daß sie nach Mitteln und Wegen zu einer Erneuerung der deutschen Gesellschaft suchten, sich aber von den Niederungen der Parteipolitik fernhalten wollten, betätigten sich Professoren und andere Angehörige der Bildungselite. Die Gesellschaft zu verändern, war auch das erklärte Ziel der Jugendbewegung, der von der Jahrhundertwende an viele junge Leute aus dem mittleren und oberen Bürgertum zuströmten.[53] Es gab nicht wenige Unternehmer, die hofften, daß Interessengruppen die Funktion der Parteien übernehmen, ja, daß ständische Körperschaften die Parlamente ersetzen und an deren Stelle „unpolitische" Interessenvertretung betreiben würden, so daß sie selbst von der Notwendigkeit eines parteipolitischen Engagements befreit wären.[54] Selbst die Juden, die in den liberalen Parteien traditionell die bestmöglichen Garanten ihrer bürgerlichen Gleichberechtigung gesehen hatten, begannen nach neuen Wegen der politischen Einflußnahme zu suchen und gründeten zu diesem Zweck Organisationen wie den Centralverein deutscher Staatsbürger Jüdischen Glaubens (1893) und den Verband deutscher Juden (1904).[55]

Ein weiteres Refugium für diejenigen, die von der Parteipolitik auf nationaler Ebene ausgeschlossen waren oder nichts wissen wollten, bot die Kommunalpolitik. Hier konnten die Liberalen noch „unter sich" sein. Sie ließen keine Gelegenheit aus, den Wert der auf diesem Felde zu sammelnden Erfahrungen herauszustreichen und sie den in ihren Augen unseligen Tendenzen entgegenzustellen, die in den anderen Bereichen des deutschen politischen Systems am Werk waren. Um den nationalliberalen Abgeordneten und einstigen Bürgermeister von Berlin, Arthur Hobrecht, zu zitieren: „Je mehr in unserer Zeit in der großen Gesellschaft materielle Interessengegensätze alles zerreißen, um so wertvoller ist für uns die Bürgerschaft, die in der gemeinsamen Arbeit in den Selbstverwaltungskörpern liegt."[56] In den meisten deutschen Kommunen gab es zusätzlich zur Stadt- bzw. Gemeindeversammlung noch eine große Zahl anderer öffentlicher und privater Organisationen, in denen die Angehörigen der einheimischen Mittelschichten Kontakte mit ihresgleichen pflegen konnten. In Merseburg zum Beispiel gab es Ende der 70er Jahre des 19. Jahrhunderts weit über 50 Kultur- und Freizeitgestaltungsvereine, im kleineren Naumburg zur Zeit der Jahrhundertwende sogar über hundert.[57] So zahlreich und beliebt waren diese Vereine, daß manche Zeitgenossen sich über die „Vereinsmeierei" lustig zu machen begannen, von der ihre Landsleute besessen waren; wann immer, so witzelten sie, drei oder mehr Deutsche sich an einem Ort versammelten, war damit zu rechnen, daß sie eine Satzung beschließen und sich als Verein eintragen lassen würden.[58]

Die Beziehungen zwischen diesen Organisationen aller Spielart und den liberalen Parteien waren durchweg gespannt und unstabil. Hier und da konnten irgendwelche Interessengruppen, patriotischen Gesellschaften, Stadtparlamentsfraktionen oder Vereine es sich nicht verkneifen, ihr Gewicht in die Waagschale eines Wahlkampfs zu werfen. Mancherorts erfüllten sie sogar eine unersetzliche Funktion im politischen Prozeß, indem sie als öffentliche Foren für die Auswahl von Kandidaten und Repräsentanten sowie als Instrumente zur Mobilisierung der Wählermassen dienten. Gleichwohl bewahrten die meisten von ihnen ihre Unabhängigkeit von den Parteien und nährten die – oft freilich illusionäre – Überzeugung, durch und durch „unpolitisch" zu sein. Im Gegensatz zu den Katholiken, den Sozialdemokraten oder selbst den Konservativen verstanden die Liberalen es in der Regel nicht, solche Vereine an sich zu binden und zu einem integrierten Faktor ihres politischen Wirkens zu machen. Das besonders komplexe Mosaik der Loyalitäten und Zugehörigkeiten, das für das „soziale Milieu" der liberalen Parteigänger typisch war, setzte vielmehr den Möglichkeiten der Partei, ihre heterogene Wählerschaft in eine homogene politische Bewegung einzubinden, enge Grenzen. Die Vielzahl unterschiedlicher Organisationen, denen der durchschnittliche protestantische Bürger angehörte, trug mithin tendenziell zur Verbreitung der Identitätsrisse bei, die sich kreuz und quer durch das Lager des bürgerlichen Mittelstandes zogen, und förderte so jene Zersplitterung der gesellschaftlichen Basis des Liberalismus, welche die politische Handlungsfähigkeit der liberalen Parteien so sehr beeinträchtigte.[59]

16. Die Zerbröckelung der liberalen Mittelschicht

> So wurde die bürgerliche liberale Schicht wörtlich genommen bodenlos... und so blieb ein zwiegespaltenes Etwas auf der Linken: eine proletarische Massenschicht ... und daneben blieb eine gewisse Schicht bürgerlichen Liberalismus, die nun kein Massengefühl mehr in sich hatte, kein eigenes Schwergewicht mehr besaß und so der Zerbröckelung immer mehr anheimfiel.
>
> Friedrich Naumann (1901)[1]

Ungeachtet der tiefgreifenden Veränderungen im öffentlichen demokratischen und parlamentarischen Leben rekrutierte die liberale Bewegung ihre namhaftesten Wortführer auch nach 1890 noch weitgehend aus der besitz- und bildungsbürgerlichen Elite. In der sozialen Zusammensetzung der nationalliberalen Reichstagsfraktion kam diese Kontinuität deutlich zum Ausdruck (s. Tabelle 16.1). Der innerparteiliche Einfluß von Unternehmern und Geschäftsleuten, der bis zur Jahrhundertwende stetig zugenommen hatte, begann danach wieder zurückzugehen. Was die Rolle der Beamtenschaft betraf, so erlangten deren Vertreter zwar

Tabelle 16.1
Die soziale Zusammensetzung der Nationalliberalen Reichstagsfraktion 1890–1912

	1890 Sitze (%)	1893 Sitze (%)	1898 Sitze (%)	1903 Sitze (%)	1907 Sitze (%)	1912 Sitze (%)
Beamte						
Staatsverwaltung	2 (5)	2 (4)	2 (4)	3 (6)	4 (7)	4 (9)
Justiz	4 (9,5)	4 (7)	3 (6)	2 (4)	3 (5)	2 (4)
Kommunalverwaltung	2 (5)	2 (4)	3 (6)	1 (2)	3 (5)	1 (2)
Professoren und Lehrer	2 (5)	7 (13)	4 (8)	3 (6)	7 (13)	4 (9)
Anwälte	2 (5)	4 (7)	3 (6)	2 (4)	6 (11)	9 (20)
Ärzte u. andere Akademiker	–	2 (4)	2 (4)	1 (2)	2 (3,6)	1 (2)
Schriftsteller	1 (2)	1 (2)	–	1 (2)	–	2 (4)
Angestellte von Interessenverbänden	–	–	1 (2)	–	1	1 (2)
Geschäftsleute	17 (40)	14 (26)	10 (20)	14 (29)	9 (16)	6 (13)
Rentner	1 (2)	1 (2)	2 (4)	1 (2)	2 (3,6)	1 (2)
Landwirtschaftliche Berufe						
Rittergutsbesitzer	4 (9,5)	2 (4)	6 (12)	6 (12,5)	7 (13)	3 (6,6)
Andere	7 (16,6)	14 (26)	12 (24)	11 (23)	8 (14,5)	8 (18)
Handwerker und Arbeiter	–	–	–	–	–	3 (6)
Verschiedene bzw. Unbekannte	–	1 (2)	1 (2)	1 (2)	2 (3,6)	–
Insgesamt	42	54	50	48	55	45

QUELLE: Kremer, *Aufbau* (1934), S. 13–14.

nicht wieder das Gewicht, das ihnen in der „liberalen Ära" zugekommen war, doch dafür gewann die Anwaltschaft, der Teilsektor des Bildungsbürgertums, der eine politische Vollzeitbeschäftigung noch am ehesten mit der beruflichen Tätigkeit vereinbaren konnte, beständig an Einfluß. Da die Nationalliberalen sich mehr und mehr auf ländliche Wahlkreise zurückgeworfen sahen, wuchs in der Partei auch das Gewicht von Landwirten und Grundbesitzern. Zu guter Letzt zeigte sich in der Partei doch auch die Morgenröte einer „Demokratisierung": Nach der Wahl von 1912 saßen in der nationalliberalen Reichstagsfraktion drei Arbeiter bzw. Handwerker sowie eine kleine Anzahl mittlerer Angestellter – Ergebnis der (freilich eher sporadischen) Bemühungen der Partei um eine Verbreiterung ihres sozialen Fundaments.[2]

Der Anteil der verschiedenen bürgerlichen Gruppen an der liberalen parlamentarischen Elite differierte wie vor 1890, so auch danach von Land zu Land. So dominierten etwa in der nationalliberalen Fraktion des Preußischen Landtags Beamte und Männer der Wirtschaft, wobei die letzteren – es handelte sich zumeist um Industrielle aus den westlichen Provinzen – auf dieser politischen Ebene eine viel einflußreichere Rolle zu spielen vermochten als im Reichstag.[3] Auch in Sachsen waren die Industriellen sehr stark vertreten, wogegen in Bayern die Staatsbeamten die stärkste Einzelgruppe in der nationalliberalen Fraktion blieben.[4]

Auch auf kommunalpolitsicher Ebene waren es gewöhnlich die Vertreter von Bildung und/oder Besitz, die den Kurs der liberalen Parteien bestimmten. Es konnte vorkommen, daß ein dynamisch-aggressiver Unternehmer in einer regionalen oder örtlichen Parteigliederung den Ton angab, wie der Freiherr von Heyl in Hessen. Anderswo waren es örtliche Amtsträger oder womöglich der Bürgermeister selbst, die den demokratischen Wahlprozeß maßgeblich beeinflußten, wenngleich solche Männer sich gewöhnlich nicht selbst als Kandidaten nominieren ließen. Wie aus Angaben über die bestimmenden nationalliberalen Lokalpolitiker in Braunschweig zu entnehmen ist, dominierten dort kommunale Würdenträger, Lehrer, Akademiker und Geschäftsleute.[5] Die gleichen gesellschaftlichen Gruppen beherrschten in den letzten Jahren des Kaiserreichs auch den Parteivorstand, wie den in Tabelle 16.2 zusammengestellten Daten zu entnehmen ist. Das vorliegende Material über das regionale Vereinswesen und über die Inhaber kommunaler Ämter weist aus, daß hier ein breiteres Spektrum gesellschaftlicher Gruppen zum Zuge kam, so etwa Vertreter der niederen Beamtenschaft, Angestellte, Handwerker und Landwirte. Wichtige Stellungen innerhalb der Partei wurden Angehörigen dieser Berufsgruppen jedoch nur in Ausnahmefällen anvertraut.[6] Im großen und ganzen bestätigen die vorliegenden Daten die Einschätzung, zu der Erich Dombrowski als Zeitgenosse gelangte: „Wohl in kaum einer anderen Partei sind die Paradeherrn, die gesellschaftlich respektablen Gestalten der einzelnen Organisationsbezirke so zahlreich, so ausschließlich in der Zentralleitung vertreten wie gerade in der Nationalliberalen Partei."[7]

Ernst Müller-Meiningen, ein linksliberaler Abgeordneter aus Süddeutschland, charakterisierte einmal den Unterschied zwischen seiner und der nationalliberalen

Tabelle 16.2
Die soziale Zusammensetzung des Vorstands der Nationalliberalen Partei 1913–17

	Anzahl (%)
Beamte	
Staatsverwaltung	20 (8)
Justiz	25 (10)
Kommunalverwaltung	10 (4)
Professoren, Lehrer, Pfarrer	30 (12)
Anwälte	48 (20)
Andere akademische und freie Berufe	6 (2)
Zeitungsredakteure und Schriftsteller	8 (3)
Unternehmer und Geschäftsleute	65 (27)
Handwerker	1
Landwirtschaftliche Berufe	15 (6)
Angestellte	10 (4)
Verschiedene, bzw. Unbekannte	6 (2)
Insgesamt	244

QUELLE: Reiß, *Bassermann* (1967), S. 66–80.

Fraktion durch die Tatsache, daß, während er und seine Kollegen zum Essen in die Reichstagskantine gingen, die Herren von der Nationalliberalen Fraktion, wie er sich erinnerte, „auswärts" im Restaurant aßen, wo die Mahlzeiten das Doppelte kosteten.[8] Hinter dieser Anekdote verbarg sich ein sehr realer Statusunterschied: Die Spitzenvertreter des Nationalliberalismus waren in der Regel wohlhabender und angesehener als ihre Gesinnungsvettern vom linken Flügel. Nichtsdestoweniger bestanden, wie sich aus Tabelle 16.3 ersehen läßt, auch die linksliberalen Reichstagsfraktionen aus Männern, die von ihren Berufen her dem Besitz- und Bildungsbürgertum zugerechnet werden konnten. Auch vollzogen sich gewisse Wandlungen innerhalb der beiden liberalen Parteien in nahezu paralleler Weise: Auch im Linksliberalismus spielten während der 90er Jahre Unternehmer und Geschäftsleute eine beträchtliche Rolle; die Freisinnige Vereinigung (die das Erbe der alten Sezessionisten antrat, welche sich 1893 wieder von der Freisinnigen Volkspartei Eugen Richters gelöst hatten) zählte viele dieser Männer zu den ihren.[9]

Nach 1900 ging jedoch das quantitative Gewicht der wirtschaftlichen Interessenvertreter zurück, und auf der Linken wie auf der Rechten gingen einige ihrer Reichstagssitze an Rechtsanwälte über. Die bedeutsamsten Unterschiede zwischen den beiden liberalen Gruppierungen waren das Fehlen von Vertretern des Staatsapparats in den linksliberalen Fraktionen, die geringere Rolle, die Angehörige landwirtschaftlicher Berufe dort spielten, und das größere Gewicht, das Journalisten und angestellte Funktionäre von Interessenverbänden in ihnen hatten. Wenn die Linksliberalen sich um eine „Demokratisierung" ihrer Partei(en) bemühten, dann waren es eher die beiden letztgenannten Gruppen als etwa die verschwindend geringe Zahl von Handwerkern, in denen sich diese Bemühungen niederschlugen.[10]

Die Unterschiede zwischen den nationalliberalen und linksliberalen Reichstagsfraktionen vermitteln uns einen Vorgeschmack auf die Unterschiede zwischen den lokalen Führungsgruppen des einen und denen des anderen Flügels. Im Gegensatz zu den Nationalliberalen konnten Fortschrittler bzw. Freisinnige nicht auf die taktische Unterstützung und Wahlhilfe des Staatsapparats rechnen, und im Vergleich zur nationalliberalen Führungselite in den preußischen Westprovinzen fanden sich in den Reihen der Linksliberalen auch verhältnismäßig wenige wohlhabende Industrielle. Gleichwohl setzten sich auch die örtlichen Führungszirkel der Linksliberalen häufig aus Männern in gesicherter gesellschaftlicher Position zusammen: Justizbeamte, Anwälte, Lehrer, Finanz- und Bankkaufleute, kleinere Fabrikanten, Rentiers, Kaufleute. Die Berliner Stadtverordnetenversammlung beispielsweise, die lange Zeit eine Hochburg der Fortschrittlichen blieb, wurde von Vertretern der Geschäftswelt der Hauptstadt beherrscht. In der schlesischen Kleinstadt, in der Willy Hellpach aufwuchs, teilten sich in den 90er Jahren Richter, Kaufleute, Apotheker und Ärzte in die Führung der linksliberalen Partei. In Teilen Süddeutschlands waren es Anwälte und Richter, welche die linksliberale Szene beherrschten.[11] Diese beiden Berufsgruppen dominierten auch im Vorstand der württembergischen Volkspartei.[12] Auf den unteren Ebenen des organisierten Parteilebens wiesen die Fortschrittler eine vielfältigere und, wenn man so will, demokratischere soziale Zusammensetzung auf als die Nationallibe-

Tabelle 16.3
Die soziale Zusammensetzung der linksliberalen Reichstagsfraktionen 1890–1912

	1890 Sitze (%)	1893 Sitze (%)	1898 Sitze (%)	1903 Sitze (%)	1907 Sitze (%)	1912 Sitze (%)
Beamte						
Staatsverwaltung	5 (7,4)	1 (2,8)	1 (2)	–	–	–
Justiz	3 (4,4)	3 (8,5)	5 (11,9)	2 (6,6)	2 (4,7)	1 (2,4)
Kommunalverwaltung	4 (6)	–	–	1 (3,3)	4 (9,5)	1 (2,4)
Professoren und Lehrer	6 (8,9)	2 (5,7)	6 (14,2)	3 (10)	10 (23,8)	8 (19,5)
Anwälte	7 (10,4)	6 (17)	7 (16,6)	5 (16,6)	4 (9,5)	12 (29)
Ärzte und Pfarrer	2 (3)	–	2 (4,7)	3 (10)	4 (9,5)	2 (4,8)
Schriftsteller	5 (7,4)	4 (11,4)	5 (11,9)	4 (13,3)	1 (2)	3 (7,3)
Angestellte von Interessenverbänden und Parteien	3 (4,4)	1 (2,8)	1 (2)	4 (13,3)	4 (9,5)	4 (9,7)
Geschäftsleute	18 (26,8)	8 (22,8)	8 (19)	6 (20)	11 (26)	3 (7,3)
Rentner	4 (6)	–	1 (2)	–	1 (2)	1 (2,4)
Landwirtschaftliche Berufe						
Rittergutsbesitzer	1	2 (5,7)	–	–	1 (2)	1 (2,4)
Andere	8 (11,9)	8 (22,8)	6 (14,2)	2 (6,6)	–	3 (7,3)
Handwerker und Gastwirte	–	–	–	–	–	2 (4,8)
Verschiedene, bzw. Unbekannte	1	–	–	–	–	–
Insgesamt	67	35	42	30	42	41

QUELLE: Kremer, *Aufbau* (1934), S. 46–47.
N.B.: Die Abgeordneten der Volkspartei sind in dieser Tabelle nicht berücksichtigt.

ralen.¹³ Die Unterschiede waren allerdings auch in dieser Hinsicht eher gradueller denn prinzipieller Natur, wie die in Tabelle 16.4 zusammengefaßten Daten über die Delegierten der Parteitage von 1911 bzw. 1912 zeigen.

Tabelle 16.4
Die soziale Zusammensetzung der Delegierten zweier liberaler Parteitage 1911–12

	Nationalliberale 1911 Anzahl (%)	Fortschrittliche Volkspartei 1912 Anzahl (%)
Justizbeamte	95 (12,3)	18 (4)
Professoren, Lehrer, Pfarrer	115 (14,9)	58 (14,6)
Anwälte und andere freie Berufe	123 (16,1)	78 (19,6)
Angestellte und öffentlicher Dienst*	75 (10,2)	48 (12)
Journalisten und Parteifunktionäre	84 (10,9)	47 (11,8)
Unternehmer und Geschäftsleute	197 (25,5)	92 (22,8)
Handwerker	16 (2,1)	10 (2,5)
Arbeiter**	12 (1,6)	4 (1)
Landwirtschaftliche Berufe	22 (2,9)	16 (4)
Verschiedene bzw. Unbekannte	33	26
Insgesamt	772	397

QUELLE: Für die Nationalliberalen: Nipperdey, *Organisation* (1961), S. 105; für die Fortschrittliche Volkspartei: Reinmann, *Müller-Meiningen* (1968), S. 82).
* Darunter auch Kommunalbeamte, bei den Nationalliberalen 33, bei der Fortschrittlichen Volkspartei Anzahl unbekannt.
** Bei den Nationalliberalen einschließlich Angehöriger des niederen öffentlichen Dienstes.

Unter den Faktoren, die darüber entschieden, welche Teile der Mittelschichten liberal wählten, war die Konfessionszugehörigkeit weiterhin das wichtigste Einzelkriterium. Wie bei unseren früheren Erörterungen dieses Aspekts gibt es auch hier keine Möglichkeit, dem sogenannten „ökologischen Trugschluß" auszuweichen, wenn man diese These anhand der Reichstagswahlergebnisse zu dokumentieren versucht, doch ist eine Analyse dieser Ergebnisse im Lichte der vorliegenden soziologischen Daten durchaus geeignet, den Zusammenhang zwischen Konfession und Wahlverhalten zu illustrieren: Bei der Wahl von 1912 war die Bevölkerung der Wahlkreise, die an liberale Kandidaten gingen, in der Regel zu 75%, in einzelnen Fällen auch zu einem weit höheren Prozentsatz protestantisch; linksliberale Kandidaten vermochten nur drei Wahlkreise mit mehrheitlich katholischer Bevölkerung für sich zu entscheiden (und zwar ausschließlich zentrale Großstadt-Wahlkreise – in Danzig, München und Freiburg), nationalliberale Kandidaten lediglich sieben solcher Wahlkreise.¹⁴ Der durch diese Daten wahrscheinlich gemachte Zusammenhang bestätigt sich, wenn man verschiedene lokalsoziologische Untersuchungen zu Rate zieht, in denen dokumentiert ist, daß die Wähler der liberalen Parteien in ihrer Mehrheit Protestanten waren.¹⁵

In manchen Teilen des Reichs standen die liberalen Wähler nach wie vor unter dem Einfluß regionsspezifischer Traditionen. Das galt beispielsweise für Teile Schlesiens, Schleswig-Holsteins, Württembergs, Hannovers, der preußischen Westprovinzen und einiger Kleinstaaten.[16] Allerdings war in vielen traditionellen liberalen Hochburgen ein starker Zustrom von Neuwählern zu verzeichnen. Dies war beispielsweise in der Pfalz der Fall, wo die Sozialdemokraten zu guter Letzt eine genügende Zahl von Wählern mobilisieren konnten, um gegen den eingesessenen städtischen und ländlichen Mittelstand zu obsiegen, der bis dahin stets einen liberalen Abgeordneten in den Reichstag entsandt hatte.[17]

Derselbe Vorgang war auch in vielen deutschen Großstädten zu beobachten. 1912 konnten die beiden liberalen Parteien von den insgesamt 47 in Städten mit über 100 000 Einwohnern gelegenen Wahlkreisen nur noch 8 für sich entscheiden, während die Sozialdemokraten 36 errangen. So kam es interessanterweise immer mehr dahin, daß die Vertreter der liberalen Bewegung im Reichstag fast nur noch mittel- und kleinstädtisch bis ländlich strukturierte Wahlkreise repräsentierten.[18] Wenn wir statt der Wahlkreise, welche die Liberalen noch für sich entscheiden konnten, die liberale Wählerschaft selbst betrachten, ergibt sich allerdings ein ganz anderes Bild. Die Wähler der Nationalliberalen Partei verteilten sich mehr oder weniger gleichmäßig über Städte und Gemeinden verschiedenster Größe, während die Linksliberalen in großen Städten tendenziell besser abschnitten als in mittleren und kleinen (siehe Tabelle 16.5). Hinter dieser allgemeinen Tendenz

Tabelle 16.5
Die Wählerschaft der liberalen Parteien bei den Reichstagswahlen von 1903 und 1912, nach Größe der Gemeinden aufgeschlüsselt (angegeben in Prozent der gültigen Stimmen)

Einwohnerzahl der Gemeinden	Nationalliberale		Linke Liberale	
	1903	1912	1903	1912
Unter 2000	10,4	12,8	7,1	8,8
Von 2000 bis 10 000	12,2	15,0	9,2	12,1
Über 10 000	18,6	13,8	11,8	15,6
Reichsdurchschnitt	13,9	13,6	9,9	12,3

QUELLE: Bertram, *Wahlen* (1964), S. 218.

verbergen sich jedoch bedeutsame regionale Diskrepanzen: So schlugen sich beispielsweise die Nationalliberalen in Hannover und Hessen auf dem Land vergleichsweise besser; sie vermochten dort offensichtlich eine Opposition gegen die von den Sozialisten dominierten Großstädte zu mobilisieren; in Ostpreußen andererseits war es in der Regel eher so, daß die Nationalliberalen und ganz besonders die Fortschrittspartei(en) die politischen Träger einer Opposition der Stadtbevölkerung gegen das konservative Umland waren.[19] Das gleiche galt in Baden, wo die Liberalen gewöhnlich in städtischen Wahlkreisen besser abschnitten als in den vom Zentrum dominierten ländlichen Bezirken.[20]

Präzise Aufschlüsse darüber, auf welche städtischen Bevölkerungsgruppen der

Tabelle 16.6
Die Wählerschaft der liberalen Parteien in städtischen Wahlkreisen
bei den preußischen Landtagswahlen 1898–1913, nach Wahlklassen aufgeschlüsselt
(in Prozent der abgegebenen Stimmen)

Klasse	1898 NL	1898 Fort-schr.-Partei	1903 NL	1903 Fort-schr.-Partei	1908 NL	1908 Fort-schr.-Partei	1913 NL	1913 Fort-schr.-Partei
I	26,6	20,6	30,9	19,4	29,1	17,5	27,6	17,7
II	23,5	20,4	27,3	16,5	21,2	12,6	20,0	13,6
III	16,8	20,9	15,4	5,1	12,3	5,5	12,8	7,6

QUELLE: Evert, *Landtagswahlen* (1905) und dto. (1909) sowie Höpker, *Landtagswahlen* (1916).

Liberalismus sich im besonderen stützen konnte, sind, wie gewohnt, nicht zu gewinnen. Vieles spricht jedoch dafür, daß beide liberalen Parteien ihre Wähler in einem ziemlich breiten Spektrum mittelständischer Gruppen fanden.[21] Unbeschadet der breiten Streuung ihrer Wählerschaft schnitten die Liberalen doch in der Regel bei den höheren Einkommensgruppen überdurchschnittlich gut ab. Dafür sprechen die Daten zu den preußischen Landtagswahlen, bei denen die Wähler nach ihrer Steuerkraft in drei Klassen eingeteilt wurden. Wie Tabelle 16.6 zeigt, erzielten die Nationalliberalen in den beiden ersten Wahlklassen beständig bessere Resultate als in der dritten; diese Tendenz brach sich auch bei den Fortschrittlichen Bahn, als die Sozialisten nach der Jahrhundertwende die Wähler der dritten Klasse an sich zu ziehen begannen. Aus dem zugänglichen Material zum Wahlverhalten bei Kommunalwahlen ergeben sich ähnliche Schlüsse, wie die in Tabelle 16.7 zusammengefaßten Daten aus vier unterschiedlich großen rheinischen Städten, bezogen auf Wahlen in den Jahren 1909 und 1910, erkennen lassen.

In den ländlich strukturierten Regionen bestand die Wählerschaft der liberalen Parteien zumeist aus ähnlichen Gruppen, wie sie für die städtischen Mittelschichten charakteristisch waren. Wie Rudolf Heberles auf Schleswig-Holstein bezogene Untersuchung zeigt, waren die Linksliberalen in den Gegenden am stärksten, in denen landwirtschaftliche Kleinbetriebe vorherrschten; Großgrundbesitzer stimmten in der Regel für eine der Rechtsparteien, während es in den Reihen der landwirtschaftlichen Tagelöhner bereits etliche SPD-Wähler gab. Dieses Profil läßt sich im großen und ganzen auf alle ländlichen Gebiete des Reichs übertragen. In den ostelbischen Regionen schnitten die Liberalen mit am besten in Bezirken wie Liegnitz ab, in denen es eine außergewöhnlich große Zahl kleiner und mittlerer bäuerlicher Betriebe gab. Einigermaßen gut hielten sie sich auch in jenen Teilen Hannovers, des Rheinlands, Hessens und Badens, in denen landwirtschaftliche Kleinproduzenten (Vieh- und Pferdezüchter, Wein- und Milchbauern) überwogen.[22]

Eine genauere Bestimmung der Unterschiede zwischen dem sozialen Charakter der linksliberalen und der nationalliberalen Wähler- und Gefolgschaft ist nur für einige wenige Gebiete des Reichs möglich. Im zweiten Oldenburger Wahlkreis etwa warben die beiden liberalen Parteien in direkter Konkurrenz um die Gunst einer überwiegend ländlichen Bevölkerung; die Großbauern dieser Region, die Schutzzölle befürworteten, wählten nationalliberal, während die freihändlerisch eingestellten Kleinbauern und Viehzüchter eher zum Fortschritt tendierten.[23] In Württemberg, wo der Konflikt zwischen Links- und Rechtsliberalismus eine alte Tradition hatte, neigte das Kleinbürgertum ersterem, die angeseheneren und wohlhabenderen Elemente der Gesellschaft letzterem zu.[24] In den meisten Fällen läßt sich die Trennlinie allerdings nicht so leicht ziehen, manchmal weil die beiden liberalen Parteien nicht unmittelbar gegeneinander antraten, manchmal weil die zur Verfügung stehenden Daten nicht ausreichen, und manchmal, weil die Beziehungen zwischen den beiden Gruppen schillernd und unstet waren. Allgemein gesprochen, entsprachen die Unterschiede zwischen den Wählern der beiden liberalen Parteien mehr oder weniger den Unterschieden zwischen den Führungsgruppen. Es waren dies gewöhnlich graduelle Unterschiede: Die besser situierten Elemente des Mittelstandes neigten nach rechts, die in Einkommen und Status tieferstehenden Gruppen nach links.[25]

Der typische liberale Wähler war also Protestant und irgendwo im mittleren Bereich der Klassen- und Statushierarchie angesiedelt. Aus diesem Bereich kam das Gros der 3,15 Millionen Wähler, die bei der Wahl von 1912 für eine der beiden liberalen Parteien stimmten. Und in den Wahlkreisen, in denen diese Schichten überrepräsentiert waren, errangen die liberalen Parteien auch die meisten ihrer insgesamt 87 Mandate. Diese Wahlkreise lagen in bezug auf Größe und sozioökonomische Struktur in der Regel zwischen den kleinen ländlichen, von den

Tabelle 16.7
Kommunalwahlergebnisse aus vier Städten 1909–10

Wahlklasse	Wahlberechtigte	Liberale	Zentrum	SPD	Konservative
		Köln (Bevölkerungszahl 516 527) 1909			
I	875	364	52	–	–
II	11272	4349	4807	–	48
II	78682	4310	25 019	12980	–
		Krefeld (Bevölkerungszahl 129 412) 1909			
I	245	148	–	–	–
II	1950	756	541	–	–
III	20790	1886	4875	2260	–
		Düren (Bevölkerungszahl 32 460) 1910			
I	18	8	–	–	–
II	356	149	90	–	–
III	5077	–	1916	55	–
		Dülken (Bevölkerungszahl 10 518) 1910			
I	42	20	–	–	–
II	213	93	116	–	–
III	1447	409	609	–	–

QUELLE: *KPB* (1911), Nr. 11–12, S. 324ff.

Konservativen beherrschten, und den großen städtischen und/oder industriellen, von den Sozialdemokraten dominierten Wahlkreisen. Der typische liberale Wahlkreis wurde von den Prozessen des sozialen, wirtschaftlichen und kulturellen Wandels, die in der deutschen Gesellschaft gärten, tangiert, aber nicht verändert. Er umfaßte kleinere und mittlere Städte, aber keine Großstädte und keine aufgeblähten Arbeitervororte; wenn großstädtische Wahlkreise an die Liberalen gingen, dann zumeist in den verhältnismäßig stabilen Wohngebieten im Stadtzentrum, wo noch die eingesessenen Mittelschichten dominierten. Und auf dem Land schnitten sie dort gut ab, wo der Grund und Boden sich auf eine große Zahl kleiner und mittlerer Bauern verteilte und nicht einigen wenigen Großgrundbesitzern gehörte.

Obgleich die Erfolgschance für liberale Kandidaten in manchen Wahlkreisen größer war als in anderen, verfügte keine der beiden Parteien über ein „Stammkapital" sicherer Wahlkreise, auf deren Gewinn sie sich von vornherein so hätten verlassen können, daß ihre Spitzenkandidaten sich im Wahlkampf auf solche Wahlkreise hätten konzentrieren können, in denen ein Kopf-an-Kopf-Rennen zu erwarten war. Die Zahl der Wahlkreise, in denen liberale Kandidaten bereits im ersten Wahlgang die nötige Mehrheit erringen konnten, ging von 1890 an stetig zurück, und 1912 waren es nur noch vier Bewerber (alle von der Nationalliberalen Partei), die ihr Mandat ohne den Umweg über eine Stichwahl zu erobern vermochten. Das bedeutete, daß beide liberalen Parteien für ihre politische Weiterexistenz auf nationaler Ebene den Preis eines verschlungenen und oft in sich widersprüchlichen Bündels von Absprachen und Allianzen mit anderen politischen Parteien entrichten mußten.

Ein wichtiger Grund für diese Situation war der Umstand, daß die liberalen Parteien zwar überall im Reich ihre Wähler hatten, daß diese aber gerade wegen dieser weiten Verteilung im großen und ganzen eine recht dünne Schicht darstellten. Anders als die Katholiken, die Sozialdemokraten und, wenn auch in geringerem Grad, die Konservativen, verfügten die Liberalen kaum über Hochburgen mit einer besonders dichten Konzentration ihrer Stammwählerschaft.[26] Dazu kam ferner, daß die liberale Wählerschaft zum Teil politisch wankelmütig und nicht unempfänglich für die Avancen anderer Parteien und Gruppen war. Die Liberalen mußten sich somit nicht nur auf ein ungewöhnlich verwickeltes System von Zweckbündnissen mit anderen Parteien einlassen, sondern ihr Wählerkapital auch gegen eine außergewöhnlich große Zahl von Konkurrenten verteidigen.

In manchen Gegenden schenkten liberale Wähler ihre Loyalität zeitweise der Sozialdemokratischen Partei. Dies war oft nur eine vorübergehende Erscheinung: In Sachsen führte beispielsweise eine Anhäufung wirtschaftlicher Probleme 1903 zu einer Abwanderung von Handwerkern und Ladenbesitzern ins sozialistische Lager; nur die wenigsten von ihnen blieben jedoch auf Dauer SPD-Wähler.[27] Als die Sozialdemokratie sich nach und nach zur einflußreichsten Interessenvertreterin der städtischen Unterschichtsbevölkerung entwickelte, wechselte ein Teil der Facharbeiterschaft, der niederen Beamtenschaft und der Handwerker auf Dauer in deren Reihen über. Die liberalen Mehrheiten waren in etlichen Wahlkreisen so

Die Zerbröckelung der liberalen Mittelschicht

dünn, daß diese Abtrünnigen die Balance zugunsten des politischen Gegners kippen lassen konnten; im großen und ganzen jedoch lagen die Gründe dafür, daß die liberalen Parteien gegenüber den Sozialdemokraten an Boden verloren, nicht in der Abwanderung liberaler Wähler zu den Sozialisten, sondern in deren größerem Geschick, Neu- und Erstwähler für sich zu gewinnen.[28]

Stärkere Fluktuationen in beiden Richtungen gab es zwischen den liberalen und den Rechtsparteien. Sie alle buhlten sowohl in städtisch als auch in ländlich strukturierten Gebieten um die Gunst derselben gesellschaftlichen Gruppen: der protestantischen Mittelständler, die sich weder den Sozialisten noch dem Zentrum anschließen konnten oder wollten. Es gelang zwar jeder der liberalen und konservativen Parteien, einzelne Gruppen aus dieser Schicht an sich zu ziehen und aus ihnen einen Kern von Stammwählern zu formen, doch der weitaus größere Teil der Mittelschichten band sich nicht fest an eine bestimmte Partei.[29] Die Wählerfluktuation zwischen Liberalen und Konservativen war daher etwa in den preußischen Ostgebieten nach 1890 noch ebenso stark wie in den 70er Jahren.[30] Als neue ernstzunehmende politische Konkurrenten für die liberalen Parteien kamen nun allerdings, zumindest in bestimmten Regionen, rechtsradikale Gruppierungen hinzu, von denen sich viele einem rassisch legitimierten Nationalismus verschrieben. Es kam einige Male vor, daß Teile der Wählerschaft, die normalerweise liberal wählten, bei einer Wahl ihre Stimme einem rechtsradikalen Kandidaten gaben, um damit ihre Verärgerung über einen bestimmten politischen Kurs oder über eine bestimmte Situation zum Ausdruck zu bringen; anderswo kam es aber auch zu tiefergreifenden und dauerhafteren Abwanderungen bei Bauern, Handwerkern und Angestellten, denen der traditionelle Liberalismus, wie sie glaubten, keine sinnvolle politische Identifikationsmöglichkeit mehr bot. Es gab hier und da auch liberale Wählergruppen, die geschlossen nach rechts abdrifteten, im Schlepptau eines Kandidaten, der womöglich nach wie vor unter liberaler Flagge segelte, in Wirklichkeit aber eng mit einer rechtsstehenden Gruppe, wie etwa dem Bund der Landwirte, verbunden war.[31]

Wie instabil die politischen Bindungen in den Reihen der protestantischen Mittelschichten waren, läßt sich auch an der alternierenden Mitgliedschaft dieser Gruppen in der, wie manche Wissenschaftler sie genannt haben, „Partei der Nichtwähler" ablesen. Bei Reichstagswahlen war diese „Partei" nicht sehr stark, aber sie scheint vor allem nach 1890 eine nicht beträchtliche Zahl potentieller liberaler Wähler in ihren Reihen gehabt zu haben, die sich nur noch durch patriotische Appelle zur Wahlurne locken ließen. Dies geschah offensichtlich bei den Wahlen von 1887 und 1907.[32] Bei Landes- und Kommunalwahlen war der Anteil der Nichtwähler oft beträchtlich. So lag beispielsweise die Wahlbeteiligung bei den preußischen Landtagswahlen stets um einiges niedriger als bei Reichstagswahlen, und dies selbst bei jenen Gruppen, die durch das Dreiklassenwahlrecht begünstigt wurden. Auch hier tritt uns wieder das Unvermögen der Liberalen entgegen, sich eine zuverlässige, d. h. im gegebenen Augenblick auch möglichst vollzählig mobilisierbare Wählerschaft heranzuziehen.

In ihrer sozialen Zusammensetzung bewahrte die Bewegung zwar eine beachtliche Kontinuität, aber der Charakter der den Liberalismus tragenden Gruppen und ihre Beziehungen untereinander unterlagen doch im Verlauf der Wilhelminischen Ära einem bedeutsamen Wandlungsprozeß. Die wichtigste diesen Prozeß vorantreibende Kraft war die wirtschaftliche Entwicklung, die sowohl sehr schnell als auch höchst ungleichmäßig verlief. Von 1890 und insbesondere von 1896 an bewegten sich sämtliche Indikatoren des Wirtschaftswachstums – Bruttosozialprodukt, Pro-Kopf-Erzeugung, Nationaleinkommen, Pro-Kopf-Einkommen – stetig aufwärts. Doch das Wachstum war ungleich verteilt. Der industrielle Sektor wuchs schneller als der landwirtschaftliche, einige Industriebranchen (Chemie, Elektro-, Metallindustrie) wuchsen schneller als andere (Textilindustrie, Bergbau), große Betriebe wuchsen schneller als kleine. Entsprechend ungleich verteilten sich die Segnungen des Wohlstandes. Nicht wenige Deutsche machten die enttäuschende Erfahrung, daß der „Fortschritt" viele Fallstricke und Risiken bereithielt, und selbst unter denen, deren wirtschaftliche Lage sich erheblich verbesserte, gab es viele, die der Überzeugung waren, daß ihr Anteil am wirtschaftlichen Wachstum zu gering bemessen war und daß sie seiner nicht sicher sein konnten.[33]

Angesichts der ungleichen Verteilung des wirtschaftlichen Wachstums und des Wohlstandes befürchteten viele Zeitgenossen, der alte deutsche Mittelstand sei dem allmählichen Untergang geweiht.[34] Immer wieder finden wir das Bild von dem Handwerker, der von einem Industrieriesen in Grund und Boden getreten, oder von dem Ladenbesitzer, der von einem Kaufhaus in den Bankrott getrieben wird, an die Wand gemalt. Und natürlich kamen solche Dinge vor. Andererseits gab es auch viele Handwerks-und Dienstleistungszweige, in denen Kleinbetriebe (Gastwirtschaften, Frisiersalons, Schusterwerkstätten) keine ernsthafte Konkurrenz von seiten größerer Firmen zu befürchten hatten, und andere, in denen Klein- und Mittelbetriebe vom raschen Wachstum einer industriellen Wirtschaft auf technischer Grundlage eher noch profitierten (z. B. bestimmte feinmechanische Werkstätten sowie Maschinen- und Instrumentenbaufirmen). Im Jahr 1907 waren weit über drei Millionen Deutsche – das entsprach in etwa einem Drittel der insgesamt im Produktions- und Bergbaubereich Tätigen – entweder selbständige Einzelproduzenten oder in einem Betrieb mit bis zu fünf Mitarbeitern beschäftigt. Im Einzelhandel und im Dienstleistungsbereich überwogen nach wie vor die kleinen Firmen.[35] Und wie die landwirtschaftlichen Statistiken ausweisen, konnten sich auch hier die kleinen und mittleren Betriebe behaupten, wenn nicht sogar ihr Anteil noch zunahm.[36] Zu diesen Gruppen des städtischen und ländlichen Mittelstandes traten nach 1890, den gesellschaftlichen Mittelbereich auffüllend und ausdehnend, in wachsender Zahl die Angestellten der Privatwirtschaft und die öffentlichen Bediensteten. Zwischen 1882 und 1907 erhöhte sich die Gesamtzahl der in der deutschen Wirtschaft beschäftigten Angestellten (leitende Angestellte sowie Verkaufsvertreter mitgezählt) von etwa 500 000 auf 2 000 000. 1907 gab es ungefähr 1 Million öffentliche Bedienstete, die sich als Beamte betrachteten (Verwaltungs- und Justizbeamte, Lehrer, Post- und Eisenbahnbeamte, Kommunalbeamte usw.); die meisten von ihnen muß man nach Einkommen und Status den Mittelschichten zurechnen.[37]

Es wäre weit übertrieben, zu behaupten, daß sich während der Wilhelminischen Periode eine Dichotomisierung der deutschen Gesellschaft in Reiche und Arme vollzogen habe; doch ließen die wirtschaftliche Entwicklung und der soziale Wandel überall im gesellschaftlichen Gefüge Risse und Spannungen entstehen, insbesondere aber im Mittelschichtsbereich. Da gab es zunächst einmal eine Reihe ernstzunehmender vertikal gelagerter Konfliktkonstellationen – zwischen den Nutznießern und den Leidtragenden des Fortschritts, zwischen den Besitzern großer und denen kleinerer Unternehmen, zwischen Geschäftsleitungen und Arbeitnehmern, zwischen Universitätsprofessoren und Gymnasiallehrern. Diese wurden überlagert von einem Bündel „horizontaler" Antagonismen; dabei standen sich oft einkommensmäßig durchaus vergleichbare Gruppen gegenüber: Industrielle und Großgrundbesitzer, Hersteller und Händler, Schwer- und Leichtindustrie, Produzenten und Verbraucher, Stadt- und Landbewohner. Diese Antagonismen, die es in der deutschen Gesellschaft schon seit Jahrzehnten gegeben hatte, verschärften sich 1890 unter dem Druck zunehmender Wohlstandsungleichheiten und eines wachsenden Auseinanderklaffens der Lebensstile und Lebenschancen im Bereich der Mittelschichten.[38]

Die in den Reihen des Mittelstandes aufbrechenden Konflikte schlugen sich in der Entstehung eines expandierenden Systems von Interessengruppen nieder, deren Daseinszweck darin bestand, die jeweils von ihnen Vertretenen in ihrem sozialen Identitätsgefühl zu bestärken, ihnen Klarheit über ihre gemeinsamen wirtschaftlichen Interessen zu verschaffen und ihre Energien zu gemeinschaftlichem Handeln zu bündeln.[39] In dem Maße, wie der Bedarf an derartigen „Dienstleistungen" an Breite, Vielfalt und Intensität gewann, veränderten sich nach und nach die Methoden der Vertretung von Gruppeninteressen.

Zunächst einmal kam es immer dann zu „Verzweigungsvorgängen", wenn eine spezifischer definierte gesellschaftliche oder wirtschaftliche Gruppe sich eine eigene, besondere Interessenvertretung schuf. Ein Zeitgenosse kennzeichnete dieses Phänomen mit den Worten: „Für jeden Zweck eine neue Organisation."[40] Als die chemische Industrie zu der Auffassung gelangte, ihre Interessen seien beim Zentralverband deutscher Industrieller, der von den Vertretern der Eisen-, Bergbau- und Stahlindustrie beherrscht war, nicht gut aufgehoben, löste sie sich aus diesem Verband und gründete einen eigenen Dachverband. Häufiger waren jedoch die Fälle, in denen die Differenzierung der gesellschaftlichen Funktionen neue Berufsgruppen und in der Folge auch neue Berufs- und Interessenverbände hervorbrachte: Verbände der Fabrikanten und der Einzelhändler, der Beamten und der Lehrer, der Bauern und der Arbeiter, der Angestellten und der Kleingewerbetreibenden. Das Bild komplizierte sich noch durch die vielen regionalen Besonderheiten und durch die Existenz einiger Dachorganisationen, wie beispielsweise der Arbeitgeberverbände, die reichsweit und branchenübergreifend agierten und den ohnehin schon verschachtelten Schaltplan des deutschen Verbandswesens noch um einige Linien und Kästchen bereicherten.[41] Und natürlich bestanden auch ältere wirtschaftliche Interessenvereinigungen wie die Handelskammern weiter, die sich den neuen Verhältnissen mit wechselndem Erfolg anzupassen versuchten.[42]

Der zweite der weiter oben konstatierten Veränderungsprozesse war eine Folge der allmählich fortschreitenden Demokratisierung der deutschen Gesellschaft; im Zeichen dieser Demokratisierung schlugen der Gedanke und die Praxis der kollektiven Interessenvertretung bei den Deutschen merklich tiefere Wurzeln. Das eindrucksvollste Beispiel hierfür boten die Gewerkschaften: Die sozialdemokratische Freie Gewerkschaftsbewegung zählte 1912 bereits mehr als zweieinhalb Millionen Arbeiter zu ihren Mitgliedern; weitere 344 000 Arbeiter gehörten den katholischen Gewerkschaften, 109 000 den liberalen Hirsch-Dunckerschen Arbeitervereinen an. Der 1893 gegründete Bund der Landwirte repräsentierte 1910 etwa 300 000 Bauern – eine Zahl, die besonders imposant anmutet, wenn man sie mit den lediglich etwa 35 000 Mitgliedern vergleicht, die der Vorgänger dieses Verbandes, der Deutsche Bauernbund, in den späten 8oer Jahren gehabt hatte. In den elf größeren Angestelltenverbänden waren 1911 über eine halbe Million Angestellte organisiert, und etwa 700 000 Beschäftigte des öffentlichen Dienstes gehörten irgendeinem Beamtenverein an. Zu guter Letzt gab es auch noch ein breites Spektrum nationaler und lokaler Organisationen, in denen sich eine wachsende Zahl von Kleingewerbetreibenden, Ladenbesitzern und anderen Elementen der Mittelschichten zusammenschlossen.[43]

Sowohl die Verzweigung als auch die Demokratisierung zeitigten tiefgreifende Auswirkungen auf das Verhältnis zwischen Interessengruppen und Parteien. Die Verzweigung hatte zur Folge, daß fast jede Partei sich mit einer ganzen Garnitur untereinander wetteifernder organisierter Gruppen in ihren eigenen Reihen konfrontiert sah, Gruppen, die sich oft enttäuscht und verärgert zeigten über das in ihren Augen ungenügende Eingehen der Partei auf ihre besonderen Bedürfnisse. Parallel dazu versetzte die Demokratisierung so manchen Interessenverband in die Lage, im Vorfeld von Wahlentscheidungen eine direkte und selbständige Rolle zu spielen und so den Parteien auf deren eigenem Terrain Konkurrenz zu machen. Manchen Zeitgenossen schien es, als kündigten diese Entwicklungstrends einen Niedergang des eigentlichen politischen Denkens und Handelns zugunsten einer nur noch durch die Vertretung sozioökonomischer Interessen gekennzeichneten politischen Praxis an. Emil Lederer prophezeite 1912: „Die moderne wirtschaftliche Entwicklung, welche alle Klassen zur Aktion bringt, die früher passiven Interessen lebendig und aktiv macht, mußte im öffentlichen Leben die intellektualistischen, prinzipiellen Parlamente und Parteien umbilden, mußte anstelle der politischen Idee die ökonomischen Interessen setzten."[44] Die Wirklichkeit bestätigte diese Erwartung nicht, jedenfalls nicht ganz. Politische Loyalitäten und Institutionen waren im öffentlichen Leben Deutschlands viel zu tief verankert; soziale und wirtschaftliche Interessenkonstellationen konnten sie vielleicht durchsetzen und umbilden, nicht aber verdrängen. Gleichwohl führte die zunehmende Bedeutung sozialer und wirtschaftlicher Interessen in allen deutschen Parteien zu ernsthaften inneren Schwierigkeiten.[45] Wie vor 1890, so waren es auch danach die Liberalen, die diese Schwierigkeiten am schärfsten zu spüren bekamen. Die verstärkten Aktivitäten zur Durchsetzung von Gruppeninteressen verschärften die seit langem bestehenden und tiefwurzelnden sozioökonomischen Gegensätze innerhalb der liberalen Gefolgschaft. Der Nationalliberalismus wird ja oft als die Partei des Großbürgertums dargestellt, und dies natürlich nicht ohne Berechtigung. Indessen gab es eine nicht geringe Zahl von Unternehmern, die das Gefühl hatten, die Nationalliberale Partei sei kein zuverlässiges Werkzeug zur Durchsetzung ihrer Interessen, da sie auch noch den Belangen so vieler anderer konkurrierender sozioökonomischer Gruppen verpflichtet war.[46] Ähnliche Gefühle hatten zu bestimmten Zeiten auch Landwirte, mittelständische Selbständige und Angestellte sowie zahlreiche andere Elemente aus der heterogenen Gefolgschaft der Partei. Indessen bewirkten die Interessenverbände mehr als nur die Verschärfung innerparteilicher Gegensätze; sie förderten auch ein kollektives Identitätsbewußtsein, das bestehende politische Frontstellungen durchschnitt und manchmal sogar überwand. Der Vorsitzende einer Mittelstandsorganisation, der 1911 verkündete, er habe in seinem Verband Mitglieder aller bürgerlichen Parteien, hätte dies wohl im Namen der allermeisten jener Interessengruppen erklären können, die sich der Sache des Mittelstandes verpflichtet fühlten.[47] Die hier zutage tretende Inkongruenz zwischen politischen und sozioökonomischen Verbänden konnte Änderungen des Wahlverhaltens bewirken, und selbst wenn dies nicht der Fall war, schwächte sie doch in der Regel den inneren Zusammenhalt der liberalen Parteien, indem sie die politische Gefolgstreue ihrer Anhänger und Mitglieder beeinträchtigte.

In beiden liberalen Parteien litt die Reaktionsfähigkeit der Führung auf diese Probleme darunter, daß oft keine Gleichheit der wirtschaftlichen Interessen oder der sozialen Identität zwischen den Spitzen der Partei und der Masse der Mitglieder bestand. Diese Diskrepanz zwischen dem gesellschaftlichen Status der liberalen Führungselite und dem der Mitglieder- und Wählerschaft gewann natürlicherweise in dem Maße an Bedeutung für die liberale Politik, in dem das soziale Selbstbewußtsein der letzteren zunahm. Um dies an einem Beispiel zu illustrieren: Die nationalliberalen Reichstags- und Landtagsabgeordneten waren zwangsläufig Großstädter, während die Wählerschaft der Partei zu wesentlichen Teilen aus Landbewohnern bestand. Dies war einer der Gründe für den großen Zulauf, dessen sich der Bund der Landwirte in manchen traditionell liberalen Regionen erfreute.[48] Auch im linksliberalen Lager bestand ein beträchtlicher sozialer Abstand zwischen den Anwälten, Journalisten und hauptberuflichen Funktionären, die an der Spitze der Partei wirkten, und den Menschen, auf deren Stimme sie letzten Endes angewiesen waren. Die Auswirkungen dieses sozialen Abstandes wurden zuweilen durch geographische Trennungen verstärkt: Eine beträchtliche Anzahl der liberalen Kandidaten, die sich 1912 zur Wahl stellten, wohnten nicht im Wahlkreis, und überraschend viele von ihnen lebten in der Hauptstadt, wo sie die Möglichkeit hatten, ihre Zeit fast ausschließlich der politischen Betätigung zu widmen.[49] Diese Distanz zwischen Führern und Gefolgschaft beeinträchtigte, ebenso wie die innerhalb der Bewegung virulenten

Differenzen und Gegensätze, die Fähigkeit der liberalen Parteien, mit ihren Anhängern zu kommunizieren und sie bei Wahlen zu mobilisieren.

Auf die Verschärfung der sozioökonomischen Gegensätze in den eigenen Reihen reagierten die liberalen Parteien mit Unsicherheit und einem wechselnden Repertoire von Kompromissen, Ausweichmanövern und rhetorischen Versöhnungsversuchen. So wurden etwa die Nationalliberalen nie müde, zu beteuern, daß ihre gemeinsame Verpflichtung gegenüber dem allgemeinen Wohl viel wichtiger sei als „kleine Meinungsverschiedenheiten und Interessengegensätze."[50] Es gab in der Partei jedoch auch Männer, die in ihren klarsichtigen Momenten einräumten, daß diese Gegensätze alles andere als unbedeutend waren, und daß soziale und wirtschaftliche Diskrepanzen unter Umständen fatale Auswirkungen zeitigen konnten. Wie Arthur Hobrecht 1897 erläuterte:

Wir sind ... nicht Vertreter einer Klasse oder eines Standes; es ist nur eine oratorische Wendung, die man wohl oft braucht, daß wir die wahre Vertretung des gebildeten Mittelstandes seien – ich habe mir dabei nie was Bestimmtes denken können. Die sogenannten Mittelklassen sind eine zu unbestimmte verschiedenartige lockere Substanz, als daß man daraus eine feste Klammer machen könnte, und das deutsche Bürgertum ist zu deutsch, um besonders vereinigend und verbindlich zu wirken.[51]

Wenige Jahre später bediente sich Ernst Bassermann des gleichen Arguments, als er die Gründe darlegte, aus denen er eine engere Bindung der Partei an bestimmte gesellschaftliche und wirtschaftliche Interessengruppen ablehnte: „Wir sind eine Mittelpartei, alle Berufsschichten umfassend und gezwungen, deshalb die mittlere Linie zu halten. Aus diesem Grunde war es niemals für uns möglich, in irgendeiner Klassenbewegung die Führung zu bekommen, oder die energischen führenden Klassenelemente zu befriedigen."[52] Wenn die Nationalliberalen einen Standpunkt zu sozialen und wirtschaftlichen Fragen bezogen, taten sie es gewöhnlich auf möglichst verschwommene und uneindeutige Art. So stellte etwa das Programm von 1907 einen sorgfältig ausgewogenen Kompromiß zwischen den rivalisierenden Elementen in der Partei dar und wartete mit einer Reihe von Forderungen und Empfehlungen auf, die sich in ganz unterschiedlicher Weise interpretieren ließen.[53] Es nimmt kaum wunder, daß dieses rhetorische Überschminken realer Probleme und Gegensätze nicht geeignet war, die Gräben zu überbrücken oder gar zuzuschütten, die sich im Gefolge schwerwiegender sozialer und ökonomischer Antagonismen aufgetan hatten.

Wie gewöhnlich hatten es die Linksliberalen, weil ihre Gefolgschaft sowohl sozial als auch regional stärker verdichtet war, bei der Bewältigung interner materieller Interessenkonflikte etwas leichter. Indem sie die gemeinsamen Interessen ihrer Wähler als Verbraucher und Steuerzahler hervorhoben und die möglicherweise entgegengesetzten Interessen herunterspielten, die zwischen Selbständigen einerseits und Arbeitnehmern andererseits bestehen mochten, gelang es ihnen, ihren innerparteilichen Unfrieden in Grenzen zu halten. Nichtsdestotrotz gab es auch im linksliberalen Lager Gegensätze, und die gesellschaftlichen Standortbestimmungen, die bei der Fortschrittspartei vorgenommen wurden, klangen in vieler Hinsicht ebenso fadenscheinig wie die entsprechenden Verlautbarungen der Nationalliberalen. Eugen Richter verkündete auch im Jahr 1900 noch: „Wir sind... keine Vertreter eines einzelnen Standes, sondern des gesamten Volkes... gerade in den mittleren Klassen der Bevölkerung haben wir einen festen Kern."[54] Es war freilich zu diesem Zeitpunkt längst offensichtlich geworden, daß die Interessen des Volks und die der „mittleren Klassen" keineswegs identisch waren. Und ebenso klar lag auf der Hand, daß es ein einheitliches Interesse der „mittleren Klassen" nicht gab. Tatsächlich dachte Richter, wenn er Äußerungen wie die soeben zitierte von sich gab, hauptsächlich oder ausschließlich an bestimmte Teile der Mittelschichten: an die kleinen Geschäftsleute und Handwerksmeister, die Bauern und Angestellten, die das Gros seiner Wählerschaft ausmachten. Die ganzen 90er Jahre hindurch hatte er sich bemüht, diese Gruppen zu einer Oppositionsbewegung gegen diejenigen zusammenzuschweißen, die er als die „Bundesgenossen des Großkapitals" innerhalb des linken Liberalismus brandmarkte. Diese Rivalität, die den anhaltenden Konflikt zwischen der Freisinnigen Volkspartei Richters und der Freisinnigen Vereinigung mit genährt hatte, wurde zu einer beständigen Quelle von Spannungen im Lager des linken Liberalismus.[55]

Wie manche Nationalliberale, wollten auch Teile der Freisinnigen die alten rhetorischen Formeln abschütteln und eine politische Bewegung begründen, die sich unmittelbar auf wirtschaftlich definierte Klasseninteressen gründen sollten. Friedrich Naumann beispielsweise vertrat den Standpunkt, der Kampf um innenpolitische Reformen müsse auf das solidarische Interesse einer Klasse der Gesellschaft gegründet werden. Er äußerte die Überzeugung, daß „nur durch das Herrschen einer Klasse, die an der Demokratie selbst materiell interessiert ist, der demokratische Geist in seinem Staatsleben zum Siege kommt. Kein liberales Zeitalter bricht an, ohne daß eine neue Klasse eine alte aus dem Sattel wirft."[56] Allerdings scheint Naumann seine Auffassungen in den Jahren danach geändert zu haben. 1912 erklärte er auf einer öffentlichen Kundgebung, die Partei, der er sich verbunden fühle, kenne „keine Klassenunterschiede"; in ihr seien Stadt- und Landleute, Arbeiter und Betriebsdirektoren brüderlich vereint.[57] Allem Anschein nach hatte Naumann in der Zwischenzeit gelernt, was viele liberale Führer immer schon gewußt hatten: daß der Liberalismus sich nicht auf ein Klasseninteresse gründen ließ, weil es keine einzelne „Klasse" gab, der die Anhänger und Wähler der liberalen Parteien angehörten, und kein zusammenhängendes Band materieller Interessen, das alle Liberalen umschloß.

Um eine höchst anschauliche Illustration für die Heterogenität des gesellschaftlichen Unterbaus der liberalen Parteien zu gewinnen, braucht man sich nur anzuschauen, was aus dem Begriff „Mittelstand" wurde, mit dem die Liberalen einst ihre gesellschaftliche Heimat umschrieben und durch den sie ihren moralischen Anspruch als Sachwalter des Allgemeinwohls proklamiert hatten. In dem Programm, das die Fortschrittliche Volkspartei 1910 verabschiedete, kam der Begriff überhaupt nicht vor. In der Präambel findet sich zwar ein kurzer Hinweis auf die „für die Gesamtheit unentbehrliche Steigerung des berechtigten Einflusses des deutschen Bürgertums", aber in den sozial- und wirtschaftspolitischen Teilen des Programms wird nicht der Versuch gemacht, dem „Bürgertum" ein bestimmtes Arsenal von Interessen oder politischen Zielvorstellungen zuzuordnen. Statt dessen zählt das Programm eine ganze Reihe von gesellschaftlich und wirtschaftlich ausgerichteten Gruppen auf und erteilt jeder von ihnen die Zusage, sie insoweit politisch zu unterstützen, als ihre Bedürfnisse mit den grundsätzlichen Auffassungen der Partei zur Freiheit der Wirtschaft und zu den Voraussetzungen des Allgemeinwohls vereinbar seien. Die Wahlplattform der Nationalliberalen von 1911 forderte dagegen ausdrücklich eine Stärkung des Mittelstands, aber der Begriff bezog sich dort nur auf die Gruppe der kleinen Selbständigen, die zusammen mit den Landwirten, den Beamten und den Angestellten als diejenigen Gruppen aufgeführt waren, deren Interessen die Partei im besonderen zu vertreten gedachte.[58]

Daß die liberalen Parteien ihren traditionellen Fetisch „Mittelstand" preisgeben mußten, ging letztlich auf das zunehmende Unbehagen der Sozialwissenschaftler an diesem Begriff zurück. 1897 erschien eine Broschüre von Gustav Schmoller mit dem Titel: „Was verstehen wir unter dem Mittelstand?" Der Verfasser sah sich gezwungen, einzugestehen, daß er, nachdem er diesen Gegenstand sein Leben lang studiert habe, sich der Antwort auf die Frage nun nicht mehr sicher sei. Infolge einer Vielzahl gesellschaftlicher Entwicklungen – beispielsweise der Zunahme der Zahl der Angestellten und Beamten – seien den Mittelschichten der Gesellschaft „eine ganze Reihe verschiedener Seiten und Merkmale" zugewachsen. Schmoller versuchte, die Bezeichnung „Mittelstand" als sinnvollen soziologischen Begriff dadurch zu retten, in dem er versuchte, für alle zum Mittelstand zählenden Gruppen einen gemeinsamen Horizont von Wertvorstellungen und sittlichen Haltungen zu finden. Am Ende jedoch kam er auf die Höhe des Einkommens als das verläßlichste Kriterium zur Abgrenzung des Mittelstandes vom Rest der Gesellschaft zurück. In diesem Sinn definierte er den Mittelstand als die Gesamtheit derjenigen, deren jährliches Einkommen zwischen 1800 und 8000 Mark lag und deren Gesamtvermögen 100 000 Mark nicht überschritt.[59] Leo Müffelmann gelangte 1913 zu einer ganz ähnlichen Schlußfolgerung; nachdem er es mit einer ganzen Anzahl anderer Definitionsmerkmale versucht hatte, entschied auch er sich für die Einkommenshöhe als den geeignetsten Parameter zur Bestimmung des Mittelstandes. Auch J. Wernicke, dem vielleicht beschlagensten wissenschaftlichen Kenner dieser Problematik nach der Jahrhundertwende, erging es nicht besser. Im Rahmen seines monumentalen Werks zu diesem Thema definierte Wernicke den Mittelstand als die Gesamtheit derjenigen „Volksangehörigen, die durch ihre Leistungen, ihre Bildung oder ihren Besitz über die großen Massen der arbeitenden Klassen hinausragen, ohne aber durch ein großes Einkommen zu den kapital- oder besitzreichen Klassen zu gehören". Wernicke wußte wohl, daß er damit ein äußerst heterogenes Gemisch gesellschaftlicher Gruppen definiert hatte. „Der sogenannte Mittelstand", räumte er ein, „umfaßt ... die allerverschiedenartigsten Elemente an Besitz, Bildung und Beruf."[60]

Im gleichen Maß, wie der gesellschaftliche Sinngehalt des Mittelstandsbegriffs diffuser wurde, ging seine Brauchbarkeit als fortschrittliche ethische Kategorie immer mehr verloren. Die Gepflogenheit, den Mittelstand als Hort und Born gewisser sittlicher Tugenden darzustellen, verschob sich zunehmend zum rechten Rand des politischen Spektrums hin, so daß derartige Bekenntnisse nun in erster Linie aus dem Mund von Konservativen, Antisemiten und rechten Nationalliberalen zu hören waren. Diese Gruppen hielten den Mittelstand deswegen für die Inkarnation deutscher Tugend, weil er in ihren Augen „das beste und stärkste Bollwerk gegen die rote Flut" war.[61] In dieser Formulierung schwangen die moralischen Untertöne des traditionellen Mittelstandsbegriffs mit, während seine fortschrittlichen Bezüge fehlten. Für seine Advokaten auf der Rechten war der Mittelstand mithin nicht der Träger, Garant und Nutznießer des Fortschritts, sondern eher so etwas wie eine belagerte Bastion sozialer Stabilität, die vor den Wechselfällen des modernen gesellschaftlichen und wirtschaftlichen Lebens geschützt werden mußte.

Der Bedeutungswandel des Mittelstandsbegriffs war nur ein Aspekt im Rahmen eines allgemeinen Erlöschens der fortschrittlichen Impulse im deutschen sozialphilosophischen Denken des ausgehenden 19. Jahrhunderts. Ein anderer Aspekt war der zunehmende Pessimismus in der Beurteilung der Wertmaßstäbe des deutschen Mittelstandes und des in ihm steckenden politischen Potentials. Dies war natürlich weder ein besonders neues noch ein spezifisch deutsches Phänomen: Selbstkritik scheint vielmehr ein notwendiger und allgegenwärtiger Bestandteil bürgerlicher Kultur zu sein. Nach 1890 wurde die liberale Kritik an den „mittleren Klassen", am Mittelstand und am „Bürgertum" jedoch greller, und der beschwörende Verweis auf „bürgerliche" oder „mittelständische" Tugenden war immer seltener zu hören und klang immer weniger überzeugend. Immer wieder stoßen wir in den Äußerungen von Zeitgenossen auf harte Kritik am „Philistertum" der deutschen Bürger, an ihrer Fixiertheit auf Geld und materiellen Gewinn, an ihrem engen Interessenhorizont und ihrer Unfähigkeit, ein allgemein akzeptiertes Arsenal sozialer Wert- und politischer Zielvorstellungen zu kreieren.[62]

Viele dieser Einstellungen gegenüber dem „Bürgertum" finden sich im sozialphilosophischen Denken Max Webers wieder. Weber stammte mitten aus dem Herzen des alteingesessenen liberalen Bürgertums; sein Großvater war ein rheinischer Textilfabrikant, sein Vater ein erfolgreicher Anwalt und nationalliberaler Politiker. Weber selbst durchlief die typischen Lebensstationen seiner gesellschaftlichen Gruppe: Doktor der Rechte, Mitglied einer schlagenden Verbindung, Patent als Reserveoffizier, Berufung auf einen Universitätslehrstuhl. Allein, er sah sich nicht in der Lage, an jenem Glauben an das „Bürgertum" festzuhalten, auf dem die Fortschrittshoffnungen und die gesellschaftlichen Zukunftsvisionen der Liberalen einst beruht hatten:

Ich bin [schrieb Weber 1895] ein Mitglied der bürgerlichen Klassen, fühle mich als solches und bin erzogen in ihren Anschauungen und Idealen. Allein, es ist der Beruf gerade unserer Wissenschaft, zu sagen, was ungern gehört wird – nach oben, nach unten, und auch in der eigenen Klasse –, und wenn ich mich frage, ob das Bürgertum

Deutschlands heute reif ist, die politische leitende Klasse der Nation zu sein, so vermag ich *heute* nicht diese Frage zu bejahen.[63]

Wie viele seiner Zeitgenossen war Weber überzeugt, einer Epigonengeneration anzugehören, die dazu verurteilt war, in der Dämmerung einer Ära des Niedergangs zu leben. Es gab eine ganze Reihe wilhelminischer Liberaler, die, wenn sie auf die Jahre vor 1890 zurückschauten, ein glücklicheres, einfacheres, harmonischeres Zeitalter zu erblicken vermeinten. Dieses Gefühl bemächtigte sich beispielsweise eines Rezensenten bei der Lektüre der Gustav-Mevissen-Biographie von Joseph Hansen: „Beschleicht uns nicht etwas wie Heimweh nach einer entschwundenen Welt, wenn wir im Zeitalter der Realpolitik und des Interessengezänks von dem flammenden Idealimus und der reinen Selbstlosigkeit... der vormärzlichen Führer des deutschen Liberalismus lesen?"[64] Auch Friedrich Meinecke registrierte in einem Essay über Alfred Dove das Vorwalten einer melancholischen Grundstimmung. In der Zeit nach der Reichsgründung sei, so schrieb Meinecke, der „klassische Liberalismus" nach und nach von einem neuen Geist abgelöst worden, einem Geist des Hedonismus, der Rastlosigkeit und des Pessimismus. Diese geistige Wendung hing, wie er glaubte, eng mit den Veränderungen zusammen, die sich in der Lebenswirklichkeit der Deutschen vollzogen, Veränderungen, bei denen „Äußeres und Inneres, Gesellschaft und Individuum, Geist und Natur immer dunkel ineinander wirken".[65] Die neuerliche Popularität der Schriften Nietzsches und Schopenhauers, Romane wie Thomas Manns *Buddenbrooks* und Gesellschaftsanalysen wie Tönnies' *Gemeinschaft und Gesellschaft,* all dies weist auf das Vorhandensein dieses diffusen Unbehagens im deutschen Bewußtsein hin.[66] Selbst Max Weber, der ein viel zu nüchterner Denker war, um sich von den phantastischen Visionen anstecken zu lassen, zu denen dieser modische Pessimismus sich zuweilen auswuchs, gründete seine Theorie des gesellschaftlichen Wandels auf die Überzeugung, daß die „Rationalisierung", die einst als die große Beförderin der Freiheit und der Aufklärung gegolten hatte, in Wirklichkeit der Freiheit des einzelnen immer straffere Fesseln anlegte.

Hinter diesem zunehmenden Unbehagen an der modernen Zeit stand in der Regel die Vorstellung von einer sozialen Welt, die von Zerrüttung und Anarchie bedroht, die von den Übeln des Großstadtlebens befallen, von den Folgewirkungen eines unkontrollierbaren Bevölkerungswachstums unter Druck gesetzt und durch einen anscheinend unaufhaltsamen Verfall des Geschmacks und der Urteilsfähigkeit in ihrer kulturellen Substanz ausgehöhlt war.[67] Es mag sein, daß diejenigen, die der deutschen Bildungselite angehörten, aufgrund der ihnen durch Gruppenidentität und Herkunft mitgegebenen Wertvorstellungen für eine solche Weltsicht besonders empfänglich waren. Einige der renommiertesten deutschen Universitäten standen in kleineren Provinzstädten, wo noch traditionelle Sitten und Gebräuche gepflegt wurden, und die Professoren entstammten oft einem altehrwürdigen „Gelehrtenadel", dem die Welt der Industrie und der Technik weitgehend fremd war und der sich an akademischen Wertmaßstäben orientierte, die einer vorurteilsfreien Auseinandersetzung mit der modernen Welt nicht förderlich waren.⁶⁸ Viele Gebildete beobachteten daher die Veränderungen, die sich in und mit der deutschen Gesellschaft vollzogen, verständnislos und befremdet und betrachteten und präsentierten sich selbst als die letzten, mit dem Rücken zur Wand gegen eine feindselige Umwelt ankämpfenden Statthalter der deutschen Kultur. In welchem Grad dies echter Überzeugung entsprach und wie weit es bloße Pose war, läßt sich heute nicht mehr ergründen. In der Tat fragt man sich, ob diese Männer es selbst gewußt haben.

Wir wissen auch nicht, wie weit diese pessimistische Weltsicht im Rest der deutschen Gesellschaft verbreitet war und wie tief sie dort empfunden worden sein mag. Gewiß waren es nur die extremsten und „weltfremdesten" Gesellschaftskritiker, die die Moderne mit jener hundertprozentigen Konsequenz verdammen konnten, die immer das ebenso fragwürdige wie glückliche Vorrecht kleiner, in sich geschlossener Minderheiten gewesen ist. Es fällt auch in der Tat nicht schwer, Gegenbeispiele aufzuzählen: Männer, die die Errungenschaften des Zeitalters priesen.⁶⁹ Man kann vermuten, daß die meisten Deutschen (und die meisten deutschen Liberalen) sich irgendwo zwischen den Extremen eines tiefsitzenden Pessimismus und eines grenzenlosen Optimismus eingependelt hatten, daß sie sich der in ihrer Gesellschaft schwelenden Spannungen und Konflikte bewußt, aber andererseits auch auf ihre Leistungen stolz waren. Die himmelsstürmenden wissenschaftlich-technischen Errungenschaften ihres Landes, seine industrielle Kraft und seine militärische Macht mochten sie mit Genugtuung erfüllen; doch sie spürten auch, daß dieselbe Entwicklung eine Welt schaffen würde, die Gefahren für ihre eigenen Wertvorstellungen und Interessen bergen würde.⁷⁰

Manche Deutsche fanden im Sozialdarwinismus ein geistiges Mittel, ihre Hoffnungen und Ängste miteinander zu versöhnen. Die „darwinistische" Vorstellung eines beständigen Kampfes aller gegen alle, sowohl innerhalb der Nationen als auch zwischen ihnen, ließ sich zur Erklärung vieler der beunruhigenden Begleiterscheinungen des Fortschritts heranziehen und hielt doch zugleich die Tröstung bereit, daß es in der geschichtlichen Entwicklung im Grunde immer nur eine Aufwärtsbewegung gebe. Nach 1890 wanderten der sozialdarwinistischen Weltanschauung Männer aus den unterschiedlichsten Winkeln des liberalen Lagers zu. Friedrich Naumann beispielsweise suchte dem Sozialdarwinismus eine demokratische, reformistische Wendung zu geben; er wollte, wie er sich ausdrückte, Darwin mit Rousseau verbinden. Die Rechte verlieh ihrem Darwinismus härtere Gesichtszüge. Für Männer wie Alexander Tille wurde die Formel vom „Überleben der Tüchtigsten" zur ideologischen Rechtfertigung einer repressiven Politik im Innern und einer expansiven Eroberungspolitik nach außen; die gefährlichen Elemente in der deutschen Gesellschaft mußten, ebenso wie die geringerwertigen Menschenrassen auf der Erde, gezähmt und unterworfen werden, so daß die „Tüchtigsten" im Kampf ums Überleben obsiegen konnten. Der Sozialdarwinismus verband sich bei seinen deutschen Anhängern freilich niemals mit einer *Laisser-faire*-Einstellung; sowohl die Linken als auch die Rechten unter ihnen sprachen dem Staat die Aufgabe zu, sicherzustellen, daß der Kampf ums Dasein auch wirklich den von ihnen gewünschten Verlauf nehme.⁷¹

Es gab auf der anderen Seite viele liberale Denker, die sich den Sozialdarwinismus nicht zu eigen machten; aber auch sie erkannten in zunehmendem Maß, daß soziale Konflikte ein wesentliches und bleibendes Element der modernen Gesellschaft waren. Auf seiten der Rechten bestärkte diese Einsicht den Wunsch nach einem starken interventionistischen Staat. Und auch auf dem linksliberalen Flügel, wo die fortschrittlichen Impulse der liberalen Weltanschauung noch hier und da aufflackerten, glaubten immer weniger daran, daß das freie Walten der gesellschaftlichen und wirtschaftlichen Kräfte aus sich heraus zu einem Ausgleich oder auch nur einer Milderung der sozialen Gegensätze führen würde. Angesichts der wachsenden Macht der Arbeiterbewegung und des periodischen Ausbrechens breitangelegter industrieller Arbeitskämpfe wurde es beinahe undenkbar, sich noch weiterhin auf jenen uneingeschränkten *Laisser-faire*-Standpunkt zu stellen, wie ihn einst Prince-Smith und seine Jünger gepredigt hatten. In diesem Sinne begannen viele Linksliberale, sich mit dem Gedanken an staatliche Maßnahmen als Beitrag zur Lösung der vielbeschworenen „sozialen Frage" anzufreunden. Lujo Brentano beispielsweise, der einst die Hoffnung gehegt hatte, die Gewerkschaften könnten die wünschenswerte Synthese zwischen wirtschaftlicher Freiheit und sozialem Fortschritt zustandebringen, begann etwa 1905 für die Einrichtung staatlicher Stellen einzutreten, die sich bei Arbeitskämpfen als Vermittler und Schlichter einschalten sollten. Blieb der Staat passiv, so würde es, wie Brentano befürchtete, entweder zu einer „neuen Leibeigenschaft" kommen, oder aber Arbeitskonflikte, wie der große Bergarbeiterstreik, der 1905 die deutsche Wirtschaft lahmzulegen gedroht hatte, würden epidemisch werden.⁷²

Daß der Glaube der Liberalen an das freie Spiel der sozialen und wirtschaftlichen Kräfte im Begriff war, dahinzuschwinden, läßt sich auch an ihrer Einstellung zum Phänomen der Kartelle anschaulich machen.⁷³ Es gab natürlich die verschiedensten Ansichten über die Kartelle, wie sie zu jener Zeit bereits bestanden. Nach Auffassung der Vertreter der Schwerindustrie waren sie eine notwendige Voraussetzung für den inneren Wohlstand und die äußere Macht des Deutschen Reiches; andere Wirtschaftsbranchen, so auch beispielsweise die, für die Gustav Stresemann sprach, beklagten sich über Kartelle nur, wenn deren Aktivitäten mit ihren eigenen wirtschaftlichen Interessen zu kollidieren drohten; und schließlich gab es einige Wirtschaftsvertreter, die behaupteten, Kartelle seien Verschwörerorganisationen, die sich zum Schaden der kleinen Gewerbetreibenden und der Verbraucher zusammengetan hätten. Immerhin akzeptierte ein beachtlicher Teil der Liberalen – auch solcher vom linken Flügel – die Existenz von Kartellen als eine wirtschaftliche Realität und glaubte, daß sie, wenn man sie nur entsprechend beaufsichtigte, einen nützlichen Beitrag zum Gemeinwohl leisten konnten. Ein ähnlicher Konsens in der Kartellfrage (und eine ähnliche Uneinigkeit über den Mechanismus und die Folgen ihres Wirkens) herrschte in den Reihen der wissenschaftlichen Nationalökonomen. Auch hier kann uns Lujo Brentano als anschauliches Beispiel für die Abkehr von den klassischen wirtschaftswissenschaftlichen Lehrmeinungen dienen. In einer 1904 gehaltenen Rede, die dadurch, daß sie die eindringliche Qualität eines persönlichen Bekenntnisses besaß, ein besonderes Gewicht erhielt, konstatierte Brentano (ohne sich selbst von dieser Kritik auszunehmen), daß die Liberalen sich häufig von Erfahrungen und Denkweisen der Vergangenheit an einer vorurteilsfreien Wahrnehmung und Beurteilung ihrer aktuellen Umwelt hindern ließen. Sie täten und sprächen beispielsweise immer noch so, als lebten sie in einem Zeitalter der „Gewerbefreiheit". In Wirklichkeit aber gehörten „Konkurrenz und Gewerbefreiheit... heute zur Vergangenheit. Wir leben im Zeitalter des mehr und mehr sich ausbreitenden Monopols."[74] Brentano war dies durchaus unsympathisch, ebenso wie ihm der Gedanke einer staatlichen Sozialpolitik unsympathisch war. Doch er akzeptierte die Realitäten als unumstößlich und war bereit, zu akzeptieren, daß es Kartelle gab und weiterhin geben würde. Für ihn wie für viele andere waren sowohl Kartelle als auch staatliche sozialpolitische Eingriffe die unentrinnbare Konsequenz der Tatsache, daß die deutsche Gesellschaft nicht in der Lage war, die im Rahmen eines freiheitlichen Sozial- und Wirtschaftssystems auftretenden Konflikte zu bewältigen.

Die Angst, daß die Freiheit nicht zu Harmonie und Fortschritt führen würde, war im Denken der deutschen Liberalen stets ein Leitmotiv gewesen. Diese Angst verstärkte sich nach 1890 in dem Maße, wie eine zunehmende Zahl von Liberalen zu der Einsicht gelangte, daß das freie Spiel der gesellschaftlichen und wirtschaftlichen Kräfte einer strengen Aufsicht unterstellt werden mußte, wenn die zerbrechliche soziale Ordnung Bestand haben sollte.

17. Die liberalen Parteien zwischen rechts und links

> Unser öffentliches Leben zeigt die tiefste innere Unklarheit und Zerfahrenheit... Nicht allein sind die politischen Richtungen in eine Unzahl kleiner machtloser Gruppen zersplittert und die Gegensätze auf das Äußerste verschärft, sondern auch keine von all den verschiedenen Parteien fühlt sich innerlich befriedigt.
>
> Wilhelm Kulemann (1911)[1]

Der Liberalismus der Wilhelminischen Ära krankte, wie die vorausgegangenen Kapitel gezeigt haben, an einer Erosion seiner parlamentarischen Stärke und an einer Verschärfung seiner internen sozioökonomischen Konflikte. Die liberalen Parteien hätten jedoch trotz dieser Probleme über einen ausreichenden demokratischen Rückhalt verfügt, um eine einflußreichere Rolle in der deutschen Politik zu spielen, wenn sie es verstanden hätten, auf der Grundlage eines in sich konsequenten politischen Programms zusammenzuarbeiten. Dazu kam es jedoch nicht, da das Nachlassen der Wählergunst und die aufbrechenden sozialen Gegensätze die politischen Risse innerhalb der Bewegung vertieften. Nach 1890 bemühten sich die Liberalen immer nachdrücklicher darum, in ihrer rechten bzw. linken Nachbarschaft, bei den Konservativen und Sozialdemokraten, Verbündete zu finden. Solche Bündnisse auf regionaler und Wahlkreisebene schienen im Sinne der parlamentarischen Überlebenslogik erforderlich. Und auch im Kampf für bestimmte sozial- und wirtschaftspolitische Ziele benötigten die Liberalen Bundesgenossen und gingen daher Koalitionen mit den Gruppen ein, deren Interessen ähnlich lagen oder die zumindest in den zur Entscheidung stehenden Fragen ähnliche Positionen vertraten. In dem Maß, wie die Liberalen sich auf diese neuen Bündnispartner zur Linken bzw. zur Rechten zubewegten, bewegten sie sich voneinander weg.

Die Kluft zwischen den beiden Flügeln der Bewegung erwies sich auch in der Periode nach 1890 als unüberbrückbar, ja, auch die Konflikte innerhalb der einzelnen liberalen Parteien verschärften sich. Die Folge war, daß ein kompliziertes Muster politischer Risse und Spalten entstand, das zu der oben beschriebenen sozialen und politischen „Zerbröckelung" der Bewegung verstärkend und sie nochmals überlagernd hinzutrat. Es gab natürlich immer noch die Unentwegten, die nach einer wiedervereinigten liberalen Gesamtbewegung, nach einer Einheitspartei riefen, in der alle fortschrittlichen Elemente des deutschen Bürgertums vertreten sein sollten. Die Geschichte des deutschen Liberalismus liefert selbst noch in ihrem Schlußkapitel das eine oder andere schlagende Beispiel für den Triumph der Hoffnung über die Erfahrung.[2] Die meisten Liberalen waren sich indessen darüber im klaren, daß die Zeiten einer in sich einigen Bewegung längst passé waren. Ernst Bassermann beispielsweise tat den Einigungsgedanken als „Phantom" ab, und Eugen Richter hatte sich gar mit einer neuen Idealvorstellung angefreundet: Er schwärmte von einer kleinen Fraktion von etwa fünfzehn Mann, „mit der ich manövrieren kann".[3]

In den Jahren unmittelbar nach dem Sturz Bismarcks drifteten einige Elemente innerhalb der Nationalliberalen Partei beschleunigt nach rechts ab. In den Gebieten, in denen die Partei sich vorwiegend auf bäuerliche Wähler stützte, entstand im Zuge der Mobilisierung der deutschen Landwirtschaft gegen die Handelspolitik der Regierung Caprivi ein fast unwiderstehlicher Sog nach rechts. So waren die Nationalliberalen beispielsweise in Hessen gezwungen, sich mit dem erzkonservativen Bund der Landwirte zu arrangieren, wenn sie nicht Gefahr laufen wollten, ihre Wähler zu verlieren. Ein ähnlicher Sog ging von Teilen der Handwerkerschaft und der kleinen Geschäftsleute aus, denen die Forderung der Rechtsparteien nach einer Revision der liberalen Industriegesetzgebung zusagte. In Regionen wie dem Ruhrgebiet sahen sich die Beamten und Unternehmer, die in der Partei den Ton angaben, zunehmend in der Rolle einer im Grunde der Erhaltung des Bestehenden verpflichteten politischen Elite, deren Interessen und Wertvorstellungen sich denjenigen der traditionellen Konservativen angenähert hatten. Landwirte, Mittelständler und Industrielle, sie alle setzten die Wahrnehmung ihrer eigenen Sonderinteressen mit der Verteidigung der deutschen Gesellschaft gegen die Bestrebungen der Sozialdemokratie gleich. Und je drohender angesichts der Wahlerfolge der Sozialisten die „rote Gefahr" heraufzuziehen schien, desto stärker wurde der Wunsch nach einer Koalition der „staatserhaltenden" Kräfte.[4]

Am klarsten zum Ausdruck gebracht wurde dieser Wunsch nach einer breiten Rechtskoalition im Jahr 1897, als Johannes Miquel, der Verfasser der *Heidelberger Erklärung* von 1884, die liberalen und konservativen Politiker zu einer Sammlungsbewegung aufrief.[5] Eine der Säulen, auf denen diese Sammlungsbewegung ruhen sollte, bildeten die gemeinsamen wirtschaftlichen Interessen von Industrie, Landwirtschaft und „Mittelstand". Eine zweite sollte ihre gemeinsame Überzeugung von der Notwendigkeit einer Verteidigung der deutschen Gesellschaft gegen die Gefahren der Demokratisierung sein.[6] Wilhelm II. brachte diese beiden Motive 1897 auf eine Formel, als er versprach, für den „Schutz der nationalen Arbeit aller produktiven Stände" Sorge zu tragen, und zwar, wenn es sein mußte, durch „rücksichtslose Niederwerfung jedes Umsturzes" und durch „schwerste" Bestrafung eines jeden, „der sich untersteht, einen Nebenmenschen, der arbeiten will, an freiwilliger Arbeit zu hindern".[7]

Die „Sammlung" war, in verändertem Gewand, nichts anderes als eine Neuauflage jener sozio-politischen Koalition, die Bismarck bereits 1866, sodann 1878/79 im Zuge der „Zweiten Reichsgründung" und schließlich nochmals auf Grundlage des Kartell-Reichstags von 1887 zustande zu bringen versucht hatte. Auf oberster Ebene funktionierte die „Sammlungspolitik" mittels eines Geflechts persönlicher Beziehungen und politischer Allianzen zwischen den Spitzen des Besitz- und

Bildungsbürgertums und der aristokratischen Elite. Viele ihrer einflußreichsten Fürsprecher waren, wie etwa Miquel selbst, durch Ehe- und Verwandtschaftsbeziehungen und/oder dadurch, daß sie selbst ein Adelsprädikat verliehen bekommen hatten, unmittelbar mit aristokratischen Häusern verbunden.[8] Auf regionaler Ebene bewährte sich die Sammlungspolitik dort am besten, wo der Nationalliberalismus sich zu einem funktionalen Ersatz für eine konservative Partei entwickelt hatte: in Westfalen, in Teilen Hannovers und Schleswig-Holsteins, in Hessen und in ein paar weiteren süd- und westdeutschen Landstrichen.[9]

Die gemeinsamen Interessen, Wertmaßstäbe und Ängste, die der Sammlungspolitik zugrunde lagen, gewannen für die politische und gesellschaftliche Entwicklung Deutschlands nach 1890 tiefgreifende Bedeutung. Die Führungsgruppen der direkt beteiligten Parteien verwirklichten jene von Bismarck immer angestrebte Koalition der Eliten, welche die Staatsgeschäfte, die Kontrolle über die Militärhierarchie und die Verfügungsgewalt über wichtige Teile der deutschen Wirtschaft praktisch in ihren Händen konzentrierte. Was die nationalliberalen Teilhaber an dieser Koalition betraf, so bestimmten sie in einigen Landtagen, darunter im preußischen, den Kurs der liberalen Politik, und auf nationaler Ebene übten sie genug Einfluß aus, um verhindern zu können, daß der Nationalliberalismus sich etwa einmal in eine breite politische und gesellschaftliche Reformbewegung einreihen würde.

Wenn es den Fürsprechern der Sammlungspolitik auch mit bemerkenswertem Erfolg gelang, reformerische Impulse im nationalliberalen Lager abzublocken, so war es ihnen doch nicht möglich, ihren Willen der Partei als ganzer aufzupfropfen. In einer ganzen Reihe von Reichstagswahlkreisen schlossen die gegebenen politischen Konstellationen ein Bündnis zwischen Nationalliberalen und Konservativen aus. Dies galt beispielsweise für Gebiete, in denen die beiden liberalen Parteien gemeinsam gegen die Polen oder die Katholiken Front machten, und ebenso für die Wahlkreise – hauptsächlich in den preußischen Ostprovinzen –, in denen der Liberalismus nach wie vor eine Alternative zu den Parteien der Rechten und ihrer Politik darstellte. Unter solchen Verhältnissen sahen sich die Nationalliberalen, zumal da die Notwendigkeit einer Stichwahl in den meisten Wahlkreisen zur Regel wurde, gezwungen, Wahlbündnisse mit dem Fortschritt und in manchen Fällen auch mit der Sozialdemokratie einzugehen, so daß es dort nicht zu einer Annäherung an die Konservativen kam.[10]

Das Problem der regionalen Eigentümlichkeiten und Unterschiede kam auf Landes- und kommunaler Ebene stärker zum Tragen. Selbst in Preußen, wo die Sammlungspolitik einen starken Rückhalt besaß, gab es Landtagswahlkreise, in denen die Nationalliberalen weiterhin mit einer der konservativen Parteien wetteiferten.[11] In Baden sorgte häufig die Gegnerschaft gegen die Zentrumspartei dafür, daß liberale Kräfte sich nach links orientierten; von 1908 bis 1913 bestand hier eine große Koalition zwischen den liberalen Parteien und der SPD, der sogenannte Großblock. In anderen süddeutschen Ländern zeitigte der Antikatholizismus ähnliche politische Wirkungen. So taten sich beispielsweise in Bayern 1907 einige Vertreter der Nationalliberalen Partei mit Teilen der Fortschrittspartei zur Gründung des Nationalvereins für das liberale Deutschland zusammen, der den Grundstock zu einer wiedervereinigten liberalen Bewegung bilden sollte.[12] Die nationalliberale Parteiführung in Berlin war zu keinem Zeitpunkt während der Wilhelminischen Ära stark genug, um diese regional bedingten Seitensprünge unterbinden zu können. Es ist im Gegenteil wahrscheinlich, daß das relative Gewicht der lokalen Parteigliederungen in dem Maße, wie die parlamentarische Position der Partei im Reichstag schwächer wurde, zunahm.[13]

Auch die innerhalb des nationalliberalen Lagers nach wie vor bestehenden sozioökonomischen Diskrepanzen, die eine gewisse Polarisierung zwischen rechten und linken Elementen bewirkten, trugen mit dazu bei, daß der sammlungspolitische Kurs sich nicht überall in der Partei durchsetzte. Die großen zollpolitischen Debatten der 90er Jahre beispielsweise riefen erneut die tiefen Gegensätze in der Frage Freihandel versus Protektionismus wach, die im Schoß der Nationalliberalen Partei schlummerten.[14] Und noch gespaltener war die Partei in der Frage der staatlichen Sozialpolitik. Gewiß waren sie sich fast alle in ihrer Gegnerschaft zur Sozialdemokratie einig, aber wie diese am besten zu bekämpfen sei, darüber gingen die Ansichten weit auseinander. Einige Elemente in der Partei befürworteten nach wie vor soziale Reformmaßnahmen, und eine Mehrheit der nationalliberalen Reichstagsfraktion weigerte sich 1894, einem Gesetz zur Unterdrückung der Arbeiterbewegung ihre Zustimmung zu erteilen.[15] Die Differenzen in der Frage der Sozialpolitik fielen häufig mit anderen sozioökonomischen Gegensätzen innerhalb der Partei zusammen, insbesondere mit jenen zwischen den Interessenvertretern der industriellen Grundstoffproduktion und denen der weiterverarbeitenden Industrie.[16] Keineswegs einig war man sich auch in bezug auf die Ansprüche und Bedürfnisse des sogenannten Mittelstandes, namentlich wenn es darum ging, allgemeine Unterstützungszusagen in konkrete gesetzliche Maßnahmen zu übersetzen. Daß es hier gegensätzliche Auffassungen gab, wurde bei der Reichstagsdebatte über das Handwerksgesetz im Jahre 1897 deutlich. In seiner endgültigen Fassung trug das Gesetz einigen Forderungen der Handwerkerschaft Rechnung, unter anderem nach der Schaffung von Standesorganisationen und nach einer Reglementierung der Lehrlingsausbildung, doch wurde die Entscheidung darüber, ob diese Neuerungen zwingend eingeführt werden sollten, den einzelnen örtlichen Innungen überlassen.[17] Das Gesetz war im Grunde ein verklausuliertes Gemisch aus Elementen der wirtschaftlichen Freiheit und des staatlichen Zwangs, ein Kompromiß zwischen den Interessen der Verbraucher und denen der Handwerksbetriebe, und es spiegelte insofern die gegensätzlichen Positionen innerhalb des Nationalliberalismus selbst wider. Verständlicherweise stellte das Gesetz die extremen mittelständischen Elemente nicht zufrieden, ebenso wie die endgültige Regelung der Zollfrage fünf Jahre später die Ansprüche des Bundes der Landwirte nicht befriedigte.

Eine Gruppe gemäßigter Nationalliberaler hatte sich um die Jahrhundertwende bewußt von den die Sammlungspolitik unterstützenden Kräften abzusetzen begonnen. Einer ihrer Wortführer, Gustav Stresemann, übte Kritik am rechten Flügel seiner Partei wegen dessen enger Verbundenheit mit der Schwerindustrie, deren Interessen häufig denen derjenigen Branchen zuwiderliefen, in deren Sold er als politischer Interessenvertreter stand. Dazu kam, daß er die Sammlungspolitik im Licht der Erfahrungen, die er in Sachsen gemacht hatte, für politisch perspektivlos halten mußte; dort war die Ära der liberal-konservativen Zusammenarbeit schon 1900 zu Ende gegangen und hatte einem mit zunehmender Bitterkeit geführten Machtkampf Platz gemacht. Stresemann verstand sich selbstredend als unerbittlicher Gegner des Sozialismus und der Arbeiterbewegung. 1903 beteiligte er sich an der Kampagne der deutschen Arbeitgeber zum Aufbau von „Schutzorganisationen" gegen die Gewerkschaften. Doch im Grunde hielt er nicht viel von den primitiven Unterdrückungsmethoden, derer sich einige der Kohle- und Eisenmagnaten von der Ruhr so gerne bedienten, und er wollte auch nicht die Hoffnung aufgeben, daß ein gewisses Maß an Reformen die Sozialdemokraten vielleicht geneigt machen würde, ihre politischen und wirtschaftlichen Forderungen zu mäßigen. Hierzu gesellte sich bei Stresemann, der sich lauthals für eine imperialistische Kolonialpolitik einsetzte, die Überlegung, daß die Weltmachtrolle, die Deutschland anstrebte, einen inneren sozialen Burgfrieden voraussetzte; er wahrte von daher eine sehr kritische Distanz zu denen, die meinten, man solle kolonialpolitische Erfolge zum Anlaß für einen Präventivkrieg gegen die Sozialdemokratie nehmen.[18]

Um die Jahrhundertwende herum nahm der linke Flügel des Nationalliberalismus einen vorübergehenden Aufschwung. Seinen bedeutsamsten institutionellen Niederschlag fand dieser Vorgang in der sogenannten „jungliberalen" Bewegung, die 1898 in Köln ihren Anfang nahm. 1906 gab es bereits 64 jungliberale Ortsverbände mit insgesamt über 10 000 Mitgliedern. Das politische Motiv, in dessen Zeichen die Bewegung ursprünglich antrat, war der Antiklerikalismus, der sich indes bald mit einer allgemeinen Opposition gegen die konservativen Parteien, dem Wunsch nach einer Zusammenarbeit mit den Fortschrittlichen in innenpolitischen Fragen, einem Bekenntnis zu gemäßigten politischen Reformen und mit der Bereitschaft verband, unter bestimmten Voraussetzungen auf einen *modus vivendi* mit der Sozialdemokratie einzugehen. Die Jungliberalen konnten nirgendwo so viel Einfluß gewinnen, daß es ihnen etwa gelungen wäre, einen der Ihren als Abgeordneten in den Reichstag zu bringen, und sie besaßen auch zu keiner Zeit die Chance, ihre Auffassungen in der Gesamtpartei durchzusetzen, aber andererseits gelang es auch ihren innerparteilichen Gegnern nicht, sie aus der Partei zu drängen. Sie blieben daher als zusätzlicher Unruhefaktor im permanent zerstrittenen Lager des Nationalliberalismus erhalten.[19]

Es ist dieser Kontext der permanenten Zerstrittenheit, innerhalb dessen die Rolle Ernst Bassermanns sich am besten verstehen und interpretieren läßt.[20] Der ungewöhnlich schnelle Aufstieg Bassermanns in die Parteileitung beruhte, ebenso wie die Tatsache, daß er die sowohl vom rechten wie vom linken Flügel seiner Partei wiederholt gegen ihn vorgetragenen Angriffe überstand, nicht nur auf seiner Begabung, Kompromisse zu schließen, sondern auch auf den vielen Berührungspunkten zu allen antagonistischen Elementen in seiner Partei, die sich aus seiner politischen Biographie ergaben. Bassermann stammte aus Süddeutschland, aus Baden, war jedoch kein Befürworter des dortigen Großblocks. Als angesehener Bürger und Ratsmitglied seiner Heimatstadt von seinem Herkommen her ein Mann, der dem traditionellen Honoratiorentypus der liberalen Führungspersönlichkeiten entsprach, war er gleichwohl bereit, seine Zeit voll und ganz der politischen Betätigung zu widmen, und bewies außergewöhnlich viel Verständnis für die auf eine straffere Organisation zielenden Bestrebungen der jüngeren Parteigeneration. Als Anwalt konnte er sich von allzu starken Abhängigkeiten von dieser oder jener besonderen Interessengruppe freihalten, verfügte aber als Vorstandsmitglied einer Anzahl von Unternehmen doch auch über enge Beziehungen zur Wirtschaftswelt. Als selbstbewußter Angehöriger des Bürgertums stand er dem traditionellen deutschen Adel kritisch gegenüber, ohne jedoch, wie die Jungliberalen es taten, die Wertvorstellungen und Ideale der Konservativen Partei und ihrer junkerlichen Führer in Bausch und Bogen zu verwerfen. Er war einigen politischen Reformvorschlägen gegenüber aufgeschlossen, wie etwa einer Revision des Klassenwahlrechts, lehnte eine vollständige Demokratisierung jedoch ab. Er kritisierte die politische Stümperhaftigkeit und Kurzsichtigkeit, die der Kaiser und seine Berater oft an den Tag legten, war aber zugleich

nicht nur Politiker und Staatsmann, er war mit allem, was es bedeutet, aus innerer Überzeugung alter Corpsstudent und Offizier, darüber konnte und wollte er nicht hinweg; er stieß sich an den Wällen des herrschenden Systems, ohne den Willen zu haben, diese Wälle einzureißen.[21]

Ebenso wie eine ganze Reihe anderer Nationalliberaler, die eine Versöhnung zwischen den gegensätzlichen Elementen in ihrer Partei herbeiführen wollten, setzte Bassermann große Hoffnungen auf den Bülow-Block, jenes Wahlbündnis zwischen den konservativen und den drei liberalen Parteien, das 1906 zu dem Zweck geschlossen wurde, der Regierung Rückendeckung für ihre Kolonialpolitik zu geben. Bassermann erwartete von dieser Übereinkunft mit den Nachbarparteien zur Linken und zur Rechten, daß sie die Polarisierung und die Spannungen zwischen den Flügeln der Nationalliberalen Partei abbauen helfen würde. Ferner glaubte er, die Partei könne, indem sie ihre Wähler auf die Unterstützung der imperialen Außenpolitik der Regierung und auf den Kampf gegen die diese Außenpolitik ablehnenden Katholiken und Sozialdemokraten einschwor, ihre internen sozioökonomischen Divergenzen überspielen. Tatsächlich kehrte im Verlauf des Reichstagswahlkampfs von 1907 größere Harmonie in die nationalliberalen Reihen ein, als viele es noch ein paar Monate zuvor für möglich gehalten hätten. Einen Augenblick lang hatte es den Anschein, als könne die Partei zur Mittlerin zwischen links und rechts werden und sich so wieder zur unentbehrlichen parlamentarischen Bündnispartnerin der Regierung aufschwingen.[22]

Allein, der Bülow-Block führte nicht zu einer Wiederkehr der „liberalen Ära" der 70er Jahre des 19. Jahrhunderts. Entgegen seiner eigenen anderslautenden Bekundungen war Bülow kein Bismarck. Und auch die soziopolitischen Verhältnisse lagen in Deutschland 1907 anders als 35 Jahre zuvor. Der Block machte, wie ein Zeitgenosse bemerkte, den Eindruck eines neu zusammengestellten Orchesters, das vorläufig nur die einfachsten Stücke spielen konnte – und das sich, wie man hinzufügen könnte, vor allem auf patriotische Marschmelodien spezialisierte. Von Anfang an erwiesen sich die Parteien am äußersten rechten und linken Rand des Blockes als bockig, und ihre öffentliche Agitation verfehlte nicht, in den Reihen der Nationalliberalen für Unruhe zu sorgen. Konflikte unterschiedlicher Art – zwischen Schwerindustrie und weiterverarbeitender Industrie, zwischen Landwirtschaft und Industrie, zwischen Reaktionären und Gemäßigten, zwischen den Fraktionen des Reichstags und denen des Preußischen Landtags – nahmen mit den Jahren immer mehr an Brisanz zu. Als die Regierung 1909 auf den Einschluß einer Erbschaftssteuer in ein Paket von Gesetzen zur Reform der Staatsfinanzen beharrte, stimmten die Konservativen zusammen mit einigen eng mit landwirtschaftlichen Interessengruppen verbundenen nationalliberalen Abgeordneten gegen die Vorlage und führten damit das Ende des Bülow-Blocks herbei.[23]

Die Enttäuschung über das Auseinanderbrechen des Blocks, die sich bei vielen gemäßigten und linken Nationalliberalen breitmachte, bestärkte sie in ihrer Opposition gegen die Sammlungspolitik. Dies schlug sich unter anderem in der Gründung des Bauernbundes nieder, der 1909 von liberaler Seite ins Leben gerufen wurde, in der Absicht, den Einfluß des rechtslastigen Bundes der Landwirte in der Bauernschaft zu schwächen.[24] Einem ähnlichen Kalkül entsprang der Hansabund, der sich im Juni 1909 konstituierte, während der Reichstag noch über die Steuerfrage debattierte. Der erklärte Zweck dieser Organisation bestand darin, wie Gustav Stresemann auf einer Kundgebung in Dresden ausführte, dem „produktiven Bürgertum" den politischen Einfluß zu sichern, der ihm aufgrund seiner gesellschaftlichen und wirtschaftlichen Macht gebühre. Um dieses Ziel zu erreichen, benötige man ein politisches Machtinstrument von ähnlich großem Gewicht, wie der Bund der Landwirte und die Arbeiterbewegung es besaßen.[25] Der Hansabund entwickelte sich im ersten Jahr seines Bestehens in der Tat auf recht eindrucksvolle Weise: 1910 verfügte er bereits über etwa fünfhundert Ortsverbände mit insgesamt einer Viertelmillion Mitgliedern. Ebenso achtunggebietend nahm sich das Spektrum der gesellschaftlichen Gruppen aus, in denen der Bund Fuß zu fassen vermochte: Industrielle und Bankiers gehörten ebenso dazu wie Vertreter wirtschaftlicher Interessengruppen, Angestellte, Handwerker und kleine Geschäftsleute. Der Bund vereinigte Vertreter von beiden Flügeln der liberalen Bewegung. So wurden beispielsweise 1912 21 Nationalliberale und 38 Linksliberale mit Unterstützung des Hansabunds in den Reichstag gewählt.[26]

Es gab Enthusiasten, die in der Gründung des Hansabundes so etwas wie die Grundsteinlegung für eine neue liberale Ära sahen, einen Wendepunkt in der innenpolitischen Geschichte des Reichs. In Wirklichkeit dokumentiert die Geschichte des Hansabundes die Unfähigkeit der Liberalen, die mittelständischen Massen zu einer homogenen politischen Bewegung zu organisieren. Von seiner Geburtsstunde an war der Hansabund mit dem Handikap tiefreichender interner Gegensätze behaftet, die ihm rasch einen großen Teil seines anfänglichen Elans entzogen; nach zwölf Monaten eines rapiden Aufschwunges stagnierte seine Mitgliederzahl auf dem 1910 erreichten Stand.[27] Der Hansabund konnte auch nichts zur Überwindung der tiefen Risse und Spalten innerhalb des Nationalliberalismus beitragen: Während er nach links hin integrierend wirkte und einige der dort beheimateten Gruppen näher zusammenrücken ließ, förderte er zugleich rechts die Gegensätze und stieß dort einige Gruppen ab. Die Fraktion, welche die Nationalliberale Partei 1912 in den Reichstag entsandte, präsentierte sich entsprechend heterogen: Sie schloß Männer ein, die dem Hansabund nahestanden, und zugleich solche, die mit dem von der Schwerindustrie getragenen Zentralverband Deutscher Industrieller verbunden waren, Mitglieder des Bauernbundes ebenso wie Parteigänger des Bundes der Landwirte, Vertreter der gemäßigten Richtung ebenso wie solche des autoritär-reaktionären Flügels.[28]

In den Jahren vor Kriegsausbruch verschärften sich die Konflikte zwischen den rivalisierenden Elementen innerhalb des Nationalliberalismus. Der eindrucksvolle Wahlsieg der Sozialdemokraten im Jahr 1912, der mit einer neuerlichen Streikwelle einherging, ließ die vom rechten Flügel erhobenen Forderungen nach einem gemeinsamen Schlag gegen den innenpolitischen Feind – die Arbeiterbewegung – lauter werden. Das *Kartell der schaffenden Stände*, das landwirtschaftliche, mittelständische und industrielle Gruppen 1913 ins Leben riefen, signalisierte den Beginn einer neuen antidemokratischen Gegenoffensive.[29] Hand in Hand mit dieser Reaktion ging ein Rechtsrutsch der liberalen Führungseliten in einer ganzen Reihe von Ländern. Die Gegensätze zwischen dem rechten Flügel der preußischen Landtagsfraktion und der nationalen Parteiführung verschärften sich. In Baden brach der Großblock und damit die einzige funktionierende Koalition zwischen Liberalen und Sozialisten auf Länderebene auseinander. In Bayern schickten sich namhafte Vertreter des liberalen Bürgertums an, im Verein mit verschiedenen klerikalen Gruppen Front gegen ihren gemeinsamen Gegner auf der Linken zu machen.[30] Und in Teilen Hannovers und Westfalens konnten konservative Organisationen eine Reihe vormals liberaler Elemente an sich ziehen.[31]

Bassermann reagierte auf diese Entwicklungen ähnlich, wie Bennigsen es drei Jahrzehnte zuvor getan hatte: Er bekräftigte das Selbstverständnis seiner Partei als einer mittleren politischen Kraft und suchte die internen Differenzen durch beschwörende Einheitsappelle zu überdecken. Auf taktischer Ebene bemühte er sich, einen Mittelweg zwischen links und rechts zu finden. Er war bereit, Ad-hoc-Bündnisse zwischen Nationalliberaler und Fortschrittspartei zu unterstützen (Bündnisse, wie sie in manchen Wahlkreisen bei der Reichstagswahl von 1912 sowie auch bei den Landtagswahlen 1913 in Preußen und 1914 in Sachsen zustande kamen), lehnte aber einen Zusammenschluß der beiden Parteien ab. So wenig er für das Ansinnen repressiver Maßnahmen gegen die Arbeiterbewegung zu gewinnen war, so sehr verurteilte er weiterhin diejenigen, die für eine weitergehende Verständigung mit den Sozialisten und für weitere soziale und politische Reformen eintraten.[32]

Eine Reihe von Anzeichen deuten darauf hin, daß die integrative Kraft

Bassermanns, seine Fähigkeit, die Partei zusammenzuhalten, 1914 zu erlahmen im Begriff war, hatten doch schon 1912, bei seiner Wiederwahl zum Parteivorsitzenden, 30 der 109 stimmberechtigten Mitglieder des nationalliberalen Vorstands einen leeren Stimmzettel abgegeben.[33] Und im Juni 1914, nur wenige Tage vor den Todesschüssen von Sarajewo, konfrontierte Bassermann seine Kollegen von der Parteiführung mit der Warnung vor einer neuen Sezession, die dem Nationalliberalismus seiner Ansicht nach drohte.[34] Vielleicht wäre den Nationalliberalen, wenn nicht wenige Wochen später der Krieg begonnen hätte, ein neuer Aderlaß ähnlich dem, der ihnen Ende der 70er Jahre so verheerend zugesetzt hatte, nicht erspart geblieben. Allein, wenn es auch nicht zu einer formellen Spaltung kam, waren sich doch viele Nationalliberale darüber im klaren, daß der Riß, der sich durch ihre Partei zog, nur noch durch einen dünnen Verputz nach außen hin überdeckt wurde.

Wenn man sich vergegenwärtigt, welche Probleme sich vor Bassermann auftürmten, muß man es als eine außerordentliche Leistung würdigen, daß es ihm gelang, eine definitive Spaltung seiner Partei zu verhindern bzw. so lange hinauszuzögern. Allerdings war häufig Handlungsunfähigkeit der Preis für die Erhaltung der Einheit. So sahen sich die Nationalliberalen beispielsweise gezwungen, in der Frage der Wahlrechtsreform eine bewußt zweideutige Haltung einzunehmen. Offiziell verteidigte die Partei das geltende demokratische Reichstagswahlrecht (obgleich es auf ihrem rechten Flügel viele gab, die es gerne geändert gesehen hätten), trat aber andererseits für nur geringfügige Modifikationen am preußischen Dreiklassenwahlrecht ein (obgleich Teile ihres linken Flügels gerne eine weitergehende Demokratisierung gesehen hätten). Dieses Lavieren verärgerte beide Parteiflügel und trug, was noch schwerer ins Gewicht fiel, nicht unerheblich zum Versagen des Parlaments bei der Bewältigung dieses mit zunehmender symbolischer und praktischer Bedeutung befrachteten Problems bei.[35] Ein ähnliches Bild bietet sich, wenn man die Haltung der Liberalen in der Frage der Verfassungsreform betrachtet. Schon vor 1908, dem Jahr, in dem Wilhelm II. dem *Daily Telegraph* sein so überaus fatales Interview gab, hatten sich viele nachdenkliche Deutsche ernsthaft Gedanken über die weitgehenden Machtbefugnisse zu machen begonnen, die dem Monarchen der Reichsverfassung nach zustanden. Bassermann teilte diese Bedenken und bemühte sich im Verein mit einer Reihe anderer gemäßigter Liberaler, die „Verantwortlichkeit" der Exekutive in stärkerem Maß praktisch zum Tragen zu bringen. Doch war Bassermann ebensowenig wie die Mehrzahl seiner Kollegen bereit, eine nennenswerte Erweiterung der Vollmachten des Parlaments in Erwägung zu ziehen. Die Nationalliberalen hatten noch nie eine entschiedene Alternative zum Dogma der Hegemonie des Staates über das Volk artikuliert, und sie taten dies auch jetzt nicht. Als die dem politischen System Deutschlands innewohnenden Widersprüche 1913 unübersehbar geworden waren, fiel Bassermann nichts Besseres ein, als pathetisch die Hoffnung auf einen starken Mann zu beschwören: Es sei nur allzu verständlich, so schrieb er, „daß in dieser Zeit, in einer Zeit der Epigonen, wie man sie wohl mit Recht nennen kann, die Sehnsucht nach einem starken Staatsmanne, wie es einst Bismarck war, stark und stärker sich geltend macht".[36] Die verpaßten Reformchancen, die den Weg der deutschen Politik im letzten Jahrzehnt vor dem Krieg säumen, bieten uns einen lebhaften Anschauungsunterricht zur anhaltenden Unfähigkeit des deutschen Liberalismus, sich in seinem politischen Denken und Handeln aus den alten Sackgassen und Zwickmühlen zu befreien, in die er sich selbst hineinmanövriert hatte.

Die Geschichte des Linksliberalismus in der Wilhelminischen Ära beginnt mit dem erneuten Aufbrechen jener alten Kluft zwischen Fortschrittspartei und Sezession, die sich 1884 vorübergehend geschlossen hatte. Zu Beginn der 90er Jahre begannen die Anführer der Sezession das Zusammengehen mit der Fortschrittspartei zu bereuen. Sie hatten die Überzeugung gewonnen, daß die rigide Oppositionspolitik Eugen Richters die Verbreiterung der gesellschaftlichen Basis ihrer Partei erschwerte und einen positiven Beitrag von ihrer Seite zum „neuen Kurs" des Reichskanzlers Leo von Caprivi verhinderte. Als diese Frustrationen 1893, anläßlich der Debatte über den Militärhaushalt, einen Siedepunkt erreichten, spalteten sich die beiden Gruppen wieder in getrennte und einander bekämpfende Fraktionen.[37] Doch wie beim Zusammenschluß von 1884 folgte auf die Spaltung von 1893 der Zusammenbruch jener Hoffnungen, von denen sie begleitet gewesen war. Die Reichstags- und Landtagswahlen des Jahres 1893 endeten mit schweren Niederlagen für die beiden linksliberalen Gruppierungen. Ein Jahr später war die von guten Absichten geleitete, aber praktisch-politisch wenig ergiebige Ära Caprivi zu Ende, und damit wurden auch die Hoffnungen der Sezessionisten auf bessere Beziehungen zur Exekutive gegenstandslos.[38]

Von 1893 an bis unmittelbar vor seinem Tod im Jahre 1906 war Eugen Richter der unbestrittene Kopf der Freisinnigen Volkspartei. Es scheint, als habe Richter sich damit abgefunden, der politische Führer einer auf unabsehbare Zeit zum Dasein einer parlamentarischen Minderheit verurteilten Gruppe zu sein, einer Gruppe, die er freilich mittels einer gut funktionierenden Organisation und mit Hilfe seiner unermüdlichen, aber sich stets gleichbleibenden und daher auf die Dauer ermüdenden politischen Rhetorik zusammenhielt.[39] Viele Wortführer der Freisinnigen Vereinigung wollten sich jedoch mit einem solchen Minderheitendasein nicht zufriedengeben. Sie weigerten sich, die Hoffnung darauf, daß sie eines Tages eine einflußreichere Rolle im politischen Leben Deutschlands spielen würden, fahren zu lassen. Und um diesem Ziel näher zu kommen, waren sie bereit, sich von einigen alten Glaubensüberzeugungen und Gepflogenheiten zu trennen. „Die Gefahr einer Verknöcherung liegt nahe", schrieb Theodor Barth 1893. „Die Partei verlor sichtlich an Anziehungskraft. Man lebte von der alten Tradition... Neue Zeiten rufen neue Probleme hervor."[40]

In den Jahren nach 1893 betrieben die Linksliberalen ihre Suche nach neuen politischen Strategien mit um so größerem Eifer, je mehr sie in die Auseinandersetzungen über den wirtschaftspolitischen Kurs der Regierung hineingezogen wurden. Es fiel ihnen sowohl von ihrer Interessenlage als auch von ihrer Ideologie her leicht, den Handels- und Zollverträgen Caprivis zuzustimmen, und aus den gleichen Beweggründen widersetzten sie sich allen Versuchen, die Gewerbefreiheit einzuschränken. Wie wir bereits gesehen haben, fanden die linksliberalen Parteien Rückhalt und Widerhall bei den Verbrauchern und bei all jenen Berufsgruppen, die sich vom Freihandel Vorteile versprechen konnten: bei einem Teil der Banken- und Finanzwelt, bei der Großkaufmannschaft der Küstenstädte, bei den Viehzüchtern, einem Teil der kleinen Gewerbetreibenden usw. Die meisten dieser Gruppen setzten sich auch gegen Versuche einer Revision der Gewerbeordnung im Sinne einer Beschränkung des freien Wettbewerbs zur Wehr, da sie als Folge solcher Reglementierungen eine Erhöhung der Einzelhandelspreise befürchteten.[41] Die Linksliberalen machten diese materiellen Interessen zwar geltend, umkleideten sie jedoch mit einer Aura geistiger Werte. Sie betrachteten sich noch immer als die eigentlichen Advokaten des Allgemeinwohls, im Gegensatz zu allen anderen Parteien, die ihrer Ansicht nach lediglich Sonderinteressen vertraten; dazu kam, daß die Kampagne der Junker zur Durchsetzung eines staatlichen Agrarprotektionismus antiaristokratische Gefühle aufwühlte und dazu beitrug, daß die Debatte über den wirtschaftspolitischen Kurs die Dimension eines Kampfes zwischen den Kräften des „Fortschritts" und denen der „Reaktion" gewann.[42]

Ebenso wie der Wunsch nach Schutzzöllen die Koalitionsbildungen auf der rechten Seite des politischen Spektrums förderte, veranlaßte der Kampf gegen staatliche Eingriffe in die Wirtschaft Teile der liberalen Bewegung, sich nach Bündnispartnern in ihrer linken Nachbarschaft umzusehen. Die Gründer des Handelsvertragsvereins trugen sich, wie manche Befürworter der Sammlungspolitik, mit der Hoffnung, die Gemeinsamkeit bestimmter wirtschaftlicher Interessen könne zur Klammer für die Kooperation verschiedener politischer Gruppen links von der Mitte werden. So vertrat etwa Georg von Siemens, einer der Gründer des genannten Vereins, die Auffassung, ob man für oder gegen den Freihandel sei, sei im Grunde „nur eine Magenfrage, und der Magen ist etwas rein Menschliches", d.h. etwas, das jedermann, unabhängig von politischer Einstellung und Parteimitgliedschaft, gleichermaßen angehe.[43]

Auf der Suche nach Bündnispartnern wandten sich manche Liberale den Sozialdemokraten zu, die für die Caprivischen Handelsverträge gestimmt und sich ihrer Widerrufung widersetzt hatten. Sozialisten und linke Liberale hatten auch 1894 und 1899 gemeinsam gegen neue Varianten eines Sozialistengesetzes und 1897 gegen das Handwerksgesetz gestimmt. Eine ebenso wichtige Rolle spielte auch, daß manche liberale Führer sich vom Vordringen der revisionistischen Richtung innerhalb der Sozialdemokratie sehr beeindruckt zeigten. Die Vorstellungen solcher sozialistischen Politiker wie Vollmar und Bernstein schienen darauf hinzudeuten, daß die SPD bereit war, im Zeichen des Kampfes um wirtschaftliche Freiheit und politische Reformen in ein gemäßigt linkes Bündnis einzutreten. Theodor Barth machte schon Mitte der 90er Jahre auf diese Veränderungen innerhalb der Sozialdemokratie aufmerksam, und wenige Jahre später trat er nachdrücklich für Wahlbündnisse zwischen dem Liberalismus und der Sozialdemokratie ein. Barth erkannte, daß solche Bündnisse von seiten der Liberalen ein

Eintreten für eine aktive staatliche Sozialpolitik voraussetzen würden, und genau auf diese Linie versuchte er seine Parteifreunde mit Hilfe solcher altgedienten Sozialreformer wie Lujo Brentano einzuschwören. 1902 erteilte Theodor Mommsen dieser Strategie in einer vielgelesenen Broschüre mit dem Titel „Was uns retten kann" seinen Segen.[44]

Die von Barth propagierte Position stieß auch in dem von Friedrich Naumann 1896 gegründeten Nationalsozialen Verein auf Widerhall.[45] Naumann, ein zum Berufspolitiker bekehrter protestantischer Geistlicher, hatte seine Laufbahn in der sozialpolitisch engagierten, aber politisch konservativen Christlich-Sozialen Bewegung Adolf Stoeckers begonnen. Um die Mitte der 90er Jahre hatte er mit Stoecker gebrochen und propagierte nun eine eigentümliche ideologische Mixtur aus Nationalismus, sozialem Reform- und politischem Demokratisierungswillen. Was Naumann und Barth verband, war nicht nur der gemeinsame Kampf gegen die politische Reaktion und für den Freihandel, sondern auch ihr Bestreben, die Arbeiterbewegung in eine gemäßigt reformistische Koalition einzubeziehen. 1903 löste Naumann seinen Verein, der zuvor eine Reihe enttäuschender Wahlergebnisse hatte hinnehmen müssen, auf und brachte die Mehrheit seiner Gefolgsleute in die Freisinnige Vereinigung ein.[46]

Eugen Richter und seine Parteigänger standen Barth und Naumann mit unverhüllter Feindseligkeit gegenüber. Sie lehnten nicht nur deren nachdrückliches Eintreten für das nationale Machtstreben ab, sondern distanzierten sich auch von ihrem enthusiastischen Werben für die Flotten- und Weltpolitik. Naumanns grandioser Plan einer breiten Koalition „von Bebel bis Bassermann" konnte bei Leuten nicht auf große Gegenliebe stoßen, die sich entschlossen hatten, die beste Antwort auf die durch die Krise des Liberalismus aufgeworfenen Probleme in der Arbeit einer kleinen, disziplinierten mittelständischen Partei zu sehen. Die Freisinnige Volkspartei mußte zwar eine Reihe von Wahlabsprachen mit der SPD eingehen, ließ sich aber nach wie vor auf keinerlei politische Zugeständnisse ein, obgleich dies vielleicht die Aussicht auf eine längerfristige Zusammenarbeit eröffnet hätte. Sie setzte sich beispielsweise nicht nachdrücklich für eine Demokratisierung des Wahlrechts auf kommunaler und Landesebene ein und zeigte sich an sozialen Reformvorhaben hartnäckig desinteressiert. Solange Richter am Leben war, blieb seine Partei somit auf dem von ihm festgelegten Kurs eines Kampfes sowohl gegen die Linke als auch gegen die Rechte – eines Kampfes, dessen Sinn freilich immer fraglicher wurde.[47] Die in Süddeutschland aktive Volkspartei war der politischen Demokratisierung gegenüber weit aufgeschlossener als die Partei Richters, aber auch ihre Mitglieder setzten sich in ihrer Mehrheit gegen Versuche zur Wehr, sozialen Reformforderungen einen vorderen Platz in ihrem Programm einzuräumen. Diese anhaltende Gleichgültigkeit gegenüber den Problemen der Industriegesellschaft trug mit dazu bei, daß es nicht zu einer engeren Zusammenarbeit zwischen der Volkspartei und der Arbeiterbewegung kam.[48]

Auch in der Freisinnigen Vereinigung selbst gab es nicht unbeträchtliche Widerstände gegen Naumann und Barth. Doch da die Nachfahren der Sezession unter anderem eine Tradition des dezentralen, nur lose organisierten politischen Handelns geerbt hatten, tolerierten sie die Ideen dieser Männer, selbst wenn sie sie nicht akzeptierten. Der niedrige Organisationsgrad sowohl bei den Nationalsozialen als auch bei der Freisinnigen Vereinigung war mit ein Grund dafür, daß der Zusammenschluß beider so reibungslos ablief – wenn man sich das theoretische Bekenntnis Naumanns zu organisatorischem Zusammenhalt und diszipliniertem kollektiven Handeln vergegenwärtigt, entbehrt dieser Sachverhalt nicht des ironischen Reizes. Als ein weiteres Motiv gesellte sich hinzu, daß Teile der in der Vereinigung vertretenen Bank- und Handelsinteressen erkannten, daß eine „Öffnung nach links" (oder auch schon das Reden über eine solche) ihnen womöglich wertvolle Schützenhilfe in ihrer Kampagne für die Wiederherstellung der Handelsfreiheit einbringen würde. Sie konnten es sich, da sie in ihren Unternehmen nicht viele Arbeiter beschäftigten, ohne weiteres leisten, sich für bestimmte soziale Reformen und für die Gewerkschaften stark zu machen. Doch konnten zu keiner Zeit Zweifel bestehen, daß die Interessen dieser Bankiers und Kaufleute wenig mit den Forderungen der Sozialdemokraten, selbst in ihrer gemäßigtsten Formulierung, gemein hatten.[49]

Ein weiterer Vorbehalt, der in beiden Freisinnigen Parteien gegen eine „Öffnung nach links" geltend gemacht wurde, hatte mit den unterschiedlichen und teilweise gegensätzlichen wahlstrategischen Konzepten zu tun, an die die Parteien sich je nach den an Ort und Stelle vorliegenden Konstellationen halten mußten. Genauso wie im nationalliberalen Lager die Befürworter der Sammlungspolitik sich häufig mit denjenigen auseinanderzusetzen hatten, die in ihrem Wahlkreis auf die Unterstützung der Linksliberalen angewiesen waren, sahen sich im Lager der Freisinnigen Naumann und Barth mit dem Widerstand derjenigen konfrontiert, die Unterstützung von rechtsliberaler Seite benötigten, um ihren Wahlkreis zu halten.[50] Das galt nicht nur für Reichstags-, sondern auch für Landtagswahlen: In einigen Landtagswahlkreisen lautete die politische Alternative Linksliberalismus versus SPD, in anderen stellten die Freisinnigen die linke Alternative zu den Rechtsparteien dar, und in einigen wenigen Gebieten standen Freisinnige und Rechte gemeinsam gegen die Polen. In vielen Großstädten sowie in Teilen Süddeutschlands verbündeten sich Rechts- und Linksliberale gegen ihre gemeinsamen Gegner.[51] Wenn es darum ging, ob sie ihre Fühler nach links oder aber nach rechts ausstrecken sollten, so war dies für die Freisinnigen, ebenso wie für die Nationalliberalen, nicht allein eine Frage der ideologischen und interessenbezogenen Gemeinsamkeiten, sondern auch eine Frage der politischen Konstellationen und Alternativen, wie sie sich in den verschiedenen Regionen des Reichs darboten.

1906 war der Enthusiasmus, den der Gedanke einer Öffnung nach links anfänglich ausgelöst hatte, zum Teil bereits wieder abgeebbt. Schon vier Jahre zuvor hatte ein neues Zollgesetz den wirtschaftspolitischen Auseinandersetzungen ein Ende gemacht, die den Liberalen und den Sozialisten ein wichtiges Moment an Gemeinsamkeit geliefert hatten. Darüber hinaus schwächte die offizielle Distanzierung der SPD vom Revisionismus, zusammen mit dem Erwachen eines neuen Radikalismus am linken Flügel der Sozialdemokratie, in beiden Parteien die Stellung der Befürworter eines liberal-sozialistischen Bündnisses. Und dazu kam schließlich, daß sich um 1906 herum in beiden linksliberalen Fraktionen eine Neigung zu engerer Zusammenarbeit bemerkbar machte. Durch den Tod Eugen Richters im gleichen Jahr war eines der größten Hindernisse, die einer solchen Zusammenarbeit bis dahin im Weg gestanden hatten, beseitigt. Etwa um die gleiche Zeit gewann in der Volkspartei eine neue Führergeneration an Einfluß, deren Vertreter weit weniger Vorbehalte gegen eine Zusammenarbeit mit den Männern hatten, die von ihren Vätern geringschätzig als „preußische Fortschrittler" tituliert worden waren.[52] Merklichen Zulauf erhielten die Befürworter einer Fusion der linksliberalen Parteien durch die Bildung des Bülow-Blocks, in dem ja alle drei liberalen Parteien vertreten waren. Mit dieser Blockbildung erfüllte sich, zumindest ansatzweise, der Traum Friedrich Naumanns von einer wiedervereinigten liberalen Gesamtpartei. Indes, während Naumann gehofft hatte, im Zeichen dieser Einheit eine Kampagne gegen die Reaktion entfachen zu können, beinhaltete der Bülow-Block nun notgedrungen auch Bündnisse mit Parteien der Rechten (mancherorts unter anderem auch mit radikalen antisemitischen Gruppierungen) sowie eine verschärfte Opposition gegen die Sozialdemokratie.[53] Dieser Preis, den die Teilhaberschaft am Bülow-Block kostete, wurde einigen linken Liberalen schließlich zu hoch, so daß eine kleine Gruppe unter der Führung Theodor Barths 1908 ihre Mitarbeit aufkündigte.[54] Naumann dagegen blieb, zusammen mit der Mehrheit seiner und der anderen liberalen Fraktionen, dem Block bis zu seiner Liquidierung ein Jahr später treu.

Als die drei linksliberalen Fraktionen sich schließlich 1910 zur Fortschrittlichen Volkspartei vereinigten, führte dieser Schritt gleichwohl nicht zu einer Verringerung der Kluft zwischen Linksliberalismus und Arbeiterbewegung.[55] Ideologische Differenzen, gegensätzliche materielle Interessen und unterschiedliche politische Strategien vereitelten weiterhin jede längerfristige Zusammenarbeit zwischen den Linksliberalen und dem „proletarischen Flügel des Liberalismus", wie Naumann sich auszudrücken pflegte. Welche Hindernisse einer Zusammenarbeit entgegenstanden, wird exemplarisch deutlich an der Stellung, die die neue Partei zur Wahlrechtsfrage bezog, die für viele Sozialdemokraten zum Prüfstein demokratischer Gesinnung und demokratischer Entwicklung in Deutschland geworden war. Anders als die Nationalliberalen, war die liberale Linke bereit, einer Demokratisierung des preußischen Landtagswahlrechts zuzustimmen, denn jetzt konnte sie sich als Demokrat und Gegner des deutschen Konservatismus profilieren, ohne viel zu riskieren; bei ihrer ohnehin schwachen Position im Preußischen Landtag hatte sie von einer Wahlrechtsänderung kaum etwas zu befürchten. Schwieriger wurde es für sie in der Frage einer Neuregelung des Kommunalwahlrechts. In den Großstädten waren nicht die Konservativen, sondern die Sozialdemokraten die Hauptwidersacher der Liberalen; dazu kam, daß die Linksliberalen in vielen Städten noch über ein beachtliches politisches Gewicht verfügten, und zwar deswegen, weil das dort geltende Wahlrecht die Mittelschichten begünstigte, auf deren Stimmen sie sich stützten. Die Liberalen in diesen Städten wußten, daß die Einführung eines demokratischen Wahlrechts gleichbedeutend sein würde mit ihrem politischen Untergang. So war im Programm der Fortschrittlichen Volkspartei zwar von der Notwendigkeit die Rede, die kommunalen Wahlverfahren zu reformieren, ja sogar davon, daß das Klassenwahlrecht abgeschafft werden müsse, aber eine volle Demokratisierung der Wahlmodi wurde nicht ausdrücklich gefordert. In vielen Städten nutzten die linken Liberalen nach wie vor die Gunst undemokratischer Wahlverfahren und arbeiteten sogar bewußt auf ihre Beibehaltung hin. Die Sozialisten sahen in diesem Verhalten verständlicherweise ein neues Beispiel für die Heuchelei und Unzuverlässigkeit der Liberalen.[56]

Abgemildert wurden die Gegensätze zwischen Liberalen und Sozialisten zuweilen durch taktische Rücksichtnahmen und persönliche Absprachen. Die zeitgenössischen Darstellungen des kommunalen politischen Lebens wissen indes von zahlreichen Beispielen für das Vorwalten von Mißtrauen und Feindseligkeit zwischen den beiden Bewegungen zu berichten.[57] Hier, auf der untersten Ebene der politischen und sozialen Interaktion, waren es alte Feindbilder und Klassenvorurteile, die einer politischen Verbindung zwischen den Mittelschichten und der Arbeiterklasse oft unüberwindliche Hindernisse entgegensetzten. Mochten auch Professoren und Publizisten wie Naumann, Barth und Mommsen feierlich verkünden, daß die liberale Linke sich mit der Arbeiterbewegung zusammentun müsse, das Klima, das die notwendige Vorbedingung für ein Funktionieren dieser Zusammenarbeit im politischen Alltag gewesen wäre, konnten sie damit nicht schaffen.[58]

Das Wählerverhalten bei der Reichstagswahl 1912 legt die Annahme nahe, daß diese Probleme auch noch in der unmittelbaren Vorkriegszeit ungeschmälert weiterbestanden. Als die Ergebnisse des ersten Wahlgangs vorlagen, war sowohl Sozialisten als auch Linksliberalen klar, daß es in ihrem beiderseitigen Interesse liegen mußte, zusammenzuarbeiten. Die SPD-Führung wünschte sich liberale Hilfe gegen die Rechtsparteien, um den bereits absehbaren Sieg ihrer Partei noch klarer gestalten zu können; den Linksliberalen war es nicht gelungen, auch nur einen einzigen Wahlkreis im ersten Wahlgang für sich zu entscheiden, und sie mußten mit allen Mitteln versuchen, ein totales Debakel abzuwenden. Die Sozialisten waren, um sich die Unterstützung der Liberalen zu sichern, zu einer Anzahl von Zugeständnissen bereit, unter anderem dazu, den Liberalen einige Wahlkreise kampflos zu überlassen, in denen ihre eigenen Kandidaten durchaus eine reelle Siegchance besaßen. Die Fortschrittliche Volkspartei reagierte auf diese Avancen zurückhaltend, da sie, wie gewohnt, einen Zweifrontenkrieg zu führen hatte und hier auf die Unterstützung der Rechtsparteien, dort auf die der Sozialisten angewiesen war. Dennoch gab die Parteiführung den Sozialdemokraten die Zusage, ihren Parteigängern in 31 Wahlkreisen die Wahl des SPD-Kandidaten zu empfehlen. Unproblematisch war dies freilich nur in einigen wenigen Wahlkreisen, wo die Fortschrittlichen sich in ihrer Mehrheit ohnehin stark nach links orientierten; anderswo dagegen zeigten die linksliberalen Wähler große Vorbehalte gegen eine Unterstützung der SPD. Wie Carl Schorske in seiner Studie über die deutsche Sozialdemokratie dargelegt hat, zeigte die Wahl von 1912 zum erneuten Mal, daß im politischen Leben Deutschlands die entscheidende Demarkationslinie zwischen der Arbeiterbewegung einerseits, dem Rest der Gesellschaft andererseits verlief.[59]

Aus dem Verhältnis der Liberalen zum Volk ergaben sich, wie es bei ihnen stets der Fall gewesen war, Konsequenzen für ihre Einstellung zum Staat. Aufgrund der auch nach 1890 anhaltenden Entfremdung zwischen Liberalismus und Arbeiterbewegung fiel es den Liberalen äußerst schwer, sich eine Alternative zum bestehenden Regierungssystem zu denken. Offiziell bekannten sich die linksliberalen Parteien zu einer Ausweitung der parlamentarisch-demokratischen Kontrolle. Das Programm der Fortschrittlichen Volkspartei von 1910 stellte unter anderem die folgenden Forderungen auf:

Freiheitlicher Ausbau der Reichsverfassung im konstitutionellen Sinne. Verantwortliches kollegiales Reichsministerium. Festigung und Ausnutzung der Rechte der Volksvertretung. Stärkung des Initiativrechts.[60]

Allein diese Forderungen nach einer Erweiterung der Machtbefugnisse des Reichstags waren von vornherein durch das Wissen blockiert, daß jede weitergehende Parlamentarisierung des Systems gerade nicht den liberalen Parteien, sondern denen der Rechten und der Linken zugute kommen würde. Für die Fortschrittlichen hätte ein parlamentarisches Regime bedeutet, daß sie entweder jede Hoffnung auf eine Teilhabe an der Regierung hätten aufgeben oder aber eine Koalition, sei es mit der Rechten, sei es mit der Linken, hätten eingehen müssen. Weil sie beides nicht wollten (und vielleicht auch nicht konnten), scheuten sie immer wieder davor zurück, rückhaltlos für ein souveränes, mit allen demokratischen Kontrollrechten ausgestattetes Parlament einzutreten.[61] Ja, die liberalen Wortführer beeilten sich, immer wenn die Frage akut wurde – vor allem bei jenen Regierungskrisen, welche die Entwicklung der deutschen Innenpolitik in der letzten Lebensphase des Kaiserreiches markierten (der *Daily-Telegraph*-Affäre von 1908, der Debatte um den Zaberner Zwischenfall von 1913 und der 1917 einsetzenden kriegsbedingten Dauerkrise des politischen Systems), sich von etwa lautgewordenen Forderungen nach Einsetzung einer verantwortlichen Parteienregierung zu distanzieren.[62] Gewiß äußerte die liberale Linke ihre Kritik am Status quo viel entschiedener als etwa die Nationalliberalen, doch ebenso wie diese versäumte auch sie es, ein konkretes praktikables Alternativmodell zum herrschenden System zu entwickeln. Friedrich Payer, der selbst intensiv an den Diskussionen über dieses Problem beteiligt war, charakterisierte die Situation treffend mit den Worten: „Es fehlte ihm (dem Reichstag) nicht bloß an der Kraft, sondern auch am Willen, der Regierung Direktion für ihre Politik zu geben."[63]

Dieselbe Schwäche findet sich auch in der politischen Theorie des Linksliberalismus wieder. Friedrich Naumann beispielsweise, der selbstberufene Apostel der liberalen Erneuerung, propagierte in seinem bekannten Werk *Demokratie und Kaisertum* eine neue Variante des alten liberalen Dualismus Staat – Volk. Der entscheidende Schritt zur Reform des politischen Systems werde, so erklärte Naumann, von einem zu den Ideen der Demokratie bekehrten Kaiser ausgehen.[64]

Max Weber teilte diesen Glauben an ein in der Person des Kaisers schlummerndes demokratisches Potential nicht, aber auch er konnte sich eine Regierungsform, in der der „Wille des Volkes" das oberste Gebot sein würde, nicht vorstellen. „Es ist", schrieb er 1908, „gerade so, als ob man von einem Willen der Stiefelkonsumenten reden wollte, der für die Art, wie der Schuster seine Technik einrichten sollte, maßgebend sein müsse! Die Schuhkonsumenten wissen zwar, wo sie der Schuh drückt, aber niemals, wie er besser gemacht werden sollte."[65] Naumann und Weber näherten sich in der Folge dann doch ein Stück weit den Befürwortern einer parlamentarischen Regierungsform an. Beide erkannten zu guter Letzt, daß der Systemkonflikt zwischen Volk und Staat nur überwunden werden konnte, wenn man einen der beiden Antagonisten zum Souverän machte, und dies konnte nach Lage der Dinge nur das Volk sein. Auf der anderen Seite ließen beide niemals ganz von ihrem Vorbehalt ab, es könne sich aus der Unberechenbarkeit des Volkes gelegentlich die zwingende Notwendigkeit ergeben, die Geschicke der Nation in die Hände einer starken und unabhängigen Führung zu legen. Dieser Gedanke fand seinen Niederschlag in den Beiträgen der Linksliberalen zur Weimarer Verfassung und sorgte damit indirekt dafür, daß die traditionelle Ambivalenz der Liberalen gegenüber der Demokratie sich noch weit über die Zäsur von 1919 hinaus am Leben erhielt – mit den bekannten unseligen Folgen.[66] Wir werden niemals ergründen, wie der deutsche Liberalismus sich weiter entwickelt hätte, wenn nicht der Krieg ausgebrochen wäre, der die politische Entwicklung in Deutschland zunächst suspendierte und dann revolutionierte.[67] Manche Historiker glauben Anzeichen für eine neue Vitalität des Liberalismus, namentlich des Linksliberalismus, am Vorabend des Krieges entdeckt zu haben. Es scheint zumindest, als ob die politischen Druck- und Zugkräfte, die auf den Liberalismus von seinen linken und rechten Gegnern her eingewirkt hatten, zu diesem Zeitpunkt etwas abgeklungen waren: Der Rechtsradikalismus hatte sich, soweit er in Form eigenständiger Parteien aufgetreten war, totgelaufen; die Sozialdemokratie hatte ihr Wählerpotential möglicherweise bis zum Rand ausgeschöpft; und den Liberalen gelangen in Ostpreußen wieder einige bescheidene Wahlerfolge über die Konservativen. Doch diese vereinzelten hoffnungsvollen Anzeichen lassen nicht den Schluß zu, daß die liberale Bewegung sich nach ihrem jahrzehntelangen Niedergang nun zu einem neuen Aufschwung angeschickt hätte. Überall im Reich standen die Liberalen politischen Konkurrenten gegenüber, die ihnen die eine oder andere aus der heterogenen Vielfalt ihrer Wählergruppen abspenstig zu machen drohten. Und ebenso wichtig war, daß die Konflikte innerhalb der Bewegung anhielten. Wenn wir die innere Verfassung der liberalen Parteien im Jahr 1914 betrachten, finden wir keinen Anhaltspunkt dafür, daß eine von ihnen, geschweige denn der Liberalismus als ganzer, auf dem Weg gewesen wäre, die regionalen, sozialen und ideologischen Gegensätze in den eigenen Reihen zu überwinden und eine verbindliche politische Vision zu formulieren, in deren Zeichen sich ihre Gefolgschaft zu einer kraftvollen politischen Bewegung hätte formieren können.

RESÜMEE

Liberalismus, Nationalismus und die deutsche Frage

Will man die Geschichte des Untergangs des Liberalismus in Deutschland noch einmal zusammenfassend darstellen, so ruft man sich vielleicht am besten die hoffnungsvollen Erwartungen in Erinnerung, die einst liberales Denken und Handeln genährt hatten. Bis weit in die letzten Jahrzehnte des 19. Jahrhunderts hinein glaubten viele Liberale noch an die Schaffung einer harmonischen gesellschaftlichen und politischen Welt, gegründet auf der Versöhnung von Staat und Volk. Sie sahen sich selbst sowohl als Handlanger als auch als Nutznießer dieser Versöhnung. Als die irdische Verkörperung der aufgeklärten Vernunft war der Liberalismus die Partei des „wirklichen Volks"; als Repräsentant des Mittelstands war er der Sachwalter des allgemeinen Wohls; als Avantgarde der „Bewegung" war er die politische Kraft, deren schließlicher Triumph sich im Fortschritt der Geschichte zwangsläufig ergeben würde. Es gab, wie wir wissen, zu jeder Zeit liberale Denker, die diese optimistische Vision nicht teilten, und viele andere, die von Zweifeln und Ängsten heimgesucht wurden. Die große Mehrheit der fortschrittlich denkenden Deutschen jedoch bezog fast ein Jahrhundert lang aus der Zuversicht, daß die Zukunft dem Liberalismus gehören würde, Tatkraft und Mut. Ich habe in meiner Analyse zu zeigen versucht, weshalb es nicht so gekommen ist.

Diejenigen, die sich vornahmen, die deutsche Wirklichkeit im Rahmen eines liberalen Weltverständnisses zu begreifen und zu verändern, sahen sich von allem Anfang an schwer überwindbaren Hindernissen gegenüber: der Macht des bürokratischen Staates, der wirtschaftlichen „Rückständigkeit" ihres Landes, der Zersplitterung und politischen Schwäche seiner demokratischen Institutionen. Diese real gegebenen historischen Voraussetzungen hemmten, nicht nur weil sie äußere Schranken darstellten, sondern auch, weil sie das Denken und Verhalten der Liberalen selbst beeinflußten, die Entwicklung einer machtvollen liberalen Bewegung in Deutschland. Die Staatsmacht beispielsweise weckte den Ingrimm der Liberalen, übte aber auch eine Faszination auf sie aus. Indem sie sie einerseits als ein mächtiger Gegner einschüchterte, andererseits aber als potentieller mächtiger Verbündeter lockte, schwächte der Staat allein durch seine Präsenz unterschwellig ihre Bereitschaft und ihre Fähigkeit, wirkliche Alternativen zum bestehenden Regime vorzulegen. Ähnlich wirkte sich die wirtschaftliche Rückständigkeit Deutschlands aus, die die Liberalen in ihrer Unzufriedenheit über Art und Richtung des gesellschaftlichen Wandels bestärkte und zugleich ihre soziale Basis abbröckeln ließ. Schließlich engten die Beschränkungen, die dem politisch-demokratischen Leben auferlegt waren, den Spielraum für eine organisierte liberale Parteipolitik ein und förderten die in liberalen Kreisen ohnehin weit verbreitete Gewohnheit, politisches Handeln in ideellen Begriffen zu definieren. Die Ambivalenz der Liberalen – dem Staat, der wirtschaftlichen Entwicklung, der demokratischen Mitwirkung gegenüber – spiegelte die Tatsache wider, daß die Welt, *gegen* die sie zu kämpfen hatten, zu einem Teil eben auch *ihre* Welt war.

Von den 40er Jahren bis in die 70er Jahre des 19. Jahrhunderts hinein gab es immer wieder historische Momente, in denen es den Anschein hatte, als werde der Kampf der Liberalen mit einem Triumph enden. Ob in der Wirtschaft oder an den Universitäten, ob in den politisch relevanten Vereinen auf örtlicher oder nationaler Ebene, ob im Pressewesen oder in der öffentlichen Verwaltung, überall traten diejenigen, die als der liberalen Sache verbunden galten, durch besondere Energie und besonders fortschrittliches Denken hervor. Die Wahlerfolge der Liberalen im Jahr 1848, die „Neue Ära" ein Jahrzehnt später und die ersten Reichstagswahlen verstärkten den Rückhalt, den die Liberalen bei diesen strategisch bedeutsamen Eliten genossen. Dazu kam, daß die liberale Bewegung Mitte der 70er Jahre mit Genugtuung auf eine Reihe bedeutender Errungenschaften zurückblicken konnte. Die Nation, die sie solange herbeigesehnt hatte, war Wirklichkeit geworden; die Fesseln, die der wirtschaftlichen Betätigung und der gesellschaftlichen Mobilität angelegt gewesen, waren zum größten Teil zerschnitten; und eine nationale politische Öffentlichkeit begann Gestalt anzunehmen, geschützt durch Verfassungsgarantien und institutionell verkörpert in einem deutschen Parlament.

Allein, diese Früchte der „liberalen Ära" ebneten nicht den Weg zu einer Versöhnung von Volk, Staat und Bewegung. Der Bismarcksche Staat, der sein Ansehen und seine Macht durch seine führende Rolle bei der nationalen Einigung Deutschlands bedeutend gefestigt hatte, wandte sich vielmehr gegen jene, die so gerne seine liberalen Verbündeten geblieben wären; die Folgen, die sich aus der Wahrnehmung der neuen wirtschaftlichen und gesellschaftlichen Freiheiten ergaben, vertieften die Gegensätze innerhalb des Liberalismus und entfremdeten ihn zugleich den anderen wichtigen gesellschaftlichen Gruppen; durch die Institutionalisierung nationaler repräsentativer Körperschaften entstand ein öffentliches Forum, auf dem die Deutschen ihre besonderen Interessen und politischen Auffassungen geltend machen konnten. Um das Jahr 1890 war die liberale Bewegung, in zerstrittene Fraktionen gespalten, von Niederlagen gebeutelt und von einer frustrierenden Realität ihrer Träume beraubt, auf der politischen Bühne immer mehr in eine Statistenrolle abgedrängt worden.

Das schwindende politische Gewicht des Liberalismus zeitigte einige tiefgreifende Auswirkungen auf den Verlauf der deutschen Geschichte in der ersten Hälfte des 20. Jahrhunderts. Zunächst einmal trug die Unfähigkeit der Liberalen (oder ihre mangelnde Bereitschaft), sich energisch für politische Veränderungen einzusetzen, mit zu jenem lähmenden und jede Initiative erstickenden politischen Stillstand bei, der die Wilhelminische Ära kennzeichnete. Die weltanschauliche und strategische Perspektivlosigkeit und Kleinkariertheit, durch welche die liberale Politik sich so häufig auszeichnete – und für die die cäsaristischen Wunschträume sowohl auf rechter wie auf linker Seite beredtes Zeugnis ablegten –, vereitelte schon im Ansatz alle Bemühungen um eine Erneuerung des öffentlichen politischen Lebens in Deutschland. Man kann daher nicht umhin, den Liberalen einen Teil der Verantwortung dafür zuzusprechen, daß die Gelegenheiten zur Durchsetzung politischer Reformen, die sich vor 1914 boten, ungenützt blieben, daß es während des Krieges nur zu sporadischen und wenig nachhaltigen parlamentarischen Initiativen kam und daß die Weimarer Republik unter einem so schlechten Stern ins Leben treten mußte.

Das Versagen des deutschen Liberalismus manifestierte sich nicht nur in ideologischer Sterilität und parlamentarischer Wirkungslosigkeit. Ebenso wichtig war, daß der – sowohl qualitative wie quantitative – Niedergang der liberalen Parteien wichtige Gruppen der deutschen Gesellschaft eines funktionsfähigen Vehikels politischer Mitsprache beraubte. Diejenigen, die zu vertreten der Liberalismus traditionell beansprucht hatte, die protestantischen Mittelschichten, verfügten weder über die Institutionen noch über die Autorität, um ihren Gruppeninteressen und ihre oft auf einen beengten lokalen Horizont zugeschnittenen politischen Überzeugungen zu einem politischen Faktor nationalen Ranges zu machen. Die Folge war, daß sie keine stabile politische Orientierung mehr fanden, ein Mißtrauen gegen organisierte Parteiarbeit entwickelten und für mythische Verheißungen einer gewissermaßen transpolitischen Gesellschaft anfällig wurden. Zur zugkräftigsten unter diesen Verheißungen wurde von der Jahrhundertwende an die Vision von der nationalen Sendung Deutschlands.

Der Nationalismus hatte, wie wir gesehen haben, in der Entwicklung des Liberalismus in Deutschland immer eine wichtige Rolle gespielt. Liberale hatten führend an der Festlegung nationalpolitischer Ziele und an ihrer Aufwertung zu zentralen Elementen der deutschen Politik mitgewirkt. Liberale hatten, indem sie das Streben nach nationaler Einheit in einen allgemeineren weltanschaulichen Kontext einbetteten, dem Begriff der Nation eine philosophische und politische Bedeutung gegeben; und Liberale hatten, indem sie die Bevölkerung für die Sache der nationalen Einheit mobilisierten, dem Nationalismus eine breite Basis verschafft. Der Liberalismus war somit sowohl ideologisch als auch institutionell der Mittler, der den kulturellen Nationalismus und den herkömmlichen Patriotismus der Deutschen in eine bewußte nationale Einigungsbewegung transformierte. Während der ersten sechs Jahrzehnte des 19. Jahrhunderts diskutierten die Liberalen untereinander von kontroversen Standpunkten aus über die Beschaffenheit und die relative Bedeutung des nationalen Motivs. Die meisten Liberalen gingen freilich davon aus, daß die Freiheit des deutschen Volks im Innern nicht von seiner Freiheit, sich selbst als Nation zu definieren, zu trennen sei. Der Kampf um die nationale Einheit und um politische Reformen schien ein Kampf gegen ein und dieselben Feinde, für ein und dieselben Ziele zu sein.

Nach 1866 trat im Verhältnis zwischen Liberalismus und Nationalismus eine grundlegende Änderung ein. Der erste und offensichtlichste Grund hierfür lag darin, daß die Bismarcksche „Revolution von oben" eine Verknüpfung zwischen außenpolitischem Erfolg und politischen Fortschritten im Innern hergestellt hatte. Zwar versuchten Teile der liberalen Bewegung, auf der Unauflöslichkeit des Zusammenhangs zwischen nationaler Einheit und Freiheit zu beharren, doch die

Lehren aus den Triumphen Bismarcks machten sich immer unübersehbarer geltend: Nationales Denken war kein liberales Monopol, nationale Ziele waren nicht notwendigerweise mit fortschrittlichen politischen Anschauungen verbunden. Auf mehreren Ebenen und in vielfältiger Weise zeigte sich nun, daß nationale Belange sehr wohl abgetrennt von einem Streben nach innenpolitischen Reformen verfolgt werden konnten. In Schulbüchern und bei öffentlichen Zeremoniellen, in Zeitschriften und populären Büchern wurde die Nation als ein Wert an sich, ein ehrfurchtsgebietendes Wesen, als politischer Selbstzweck dargestellt.[1] Treitschke hatte schon 1871 den Gedanken eingeführt, der Nationalismus könne und solle in Deutschland zum wichtigsten politischen Bindemittel werden. „Die unreife Jugend", so schrieb er, „neigt dazu, ihre idealistische Begeisterung an eine Partei zu hängen, während ein erwachsener Mann sie sich für sein Land aufspart." Nationalismus und nicht Liberalismus, Heer und nicht Parlament, Krieg und nicht Innenpolitik – das sollten die konstitutiven Werte, Institutionen und Erfahrungen sein, auf deren Grundlage die gesellschaftliche Solidarität und die politische Stabilität bewahrt werden konnten.[2]

Die Reichsgründung bewirkte auch eine Veränderung in den Einstellungen der Deutschen zu Zweck und Wesen der Außenpolitik. Ein wachsendes Interesse für die Rolle der Macht, namentlich der militärischen Macht, hatte sich schon seit den 50er Jahren gezeigt; unter dem Eindruck der überzeugenden Siege des preußischen Heers in den Kriegen von 1866 und 1870 verstärkte sich dieses Interesse noch einmal beträchtlich.[3] Die Erlangung der nationalen Einheit bewirkte zugleich eine Verschiebung des Akzents vom Recht auf nationale Selbstbestimmung auf die Pflicht zur Verteidigung der nationalen Interessen. Dazu gesellte sich noch eine Tendenz zur Globalisierung dessen, was man unter nationaler Macht und nationalen Interessen verstand. Bismarck hatte diesem Prozeß mit seinem Einstieg in die Kolonialpolitik Mitte der 80er Jahre Auftrieb gegeben, und seine Nachfolger legten sogar noch größeres Gewicht auf die „Weltpolitik". Bis zur Jahrhundertwende setzte sich bei einem bedeutsamen Teil der deutschen Öffentlichkeit die Überzeugung durch, daß die Ausweitung des nationalen Macht- und Einflußbereichs über die Grenzen des eigenen Kontinents hinaus von einer dem modernen Wirtschaftsleben innewohnenden unerbittlichen Logik geradezu erzwungen wurde. Das Bevölkerungswachstum, die industrielle Entwicklung und die Bedrohung durch ausländische Konkurrenz, all dies schien den Imperialismus fast zu einer *conditio sine qua non* des nationalen Überlebens zu machen.[4]

Der Wandel im Charakter des deutschen Nationalismus war um so radikaler, als sich im Zeichen des großen öffentlichen Interesses an den nationalen Belangen eine institutionelle Infrastruktur bildete, die in sich einen politischen Machtfaktor ersten Ranges darstellte. Wie die wirtschaftlichen Interessen, die politischen Ideologien und die regionalen Sonderbestrebungen wurde auch der Nationalismus voll und ganz von der „Vereinsrevolution" vereinnahmt. Zu Beginn der 90er Jahre bestand bereits ein ausgedehntes Netz von Organisationen, deren jede den Zweck verfolgte, dieses oder jenes außerpolitische Ziel bei der Bevölkerung populär zu machen. Manche dieser Organisationen hatten sich ein eng umschriebenes Ziel gesetzt, wie den Schutz der deutschen Interessen vor den Polen in Ostpreußen oder die Stimmungsmache für den Bau einer großen Schlachtflotte. Andere hatten sich unbestimmteren Anliegen verschrieben, wie der Förderung der Wehrbereitschaft oder der Ausweitung des deutschen Kolonialbesitzes. Fast alle diese Vereinigungen rekrutierten ihre Mitglieder aus den protestantischen Mittelschichten: aus dem Bildungsbürgertum, das sich selbst als den ideologischen Bannerträger der nationalen Sache betrachtete, aus der Wirtschaft, für die nationale Macht häufig gleichbedeutend war mit besseren Gewinnmöglichkeiten, sowie aus dem Kleinbürgertum – Schullehrer, Ladeninhaber, Bauern und Handwerker –, sie alle fanden in der Mitgliedschaft in einem national orientierten Verein die Möglichkeit, sich mit der Nation zu identifizieren und diese Identifikation zu zeigen. Diese nationalistischen politischen Vereine nahmen unter den Institutionen, in deren Rahmen die Deutschen am öffentlichen Leben mitwirkten, einen herausragenden Platz ein. 1913 besaßen beispielsweise die Kriegervereine 31915 Ortsgruppen mit insgesamt 2,8 Millionen Mitgliedern – nur die Gewerkschaften kamen dieser Zahl einigermaßen nahe. Der Flottenverein hatte 3878 Ortsverbände und weit über 1 Million natürliche und juristische Mitglieder – wesentlich mehr als jede der liberalen Parteien. Und selbst vergleichsweise kleine Organisationen wie der Alldeutsche Verband konnten, weil sie hochrangige Persönlichkeiten aus Kultur, Wirtschaft und Politik zu ihren Mitgliedern zählten, beträchtlichen Einfluß gewinnen.[5]

Wie die kommunalen Vereine und die ständischen oder berufsspezifischen Interessenverbände, die so viel Zulauf aus den protestantischen Mittelschichten erhielten, zeigten auch die auf Reichsebene organisierten Vereine häufig eine offene Feindseligkeit gegenüber den Parteien und bemühten sich, den Unterschied zwischen ihrer ehrenwerten Betätigung und den entwürdigenden und Zwietracht säenden Praktiken der Parteipolitik herauszustreichen.[6] Nichtsdestoweniger bestanden Beziehungen zwischen diesen Organisationen und den Parteien, wenn es auch in der Regel problematische und undurchsichtige Beziehungen waren. Wie so viele andere Organisationen konnten sich auch die nationalistischen Vereine der Versuchung, ins Wahlgeschehen einzugreifen, nicht entziehen. Immer wieder fanden diese Verbände es angebracht, ihre Anliegen dadurch zu fördern, daß sie einen ihnen wohlgesonnenen Kandidaten oder eine Partei ihres Vertrauens unterstützten. Natürlich gab es auch viele Parlamentarier und Parteiführer, die einem oder mehreren Vereinen angehörten und das Wählerpotential und die Finanzkraft, die in diesen Vereinen schlummerten, für ihre Parteizwecke anzuzapfen versuchten.

Welch nützlicher politischer Gebrauch vom Nationalismus zu machen war, war insbesondere den Vertretern des rechten Flügels der liberalen Bewegung klar. Die meisten Rechtsliberalen sympathisierten mit den Zielvorstellungen der Wehrbereitschaft und der kolonialen Expansion, die von solchen Organisationen wie dem Flottenverein und dem Alldeutschen Verband vertreten und gefördert wurden. Darüber hinaus betrachteten diese Männer den Nationalismus als ein

Mittel, mit dem sie ihre innenpolitischen Gegner, denen sie Verbindungen zu internationalen Bewegungen und Verschwörungen unterstellten, isolieren und politisch ausschalten konnten. Im rhetorischen Weltbild der liberalen Rechten schob sich daher mit der Zeit an die Stelle der Vorstellung eines freien, um die Verwirklichung seiner historischen Bestimmung ringenden Volkes die einer belagerten Nation, die sich der äußeren und inneren Feinde, die sie bedrohten, nur würde erwehren können, solange sie über die größeren Machtmittel verfügte. Der außenpolitische Erfolg wurde, so gesehen, zu einem vorbeugenden Gegengift gegen innere Reformen, statt, wie bisher, als Vorbedingung für sie zu gelten.

Nationale Themen und nationalistische Vereine halfen auch mit, einer Allianz zwischen der liberalen Rechten und anderen konservativen Elementen der deutschen Gesellschaft den Weg zu ebnen. Wie wir wissen, war es bei den unter nationalen Gesichtspunkten geführten Reichstagswahlkämpfen von 1884 und 1887 zu politischen Übereinkünften zwischen den Nationalliberalen und Angehörigen der beiden konservativen Parteien gekommen. Auch die von Miquel gegen Ende der 90er Jahre propagierte Sammlungspolitik hatte eine außenpolitische Dimension. Sie schöpfte ihre öffentliche Unterstützung zu großen Teilen aus den gleichen Quellen wie der Propagandafeldzug für die „Weltpolitik": Hinter beiden standen nationalistisch orientierte Gruppen, industrielle Interessen und Parteiführer, die nach neuen Strategien zur Aufrechterhaltung und Sicherung der bestehenden Ordnung suchten. Miquel bemühte sich beständig, zusammen mit Regierungsmitgliedern wie Bülow und Tirpitz, die Suche nach einer neuen konservativen Koalition mit dem Gesichtspunkt des Ausbaus der deutschen Weltmachtposition zu verquicken. Das Hauptziel beider Kampagnen war das gleiche: den Status quo gegen die Gefahren der Demokratisierung zu verteidigen.

Selbst Nationalliberale, die der Sammlungspolitik skeptisch gegenüberstanden, sahen ein, daß der Nationalismus eine politische Waffe war, auf die sie nicht verzichten konnten. Zum einen gehörten außenpolitische Fragen in der Partei zu den ganz wenigen konsensspendenden Themen. Wie Friedrich Meinecke 1912 hervorhob, war der Gedanke der deutschen Weltgeltung die stärkste unter den Klammern, welche die Nationalliberale Partei zusammenhielten.[7] Ebenso wichtig war, daß der Nationalismus den Nationalliberalen eine Kompensationsmöglichkeit dafür bot, daß sie es versäumt hatten, sich ihrer Wählerschaft durch wirksame ideologische und organisatorische Bande zu versichern. „Wahlen", schrieb Ernst Bassermann 1910,

werden nicht von der organisierten Parteiengefolgschaft entschieden. Wahlen werden von den Nichtorganisierten entschieden, vom Treibholz, wie wir es nennen. Das ist der geheime Grund dafür, wenn in Zeiten schwerwiegender nationaler Probleme, unter großer Aufwallung des Nationalgefühls, eine scharfe Wendung eintritt... Diese großen Machtbewegungen... bewirken den plötzlichen Umschwung. Da stehen diese Hunderttausende nichtorganisierter Wähler bereit, die dann zu den Parteien überlaufen, die das Naheliegende propagieren.[8]

Auch wenn keine die Öffentlichkeit erregende nationale Frage zur Debatte stand, waren die Nationalliberalen oft auf die Unterstützung nationalistischer Organisationen angewiesen. Diese waren mit die wichtigsten unter jenen „parallelen Aktionsgruppen", die, wie Anthony O'Donnell kürzlich gezeigt hat, „den Parteiführungen ein Arsenal außerparteilicher Hilfs- und Ersatzstrukturen zur Mobilisierung einer Massenwählerschaft zur Verfügung stellten".[9]

Die liberale Linke hatte traditionell weit weniger Geschmack an nationalen Gesichtspunkten gefunden als die Nationalliberalen. In manchen Gegenden Süd- und Südwestdeutschlands repräsentierten die Linksliberalen diejenigen Kräfte, die sich 1866 als Kritiker und Gegner des preußischen Militarismus hervorgetan hatten und die einer aggressiven Außenpolitik nach wie vor argwöhnisch gegenüberstanden. Und bei den norddeutschen Fortschritts-Parteigängern verlor sich die heftige Abneigung gegen die staatliche Militärpolitik, die einst den Anlaß zu ihrer Konstituierung als politische Partei gegeben hatte, niemals zur Gänze. Dazu kam, daß überall im Reich die linksliberalen Wähler ein zunehmend kritischeres Bewußtsein für die fiskalischen Belastungen entwickelten, die ein stetig steigender Militärhaushalt und eine Kolonialpolitik mit sich brachten und die nicht, wie angekündigt, wirtschaftliche Vorteile erzielte, sondern ein Zuschußgeschäft war. Im Verlauf der 90er Jahre begann jedoch in den Reihen der linksliberalen Parteien ein Umdenken in bezug auf nationale Fragen. Für die um die Jahrhundertwende herum nachrückende Führungsgeneration war die Aussicht auf deutsche Weltgeltung ein wichtigeres und interessanteres politisches Motiv als die Erinnerung an alte Ideale und Konflikte. Diese Männer standen der Rüstungspolitik der Regierung in der Regel weniger kritisch gegenüber als ihre Vorgängergeneration und waren weit eher als diese bereit, die „Flotten- und Weltpolitik" zu unterstützen.[10] Wie wir gesehen haben, war es ihre zustimmende Haltung zur Kolonialpolitik, welche die Linksliberalen 1907 veranlaßte, im Bülow-Block mitzuarbeiten, ein Entschluß, der mit den Weg zum Zusammenschluß der drei linksliberalen Parteien im Jahr 1910 ebnete. Wenn ein Zeitgenosse 1911 erklärte, die Flotten- und die Kolonialpolitik seien im Lager der bürgerlichen Parteien nicht mehr umstritten, so mag dies eine Übertreibung gewesen sein, aber die Gegensätze hatten in der Tat erheblich an Schärfe verloren.[11]

Auf der Linken gab es, wie auch auf der Rechten, Männer, die ihre ideologische Position an außenpolitischen Erwägungen festmachten. Das vielleicht prominenteste Beispiel für diese Neigung bietet Max Weber, von dessen angestrengter Suche nach politischen und sozialen Werten bereits berichtet worden ist. Bis zu seinem Lebensende hielt Weber an der Überzeugung fest, daß der Kampf um das nationale Überleben der Grundpfeiler der modernen Politik und die zwingendste Begründung für die Notwendigkeit innenpolitischer Reformen sei.[12] Friedrich Naumann, bei dem sich ebenfalls der Wunsch nach einer liberalen Erneuerung mit der Überzeugung von der weltpolitischen Sendung seines Landes verband, führte die Auffassungen Webers in popularisierter Form in die politische Diskussion ein. In der Tat gründete Naumann seine Forderung nach einer „Öffnung nach links" – hierin den Befürwortern der Sammlungspolitik nicht unähnlich – auf die Überzeugung, daß diese politische Strategie die günstigsten Voraussetzungen für eine Ausdehnung der nationalen Macht Deutschlands schaffen würde. Ein Problem war jedoch, daß im linken, anders als im rechten Lager nationale Fragen die Zusammenarbeit eher erschwerten als förderten. Der Ruf eines Imperialisten, der Naumann sehr zu Recht vorauseilte, trug beträchtlich zu dem Mißtrauen bei, das sehr viele in der Arbeiterbewegung gegen ihn hegten.

Die zunehmende Rolle, die nationale und nationalistische Zielsetzungen sowohl auf der linken wie auf der rechten Seite der liberalen Bewegung spielten, ist ein Indiz dafür, bis zu welchem Grad der Nationalismus das politische Leben im Wilhelminischen Deutschland durchsetzte, ein Indiz allerdings auch dafür, daß der Nationalismus kein sehr guter Wegweiser für das politische Handeln und, zumindest auf lange Sicht, kein allzu wirksames politisches Bindemittel war. Reaktionäre und Reformer, Protektionisten und Freihändler, Gegner und Befürworter der Sozialpolitik, alle konnten sie ihre Position mit Berufung auf das „nationale Interesse" rechtfertigen.[13] Zeitweilig lieferte der Nationalismus den Anknüpfungspunkt für eine Zusammenarbeit zwischen ganz unterschiedlich orientierten Gruppen – so beispielsweise bei der Reichstagswahl von 1907; sobald jedoch die kritische Phase vorüber war, kamen die Meinungsverschiedenheiten über die Bedeutung und die Implikationen dessen, was man unter nationalem Interesse jeweils verstand, wieder zum Vorschein. Der Nationalismus fungierte daher in der Wilhelminischen Ära viel eher als eine Waffe in der innenpolitischen Auseinandersetzung denn als einigende Kraft.

Auf die drängenden Fragen des politischen und gesellschaftlichen Lebens lieferte der Nationalismus in Wirklichkeit keine Antworten. Wie sollte er dies auch, ist der Nationalismus doch weder eine Weltanschauung noch eine Erklärung für das Sosein der Verhältnisse, beinhaltet er doch weder eine Handlungsanweisung noch ein Modell für die Zukunft. Der Nationalismus ist vielmehr ein Mythos, symbolischer Ausdruck tiefer kollektiver Sehnsüchte, Ängste und Sorgen. Und Mythen treten, wie Bronislaw Malinowski einmal geschrieben hat, überall dort in Funktion, „wo eine gesellschaftliche Überspannung besteht ... wo tiefgreifende historische Veränderungen stattgefunden haben".[14]

Dazu, daß der Nationalismus im wilhelminischen Deutschland eine so große Bedeutung erlangte, trugen viele Spannungen und Veränderungen bei: Sie resultierten aus Charakter und Zeitpunkt der Reichsgründung, aus der verwundbaren geographischen Position Deutschlands, aus den unerfüllten Ambitionen dieses Neulings im illustren Kreis der Großmächte. Aber der für unsere Betrachtung wichtigste Grund dafür, daß der Nationalismus die Deutschen in solchem Maß in seinen Bann schlug, lag darin, daß nationale Werte und nationalistische Organisationen das durch den schwindenden Einfluß liberalen Denkens und Handelns entstehende Vakuum mit füllen halfen. Deswegen fand der Nationalismus gerade in den Reihen der protestantischen Mittelschichten, aus dem der Liberalismus traditionell seine Gefolgschaft bezogen hatte, so großen Anklang. Angesichts einer in untereinander zerstrittene Fraktionen zerfallenen Bewegung, einer dem Volk hoffnungslos entfremdeten Partei und der unrettbar in widerstreitende Interessengruppen gespaltenen Mittelschichten schien einzig noch die Nation Hoffnung auf Einheit, Geborgenheit und Orientierung zu bieten.[15] Wie das

Streben nach einem freien und geeinten Deutschland einen wichtigen Anteil am Aufstieg des Liberalismus gehabt hatte, war die Suche nach einer mythischen nationalen Gemeinschaft aufs engste mit dem Niedergang liberalen Gedankenguts und liberaler Institutionen verknüpft. Wie in der Natur, gibt es auch in der Politik einen *horror vacui*.

Der nationale Mythos erreichte seine Apotheose im Sommer 1914, als die Deutschen in einem Akt der Verbrüderung die großen Siege zu feiern schienen, die ihnen, wie sie felsenfest überzeugt waren, bald zufallen würden. „Ich kenne keine Parteien mehr", erklärte der Kaiser, „nur noch Deutsche." „Am Tag der Mobilmachung", schrieb ein anderer Zeitgenosse, „wurde aus der Gesellschaft... eine Gemeinschaft."[16] Daß sich diese Erfahrung mit so außerordentlicher Intensität in der Vorstellungswelt der Deutschen festsetzte, beruhte wohl darauf, daß sie ihre Sehnsucht nach einer einheitsstiftenden Kraft jenseits der prosaischen, gesellschaftlichen und politischen Welt befriedigte, die Sehnsucht nach einer heilen, von Parteien- und Interessenhader unberührten Gemeinschaft. Der Ausbruch des Krieges im August 1914 schien die „Idee der Nation", indem er sie, wie Friedrich Meinecke es formulierte, „von allem Politischen reinigte und sie stattdessen mit all den geistigen Errungenschaften ausstattete, die erobert worden sind, ... in die Sphäre der Religion und des Ewigen zu erheben" und damit die reale Möglichkeit einer „unpolitischen Politik" und einer wirklichen „nationalen Gemeinschaft" zu eröffnen.[17] Wenn man die zeitgenössischen Berichte über diese wunderbaren „Augusttage" liest, macht sich in der Tat ein Eindruck geltend, der an jenes kollektive Sendungsbewußtsein erinnert, das Victor Turner bei den Teilnehmern mancher religiösen Pilgerzüge gefunden hat, an jene *communitas* von Menschen, die sich in der Hingabe an ein transzendentes Ideal zusammengefunden haben, jene Ekstase, in die die Menschen geraten, wenn ihnen Mythos und Realität eins geworden scheinen.[18]

Als die Deutschen aus diesem berauschenden Traum erwachten, mußten sie feststellen, daß der Krieg sie nicht zur verschworenen Gemeinschaft gemacht, sondern im Gegenteil die Gegensätze in ihren eigenen Reihen vertieft und die schmerzliche Kluft zwischen dem Mythos einer in sich geeinten Nation und der Wirklichkeit des Kriegs- und Nachkriegsalltags verbreitet hatte. Jede Gruppe der deutschen Bevölkerung litt unter dieser Ernüchterung, aber für keine war der Kater nach dem Erwachen so schlimm wie für die protestantischen Mittelschichten, die gesellschaftliche Stütze des Liberalismus. Die politischen Erschütterungen der Nachkriegszeit brachten den Staat in Gefahr – von dem viele dieser Gruppen Schutz erhofft hatten – und ließen die traditionellen Gegner des Liberalismus, die Katholiken und die Sozialdemokratie zu größerem Einfluß gelangen, als irgend jemand es noch wenige Jahre zuvor für möglich gehalten hätte. Die wirtschaftliche Auszehrung durch den Krieg, die Inflation und schließlich die „ökonomische Rationalisierung", all dies setzte Teilen der Mittelschichten schwer zu und verschärfte die sozialen und wirtschaftlichen Gegensätze in ihrem Innern noch weiter.[19] Die militärische Niederlage bedeutete eine nationale Demütigung und stellte sogar die Existenz der Nation als solche in Frage, einer Nation, in der doch viele Angehörige der bürgerlichen Mittelschichten das höchste aller politischen Güter und die letzte Hoffnung für eine politische Gemeinsamkeit sahen. Der Krieg hatte in jeder politischen Bewegung tiefe Spuren hinterlassen, hatte jede Partei mit neuen Herausforderungen und Konflikten konfrontiert, aber nur für die liberale Bewegung beschwor er die Gefahr des völligen Zerfalls herauf, eine Gefahr, aus der schließlich eine Tatsache wurde.

Das volle Ausmaß des politischen Schadens, den der Liberalismus im Gefolge der Kriegs- und Nachkriegsereignisse genommen hatte, wurde nicht sofort sichtbar. Bei den im Januar 1919 abgehaltenen Wahlen zur Verfassunggebenden Versammlung der ersten deutschen Republik erhielt die linksliberale Demokratische Partei 5,6 Millionen Stimmen, was einem Stimmenanteil von mehr als 18% entsprach. Doch wie 1881 und 1890 war die liberale Linke auch diesmal nicht imstande, ihre Stellung zu konsolidieren und auszubauen. Bei der Wahl von 1920 wanderten, wie bei den Wahlen von 1884 und 1893, Teile der liberalen Wählerschaft nach rechts ab und stimmten für Kandidaten der Deutschen Volkspartei, der republikanischen Nachfolgerin der Nationalliberalen Partei. Die Demokraten sollten sich von diesem Rückschlag im Grunde nicht mehr erholen: Ihre Stimmenzahl sank bis auf 1,5 Millionen (entsprechend einem Anteil von 5%) im Jahre 1928. Aber auch die Deutsche Volkspartei vermochte ihre Gefolgschaft nicht bei der Stange zu halten: Sie sackte von den 1920 errungenen 4 Millionen Stimmen (entsprechend 14% Stimmenanteil) auf 2,6 Millionen (entsprechend 9%) acht Jahre später ab.[20] Wie ein Zeitgenosse es gegen Ende des Jahrzehnts sah: „Die Mittelschicht läuft von Partei zu Partei, wobei die jeweils beglückte Partei ballonartig aufschwillt, aber schon beim nächsten Wahlgang erheblich an Luft verliert".[21] In manchen Teilen Deutschlands wandten sich liberale Wählergruppen schon gleich nach dem Krieg von den etablierten Parteien ab und hielten nach neuen Instrumenten politischer Mitwirkung Ausschau. In ihrer Mehrheit hielten die protestantischen Mittelschichten jedoch bis zur Mitte der 20er Jahre jenen alternativen Parteirichtungen die Treue, die es bereits im Kaiserreich gegeben hatte: der liberalen Linken, der liberalen Rechten und der traditionellen Rechten. Nach 1924 setzte jedoch ein Wandel im Wählerverhalten ein: Eine zunehmende Zahl von Wählern wandte sich den neuentstandenen Splittergruppen zu. 1928 erfaßte diese Abwanderungsbewegung bereits etwa 18% der Wahlberechtigten. Einige dieser neuen Parteien waren regionalistisch orientiert, wie die Schleswig-Holsteinische Landespartei oder die Deutsch-Hannoversche Partei; andere, wie die Wirtschaftspartei und der Bauernbund, vertraten bestimmte gesellschaftliche oder wirtschaftliche Interessengruppen; und wieder andere waren religiös oder weltanschaulich orientiert, wie die drei zwischen 1924 und 1928 gegründeten protestantischen Parteien. Alle diese neuen politischen Gruppierungen waren bis zu einem gewissen Grad Protestparteien, die versuchten, Widerstand gegen die bestehende politische Ordnung und gegen die traditionellen politischen Organisationen zu mobilisieren. Alle bemühten sich darüber hinaus, vorhandene örtliche oder regionale Bindungen, Sonderinteressen oder weltanschauliche Gemeinsamkeiten auf nationaler politischer Ebene stärker zur Geltung zu bringen – sie alle versuchten, kurz gesagt, das Spektrum der politischen Wahlmöglichkeiten um Alternativen zu erweitern, die tiefer im besonderen sozialen Milieu einer bestimmten Wähler-Zielgruppe verwurzelt waren.[23] So ergab es sich, daß die protestantischen Mittelschichten, als das Schicksal der Weimarer Republik in seine entscheidende kritische Phase trat, im Reichstag von einer ganzen Palette von Splitterparteien vertreten waren, was zwar einerseits ein angemessener Reflex ihrer Frustration und ihrer Zersplitterung war, sie aber andererseits weitgehend daran hinderte, eine positive Rolle in der deutschen Politik zu spielen.

Die Reichstagswahl von 1930 stellte die protestantischen Mittelschichten nochmals vor grundlegend veränderte Alternativen: Bei dieser Wahl lösten sich die Nationalsozialisten aus dem Rudel der Splitterparteien und stießen mit einer Stimmenzahl von 6,4 Millionen (entsprechend einem Stimmenanteil von 18%) in den Kreis der ernstzunehmenden politischen Kräfte vor. In bezug auf das *relative Gewicht* der unterschiedlichen Bevölkerungsgruppen, die den Nazis zu diesem außerordentlichen Erfolg verhalfen, bleiben gewisse Unklarheiten; über die *Identität* dieser Gruppen gibt es jedoch keinen Zweifel: Abgesehen von ihren Stammwählern, konnten die Nazis fast die Hälfte derer, die noch 1928 die traditionelle Rechte gewählt hatten, eine beträchtliche Zahl von Neuwählern und einen kleineren Teil derjenigen an sich ziehen, die zuvor eine der „Mittelparteien", namentlich die rechtsliberale Volkspartei, unterstützt hatten.[24] Nachdem die Nazis den Weg des politischen Erfolges erst einmal betreten hatten, begannen sie auch für Wähler aus der Gefolgschaft der beiden liberalen Parteien sowie aller möglichen Splitterparteien attraktiv zu werden. Bei den Landtags- und Kommunalwahlen der Jahre 1930 und 1931 und weiter bis zu den Reichstagswahlen 1932 gewannen die Nationalsozialisten in gleichem Maß Stimmen hinzu, wie diese anderen Parteien abbauten.[25] Unter den bürgerlich-protestantischen Parteien waren es einzig die traditionellen Konservativen und nicht etwa die Liberalen, die diesem Auszehrungsprozeß zugunsten des Nationalsozialismus einigermaßen widerstanden. Die Deutschnationale Volkspartei erlitt zwar 1930 einen Einbruch, konnte sich danach aber bei einem Stimmenanteil von knapp unter 10% stabilisieren und gewann bei der Wahl vom November 1932 sogar wieder etwas hinzu. Bei der gleichen Wahl kamen die liberalen und die Splitterparteien zusammen auf etwa 6% Stimmenanteil, lediglich ein Fünftel dessen, was sie noch vier Jahre zuvor hatten erzielen können. Zum ersten Mal seit der „liberalen Ära" ein halbes Jahrhundert zuvor waren die protestantischen Mittelschichten in ihrer überwältigenden Mehrheit wieder unter einer einzigen politischen Flagge vereint.

Die Abwanderung liberaler Wähler ins nationalsozialistische Lager ist von Wissenschaftlern, die den Aufstieg des Faschismus in Deutschland zu erklären versuchten, oft als Tatbestand hervorgehoben worden. So hat zum Beispiel Seymour Martin Lipset dieser Abwanderung in seiner Interpretation des Faschismus als eines „Extremismus der Mitte" eine zentrale Rolle eingeräumt. Allein, Lipset konzentriert seine Aufmerksamkeit, wie auch die meisten von denen, die seine Analyse zu modifizieren oder zu bekräftigen versucht haben, auf die letzten

Jahre der Republik und macht nicht den Versuch, einen Zusammenhang zwischen dem Stimmverhalten bei den Wahlen dieser Jahre und früheren Tendenzen des Wählerverhaltens sowie früheren politischen Erfahrungen zu erforschen.[26] Die wichtigste Ausnahme von dieser Regel macht Rudolf Heberle mit seiner meisterhaften, auf Schleswig-Holstein bezogenen Studie, die zeigt, wie die politischen Traditionen und die sozialen Strukturen dieses Landes die Entscheidung derjenigen beeinflußten, die von den liberalen Parteien zum Nationalsozialismus überschwenkten. Die Schlußfolgerungen Heberles stehen im Einklang mit den Ergebnissen zeitgenössischer Untersuchungen des Wählerverhaltens, welche die Bedeutung überlieferter Gepflogenheiten und Wertvorstellungen bei der Entscheidung zwischen bestimmten zur Wahl stehenden Alternativen hervorheben. Wie die Autoren eines der klassischen Werke zu diesem Thema es formuliert haben: „Jede Wahl ist in Wahrheit ein Zusammentreffen mehrerer Wahlen und verschiedener politischer und gesellschaftlicher Ereignisse."[27]

Inwiefern galt dies für die Wahlen in den letzten Jahren der Weimarer Republik? Auf welche Weise verstärkten überkommene Haltungen und Wertvorstellungen die Anziehungskraft, die die Alternative NSDAP auf die Gefolgschaft der liberalen Parteien ausübte? Diese Fragen müssen gestellt und beantwortet werden, wenn wir verstehen wollen, warum ehemals liberale Wähler sich als so viel anfälliger für den Nationalsozialismus erwiesen als die Parteigänger des politischen Katholizismus, der Sozialdemokratie und selbst – zumindest nach 1930 – der traditionellen Rechten.

Der erste der Faktoren, die den Nazis ihren massiven Einbruch in das liberale Wählerreservoir binnen kürzester Zeit ermöglichten, war das relativ geringe parteipolitische Engagement, das wir den protestantischen Mittelschichten im Verlauf unserer Darstellung so oft bescheinigen mußten.[28] Dieses distanzierte, ja hier und da negative Verhältnis zu den traditionellen Parteien lähmte schon vor 1914 die politische Handlungsfähigkeit des Liberalismus, verhinderte nach 1919 eine mögliche Rekonsolidierung der einen oder anderen Partei und wirkte sich zwischen 1924 und 1930 zugunsten der Splitterparteien aus. Die Nazis übernahmen die Erbmasse der Splitterparteien und setzten, was diese nach 1924 begonnen hatten, in erweitertem Maßstab fort: Wie diese behaupteten auch die Nazis, sie verkörperten eine neue Alternative, eine von keinem früheren Versagen gezeichnete und von keiner Beteiligung am gegenwärtigen Parteienstaat korrumpierte politische Kraft.[29]

Ein zweiter Faktor war, daß diejenigen, die nach 1930 *für* die Nazis stimmten, damit zugleich weiterhin *gegen* ihre traditionellen Gegner, den politischen Katholizismus und die Arbeiterparteien, stimmten. Ein wichtiger Grund dafür, daß die Nazis den protestantischen Mittelschichten als annehmbare Alternative erschienen, war der Umstand, daß jene Parteien eine solche Alternative nicht boten. Im Gegenteil brachten die sozialen und politischen Erschütterungen der frühen 30er Jahre beträchtliche Teile des Mittelstandes zu der Überzeugung, daß gegen diese Parteien, namentlich gegen die Sozialdemokraten und die Kommunisten, mit starker Hand durchgegriffen werden müsse. In diesem Sinne konnten sich die Nationalsozialisten als die energischsten und tüchtigsten Bewacher jener mindestens seit den 70er Jahren des 19. Jahrhunderts wichtigsten soziopolitischen Grenzlinie darstellen, welche die deutsche Gesellschaft durchzog: der Grenzlinie zwischen den Mittelschichten und der Arbeiterklasse. Daß die Mittelschichten die Bedrohung von links als so stark empfanden, war ein Grund dafür, daß die Nazis ihnen spätestens nach den Wahlen von 1930 gegenüber den kleineren und einflußloseren Splittergruppen als die bessere Alternative erschienen.

Zum dritten verstanden es die Nazis, an jenes Mißtrauen gegenüber dem „Parteiensystem" und der parlamentarischen Politik anzuknüpfen und es zu vertiefen, das im bürgerlich-mittelständischen Lager seit langem herrschte und dadurch noch beträchtlich verstärkt wurde, daß die ersten Jahre der Republik sich mit den unheilvollen Erfahrungen von Niederlage, Revolution und wirtschaftlicher Entwurzelung verbanden. Dieses Unbehagen an der „Politik" war bis 1930 so weit gediehen, daß beide liberalen Parteien Bündnisse mit politischen Gruppen eingingen, die das bestehende politische System offen ablehnten und in Wort und Tat nach einer neuen politischen Ordnung trachteten.[30] Besonders geschickt wußten die Nazis aus der tiefempfundenen Sehnsucht der Mittel- und Kleinbürger nach einer „unpolitischen Politik" Kapital zu schlagen. Sie schlossen in ihre propagandistischen Verheißungen all jene diversen Heilmittel ein, mit deren Hilfe „Parteienzwist" und „Interessenpolitik" überwunden werden sollten: einen starken autoritären Staat, eine ständische, „entpolitisierte" Interessenvertretung und die Schaffung einer durch geheimnisvolle völkische Bande über alle Klassen und Gruppen der Gesellschaft hinweg zusammengehaltenen nationalen Gemeinschaft.

Diese Verwandtschaft zwischen der nationalsozialistischen Ideologie der Volksgemeinschaft und jenem idealistischen Nationalismus, der in der liberalen Rhetorik der Vorkriegsära eine so zentrale Rolle gespielt hatte, bildete die wichtigste und tragfähigste Brücke zwischen den überlieferten Wertvorstellungen des deutschen Bürgertums und dem Erfolg des Nationalsozialismus. Von der Kampagne gegen den Young-Plan bis zu jener berühmten Feier in der Potsdamer Garnisonkirche im Frühjahr 1933 – mit anderen Worten: in der letzten, entscheidenden Phase des Hitlerschen Anlaufs zur Macht – stellten die Nazis nationale Fragen, nationale Symbole und nationale Institutionen in den Mittelpunkt ihrer programmatischen Äußerungen und ihrer Strategie.[31] Gewiß gab es unter den Anhängern Hitlers auch solche, denen es gerade seine giftige Mischung aus Nationalismus und Rassismus besonders angetan hatte; doch die Mehrzahl derer, die nach 1930 dem nationalsozialistischen Lager zuströmten, tat dies aus nationalistischen Beweggründen eher traditionellen Zuschnitts. Wie die Vorkriegsparteien bedienten sich auch die Nazis zur Mobilisierung einer Massengefolgschaft patriotischer Organisationen und machten sich die nationalen Gefühle und den verletzten Nationalstolz der Deutschen zunutze, um sich Sympathievorsprünge vor ihren politischen Gegnern zu verschaffen, denen sie vorwarfen, in erster Linie dem – roten, schwarzen oder jüdischen – Internationalismus verpflichtet zu sein. Darüber hinaus – und auch hier ist die Parallele zur Vorkriegsära unübersehbar –

nutzten die Nazis den gemeinsamen Nenner des Nationalismus zur Bildung von Koalitionen mit anderen Gruppen zur Übertünchung weltanschaulicher Gegensätze in ihren eigenen Reihen und zur Ablenkung der Aufmerksamkeit von potentiell konfliktgebärenden gesellschafts- und wirtschaftspolitischen Themen.

Wenn ich hier die Auffassung vertrete, daß der Nationalsozialismus *auch* bestimmte Haltungen und Wertvorstellungen repräsentierte, die in Deutschland Tradition besaßen, will ich damit nicht den Eindruck erwecken, als ob der 30. Januar 1933 der logische Gipfelpunkt der historischen Entwicklung Deutschlands gewesen sei. Das Aufsuchen und Aufweisen von Kontinuitätslinien impliziert nicht unbedingt einen rigiden Determinismus, der die Rolle und Bedeutung von Persönlichkeiten und den Einfluß aktueller situativer Umstände leugnet. Und man sollte auch nicht vergessen, daß die großen Wahlerfolge Hitlers sich nur über eine ziemlich kurze Zeitspanne erstreckten. Es ist möglich und vielleicht sogar wahrscheinlich, daß die Nationalsozialisten letzten Endes ebenfalls von jenen Zentrifugalkräften ergriffen worden wären, deren sprengende Dynamik alle vorherigen Versuche, die protestantischen Mittelschichten zu einer homogenen politischen Kraft zusammenzuschweißen, zunichte gemacht hatte. Nichtsdestoweniger bleibt auch nach Abzug aller erforderlichen Einschränkungen und Vorbehalte die Tatsache bestehen, daß die Klientel der liberalen Parteien sich nach 1930 als eine besonders leichte Beute für die Nazi-Propaganda erwiesen hat. Darin sehe ich das klarste Indiz für den Bankrott des deutschen Liberalismus und die verhängnisvollste Konsequenz aus dem Versagen des Liberalismus vor der Aufgabe, jene Ideen und Institutionen bereitzustellen, die dem deutschen Volk hätten helfen können, die Probleme zu verstehen und zu bewältigen, die sich ihm auf seinem langen Weg zur modernen Industriegesellschaft an die Fersen hefteten.[32]

DANKSAGUNG

Es ist mir eine besondere Freude, an dieser Stelle jenen meinen Dank abstatten zu können, die an der Entstehung dieses Buches mitgeholfen haben:

Dem Council for Intersocietal Studies an der Northwestern University, dem National Endowment for the Humanities (für finanzielle Förderung und ein Sommerstipendium), dem Institute for Advanced Studies in Princeton und dem Fakultätsausschuß für Forschungsvorhaben an der Northwestern University; sie stellten die Mittel für Freistellung, Reisen und Hilfskräfte zur Verfügung.

James Bailey, Anita Lotz, Ruth Oldberg, Marilyn Shevin und Myrtle Yedor; sie halfen bei der Erarbeitung des Manuskripts. Marjorie Carpenter von der Bibliothek der Northwestern University verdient besondere Erwähnung, nicht nur wegen ihres unermüdlichen Einsatzes für mein Vorhaben, sondern auch, weil sie am vollständigsten die Tugenden in sich vereint, die ich bei Bibliothekaren und Bibliothekarinnen zwischen Kalifornien und Köln kennengelernt habe.

George Dalton für seinen langwierigen Kleinkrieg gegen die Eigenwilligkeiten meines Prosastils. T. W. Heyck und Robert Wiebe lasen das Manuskript mit großer Sorgfalt und konfrontierten mich mit harten Fragen zur Anordnung und analytischen Stimmigkeit des Textes. Hans-Ulrich Wehler half von Anfang an bis zur Fertigstellung. Er machte mir Mut, als das Projekt erstmals Gestalt annahm, und las, fast zehn Jahre später, das fertige Manuskript.

Schließlich gilt mein Dank Felix Gilbert und Hans Rosenberg. Über viele Jahre hinweg haben sie mir moralische und materielle Hilfe zukommen lassen. Und was viel wichtiger ist: Sie haben mich die Arbeit des Historikers schätzen und lieben gelehrt, indem sie mir, jeder auf seine Weise, ein beispielhaftes Vorbild an wissenschaftlicher Brillanz und persönlicher Integrität boten.

Evanston, Illinois, April 1977

ABKÜRZUNGEN

AHR	American Historical Review
AJS	American Journal of Sociology
APSR	American Political Science Review
AGSA	Archiv für die Geschichte des Sozialismus und der Arbeiterbewegung
AfK	Archiv für Kulturgeschichte
ASGS	Archiv für Soziale Gesetzgebung und Statistik
AfS	Archiv für Sozialgeschichte
ASW	Archiv für Sozialwissenschaft
AZ	Allgemeine Zeitung
CEH	Central European History
CSSH	Comparative Studies in Society und History
DAZ	Deutsche Allgemeine Zeitung
DR	Deutsche Revue
DV	Deutsche Vierteljahrs-Schrift
EGK	Europäische Geschichtskalender, hrsg. v. H. Schultheß
FBPG	Forschungen zur brandenburgischen und preußischen Geschichte
Fricke	Fricke u. a., Die bürgerlichen Parteien in Deutschland
GWU	Geschichte in Wissenschaft und Unterricht
GuG	Geschichte und Gesellschaft
Gb	Grenzboten
HW	Heyderhoff und Wentzcke, Deutscher Liberalismus im Zeitalter Bismarcks
HJ	Historical Journal
HV	Historische Vierteljahrsschrift
HZ	Historische Zeitschrift
HJb	Historisches Jahrbuch
Huber	E. R. Huber, Deutsche Verfassungsgeschichte
INR	Im neuen Reich
IRSH	International Review of Social History
JbGMO	Jahrbuch für die Geschichte Mittel- und Ostdeutschlands
JbG	Jahrbuch für Geschichte
JbS	Jahrbuch für Sozialwissenschaft
JbW	Jahrbuch für Wirtschaftsgeschichte
JbbNS	Jahrbücher für Nationalökonomie und Statistik
JCEA	Journal of Central European Affairs
JCH	Journal of Contemporary History

JEH	Journal of Economic History
JHI	Journal of the History of Ideas
JMH	Journal of Modern History
KP	Kommunale Praxis
KPB	Kommunalpolitische Blätter
MSDR	Monatshefte zur Statistik des Deutschen Reichs
NZ	Nationalzeitung
PP	Past and Present
PSQ	Political Science Quarterly
PV	Politische Vierteljahresschrift
PJbb	Preußische Jahrbücher
RP	Review of Politics
RV	Rheinische Vierteljahrsblätter
SJb	Schmollers Jahrbuch
StL	Staatslexikon
StJb	Statistisches Jahrbuch
SDR	Statistik des Deutschen Reichs
VfSP	Verein für Sozialpolitik
VfZ	Vierteljahreshefte für Zeitgeschichte
VSDR	Vierteljahreshefte zur Statistik des Deutschen Reichs
VSWG	Vierteljahrsschrift für Sozial- und Wirtschaftsgeschichte
VVK	Vierteljahrsschrift für Volkswirtschaft und Kulturgeschichte
VZ	Volkszeitung
WK(e)	Wahlkreis(e)
Wigard	F. Wigard, Stenographischer Bericht über die Verhandlungen der Deutschen constituierenden Nationalversammlung zu Frankfurt
ZPSB	Zeitschrift des königlich Preußischen statistischen Bureaus
ZBL	Zeitschrift für Bayerische Landesgeschichte
ZGO	Zeitschrift für Geschichte des Oberrheins
ZfG	Zeitschrift für Geschichtswissenschaft
ZfP	Zeitschrift für Politik
ZfGS	Zeitschrift für die gesamte Staatswissenschaft

ANMERKUNGEN

Die vollständigen Titel und bibliographischen Daten der in den folgenden Anmerkungen in abgekürzter Form angeführten Werke finden sich in der Bibliographie. Werke, auf die nur wenige Male verwiesen wird, sind in den betreffenden Anmerkungen mit ihrem vollständigen Titel angeführt. Die vorstehenden Abkürzungen habe ich durchgehend verwendet.

Vorwort

[1] Mein besonderer Dank gilt Gerhard A. Ritter dafür, daß er mich auf viele dieser Fehler aufmerksam gemacht hat.

[2] Die kürzlich erschienene Besprechung von Geoff Eley liefert ein ausgezeichnetes Beispiel dafür, was ich mit dieser dialogischen Auseinandersetzung meine: „James Sheehan and the German Liberals: A Critical Interpretation", in Central European History, XIV, 3 (September 1981), S. 273–88.

Einleitung

Liberalismus in einer illiberalen Gesellschaft

[1] Clifford Geertz, „Ideology as a Cultural System", in: *The Interpretation of Cultures: Selected Essays*, New York 1973, S. 218. Geertz' Aufsatz bietet eine ausgezeichnete Einführung in das Ideologieproblem.

[2] Zitiert nach Angermann, *Mohl*, 1962, S. 28. Einige andere Beispiele sind zu finden in Engelsing, „Bildung", 1968, S. 346ff.; T. C. W. Blanning, *Reform and Revolution in Mainz, 1743–1803*, Cambridge 1974 (Prolog); F. Gunter Eyck, „English and French Influences in German Liberalism before 1848." *JHI*, 18, Nr. 3 (Juni 1957), S. 313–41; J. Snell, „The World of German Democracy, 1789–1914", The Historian, 31, Nr. 4 (August 1969), S. 521–38.

[3] Bis vor kurzem waren Arbeiten über den Deutschen Liberalismus Erzählungen über liberale Führer und ihre Ideen. Die bekanntesten davon sind Klein-Hattingen, 1911–12; Stillich, 1911; Sell, 1953. Nachdem ich dieses Manuskript praktisch abgeschlossen hatte, erschienen drei neue Interpretationen: Faber, „Strukturprobleme", 1975; Gall, *Liberalismus*, 1976; Mommsen, „Liberalismus", 1975. *Movement*, 1976, vom verstorbenen John Snell, erschien ebenfalls zu spät für mich, um es zu benutzen; Snells Buch umfaßt ein breiteres Spektrum an Gruppen als meines – er schließt jeden ein, der seiner Meinung nach zur demokratischen Tradition gehört –, und es legt mehr Gewicht auf Persönlichkeiten sowie politische Geschichte. Galls Sammlung von Aufsätzen, *Liberalismus*, 1976, enthält den besten bibliographischen Leitfaden zur historischen Literatur.

I. Die Ursprünge des deutschen Liberalismus 1770–1847

[1] G. de Bertier de Sauvigny, „Liberalism, Nationalism, Socialism: The Birth of Three Words". *RP*, 32, Nr. 2 (April 1970), S. 147–66; in diesem Artikel wird die Verwendungsgeschichte der drei Begriffe in Europa diskutiert. Eine gute Kurzerörterung des Definitionsproblems gibt Rosenberg, „Rationalismus", 1930, S. 508–14. Weitere Beispiele bei Valentin, *Geschichte*, 1930–1931, 1, S. 326–27; ferner bei Brandenburg, „Parteiwesen", 1919; Hock, *Denken*, 1957, S. 3.

[2] Goethe wird zitiert nach Aris, *History*, 1936, S. 187; Bismarck, *Erinnerungen und Gedanken*, *Werke*, 1923–33, Bd. 15, S. 16. Zur Frage der Wandlungen im politischen Vokabular s. Sheehan, „Partei", 1974, sowie die dort zitierte Literatur.

[3] L. Wittgenstein, *Philosophische Untersuchungen*, Frankfurt/M. 1977, S. 57.

1. Partei und Bewegung

[1] A. Ruge, „Selbstkritik des Liberalismus", 1843, *Sämtliche Werke*, Mannheim ²1847, Bd. 4, S. 80.

[2] Siehe dazu Kants Schrift von 1784, *Beantwortung der Frage: Was ist Aufklärung?*, in Kant, *Was ist Aufklärung? Aufsätze zur Geschichte und Philosophie*, Göttingen 1975, S. 55–61. Habermas, *Strukturwandel*, 1962; Koselleck, *Kritik und Krise. Ein Beitrag zur Pathogenese der bürgerlichen Welt*, Freiburg und München 1959; Vierhaus, „Bewußtsein", 1967; H.-J. Haferkorn, „Der freie Schriftsteller. Eine literatursoziologische Studie über seine Entstehung und Lage in Deutschland zwischen 1750 und 1800", Archiv für Geschichte des Buchwesens, 5 (1964), S. 523–711; alle diese Werke befassen sich mit der Entstehung einer Öffentlichkeit in Deutschland. Irene Jentsch, *Zur Geschichte des Zeitungslesens in Deutschland am Ende des 18. Jahrhunderts. Mit besonderer Berücksichtigung der gesellschaftlichen Formen des Zeitungslesens* (Diss.), Leipzig 1937, enthält eine Fülle von Informationen zur Zeitungsgeschichte; Gerth, *Lage*, 1935, behandelt die gesellschaftliche Stellung der Intellektuellen.

[3] Schlumbohn, *Freiheit*, 1975, S. 39ff.

[4] Frühe institutionalisierte Ausdrucksformen politischer Meinung werden in den folgenden Werken thematisiert: Mannheim, *Träger*, 1933, befaßt sich insbesondere mit den Logen; F. Eulen, *Vom Gewerbefleiß zur Industrie. Ein Beitrag zur Wirtschaftsgeschichte des 18. Jahrhunderts*, Berlin 1967, S. 180ff., mit Vereinigungen für eine Verbesserung der Wirtschaftstätigkeit; Gerteis, „Bildung", 1971, und Epstein, *Genesis*, 1966, S. 84ff., mit den Lesezirkeln. Nipperdeys Artikel „Verein", 1972, bietet die beste allgemeine Einführung in die Thematik des Vereinswesens dieser Periode.

[5] Zitiert nach Schneider, *Pressefreiheit*, 1966, S. 82.

[6] Zur Auswirkung von 1789 auf Deutschland s. Valjavec, *Entstehung*, 1951, S. 146 ff.; Schnabel, *Geschichte*, 1949–59, Bd. 1; Julku, *Bewegung*, 1965–69; T. C. W. Blanning, *Reform and Revolution in Mainz, 1743–1803*, Cambridge 1974.

[7] Schwemer, *Geschichte*, 1910–1918, Bd. 1, über Frankfurt; sowie Gothein, *Wirtschaftsgeschichte*, 1916, Bd. 1, Teil 1, S. 1–56, über Köln.

[8] Der brauchbarste Leitfaden zum Verständnis dieser Entwicklungen findet sich bei Huber, Bd. 1, S. 42ff. und S. 315–36. Eine ausgezeichnete Analyse der Einflüsse der Revolution auf die freien Städte und kleinen Staaten des Westens bietet Walker, *Home Towns*, 1971, Kap. 6 und 7. Rudolf Morsey, „Wirtschaftliche und soziale Auswirkungen der Säkularisation in Deutschland", in: *Dauer und Wandel der Geschichte*, hrsg. von R. Vierhaus und M. Botzenhart, Münster 1966 S. 361–83, bietet eine anregende Interpretation der Säkularisierung von Kirchenland; H. Berding, *Napoleonische*

Herrschafts- und Gesellschaftspolitik im Königreich Westfalen 1807–1813, Göttingen 1973, beschreibt das napoleonische System in einem „Satellitenstaat".

[9] Valjavec, *Entstehung*, 1951, S. 344f., über Rotteck. Als Beispiel kann etwa auch Ludwig von Liebenstein dienen; s. F. Schnabel, *Ludwig von Liebenstein. Ein Geschichtsbild aus den Anfängen des Verfassungslebens*, Karlsruhe 1927.

[10] Der Zusammenhang zwischen territorialer Umstrukturierung und politischem Dissens wird in den folgenden regional bezogenen Untersuchungen deutlich: Grösser, *Liberalismus*, 1929, S. 9, zu Bayern; Heger, *Partei*, 1927, S. 9, zu Württemberg; Kurmeier, *Die Entstehung der nationalliberalen Partei Hannovers* (Diss.), Göttingen 1923; Dorn, *Die Anfänge der deutschen Fortschrittspartei in Bayern* (unveröff. Diss.), München 1922.

[11] Zitiert in A. Schlingensieper-Pogge, *Das Sozialethos der lutherischen Aufklärungstheologie am Vorabend der industriellen Revolution*, Göttingen 1967, S. 21.

[12] Krieger, *The German Idea*, 1957, S. 261ff.; Schnabel, *Geschichte*, 1949–1959, Bd. 1. Siehe ebenfalls W. von Groote, *Die Entstehung des Nationalbewußtseins in Nordwestdeutschland 1790–1830*, Göttingen 1954.

[13] Krieger, *The German Idea*, 1957, S. 261ff.; Huber, Bd. 1, S. 705ff.; Griewank, *Studenten*, 1949, S. 8ff.; P. Wentzcke u. a. (Hrsg.), *Darstellungen und Quellen zur Geschichte der deutschen Einheitsbewegung im neunzehnten und zwanzigsten Jahrhundert*, 9 Bde., Heidelberg 1957–74. Zwei Beispiele für den Einfluß solcher Erfahrungen bieten Gagern, *Liberalismus*, 1959, S. 57ff. und Pagenstecher, *Lebenserinnerungen*, 1913, Bd. 1, S. 36ff. Nach Eyck waren mindestens 11 Prozent der 1848 ins Frankfurter Parlament gewählten Männer ehemalige Burschenschafter: Eyck, *Frankfurt*, 1968, S. 101.

[14] Eine Schilderung einer solchen Zeremonie findet sich bei Valentin, *Frankfurt am Main und die Revolution von 1848/49*, Stuttgart und Berlin 1908, S. 1.

[15] Eine Übersicht über diese Institutionen findet sich bei Huber, Bd. 1. Die beste allgemeine Analyse bietet Brandt, *Repräsentation*, 1968. Lloyd E. Lee, „Liberal Constitutionalism as Administrative Reform: The Baden Constitution of 1818." CEH 7, Nr. 2 (Juni 1975), S. 91–112, bietet eine prägnante und klare Darstellung der Verfassungsentwicklung in Baden. Obenaus, „Finanzkrise und Verfassungsgebung. Zu den sozialen Bedingungen des frühen deutschen Konstitutionalismus", in Ritter (Hrsg.), *Gesellschaft*, 1974, S. 57–76, hebt die Bedeutung fiskalischer Überlegungen für die beamteten Fürsprecher des Konstitutionalismus hervor.

[16] Die wichtigsten Dokumente sind enthalten in: Chr. Engeli und W. Haus (Hrsg.), *Quellen zum modernen Gemeindeverfassungsrecht in Deutschland*, Stuttgart 1975, sowie A. Krebsbach, *Die preußische Städteordnung von 1808*, Stuttgart und Köln 1957. Siehe auch Koselleck, *Preußen*, 1967, S. 341ff., 360ff., 570ff.

[17] Zur Zensur s. Schneider, *Pressefreiheit*, 1966. Birker, *Arbeiterbildungsverein*, 1973, S. 17ff., enthält eine brauchbare Zusammenfassung der das Vereinswesen in der ersten Jahrhunderthälfte regelnden Gesetze.

[18] Die beste Erörterung dieser Beschränkungen findet sich bei Kramer, *Fraktionsbindungen*, 1968, S. 17ff.

[19] Huber, Bd. 1, S. 165ff. Eine zeitgenössische Kritik an den Provinziallandtagen aus der Feder Hansemanns (1830) s. bei Hansen, *Briefe*, 1967, S. 28f.

[20] Die Kritik der Konservativen an den repräsentativen Einrichtungen erörtert Brandt, *Repräsentation*, 1968, S. 47ff.

[21] Huber, Bd. 1, S. 342, sowie Vogel u. a., *Wahlen*, 1971, S. 66–75.

[22] Valentin, *Geschichte*, 1930–31, Bd. 1, S. 182, über Nassau; Köllmann, *Harkort*, 1964, S. 141ff., über Westfalen.

[23] Eine Definition für „Politische Kultur" findet sich in G. Almond und S. Verba,

The Civic Culture: Political Attitudes and Democracy in Five Nations, Princeton 1963, Kap. 4.

[24] Huber, Bd. 1, S. 36ff.; Grösser, *Liberalismus,* 1929, S. 19–26, zu Bayern; Reinhardt, *Volk und Abgeordnetenkammer in Baden zur Zeit des Frühliberalismus (1819–1831)* (unveröff. Diss.), Göttingen 1952, S. 4–36, 44ff.

[25] Adam, *Jahrhundert,* 1919, S. 23.

[26] Stein, *Geschichte,* 1884, S. 26, zu Breslau; O. Schell, *Elberfeld im ersten Dritteljahrhundert der Hohenzollernherrschaft 1815–1840,* Elberfeld 1918, S. 28ff.; Gause, *Geschichte,* 1965–68, Bd. 2, S. 334ff., zu Königsberg; Piechocki, „Kommunalpolitische Wirksamkeit", 1967, zu Halle.

[27] Die folgenden Werke enthalten Informationen zu den Auswirkungen von 1830: Krieger, *The German Idea,* 1957, S. 280; Neumüller, *Liberalismus,* 1973, S. 111ff.; Christern, „Dahlmann", 1921, S. 235, 240; Pagenstecher, *Lebenserinnerungen,* 1913, Bd. 3, S. 9ff.; Rosenberg, *Haym,* 1933, S. 44–46; Schramm, *Hamburg,* 1943, S. 276; Valentin, *Frankfurt,* 1908, S. 70ff.; Schmidt, *Staatsreform,* 1966, S. 103ff., zu Sachsen.

[28] Zur Entwicklung des Liberalismus in den 30er Jahren des 19. Jh. s. die folgenden Regionaluntersuchungen: W. Lempfrid, *Die Anfänge des parteipolitischen Lebens und der politischen Presse in Bayern unter Ludwig I.,* 1825–1831, Straßburg 1912; zu Baden: Rotteck, *Schriften,* 1841–43, Bd. 1., S. 413ff.; zu Württemberg: Brandt, „Gesellschaft", 1974, S. 101–18, und Langewiesche, *Liberalismus,* 1974; zu Kurhessen: J. Iseler, *Die Entwicklung eines öffentlichen politischen Lebens in Kurhessen in der Zeit von 1815–1848* (Diss.), Marburg 1913, und Bullik, *Staat,* 1972, S. 43ff.; zu Hannover: Sonnemann, *Oppermann* (unveröff. Diss.), 1922, S. 57ff.; G. Hildebrandt, „Programm und Bewegung des süddeutschen Liberalismus nach 1830." JbG 9, Nr. 1 (1973), S. 7–45, und Kramer, *Fraktionsbindungen,* 1968, S. 25ff., bieten allgemeine Darstellungen der politischen Entwicklung in den Mittelstaaten.

[29] Huber, Bd. 2, S. 133f.; F. Trautz, „Das Hambacher Fest und der südwestdeutsche Frühliberalismus", Heidelberger Jahrbücher, (1958, 2, S. 14–52; F. Süß, *Pfälzer im Schwarzen Buch. Ein personengeschichtlicher Beitrag zur Geschichte des Hambacher Festes, des frühen pfälzischen und deutschen Liberalismus,* Heidelberg 1956, enthalten Darstellungen der Ereignisse in Hambach. Zu Frankfurt s. Schwemer, *Geschichte,* 1910–18, Bd. 2, S. 590ff.

[30] Zitiert in Hansen, *Briefe,* 1967, S. 205.

[31] Zum Liberalismus in den 40er Jahren s.: Hüber, Bd. 2, S. 448ff.; Koselleck, *Preußen,* 1967; Krieger, *The German Idea,* 1957, S. 282ff.; Kramer, *Fraktionsbindungen,* 1968; Hefter, *Selbstverwaltung,* 1950, S. 246ff.

Daten über Buchveröffentlichungen gibt Gerth, *Lage,* 1935, S. 101–3; das Pressewesen erörtert Koszyk, *Geschichte,* 1966, S. 87ff., die Zeitschriften J. Kirchner, „Redaktion und Publikum. Gedanken zur Gestaltung der Massenzeitschrift im 19. Jahrhundert", Publizistik 5, 1960, bes. S. 463ff. Die Häufigkeit von Volkserhebungen schätzt Tilly in seinem wichtigen Artikel „Disorders", 1970, ein.

[32] J. Jacoby, *Vier Fragen, beantwortet von einem Ostpreußen,* Mannheim 1841. Zu Kontext und Wirkungsgeschichte dieser Schrift s. E. Silberner, „Johann Jacoby, 1843–1846, Beitrag zur Geschichte des Vormärz". IRSH, 14, Nr. 3 (1969), S. 353–411; Gause, *Geschichte,* 1965–1968, 2, S. 514ff.; Schorn, *Lebenserinnerungen,* 1898, 1, S. 144ff.

[33] Rosenkranz, *Aus einem Tagebuch,* Leipzig 1854, S. 239.

[34] Piechocki, „Kommunalpolitische Wirksamkeit", 1967.

[35] Das Regionalismusproblem in Deutschland diskutiert unter allgemeinen Gesichtspunkten H. Gollwitzer, „Die politische Landschaft in der deutschen Geschichte des 19./20. Jahrhunderts", in: *Land und Volk. Herrschaft und Staat in der Geschichte und*

Geschichtsforschung Bayerns, München 1964; ferner bei Gerhard, „Regionalismus und ständisches Wesen als ein Grundthema europäischer Geschichte", HZ, 174, Nr. 2 (1952), S. 307f., und Schieder, „Partikularismus", 1962. Auf unterschiedliche Aspekte des Problems gehen ein u. a. Sombart, *Volkswirtschaft*, 1909, Kap. 1, über Verkehrsverbindungen, Tilly, „Germany 1815-1870", in: *Banking in the Early Stages of Industrialization*, hrsg. von R. Cameron, New York 1967, S. 151-82; Borchardt, „Kapitalmangel", 1961, S. 414, über Investitionen; O'Boyle, „Image", 1968, S. 302, über Journalismus.

Eine große Bereicherung für meine Analyse der „Basis" der liberalen Bewegung auf lokaler Ebene wäre die von Gerd Zang herausgegebene Aufsatzsammlung gewesen: *Provinzialisierung einer Region. Regionale Unterentwicklung und liberale Politik in der Stadt und im Kreis Konstanz im 19. Jahrhundert*, Frankfurt 1978.

[36] H. Zehntner, *Das Staatslexikon von Rotteck und Welcker. Eine Studie zur Geschichte des deutschen Frühliberalismus*, Jena 1929, S. 94ff., und Robert von Mohl, „Drei deutsche Staatswörterbücher." PJbb 2, Nr. 3 (1858), S. 248f.

[37] Zur Langsamkeit der Entwicklung von Bindungen zwischen den verschiedenen Oppositionsführern s. Born, *Erinnerungen*, 1898, S. 34; Hansen, *Mevissen*, 1906, 1, S.302ff. und 495ff.; Gagern, *Liberalismus*, 1959, S. 115ff.; Roßkopf, „Itzstein", 1954, S. 135ff.; Schmidt, *Blum*, 1971, S. 58ff.

[38] Außer in dem schönen Artikel von Nipperdey, „Verein", 1972, werden organisatorische Fragen beleuchtet bei Meyer, *Vereinswesen*, 1970; Müller, *Korporation*, 1965; F. Sengle, *Biedermeierzeit. Deutsche Literatur im Spannungsfeld zwischen Restauration und Revolution 1815-1848*, 2 Bde., Stuttgart 1971-72.

[39] Silberner, „Zur Jugendbiographie von Johann Jacoby", AfS, 9, (1969), S. 60ff.; H. Blum, *Lebenserinnerungen*, 2 Bde., Berlin 1907-08, Bd. 1, S. 27; Elben, *Lebenserinnerungen*, 1931, S. 10ff. und 54ff., über Turnvereine und Gesangvereine. Zusätzliche Beispiele für diese Art der politischen Betätigung finden sich bei: Falkson, *Bewegung*, 1888, S. 106ff., sowie bei Gause, *Geschichte*, 1965-68, Bd. 2, S. 359ff., 524ff., über Königsberg; Rosenberg, *Haym*, 1933, S. 101ff., über Halle; Stein, *Geschichte*, 1884, S. 313f., über Breslau; Meyer, *Leben*, 1912, S. 30ff., über Berlin; Böttcher, *Stephani*, 1887, S. 4f., über Leipzig; Schramm, *Hamburg*, 1943, S. 282ff.; Krabs, „Hamm", 1964, S. 215ff.; Koszyk, „Carl d'Ester", 1960, S. 43ff., über Köln.

[40] Gothein, *Wirtschaftsgeschichte*, 1916, Bd. 1, Teil 1, S. 360. Weitere Darstellungen der Tätigkeit der Handelskammern finden sich bei Hansen, *Mevissen*, 1906, 1, S. 199; Klara von Eyll, *Die Geschichte einer Handelskammer, dargestellt am Beispiel der Handelskammer Essen, 1840-1910*, Köln 1964; Köllmann, *Sozialgeschichte*, 1960, S. 53ff.; Zunkel, *Unternehmer*, 1962, S. 149ff.; Fischer, *Staat*, 1962, S. 180ff.

[41] Zitiert in Thomas, *Liberalism*, 1951, S. 27. Zwei weitere Beispiele: Schmidt, *Blum* 1971, S. 80ff., und Schurz, *Lebenserinnerungen*, 1912-30, Bd. 1, S. 107, die sich beide mit religiösen Meinungsverschiedenheiten innerhalb des Katholizismus befassen. Weiteres zu diesem Thema findet sich in der in den Anmerkungen Nr. 26-28 zu Kap. 3 angeführten Literatur.

[42] Zu dieser Frage s. die anregenden Bemerkungen Nipperdeys in „Grundzüge", 1965, und Rosenbergs in *Haym*, 1933, S. 110. Die Identifizierung von Politik mit „Bildung" bzw. „Erziehung" beschränkte sich nicht auf den Liberalismus. Auf ähnliche Tendenzen in der Arbeiterbewegung in ihrer Frühphase weisen hin: Born, *Erinnerungen*, 1898, S. 23f., und Schieder, *Anfänge*, 1963, S. 133. Zum Begriff der Bildung s. den Artikel von Vierhaus in: Brunner u. a., *Grundbegriffe*, 1972, S. 508-51; H. Weil, *Die Entstehung des deutschen Bildungsprinzips*, Bonn 1930; H. Speier, „Zur Soziologie der bürgerlichen Intelligenz in Deutschland", in: Die Gesellschaft, 6, Nr. 2 (1929), S. 58-72, sowie H. Holborns klassischer Artikel „Der deutsche Idealismus in

sozialgeschichtlicher Beleuchtung". HZ, 174, Nr. 2 (1952), S. 359–84.
[43] Habermas, *Strukturwandel*, 1962, S. 118ff.
[44] Stein wird zitiert nach F. G. Faber, „Die kommunale Selbstverwaltung in der Rheinprovinz im 19. Jahrhundert". RV, 30, Nr. 1 (1965), S. 134, und F. Meinecke, *Das Zeitalter der deutschen Erhebung, 1795–1815*, Göttingen 1957, S. 96.
[45] Gervinus, *Leben*, 1893, S. 238f.
[46] Zitate aus Engelsing, „Bildung", 1968, S. 355, und Balser, *Anfänge*, 1959, S. 261, Anm. 58. S. auch Birker, *Arbeiterbildungsvereine*, 1973, S. 32ff.
[47] R. Stadelmann, *Das landwirtschaftliche Vereinswesen in Preußen. Seine Entwicklung, Wirksamkeit, Erfolge und weiteren Ziele*, Halle 1874, S. 308, und M. Erdmann, *Die verfassungspolitische Funktion der Wirtschaftsverbände in Deutschland 1815–1871*, Berlin 1968, über die Handelskammern.
[48] Zitiert bei Griewank, *Studenten*, 1949, S. 12, aus der Satzung einer in den frühen 30er Jahren in Erlangen gegründeten Studentenvereinigung.
[49] Haym, zitiert nach Rosenberg, *Haym*, 1933, S. 29. Andere Beispiele für diese Auffassung s. bei Christern, „Dahlmann", 1921, S. 332; W. Treue, „Das Verhältnis der Universitäten und ihre Bedeutung für die Wirtschaft", in: Lütge (Hrsg.), *Situation*, 1964, S. 228f. über Liebig; Biedermann, *Leben*, 1886, 1, S. 60f.; Rosenberg, *Haym*, 1933, S. 29; J. Rüsen, „Politisches Denken und Geschichtswissenschaft bei J. G. Droysen", in: Kluxen (Hrsg.), *Ideologien*, 1968, S. 171–88.
[50] Falkson, *Bewegung*, 1888, S. 71–72. Zum Parteienbegriff der Liberalen s. Sheehan, „Partei", 1974, sowie die Aufsätze von Schieder in *Staat*, 1958; von Nipperdey, „Grundzüge", 1965; Gall, „Problem", 1968, und *Constant*, 1963, S. 286ff., und Eichmeier, *Anfänge*, 1968, S. 1ff.
[51] Rosenkranz, *Über den Begriff der Politischen Partei*, Königsberg 1843; s. auch sein *Tagebuch*, 1854, S. 239.
[52] Brief vom Februar 1834, abgedruckt bei Gagern, *Liberalismus*, 1959, S. 133.
[53] Falkson, *Bewegung*, 1888, S. 111. Vgl. dazu die Auffassung Mittermaiers, zitiert bei Conze, „Spannungsfeld", 1962, S. 232, sowie die Äußerungen Gagerns im Januar 1841, zitiert in *Liberalismus*, 1959, S. 236f.
[54] R. Hayms *Reden und Redner des ersten Vereinigten Preußischen Landtags*, Berlin 1847, bietet ein gutes Beispiel hierfür. Siehe Rosenberg, *Haym*, 1933, S. 110ff. Sybel, *Die politischen Parteien der Rheinprovinz*, Düsseldorf 1847, liefert spezifischere Informationen als das Buch von Haym, bleibt aber im Hinblick auf politische Frontverläufe ebenfalls sehr vage und unsicher.
[55] Hansen, *Mevissen*, 1906, 1, S. 243ff. Die neueste Darstellung ist von W. Klutentreter, *Die Rheinische Zeitung*, 2 Bde., Dortmund 1966–67.
[56] Johann Jacoby, 1832, zitiert bei Adam, „Jacoby", 1930, S. 70. Zwei weitere Beispiele sind zu finden bei Rosenberg, „Rationalismus", 1930, S. 523, der Äußerungen von W. T. Krug zitiert, sowie bei Boldt, *Anfänge*, 1971, S. 161f., wo Robert Blum zitiert wird.
[57] StL (1. Aufl.), 9, S. 714. S. auch Gall, „Opposition", 1968, S. 168f.
[58] Mundt zitiert nach R. Horovitz, *Vom Roman des Jungen Deutschland zum Roman der Gartenlaube. Ein Beitrag zur Geschichte des deutschen Liberalismus*, Breslau 1937, S. 20; Pfizer, StL (1. Aufl.), 9, S. 70. S. auch: W. Bussmann, „Gustav Freytag. Maßstäbe seiner Zeitkritik". AfK, 34, Nr. 3 (1952), S. 264ff.
[59] Eine gute Diskussion des Begriffs bietet Pankoke in *Bewegung*, 1970, S. 19ff.; Gall, *Constant*, 1963, S. 44ff., beschreibt den Begriff in europäischer Perspektive. Zwei zeitgenössische deutsche Beispiele: Rotteck, „Bewegungspartei", in StL (1. Aufl.), 2, S. 558–65, sowie der anonyme Artikel „Eine Umschau in der Gegenwart". DV (1846), S. 67–138.

[60] Benzenberg zitiert nach Horovitz, *Roman*, S. 19; Rotteck, *Schriften*, 1941–43, Bd. 1, S. 157ff. Ein weiteres Beispiel ist Birtsch, *Nation*, 1964, S. 24, Anm. 47.
[61] Zitiert bei Conze, „Spannungsfeld", 1962, S. 233.
[62] E. Ackermann, *Georg Freiherr von Vincke und die innere preußische Politik in den Jahren 1845 bis 1849* (Diss.), Marburg 1914, S. 18, 64; anon., „Parteien in Berlin". Gb (1846), S. 179f.
[63] Zitiert bei Gall, „Problem", 1968, S. 162f. S. auch Wilhelm, *Verfassung*, 1928, S. 164ff., und R. Eigenbrodt, *Meine Erinnerungen aus den Jahren 1848, 1849 und 1850*, Darmstadt 1914, S. 20.
[64] Rosenberg, „Strömungen", 1929, S. 562–63.
[65] Diesen Punkt entwickelt Schieder in *Staat*, 1958, S. 114f.; s. ferner Fraenkel, *Deutschland*, 1968, bes. S. 13ff., und Nipperdey, „Grundzüge", 1965.

2. Sozialer Wandel und der „Mittelstand"

[1] Engels, „Status Quo", 1964, S. 50.
[2] Schultze, *Auseinandersetzung*, 1925, S. 44, 132. Manheim, *Träger*, 1933, S. 90, 102f.
[3] Gall, *Liberalismus*, 1968, S. 22, 32f., 43f.; Fischer, „Staat", 1962, S. 146, 149; Reinhart, „Volk", 1952, S. 82ff.; Glück, *Beiträge*, 1931, S. 94; Büttner, *Anfänge*, 1969, S. 108ff., und Heintz, *Der Beamtenabgeordnete im Bayerischen Landtag*. (Diss.), Berlin 1966, S. 56ff.
[4] Zum bürokratischen Liberalismus in Preußen s. Koselleck, *Preußen*, 1967, bes. S. 368ff., 385ff., und Gillis, *Bureaucracy*, 1971. Faber. *Die Rheinlande*, 1966, S. 419ff., enthält Einzelheiten über rheinische Publizisten, welche auf die führende Rolle von Beamten, Lehrern und Rechtsanwälten schließen lassen.
[5] S. dazu Schnabel, Geschichte, 1949–59, Bd. 2, S. 204ff., über die politischen Professoren, und Nipperdey, „Volksschule", 1968, über die Gymnasiallehrer.
[6] Zwei Beispiele für politisch aktive Physiker finden sich bei E. Silberner, „Zur Jugendbiographie von Johann Jacoby", AfS 9 (1969), S. 5–112, und K. Koszyk, „Carl d'Ester", 1960. Die politische Rolle der Pfarrer wird diskutiert in Bigler, *Politics*, 1972.
[7] Oncken, *Bennigsen*, 1910, Bd. 1, S. 117ff.; Matern, *Wahlen*, 1959, S. 28ff.; Sonnemann, „Oppermann", 1922; Valentin, *Frankfurt*, 1908, S. 71.
[8] O'Boyle, „Image", 1968, und Engelsing, *Massenpublikum*, 1966, S. 39ff., 55f. Als Beispiel für einen liberalen Journalisten im Vormärz s. Freytag, *Karl Mathy*, Leipzig, 1898.
[9] Adam, „Jacoby", 1930, S. 12. Jacobys *Briefwechsel 1816–1849*, hrsg. von E. Silberner, Hannover 1974, erschien zu spät für mich, um ihn in diesem Kapitel zu benutzen; er ist zur Zeit die grundlegende Quelle für seine Aktivitäten im Vormärz.
[10] Über regionale Gegensätze s. Grosser, *Liberalismus*, 1929, S. 9, und Heger, *Partei*, 1927, S. 9. Walkers *Home Towns*, 1971, enthält eine gute Analyse der Motive liberaler Bürokraten, vor allem in den neugebildeten Mittelstaaten.
[11] Plickat schätzt, daß 1848 der preußische Staat 260mal mehr für einen Gymnasiasten als für einen Volksschüler ausgab: H. H. Plickat, *Die Schule als Instrument des sozialen Aufstiegs*, Weinheim/Bergstraße 1959, S. 30f. Über Universitäten s. W. Zorn, „Hochschule und Höhere Schule in der deutschen Sozialgeschichte der Neuzeit", in: *Spiegel der Geschichte: Festschrift für Max Braubach*, Münster 1964, S. 321–39.
[12] Zitiert nach Gillis, *Bureaucracy*, 1971, S. 41; s. dazu auch O'Boyle, „Problem", 1970, und die Daten bei Koselleck, *Preußen*, 1967, S. 438–47.
[13] Valentin, *Frankfurt*, 1908, S. 71ff. Über Journalisten s. Engelsing, *Massenpublikum*, 1966, S. 50f., 177ff.

[14] Ein interessantes Beispiel gibt Freytags Beschreibung der Karriere seines Vaters: *Erinnerungen*, o. J., S. 434.

[15] Webers Definition von „Abkömmlichkeit" befindet sich in *Max Weber*, hrsg. von H. Gerth und C. W. Mills, New York, 1958, S. 85. Zur rechtlichen Stellung von Beamten als Abgeordneten s. Clauss, *Staatsbeamte*, 1906, S. 42ff.

[16] Kollmann, *Harkort*, 1964, S. 64ff., 114ff. Kocka, *Unternehmensverwaltung*, 1969, S. 78ff., erörtert den Mangel an gelernten Arbeitern in der ersten Hälfte des Jahrhunderts.

[17] Büttner, *Anfänge*, 1969, S. 149ff., S. 132f., über den Landtag von 1826–27; Fischer, „Industrialisierung", 1972, S. 212f.
Es gibt eine Liste der Abgeordneten des Badener Landtages in A. Bauer, *Badens Volksvertretung in der zweiten Kammer der Landstände von 1819–1890*, Karlsruhe 1891. Bauer gibt den Beruf jedes einzelnen an, nicht aber dessen politische Zugehörigkeit. Im Landtag von 1831 gab es 24 Staatsbeamte, 11 Justizbeamte, 7 Lehrer und Geistliche, 13 Beamte der Gemeindeverwaltung, 8 Handwerker, 2 Gastwirte und 4 Fabrikanten. Es ist anzunehmen, daß die meisten der Gemeindebeamten einen anderen Beruf hatten, wahrscheinlich in der Landwirtschaft oder im Handel. Ein Beispiel für liberale Führungsarbeit auf lokaler Ebene in Baden gibt Stemmermann, *Philip Thiebauth*, Karlsruhe 1964. Thiebauth war Gastwirt.

[18] Schramm, *Hamburg*, 1943; Croon, „Städtevertretung", 1958, über Krefeld und Bochum; G. Filbry, „Die Einführung der revidierten Preußischen Städteordnung von 1831 in der Stadt Münster". Westfälische Zeitschrift, 107 (1957), S. 169–234.

[19] Huber, Bd. 1, S. 172ff., und Koselleck, *Preußen*, 1967, S. 560ff., erörtern den Vorgang der Gemeindewahlen in Preußen. Einige Beispiele finden sich bei: J. Ziekursch, *Das Ergebnis der friderizianischen Städteordnung und die Städteordnung Steins, am Beispiel der schlesischen Städte dargestellt*, Jena 1908; Stein, *Geschichte*, 1884, über Königsberg. Weiteres Material befindet sich in Sheehan, „Liberalism", 1971, und „Liberalism", 1973, bes. S. 589, Anm. 22 der letztgenannten Arbeit.

[20] Schramm, *Hamburg*, 1943, S. 15ff.; Kaelble, „Kommunalverwaltung", 1970, S. 396ff.; Gause, *Geschichte*, 1965–68, Bd. 2, S. 507ff.; K. Kettig, „Gemeinsinn und Mitverantwortung. Beiträge zur Geschichte der Berliner Stadtverordnetenversammlung, zugleich eine Würdigung des Stadtverordnetenvertreters Heinrich Kochhann". In: Der Bär von Berlin, 12, Nr. 1 (1963), S. 7–27; Meyer, *Leben*, 1912; Kochhann, *Auszüge*, 1906.

[21] E. Süß, *Pfälzer im Schwarzen Buch*, Heidelberg 1956.

[22] Rosenberg, „Rationalismus", 1930, S. 534.

[23] Gause, *Geschichte*, 1965–68, Bd. 2. S. 530ff., über Königsberg, und Stein, *Geschichte*, 1884, S. 213–24, über Breslau.

[24] Die Zitate stammen aus: Unruh, *Erinnerungen*, 1895, S. 67; Born, *Erinnerungen*, 1898, S. 137; Engels, *Revolution*, 1960, S. 7.
Engels Schrift über den „Status Quo" (Erstausgabe 1847, Neuausgabe 1964) spiegelt eine bezeichnende Inkonsequenz bezüglich der sozialen Basis der deutschen Politik wider. Einerseits verweist er auf die Bourgeoisie als die „führende Klasse" in Deutschland (S. 46f.), später erkennt er jedoch die Verworrenheit der Klassenbeziehungen an (vgl. dazu das Epigraph des laufenden Kapitels) und fügt hinzu, daß die „Kleinbürgerschaft" in Wirklichkeit die „Normalklasse" ist, die den Rest der Gesellschaft mit ihren Ansichten infiziert hat.

[25] Büttner, *Anfänge*, 1969, S. 110, über Jaup; F. Schnabel, *Ludwig von Liebenstein*, Karlsruhe 1927; Thorwart, *Schulze-Delitzsch*, 1913; Koszyk, „Carl d'Ester", 1960; Bergengrün, *David von Hansemann*, Berlin 1901; Hansen, *Mevissen*, 1906; A. Caspary, *Camphausens Leben*, Stuttgart und Berlin 1902; A. Duckwitz, *Denkwürdigkeiten*,

Bremen 1877, S. 20ff.; H. Gollwitzer, *Friedrich David Bassermann*, Mannheim 1955; J. H. Hüffer, *Lebenserinnerungen. Briefe und Aktenstücke*, hrsg. von W. Steffens und E. Hovel, Münster 1952; Kochhann, *Auszüge*, 1906; P. Stemmermann, *Philip Thiebauth*, Karlsruhe 1964; Fontane, Zwanzig, 1967, S. 13.

[26] In Königsberg zum Beispiel gehörten der Bürgergesellschaft zwar Handwerksmeister an, Lehrlinge wurden aber nur aufgenommen, wenn sie von einem Meister empfohlen wurden. Gause, *Geschichte*, 1965–68, Bd. 2, S. 520ff. Zwei zeitgenössische Ansichten über die Zugangsschranken zu diesen Organisationen bei Hansen, *Briefe*, 1919, S. 698, und im Artikel über Lesevereine in DV, 18, Nr. 1 (1839), S. 250f.

[27] Als Beispiel für eine andere Ansicht s. Hamerow, *Restoration*, 1958, bes. S. 58ff., und O'Boyle, „Middle Class", 1966.

[28] Meine Formulierung verdankt der großartigen Studie Walkers, *Home Towns*, 1971, eine Menge, vor allem seinen Feststellungen auf S. 4ff.

[29] Am besten versteht man die soziale Struktur im Vormärz, wenn man eine Anzahl von regionalen Studien untersucht; es existiert noch keine zufriedenstellende Synthese. Hierfür dienen als Beispiel: Löllmann, *Harkort*, 1964, S. 94ff., über Westfalen; Röttges, *Wahlen*, 1964, über Düsseldorf; Aycoberry, „Probleme", 1968 und „Strukturwandel", 1975, über Köln; Löllmann, *Sozialgeschichte*, 1960, S. 94ff., über Barmen; H. Mauersberg, *Wirtschafts- und Sozialgeschichte zentraleuropäischer Städte in neuer Zeit*, Göttingen 1960; K. Assmann, *Zustand und Entwicklung des städtischen Handwerks in der ersten Hälfte des 19. Jahrhunderts*. Göttingen 1971, über vier Städte Hannovers.

[30] Eine äußerst interessante Diskussion über Regionalismus findet sich in S. Pollard, „Industrialization and the European Economy". The Economic History Review, 2. Folge, 26, Nr. 4 (November 1973), bes. S. 640f. S. dazu einige deutsche Beispiele, W. Zorn, „Eine Wirtschaftskarte Deutschlands um 1820 als Spiegel der gewerblichen Entwicklung", in F. Lütge (Hrsg.), *Wirtschaftliche und soziale Probleme der gewerblichen Entwicklung im 15./16. und 19. Jahrhundert*, Stuttgart 1968, und „Sozialer Wandel in Mitteleuropa, 1780–1840. Eine vergleichende landesgeschichtliche Untersuchung", in Ludz (Hrsg.), *Soziologie*, 1972. A. Schröter und W. Becker, *Die deutsche Maschinenbauindustrie in der industriellen Revolution*, Berlin 1962, S. 24, haben Daten über die regionale Verteilung von Maschinen.

[31] Siehe zum Beispiel die Vergleiche mit England in Hoffmann, „Take-Off", 1963, S. 118. Eine gute Einführung in die wirtschaftlichen und sozialen Entwicklungen des 18. Jahrhunderts enthält H. Aubius und W. Zorn (Hrsg.), *Handbuch der deutschen Wirtschafts- und Sozialgeschichte*, Stuttgart 1971, Bd. 1, Kap. 20–24. Zum frühen 19. Jahrhundert s. K. Borchardt, „The Industrial Revolution in Germany, 1700–1914", in C. Cipolla (Hrsg.), *The Fontane Economic History of Europe*, London und Glasgow 1972, Bd. 4, S. 38–63.

[32] Walker, *Home Towns*, 1971, S. 329ff.; Fischer, „Status", 1972; L. Baar, *Die Berliner Industrie*, Berlin 1966, S. 104; F. Redlich, „Frühindustrielle Unternehmer und ihre Probleme im Lichte ihrer Selbstzeugnisse". In W. Fischer (Hrsg.), *Probleme*, 1968, S. 339–412; I. Mieck, *Preußische Gewerbepolitik in Berlin 1806–1844. Staatshilfe und Privatinitiative zwischen Merkantilismus und Liberalismus*, Berlin 1965, S. 44f.; und bes. die jüngsten Beiträge von Marquardt, „Class", 1974 und „Aufstieg", 1975.

[33] Sengle, *Biedermeierzeit*, 2 Bde., Stuttgart 1971–72; H. Glaser, *Kleinstadt-Ideologie zwischen Furchenglück und Sphärenflug*, Freiburg 1969; Stadelmann und Fischer, *Bildungswelt*, 1955, S. 59ff. Walker, *Home Towns*, 1971, S. 307ff., 322ff., sagt einige sehr interessante Dinge über den „Biedermeier"-Stil, aber ich denke, er überbetont dessen Aversion gegen liberale politische Werte. Zu der Ansicht eines Außenseiters s. W. Howitt, *German Experiences*, London 1844, S. 95ff.

[34] Zitiert nach P. E. Schramm, *Neun Generationen. Dreihundert Jahre deutscher ‚Kulturgeschichte' im Licht der Schicksale einer Hamburger Bürgerfamilie*, Göttingen 1964, Bd. 2, S. 23. Dazu einige andere Beispiele: Elben, *Lebenserinnerungen*, 1931, S. 5, über Stuttgart; Schorn, *Lebenserinnerungen*, 1898, Bd. 1, S. 15ff., 53ff., über Essen und Bonn; W. Kiesselbach, „Drei Generationen". DV (1860), S. 1–37, über Bremen; G. Steinhausen, *Häusliches und gesellschaftliches Leben im 19. Jahrhundert*, Berlin 1898, S. 9ff.

[35] Henning, *Bürgertum*, 1972, S. 87, zitiert einige Daten, die den relativ niedrigen Verbrauch von Luxusgütern während der ersten Hälfte des Jahrhunderts aufzeigen. R. Engelsing, „Lebenshaltungen und Lebenshaltungskosten im 18. und 19. Jahrhundert in den Hansestädten Bremen und Hamburg". IRSH, 11, Nr. 1 (1966), S. 73–107, erörtert Lebensweisen im Norden. S. dazu auch seinen Beitrag über die Angestellten in Engelsing, *Sozialgeschichte*, 1973, bes. S. 72ff.

[36] Biedermann, *Leben*, 1886, Bd. 1, und R. Bazillion, „A German Liberal's Changing Perspective on the Social Question: Karl Biedermann in the 1840's und 1890's", in: Laurentian University Review, 5, Nr. 1 (Juni 1973); Wieber, *Ideen*, 1913, S. 1ff., über Jordan; Huber, Bd. 2, S. 137, über Siebenpfeiffer; E. Silberner, „Zur Jugendbiographie von Johann Jacoby". AfS, 9 (1970), S. 5ff.; Schramm, *Hamburg*, 1943, S. 169, über Meyer; A. Caspary, *Camphausens Leben*, Stuttgart und Berlin 1902, S. 1ff.; A. Bergengrün, *David Hansemann*, Berlin, 1901, S. 1ff.
Laut Frank Eyck war fast ein Fünftel der Männer, die in das Frankfurter Parlament gewählt wurden, „von einer relativ geringen Herkunft in hohe berufliche Stellung, zu Wohlstand und einem höheren sozialen Status" aufgestiegen. Frankfurt 1968, S. 97.

[37] Gillis, *Bureaucracy*, 1971, S. 13 und Bigler, *Politics*, 1972, S. 58, 71ff., bieten Material über den biographischen Hintergrund von Beamten und Geistlichen an. Zu Unternehmern s. Beau, *Das Leistungswissen des frühindustriellen Unternehmertums in Rheinland-Westfalen*, Köln 1959; H. Wutzmer, „Die Herkunft der industriellen Bourgeoisie Preußens in den vierziger Jahren des 19. Jahrhunderts". In H. Motteck (Hrsg.), *Studien der Industriellen Revolution in Deutschland*, Berlin 1960; Fischer, *Wirtschaft*, 1972, S. 375ff.; Sachtler, *Wandlungen des industriellen Unternehmers*, (Diss.), Berlin 1937.
Es sei darauf hingewiesen, daß es einige ernsthafte Schwierigkeiten mit dem Gebrauch aller dieser Werke gibt, vor allem im Hinblick auf ihre terminologische Unsicherheit.

[38] Schultze, *Auseinandersetzung*, 1925, S. 85, 101ff.; R. Pascal, *The German Sturm und Drang*, Manchester 1953, S. 56; A. Schlingensiepen-Pogge, *Das Sozialethos der lutherischen Aufklärungstheologie*, Göttingen 1967, S. 40ff., und passim.

[39] Zu einigen Beispielen für Ansichten liberaler Aristokraten s. Christern, „Dahlmanns", 1921, S. 215; Köllmann, *Harkort*, 1964, S. 168f. 197ff.; Schib, *Grundlagen*, 1927, S. 65ff., über Rotteck; und Welcker, „Adel". StL (1. Ausg.), Bd. 1, S. 257–354.

[40] Dahlmann, *Politik*, 1924, S. 200. Ähnliche Feststellungen sind zu finden in Hegel, *Grundlinien* 1970, Paragraph 297, S. 464ff.; Harkort, *Schriften*, 1969, S. 5; Weidemann, „Murhard", 1926, S. 238. Die Gebrauchsvarianten des Begriffes im StL sind untersucht in Martin Schumachers sehr informativer Dissertation, *Ständebegriff*, 1956, insbesondere S. 211ff. S. auch Winkler, *Mittelstand*, 1972; Faber, *Rheinlande*, 1966, S. 418f.; Marquardt, „Aufstieg", 1975, S. 45ff.

[41] Zitiert nach Thomas, *Liberalism*, 1951, S. 72.

[42] Kant, *Rechtslehre*, Paragraph 46, in: *Werke*, Berlin 1922, Bd. 7, S. 120f. S. auch Henning, *Bürgertum*, 1972, S. 98. Dazu zwei weitere Beispiele, eines von links und eines von rechts: Schmidt, *Blum*, 1971, S. 27, und David Hansemann, zitiert nach Hansen, *Briefe*, 1967, S. 17, 48, 53.

[43] Balser, *Anfänge*, 1959, S. 100ff.

⁴⁴ Siehe darüber die interessanten Bemerkungen in Mommsen, *Stein* 1954, S. 282ff. Ergänzende Quellenangaben und Analysen sind zu finden in: Sheehan, „Partei", 1974.
⁴⁵ K. Koltzbach, *Das Eliteproblem im politischen Liberalismus. Ein Beitrag zum Staats- und Gesellschaftsbild des 19. Jahrhunderts*, Köln und Opladen 1966, S. 46ff.; Schilfert, *Sieg*, 1952, S.12ff.; Philippson, *Ursprung*, 1913, S. 5–26; Gall, *Constant*, 1963, S. 240ff.; Boberach, *Wahlrechtsfrage*, 1959; R. Smend, „Maßstäbe des parlamentarischen Wahlrechts in der deutschen Staatstheorie des 19. Jahrhunderts", 1911. In: *Staatsrechtliche Abhandlungen und andere Aufsätze*, Berlin 1955, S. 19–38. Diese Schwierigkeiten wurden während der Abstimmungsdebatte in Frankfurt 1848 lebhaft diskutiert: siehe darüberhinaus Kap. 5 und die in Kap. 5, Anmerkungen 50, 51 zitierte Literatur.
⁴⁶ Rotteck, „Census". StL (1. Ausg.), Bd. 3, S. 366–88, bes. S. 376, 385. S. auch Rosskopf, „Johann Adam von Itzstein", 1954, S. 78f.
⁴⁷ H. von Sybel, *Die politischen Parteien der Rheinprovinz*, Düsseldorf 1847, S. 78.
⁴⁸ Zitiert nach M. Schumacher, *Auslandsreisen deutscher Unternehmer 1750–1851, unter besonderer Berücksichtigung von Rheinland und Westfalen*, Köln 1968, S. 41. Zu einer Diskussion von verschiedenen Standpunkten aus s. Chr. Hildebrand, *Der Einbruch des Wirtschaftsgeistes in das deutsche Nationalbewußtsein zwischen 1815 und 1871. Der Anteil der Wirtschaft an der Reichsgründung von 1871* (Diss.), Heidelberg 1936, S. 5ff., sowie Haferlands Abhandlung *Mensch*. StL 1957, S. 43f.
⁴⁹ Beckerath zitiert nach Zunkel, *Unternehmer*, 1962, S. 149; Weidemann, „Murhard", 1926, S. 242f.
⁵⁰ Brüggemann zitiert nach K. Buchheim, *Die Stellung der Kölnischen Zeitung im vormärzlichen rheinischen Liberalismus*, Leipzig 1913, S. 109; Biedermann, *Leber*, 1886, Bd. 1, S. 55ff. Über die Eisenbahn als Metapher und Symbol des Fortschritts s. Schnabel, *Geschichte*, 1949–59, Bd. 3, S. 390; Pankoke, *Bewegung*, 1970, S. 23f.; vor allem Manfred Riedel, „Vom Biedermeier zum Maschinenzeitalter. Zur Kulturgeschichte der ersten Eisenbahnen in Deutschland", AfK, 43, Nr. 1 (1961), S. 100–123.
⁵¹ Schnabel, *Geschichte*, 1949–59, Bd. 3, S. 352, über List; Haferland, *Mensch*, 1957, S. 115f., über List und Mathy, und S. 148f., über Mohl. Siehe auch Angermann, *Mohl*, 1962, S. 222ff., und Mohls Artikel „Über die Nachteile", 1835, neu abgedruckt in Jantke und Hilger, *Die Eigentumslosen*, 1965, S. 294ff.
⁵² L. Caspary, *Camphausens Leben*, Stuttgart und Berlin, 1902, S. 102, und Fischer, „Mez", 1972. Siehe dazu auch die intelligenten Bemerkungen bei Landes, *Prometheus*, 1969, S. 190ff., der englische Unternehmer solchen vom europäischen Festland gegenüberstellt.
⁵³ G. Milkereit, *Das Unternehmerbild im zeitkritischen Roman des Vormärz*, Köln 1970. Wenn Immermann selbst auch Konservativer war, seine Zuhörerschaft kam zur Gänze aus der gebildeten Öffentlichkeit in Deutschland.
⁵⁴ Seidel, *Armutsproblem*, 1970.
⁵⁵ Julku, *Bewegung*, 1965–69, Bd. 1, S. 90. Dazu einige Beispiele bei Angermann, „Mathy", 1955, S. 11; Wieber, *Ideen*, 1913, S. 68ff., über S. Jordan; Vopelius, *Ökonomen*, 1968, S. 14ff. J. Gagliardo, *From Pariah to Patriot. The Changing Image of the German Peasant, 1770–1840*, Lexington 1969, enthält eine nützliche Diskussion des Bauernbildes in der deutschen Literatur und Sozialphilosophie.
⁵⁶ Rotteck, *Schriften*, 1841–43, Bd. 2, S. 435. Schumacher, „Ständebegriff", 1956, S. 208, hat ein ähnliches Zitat von Welcker. Mohl, „Ackerbau". StL (1. Auflg.), Bd. 1, S. 211f.
⁵⁷ Gagern, *Liberalismus*, 1959, S. 54, und Harkort, *Schriften*, 1969, S. 82.
⁵⁸ Mohl, „Nachteile", in Jantke und Hilger, *Die Eigentumslosen*, 1965, S. 302, sowie Schulz in: StL (1. Ausg.), Bd. 12, S. 448–85. Diesem Bild der Großstadt wurde eine

lebhafte literarische Darstellung in Sues *Die Geheimnisse von Paris* zuteil, einem Buch, das weithin gelesen wurde und in Deutschland Nachahmer fand; s. E. Edler, *Eugene Sue und die deutsche Mysterienliteratur* (Diss.), Berlin 1932.

[59] Zit. nach Schib, *Grundlagen*, 1927, S. 52f. (s. auch die Feststellungen auf S. 46ff.).

[60] Fischer, *Staat*, 1962, S. 74; Gall, *Liberalismus*, 1968, S. 34; Treitschke, *History*, 1915–19, Bd. 3, S. 149. Eine gute Zusammenfassung über das ungleiche Wachstum der Gewerbefreiheit findet sich in Stadelmann und Fischer, *Bildungswelt*, 1955, S. 107f.

[61] Rosskopf, „Itzstein", 1954, S. 60. Siehe auch Rottecks Verteidigung des Freihandels 1822 und seine Kritik am Zollverein (1835) in: *Schriften*, 1841–43, Bd. 3, S. 291ff., 321ff. Zu einer allgemeinen Diskussion der Zollverein-Debatte s. Henderson, *Zollverein*, 1939, S. 179ff.; B. Bab, *Die öffentliche Meinung über den deutschen Zollverein zur Zeit seiner Entstehung* (Diss.), Berlin 1930, und die zeitgenössische Erörterung in Schüz, „Die Gegenwärtige Universitäts-Doktrine in Deutschland über Handelsfreiheit und Schutz-Zölle". ZfGS, 2, Nr. 4 (1845), S.706–43.

[62] Vopelius, *Ökonomen*, 1968; W. Treue, „Adam Smith in Deutschland. Zum Problem des ‚politischen Professors' zwischen 1776 und 1810", in *Deutschland und Europa* (Rothfels-Festschrift), hrsg. von W. Conze, Düsseldorf 1951, S. 101–34; ferner W. Roscher, *Geschichte der Nationalökonomik in Deutschland*, München 1874, S. 821ff.

[63] Rohr, *Origins*, 1963, S. 78ff., und Vopelius, *Ökonomen*, 1968, S. 104ff.

[64] Prince-Smiths eigene Arbeit wurde gesammelt in: *Schriften*, 1877–80. Über seine Laufbahn s. Henderson, „Prince-Smith", 1950; Rohr, *Origins*, 1963, S. 85–91; J. P. Köhler, *Staat und Gesellschaft in den deutschen Theorien der auswärtigen Wirtschaftspolitik und des internationalen Handels von Schlettwein bis auf Friedrich List und Prince-Smith*, Stuttgart 1926, S. 118ff.

[65] H. W. Bensen (1847), wie zitiert in Briefs, *The Proletariat*, New York, 1937, S.65. Conzes Artikel „Pöbel", 1966, bietet eine gute Einführung in die Entwicklung der „sozialen Frage" während der 40er Jahre. Eine ausgezeichnete Bibliographie und eine nützliche Sammlung zeitgenössischen Materials findet sich in Jantke und Hilger, *Die Eigentumslosen*, 1965. S. auch Marquardt, „Pauperismus", 1969, und „Aufstieg", 1975; W. Abel, *Der Pauperismus in Deutschland am Vorabend der industriellen Revolution*, Dortmund 1966, und „Der Pauperismus in Deutschland. Eine Nachlese zu Literaturberichten", in: *Wirtschaft, Geschichte und Wirtschaftsgeschichte: Festschrift für F. Lütge*, Stuttgart 1966, S. 284–98; Pankoke, *Bewegung*, 1970, bes. S.49ff.

[66] Jantke und Hilger, *Die Eigentumslosen*, 1965; P. Mombert, „Aus der Literatur über die soziale Frage und die Arbeiterbewegung in Deutschland in der ersten Hälfte des 19. Jahrhunderts". AGSA 9, Nr. 1 (1921), S. 169–236; Kuczynski, *Literatur*, 1960; alle haben umfangreiche Listen von zeitgenössischen Arbeiten über soziale Probleme; alle zeigen ein abruptes Anwachsen der öffentlichen Aufmerksamkeit für diese Fragen nach 1840.

Zur Verschiedenheit der Ansichten unter den Liberalen s. N. Stiebel, *Der ‚Zentralverein für das Wohl der arbeitenden Klasse' im vormärzlichen Preußen. Ein Beitrag zur Geschichte der sozialreformerischen Bewegung* (unveröff. Diss.), Heidelberg 1922; Köster, *Frühliberalismus*, 1938, bes. S. 49f., 59; E. Czobel, „Zur Verbreitung der Worte Sozialist und Sozialismus in Deutschland und Ungarn". Archiv für die Geschichte des Sozialismus, 3 (1913), S. 481–85; L. H. A. Gesk, *Über das Eindringen des Wortes sozial in die deutsche Sprache*, Göttingen 1963.

[67] O. Wolff, „John Prince-Smith". In: Prince-Smith, *Schriften*, Berlin 1880, Bd. 3, S. 216f., 236–39.

[68] Zitiert nach Seidel, *Armutsproblem* 1970, S. 17. S. auch Zunkel, *Unternehmer*, 1962, S.166ff.

[69] Pankoke, *Bewegung*, 1970, S. 52ff., und Rohr, *Origins*, 1963, S. 76f.
[70] Zitiert nach Koselleck, *Preußen*, 1967, S. 599.
[71] Zur wechselnden Bedeutung des Begriffes Arbeiter s. Schieder, *Anfänge*, 1963, S. 82ff., und Marquardt, „Aufstieg", 1975. Die interessanteste unter den neueren Untersuchungen zum Arbeiterbewußtsein ist H. Zwahr, *Zur Konstituierung des Proletariats als Klasse. Strukturuntersuchung über das Leipziger Proletariat während der industriellen Revolution*, Berlin 1978.
[72] Angermann, *Mohl*, 1962, Kap. 3 und das Material von Mohl in Jantke und Hilger, *Die Eigentumslosen*, 1965, S. 319–37.
[73] Camphausen, zitiert nach G. A. Kertesz, „The German Moderate Liberals and Socialism, 1848–49", Arbeitspapier aus dem Canberra Seminar über Ideengeschichte (August 1974), S. 3. Zu den verschiedenen Definitionen, die für „Proletariat" angeboten werden, s. Conze, „Pöbel", 1966, S. 117ff.; Jantke und Hilger, *Die Eigentumslosen*, 1965, S. 26ff.; Noyes, *Organizations*, 1966, S. 21f. Drei zeitgenössische Beispiele: H. W. Bensen, 1847, wiederabgedruckt in Jantke und Hilger, *Die Eigentumslosen*, 1965, S. 426ff.; Mevissen, 1845, wiederabgedruckt in Hansen, *Mevissen*, 1906, Bd. 2; J. Kuranda, „Berlin und die unteren Volksklassen". Gb 3, Nr. 1 (1844), S. 1ff.
[74] Jantke und Hilger, *Die Eigentumslosen*, 1965, S. 447. S. auch Pankoke, *Bewegung*, 1970, S. 58, und Edward Shorter, „Middle Class Anxiety in the German Revolution of 1848". JMH, 2, Nr. 3 (Frühjahr 1969), S. 189–216.
[75] Köster, *Frühliberalismus*, 1938, S. 54ff.
[76] Hans Stein, „Pauperismus und Assoziation. Soziale Tatsachen und Ideen auf dem westeuropäischen Kontinent vom Ende des 18. bis zur Mitte des 19. Jahrhunderts, unter besonderer Berücksichtigung des Rheingebiets". IRSH, 1, Nr. 1 (1936), S. 1–20, und Stiebel, „Zentralverein", 1922, Kap. 2. Dazu einige Beispiele in Angermann, „Mathy", 1955, S. 522; Schmidt, *Blum*, 1971, S. 126; Hansen, *Mevissen*, 1906, Bd. 1, S. 175, 343ff.; Johannes Fallati, „Das Vereinswesen als Mittel zur Sittigung der Fabrikarbeiter". ZfGS, 1, Nr. 4 (1884), S. 737–91.
[77] Zitiert nach K. Obermann, *Die deutschen Arbeiter in der Revolution von 1848*, Berlin ²1953, S. 106.
[78] Zitiert nach W. Schulze, „Sozialistische Bestrebungen in Deutschland: Bemerkungen zu einer Aufsatzfolge Karl Biedermanns (1846)". VSWG, 57, Nr. 1 (April 1970), S. 101. Einige andere Beispiele über liberale Unterstützung für staatlich finanzierte Sozialreformen in Fieker, „Liberals", 1972, S. 42ff.
[79] Hansen, *Mevissen*, 1906, Bd. 1, S. 177; Angermann, *Mohl*, 1962, S. 200f.; Meyer, *Leben*, 1912, S. 38. Zum Problem des Bevölkerungsdrucks und möglicher Beschränkungen s. Köllmann, „Bevölkerung", 1968; J. Knodel, „Law, Marriage and Illegitimacy in Nineteenth Century Germany". In: Population Studies, 20, Nr. 3 (März 1967), S. 279–94; H. Schinkel, „Armenpflege und Freizügigkeit in der preußischen Gesetzgebung vom Jahre 1842". VSWG 50, Nr. 4 (1963) S. 459–79.
[80] *Grundlinien*, 1970 bes. Paragraph 185 über die Gefährdungen der „bürgerlichen Gesellschaft" und Paragraph 201–2 über den „allgemeinen Stand".
[81] Rohr, *Origins*, 1963, S. 121, und Hansen, *Mevissen*, 1906, Bd. 2, S. 90 (druckt ein Memorandum von 1840 wieder ab). Für ein weiteres Beispiel s. Langewiesche, *Liberalismus*, 1974, S. 84ff., vor allem das Zitat auf S. 93.

3. Staat und Volk

[1] Zitiert nach Gall, *Constant*, 1963, S. 108.
[2] Rosenberg, *Bureaucracy*, 1958, und Koselleck, *Preußen*, 1967, bieten eine

anregende Analyse über die Rolle, die die bürokratischen Institutionen in der preußischen Geschichte spielten. E. Weis, *Montgelas, 1759–1799. Zwischen Revolution und Reform*, München 1971, und H. P. Liebel, *Enlightened Bureaucracy versus Enlightened Despotism in Baden, 1750–1792*, Philadelphia 1965, erläutern diesen Prozeß in Bayern und Baden. Vgl. dazu eine Studie über den Wandel in der Sprache als Ergebnis der bürokratischen Entwicklung von W. Damkowski, *Die Entstehung des Verwaltungsbegriffes: Eine Wortstudie*, Köln 1969, und Weinacht, *Staat*, 1968.

[3] Huber, Bd. 1, gibt eine Zusammenfassung der bedeutsamsten Gesetze und eine Einführung in die Politik und Laufbahn der führenden Reformer. Zusätzlich zu den in Anmerkung 2 angeführten Werken s. Schmidt, *Staatsreform*, 1966, über Sachsen; Faber, *Rheinlande*, 1966; F. L. Knemeyer, *Regierungs-und Verwaltungsreformen in Deutschland zu Beginn des 19. Jahrhunderts*, Köln und Berlin 1970.

[4] Zitate von Walker, *Home Towns*, 1971, S. 201, und Weinacht, *Staat*, 1968, S. 193.

[5] Schneider, *Pressefreiheit*, 1966, S. 129f., zitiert die neueste Literatur über Zensur. Jaups Artikel, „Pressefreiheit". StL (1. Ausg.), Bd. 12, S. 331–88, ist eine charakteristische zeitgenössische Stellungnahme. In *Geschichte*, 1948, S. 43, machte Stadelmann die interessante Beobachtung, daß der Einfluß ausländischer Vorbilder auf das politische Denken der Deutschen dank der Bereitwilligkeit der Zensoren, die eine ziemlich ungehemmte Diskussion der politischen Entwicklung außerhalb Deutschlands erlaubten, anwuchs.

[6] Dahlmann, *Politik*, 1924, S. 258ff. S. dazu auch Hansemann, 1830, zitiert nach Hansen, *Briefe*, 1967, S. 22f., und die Debatte im Badischen Landtag von 1831, die erörtert wird in Gall, *Constant*, 1963, S.86f.

[7] Zitiert nach Weidemann, „Murhard", 1926, S. 233. S. auch Welcker im StL (1. Auflg.), Bd. 3, S. 327. Die beste Diskussion dieser ganzen Frage bietet J. Habermas, *Strukturwandel*, 1962.

[8] Treitschke, *History*, 1915–19, Bd. 2, S. 668f. Diese Geschichten mögen natürlich unecht sein, aber das wesentliche ist, daß viele Zeitgenossen ihnen Glauben schenkten.

[9] Eyck, *Frankfurt*, 1968, S. 93. Dazu einige Beispiele in A. Bergengrün, *David Hansemann*, Berlin 1901, S. 81ff.; Mohl, *Lebenserinnerungen*, 1902, Bd. 2, S. 3ff.; Wieber, *Ideen*, 1913, S. 5ff.; Weidemann, „Murhard" 1926, S. 241, 274.

[10] Schnabel, *Geschichte*, 1949–59, widmete Bd. 4 den religiösen Entwicklungen. Siehe auch Engelsing, „Bildung", 1968, S. 350ff.; Bigler, *Politics*, 1972; W. Brazil, *The Young Hegelians*, New Haven 1970.

[11] C. Holden, „A Decade of Dissent in Germany: An Historical Study of Protestant Friends and the German Catholic Church, 1840–1848" (unveröff. Diss.), Yale 1954, bietet eine gute Einführung zum Thema Lichtfreunde. Siehe auch Bigler, *Politics*, 1972, S. 139ff., 187ff.; Rosenberg, *Haym*, 1933, S. 86; Renner, „Twesten", 1954, S. 15.

[12] Köllmann, *Sozialgeschichte*, 1960, S. 42ff.; s. auch Zunkel, *Unternehmer*, 1962, S. 136ff., und „Beamtenschaft", 1964, S. 261ff.

[13] Hansen, *Mevissen*, 1906, Bd. 1, S. 379ff., und A. Bergengrün, *David Hansemann*, Berlin 1901, S. 100ff.

[14] G. Croon, *Der Rheinische Provinziallandtag bis zum Jahre 1874*, Düsseldorf 1918, S. 101ff.; O. Glück, *Beiträge zur Geschichte des Württembergischen Liberalismus* (Diss.), Tübingen 1931, S. 16; Jacoby, *Vier Fragen*, Mannheim 1841, S. 22f.

[15] Gagern, *Liberalismus*, 1959, S. 71ff. und Oncken, *Bennigsen*, 1910, Bd.1, S. 126ff. Zu Einstellungen von Katholiken gegenüber dem Staat s. Schnabel, *Geschichte*, 1949–59, Bd. 4, S. 199. Hansens *Briefe*, 1967, verweisen auf genügend Anhaltspunkte für den Haß, den viele Rheinländer gegenüber preußischen Bürokraten fühlten.

[16] Aris, *History*, 1936, S.156.

[17] Zit. nach Celotti, „The Political Thought" (unveröff. Diss.), Stanford 1970, S. 97.

[18] P. Pfizer, *Briefwechsel zweier Deutschen* (2. Ausg.), 1832, wieder abgedruckt in *Deutsche Literaturdenkmale*, Nr. 144, Berlin 1911, S. 113f., 118f.; die Folgenden bieten nützliche Erläuterungen zum Problem der deutschen Haltung gegenüber dem Staat in der ersten Hälfte des Jahrhunderts: Krieger, *The German Idea*, 1957; Wilhelm, *Idee*, 1933; Gall, *Constant*, 1963, bes. S. 107f.; Hock, *Denken*, 1957, S. 63ff., 121.

[19] Welcker zitiert nach Angermann, *Mohl*, 1962, S. 115; Mathy nach Angermann, „Mathy", 1955, S. 509; s. auch Welckers Artikel „Staatsdienst". StL (1. Auflg.), Bd. 14, S. 727–63. Zu einer Analyse der im StL geäußerten Ansichten s. Schumacher, „Ständebegriff", 1956, und Haferland, *Mensch*, 1957, bes. S. 56, 65ff.

[20] Wiederabgedruckt in Mohl, *Schriften*, 1966, S.276–310. S. Wilhelm, *Idee*, 1933, S. 14, und Angermann, *Mohl*, 1962. Zu einer ähnlichen Ansicht s. anon. „Staatsdiener". DV 25, Nr.3 (1846), S. 130ff.

[21] Camphausen(1843) zitiert nach K. Utermann, *Der Kampf um die preußische Selbstverwaltung im Jahre 1848*, Berlin 1937, S. 16; Droysen, *Schriften*, 1933, S. 28f.

[22] Diesterweg zitiert nach Nipperdey, „Volksschule", 1968, S. 136. Nipperdeys Schrift ist die beste allgemeine Einführung in das Problem der Erziehung und Gesellschaft im Vormärz. Siehe auch E. N. Anderson, „The Prussian Volksschule in the Nineteenth Century", in *Entstehung und Wandel der modernen Gesellschaft. Festschrift für Hans Rosenberg*, hrsg. von G. A. Ritter, Berlin 1970; Blättner, *Gymnasium*, 1960; Huber, Bd. 1, S. 260ff., P. Lundgreen, „Industrialization and the Educational Formation of Manpower in Germany". JEH, 9, Nr. 1 (Herbst 1975), S. 64–80; Flitner, *Erziehung*, 1957; W. Rössler, *Die Entstehung des modernen Erziehungswesens*, Stuttgart 1961.

[23] Zitiert nach Flitner, *Erziehung*, 1957, S. 16. W. K. Blessing, „Allgemeine Volksbildung und politische Indoktrination im bayerischen Vormärz. Das Leitbild des Volksschullehrers als mentales Herrschaftsinstrument". ZBL, 37, Nr. 2 (1974), S. 479–568, ist ein frischer und anregender Versuch, den Einfluß des Staates auf die Erziehung in Bayern während der ersten Hälfte des Jahrhunderts zu messen.

[24] Harkort, *Schriften*, 1969, S. 34f., 38. K. H. Scheidler, „Pädagogik". StL (1. Ausg.), Bd. 12, S. 319–49. Über das StL s. auch Schumacher, „Ständebegriff", 1956, S. 121ff.

[25] W. von Humboldt, *The Limits of State Action*, Cambridge 1969, enthält eine nützliche Einführung des Herausgebers, J. W. Burrow. S. dazu auch Schnabel, *Geschichte*, 1949–59, Bd. 1, S. 291ff., und S. Kachler, *Humboldt und der Staat*, Göttingen ²1963.

[26] Harkort, *Schriften*, 1969, S. 17. Droysen zitiert nach Birtsch, *Nation*, 1964, S.80. Dazu ein weiteres Beispiel in Sybel, *Parteien*, 1847, S. 18. Zum Problem Kirche und Staat s. Schnabel, *Geschichte*, 1949–59, Bd. 4, S. 506ff.; R. Lempp, *Die Frage der Trennung von Kirche und Staat im Frankfurter Parlament*, Tübingen 1913, S. 5ff.; Schib, *Grundlagen*, 1927, S.54ff., über Rotteck.

[27] Zitiert nach F. Fischer, „Der deutsche Protestantismus und die Politik im 19. Jahrhundert". HZ, 171, Nr.3 (Mai 1951), S. 477. S. auch F. Schleiermacher, „Über den Beruf des Staates zur Erziehung", 1814, in *Pädagogische Schriften*, hrsg. von E. Weniger, Düsseldorf und München 1957, Bd. 2.

[28] Die beste Behandlung dieses Problems befindet sich in R. Rürup, „Jewish Emancipation and Bourgeois Society", in: Year Book of the Leo Baeck Institute, 14 (1969), S. 67–91, und „Kontinuität und Diskontinuität der ‚Judenfrage' im 19. Jahrhundert. Zur Entstehung des modernen Antisemitismus", in Wehler (Hrsg.), *Sozialgeschichte*, 1974; S. 338–415. S. auch J. Katz, *Out of the Ghetto. The Social Background of Jewish Emancipation. 1770–1870*, Cambridge, Mass. 1973; Toury, *Orientierungen*, 1966; Valentin, *Frankfurt*, 1908, S. 15.

[29] Eine gute Zusammenfassung von Lists Ansichten findet sich in Schnabel, *Geschichte*, 1949–59, Bd. 3, S. 297–336ff.
Historiker sind verschiedener Meinung über die Frage, ob staatliche Einmischung einen positiven Beitrag zur wirtschaftlichen Entwicklung Deutschlands leistete. W. O. Henderson, *The State and the Industrial Revolution in Prussia, 1740–1840*, Liverpool 1958, bejaht es, R. Tilly, *Financial Institutions and Industrialization in the Rhineland, 1815–1870*, Madison 1966, verneint es. Von einer neuen Perspektive aus wird dieses Problem behandelt von F.Tipton, „The National Consensus in German Economic History". CEH, 7, Nr. 3 (September 1974), S.195–224. Ergänzendes Material über die Rolle des Staates im deutschen Wirtschaftsleben ist zu finden in Fischer, *Staat*, 1962; U. Ritter, *Die Rolle des Staates in den Frühstadien der Industrialisierung*, Berlin 1961; Kocka, „Staat", 1974; Landes, „Japan", 1965.

[30] Hansen, *Briefe*, 1967, S. 58, über das Vorwort, und Hansen, *Mevissen*, 1906, Bd. 1, S. 171, 307ff.

[31] Köllmann, *Harkort*, 1964, S. 125; Harkort, *Schriften*, 1969, S.5–63; Schnabel, *Geschichte*, 1949–59, Bd. 3, S. 287ff.

[32] Hansemann, 1840, zitiert nach Hansen, *Briefe*, 1967, S. 218.

[33] P. Pfizer, „Gedanken über das Ziel und die Aufgabe des Deutschen Liberalismus", 1832, wiederabgedruckt in *Deutsche Literaturdenkmale*, Nr. 144, Berlin 1911, S. 337f. Über Pfizer s. C. Popitz, „Paul Pfizer und sein Briefwechsel zweier Deutschen" (unveröff. Diss.), Berlin 1951; F. Meinecke, *Cosmopolitanism and the National State*, Princeton 1970, S. 241f.; Krieger, *The German Idea*, 1957, S. 317–22.

[34] Anon, „Rückblick". Gb (1848), S. 1; s. auch Dahlmann, 1832, zitiert nach Celotti, „The Political Thought" (unveröff. Diss.), Stanford 1970, S. 97.

[35] Buhl, zitiert nach Mayer, „Anfänge", 1960, S. 64.

[36] P. L. Weinacht, „Staatsbürger: Zur Geschichte und Kritik eines politischen Begriffes", in: Der Staat 8, Nr. 1 (1969), S. 41–63. Siehe auch Koselleck, *Preußen*, 1967, S. 60.

[37] Krieger, *The German Idea*, 1957, S. 86ff., über Kant, 252ff., über den Vormärz; Heffter, *Selbstverwaltung*, 1950, S. 174f.; Angermann, *Mohl*, 1962, S. 95ff.

[38] D. Blasius jüngst vorgelegte Studie über die Kampagne für Geschworenengerichte zeigt, daß der Drang nach einer Art Volksteilnahme vorhanden war, sogar bei den Bemühungen, das Rechtssystem selbst zu reformieren; s. sein „Der Kampf um die Geschworenengerichte im Vormärz", in Wehler (Hrsg.), *Sozialgeschichte*, 1974, S. 148–61.

[39] Anon, „Verfassungsfrage". DV (1846), S. 309ff.

[40] Zitiert nach Christern, „Dahlmanns", 1921, S. 264. S. auch Krieger, *The German Idea*, 1957, S.305ff.; Boldt, „Patrimonialismus", 1974, S. 87ff.; Dahlmann, *Politik*, 1924, S. 53ff.; zu einem ähnlichen zeitgenössischen Standpunkt s. Droysen, *Schriften*, 1933, S. 114f., in denen eine Schrift von 1847 wiederabgedruckt ist.

[41] Prince-Smith, „Über den politischen Fortschritt Preußens", 1844, in *Schriften*, 1877–80, Bd. 2, S. 11.

[42] Eine Einführung in liberales Verhalten in bezug auf repräsentative Institutionen ist zu finden in Krieger, *The German Idea*, 1957; Brandt, *Repräsentation*, 1968; Fenske, *Wahlrecht*, 1972, S. 58ff. K. von Beyme, „Repräsentatives und parlamentarisches Regierungssystem. Eine begriffsgeschichtliche Analyse". PV, 6, Nr. 2 (1965), S. 143–59, stellt die deutsche Erfahrung in ihren europäischen Kontext.

[43] Gall, *Constant*, 1963, S. 62f., 135f., 222–25; s. auch Gall, *Liberalismus*, 1968, S. 24ff.

[44] Zitiert nach Schib, *Grundlagen*, 1927, S. 62. S. auch Rottecks Schrift von 1818, wiederveröffentlicht in seinen *Schriften*, 1814–43, Bd. 2, und die Diskussionen in

Boldt, „Patrimonialismus", 1974, S. 90ff., sowie Bermbach, „Landstände", 1968, S. 250ff.

[45] StL (1. Ausg.), Bd. 15, S. 66f.

[46] Über konstitutionelle Praxis im Vormärz s. Huber, Bd. 2, S. 376ff., und Böckenfördes Schriften „Verfassungstyp", 1972, bes. S.148ff., und „Einheit", 1972, S. 30ff. G. Jellineks „Regierung und Parlament in Deutschland", in *Vorträge der Gehe-Stiftung*, Leipzig 1909, Bd. 1, S. 9ff., bietet eine interessante Analyse vom Standpunkt des Wilhelminischen Deutschland.

[47] Theodor von Schön, zitiert nach Koser, „Charakteristik", 1908, S. 309. S. auch Sheehan, „Partei", 1974.

[48] Wie das Konzept des Rechtsstaats, hatte die Auffassung von Verantwortlichkeit ihre Ursprünge im Innern der Bürokratie selbst. Sie wurde ursprünglich befürwortet, um die Verantwortlichkeit eines Beamten zu erhöhen, sowie als Gegenmittel gegen den Eingriff des Monarchen in Verwaltungsangelegenheiten. Siehe W. Fann, „The Rise of the Prussian Ministry, 1806–1827", in Wehler, (Hrsg.), *Sozialgeschichte*, 1974, S. 119–29.

[49] O. Pflanze, „Judicial and Political Responsibility in Nineteenth Century Germany", in *The Responsibility of Power*, hrsg. von F. Stern und L. Krieger, New York 1967, S. 162–82, und F. Schnabel, „Geschichte der Ministerverantwortlichkeit in Baden". ZGO 75, Nr. 1–3 (1921), S. 87–110, 171–91, 303–31.

[50] Angermann, *Mohl*, 1962, S. 388ff.; Brandt, *Repräsentation*, 1968, S. 242; Eulau, „Theories", 1963, S. 44ff.; Boldt, „Monarchie", 1973, S. 613ff.

[51] Wilhelm, Verfassung, 1928; Eulau, „Theories", 1963, S. 44f.; Ch. McClelland, *The German Historian and England*, Cambridge 1971, S. 73.

[52] Zitiert nach Brandt, *Repräsentation*, 1968, S. 236. K. S. Zachariäs politische Ideen sind zu finden in seinen *Vierzig Bücher vom Staate*, 7 Bde. in 5, Stuttgart und Tübingen 1830–32, bes. Bd. 3. S. auch die Diskussion in Boldt, „Patrimonialismus", 1974, S. 92ff.

[53] Zitiert nach Goessler, *Dualismus*, 1932, S. 49f.

[54] Welcker zitiert nach Gall, *Constant*, 1963, S. 90; Murhard in Weidemann, „Murhard", 1926, S. 250. Siehe auch K. Rosenkranz, *Über den Begriff der Politischen Partei*, Königsberg 1843, S. 20; Hansen, *Mevissen*, 1906, Bd. 1, S.190; Birtsch, *Nation*, 1964, S. 93ff., über Droysen.

[55] Weidemann, „Murhard", 1926, S. 257, 267f. Über die Tradition des Gehorsams s. L. Beck u. a., „Symposium: Kant on Revolution". JHI, 32, Nr. 3 (1971); Wieber, *Ideen*, 1913, S. 37, über Jordan; Sybel, *Parteien*, 1847, S. 63.

[56] Liberale Einstellungen gegenüber der Revolution werden ausführlich diskutiert in Neumüller, *Liberalismus*, 1973.

II. Revolutionäre Ouvertüre 1848–49

[1] Zitiert nach E. J. Hobsbawm, *The Age of Revolution, 1789–1848*, Cleveland und New York 1962, S. 304. Zwei weitere Beispiele: W.von Kügelgen, *Lebenserinnerungen des altenMannes 1840–67*, Leipzig 1923, S. 103, und Biedermann, *Leben*, 1886, Bd. 1, S.215–22. T. Schieder bietet eine ausgezeichnete Arbeit über das Bild der Revolution in *Staat*, 1958, S. 11ff.

Die klassische Studie zur Revolution in Deutschland bleibt Veit Valentins monumentale *Geschichte*, 1930–31. Die beste kurze Darstellung bietet Stadelmanns *Geschichte*, 1948. Thomas Nipperdey, „Kritik oder Objektivität? Zur Beurteilung der Revolution von 1848", in *Archiv für Frankfurts Geschichte und Kunst*, Nr. 54 (1974), und Michael Stürmer, „1848 in der deutschen Geschichte", in Wehler, (Hrsg.), *Sozialgeschichte*, 1974, sind anregende Schriften, die neue Orientierungen der Geschichtsschreibung wiederspiegeln. Valentins Bibliographie ist die vollständigste Liste von älteren Arbeiten, während neueren Tendenzen in der Forschung nachgegangen werden kann in bibliographischen Artikeln von Hamerow, „History", 1954, und A. Dorpalen, „Die Revolution von 1848 in der Geschichtsschreibung der DDR". HZ, 210, Nr. 2 (April 1970).

[2] Das Problem des Übergangs von der politischen Welt des Vormärz zur Wirklichkeit der Revolution ist ein zentrales Thema in vielen Memoiren von Beteiligten. Siehe zum Beispiel: F. T. Vischer, „Mein Lebensgang", *Ausgewählte Schriften*, Stuttgart und Berlin 1918, Bd. 3, S. 64ff.; K. Rosenkranz, *Politische Briefe und Aufsätze, 1848–1856*, Leipzig 1919, S. xiv; Haym, *Leben*, 1902, S. 189; Pagenstecher, *Lebenserinnerungen*, 1913, Bd. 2, S. 56ff.

[3] Eduard von Simson, der als Präsident der Nationalversammlung amtierte, hörte nach Angaben seines Sohns „niemals auf, sich als preußischer Beamter zu fühlen"; Simson, *Erinnerungen*, 1900, S. 301. Siehe auch Ziebura, „Anfänge", 1963, S. 188ff.

4. Der Anfang der Revolution

[1] Jacoby, *Schriften*, 1872, Bd. 2, S. 21.

[2] Anon, „Rückblick auf Preußen im Jahre 1847". Gb, 7, Nr. 1 (1848), S. 4.

[3] H. Asmus, „Die Verfassungsadresse der großbürgerlich-liberalen Opposition im preußischen Vereinigten Landtag von 1847". ZfGW, 22, Nr. 12 (1974), S. 1326–40, bietet eine gute Darlegung der liberalen Ziele auf dem Vereinigten Landtag. S. auch Koselleck, *Preußen*, 1967, S. 367ff., 387ff.; Koser, „Charakteristik", 1908; Rosenberg, *Haym*, 1933, S. 105ff. Zwei zeitgenössische Anschauungen: Engels, „Status Quo", 1964, S. 43, und Hansen, *Briefe*, 1942, S. 105ff.

[4] Hoffmann, „Die Öffentlichkeit der Gemeindeverhandlungen". ZfGS, 4, Nr. 1 (1847), S. 89–120, ist eine repräsentative zeitgenössische Darstellung der politischen Aktivität in den Städten. Siehe auch P. Clauswitz, *Die Städteordnung von 1809 und die Stadt Berlin*, Berlin 1908, S. 203ff., sowie Meyer, *Leben*, 1912, S. 67ff., über Berlin; Falkson, *Bewegung*, 1888, S. 145ff., über Königsberg; Stein, *Geschichte*, 1884, S. 267, über Breslau.

[5] Hamerow, *Restoration*, 1958, und Tilly, „Disorders", 1970.

[6] Einen Überblick über diese Entwicklungen bietet Valentin, *Geschichte*, 1930–31, Bd. 1, Kap. 3, 4.

[7] W., „Deutschland im Jahr 1847". Gb 7, Nr. 1 (1848), S. 24–32. Zu den Kontakten zwischen den Liberalen aus verschiedenen Teilen Deutschlands s. das Material in Hansen, *Briefe*, 1942.

[8] Die Programme sind wieder veröffentlicht in Huber, *Dokumente*, 1961–66, Bd. 1, S. 361–64. Siehe auch Hebeisen, *Parteien*, 1909, S. 6ff.; Hamerow, *Restoration*, 1958, S. 88f.; Angermann, „Mathy", 1955, S. 504ff.; Bergsträsser, „Lage", 1913. Die beste kurze Analyse findet sich in Boldt, „Monarchie", 1973, S. 561ff.

[9] Siehe Walker, *Home Towns*, 1971, S.364.

[10] Zitiert nach Noyes, *Organizations*, 1966, S.59. Krieger deutet einen ähnlichen Unterschied an: *The German Idea*, 1957, S. 330ff. Siehe auch die Formulierung in Walker, *Home Towns*, 1971, S. 356ff.

[11] Stadelmann, *Geschichte*, 1948, Kap. 1 und 2, und Noyes, *Organizations*, 1966, Kap. 1, bieten eine Einführung in die soziale Bewegung im Frühjahr 1848. Zur ländlichen Bewegung siehe auch G. Franz, „Die agrarische Bewegung im Jahre 1848", in: Zeitschrift für Agrargeschichte und Agrarsoziologie, 6, Nr. 2 (Oktober 1959), S.

176–93, und Hamerow, *Restoration*, 1958, S. 107ff. Zu den Städten s. Repgen, *Märzbewegung*, 1955, S.47ff., und Walker, *Home Towns*, 1971, S. 364ff.

[12] Zu Berlin s. Stadelmann, *Geschichte*, 1948, S. 60, und die Erste-Hand-Berichte in P. Boerner, *Erinnerungen eines Revolutionärs: Skizzen aus dem Jahre 1848*, hrsg. von E. Menke-Glückert, 2 Bde., Leipzig 1920, sowie Born, *Erinnerungen*, 1898. Über Köln s. Gothein, *Wirtschaftsgeschichte*, 1916, Bd. 1, Teil 1, S. 467ff., und Noyes, *Organizations*, 1966, S. 62ff.

[13] Theodore Hamerow zum Beispiel behauptet, daß der Liberalismus „niemals wieder fähig war, die Treue der Massen zu gewinnen, was ihn 1848 zum Scheitern brachte", „History", 1954, S. 28. Kosellecks Formulierung kommt dem Kern der Sache näher: „Die soziale Krise hat es der konstitutionellen Bewegung möglich gemacht, sich vom Boden zu erheben, aber sorgte auch dafür, daß sie ihr Ziel nicht erreichen würde", *Preußen*, 1967, S. 620.

[14] Camphausen (28. Februar 1848) zitiert nach Repgen, *Märzbewegung*, 1955, S. 16. Siehe auch Mohls Bemerkungen zum 9.Mai, zitiert nach Amgermann, *Mohl*, 1962, S. 59; zu Virchows Einschätzung der Situation in Berlin Ende März s. *Briefe*, 1907, S. 139f. Diese Angst vor dem Volk war einer der wichtigsten Unterschiede, die Fanny Lewald zwischen der Situation in Paris und Berlin bemerkte: *Erinnerungen*, 1850, S. 74f.

[15] Das Zitat stammt von Julius Jolly (Juni 1848), nach J. Heyderhoff (Hrsg.), „Franz von Roggenbach und Julius Jolly. Politischer Briefwechsel 1848–1882". ZGO, 86, Anmerkungen 1–2 (1934), S. 90. Siehe auch Bennigsens Ansichten im Mai 1848, zitiert nach Oncken, *Bennigsen*, 1910, Bd. 1, S.154f. Valentin, *Geschichte*, 1930–31, Bd. 1, S. 565f., bringt eine Anzahl zeitgenössischer Zeugnisse sowohl optimistischen als auch pessimistischen Tenors über Frankfurt.

[16] Eine nützliche Zusammenstellung der politischen Gruppierungen im Anfangsstadium der Revolution findet sich in Heffter, *Selbstverwaltung*, 1950, S. 292ff., und Stadelmann, *Geschichte*, 1948, S. 83ff.

Die regionale Verschiedenheit der Entwicklungen ist aus den folgenden Arbeiten zu ersehen: E. Silberner, „Johann Jacoby in der Revolution von 1848/49." AfS, 10 (1970), S. 153–260, über Königsberg; Kochhann, *Auszüge*, 1906, Bd. 3, S. 69ff.; und Born, *Erinnerungen*, 1898, S. 120ff., über Berlin; Biedermann, *Leben*, 1886, Bd.1, S. 244ff., und Schmidt, *Blum*, 1971, S. 129ff., über Leipzig; Weber, *Revolution*, 1965, S. 14ff., über Sachsen als ganzes; Elben, *Lebenserinnerungen*, 1931, S. 115ff., über Stuttgart; Hebeisen, *Partei*, 1909, über Baden; Kastendiek, „Bremen", 1952, S. 34ff.; Repgen, *Märzbewegung*, 1955, über das Rheinland; C. Schurz, *Lebenserinnerungen*, 3 Bde., Berlin und Leipzig 1912–30, Bd. 1, S.140ff. über Bonn; Nickel, *Revolution*, 1965, über Augsburg; C. Graf, *The Hanoverian Reformer, Johann Carl Bertram Stüve, 1798–1872* (unveröff. Diss.), Cornell 1970, S. 244ff., über Osnabrück.

[17] Langewiesche, *Liberalismus*, 1974, S. 108ff. und 127ff.

[18] Zitiert nach Boldt, „Monarchie", 1973, S. 590. Siehe auch Huber, Bd. 2, S. 593ff., und den Augenzeugenbericht in Pagenstecher, *Lebenserinnerungen*, 1913, Bd. 2, S. 13ff.

[19] Das Wahlgesetz ist wiederabgedruckt in Huber, *Dokumente*, 1961–66, Bd. 1, S. 269ff. Über die Debatte s. Hamerow, „Elections", 1961, und Schilfert, *Sieg*, 1952, S. 86ff.

[20] Die beste Einzelabhandlung zu den Wahlen ist Hamerow, „Elections", 1961. S. auch: Eyck, *Frankfurt*, 1968, S. 57–62; Vogel u. a., *Wahlen*, 1971, S. 76–82, Schilfert, *Sieg*, 1952, S.102ff.

[21] Eichmeiers Dissertation, *Anfänge*, 1968, bringt eine Menge nützliche Informationen über organisierte politische Aktivität im Frühling und Frühsommer. Siehe auch

Weber, *Revolution*, 1970, S.24ff., 43ff., über Sachsen; Repgen, *Märzbewegung*, 1955, über das Rheinland; Schulte, *Volk*, 1954, S.197ff.; Nickel, *Revolution*, 1965, über Augsburg; Bellot, „Leben", 1951, über das Saargebiet; Kaiser, *Strömungen*, 1963, S. 23ff., über Bonn; Röttges, *Wahlen*, 1964, S. 58ff., über Düsseldorf; Schierbaum, *Wahlen*, 1960, S. 21ff., über Trier; Weinandy, „Wahlen", 1956, S. 49ff., über das Siegerland; Kastendiek, „Liberalismus", 1952, über Bremen; Pülke, *Geschichte*, 1934, S. 44f., über Recklinghausen; Sonnemann, „Oppermann", 1922, S. 132ff., über Hannover.

[22] Hamerow, „Elections", 1961, S.32.

[23] Es gibt ein gutes Beispiel für ein radikales Programm in Boldt, *Anfänge*, 1971, S. 103ff.

[24] Haym, *Briefwechsel*, 1967, S.37. Siehe auch Boldt, *Anfänge*, 1971, S. 99-107, und die oben in Anmerkung 21 angeführten Arbeiten.

[25] Krabs, „Hamm", 1964, S. 15.

[26] Matern, *Wahlen*, 1959, S. 36, über Hildesheim; Virchow, Brief vom 1. Mai 1848, *Briefe*, 1907, S. 36ff. Zu einem anderen Beispiel s. Schulte, *Volk*, 1954, S. 200.

[27] Zitiert nach Schulte, *Volk*, 1954, S. 191. Zu einigen ähnlichen Darlegungen s. Haym, *Briefwechsel*, 1967, S. 38; Nickel, *Revolution*, 1965, S. 72; L. Bamberger, *Erinnerungen*, 1899, S. 21.

[28] Nur ungefähr 43 Prozent von diesen Gewählten lebten in oder nahe ihren Wahlkreisen; vgl. Eyck, *Frankfurt*, 1968, S. 93; s. auch Repgen, *Märzbewegung*, 1955, S. 231. Zu der wichtigen Rolle der Städte als Lieferanten von Kandidaten s. Koselleck, *Preußen*, 1967, S. 583ff.; Stein, *Geschichte*, 1884, S. 340, über Breslau; Haym, *Leben*, 1902, S. 183, über Halle; Nickel, *Revolution*, 1965, S. 68, über Augsburg. Ein Symptom für den Mangel an Kandidaten ist die große Anzahl von Männern, die gewählt wurden, da sie die einzige annehmbare Alternative zu sein schienen; vgl. Unruh, *Erinnerungen*, 1895, S. 88f.; Pagenstecher, *Lebenserinnerungen*, 1913, Bd.2, S. 42ff.; Thorwart, *Schulze-Delitzsch*, 1913, S. 12.

[29] O'Boyle, „Left", 1961; Koselleck, *Preußen*, 1967, S. 392-97, und Gillis, *Bureaucracy*, 1971, Kap. 5 und 6; alle diese Werke diskutieren die Rolle von gebildeten Männern in der Revolution. Zur sozialen Zusammensetzung des Parlaments s. Sheehan, „Liberalism", 1973, S. 584ff.; G. Beusharsen, *Zur Stukturanalyse parlamentarischer Repräsentation in Deutschland vor der Grgündung des Norddeutschen Bundes* (unveröff. Diss.), Hamburg 1926, S.97ff.; Walker, *Home Towns*, 1971, S. 366ff.

[30] Schilfert, *Sieg*, 1952, S. 314, und Gillis, *Bureaucracy*, 1971, S. 242, enthalten Daten über die soziale Zusammensetzung des preußischen Parlaments. Zu einem zeitgenössischen Vergleich zwischen Berlin und Frankfurt s. Unruh, *Erfahrungen*, 1851, S. 122. Den politischen Charakter des Berliner Parlaments analysiert D.J. Mattheisen, „Voters and Parliaments in the German Revolution of 1848: An Analysis of the Prussian Constituent Assembly." CEH, 5, Nr. 1 (März 1972), S. 3-22.

[31] Siehe zum Beispiel das Material über die Wahlmänner, die in Aachen und Düsseldorf gewählt wurden, in Repgen, *Märzbewegung*, 1955, S. 227, und die Analyse der Organisationen in Württemberg in Langewiesche, *Liberalismus*, 1974, S. 120ff.

[32] Gothein, *Wirtschaftsgeschichte*, 1916, Bd.1, Teil 1, S. 478f., zu den Ereignissen in Köln. Eine sarkastische und vielleicht verzerrte Darstellung des völlig zufälligen Abstimmungsverfahrens findet sich in Theodor Fontanes Schilderung der Wahlen in Berlin: *Zwanzig*, 1967, S. 354-59. Treffender dargestellt hat diese Dinge Stephan Born in seinen Memoiren, in denen er berichtet, wie er von einigen gemäßigten Konstitutionalisten zur Kandidatur aufgefordert wurde, ungeachtet seiner eigenen radikalen Ansichten: *Erinnerungen*. 1898, S. 131f. Einige andere Berichte aus erster Hand über

die Abstimmung s. bei P. F. Reichensberger, *Erlebnisse eines alten Parlamentariers im Revolutionsjahre 1848*, Berlin 1882, S. 50ff., über das Rheinland; Schorn, *Lebenserinnerungen*, 1898, Bd. 1, S. 31ff., über Essen; Wilhelm Schrader, *Erfahrungen und Bekenntnisse*, Berlin 1900, S. 90ff., über Brandenburg; J. D. H. Temme, *Erinnerungen*, Leipzig 1883, S. 268ff., über Ragnit.

[33] Nach Angaben von Eyck, *Frankfurt* 1968, S. 198, war die politische Zusammensetzung der Nationalversammlung im Juni 1848 ungefähr wie folgt: Rechte 43 (7,5 Prozent); rechte Mitte 156 (27 Prozent); linke Mitte 121 (21 Prozent); Linke 55 (9,5 Prozent); extreme Linke 46 (8 Prozent); ohne Mitgliedschaft 155 (27 Prozent).

5. Das Frankfurter Parlament und das Dilemma der Freiheit

[1] Bauer, *Untergang*, 1849, S. 272.

[2] Eyck, *Frankfurt*, 1968, S. 155; Heiber, „Rhetorik", 1953, S. 6ff.; Mohl, *Lebenserinnerungen*, 1902, Bd. 2, S. 34ff.

[3] Zur Entwicklung des parlamentarischen Verfahrens in Frankfurt s. Ziebura, „Anfänge", 1963, S. 194ff.; Kramer, *Fraktionsbindungen*, 1968, S. 185ff.; Boldt, *Anfänge*, 1971, S. 25ff.; Heiber, „Rhetorik", 1953, S. 80ff. Die Debatte selbst läßt sich nachlesen bei Wigard, Bd. 1, S. 163ff.

[4] Dieses Gefühl des Lebens unter Fremden ist beschrieben in folgenden Memoiren: Beseler, *Erlebtes*, 1884, S.58f.; Wichmann, *Denkwürdigkeiten*, 1890, S. 26; Mohl, *Lebenserinnerungen*, 1902, Bd. 2, S. 65.

[5] Biedermann, *Erinnerungen*, 1849, S. 14ff.

[6] Die folgenden Arbeiten beschreiben die Bildung von Parteien in Frankfurt: Eyck, *Frankfurt*, 1968; Stadelmann, *Geschichte*, 1948, S. 118ff; Valentin, *Geschichte*, 1930-31, Bd. 2, S. 20ff.; Boldt, *Anfänge*, 1971, S. 68ff., 163 ff.; Ziebura, „Anfänge", 1963, S.203ff.; Kramer, *Fraktionsbindungen*, 1968, S. 74ff., 271ff.

Die Memoiren-Literatur über die Revolution ist sehr umfangreich. Unter den Arbeiten, die ich zu Rate zog, scheinen mir die folgenden die informativsten über die Entwicklung der politischen Gruppierungen zu sein: Schorn, *Lebenserinnerungen*, 1898, Bd. 2, S. 1ff.; Lewald, *Erinnerungen*, 1969, S.108ff.; Mohl, *Lebenserinnerungen*, 1902, Bd. 2, S. 68ff.; Biedermann, *Erinnerungen*, 1849, S. 168ff., und *Leben*, 1886, S. 358-93; Pagenstecher, *Lebenserinnerungen*, 1913, Bd. 2, S. 68ff.

[7] Zitiert nach Kramer, *Fraktionsbindungen*, 1968, S. 175. Siehe auch Ziebura, „Anfänge", 1963, S. 201ff.

[8] Kramer, *Fraktionsbindungen*, 1968, S. 218ff. Zwei zeitgenössische Einschätzungen: Haym, *Nationalversammlung*, 1848-50, Bd. 1, S. 39, und Beseler, *Erlebtes*, 1884, S. 74ff.

[9] Eyck, *Frankfurt*, 1968, S. 140ff. Schrader, „Fraktionen", 1923, S. 125, handelt diesen Punkt im Hinblick auf das preußische Parlament ab.

[10] Siehe vor allem Boldt, *Anfänge*, 1971, S. 68ff.

[11] Beobachtungen vom August 1848, zitiert nach Kramer, *Fraktionsbindungen*, 1968, S. 115. Als weiteres Beispiel für diese Abneigung gegen organisatorische Bindungen auf lokaler Ebene s. Langewiesche, *Liberalismus*, 1974, S. 113ff.

[12] Im März 1849 hatten die Märzvereine 950 lokale Organisationen mit rund einer halben Million Mitgliedern; vgl. Botzenhart, „Parlamentarismusmodelle", 1974, S.129ff., und Fricke, Bd. 1, S. 217-35.

[13] Boldt, *Anfänge*, 1971, S. 31f., 70f.; Ziebura, „Anfänge", 1963, S.227ff.; Gebhart, *Revolution*, 1974, bietet eine Menge Informationen über die Anstrengungen der „Konstitutionellen", nationale Organisationen zu formen. Es ist auch nützlich, über dieses Thema L. Bergsträssers Beiträge zu lesen: „Parteien", 1919, und „Entste-

hung",1933, ebenso wie die in seinem *Parlament*, 1929, veröffentlichten Briefe und anderen Dokumente.

[14] Kramer, *Fraktionsbindungen*, 1968, S. 233ff.; Schrader, „Fraktionen", 1923; Valentin, *Geschichte*, 1930–31, Bd. 2, S. 44ff. Zu einem Vergleich der sozialen Zusammensetzung zweier Parlamente s. Schilfert, *Sieg*, 1952, S. 314.

[15] Es gibt eine Übersicht über die Wahlen in den Einzelstaaten bei Botzenhart, „Parlamentarismusmodelle", 1974, S. 135f., Anmerkung 45. Vogel u. a., *Wahlen*, 1971, S. 79ff., enthält eine Tabelle, die die verschiedenen Abstimmungsverfahren zusammenfaßt. Zu verschiedenen regionalen Entwicklungen s. Weber, *Revolution*, 1970. S. 222ff., über Sachsen; Valentin, *Geschichte*, 1930–31, Bd. 2, S. 405, über Kurhessen; Heger, *Partei*, 1927, S. 20ff., über Württemberg; Valentin, *Geschichte*, 1930–31, Bd. 2, S. 440, und Nickel, *Revolution*, 1965, S. 144ff., über Bayern.

[16] Das Zitat stammt von einer Gruppe in Barmen; nach Köllmann, *Sozialgeschichte*, 1960, S. 225. Siehe auch Zunkel, *Unternehmer*, 1962, S. 170ff., und Pagenstecher, *Lebenserinnerungen*, 1913, Bd. 2, S. 80f.

[17] Über die Linke s. Valentin, *Geschichte*, 1930–31, Bd. 2; Huber, Bd. 2, S. 705ff.; Noyes, *Organizations*, 1966, S. 260ff.; Krause, *Partei*, 1923, S. 117ff.; Lüders, *Bewegung*, 1909.

[18] Zitat von Boldt, *Anfänge*, 1971, S. 82. Seine Analyse der Entwicklung politischer Organisationen ist eine gute Einführung in dieses Problem.

[19] Weinandy, „Wahlen", 1956, S. 71.

[20] Valentin, *Geschichte*, 1930–31, Bd.2, S. 447.

[21] Noyes, *Organizations*, 1966, S. 221f. Meine Darstellung verdankt dieser Monographie eine Menge, hauptsächlich Kap. 9. S. auch Volkmann, *Arbeiterfrage*, 1968, S. 33, und Schneider, *Sozialpolitik*, 1923, S. 16, über die Petitionen an Berlin. Repgen, *Märzbewegung*, 1955, S. 308, analysiert den Inhalt von 2000 Petitionen, die von 1 100 Orten aus dem Rheinland nach Frankfurt gesendet wurden; er fand, daß die Mehrzahl von ihnen religiöse und soziale Angelegenheiten zum Gegenstand hatten.
Fieker, „Liberals", 1972, S. 84–217, faßt liberale Vorstellungen über soziale Probleme während der Revolution zusammen.

[22] Huber, *Dokumente*, 1961–66, Bd. 1, S. 273. S. auch Noyes, *Organizations*, 1966, S. 93ff.
Das Komitee der Fünfzig, das im Vorparlament gewählt wurde, um die Nationalversammlung vorzubereiten, versuchte einige konkrete Vorschläge zur „sozialen Frage" einzubringen. Der Bericht seines Unterkomitees für Arbeit wurde jedoch zur Seite geschoben, als die Frankfurter Verhandlungen begannen. Dieser Bericht, der von Robert Blum entworfen wurde, ist wiederveröffentlicht in A. Duckwitz, *Denkwürdigkeiten aus meinem öffentlichen Leben von 1841–1866*, Bremen 1877, S. 248ff.

[23] Wigard, Bd. 1, S. 195. Die Debatte über die Einrichtung dieses Ausschusses wird auf S. 69ff. wiedergegeben.

[24] Zur politischen und sozialen Zusammensetzung des Ausschusses s. Eyck, *Frankfurt*, 1968, S. 206ff., und Noyes, *Organizations*, 1966, S. 228ff. Die Verhandlungen über den Ausschuß sind beschrieben in L. Ölsner, „Die wirtschafts- und sozialpolitischen Verhandlungen des Frankfurter Parlaments". PJbb, 87, Nr. 1 (1897), S. 81–100; H.C.M. Wendel, *The Evolution of Industrial Freedom in Prussia, 1845–1849*, Allentown Pa. 1918; Schneider, *Sozialpolitik*, 1923; Ziebura, „Anfänge", 1963, S. 220–27.

[25] W. von Rimscha, *Die Grundrechte im süddeutschen Konstitutionalismus*, Köln 1973.

[26] Wigard, Bd. 1, S. 700f.; Eyck, *Frankfurt*, 1968, S. 210ff.

[27] Diese Berichte sind gedruckt in Wigard, Bd. 1, S. 681–700; Huber, *Dokumente*,

1961–66, Bd. 1, S.318ff., enthält die endgültige Version, die vom Parlament verabschiedet wurde. S. Eyck, *Frankfurt*, 1968, als Führer durch die Debatte; H. Scholler, „Die sozialen Grundrechte in der Paulskirche", in *Der Staat*, 13, Nr. 1 (1974), S. 51–72; T. Mommsen, *Die Grundrechte des deutschen Volkes*, 1849, wiederveröffentlicht Frankfurt 1969.

[28] Meine Darstellung verdankt sehr viel der Analyse in Walker, *Home Towns*, 1971, S. 369ff. Zur Erläuterung s. Eyck, *Frankfurt*, 1968, S. 214ff. und die Reden in Wigard, Bd. 1, S. 756ff., und Bd. 2, S. 847ff. Heffter, *Selbstverwaltung*, 1950, S. 291–321, diskutiert die Lage der Dinge in den verschiedenen Staaten.

Eine neuere Arbeit, die meiner Darstellung der Debatte über Fragen der Sozialpolitik im Jahr 1848 zugute gekommen wäre, ist H. Best, *Interessenpolitik und nationale Integration 1848/49. Handelspolitische Konflikte im frühindustriellen Deutschland*, Göttingen 1980.

[29] S. zum Beispiel den Bericht des Wirtschaftsausschusses zu Artikel 1: Wigard, Bd. 1, S. 690f.

[30] Zur Situation in den verschiedenen Gegenden Deutschlands s. die in Kapitel 2, Anmerkung 60, zitierte Literatur.

[31] Noyes, *Organizations*, 1966, S. 233ff., und Schneider, *Sozialpolitik*, 1923, S. 33ff. Zu einer zeitgenössischen Ansicht s. Born, *Erinnerungen*, 1898, S. 135ff.; Hamerow, *Restoration*, 1958, Kap. 8, bringt viel interessantes Material über diese Angelegenheiten. Meiner Meinung nach überschätzt Hamerow sowohl den Zusammenhalt der Handwerker als auch den der Delegierten in Frankfurt. Eine Zusammenfassung seiner Ansichten findet sich in *Restoration*, S. 154f.

[32] Noyes, *Organizations*, 1966, S. 238ff.

[33] Wigard, Bd. 7, S. 5422f., und Noyes, *Organizations*, 1966, S. 328ff.

[34] Wigard, Bd. 7, S. 5100–20 und 5127–46.

[35] S. zum Beispiel F. Vigener, *Ketteler*, München und Berlin 1924, S. 66ff.

[36] Eyck, *Frankfurt*, 1968 stellt einen Führer durch die Debatte bereit. Zum Problem Kirche und Staat s. auch R. Lempp, *Die Frage der Trennung von Kirche und Staat im Frankfurter Parlament*, Tübingen 1913. H. Hömig, *Rheinische Katholiken und Liberale in den Auseinandersetzungen um die preußische Verfassung, unter besonderer Berücksichtigung der Kölner Presse*, Köln 1971, beschreibt Beziehungen zwischen Katholiken und Liberalen im Rheinland.

[37] S. Walker, *Home Towns*, 1971, S. 385, über die Verteidiger der lokalen Autonomie; Noyes, *Organizations*, 1966, und M. Quarck, *Die erste deutsche Arbeiterbewegung: Geschichte der Arbeiterverbrüderung 1848/49*, 1924 (wiederabgedruckt Glashütten 1970), über Arbeiter und Handwerker; K. Repgen, „Klerus und Politik 1848", in *Aus Geschichte und Landeskunde. Festschrift für Franz Steinbach*, Bonn 1960, S. 133–65, und Nickel, *Revolution*, 1965, S. 140ff., über die Katholiken. Krieger, *The German Idea*, 1957, S. 333ff., enthält eine knappe Formulierung des ganzen Problems.

[38] Volkmann, *Arbeiterfrage*, 1968, S. 14ff., und Krause, *Partei*, 1923, S. 109ff. Um mehr über die Demokraten und die „soziale Frage" zu erfahren, s. Noyes, *Organizations*, 1966, bes. S. 266ff.; Lüders, *Bewegung*, 1909, und den hervorragenden Bericht zur württembergischen Situation in Langewiesche, *Liberalismus*, 1974, S. 208ff.; zu einem anderen Standpunkt s. Conze und Groh, *Arbeiterbewegung*, 1966, bes. S. 32ff.

[39] Diese Formulierung verdankt viel der Analyse von Walker in *Home Towns*, 1971, s. insbesondere S. 372.

[40] Wigard, Bd. 1, S. 700.

[41] Huber, *Dokumente*, 1961–66, Bd.1, S.284ff., und Celotti, *The Political Thought* (unveröff. Diss.), Stanford 1970, S. 189ff. S. auch Droysen, *Aktenstücke*, 1967,

S. 46ff., und die Anmerkungen in Rudolf Stadelmann, „Deutschland und die westeuropäischen Revolutionen", in *Deutschland und Westeuropa*, Lauphheim 1948, S. 30.

[42] Boldt, „Monarchie", 1973, S. 554, 594, und Botzenhart, „Parlamentarismusmodelle", 1974. Das Standardwerk zu diesem Themenkreis ist jetzt M. Botzenhart, *Deutscher Parlamentarismus in der Revolutionszeit 1848–50*, Düsseldorf 1977.

[43] Valentin, *Geschichte*, 1930–31, Bd. 2, S. 17, und Eyck, *Frankfurt*, 1968, S.113ff.

[44] Valentin, *Geschichte*, 1930–31, Bd. 2, S. 29ff., und Eyck, *Frankfurt*, 1968, S.116ff., 194f. Die Besprechung befindet sich in Wigard, Bd. 1, S. 365ff.

[45] Davon gibt es einen vollständigen Bericht in Valentin, *Geschichte*, 1930–31, Bd. 3, S. 3. Zu einer lebhaften Beschreibung aus erster Hand über die Unruhen s. M. Hartmann, *Bruchstücke revolutionärer Erinnerungen*, 1861, in *Gesammelte Werke*, Bd. 10, Stuttgart 1874, S. 23–29. Pagenstecher, *Lebenserinnerungen*, 1913, Bd. 2, S. 97ff., und Ambrosch, in Bergsträsser, *Parlament*, 1929, S. 23ff., illustrieren die Wirkung dieser Ereignisse auf die Delegierten.

[46] Die Bemerkung wurde vom Vertreter Bayerns in Berlin gemacht und ist zitiert nach Valentin, *Geschichte*, 1930–31, Bd. 2, S. 291. Zur preußischen Verfassung s. Huber, Bd. 2, S. 721ff., und ders., *Dokumente*, 1961–66, Bd. 1, S. 385ff.

[47] Die klassische Analyse dieser Probleme ist immer noch F. Meinecke *Cosmopolitanism and the National State*, Buch 2, Princeton 1970. S. auch Valentin, *Geschichte*, 1930–31, Bd.2, S. 298ff., und Heffter, *Selbstverwaltung*, 1950, S. 291.

[48] Die führenden Mitglieder dieser Gruppe sind analysiert in Hock, *Denken*, 1957. Birtsch, *Nation*, 1964, liefert eine ausgezeichnete Darstellung der Ideen Droysens und verbessert Hock in einer Anzahl von Details. R. H. Handy, *Johann Gustav Droysen: The Historian and German Politics in the Nineteenth Century* (unveröff. Diss.), Georgetown 1966, ist eine klar geschriebene, aber nicht besonders originelle Zusammenfassung von Droysens Gedanken.

[49] Der geeignetste Führer zu diesen Besprechungen ist Eyck, *Frankfurt*, 1968, S. 363ff.

[50] Zitiert nach Droz, „Anschauungen", 1972, S. 203. Zusätzlich zu Droz' Schrift s. Schilfert, *Sieg*, 1952, bes. S. 48f. und 76ff.; Boberach, *Wahlrechtsfrage*, 1959, S. 115ff.; Philippson, *Ursprung*, 1913. Als zeitgenössische Ansicht s. Mevissen im März 1848, zitiert nach Hansen, *Mevissen*, 1906, Bd. 2, S. 351.

[51] Zum Wahlsystem, das im Verfassungsausschuß diskutiert wurde, s. Droysen, *Aktenstücke*, 1967, S. 370ff.; die parlamentarische Erörterung befindet sich in Wigard, Bd. 7, S. 5220ff.; besonders interessant ist Hildebrandts Versuch, „Unabhängigkeit" zu definieren (s. S. 5285ff.); das Gesetz ist wiederabgedruckt in Huber, *Dokumente*, 1961–66, Bd. 1, S. 324ff. G. Rümelins Artikel vom 21. Februar 1849 ist ein gutes Beispiel für die Abneigung der Liberalen gegen das allgemeine Wahlrecht, wiederveröffentlicht in G. Rümelin, *Aus der Paulskirche. Berichte an den Schwäbischen Merkur aus den Jahren 1848 und 1849*, Stuttgart 1892, S. 173–77.

Carol Rose, „The Issue of Parliamentary Suffrage at the Frankfurt National Assembly." CEH, 5, Nr. 2 (Juni 1972), S. 127–49, ist eine ausgezeichnete Analyse des Abstimmungsproblems und hebt die Schwierigkeiten der Liberalen hervor, als sie versuchten, „Unabhängigkeit" zu definieren. S. auch: Schilfert, *Sieg*, 1952, S. 169ff., und Vogel u. a., *Wahlen*, 1971, S. 82ff.

[52] Ein Protokoll der Diskussion dieser Angelegenheiten im Verfassungsausschuß ist zu finden in Droysen, *Aktenstücke*, 1967, S.111ff.; Eyck, *Frankfurt*, 1968, S. 221ff., 373, 377ff., liefert einen guten Führer zu diesen Diskussionen; die Verfassung ist wiederabgedruckt in Huber, *Dokumente*, 1961–66, Bd. 1, S. 304ff.

Ich fand die folgenden Interpretationen hilfreich, um die Diskussionen um die Verfassung und deren Ergebnisse zu verstehen: Ziebura, „Anfänge", 1963, S. 232ff.;

Boldt, „Monarchie", 1973; Botzenhart, „Parlamentarismusmodelle", 1974; D.J. Mattheisen, „1848: Theory and Practice of the German juste milieu". RP, 35, Nr. 2 (April 1973), S. 180-92.
[53] Es gibt eine bewegende Beschreibung der Reise der Parlamentarier nach Berlin und deren unglückliches Ende: E. von Simson, *Erinnerungen*, Berlin 1900, S. 174ff. Zu zwei Beispielen für die Auswirkungen, die sich aus der Ablehnung der Krone durch Friedrich Wilhelm ergaben, s. Gothein, *Wirtschaftsgeschichte*, 1916, Bd. 1, Teil 1, S.489, und Rümelin in Bergsträsser, *Parlament*, 1929, S. 131. Eine Menge Informationen über Preußen im Endstadium der Revolution bringt F. Fischer, *Preußen am Abschlusse der ersten Hälfte des 19. Jahrhunderts*, Berlin 1876, bes. S. 17ff. Zu Ausmaß und Charakter der Unterstützung der Verfassung s. C. Klessmann, „Zur Sozialgeschichte der Reichsverfassungskampagne von 1849". HZ, 218, Nr. 2 (April 1972), S. 265-309.
[54] Valentin, *Geschichte*, 1930-31, Bd. 2, S. 8; Huber, Bd. 2, S. 861ff.; Noyes, *Organizations*, 1966, S. 341ff.; Eyck, *Frankfurt*, 1968, S. 384ff. Weber, *Revolution*, 1970, S. 327ff. enthält einen guten Bericht über die Mai-Aufstände in Sachsen; Balser, *Demokratie*, 1962, S. 62, gibt die soziale Zusammensetzung der 1849 in Leipzig Verhafteten an.
[55] Pagenstecher, *Lebenserinnerungen*, 1913, Bd. 3, S. 102. Einige andere Beispiele: Duncker, *Briefwechsel*, 1923, S. 51; R. Eigenbrodt, *Meine Erinnerungen aus den Jahren 1848, 1849 und 1850*, hrsg. von L. Bergsträsser, Darmstadt 1914, S. 48, aus dem Vorwort; Hansen, *Mevissen*, 1906, Bd. 1, S. 617f.; Beseler, *Erlebtes*, 1884, S. 95; A. Caspary, *Rudolf Camphausens Leben*, Stuttgart und Berlin 1902, S. 390; G. Freytag, *Karl Mathy, Gesammelte Werke*, Leipzig 1898, Bd. 22, S.360ff.; Bein, *Hammacher*, 1932, S. 28ff.

III. Alte Probleme, neue Realitäten 1850–66

[1] Engels, *Revolutions*, 1960, S. 107. Vgl. Hamerow, „History", 1954, S. 28: „Dem Liberalismus wurde ein Schlag versetzt, von dem er sich niemals wieder erholte."
[2] Zu den Wahlen in Preußen von 1855 s. Parisius, *Deutschland*, 1878, S. 16.
Einige andere Beispiele: Pülke, *Geschichte*, 1934, S. 34; Matern, „Wahlen", 1959, S. 65ff.; Haas, „Wahlen", 1954, S. 71ff. Huber, Bd. 3, S. 35-128 und 182ff. bringt eine nützliche Zusammenfassung der politischen Entwicklungen in den fünfziger Jahren; s. auch G. Grünthal, „Konstitutionalismus und konservative Politik", in Ritter, *Gesellschaft*, 1974, über Preußen nach 1850. Mit Grünthal, *Parlamentarismus in Preußen 1848/49-1857/58*, Düsseldorf 1982, liegt nunmehr die definitive Studie zur preußischen Politik in der Phase der Reaktion vor.
[3] Die Zitate sind aus Lewald, *Erinnerungen*, 1969, S. 147; Thorwart, *Schulze-Delitzsch*, 1913, S. 50; Haym, *Briefwechsel*, 1967, S. 127; Duncker, *Briefwechsel*, 1923, S. 47.
[4] Pagenstecher, *Lebenserinnerungen*, 1919.
[5] Die wichtigste Verfassungsänderung war die Ersetzung des Drei-Klassen-Wahlsystems durch ein demokratisches Abstimmungsverfahren, wie es in der ursprünglichen Fassung festgesetzt gewesen war. Zu den Ursprüngen und dem Funktionieren des Systems s. Droz, „Anschauungen", 1972, S. 195ff.
[6] Als Beispiel für die Auswirkungen des Krim-Krieges auf Deutschland s. Droysen, „Zur Charakteristik der Europäischen Krisis", *Schriften*, 1933, S. 307-42.

6. Auf der Suche nach einer liberalen Gesellschaft

[1] Rochau, *Grundsätze*, 1853, wiederveröff. 1972, S. 141.
[2] Zitiert nach K. Abraham, *Der Strukturwandel im Handwerk in der ersten Hälfte des 19. Jahrhunderts und seine Bedeutung für die Berufserziehung*, Köln 1955, S. 96.
[3] Zur Entwicklung der Wirtschaft nach 1850 s. Landes, *Prometheus*, 1969, vor allem die Daten auf S. 194; K. Borchardt, „The Industrial Revolution in Germany", in C. Cipolla (Hrsg.), *The Fontana Economic History of Europe*, London und Glasgow 1972, Bd. 4, S. 63ff.; Böhme, *Deutschlands Weg*, 1966, S. 57ff. R. Spree und J. Bergmann, „Die konjunkturelle Entwicklung der deutschen Wirtschaft 1840–1864", in Wehler (Hrsg.), *Sozialgeschichte*, 1974, S. 289–325, legen überzeugend dar, daß die kritische Periode für die Wirtschaftsentwicklung um die Mitte des Jahrhunderts, Mitte der vierziger Jahre, begann.
[4] Hoffmann, „Take-Off", 1963, S. 118.
[5] Köllmann, „Bevölkerung", 1968, S. 211; Walker, *Home Towns*, 1971, S. 397f.; P. Quante, *Die Abwanderung aus der Landwirtschaft*, Kiel 1958, S. 5.
[6] Köllmann, „Bevölkerung", 1968, S. 230. Schmollers *Geschichte*, 1870, hat der Prüfung der Zeit bemerkenswert gut standgehalten; s. vor allem S. 281 und 307 zu einigen nützlichen Daten. Unter den neueren Werken bieten die Schriften von W. Fischer den besten Einstieg in das Thema; sie sind gesammelt in *Wirtschaft*, 1972. S. auch die Beiträge von Henning und Schmidt in Abel u. a., *Handwerkergeschichte in neuer Sicht*, Göttingen 1970; G. Hermes, „Statistische Studien zur wirtschaftlichen und gesellschaftlichen Struktur des zollvereinten Deutschlands". ASW, 63, Nr. 1 (1929), bes. S. 146ff.; Birker, *Arbeiterbildungsvereine*, 1973, S. 11f.
[7] Zunkel, *Unternehmer*, 1962, S. 61f., 99ff.; Schramm, *Hamburg*, 1943, Kap. 8; Henning, *Bürgertum*, 1972, S. 40, 490f.; Böhme, *Deutschlands Weg*, 1966, S. 165. Bramstedt, *Aristocracy*, 1964, diskutiert, wie sich wechselnde soziale Werte in der Literatur widerspiegeln; Rosenberg, *Weltwirtschaftskrise*, 1934, S. 76f., bringt einige Daten zur Verteilung des Wohlstandes; R. Engelsing, „Lebenshaltungen und Lebenshaltungskosten im 18. und 19. Jahrhundert in den Hansestädten Bremen und Hamburg." IRSH, 11, Nr. 1 (1966), S. 87, beschreibt wechselnde Ideale des Konsums; Aycoberry, „Strukturwandel", 1975, konstatiert den Beginn einer Verschiebung innerhalb der Mittelschichten in den 40er Jahren des 19. Jahrhunderts. Dazu zwei zeitgenössische Aussagen: Kiesselbach, „Generationen", 1860, und J. F. Faber, „Vom Dritten Stande". DV, 27 (1865), S. 1–54.
[8] Birker, *Arbeiterbildungsvereine*, 1973, S. 115; Conze, „Arbeiter", in Brunner u. a., *Grundbegriffe*, 1972, Bd. 1, S. 216ff., sowie Balser, *Demokratie*, 1962, S. 143f.
[9] Kaelble, *Unternehmer*, 1972, S. 126ff., und T. E. Carter, „Freytag's Soll und Haben: A National Liberal Manifesto as a Best Seller", German Life and Letters, 21, Nr. 4 (1968), S. 320–29.
[10] Bebel, *Leben*, 1961, S. 63.
[11] Bein, *Hammacher*, 1932, und Dorn, „Anfänge", 1922, S. 10ff., über Buhl.
[12] Kaelble, *Unternehmer*, 1972, S. 230.
[13] S. zum Beispiel die Daten über eintausend Hannoveraner, die von der Regierung als Vertreter liberaler Ansichten registriert wurden, und über die Unterzeichner des Wahlmanifestes der Bayerischen Fortschrittspartei 1863; Kurmeier, *Entstehung*, 1923, S. 32ff., und Dorn, „Anfänge", 1922, S. 69.
[14] Als ein Beispiel s. Hormann, *Stadtverordneten*, 1964, S. 82, 171.
[15] Hentschel, *Freihändler*, 1975, und Böhme, *Deutschlands Weg*, 1966, S. 88.
[16] Daten über die soziale Zusammensetzung des Nationalvereins bei L. O'Boyle, „Nationalverein", 1957, S. 334.

¹⁷ Zitiert aus einem Brief an Engels nach D. McLellan, *Karl Marx. His Life and Thought*, New York 1973, S.319. Die beste Analyse der preußischen Landtage in den 60er Jahren des 19. Jahrhunderts findet sich in Hess, *Parlament*, 1964. S. auch Eisfeld, *Entstehung*, 1969, S. 108ff.; Gillis, *Bureaucracy*, 1971, Teil 3, erläutert die preußische Zivilverwaltung nach 1850.
¹⁸ Jordan, *Die öffentliche Meinung*, Kamenz 1918, S. 46; o. N., *Die Fortschritte in der Bayerischen Abgeordneten-Kammer*, Nördlingen 1863; Gall, *Liberalismus*, 1968, S. 62, und Becker, *Staat*, 1973, S. 104, über Baden.
¹⁹ Hess, *Parlament*, 1964, S. 60 und 155, Anmerkung 61. S. auch Unruh, *Erinnerungen*, 1895, S. 196.
²⁰ V. Böhmert, *Rückblicke und Ausblicke*, Dresden 1900, S. 22ff.; Philippson, *Forckenbeck*, 1898; Eisfeld, „Anfänge", 1969, S. 84, über Becker; Dorn, „Anfänge", 1922, S. 7ff., über die wichtige Rolle von Juristen in Bayern. Zur Literatur über Schulze und Lasker s. unten Anmerkung 60 und Kap. 11, Anmerkung 12.
²¹ S. oben, S. 31–35.
²² Zu den Wahlen in Preußen s. Anderson, *Statistics*, 1954, der die Ergebnisse von 1862 und 1863 wiederabdruckt; F. E. C. Dieterici, „Über die Zahl der Urwähler im preussischen Staate und deren Verteilung nach Geschäften und Erwerbszweigen", Mitteilungen des Statistischen Bureaus in Berlin, 2, Nr. 2 (1849), S. 17–32, bringt einige Daten über die Zusammensetzung der abstimmenden Klassen; offizielle Ergebnisse wurden veröffentlicht in ZSPB, 2 (1862), S. 77–120, für die Wahl von 1861, und in Bd. 5 (1865), S. 41–86, für die Wahlen von 1862 und 1863.
²³ Eisfeld, *Entstehung*, 1969, S. 109, hat Daten über die lokale Führungsschicht. S. auch Köllmann, *Sozialgeschichte*, 1960, S. 236ff., über Barmen; Hofmann, *Stadtverordneten*, 1964, S. 42ff., über Bielefeld; Kaiser, *Strömungen*, 1963, bes. S.211 und 403, über Bonn.
²⁴ Zitiert nach Zunkel, *Unternehmer*, 1962, S. 181. S. auch Hansen, *Mevissen*, 1906, Bd. 1, S. 603ff. Tipton, „Consensus", 1974, S. 203ff., wirft einige interessante Fragen zur konventionellen Ansicht auf, daß das wirtschaftliche Wachstum gefördert worden sei durch die Ablenkung der Tatkraft von der Politik weg und hin zur Wirtschaft.
²⁵ Bamberger, *Erinnerungen*, 1899, S. 214ff. Vgl. Zucker, *Bamberger*, 1975.
²⁶ Zitiert nach Krieger, *The German Idea*, 1957, S. 346.
²⁷ Böhmert, „Entstehung", 1884, S. 211.
²⁸ Zitiert nach Gall, *Liberalismus*, 1968, S. 175f. Vgl. das Programm der preußischen Liberalen, wiederveröffentlicht in Parisius, *Deutschlands politische Parteien*, 1878, S. 33f., und die Erklärung der Fortschrittspartei vom Juni 1861 in EGK (1861), S. 42.
²⁹ Bluntschli, *Staatswörterbuch*, 1857–70; StL (1. Ausg.), Bd. 6, S. 667–70, und (3. Ausg.), Bd. 6, S. 449–66. Als weiteres Beispiel s. J. Helds Ergänzungen zu Rottecks Artikel über „Naturrecht". StL (3. Auflg.), Bd.10, S. 447–54.
Eine ähnliche Reihe von Umorientierungen läßt sich bei der „Zeitschrift für die gesamte Staatswissenschaft" erkennen, die sich trotz ihres Titels zunehmend mit wirtschaftlichen Themen beschäftigte; s. Bde. 7–22 (1850–66). W. H. Riehl, *Die Naturgeschichte des Volkes*, 3 Bde., Stuttgart und Augsburg ⁴1857–58, bringt einige scharfsinnige Kommentare zur wachsenden Bedeutung der sozialen Kräfte im deutschen Denken und Handeln; s. Bd. 2, S. 4.
³⁰ Zitiert nach Wolff, „Prince Smith", 1880, S. 323. S. auch Maenner, „Deutschlands", 1927, S. 351ff.
³¹ Tischlermeister Schwarze, in: Centralverein für das Wohl der arbeitenden Klassen, „Vorbericht", *Der Arbeiterfreund*, Bd. 2, 1864, S. 4. Es gibt einige ergänzende Beispiele in Hamerow, *Foundations*, 1969–72, Bd. 1, S. 84ff. S. auch Schmoller, *Geschichte*, 1870, S. 666.

[32] StL (3. Ausg.), Bd. 10, S. 740. S. auch G. Cohen, „Handelspolitik." StL (3. Ausg.), Bd. 7, S. 381–405, und Böhmert, wie zitiert in Hamerow, *Foundations*, 1969–72, Bd. 1, S. 95. Walker, *Home Towns*, 1971, S. 390ff, enthält eine interessante Diskussion dieses Prozesses. K. Rathgens Werk „Die Ansichten über Freihandel und Schutzzoll in der deutschen Staatspraxis des 19. Jahrhunderts", *Die Entwicklung der deutschen Volkswirtschaftslehre im neunzehnten Jahrhundert*, Leipzig 1908, befaßt sich mit einigen der wichtigsten Zeugnisse liberalen volkswirtschaftlichen Denkens.

[33] Ein Bericht aus erster Hand über den Kongreß findet sich in Böhmert, „Entstehung", 1884. Krieger, *The German Idea*, 1957, S. 407ff., und Eisfeld, *Entstehung*, 1969, S. 15ff. sind beide gute, kurze Analysen. S. ferner Hentschel, *Freihändler*, 1975; Grambow, *Freihandelspartei*, 1903; Hamerow, *Foundations*, 1969–72, Bd. 1, S. 340ff.

[34] J. Wiggers, *Aus meinem Leben*, Leipzig 1901, S. 220f.

[35] Die Zitate sind aus o. N., „Übergang". Gb (1861), S. 121ff., 131; Schulze, *Schriften*, 1909–13, Bd. 1, S.21f.; Hansen, *Mevissen*, 1906, Bd. 1, S. 619.

[36] Rochau, *Grundsätze*, 1853, wiederveröffentlicht 1972, S.27, 33. Eine hervorragende Analyse von Rochaus Ideen liefert Lees, *Revolution*, 1974, 107ff.

[37] Huber, Bd. 3, S. 143f., faßt die grundlegenden Fragen zusammen, die weiter analysiert sind in Böhme, *Deutschlands Weg*, 1966, S. 91ff. Rosenberg, *Publizistik*, 1935, S. 559ff., gibt einen Überblick über die zeitgenössische Literatur. Die Debatte im Handelstag über den Handelsvertrag ist beschrieben in EGK (1862), S. 97f.

[38] Hamerow, *Foundations*, 1969–72, Bd. 1, S. 369ff.

[39] Mohl, „Staatswissenschaften", 1855, S. 70, 101. Zu dem Artikel s. K. von Beymes Einführung in Mohls *Schriften*, 1966, S. xiv–xxv, und Pankoke, *Bewegung*, 1970, S. 119–23, 158ff.

[40] Hegels Vorstellung von „Korporation" ist entwickelt in seinen *Grundlinien*, 1970, Paragraph 229, 250–56.

[41] Pankoke, *Bewegung*, 1970, S.161ff.; M. Riedel, „Der Staatsbegriff der deutschen Geschichtssschreibung des 19. Jahrhunderts in seinem Verhältnis zur klassisch-politischen Philosophie", Der Staat, 2, Nr.1 (1963), S. 50ff.; Dorpalen, *Treitschke*, 1957, S. 47ff.

[42] Zitiert nach Heffter, *Selbstverwaltung*, 1950, S. 395.

[43] Bluntschli, in Bluntschli, (Hrsg.), *Staatswörterbuch*, 1857–70, Bd. 6 (1861), S.16f.; Hubers Artikel findet sich in Bluntschli, Bd. 9 (1865), das Zitat ist auf S. 482.

[44] Droysen, *Schriften*, 1933, S.324. S. auch Birtsch, *Nation*, 1964, S. 187ff.

[45] Kiesselbach, „Generationen", 1860.

[46] Zitate aus Kiesselbach, „Generationen", 1860, S.36; Hamerow, *Foundations*, 1969–72, Bd.1, S.136; Kapp, *Frühsozialisten*, 1969, S.77f.

[47] Welcker, StL (3. Ausg.), Bd. 1, S. xxiii; Gb 20, Nr.2 (1861), S. 519.

[48] ‚G', „Parteien", StL (3. Ausg.), Bd. 11, S. 326.

[49] Diese Ansichten werden diskutiert in Henning, *Bürgertum*, 1972, S. 22–27.

[50] Rochau, *Grundsätze*, 1853, wiederveröff. 1972, S.141 ff. Zu einer etwas anderen Interpretation der Ansichten Rochaus s. Winkler, *Mittelstand*, 1972, S.21ff.

[51] Lees, *Revolution*, 1974, S. 138ff., und Fieker, „Liberals", 1972, S. 220ff., bieten nützliche Einführungen zu diesem Problem.

[52] J. Prince-Smith, „Die sogenannte Arbeiterfrage". VVK, 5, Nr. 4 (1864), S. 192–207.

[53] Zitiert nach Gagel, *Wahlrechtsfrage*, 1958, S. 33.

[54] Weber, *Demokraten*, 1962, S. 169; Schmierer, *Arbeiterbildung* 1970, S. 95ff.; Simon, *Demokraten*, 1969, S.11.

[55] H. Oncken, *Lassalle*, Stuttgart ³1920, ist die klassische Biographie; S. Na'aman, *Lassalle*, Hannover 1970, ist die neueste. Zu liberalen Ansichten über Lassalle s.

Oncken, *Bennigsen*, 1910, Bd. 1, S. 670, und Thorwart, *Schulze*, 1913, S. 188ff.
[56] Bebel, *Leben*, 1961, S. 73ff.
[57] Über Liberale und Arbeiter s. die folgenden Arbeiten: H. Lademacher, „Zu den Anfängen der deutschen Sozialdemokratie, 1863–1878". IRSH, 4, Anmerkungen 2 und 3 (1959), S. 239–60, 367–93; Birker, *Arbeiterbildungsvereine*, 1973; Reichard, *Birth*, 1969, S.128–35, 182ff.; E. Eyck, *Der Vereinstag deutscher Arbeitervereine, 1863–1868*, Berlin 1904; Engelberg, *Widerstreit*, 1970, S. 203ff. Wie üblich ist es nötig, verallgemeinerte nationale Tendenzen mit Hilfe lokaler Studien näher zu bestimmen und zu verfeinern. Zu dieser Frage s. E. Bernstein, *Die Geschichte der Berliner Arbeiterbewegung*, Berlin 1907–10, Bd.1, S.108ff.; Böttcher, *Anfänge* 1953, S. 75ff., über Bremen; Möllers, „Strömungen", 1955, S. 42f., über Essen; Eckert, *Sozialdemokratie*, 1968, über Nürnberg. Sehr viel neues Material hierzu findet sich bei T. Offermann, *Arbeiterbewegung und liberales Bürgertum in Deutschland 1850–1863*, Bonn 1979.
[58] Zitiert nach H. Schwab, „Von Düppel bis Königgrätz". ZfG, 14, Nr. 4 (1966), S.591.
[59] Vorländer, „Princip". ZfGS (1857), S. 3.
[60] „Nach der Niederlage der zeitgenössischen politischen Bewegung", schrieb Schulze 1850, „kehrte dieselbe wieder zu ihrem echten Ausgangspunkt zurück – dem sozialen Bereich." *Schriften*, 1909–13, Bd. 1, S. 1. Zu Schulze s. die Biographie von Thorwart, 1913; Conze, *Möglichkeiten*, 1965; B. Schulze, „Zur linksliberalen Ideologie und Politik. Ein Beitrag zur politischen Biographie Schulze-Delitzschs", in Bartel und Engelberg (Hrsg.), *Reichsgründung*, 1971, S. 271–307.
[61] Thorwart, *Schulze*, 1913, S. 132. Zur Entwicklung der Genossenschaften s. auch H. Faust, *Geschichte der Genossenschaftsbewegung*, Frankfurt ²1965.
[62] Huber, „Assoziation", in Bluntschli, *Staatswörterbuch*, 1857–70, Bd. 1, S. 456–500; H. Oncken, *Lassalle*, Stuttgart ³1920; F. Vigener, *Ketteler*, München und Berlin 1924; Gerteis, *Sonnemann*, 1970, S. 35ff.; Biedermann, „Socialismus". StL (3. Ausg.), Bd. 13, S.423–33; Volkmann, *Arbeiterfrage*, 1968, S. 75ff., über Harkort; Mommsen, *Miquel*, 1928, S. 159ff.; Schmoller, „Die Arbeiterfrage". PJbb, 14, Anmerkungen 3–4 und 15, Nr. 1 (1864–65); Böhmert, *Briefe Zweier Handwerker*, Dresden 1854, bes. S. 90ff.
[63] Zitiert nach Volkmann, *Arbeiterfrage*, 1968, S. 75. Vgl. dazu Fauchers Bemerkung: „Das beste Mittel, den Arbeiterstand finanziell zu heben, bestehe allerdings darin, die Arbeiter selbst zu Kapitalisten zu machen" (Centralverein für das Wohl der arbeitenden Klassen, „Vorbericht", in *Der Arbeiterfreund*, Bd. 2, S. 4, 1864, S. 428.
[64] Schmoller schrieb z. B.: „Nur eine moralische Lösung der Arbeiterfrage kann uns vor einer sozialen Revolution retten." S. „Die Arbeiterfrage." PJbb, 14, Nr. 4 (1864), S.423.
[65] Wie so viele andere Liberale fuhr auch Schulze fort, die Bedeutung der Bildung hervorzuheben: s. zum Beispiel *Schriften*, 1909–13, Bd. 4, S. 383ff.; und StL (3. Ausg.), Bd. 12, S. 189f.
[66] Zu den Streik-Bewegungen in den sechziger Jahren s. EGK (1865), S. 59, über die Leipziger Drucker, und S. 83, über Hamburg.
[67] Schulze, *Schriften*, 1909–13, Bd.2, S. 25.
[68] Zitiert nach Eisfeld, *Entstehung*, 1969, S. 44. S. auch Birker, *Arbeiterbildungsvereine*, 1973, S. 53f.

7. Die Suche nach einem liberalen Volk

[1] Rochau, *Grundsätze*, 1853, wiederveröffentlicht 1972, S. 57.
[2] Zitiert nach Weinandy, „Wahlen", 1956, S. 149. Als Führer durch die zeitgenössische Literatur s. Rosenberg, *Publizistik*, 1935, S. 1–19.
[3] Gall, *Liberalismus*, 1968, S. 61, Anmerkung 8.
[4] Zur Politik in den verschiedenen Staaten s. Hess, *Reichstagswahlen*, 1958, S. 44ff., über Hessen; EGK (1862), S. 93, über Hessen-Darmstadt; EGK (1865), S. 88, über Nassau; Bolland, *Bürgerschaft*, 1959, S. 37ff., und EGK (1865), S. 130 und 141, über Hamburg; Ehrenfeuchter, „Willensbildung", 1951, S. 56, über Hannover; Adam, *Jahrhundert*, 1919, S. 95–136, über Württemberg; Jordan, *Meinung*, 1919, S. 45f., über Sachsen; EGK (1863), S. 35, und DAZ (3. Mai 1863), über Bayern.
[5] Die Aktivitäten der Liberalen in der Stadtverwaltung sind chronologisch aufgelistet in EGK (1862–66); s. zum Beispiel EGK (1863), S. 136f., zum Konflikt zwischen dem Berliner Stadtrat und der Regierung über die Presse-Verordnung. R. Lembcke, *Johannes Miquel und die Stadt Osnabrück*, Osnabrück 1962, S. 8, liefert ein anderes Beispiel.
[6] Siehe oben S. 101–103.
[7] Kurze Berichte über den Nationalverein sind zu finden in Huber, Bd. 3, S. 384ff., und Fricke, Bd. 1, S. 489ff. S. auch Krieger, *The German Idea*, 1957, S. 413ff.; R. LeMang, *Der deutsche Nationalverein*, Berlin 1909; W. Grube, *Die neue Ära und der Nationalverein* (Diss.), Marburg 1933; O'Boyle, „Nationalverein", 1957; Oncken, *Bennigsen*, 1910, Bd. 1, S. 313ff.
[8] Es gibt eine Fülle von interessanten Informationen über diese Institutionen in Hamerow, *Foundations*, 1969–72, Bd. 1, Kap. 8. S. auch: Eisfeld, *Entstehung*, 1969, S. 125, über den Abgeordnetentag; D. Schafer, „Der Deutsche Handelstag auf dem Weg zum wirtschaftlichen Verband", in Varain (Hrsg.), *Interessenverbände*, 1973, S. 120–38, und Fischer, *Unternehmerschaft*, 1964, S. 63ff., über den Handelstag; Fricke, Bd. 1, S. 520ff., über den Protestantenverein; und Weber, *Demokraten*, 1962, und Fricke, Bd. 1, S. 541ff., 605ff., über Vereine. Über die jährlichen Treffen und die Programme dieser Organisationen berichtet der EGK (1862–66).
[9] Zitiert nach Hamerow, *Foundations*, 1969–72, Bd. 1, S. 339.
[10] Zur Entwicklung der Verkehrs- und Nachrichtenverbindungen s. W. Zorn, „Die Wirtschaftliche Integration Kleindeutschlands in den 1860er Jahren und die Reichsgründung". HZ, 216, Nr. 2 (April 1973), S. 304–34; Hoffmann, *Wachstum*, 1965; Anderson, *Conflict*, 1954, S. 15. StL (3. Ausg.), Bd. 5, S. 46–48, hat einige ausgezeichnete Daten über die Eisenbahnen. J. Riesser, *The Great German Banks and Their Concentration in Connection with the Economic Development of Germany*, Washington 1911, stellt die Entwicklung der Handels-Institutionen dar. Zu Zeitungen s. Hamerow, *Foundations*, 1969–72, Bd. 1, S. 288–92. Rosenberg, *Publizistik*, 1935, S. 977–82, enthält eine Beschreibung der führenden Zeitschriften.
[11] Diese Daten sind von: Grambow, *Freihandelspartei*, 1903, S. 16, über den Kongreß; Fricke, Bd. 1, S. 489, 541, 605, über den Nationalverein und die Turn- und Gesangvereine.
[12] Adam, „Liberalismus", 1933; Parisius, *Deutschlands*, 1878, S. 24ff.; Gb17, Nr. 3 (1858), S. 436f.
[13] Parisius, *Deutschlands*, 1878, S. 33f., druckt den originalen Bericht vom Januar 1861 wieder ab; das Parteiprogramm vom Juni 1861 ist enthalten in EGK (1861), S. 41f. Zu den Altliberalen s. E. Fülling, *Die preußischen Altliberalen im Heeresreform- und Verfassungskampf* (Marburger Diss.), Bad Essen 1933.
[14] Zitiert nach Eisfeld, „Anfänge", 1969, S. 82. S. auch Pülke, „Geschichte", 1934, S. 95.

¹⁵ Zitiert nach Kaiser, *Strömungen*, 1963, S. 136. Die Anstrengungen des linken Flügels, ein präziseres und radikaleres Programm durchzusetzen, sind erläutert in Parisius, *Deutschlands*, 1878, S. 44f., und Uelsmann, „Beiträge", 1926, S. 113.

¹⁶ Die folgenden lokalen Studien vermitteln ein gutes Bild der Verschiedenartigkeit der politischen Orientierungen unter den Liberalen in Preußen: Bellot, „Leben", 1951, S. 188ff., über die Saar; Dend, „Wahlen", 1955, S. 136ff., über Köln; Kaiser, *Strömungen*, 1963, S.140ff., über Bonn; Köllmann, *Sozialgeschichte*, 1960, S. 233ff., über Barmen; Möllers, „Strömungen", 1955, S. 37, über Essen; Uelsmann, „Beiträge", 1926, S. 113, über die Region Niederrhein.

¹⁷ Galls hervorragendes Buch *Liberalismus*, 1968, bietet die beste Darstellung der Bewegung in Baden. Zu einer Zusammenfassung von Galls Ausführungen und einigen gehaltvollen Kritiken s. T. Nipperdeys Rückblick, in HZ, 210 (1970), S.436–39. Zur Situation in Baden s. auch H. Stiebich, „Konfession und Partei. Ein Beitrag zur Entwicklung der politischen Willensbildung im alten Lande Baden" (unveröff. Diss.), Heidelberg 1955.

¹⁸ Gall, *Liberalismus*, 1968, S. 205ff., 337ff.; Becker, *Staat*, 1973, S. 167ff.

¹⁹ Dorn, „Anfänge", 1922, und Schieder, *Partei*, 1936.

²⁰ Kurmeier, *Entstehung*, 1923. Der beste Bericht über Bennigsens Karriere ist Onckens bedeutende Biographie, 1910.

²¹ Hess, *Reichstagswahlen*, 1958, S. 44ff., und White, *Party*, 1976, S. 23ff.

²² Menzinger, *Verfassungsrevision*, 1969, S. 38ff., gibt einen Überblick über die Situation in Württemberg. Zur Volkspartei s. Heger, *Partei*, 1927, und Runge, *Volkspartei*, 1970.

²³ Fricke, Bd. 1, S. 285ff.

²⁴ E. Schmidt-Weissenfels, *Preussische Landtagsmänner*, Breslau 1862. Zu Haym s. oben Kap. 1, Anmerkung 54.

²⁵ Welcker, Einleitung zu Rotteck, „Bewegungspartei". StL (3. Ausg.), Bd.2, S. 716–24, und ‚G', „Parteien", Bd. 11, S. 311–27.

²⁶ H. Pierer, *Universallexicon*, Altenburg ⁴1857–62, Bd. 10 ⁴1860, S. 337.

²⁷ *Landtagsmänner*, S. 74ff.

²⁸ Baumgarten (März 1862), HW, Bd. 1, S. 84f.; das andere Zitat ist von Sybel, HW, Bd. 1, S. 73. Zum Selbstverständnis der Liberalen s. Nipperdey, *Organisation*, 1961, S. 9ff.

²⁹ Zitiert nach Dorn, „Anfänge",1922, S. 44.

³⁰ Eisfeld, *Entstehung*, 1969, S. 25, 85. Ein anderes Beispiel für die Hoffnung auf eine vereinigte Bewegung ist zu finden in Freytag, *Erinnerungen*, o. J., S. 631.

³¹ J. Held, „Die politischen und sozialen Wirkungen der verschiedenen politischen Wahlsysteme", in August Freiherr von Haxthausen (Hrsg.), *Das constitutionelle Princip*, Leipzig 1864, Bd. 2, S. 1–86.

³² Die Atmosphäre bei den Versammlungen des Nationalvereins ist mit nicht sehr freundlicher Ironie beschrieben in Wilhelm Raabes Roman *Gutmanns Reise*, 1891, wiederveröffentlicht als Bd. 18 in *Sämtliche Werke*, Göttingen 1963. Eine zuverlässigere Darstellung ist zu finden bei Seyffardt, *Erinnerungen*, 1900, S. 32.

³³ Eisfeld, *Entstehung*, 1969, S. 48, 104, und ders., „Anfänge", 1969.

³⁴ Die beste Analyse derPartei-Organisation bleibt Thomas Nipperdeys wegbahnende Monographie *Organisation*, 1962, zur Fortschrittspartei s. S. 16ff. Eisfeld, *Entstehung*, 1969, und Anderson, *Conflict*, 1954, sind zu diesem Thema ebenfalls lesenswert.

³⁵ Ein Mitarbeiter der *Grenzboten* nannte die indirekte Wahl „eine freundliche Art der Bevormundung der Masse durch eine Aristokratie von Wahlmännern". Zitiert nach Gagel, *Wahlrechtsfrage*, 1958, S. 45. Wie das System praktisch funktionierte, zeigt Schierbaum, *Wahlen*, 1960, S. 178ff., am Beispiel Trier.

[36] StL (3. Ausg.), Bd. 10, S. 742. Einige andere Beispiele bei Lees, *Revolution*, 1974, S. 44ff., über Sybel; R. Virchow, *Einheitsbestrebungen in der wissenschaftlichen Medizin*, Berlin 1849; A. Wucher, *Theodor Mommsen: Geschichtsschreibung und Politik*, Göttingen 1956, S. 24f. Hans Rosenberg bringt einige scharfsinnige Kommentare zu dieser Frage in „Honoratiorenpolitik", 1970, S. 186.

[37] Rochau, *Grundsätze*, 1853, wiederveröffentlicht 1972, S. 45.

[38] Anderson, *Conflict*, 1954, S. 279.

[39] HW, Bd. 1, S. 128, und J. Heyderhoff, „Ein Brief Max Dunckers an Hermann Baumgarten über Junkertum und Demokratie in Preußen (6. Juni 1858)". HZ, 113, Nr. 2 (1914), S. 325, über Twesten; Bein, *Hammacher*, 1932, S. 55; Bunsen, *Bunsen*, 1900, S. 185.

[40] Brief vom Dezember 1861, wiederveröffentlicht in E. von Simson, *Erinnerungen aus seinem Leben*, Berlin 1900, S. 344.

[41] Parisius, *Hoverbeck*, 1897–1900, Bd. 1, S. 150. Mehr über politische Stile und Formen bei folgenden lokalen Studien: Schierbaum, *Wahlen*, 1960, S. 179f., über Trier; Kochhann, *Auszüge*, 1906, S.71ff., über Berlin; Weinandy, „Wahlen", 1956, S. 194, über das Siegerland; Mommsen, *Miquel*, 1928, S. 85ff., über Bielefeld.

[42] Die beste Einzelarbeit zur Wahlrechtsfrage ist Gagel, *Wahlrechtsfrage*, 1958.

[43] Schulze, *Schriften*, 1909–13, Bd. 4, S. 14ff., und Welcker, StL (3. Ausg.), Bd. 3, S. 415–27.

[44] Zitiert nach Gagel, *Wahlrechtsfrage*, 1958, S. 33.

[45] Bluntschli, *Staatswörterbuch*, 1857–70, Bd. 8, S. 595. Sein Plan von 1851 ist enthalten in *Denkwürdigkeiten aus meinem Leben*, Nördlingen 1884, Bd. 2, S. 117–20.

[46] Zitiert nach Seier, *Staatsidee*, 1961, S. 57. S. auch Hamerow, *Foundations*, 1969–72, Bd. 1, S.164f.

[47] Diese Probleme lassen sich deutlich an der Diskussion des preußischen Landtages über das Kommunalwahlrecht ablesen, die analysiert ist in Gagel, *Wahlrechtsfrage*, 1958, S. 22ff., 63–72. Eisfeld, *Entstehung*, 1969, S.128, erörtert die Situation in Bayern; Gall, *Liberalismus*, 1968, S. 204, diejenige in Baden. Siehe auch die folgenden zeitgenössischen Abhandlungen: Gb, 18, Nr.3 (1858), S. 488f.; G. Waitz, „Über die Bildung einer Volksvertretung", in A. Freiherr von Haxthausen, *Das constitutionelle Princip*, Leipzig 1864, Bd. 2, S. 181–218; Rochau, *Grundsätze*, 1853, neu veröffentlicht 1972, S. 87ff.

Die Tatsache, daß sich das Dreiklassen-Wahlsystem 1862 und 1863 zum Nachteil der Konservativen auswirkte, komplizierte die Situation in Preußen zusätzlich. Sie erhielten weniger Mandate, als ihnen nach ihrem Stimmenanteil eigentlich zugestanden hätten; in späteren Jahren änderte sich das natürlich.

[48] Zitiert nach Bauer, *Meinung*, 1914, S. 49, s. auch die ebenda, S. 50, zitierten Bemerkungen von Treitschke und Josef Held.

[49] Gb, 19, Nr. 4 (1860), S.114, und Biedermann, StL (3. Ausg.), Bd. 14, S.369f.

[50] 1858 zum Beispiel sprach die Kölnische Zeitung von „allen Fraktionen der liberalen Partei, das ist, mit wenigen Ausnahmen, die gesamte Nation". Zitiert nach Denk, „Wahlen", 1955, S. 121.

[51] Pagenstecher, *Lebenserinnerungen*, 1913, Bd. 3, S. 102.

[52] Zitiert nach Balser, *Anfänge*, 1959, S. 103.

8. Die Suche nach einem liberalen Staat

¹ Rochau, *Grundsätze*, 1853, neu veröffentlicht 1972, S. 103.

² Zitiert nach Celotti, „Thought", 1970, S. 285. Zu weiteren Beispielen für liberale Ansichten über die Revolution s. Neumüller, *Liberalismus*, 1973, S.119ff.

³ Unruh, *Erfahrungen*, 1851, S. 5ff. Als weiteres Beispiel s. die zwei neuen Artikel über Georg Gervinus: C. McClelland, „History in the Service of Politics: A Reassessment of G. G. Gervinus". CEH, 4, Nr. 4 (Dezember 1971), S. 371–89, und J. Wagner, „Georg Gottfried Gervinus: The Tribulations of a Liberal Federalist". Ebenda S. 354–70.

⁴ ,G', „Parteien". StL (3. Ausg.), Bd.11, S. 325, und J. Held, „Organisation". Ebenda, S. 42.

⁵ Oncken, *Bennigsen*, 1910, Bd. 1, S. 361, und Rochau, StL (3. Ausg.), Bd. 1, S. 85.

⁶ Der preußische Verfassungskonflikt ist eine der am besten studierten Episoden in der neueren Geschichte Deutschlands. Unter den jüngeren Arbeiten sind folgende besonders wertvoll: Hess, *Parlament*, 1964; Anderson, *Conflict*, 1954; Winkler, *Liberalismus*, 1964, und „Emanzipation", 1968; R. Wahl, „Der Preußische Verfassungskonflikt und das konstitutionelle System des Kaiserreichs", in Böckenförde (Hrsg.), *Verfassungsgeschichte*, 1972, S. 171–94. F. Löwenthal, *Der preußische Verfassungsstreit 1862–1866*, Altenburg 1914, vermittelt eine detaillierte Schilderung der Ereignisse. M. Gugels, *Industrieller Aufstieg und bürgerliche Herrschaft*, Köln 1975, erschien zu spät, um von Nutzen für das laufende Kapitel zu sein; Gugel bringt einige scharfsinnige Kommentare zu den politischen Zielen der Liberalen, bleibt aber meiner Meinung nach unbefriedigend, wenn er Preußens Liberalismus als Teil eines europäischen Prozesses des „industriellen Wachstums und der bürgerlichen Herrschaft" analysiert. Ein Führer durch zeitgenössische Veröffentlichungen ist zu finden in Rosenberg, *Publizistik*, 1935, S. 159–202, 475ff., 858ff.

⁷ G. Craig, *The Politics of the Prussian Army*, New York und Oxford 1956, Kap. 4.

⁸ Als ein vollständiger Führer durch die ältere Literatur über Bismarck kann K. E. Born (Hrsg.), *Bismarck-Bibliographie*, Köln und Berlin 1966, dienen. Seine Rolle in der Auseinandersetzung ist gut abgehandelt in Pflanze, *Bismarck*, 1963, Kap. 7–14. Die neueste Biographie ist Lothar Galls hinreißendes und intelligentes Buch *Bismarck. Der weiße Revolutionär*, Berlin und Wien 1980.

⁹ Einige Beispiele für das Vorhandensein antiaristokratischer Beimischungen im Verfassungskonflikt finden sich in Anderson, *Conflict*, 1954, S.20ff. Meiner Meinung nach überschätzt Winkler, „Emanzipation", den Widerstand des preußischen Bürgertums gegen die Junker erheblich, desgleichen auch die Bedeutung dieses Widerstandes für das politische Verhalten des Bürgertums.

¹⁰ Der Satz stammt aus einem Brief von Sybel 1862. HW, Bd. 1, S. 107. Die klassische Formulierung der Unterschiede zwischen Staatsbeamten und Politikern ist zu finden in Max Weber, *Schriften*, 1958, S. 95.

¹¹ Zitiert nach Gall, *Liberalismus*, 1968, S. 122f. Gall vermittelt den besten Eindruck der politischen Situation in Baden. Becker, *Staat*, 1973, ist in bezug auf die Religionsfrage ebenfalls lesenswert. Schmoller, „Rümelin", 1913, S. 151–64, enthält einige Informationen über die Beziehungen zwischen Kirche und Staat in Württemberg.

¹² Zitiert nach Ficker, *Der Kulturkampf in Münster*, Münster 1928, S. 42. Zur Situation im Rheinland s. Uelsmann, „Beiträge", 1926, S. 123ff.

¹³ H. Anders, *Der Kampf der Arbeiterklasse um die Koalitionsfreiheit in den 60er Jahren des 19. Jahrhunderts in Preußen* (Diss.), Leipzig 1961, S.12.

¹⁴ Zitiert nach Rosenberg, *Weltwirtschaftskrise*, 1934, S. 188. Böhme, *Deutschlands Weg*, 1966, S. 78ff., enthält auch eine gute Darstellung der Depression.

[15] S. die bei Tilly, „Economy", 1966, S. 492, angeführten Daten (s. auch S. 494) über Steuerpolitik. Mehr über Staat und Wirtschaft nach 1850 in Rosenberg, *Weltwirtschaftskrise*, 1934; Zunkel, „Beamtenschaft", 1964, S. 182ff., und *Unternehmer*, 1962; Kaelble, *Unternehmer*, 1972, S. 236ff.; Hansen, *Mevissen*, 1906, Bd. 1, S. 701ff.

[16] Kaelble, *Unternehmer*, 1972, S. 247ff.

[17] Maenner, „Deutschlands", 1927; Schunke, *Freihändler*, 1916; Zunkel, *Unternehmer*, 1962, S. 205ff.; Böhme, *Deutschlands Weg*, 1966, S. 100ff.

[18] Rochau, *Grundsätze*, 1853, neu veröffentlicht 1972, S. 68. Zur nationalen Frage nach der Revolution s. Lees, *Revolution*, 1974, S. 125ff. Zu einer Liste von zeitgenössischen Veröffentlichungen s. Rosenberg, *Publizistik*, 1935.

[19] Haym, *Briefwechsel*, 1967, S. 152; Krieger, *The German Idea*, 1957, S. 361ff., bietet eine gute Darstellung der Ideen Hayms. Zu einigen anderen Beispielen s. Oncken, *Bennigsen*, 1910, Bd. 1, S. 482f.; Gall, *Liberalismus*, 1968, S. 123, über Roggenbach; K. W. Wippermann, „National-politische Bewegung". StL (3. Ausg.), Bd. 10, S. 354-94.

[20] E. Portner, *Die Einigung Italiens im Urteil liberaler deutscher Zeitgenossen*, Bonn 1959, geht liberalen Ansichten über die italienischen Angelegenheiten nach; wie Liberale über Italien dachten, läßt sich auch aus der vorsichtigen Aufmerksamkeit ablesen, die dem Land im EGK geschenkt wird. Heffter, *Selbstverwaltung*, 1950, S. 365, bemerkt eine Erneuerung des Interesses am Reformzeitalter und an den Befreiungskriegen während der 50er Jahre des 19. Jahrhunderts.

[21] Zu einigen Beispielen für Liberale, die im Volk die Hauptquelle und das Hauptinstrument der Außenpolitik sahen, s. Weber, *Demokraten*, 1962, S. 32, 42f., und Gerteis, *Sonnemann*, 1970, S. 33.

[22] Zum Beispiel Widenmann, 1861, HW, Bd. 1, S. 55. Dieser Punkt ist entwickelt in Schweitzer, „Kritik", 1950.

[23] Rochau, *Grundsätze*, 1853, neu veröffentlicht 1972, S. 191. S. auch Treitschke, zitiert nach Krieger, *The German Idea*, 1957, S. 366f., und Droysen, dessen Ideen analysiert sind in F. Gilbert, *Johann Gustav Droysen und die preußisch-deutsche Frage*, München und Berlin 1931, S. 121ff.

[24] Twesten und die Nationalzeitung zitiert in Winkler, *Liberalismus*, 1964, S. 44, 78; Böhmert in Oncken, *Bennigsen*, 1910, Bd. 1, S. 647. Zu einigen anderen Beispielen s. Seier, *Staatsidee*, 1961, S. 152, über Sybel; Haym, *Briefwechsel*, 1967, S. 247, Brief vom Mai 1866; Bluntschli, *Denkwürdiges aus meinem Leben*, Nördlingen 1884, Bd. 3, S. 136; Wehrenpfennig, HW, Bd. 1, S. 265, Brief vom November 1865.

[25] Mommsen, *Miquel*, 1928, S. 201; Treitschke, zitiert nach Westphal, *Staatsauffassung*, 1919, S. 302; Sybel in E. Schmidt-Weissenfels, *Preussische Landtagsmänner*, Breslau 1862, S.153ff.; Bluntschli, HW, Bd.1, S. 149, Anmerkung 1. Zwei weitere Beispiele: Baumgarten, HW, Bd. 1, S. 148f., und Seyffardt, *Erinnerungen*, 1900, S. 20f.

[26] Mommsen, *Miquel*, 1928, S. 237; Westphal, *Staatsauffassung*, 1919, und Schroth, *Welt und Staatsideen des deutschen Liberalismus in der Zeit der Einheits- und Freiheitskämpfe, 1859–1866*, Berlin 1931, bieten nützliche Diskussionen über die *Preußischen Jahrbücher;* zu Sybel s. Seier, *Staatsidee*, 1961, S.14f.; zu Bluntschli s. oben Kap. 7, Anmerkung 18.

[27] EGK (1861), S. 45; ein anderes Beispiel: Kapp, *Frühsozialisten*, 1969, S. 76f.

[28] Drei Beispiele: Kaiser, *Strömungen*, 1963, S. 147, zitiert die *Kölner Blätter*; Baumgarten, HW, Bd.1, S. 112; Parisius, *Hoverbeck*, 1897–1900, Bd. 2, Teil 2, S. 53f., Hoverbeck 1865. S. auch Krieger, *The German Idea*, 1957, S. 389ff., und Hamerow, *Foundations*, 1969–72, Bd. 1, S. 269ff., und Bd. 2, S. 168.

[29] Zitiert nach Weber, *Demokraten*, 1962, S. 66. L. Dehio, „Die Taktik der

Opposition während des Konflikts". HZ, 140, Nr. 2 (1929), S. 279–347, behauptet, daß die Liberalen hofften, eine Niederlage werde den Weg zu Reformen öffnen, aber seine Belege zeigen nur, daß sie glaubten, Reformen seien für den Sieg notwendig.

[30] Hoverbeck, zitiert nach Winkler, *Liberalismus*, 1964, S. 25.

[31] Sybel, Mai 1863, HW, Bd. 1, S. 153; vgl. die Bemerkungen Sybels von 1864, S. 211, und Schulze-Delitzschs von 1863, S. 160–61. Mehr darüber in Eisfeld, *Entstehung*, 1969, S. 118f., und Winkler, *Liberalismus*, 1964, S. 23f.

[32] Oncken, *Bennigsen*, 1910, Bd. 1, S. 483ff. Zwei weitere Beispiele: Baumgarten, März 1861, und Sybel, 1862, HW, Bd. 1, S. 61, 97.

[33] Rochau zum Beispiel machte einige kritische Bemerkungen über diejenigen, die die Macht des Konstitutionalismus überschätzten, aber er fragte nicht nach dem Nutzen repräsentativer Institutionen: Rochau, *Grundsätze*, 1853, neu abgedruckt 1972, S. 38f. S. auch Lees Studie über Biedermann in *Revolution*, 1974, S. 105.

[34] StL (3. Ausg.), Bd. 13, S. 646. S. auch K. Biedermann, „Die repräsentative Verfassung mit Volkswahlen", in A. Freiherr von Haxthausen (Hrsg.), *Das constitutionelle Princip*, Leipzig 1864; Bluntschli, „Verantwortlichkeit". *Staatswörterbuch*, 1857–70, Bd. 10, S. 746ff.; M. Rümelin, *Gustav Rümelin. Erinnerungen an meinen Vater*, Tübingen 1927, S. 66.

[35] Wie in der ersten Hälfte des Jahrhunderts war das ziemlich verzerrte Bild der Liberalen von Englands Institutionen ein Symptom ihrer eigenen Unsicherheiten; s. Lamer, *Parlamentarismus*, 1963.

[36] Die Behauptung, die Liberalen wünschten eine parlamentarische Regierung, wurde zuerst während des Konfliktes selbst aufgestellt: s. dazu die Mitteilung des Innenministers vom März 1862, zitiert in EGK (1862), S. 137ff. Sie wurde danach häufig wiederholt, gewöhnlich von den konservativen Gegnern der Liberalen; s. zum Beispiel A. Wahl, *Beiträge zur Geschichte der Konfliktzeit*, Tübingen 1914, und Huber, Bd. 3, S. 298, 333ff. Zu einer Kritik dieser Position s. L. Bergsträsser, „Kritische Studien zur Konfliktzeit". HV, 19, Nr. 3 (1919), S. 343–76, und in jüngster Zeit die Diskussion in Ritter, *Gesellschaft*, 1974, S. 17.

[37] Sybel, Juli 1862, HW, Bd. 1, S. 105. Vgl. Gb, 17, Nr. 3 (1858), S. 481–90; V. Renner, „Karl Twesten" (unveröff. Diss.), Freiburg 1954, S. 30, Anmerkung 34; Lette, in Duncker, *Briefwechsel*, 1923, S. 162. Die offizielle Position der liberalen Parteien ist zu finden in den folgenden Programmen und Wahlerklärungen: Parisius, *Deutschlands*, 1878, S. 33f., Erklärung vom 13. Januar 1861; EGK (1861), S. 41f., Programm vom 9. Juni 1861; EGK (1861), S. 45f., Wahlplattform vom 28. September 1861; EGK (1862), S. 131f., Erklärung vom 14. März 1862; EGK (1863), S. 122, Erklärung vom März 1863.

[38] Schulze, *Schriften*, 1909–13, Bd. 4, S. 250. Laskers Artikel von 1862–63 sind wiederabgedruckt in seiner *Verfassungsgeschichte Preussens*, Leipzig 1874, S. 297–382. Zu Laskers Hintergrund und Laufbahn s. G. Mork, „The Making of a German Nationalist: Eduard Lasker's Early Years, 1829–1847", *Societas* 1, Nr. 1 (Winter 1971), S. 23–32, und A. Laufs, „Eduard Lasker und der Rechtsstaat", *Der Staat* 13, Nr. 3 (1974), S. 365–82.

[39] Zitiert nach Seier, *Staatsidee*, 1961, S. 25.

[40] Die Zitate stammen von Mohl, „Repräsentativsystem", 1860, S. 368, 394 ff., 439. Seine Ideen zur Wahlrechtsregelung sind zu finden auf S. 381ff. und 405ff. S. auch Angermann, *Mohl*, 1962, S. 415ff., und Boldt, *Monarchie*, 1973, S. 613ff.

[41] Zitiert nach A. Wucher, *Theodor Mommsen*, Göttingen 1956, S. 114. S. auch: Heuss, *Mommsen*, 1956, und G. Mosse, „Caesarism, Circuses and Monuments". JCH, 6, Nr. 2 (1971), S. 167–82.

[42] Bollmann ist zitiert nach H. Gollwitzer, „Der Cäsarismus Napoleons III. im

Widerhall der öffentlichen Meinung Deutschlands." HZ, 173, Nr. 1 (1952), S. 64; Unruh in Oncken, *Bennigsen*, 1910, Bd. 1, S. 525–56.

[43] Zitiert nach L. Dehio, „Die preußische Demokratie und der Krieg von 1866". Aus dem Briefwechsel von Karl Rodbertus und Franz Ziegler". FBPG, 39 (1927), S. 247, 251, und H. Neumann, „Franz Ziegler und die Politik der liberalen Oppositionsparteien von 1848–1866". FBPG, 37 (1925), S. 271.

[44] Zitiert nach Weber, *Demokraten*, 1962, S. 270.

[45] Haym, Mai 1866, HW, Bd. 1, S. 285. Siehe J. Schuchardt, „Die Wirtschaftskrise von 1866". JbW (1962), Teil 2, S. 91–141, und Schwetzer, „Kritik", 1950, S. 49ff.

[46] Oncken, *Bennigsen*, 1910, Bd. 1, S. 686ff.

[47] Ebenda, S. 693.

[48] Siehe zum Beispiel Galls Darstellung der Situation in Baden in *Liberalismus*, 1968, S. 337ff.

[49] Einen guten Eindruck von der Situation im Juni und Juli kann man aus den Schilderungen im EGK (1866) gewinnen. Siehe auch Spahn, „Entstehung", 1908, S.346ff., 380ff.; Winkler, *Liberalismus*, 1964, S. 83ff.; Hamerow, *Foundations*, 1969–72, Bd. 2, S. 238ff.

IV. Die „liberale Ära" 1866–77

9. Der Liberalismus und der Bismarck-Staat

[1] Zitiert nach A. Wucher, *Theodor Mommsen*, Göttingen, 1956, S. 151.

[2] Siehe unten Kap. 10, Anmerkung 20.

[3] Huber, Bd. 3, S. 351ff.; Eisfeld, *Entstehung*, 1969, S.178ff.; Spahn, „Entstehung", 1908, S. 440ff.; F. Löwenthal, *Der preußische Verfassungsstreit*, Altenburg 1914, S. 303–8.

[4] J. C. Bluntschli, zitiert nach Faber, „Realpolitik", 1966, S. 4. Dieser Artikel liefert eine gute Einführung zur Wirkung der Ereignisse von 1866 auf das politische Denken in Deutschland. Als Führer durch die zeitgenössische Literatur s. K. G. Faber, *Die nationalpolitische Publizistik Deutschlands von 1866–1871*, 2 Bde., Düsseldorf 1963.

[5] Rochau, *Grundsätze*, 1869, wiederveröffentlicht 1972, S. 206, 220, 255. Einige andere Beispiele: Baumgarten, HW, Bd. 1, S. 374, 386; Seier, *Staatsidee*, 1961, S.187f., über Sybel; Haym, *Briefwechsel*, 1967, S. 258f. und 271f.

[6] Zitiert nach Spahn, „Entstehung", 1908, S. 450.

[7] Zitiert nach Winkler, *Liberalismus*, 1964, S. 121. S. auch Kapp, *Frühsozialisten*, 1969, S. 83ff.; Herzfeld, *Miquel*, 1938, Bd. 1, S. 44ff.; W. Mosse, „The Conflict of Liberalism and Nationalism and Its Effect on German Jewry", *Leo Baeck Institute, Year Book XV* (1970), S.125–39, und G. Mork, „Bismarck and the ‚Capitulation' of German Liberalism". JMH, 43, Nr. 1 (März 1971), bes. S. 62f.

[8] Vgl. z. B. Schulze-Delitzschs Stellung zum preußischen Sieg, *Schriften*, 1909–13, Bd. 3, S. 298.

[9] Einige Beispiele: Parisius, *Hoverbeck*, 1897–1900, Bd. 2, Teil 2, S. 131, zitiert einen Brief vom Dezember 1866; Eisfeld, *Entstehung*, 1969, S. 197, zitiert Rudolf Virchow; ferner Oppenheim, Gb (1868), S. 162ff.

[10] Zur Bildung der Nationalliberalen Gruppierung s. Spahn „Entstehung", 1908, eine Arbeit, die eine ganze Menge nützlicher Informationen zur preußischen Situation enthält; E. W. Mayer, „Aus der Geschichte der nationalliberalen Partei in den Jahren 1868 bis 1871", in Wentzcke (Hrsg.), *Staat*, 1922, S.135–53, über Süddeutschland; Schunke, *Freihändler*, 1916, zu den komplizierten wirtschaftlichen Interessenlagen; Krieger, *The German Idea*, 1957, S. 438ff.; Eisfeld, *Entstehung*, 1969, S. 173ff.

¹¹ Stoltenberg, *Reichstag*, 1955, S. 18 und 23, und T. Schieder, *Das Kaiserreich von 1871 als Nationalstaat*, Köln und Opladen 1961, S. 12.
¹² Siehe Eugen Richters Formulierung zu diesem Punkt, zitiert nach Matthes, „Spaltung", 1953, S. 13, und die drei unsignierten Artikel, die den Liberalismus in verschiedenen Teilen Deutschlands einer Sichtung unterziehen, veröffentlicht in der NZ vom 9. November 1870.
¹³ Bereits 1869 sprach Stephani von einer möglichen Spaltung im Nationalliberalismus: D. Sandberger, *Die Ministerkandidatur Bennigsens*, Berlin 1929, S. 19. S. auch Mohl, *Lebenserinnerungen*, 1902, Bd. 2, S. 166f., und A. Pfaff, *Zur Erinnerung an Friedrich Oetker*, Gotha 1883, S. 176.
¹⁴ Gall, *Liberalismus*, 1968, und Becker, *Staat*, 1973, enthalten ausgezeichnete Darstellungen des badischen Liberalismus von 1866 bis 1870. Eisfeld, *Entstehung*, 1969, S. 143, diskutiert die Frage der Parteiorganisation. Viele divergierende zeitgenössische Ansichten und einige wichtige Dokumente finden sich in EGK (1868), S. 177f. und 191f., und EGK (1869), S. 178f. Über Baden nach 1870 s. E. Fuchs (Hrsg.), *Großherzog Friedrich I. von Baden und die Reichspolitik*, Stuttgart 1968, und Becker, *Staat*, 1973, S. 293ff.
¹⁵ Eisfeld, *Entstehung*, 1969, S. 129ff.; W. Zorn, „Parlament, Gesellschaft und Regierung in Bayern, 1870–1918", in Ritter (Hrsg.), *Gesellschaft*, 1974, S. 299–315; F. Freiherr von Rummel, *Das Ministerium Lutz und seine Gegner, 1871–1882*, München 1935; Schieder, *Partei*, 1936. Einige zeitgenössische Ansichten und Dokumente: NZ (28. Oktober 1870); eine Reihe von Artikeln in INR (1871), Bd. 1, Teil 2; HW, Bd. 2, S. 15, 186.
¹⁶ Zitiert nach EGK (1874), S. 193f. Zur Deutschen Partei s. Eisfeld, *Entstehung*, 1969, S. 139ff.; Langewiesche, *Liberalismus*, 1974, S. 385ff., und Lang, *Partei*, 1891, der auch Parteiprogramme und andere Dokumente wiederveröffentlicht. Elbens *Lebenserinnerungen*, 1931, bieten eine gute Schilderung aus erster Hand. Zu zeitgenössischen Ansichten und Dokumenten über die Volkspartei s. EGK (1868), S. 169–73, und EGK (1869), S. 150. Eine neueste historische Analyse befindet sich in Runge, *Volkspartei*, 1970, sowie bei Langewiesche, *Liberalismus*, 1974, S. 410ff.
¹⁷ Eisfeld, *Entstehung*, 1969, S. 153ff.; Huber, Bd. 4, S. 402ff.; O. Richter, *Geschichte der Stadt Dresden in den Jahren 1871–1902*, Dresden 1903, S. 9ff.; Biedermann, *Leben*, 1886, Bd. 2, S. 295ff., ist eine gute Quelle über das politische Leben in Sachsen. Zu anderen zeitgenössischen Ansichten und Dokumenten s. DAZ (16. Dezember 1871 und 5. Oktober 1873); EGK (1871), S. 197f., 249, und EGK (1874), S. 117, sowie die Berichte in Gb, 31, Nr. 2 (1872), S. 148–54; Gb, 32, Nr. 2 (1873), S. 78ff. und Gb, 32, Nr. 3 (1873), S. 427–38.
¹⁸ Eisfeld, *Entstehung*, 1969, S. 174ff.; Hess, *Reichstagswahlen*, 1958, S. 54ff.; White, *Party*, 1976, Kap. 1.
¹⁹ Zu einer zeitgenössischen Darstellung der regionalen Verschiedenheiten im liberalen Lager s. „Die Organisation der liberalen Nationalpartei." Gb, 28, Nr. 3 (1869), S. 468ff. Eine gute Zusammenfassung der Situation findet sich bei Maenner, „Liberalismus", 1927, S. 461. Naumanns Schrift „Parteien", in *Werke*, 1964, Bd. 4, S. 169f., ist ebenfalls lesenswert.
²⁰ Zitiert nach Robolsky, *Reichstag*, 1893, S. 332.
²¹ Die beste Analyse dieser Probleme bietet Nipperdey, *Organisation*, 1961. Es gibt einige ergänzende Informationen in Steinbrecher, *Parteiorganisation*, 1960. Die folgenden enthalten Beispiele für die regionalen Unterschiede und die Fortdauer der institutionellen Unstetigkeit: „Eine Episode aus Karl Twestens Leben". DR, 25, Nr. 1 (1900), S. 78ff., über Danzig; Bunsen, *Bunsen*, 1900, S. 226f., über Solingen; Wiggers, *Aus meinem Leben*, Leipzig 1901, S. 244, über Mecklenburg; Böttcher, *Stephani*,

1887, S. 86, über Leipzig; Vitzthum, *Politik*, 1971, S. 39ff., über Schleswig-Holstein; Kastendiek, „Liberalismus", 1952, S. 71ff., über Bremen; Denk, „Wahlen", 1955, S. 170ff., über Köln; Hofmann, *Stadtverordneten*, 1964, S. 57, über Bielefeld; Möllers, „Strömungen",1955, S. 119f., über Essen.

[22] Die rechtliche Situation ist zusammengefaßt in Huber, Bd. 4, S. 7ff.

[23] Mommsen, *Parteiprogramme*, 1964, S. 147, 151. S. auch die Wahlerklärungen der Nationalliberalen, abgedruckt in NZ (7. Oktober 1873).

[24] H. B. Oppenheim, Juli 1872, HW, Bd. 2, S.56; Siemens, zitiert nach Nipperdey, *Organisation*, 1961, S. 25. Als weiteres Beispiel s. Eduard Lasker, März 1871, HW, Bd. 2, S. 9ff.

[25] Forckenbeck und Stauffenberg in HW, Bd.2, S.29f., 107.

[26] Hölders Position wird diskutiert in einem Brief H. Reuchlins vom Januar 1873, HW, Bd. 2, S. 72.

[27] Siehe zum Beispiel Theodor Lucas, November 1877, HW, Bd. 2, S. 189ff.

[28] J. H. Loesch arbeitet gerade an einer „Roll-Call-Analyse" über den Reichstag, die unser Wissen über die Parteigruppierungen in dieser Institution erheblich steigern sollte: „The Application of Roll-Call Analysis to the Study of German Parliamentary History", unveröff. Schrift, Dezember 1973.

[29] Die Verfassung wird ausführlich erörtert bei Huber, Bd. 3, Kap. 12–17, und ist wiederabgedruckt in Huber, *Dokumente*, 1961–66, Bd. 2, S. 227ff. Pflanze, *Bismarck*, 1963,S. 337ff., und K. E. Pollmann, „Vom Verfassungskonflikt zum Verfassungskompromiß: Funktion und Selbstverständnis des verfassungsberatenden Reichstags des Norddeutschen Bundes", in Ritter (Hrsg.), *Gesellschaft*, 1974, S. 189–203, bringen gute Berichte über die Debatten. Ergänzendes Material und eine vollständige Bibliographie ist zu finden in Böckenförde (Hrsg.), *Verfassungsgeschichte*, 1972. S. auch Stürmer, *Regierung*, 1974, S. 36ff. und an verschiedenen anderen Stellen.

[30] Boldt, „Konstitutionalismus", 1970, S. 126ff., und E. W. Böckenförde, „Der Verfassungstyp der deutschen konstitutionellen Monarchie im 19. Jahrhundert", in Böckenförde (Hrsg.), *Verfassungsgeschichte*, 1972.

[31] S. zum Beispiel Schulze-Delitzschs Rede vom 12. März 1867, *Schriften*, 1909–13, Bd. 4, S. 543ff.

[32] Neben den Arbeiten, die in Anmerkung 29 angeführt wurden, sind die Verhandlungen über die Reichsexekutive erläutert in O. Becker, *Bismarcks Ringen um Deutschlands Gestaltung*, Heidelberg 1958, S. 371ff.; Morsey, *Reichsverwaltung*, 1957, S. 23ff.; R. Wahl, „Der preußische Verfassungskonflikt und das konstitutionelle System des Kaiserreichs", in Böckenförde (Hrsg.), *Verfassungsgeschichte*, 1972, S.177.

[33] Die offizielle Wahlplattform der Fortschrittspartei ist abgedruckt in Parisius, *Deutschlands*, 1878, S. 94–97.

[34] W. Gerloff, *Die Finanz- und Zollpolitik des Deutschen Reiches*, Jena 1913, ist die klassische Darstellung zur deutschen Finanzpolitik und stellt nach wie vor eine unschätzbare Quelle dar; s. bes. S. 12ff. über die 60er und 70er Jahre des 19. Jahrhunderts. Witts *Finanzpolitik*, 1969, überschätzt das frühe 20. Jahrhundert, liefert aber eine nützliche Analyse des gesamten Haushaltsproblems während der Dauer der Kaiserzeit.

[35] Stoltenberg, *Reichstag*, 1955, S. 82ff.; Huber, Bd. 4, S. 545ff.; Stürmer, *Regierung*, 1974, S. 65ff., und „Militärkonflikt", 1974, bes. S. 225ff. Zu einem Bericht aus erster Hand über das militärische Problem s. Richter, *Reichstag*, 1894–96, Bd. 1, S. 36.

[36] Stürmer, „Militärkonflikt", 1974, S. 235ff. und *Regierung*, 1974, S. 118ff. Zur Reaktion der verschiedenen liberalen Führer s. die Briefe im HW, Bd.2, S. 100ff.; J. Harris, „Eduard Lasker and Compromise Liberalism". JMH, 43, Nr. 3 (September

1970), S. 352ff.; Herzfeld, *Miquel*, 1938, Bd.2, S. 272ff.; Oncken, *Bennigsen*, 1910, Bd. 2, S. 257; Böttcher, *Stephani*, 1887, S. 141; Richter, *Reichstag*, 1894–96, Bd. 1, S. 78ff.
[37] Huber, Bd. 3, S. 373ff., faßt die wichtigsten Debatten zu dieser Frage zusammen. Siehe auch Morsey, *Reichsverwaltung*, 1957, S. 289–93.
[38] Heffter, *Selbstverwaltung*, 1950, über Treitschke; Angermann, *Mohl*, 1962, S. 92ff.
[39] McClelland, *Historian*, 1971, S. 150, über Sybel; Gall, *Liberalismus*, 1968, S. 446, über Jolly. Zur Einschätzung englischer Institutionen von deutscher Seite in dieser Periode s. Lamer, *Parlamentarismus*, 1963. Mehr über das liberale politische Denken in den 70er Jahren in Fenske, *Wahlrecht*, 1972, S. 58ff., und G. Seeber, „Die Bourgeoisie und das Reich. Zur politischen Konzeption der Bourgeoisie in den 70er Jahren", in Bartel und Engelberg (Hrsg.), *Reichsgründung*, 1971, Bd. 2, S. 127–69.
[40] Zitiert nach EGK (1872), S. 589f.
[41] S. zum Beispiel die Erklärung der Nationalliberalen vom April 1870, wiederabgedruckt in Robolsky, *Reichstag*, 1893, S.144.
[42] Das Programm der Fortschrittspartei ist enthalten in EGK (1873), S. 98. S. auch Vitzthum, *Politik*, 1971, S.77f.; Matthes, „Spaltung", 1953, S. 13f., behauptet, daß die liberale Linke eine parlamentarische Regierung wollte.
[43] S. zum Beispiel das Buch von Kapp, *Frühsozialisten*, 1969, S. 105ff., das seine Briefe von 1874 enthält. Max Webers Analyse zu Bismarck und den Liberalen enthält eine der besten Formulierungen des Problems: Weber, *Schriften*, 1958, S.301f.
[44] Bamberger, *Schriften*, 1894–98, Bd. 5, S. 55.
[45] Zitiert nach Rachfahl, „Richter", 1912, S. 291.
[46] D. Albers, *Reichstag und Außenpolitik von 1871–1879*, Berlin 1927, enthält eine nützliche Zusammenfassung der parlamentarischen Ansichten über Außenpolitik in den siebziger Jahren. Zur Fortschrittspartei s. Seeber, *Bebel*, 1965; C. Schneider, *The Political Liberalism of the Progressive Parties in Germany, 1871–1914* (unveröff. Diss.), Wisconsin 1943; Schweitzer, „Kritik", 1950.
[47] Huber, Bd. 4, S. 140ff., bringt eine Zusammenfassung dieser Gesetzgebung. Analysen bei Böhme, *Deutschlands Weg*, 1966, S. 263ff.; Volkmann, *Arbeiterfrage*, 1968, S. 184ff.; Köllmann, „Anfänge", 1966, S. 50; H. Schwab, „Von Königgrätz bis Versailles. Zur Entwicklung der Nationalliberalen Partei bis zur Reichsgründung und zum Charakter ihrer Politik", in Bartel und Engelberg (Hrsg.), *Reichsgründung*, 1971, Bd. 1, S. 315ff. Tipton, „Consensus", 1974, S. 106ff., stellt die herkömmliche Ansicht in Frage, daß diese Gesetzgebung für die wirtschaftliche Entwicklung in den späten 60ern und den frühen 70ern wichtig war.
[48] Es gibt eine ausgezeichnete Diskussion über Delbrück in Morsey, *Reichsverwaltung*, 1957, S. 40ff. Delbrücks *Lebenserinnerungen*, 2 Bde., Leipzig 1905, bringen ergänzende Informationen über seinen biographischen Hintergrund und seine Ideen.
[49] Zum Beispiel Welcker. StL (3. Ausg.), Bd. 3, S. 227.
[50] Die beste Abhandlung zu dieser Frage ist Heffters meisterhafte *Selbstverwaltung*, 1950. Siehe auch Huber, Bd. 4, S. 352ff., und Herzfeld, *Miquel*, 1938, Bd.1, S.310ff.
[51] Die Literatur über den Kulturkampf wird diskutiert bei R. Morsey, „Probleme der Kulturkampf-Forschung". HJB, 83, Nr. 2 (1963), S. 217–45. Stürmer, *Regierung*, 1974, stellt die Religionsfrage in den Kontext der anderen politischen Konflikte und Ziele der Beteiligten. Wertvoll ist in dieser Hinsicht auch A. Birke, „Zur Entwicklung und politischen Funktion des bürgerlichen Kulturkampfverständnisses in Preußen-Deutschland", in Kurze (Hrsg.), *Theorie*, 1972, S. 257–79. Zu den europäischen Dimensionen des Konflikts s. G. Franz, *Kulturkampf, Staat und Katholische Kirche in Mitteleuropa von der Säkularisation bis zum Abschluß des preußischen Kulturkampfes,*

München 1954. F. Rachfahl, „Windthorst und der Kulturkampf". PJbb, 134, Nr.2 (1900), S. 460–90; PJbb, 136, Nr. 1 (1909), S. 56–73, und PJbb, 135, Nr. 3 (1909), S. 460–90, ist eine gute Biographie der führenden katholischen Beteiligten. Der EGK verfolgte den Kulturkampf sehr genau und liefert gute Einblicke in die liberalen Denkweisen. Wenn man den Kulturkampf verstehen will, ist es von äußerster Wichtigkeit, sich daran zu erinnern, daß religiöse Probleme auch noch in den verschiedenen Mittelstaaten wichtig waren. Einen Überblick über diese Ereignisse gibt Huber, Bd. 4, S. 746ff. Über Baden s. Gall, „Problematik", 1965, und Becker, Staat, 1973, bes. S.317; über Bayern s. Möckl, Prinzregentenzeit, 1972, S. 36ff.

[52] HW, Bd.2, S. 17. Siehe auch Faber, „Realpolitik", 1966, S. 35, und Birke, „Entwicklung", 1972, S. 63f. Bornkamms „Staatsidee", 1950, S. 48ff., enthält andere Beispiele für liberale Einstellungen.

[53] Zur Analyse der Ziele Bismarcks s. R. Morsey, „Bismarck und der Kulturkampf". AfK, 39, Nr. 2 (1957), S. 232–70. Ein gutes Beispiel für seine Position ist seine Rede vor dem Herrenhaus im April 1873, zitiert bei E. Forster, Adalbert Falk, Gotha 1927, S. 141.

[54] Diese Typologie basiert auf Bornkamm, „Staatsidee", 1950, S.44f. Huber, Bd. 4, S. 693ff., ist ein nützlicher Führer durch die wichtigsten Gesetzeswerke.

[55] Stoltenberg, Reichstag, 1955, S. 94ff., über 1871; Hefftter, Selbstverwaltung, 1950, S. 567, über 1872; Stürmer, „Konservatismus",1970, S. 150f., und Regierung, 1974, über 1874. Vgl. die Situation in Baden wie beschrieben in Becker, Staat, 1973, S. 236ff. Schmidt, „Die Nationalliberalen", 1973, bietet eine andere Interpretation dieser Ereignisse an.

[56] Zu einer genauen Darstellung der Art und Weise, in der der Kulturkampf das Anwachsen der Bürokratie förderte, s. H. Schiffers, Kulturkampf in Stadt und Regierungsbezirk Aachen, Aachen 1929, S. 203.

[57] Eyck, Bismarck, 1941–44, Bd. 3, S. 112ff.; Stürmer, „Konservatismus", 1970, S. 152f.

[58] A. Wahl, Vom Bismarck der 70er Jahren, Tübingen 1920, S. 25, und R. Freiherr von Friesen, Erinnerungen aus meinem Leben, Dresden 1910, Bd. 3, S. 284f.

[59] Booms, Partei, 1954. Zu einigen zeitgenössischen Ansichten s. EGK (1876), S. 118, 171.

[60] Über die Reaktion auf Delbrücks Entlassung berichtet der EGK (1876), S. 114. S. auch Eyck, Bismarck, 1941–44, Bd. 3, S. 190ff., und Lambi, Trade, 1963, S. 150ff.

[61] Rachfahl, „Richter", 1912, ist eine gute Einführung. S.auch L. Ullstein, Eugen Richter als Publizist und Herausgeber, Leipzig 1930; Nipperdey, Organisation, 1961, S. 31f.; Seeber, Bebel, 1965; Matthes, „Spaltung", 1953, S. 166ff., schließt eine ausgezeichnete Bibliographie von Richters Arbeiten mit ein (S. 346f.). Die beste Zusammenfassung von Richters eigenen Ansichten ist zu finden in seinen Memoiren, Reichstag, 1894–96.

[62] EGK (1876), S. 48, 114ff., 119, über die Eisenbahnen; S. 219ff., über das Justizgesetz. S. auch Eyck, Bismarck, 1941–44, Bd. 3. S. 53ff., 193f., und Richter, Reichstag, 1894–96, Bd. 1, S. 149ff., 160–63.

[63] EGK (1876), S. 229.

[64] Zum Beispiel INR, 5, Nr. 2 (1875), S. 1028–31, und Gb, 36 (1877), S. 1ff.

[65] Über Bayern s. AZ (13. Juli 1875), Liberales Wahlprogramm, und EGK (1875), S. 109f.; über Lippe s. EGK (1876), S. 96; über Sachsen EGK (1875), S. 166, 175f., und DAZ (14. September 1875).

[66] Zur Beziehung zwischen den liberalen Parteien während des Landtagswahlkampfs s. die Berichte in der NZ, bes. 13. August, 17. August sowie 11. Oktober 1876. Die Debatte über das Justizgesetz ist zusammengefaßt in EGK (1876), S. 222–28, und in Oncken, Bennigsen, 1910, Bd. 2, S. 292ff.

⁶⁷ Die Wahlerklärungen der Parteien finden sich in EGK (1876), S. 228–31. Zu zwei weiteren Beispielen von lokalen Beziehungen s. Böttcher, *Stephani*, 1887, S. 167ff., über Leipzig, und Haym, *Briefwechsel*, 1967, S. 298, über Halle.
⁶⁸ EGK (1877), S. 55.
⁶⁹ Kapp an E. Cohen, Januar 1875, in *Frühsozialisten*, 1969, S. 107. S. auch Listemann, Januar 1875, und Oppenheim, November 1875, in HW, Bd. 2, S. 115f., 137.
⁷⁰ Laskers Briefe an Bärwald (November und Dezember 1875), Memorandum vom 24. Dezember 1876 und Brief an Marquardsen (Januar 1877), in HW, Bd. 2, S. 140, 163f., 169.
⁷¹ Zitiert nach Steinbrecher, *Parteiorganisation*, 1960, S. 32.

10. Demokratie als Herausforderung und Gefahr

¹ D. Brosius, „Bodo von Hodenberg: Ein hannoverscher Konservativer nach 1866". Niedersächsisches Jahrbuch für Landesgeschichte, 38 (1966), S. 177.
² Die beste, umfassende Abhandlung über politische Organisationen ist Nipperdeys *Organisation*, 1961. Ein Leitfaden durch die Literatur ist zu finden in G. A. Ritter (Hrsg.), *Parteien*, 1973. Eine gute, kurze Einführung in die Hauptprobleme gibt Puhle, „Parteien", 1970. Zur theoretischen Literatur s. J. La Palombara und M. Weiner (Hrsg.), *Political Parties and Political Development*, Princeton 1966.
³ Der Verlauf der „demokratischen Revolution" läßt sich nachzeichnen, indem man den wechselnden Anteil der Wahlberechtigten untersucht, die tatsächlich zur Wahl gingen. Bei den Wahlen zum Konstituierenden Reichstag 1867 stimmten etwa 63,7 Prozent der Wahlberechtigten ab; einige Monate später sank die Beteiligung auf 39,4 Prozent. (Es gibt keine offiziellen Ergebnisse für das Jahr 1867; die beste Erörterung findet sich bei Hamerow, *Foundations*, 1969–72, Bd. 2, S. 323ff., 334). 1871 wählten 52 Prozent; 1874 61 Prozent; 1877 61,6 Prozent; 1878 63,4 Prozent; 1881 56,3 Prozent; 1884 60,5 Prozent; 1887 77,5 Prozent. Die geeignetste Quelle über Wahlen nach 1871 ist Vogel u. a., *Wahlen*, 1971. Das Wahlsystem und seine Wirkungen werden ausführlich behandelt in Fenske, *Wahlrecht*, 1972, s. vor allem S. 106ff.
⁴ Die Bemerkung über den permanenten Wahlkampf ist zitiert nach Pülke, „Geschichte", 1934, S. 123. Eine andere zeitgenössische Ansicht kommt in der Schilderung der Reichstagswahlen von 1871 zum Ausdruck in Robolsky, *Reichstag*, 1893, S. 193. Die folgenden lokalen Studien sind insbesondere für das Verständnis des politischen Katholizismus nützlich: P. Mazura, *Die Entwicklung des politischen Katholizismus in Schlesien von seinen Anfängen bis zum Jahre 1880* (Diss.), Breslau 1925; H. Neubach, „Parteien und Politiker in Oberschlesien zur Bismarckzeit". Jb der Schlesischen Friedrich-Wilhelms Universität zu Breslau, 12 (1968), S.193–231; Schiffers, *Kulturkampf*, 1929, über Aachen; Ficker, *Kulturkampf*, 1928, über Münster; Steil, *Wahlen*, 1961, über Trier; Möllers, „Strömungen", 1955, über Essen.
⁵ S. O. Hauser, „Polen und Dänen im Deutschen Reich", in Schieder und Deuerlein (Hrsg.), *Reichsgründung*, 1971, S. 291–315; H.-U. Wehler (Hrsg.), *Sozialgeschichte*, 1966, S. 437–55; D. Silvermann, „Political Catholicism and Social Democracy in Alsace-Lorraine 1871–1914", Catholic Historical Review, 52, Nr. 1 (April 1966), S. 39–65; E. Bukey, „The Guelph Party in Imperial Germany, 1866–1918", The Historian, 35, Nr. 1 (November 1972), S. 43–60.
⁶ 1867 spalteten sich die Preußischen Konservativen wie die Norddeutschen Liberalen. Die Freikonservativen (bzw. die Reichspartei) unterstützten Bismarcks Lösung der deutschen Frage. Über ihre Ursprünge und Entwicklung s. Aandahl, *The Rise of German Free Conservatism* (unveröff. Diss.), Princeton 1955. Zu den

Preußischen (nach 1876 Deutschen) Konservativen s. Boons, *Partei*, 1954; Nipperdey, *Organisation*, 1961, S. 241ff.; R. Berdahl, „Conservative Politics and Aristocratic Landholders in Bismarckian Germany". JMH, 44, Nr. 1 (März 1972), S.1-20. Wenn ich mich auf beide Parteien beziehe, werde ich den Ausdruck „konservative Parteien" nutzen, das großgeschriebene „Konservative" reserviere ich für die letztgenannten.

[7] H. Lademacher, „Zu den Anfängen der deutschen Sozialdemokratie, 1863-1878. Probleme ihrer Geschichtsschreibung." IRSH, 4, Anmerkungen 2 und 3 (1959), S. 239-60, 367-93, ist ein guter Einstieg in die Literatur über die Sozialdemokratie. Wachenheim, *Arbeiterbewegung*, 1967, ist ein guter, erzählender Bericht. Nipperdey, *Organisation*, 1961, beschreibt frühe institutionelle Entwicklungen. Zum Bruch zwischen der liberalen und der Arbeiterbewegung s. E. Eyck, *Der Vereinstag deutscher Arbeitervereine, 1863-1868*, Berlin 1904, bes. S. 83ff.; Mayer, „Trennung", 1969; Conze und Groh, *Arbeiterbewegung*, 1966; Reichard, *Birth*, 1969. Bebels Leben, 1961, und J. Bruhns, *„Es klingt im Sturm ein altes Lied!" Aus der Jugendzeit der Sozialdemokratie*, Stuttgart und Berlin 1921, sind zwei nützliche Berichte aus erster Hand, beide aus sozialistischer Sicht. Um die Vielfalt und die Komplexität der Beziehungen zwischen den Liberalen und den Arbeitern zu verstehen, ist es ratsam, einige der ausgezeichneten Studien zu lesen, die den Aufstieg der Arbeiterbewegung auf lokaler Ebene verfolgen: Köllmann, *Sozialgeschichte*, 1960, S. 241ff., über Barmen; Eckert, *Sozialdemokratie*, 1968, über Nürnberg; Schneider, „Anfänge", 1956, über die Pfalz; Schadt, *Partei*, 1971, über Baden; Schmitz, *Anfänge*, 1968, über Düsseldorf. Zur frühen Wahlgeschichte der Partei s. Wacker, *Entwicklung*, 1903.

[8] Dies ist das Thema von Mayers klassischer Studie, „Trennung", 1912, neu gedruckt 1969.

[9] Als einleitende Erläuterung dieses Prozesses s. Köllmann, „Entwicklung", 1964, sowie L. Uhen, *Gruppenbewußtsein und informelle Gruppenbildungen bei deutschen Arbeitern im Jahrhundert der Industrialisierung*, Berlin 1964.

[10] Conze und Groh, *Arbeiterbewegung* 1966, S. 47, 69ff., 125, und Schaarschmidt, *Geschichte*, 1934, über Crimmitschau.

[11] S. z. B. die Bemerkungen eines Teilnehmers am Dresdener Handwerkertag, zitiert im EGK (1872), S. 194.

[12] H. Gollwitzer, „Die politische Landschaft in der deutschen Geschichte des 19./20. Jahrhunderts", *Land und Volk, Karl A. von Müller zum 80. Geburtstag*, München, 1964.

[13] Die Gewerbefreiheit wurde in Hannover nach seiner Angliederung an Preußen eingeführt: EGK (1867), S. 98. Zur Situation in Bayern s. M. Schwarz, *Die Fortschrittspartei und die sogenannte Sozialgesetzgebung Bayerns im Jahre 1868-1869* (unveröff. Diss.), München 1922, S. 48ff., und J. Kaizl, *Der Kampf um Gewerbereform und Gewerbefreiheit in Bayern von 1799-1868*, Leipzig 1879, S. 134ff.

[14] Mit den Worten eines Zeitgenossen: „Die soziale Frage ist der verwundbarste Punkt des Liberalismus, hier ist der Ort, wo das Schwert des Zentrums eindringen wird." Zitiert nach Möllers, „Strömungen", 1955, S. 217. S. auch Steil, „Wahlen", 1961; E. Müller, „Die badischen Wahlen zum Zollparlament", Historisch-Politische Blätter, 61, Nr. 1 (1868), S. 760-92.

Lothar Galls Diskussion der sozialen Aspekte des religiösen Konflikts in Baden ist äußerst überzeugend, s. *Liberalismus*, 1968, S. 292ff., und „Problematik", 1965, S. 169ff. S.auch Becker, *Staat*, 1973, S. 64.

[15] Böhme, *Deutschlands Weg*, 1966, S. 214ff., und Rosenberg, *Depression*, 1967. Als ein Beispiel für die Verbindung, die von Zeitgenossen zwischen der liberalen Politik und der Depression gezogen wurde, s. Pülke, „Geschichte", 1934, S.130f.

[16] Zu Bismarcks Ansichten s. R. Augst, *Bismarcks Stellung zum parlamentarischen*

Wahlrecht, Leipzig 1917; K. H. Hagen, *Bismarcks Auffassung von der Stellung des Parlaments im Staat* (unveröff. Diss.), Marburg 1950, S. 35ff.; E. Zechlin, *Bismarcks Stellung zum Parlamentarismus bei der Gründung des Norddeutschen Bundes* (unveröff. Diss.), Heidelberg 1922. Zwei zeitgenössische Berichte: Unruh, *Erinnerungen*, 1895, S. 272, Anmerkung, und G. von Diest, *Aus dem Leben eines Glücklichen. Erinnerungen eines alten Beamten*, Berlin 1904, S. 368ff.

[17] Zitiert nach Gagel, *Wahlrechtsfrage*, 1958, S. 54. Zu einigen anderen feindseligen Meinungen s. Duncker, *Briefwechsel*, 1923, S. 437, und zwei Artikel in den *Grenzboten*, 26, Nr. 2 (1867), S. 445–55.

[18] Die Debatte ist erläutert in Gagel, *Wahlrechtsfrage*, 1958, S. 38ff., 51ff.; W. Scheffler, *Entwicklung und Lösung des Diätenproblems in England und Deutschland* (unveröff. Diss.), Berlin 1956; Clauss, *Staatsbeamte*, 1906, S. 159–66; T. Hamerow, „The Origins of Mass Politics in Germany, 1866–1867", in Geiss und Wendt (Hrsg.), *Deutschland*, 1973, S. 105–20.

[19] HW, Bd. 1, S. 368.

[20] NZ, Juni–Juli 1866; Parisius, *Hoverbeck*, 1897–1900, Bd. 2, Teil 2, S. 93ff.; Pflanze, *Bismarck*, 1963, S. 322f.

[21] Zu den Wahlen zum Zollparlament s. Pflanze, *Bismarck*, 1963, S. 395ff.; G. Windell, *The Catholics and German Unity, 1866–1871*, Minneapolis 1954, Kap. 5; W. Schübelin, *Das Zollparlament und die Politik von Baden, Bayern und Württemberg 1866–1870*, Berlin 1935.

[22] Die Schwierigkeiten, denen die Liberalen während der Wahlen von 1870 gegenüberstanden, sind erklärt in den zeitgenössischen Berichten der NZ; s. bes. das Resümee des Wahlkampfs in der Ausgabe vom 19. November 1870. Zu einigen zeitgenössischen Ansichten über die nachfolgende Entwicklung des Liberalismus s. Parisius, *Deutschlands*, 1878, S. 118, 139, 163, und EGK (1876), S. 187.

[23] NZ, 29. Oktober 1876.

[24] Als Einführung in die verschiedenen Wahlverfahren s. Vogel u. a., *Wahlen*, 1971. Eine ausgezeichnete Darstellung der verschiedenen Wahlmodi und ihrer statistisch erfaßtenResultate bieten G. A. Ritter, *Wahlgeschichtliches Arbeitsbuch. Materialien zur Statistik des Kaiserreichs 1871–1918*, München 1980.

[25] EGK (1869), S. 138, und Ehrenfeuchter, „Willensbildung", 1951, S. 267f., über Hannover; Ficker, *Kulturkampf*, 1928, S. 117, über Münster; Schiffers, *Kulturkampf*, 1929, S. 156ff., über Aachen.

[26] Einige Beispiele für die Stärke des Liberalismus auf kommunalpolitischer Ebene: E. Höner, *Geschichte der christlich-konservativen Partei in Minden-Ravensberg von 1866–1896* (Diss.), Münster 1923, S. 14f.; Köllmann, *Sozialgeschichte*, 1960, S. 250, über Barmen; Zenz, *Selbstverwaltung*, 1959, S. 58ff., über Trier; Lenk, „Katholizismus", 1960, S. 384ff., über München.

[27] HW, Bd. 1, S. 415. S. auch Kapp an Sybel, 3. November 1866, in Kapp, *Frühsozialisten*, 1969, S. 88, und die Kommentare in Gall, *Liberalismus*, 1968, S. 448.

[28] Zitiert nach Steil, „Wahlen", 1961, S. 141. Eckert, *Sozialdemokratie*, 1968, S. 226, zitiert einen ähnlichen Kommentar aus einer liberalen Zeitung von 1876.

[29] HW, Bd. 2, S. 172f.

[30] Kapp, *Frühsozialisten*, 1969, S. 100, über eine Nachwahl von 1872, s. auch Nipperdey, *Organisation*, 1961, S. 42ff., und H. Schwab, „Zur Wandlung von Funktion und Organisationsstruktur der deutschen bürgerlichen Parteien im Übergang zur Imperialistischen Epoche", Wissenschaftliche Zeitschrift der Universität Jena, 14, Nr. 2 (1965), S. 201–9.

[31] Kaiser, *Strömungen*, 1963, S. 295ff.; Schiffers, *Kulturkampf*, 1929, S. 126ff.; Seyffardt, *Erinnerungen*, 1900, S. 149; Möllers, „Strömungen", 1955, S. 244ff.

[32] Nipperdey, *Organisation*, 1961, S. 198. S. auch Wehrenpfennig an H. H. Meier, 19. Juni 1877. HW, Bd. 2, S.181.

[33] 1871 zum Beispiel erklärte sich Robert von Mohl bereit, für den Reichstag zu kandidieren, unter der Bedingung, daß von ihm nicht erwartet werde, in seinem Wahlkreis zu erscheinen; er wurde gewählt. Mohl, *Lebenserinnerungen*, 1902, Bd. 2, S. 160.

[34] Zitiert nach Gall, *Liberalismus*, 1968, S. 451. S. auch Langewiesche, *Liberalismus*, 1974, S. 363ff.

[35] Zitiert nach Dill, *Lasker*, 1958, S. 14f. Zu einer ähnlichen Ansicht s. Seyffardt, *Erinnerungen*, 1900, S. 51ff.

[36] Roggenbach in HW, Bd. 1, S. 406.

[37] Bluntschli, *Charakter*, 1869, bes. S. 9f. Dieser Punkt ist noch eindringlicher abgehandelt in Treitschkes Artikel „Parteien und Fractionen", 1871. S. auch H. Blum, *Lebenserinnerungen*, Berlin 1907–1908, Bd. 2, S. 3. Lamer, *Parlamentarismus*, 1963, S. 63ff., enthält mehr über die wachsende Feindseligkeit gegenüber den Parteien.

[38] Miquel, „Briefe", 10, Nr. 1 (1912–13), S. 811; Freytag, *Erinnerungen*, o. J., S. 646.

[39] Schmoller, *Geschichte*, 1870, S. ix–x, xii. S. auch Sheehan, *Career*, 1966, Kap. 4.

[40] Ein Anzeichen dafür war das Heimweh, das bald viele Liberale nach dem Norddeutschen Reichstag von 1867 verspürten, den sie oft den danach gewählten Parlamenten gegenüberstellten: R. von Delbrück, *Lebenserinnerungen*, Leipzig 1905, Bd. 2, S. 391; Elben, *Lebenserinnerungen*, 1931, S.199; E. Richter, *Jugenderinnerungen*, Berlin 1892, S. 160. Zur wechselnden Stimmung im Reichstag s. Dill, *Lasker*, 1958, S. 155ff.

[41] Eine eindringliche Formulierung des Arguments, daß die Liberalen ihre Chance versäumten, sich eine Massenbasis aufzubauen, s. bei Schraepler, „Haltung", 1954.

[42] Zitiert nach Rosenberg, *Depression*, 1967, S. 124.

[43] Kulemann, *Erinnerungen*, 1911, S.14ff., 27f., zur Situation in Braunschweig. Hombach, *Landtagswahlen*, 1963, S. 124, hat ein ähnliches Beispiel für die Landtagswahlen von 1870 in Siegburg.

[44] Dieser Punkt ist entwickelt in Sheehan, „Liberalism and the City", 1971. S. auch Steinbrecher, *Parteiorganisation*, 1960, S. 90.

[45] Zitiert nach Böttcher, *Anfänge*, 1953, S. 96; s. auch Birker, *Arbeiterbildungsvereine*, 1973, S. 85ff.

[46] S. zum Beispiel die Diskussion über die „Rote" und „Schwarze" Internationale im EGK (1871), S. 527. Nipperdey, „Grundzüge", 1965, bietet eine gute Analyse dieses Problems.

[47] Gall, *Liberalismus*, 1968, S. 297, 427ff., und „Problematik",1965, S. 171f.

[48] S. oben S. 160–163.

[49] EGK (1868), S. 89f., 97. S. auch die Zusammenfassung über die Arbeiterklassen-Parteien im EGK (1870), S. 76ff.

[50] Zitiert nach Matern, „Wahlen", 1959, S. 155.

[51] Braun, 1870, zitiert nach Volkmann, *Arbeiterfrage*, 1968, S. 197.

[52] S. zum Beispiel Eynerns Brief an Sybel vom Februar 1872, HW, Bd. 2, S. 43. Zum Einfluß der Kommune s. G. Grützner, *Die Pariser Kommune. Macht und Karriere einer politischen Legende*, Köln 1963, S. 26ff., 89ff., 99ff., und Conze und Groh, *Arbeiterbewegung*, 1966, S. 105ff. Weiteres Material zur Entwicklung der sozialen Frage nach 1871 s. bei Sheehan, *Career*, 1966, S. 47ff.

[53] Wachenheim, *Arbeiterbewegung*, 1967, S. 100ff., und Sheehan, *Career*, 1966, S. 22–45.

[54] Schmoller, *Geschichte*, 1870, S. 683.

⁵⁵ Sheehan, *Career*, 1966, S. 50ff., 84ff. S. auch *Verhandlungen der Eisenacher Versammlung*, 1873, und die Berichte über die Treffen des Vereins in VfSP, *Schriften*.
⁵⁶ Wachenheim, *Arbeiterbewegung*, 1967, S. 124 und 194; Seeber, *Bebel*, 1965, S. 14f.; Nipperdey, *Organisation*, 1961, S. 64; Steinbrecher, *Parteiorganisation*, 1960, S. 168ff. Über die Streikbewegung der späten sechziger und frühen siebziger Jahre s. die Daten in W. Steglich, „Eine Streiktabelle für Deutschland, 1864 bis 1880". JbW, 2 (1960), S. 235–83. Parisius, *Deutschlands*, 1878, S. xxxviii, ist ein gutes Beispiel für die fortgesetzte Abneigung der Fortschrittlichen, die Probleme zur Kenntnis zu nehmen, die von der Sozialdemokratie aufgeworfen wurden.
⁵⁷ Schraepler, „Haltung", 1954, kritisiert hart das Versäumnis der Liberalen, die Unterstützung der Arbeiterklasse zu gewinnen.
⁵⁸ Diese Kontroverse ist analysiert in Sheehan, *Career*, 1966, S.59ff.
⁵⁹ Oppenheim an Lasker, 29. August 1872, und Bamberger an Lasker, 26. September 1872. HW, Bd. 2, S. 59f. S. auch Zucker, *Bamberger*, 1975, S. 105ff.
⁶⁰ Wiederabgedruckt als *Sozialismus und seine Gönner*, Berlin 1875. S. Dorpalen, *Treitschke*, 1957, S. 198ff. Ein weiteres Beispiel s. in Gb, 34, Nr. 2 (1875), S. 41ff., 506ff.
⁶¹ Rochau, *Grundsätze*, 1869, wiederabgedruckt 1972, S. 338; Bauer, *Meinung*, 1914, S. 134f., über Gneist; F. von Holtzendorff, *Wesen und Werth der öffentlichen Meinung*, München 1879. Unruhs *Erinnerungen*, 1895, dokumentieren seine Neueinschätzung der öffentlichen Meinung im Angesicht der neuen Anforderungen der siebziger Jahre, s. dazu S. 91f. und S. 154f.
⁶² Dorpalen, *Treitschke*, 1957, S. 137; Bluntschli, *Charakter*, 1869, S. 105f.; Gagel, *Wahlrechtsfrage*, 1958, S. 59ff. S. auch Gall, *Liberalismus*, 1968, S. 436ff., über Baden, und Menzinger, *Verfassungsrevision*, 1969, S. 51ff., über Württemberg.
⁶³ Mohl, „Phasen",1871, S.51ff., 67; Gagerns Ansichten finden sich in einem Brief vom Mai 1872, zitiert bei P. Wentzcke, „Ludwig von Edelsheim und Franz von Roggenbach. Aufzeichnungen und Briefe aus dem Nachlaß Heinrich von Gagerns". ZGO, 94, Nr. 4 (1951), S. 598; P. Smith, „Der Staat und der Volkshaushalt", 1873, *Schriften*, 1877–80, Bd. 1, S. 189–92.
⁶⁴ H. von Treitschke, *Sozialismus und seine Gönner*, Berlin 1875, S. 45; Haym, *Briefwechsel*, 1967, S. 301f. S. auch Unruh, *Erinnerungen*, 1895, S. 147ff., und die ergänzenden Beispiele in Gagel, *Wahlrechtsfrage*, 1958, S. 87ff.
⁶⁵ Zitiert nach Stoltenberg, *Reichstag*, 1955, S. 163.
⁶⁶ Zitiert nach Krieger, *The German Idea*, 1957, S. 459f.
⁶⁷ G. Schmoller, „Die soziale Frage und der preußische Staat", 1874, wiederabgedruckt in *Zur Sozial- und Gewerbepolitik der Gegenwart*, Leipzig 1890, S. 37–63.
⁶⁸ Sybel an Lasker am 2. Januar 1875, HW, Bd. 2, S. 114. Zur Debatte über das Pressegesetz von 1873 s. Stürmer, *Regierung*, 1974, S. 61ff.
⁶⁹ Kapp, *Frühsozialisten*, 1969, S. 102.
⁷⁰ Gagel, *Wahlrechtsfrage*, 1958, S. 75ff., 97; Heffter, *Selbstverwaltung*, 1950, S.615; Seeber, *Bebel*, 1965, S. 13. Zu einigen Beispielen für die Zweifel von Liberalen an der demokratischen Wahl in der Gemeindeverwaltung s. Philippson, *Forckenbeck*, 1898, S. 276; Schulze-Delitzsch, 1869, *Schriften*, 1909–13, Bd. 4, S. 489ff.; Seyffardt, *Erinnerungen*, 1900, S. 204.
⁷¹ Stürmer, *Regierung*, 1974, legt eine gute Analyse der Wahlen vor s. S. 183ff. Zum Aufstieg der Sozialdemokratie s. H. Sloan, *The German Social Democrats in the Reichstag Elections, 1871–1912* (unveröff. Diss), New York University 1962, S. 52ff., 64ff., 79ff.
⁷² Richter, *Reichstag*, 1894–96, Bd. 2, S. 1ff., und Seeber, *Bebel*, 1965, S. 24ff., 41f. Die Fortschrittspartei verlor vier Sitze an die Konservativen und vier an die SPD.

⁷³ Karl Friedrich an August Lamey, 13. März 1877, HW, Bd.2, S. 176.
⁷⁴ Elber an Treitschke, 22. Februar 1877, HW, Bd. 2, S. 173f.

11. Die liberale Wählerschaft und der Triumph der Interessenpolitik

¹ Brief an Lasker, 22. Juni 1876, HW, Bd.2, S. 150.
² J. E. Jörg, *Geschichte der sozialpolitischen Parteien in Deutschland,* Freiburg 1867, bes. S. 20ff. S. auch K. H. Grenner, *Wirtschaftsliberalismus und katholisches Denken. Ihre Begegnung und Auseinandersetzung im Deutschland des 19. Jahrhunderts,* Köln 1967.
³ W. Bauer, „Das Schlagwort als sozialpsychische und geistesgeschichtliche Erscheinung", HZ, 132, Nr. 2 (1920), S. 189–240, diskutiert die wechselnde Bedeutung von „Liberalismus". Die beste allgemeine Einführung zur Zunahme der antiliberalen Einstellungen in den siebziger Jahren ist Rosenberg, *Depression,* 1967. S. auch die Arbeiten in F. Stern, *Das Scheitern illiberaler Politik. Studien zur politischen Kultur Deutschlands im 19. und 20. Jahrhundert,* Frankfurt/M. 1974.
⁴ Rosenberg, *Depression,* 1967, S. 88ff. S. auch W. Boehlich (Hrsg.), *Der Berliner Antisemitismus-Streit,* Frankfurt 1965; P. Massing, *Rehearsal for Destruction: A Study of Political Anti-Semitism in Imperial Germany,* New York 1949; P. G. J. Pulzer, *The Rise of Political Anti-Semitism in Germany and Austria,* New York 1964; K. Felden, *Die Übernahme des antisemitischen Stereotyps als soziale Norm durch die bürgerliche Gesellschaft Deutschlands (1875–1900)* (Diss.), Heidelberg 1963.
⁵ Glagau, zitiert nach Gerlach, „Agitation", 1956, S. 13. Angel-Volkov, „Function", 1974, S. 416ff., bringt einige interessante Kommentare über Glagau und die Verbindung zwischen Antisemitismus und Antiliberalismus. Einige weitere Beispiele: C. Frantz, *Der Nationalliberalismus und die Judenherrschaft,* München 1874; R. Meyer, *Politische Gründer und die Corruption in Deutschland,* Leipzig 1877; G. Quirin, *Oberursel und seine Wähler,* Oberursel 1964; C. Wilmanns, *Die Goldene Internationale,* Berlin 1876.
⁶ Broszat, „Bewegung", 1953, S. 26, bringt einiges Material über den katholischen Antisemitismus. Die Artikel der *Kreuzzeitung* sind wiederabgedruckt in Robolsky, *Reichstag,* 1893. Zu Treitschke s. Dorpalen, *Treitschke,* 1957, S. 241ff.
⁷ Es gibt eine Diskussion über die methodologischen Probleme sowie über die Literatur zu den parlamentarischen Eliten bei Sheehan, „Qua tification", 1972. Zu einigen allgemeinen Kommentaren über Tendenzen innerhalb des Reichstags s. Sheehan, „Leadership", 1968.
⁸ Die Rolle der Interessen des Großgrundbesitzes ist diskutiert in O'Boyle, „Leadership", 1956. Als eine interessante vergleichende Analyse s. G. Schmidt, „Politischer Liberalismus, ‚Landed Interests' und organisierte Arbeiterschaft, 1850–1880: Ein deutsch-englischer Vergleich", in Wehler, (Hrsg.), *Sozialgeschichte,* 1974, S. 266–88.
⁹ Es gibt ein Beispiel für die Probleme, denen Fabrikanten noch gegenüberstanden, in Helfferich, *Siemens,* 1921–1923, Bd. 3, S. 153ff.
¹⁰ Böhme, *Deutschlands Weg,* 1966, S. 260. S. auch C. Fürstenberg, *Die Lebensgeschichte eines deutschen Bankiers, 1870–1914,* Berlin 1931, S. 28f.
¹¹ Die Literatur über Richter ist oben angegeben, Kap. 9, Anmerkung 61. Zu Hänel s. Vitzthum, *Politik,* 1971, S. 9ff., 57ff., und Kiehl, „Hänel", 1966, S. 120ff.
¹² Dill, *Lasker,* 1958, und die Aufsätze in H. Rickert u. a., *Eduard Lasker,* Stuttgart 1884, bezeugten seine außerordentlich engagierte Beziehung zum politischen Leben.
¹³ HW, Bd. 2, S. 145, Brief vom 18. Februar 1876. S. auch Bein, *Hammacher,* 1932, S. 64ff.

[14] Biedermann, *Leben*, 1866, Bd. 2, S. 342, und DAZ (23. September 1873). 1869 waren unter den Kandidaten für den sächsischen Landtag: ein Justizbeamter, sechs Gemeindebeamte (11 Prozent), drei Lehrer (5 Prozent), zwei Physiker (3 Prozent), achtzehn Rechtsanwälte (34 Prozent), zwölf Geschäftsleute (22 Prozent), zehn Grundbesitzer (19 Prozent). DAZ (30. Mai 1869).

[15] Von 1868–1871 gehörten der liberalen Fraktion im hessischen Landtag zwei Justizbeamte, drei Rechtsanwälte, ein Akademiker, drei Geschäftsleute, drei Landwirte und ein Abgeordneter mit unbekanntem Beruf an. Hess, *Reichstagswahlen*, 1958, S. 99.

[16] Seyffardt, *Erinnerungen*, 1900. S. auch Croon, „Städtevertretung", 1958, über Krefeld und Bochum; Hofmann, *Stadtverordneten*, 1964, über Bielefeld; Möllers, „Strömungen", 1955, S. 267ff., über Essen; Vitzthum, *Politik*, 1971, S. 47, über Kiel.

[17] K. Hackenberg, *Der rote Becker*, Leipzig 1899, S. 272ff., und Philippson, *Forckenbeck*, 1898, S. 234ff.

[18] Kulemann, *Erinnerungen*, 1911, S. 25ff.

[19] S. zum Beispiel die Daten über den Kölner Stadtrat in G. Neuhaus, *Die Entwicklung der Stadt Cöln von der Errichtung des Deutschen Reiches bis zum Weltkriege*, Köln 1916, S. 529ff., und über liberale Wähler in Trier (1873) bei Steil, „Wahlen", 1961, S. 273.

[20] Hofmann, *Stadtverordneten*, 1964, S. 58, Anmerkung 23. Vgl. das Material über die Volkspartei in Württemberg bei Heger, *Partei*, 1927, S. 53; Runge, *Volkspartei*, 1970, S. 78ff., 99, 125, 150ff.; Langewiesche, *Liberalismus*, 1974, S. 370ff.

[21] Seeber, *Bebel*, 1965, S. 101. Kiehl, „Hänel", 1966, bietet einige interessante Daten über die liberalen Komitees in Kiel.

[22] Zwei Beispiele: Mater, „Wahlen", 1969, S. 148ff., über das Wahlkomitee in Hildesheim (1866), und Stoffregen, *Geschichte*, 1965, über die Unterzeichner einer nationalliberalen Wahlplattform in Gandersheim (1878).

[23] Zu diesen Problemen. die allgemeinen Bemerkungen in S. M. Lipset und S. Rokkan (Hrsg.), *Party Systems and Voter Alignments: Cross-National Perspectives*, New York 1967; Milatz, „Reichstagswahlen", 1974, S. 207ff.; Thränhardt, *Wahlen*, 1973, S. 20ff.

[24] Mehr über Forschungsprobleme und eine vollständigere Bibliographie in Sheehan, „Quantification", 1972, und O. Büsch, „Parteien und Wahlen in Deutschland bis zum Ersten Weltkrieg", Abhandlungen aus der Pädagogischen Hochschule Berlin, Berlin 1974, Bd. 1, S. 178–264. Einen Leitfaden für das statistische Material bietet N. Diederich, „Germany", in S. Rokkan und J. Meyriant (Hrsg.), *International Guide to Electoral Statistics*, Bd. 1: *National Elections in Western Europe*, Den Haag 1969, S. 128–62. Wenn nicht anderweitig bemerkt, basiert meine Analyse der Reichstagswahlen auf den veröffentlichten Übersichten: Statistik des Deutschen Reiches, 1. Serie, Bd. 14, Teil 5, für 1871 und 1874; Bd. 37, Teil 6, für 1877 und 1878; Bd. 53, Teil 3, für 1881; Monatshefte zur Statistik des Deutschen Reiches (1885), Nr. 1, für 1884; (1887), Nr. 4, für 1887; (1890), Nr. 4, für 1890; Vierteljahrshefte zur Statistik des Deutschen Reiches (1893), Nr. 4, für 1893; Ergänzungshefte (1898), für 1898, und (1907), für 1907; Statistik des Deutschen Reiches, Bd. 250, für 1912.

[25] W. Schübelin, *Das Zollparlament und die Politik von Baden, Bayern und Württemberg 1866–1870*, Berlin 1935, S. 101.

[26] Kurt, *Wahlen*, 1966, s. vor allem die Karte auf S. 43. Thränhardt, *Wahlen*, 1973, S. 48ff., behandelt die Beziehungen zwischen Religion und politischen Gruppierungen in Bayern.

[27] Zitiert nach Möllers, „Strömungen", 1955, S. 170f. S. auch Forckenbecks Kommentare zur Situation in Breslau (April 1873), HW, Bd. 2, S. 78f., und Ehrenfeuchter, „Willensbildung", 1951, S. 50, 96ff., über Hannover.

Trotz der unbestreitbaren Wichtigkeit der Religion für die deutsche soziale, politische und kulturelle Geschichte hat es auf diesem Gebiet auffallend wenig Forschung gegeben. Zu einer Übersicht über das Vorhandene s. A. Burger, *Religionszugehörigkeit*, Göttingen 1964.

[28] Ehrenfeuchter, „Willensbildung", 1951, S. 54ff., 66ff., 77ff., 88ff.

[29] Hess, *Reichstagswahlen*, 1958, S. 33ff., über Hessen, und Thränhardt, *Wahlen*, 1973, S. 49ff., über Bayern.

[30] Die folgenden Wahlkreise in den kleinen Staaten wählten zwischen 1867 und 1877 fortlaufend einen liberalen Kandidaten: Mecklenburg (WKe 1,2,5,6), Sachsen-Weimar (WKe 1,2,3), Mecklenburg-Strelitz, Oldenburg (WKe 1,2), Braunschweig (WKe 1,2,3), Sachsen-Meiningen (WKe 1,2), Sachsen-Altenburg, Sachsen-Koburg (WKe 1,2), Anhalt (WKe 1,2), Schwarzburg-Rudolfstadt, Waldeck, Reuss jüngere Linie, Schaumburg-Lippe und Lippe. Als Beispiel für das politische Leben in einer Kleinstadt s. Klein, „Reichstagswahlen", 1968, über Anhalt.

[31] Die Verteilung der Parteien kann aus der folgenden Aufstellung abgelesen werden, die die Zahl der Wahlkreise aufzeigt, in denen eine Partei bei der Wahl von 1874 mehr als 25 Prozent der Stimmen erhielt. Die Ziffern von 1871 sind in Klammern angegeben: Nationalliberale 201 (199), Fortschrittspartei 63 (66), Konservative 74 (101), Freikonservative 47 (56), Zentrum 141 (105), Polen 22 (24), Dänen 3 (2), Welfen 13 (16), Elsässer 15 (15), Sozialdemokraten 43 (18). Aus *Deutschland*, StJb, Bd. 7 (1886), S. 161f.

[32] Zur regionalen Wählerverteilung der Fortschrittspartei s. den Bericht vom Februar 1877, zitiert nach Steinbrecher, *Parteiorganisation*, 1960, S.223ff.

[33] Kapp, *Frühsozialisten*, 1969, S. 114. Einige Beispiele: Seyffardt, *Erinnerungen*, 1900, S. 155, über Krefeld 1874 und 1877; Rückert, *Zur Geschichte der Arbeiterbewegung*, 3 Teile, Potsdam 1965, S. 136; Thränhardt, *Wahlen*, 1973, 68ff., über Bayern.

[34] Wilhelm Blum an Lasker (Juli 1872), HW, Bd. 2, S. 68f.

[35] Lavies, *Nichtwählen*, 1973, S. 131ff., hat einige Daten zur Wahlbeteiligung und zur Verstädterung; s. auch Hamerow, *Foundations*, 1969–72, Bd. 2, S.327, über die Wahlen von 1867; EGK (1869), S. 97, über den sächsischen Landtag; Möllers, „Strömungen", 1955, S. 53, über Essen; Kaiser, *Strömungen*, 1963, S. 332, über Bonn; Eckert, *Sozialdemokratie*, 1968, S. 230, über Nürnberg; Vogel und Haungs, *Wahlkampf*, 1965, S. 77, über Baden.

1871 lag die Beteiligung in den städtischen WKen bei 36,4 Prozent, weit unter dem nationalen Durchschnitt von 52 Prozent. 1877 wählten 55,4 Prozent der städtischen Wähler, nur ein paar Punkte unter dem nationalen Durchschnitt von 60,6 Prozent; *Deutschland* StJb, Bd. 12 (1881), S. 134.

[36] Möllers, „Strömungen", 1955, S.174, über Essen 1870; Seyffardt, *Erinnerungen*, 1900, über Krefeld; Ficker, *Kulturkampf*, 1928, S. 286ff., über Münster; Poll, *Selbstverwaltung*, 1960, S. 277f. über Aachen; Kaiser, *Strömungen*, 1963, über Bonn.

[37] Zu einigen Daten über Veränderungen in der Steuerstruktur s. J. Riesser, *The Great German Banks*, 1905, S. 98 (die Übersetzung erschien Washington, D. C., 1911); sowie J. Müller und S. Geisenberger, *Die Einkommensstruktur in verschiedenen deutschen Ländern, 1874 bis 1913*, Berlin 1972.

[38] Über den Wandel der Unternehmensstrukturen s. Böhme, *Deutschlands Weg*, 1966, S. 331 ff., und „Emil Kirdorf", *Traditionen*, Bd. 13, Nr. 6 (1968), S. 282–300, und Bd. 14, Nr. 1, (1969), S. 21–48; Zorn, „Typen", 1957, S. 72ff.; Köllmann, *Sozialgeschichte*, 1960, S. 116ff.; D. Landes, "The Structure of Enterprise in the Nineteenth Century: The Cases of Britain and Germany", Extrait des Rapports du XI. Congrès International des Sciences Historiques. Stockholm 1960, S. 107–128; G. Adelmann, „Führende Unternehmer im Rheinland und in Westfalen, 1850–1914",

RV, 35 (1971), S. 335–52; L. Schofer, „Modernization, Bureaucratization, and the Study of Labor History: Lessons from Upper Silesia, 1865–1914", in Wehler (Hrsg.), *Sozialgeschichte*, 1974, S. 467–78.

[39] H. Kaelbles Artikel „Sozialer Aufstieg in Deutschland, 1850–1914". VSWG, 60, Nr. 1 (1973), S. 41–71, bietet den besten Einstieg in das Studium des Problems der sozialen Mobilität in der zweiten Hälfte des neunzehnten Jahrhunderts. Zorn, „Typen", 1957, und Sachtler,*Wandlungen*, 1973, S. 24 und 41, bringen einige vorläufige Ergebnisse über den biographischen Hintergrund von Unternehmern. W. Zorn, „Hochschulen und höhere Schule in der deutschen Sozialgeschichte der Neuzeit", *Spiegel der Geschichte*, Festschrift für Max Braubach, Münster 1964, S.332, deutet eine zunehmende soziale Exklusivität der Gymnasien an. Schließlich zeigen eine Reihe von lokalen Studien, daß eine wirtschaftliche Elite nach 1871 ihre Position festigte; s. z. B. Crew, „Industry", 1975, Kap. 3, über Bochum, und Zunkel, *Unternehmer*, 1962, S. 128ff., über das Rheinland.

[40] R. Michels, *Probleme der Sozialphilosophie*, Leipzig 1914, S. 151. Sheehan, „Conflict", 1972, bietet eine weitere Diskussion dieses Prozesses und zitiert einige ergänzende Literatur; Morsey, *Reichsverwaltung*, 1957, S. 246f., 273ff., erörtert die Regierungspolitik gegenüber der Nobilitierungswelle. Die klassische Analyse über die Beziehung der Junker zu anderen sozialen Gruppen ist Hans Rosenbergs „Die Pseudodemokratisierung der Rittergutsbesitzerklasse", in Wehler (Hrsg.), *Sozialgeschichte*, 1966, S. 287–308. Drei Beispiele für die Aufwärtsbewegung und die Bewegung in die Aristokratie hinein: Kocka, *Unternehmensverwaltung*, 1969, S. 283 ff., 368 ff., über Wilhelm von Siemens; E. Förster, *Adalbert Falk*, Gotha 1927, S. 6; Mohl, *Lebenserinnerungen*, 1902, Bd. 2, S.63f.

[41] M. Walker, *Germany and the Emigration, 1816–1885*, Cambridge, Mass., 1964, Kap. 7, und Angel-Volkov, „Decline", 1974.

[42] Motteck, „Gründerkrise", 1966, und Böhme, *Deutschlands Weg*, 1966, bes. S. 320ff.

[43] Die anerkannteste Interpretation ist Rosenberg, *Depression*, 1967. Seine Ansichten werden bekräftigt und erweitert in Wehler, *Bismarck*, 1969. Zu einer Kritik s. A. Gerschenkron, „The Great Depression in Germany", *Continuity in History and Other Essays*, Cambridge, Mass., 1968. Angel-Volkov, „Decline", 1974, S. 170f., bringt eine geeignete Zusammenfassung der wichtigsten wirtschaftlichen Daten; ihr Artikel liefert auch eine ausgezeichnete Analyse über die Wirkung der Depression auf verschiedene soziale Gruppen, vor allem auf die Handwerkerschaft.

[44] Zitiert nach Rosenberg, *Depression*, 1967, S. 56.

[45] Zitiert nach Motteck, „Gründerkrise", 1966, S. 72.

[46] R. Breitling, „Die Zentralen Begriffe der Verbandsforschung: Pressure Group, Interessengruppe, Verbände." PV, 1, Nr. 1 (1960). S. 47–73, erläutert einige wichtige Begriffe. Eine hervorragende Bibliographie enthält Varain (Hrsg.), *Interessenverbände*, 1973.

Unter den neueren Werken über den Aufstieg der Interessenpolitik sind folgende Schriften besonders erwähnenswert: H. Böhme, „Big Business Pressure Groups and Bismarck's Turn to Protectionism, 1873–1879". HJ, 10, Nr. 2 (1967), S. 218–36; Nipperdey, „Interessenverbände", 1971; G. Schulz, „Über Entstehung und Formen von Interessengruppen in Deutschland seit Beginn der Industrialisierung". PV, 2, Nr. 2 (1961), S. 124–54.

[47] H. A. Buecks *Der Centralverband deutscher Industrieller 1876–1901*, 3 Bde., Berlin 1902–1905, ist eine höchst befangene, aber vorläufig noch unentbehrliche Quelle.

[48] Die Tatsache, daß gebildete Führungsschichten nach wie vor eine wichtige Rolle

spielten, vor allem in Berliner Parlamenten, erklärt, daß viele nationale Wortführer des Liberalismus nicht unter der Depression litten, da sie von festen Einkommen lebten; in Wahrheit hatte der deflatorische Einfluß der Krise wahrscheinlich sogar ein Anwachsen ihres tatsächlichen Einkommens zur Folge. Zu diesem Problem s. Rosenberg, *Depression*, 1967, S. 125. In diesem Zusammenhang ist es ziemlich bemerkenswert, zu sehen, wie wenig Aufmerksamkeit eine Zeitschrift wie „Im Neuen Deutschen Reich" wirtschaftlichen Angelegenheiten schenkt, sogar auf den Höhepunkten der Depression.

[49] NZ (30. Oktober 1873).

[50] Zitiert nach Vitzthum, *Politik*, 1971, S. 47, Anmerkung 58.

[51] Treitschke zitiert nach Parisius, *Deutschlands*, 1878, S.xx; Hänel nach Steinbrecher, *Parteiorganisation*, 1960, S. 37. Beide Bemerkungen wurden 1877 gemacht.

[52] Herzfeld, *Miquel*, 1938, Bd.1, S.363ff.; Helfferich, *Siemens*, 1921–23, Bd. 3, S. 158, über Bamberger.

[53] Die latente Brisanz der Handels- und Steuerprobleme kündigte sich in den Debatten von 1873 und 1875 an; s. Stürmer, *Regierung*, 1974, S.147ff.

[54] EGK (1867), S. 70f.

[55] Hardach, *Bedeutung*, 1967, ist die beste kurze Einführung in diese Probleme. Matthes, „Spaltung", 1953, S. 57ff., bringt einen guten kurzen Abriß über deren Einfluß auf die liberalen Parteien. Einige lokale Beispiele: Möllers, „Strömungen", 1955, S. 285f.; Ehrenfeuchter, „Willensbildung", 1951, S. 71ff.; Wiggers, *Aus meinem Leben*, Leipzig 1901, S. 325.

Es ist wichtig, im Gedächtnis zu behalten, daß der starke Einfluß der Zölle auf die öffentliche Meinung teilweise dadurch begründet war, daß Veränderungen in der Zollpolitik gewöhnlich einen direkten und leicht zu beobachtenden Einfluß auf die Preise hatten: Nipperdey, „Interessenverbände", 1961, S. 265, Anmerkung 2.

[56] Die geschickteste Analyse der Beziehungen zwischen Interessen und Ideologie im Liberalismus ist Nipperdey, „Grundprobleme", 1973.

[57] Parisius, *Deutschlands*, 1878, S. 223ff. Das Programm ist auch enthalten in EGK (1876), S.228–31. Vgl. das Programm vom März 1877 bei Parisius, S. 226ff.

[58] Eine hervorragende Zusammenfassung der nationalliberalen Position findet sich in Hardach, *Bedeutung*, 1967, S. 172–76. Bezeichnenderweise enthält die Wahlerklärung der Partei keine Aussagen zu wirtschaftlichen Fragen, außer einer Stellungnahme gegen neue Steuern; s. Parisius, *Deutschlands*, 1878, S. 221ff.

[59] Zitiert nach Meinecke, „Dove", *Werke*, 1957–68, Bd. 7, S. 404.

[60] Diese Ideen sind sorgfältig analysiert in Wehler, *Bismarck*, 1969, S.112ff., 135ff.

[61] Angel-Volkovs Artikel bieten ausgezeichnetes Material über die Beziehung der Handwerker zum Liberalismus. S. „Decline", 1974, und „Funktion", 1974.

[62] Gb, 33, Nr. 1 (1874), S. 78ff.

[63] Böttcher, *Stephani*, 1887, S. 169.

[64] Baumgarten, „Liberalismus", 1966. S. auch Krieger, *The German Idea*, 1957, S. 440f.; G. Iggers, *The German Conception of History. The National Tradition of Historical Thought from Herder to the Present*, Middletown, Conn., 1968, S. 122ff.; Faber, „Realpolitik", 1966. Zu einer ähnlichen Aussage s. Siemens' Briefe vom Juli 1866, zitiert bei Helfferich, *Siemens*, 1921–23, Bd. 1, S. 63, 66.

[65] Sogar die äußerste Rechte der Bewegung war ungehalten über Baumgartens Bewunderung für den Adel; s. Dorpalen, *Treitschke*, 1957, S. 113f., sowie Freytag, Gb, 27, Nr. 1 (1868), S. 1–8.

[66] Erich Marcks, wie zitiert bei Faber, „Realpolitik", 1966, S.14, Anmerkung.

[67] EGK (1867), S. 177.

V. Spaltung und Niedergang 1877–90

¹ F. B. M. Hollyday, *Bismarck's Rival. A Political Biography of General and Admiral Albrecht von Stosch,* Durham, North Carolina, 1960, S. 164ff. S. auch J. Heyerdoff (Hrsg.), *Im Ring der Gegner Bismarcks. Denkschriften und politischer Briefwechsel Franz von Roggenbachs mit Kaiserin Augusta und Albrecht von Stosch, 1865–1896,* Leipzig 1943.
² Haym an W. Schrader, 20. April 1877. HW, Bd. 2, S. 178ff.
³ Die Wichtigkeit dieser Ereignisse für die zukünftige Entwicklung des Reiches wurde eine der Schlüsselthesen der modernen Geschichtswissenschaft. Zu einer frühen und zu spät in ihrer Relevanz zur Kenntnis genommenen Würdigung dieser Zusammenhänge s. die neuabgedruckten Schriften Kehrs, *Primat,* 1965. Kehrs Ideen wurden erweitert und verfeinert in Hefftner, *Selbstverwaltung,* 1950, S. 654ff.; Rosenberg, *Depression,* 1967; Böhme, *Deutschlands Weg,* 1966; Wehler, *Bismarck,* 1969; Stürmer, *Regierung,* 1974. Eine interessante Kritik an diesen Interpretationen findet sich in Schmidt, „Die Nationalliberalen", 1973.

12. Die „Zweite Reichsgründung"

¹ HW, Bd. 2, S. 230.
² Zu Bismarcks Position s. Ziekursch, *Geschichte,* 1925–28, Bd. 2, S. 309ff.; Hardach, *Bedeutung,* 1967, S.52f., 185ff., eine Arbeit, die insbesondere für die Zusammenhänge zwischen Handels- und Steuerpolitik wertvoll ist; Matthes, „Spaltung", 1953, S.48, 61; Maenner, „Deutschlands",1927, bes. S. 364ff.
³ Matthes, „Spaltung", 1953, S. 65, Anm. 1a, enthält einen Führer zum wichtigsten Quellenmaterial über Bennigsens Kandidatur. Sandbergers Monographie *Ministerkandidatur,* 1929, ist informativ, aber ziemlich überholt. S. auch Oncken, *Bennigsen,* 1910, Bd. 2, S. 297ff., sowie Herzfeld, *Miquel,* 1938, S. 287ff.; Eyck, *Bismarck,* 1941–44, Bd. 3, S. 216f.; Sandberger, *Ministerkandidatur,* 1929, S. 16f.; EGK (1878), S. 64ff.
⁴ Morsey, *Reichsverwaltung,* 1957, S.287ff.; Eyck, *Bismarck,* 1941–44, Bd. 3, S. 16f.; Sandberger, *Ministerkandidatur,* 1929, S. 16f.; EGK (1878), S. 64ff.
⁵ Zitiert nach Stürmer, „Staatsstreichgedanken", 1969, S. 591. S. auch Matthes, „Spaltung", 1953, S. 78ff. Eine Woche später sprach Bismarck von der Notwendigkeit, die öffentliche Meinung zu wirtschaftlichen Angelegenheiten hinzuwenden, so daß in den nächsten Wahlen „die Abstimmung nach wirtschaftlichen, nicht nach politischen Fragen ausgerichtet werden kann". Zitiert nach Maenner, „Deutschlands", 1927, S.373. Zu einer Ansicht aus dem liberalen Lager über diese Taktik s. C. Braun, *Randglossen zu den politischen Wandlungen der letzten Jahre,* Bromberg 1878, S.253f.
⁶ Zitiert nach Eyck, *Bismarck,* 1941–44, Bd. 3, S. 228. Huber, Bd. 4, S.1153, faßt die parlamentarischen Verhandlungen über die Sozialistengesetze zusammen. Die vollständigste Darstellung findet sich in Pack, *Ringen,* 1961. Gall, „Sozialistengesetz", 1963, sowie Stürmer, *Regierung,* 1974, S. 241ff., sind ebenfalls wertvoll, desgleichen Onckens Darstellung von Bennigsens Rolle in *Bennigsen,* 1910, Bd. 2, S.360ff.
⁷ Zitiert nach einer Denkschrift über die Wahlen, für Bismarck ausgearbeitet und von ihm korrigiert, veröffentlicht in H. Kohl (Hrsg.), *Bismarck-Jahrbuch,* 1, Berlin 1894, S. 97–121. S. auch EGK (1878), S. 100, 110, 124ff., sowie die Beschreibung eines Wahlkampfs in einem preußischen Bezirk, gegeben in Kapp, *Frühsozialisten,* 1969, S. 113ff.
⁸ Die Aussage der Fortschrittspartei ist wiederveröffentlicht in Richter, *Reichstag,*

1894–96, Bd. 2, S. 68. Die Aussage der Nationalliberalen in HW, Bd. 2, S.201f. Als Beispiel für das Drängen des rechten Flügels auf Aktionen gegen die SPD s. Aegidis Brief an Treitschke vom 19. Juni 1878, HW, Bd.2, S. 206f., sowie Treitschkes Artikel in der Juli-Ausgabe 1878 der PJbb.

[9] Einige Beispiele: Bunsen, *Bunsen*, 1900, S. 284f.; Rickert, HW, Bd. 2, S. 210, sowie das Material in Oncken, *Bennigsen*, 1910, Bd. 2, S. 374ff.

[10] Bamberger an Stauffenberg, 13. August 1878, HW, Bd, 2, S. 216. Vgl. Bennigsen an Stauffenberg, 12. August 1878, HW, Bd. 2, S. 215ff.

[11] Die Situation in Württemberg wird beleuchtet in einem Brief von J. Hölder vom Juni 1878, HW, Bd. 2, S. 207f. Über Baden s. Gall, „Sozialistengesetz", 1963.

[12] Als Beispiele: Danzig WK 2, Marienwerder WK 4, Breslau WK 6 und Hannover WKe 5 und 11.

[13] Zu einigem Material über die Abstimmungen in verschiedenen Bezirken s. Kaiser, *Strömungen*, 1963, S. 379ff., über Bonn; Möllers, „Strömungen", 1955, S. 320ff., über Essen; Steil, „Wahlen", 1961, S. 174ff., über Trier; Ehrenfeuchter, „Willensbildung", 1951, S. 71ff., 82ff., 120ff., 129ff., über Hannover; Köllmannn, *Sozialgeschichte*, 1960, S. 252, über Barmen; Kiehl, „Hänel", 1966, S. 314ff., über Kiel.

[14] „Nach den Wahlen." INR, 8, Nr. 2 (1878), S. 241–44.

[15] Als Führer zu den Debatten im Oktober s. EGK (1878), S. 137ff. V. Lidtke, *The Outlawed Party. Social Democracy in Germany, 1878–1890*, Princeton 1966, ist die beste Darstellung über die Auswirkung des Gesetzes auf die Arbeiterbewegung.

[16] Rachfahl, „Richter", 1912, S. 297f. S. auch Stürmer, *Regierung*, 1974, S. 265ff. Hardach, *Bedeutung*, 1967, enthält die beste allgemeine Abhandlung über die Zollfrage; M. Nitzsches *Die handelspolitische Reaktion in Deutschland*, Stuttgart und Berlin 1905, ist in Einzelfragen überholt, aber dennoch lesenswert.

[17] EGK (1878), S. 167f.; Hardach, *Bedeutung*, 1967, S. 154ff.; Bein, *Hammacher*, 1932, S. 76ff.

[18] EGK (1878), S. 173ff.

[19] Das Programm ist neu abgedruckt in H. Ritter von Poschinger, *Fürst Bismarck als Volkswirth*, Berlin 1889–91, Bd. 1, S. 170f. S. auch Böhme, *Deutschlands Weg*, 1966, S. 524ff.

[20] Bismarck, *Werke*, 1923–33, Bd. 12, S. 71.

[21] Zur Debatte s. Maenner, „Deutschlands", 1927, S. 465ff.; Hardach, *Bedeutung*, 1967, S. 172ff.; EGK (1879), S. 124ff. 156f.; VfSP, *Schriften*, Bd. 16, über das Vereinstreffen vom April 1879.

[22] EGK (1879), S.164ff.; Lambi, *Trade*, 1963, S. 202ff.; Matthes, „Spaltung", 1953, S. 114; Philippson, *Forckenbeck*, 1898, S.316ff.; Seyffardt, *Erinnerungen*, 1900, S. 313–17.

[23] EGK (1879), S. 132ff.; Lambi, *Trade*, 1963, S. 212ff.; Böhme, *Deutschlands Weg*, 1966, S. 550ff., sowie die Briefe in HW, bes. Lasker an Stauffenberg und Miquel, Bd. 2, S. 252f., 254ff.

[24] Oncken, *Bennigsen*, 1910, Bd. 2, S. 403ff., und Matthes, „Spaltung", 1953, S. 105ff.

[25] EGK (1879), S. 209. Die Klausel legte einen Steuereinnahmen-Aufteilungsplan zwischen dem Reich und den Ländern fest, s. Lambi, *Trade*, 1963, S. 221ff., sowie Block, *Krisis*, 1930, S. 48ff.

[26] Matthes, „Spaltung", 1953, S. 115ff.; Block, *Krisis*, 1930, S. 52f.; zu einer Aussage über die Position des rechten Flügels s. INR, 9, Nr.1 (1879), S. 898–902.

[27] Forckenbeck an Lasker und Lasker an Miquel, HW, Bd.2, S. 243, 248–49.

[28] Zu einer zeitgenössischen Analyse s. den Artikel mit dem Titel „Der Wendepunkt in der Entwicklung des Reiches". NZ (6. Juli 1879). Rosenberg, *Depression*, 1967,

enthält eine gute Darstellung über den Staatsinterventionismus, der sich nach 1879 entwickelte. Die Hauptentwicklungen der Gesetzgebung sind angegeben in Huber, Bd. 4.

[29] Die klassische Darstellung dieses Punktes ist Kehrs Schrift über Puttkamer in *Primat*, 1965, S. 64ff. S. auch Hintze, *Abhandlungen*, 1962-67, Bd. 1, S. 615ff.; Morsey, *Reichsverwaltung*, 1957, S. 262ff., sowie Rosenberg, *Depression*, 1967. H.-J. Rehewski, *Die Pflicht zur politischen Treue im preußischen Beamtenrecht 1850-1918*, Berlin 1973, S. 83ff., enthält eine staatsrechtliche Untersuchung der politischen Position der Beamten.
Die gängige Vorstellung einer unter Puttkamer durchgeführten „Säuberung" ist von M. Anderson und K. Barkin einer scharfen Kritik unterzogen worden: „The Myth of the Puttkamer Purge and the Reality of the Kulturkampf. Some Reflections on the Historiography of Imperial Germany". JMH, LIV: 4 (1983), S.647-86. Soweit es die Politik betrifft, die Puttkamer persönlich betrieben hat bzw. die ihm nachgesagt wird, halte ich ihre Skepsis für berechtigt. Ich bin jedoch nach wie vor überzeugt, daß die Abkehr Bismarcks von seinem Bündnis mit den Liberalen 1878/79 einen ungeheuer bedeutsamen Wendepunkt in der Geschichte des Kaiserreichs markierte.

[30] K. Oldenburg, *Aus Bismarcks Bundesrat*, Berlin 1929, S. 76. Zu einer ähnlichen Ansicht s. H. Rothfels, *Theodor Lohmann und die Kampfjahre der staatlichen Sozialpolitik*, Berlin 1927, S. 62.

[31] Bunsen, *Bunsen*, 1900, S. 285.

13. Der Nationalliberalismus rückt nach rechts

[1] Bamberger, „Die Sezession", *Schriften*, Bd. 5, S. 73.

[2] A. Gröning an H. Meier, 5. Juli 1879, HW, Bd. 2, S. 250. Einige andere Beispiele: HW, Bd. 2, S. 256ff.; Kapp, *Frühsozialisten* 1969, S. 122; Bein, *Hammacher*, 1932, S. 80f.; A. Dove, *Ausgewählte Aufsätze*, München 1925, Bd. 2, S. 72.

[3] „Die Kandidaturen zur Abgeordnetenwahl". NZ (15. August 1879).

[4] Müller, *Strömungen*, 1963, S. 108-13, 118, 123.

[5] Oncken, *Bennigsen*, 1910, Bd. 2, S. 418ff.; Lasker an Stauffenberg, 2. August 1879, HW, Bd. 2, S. 262; Herzfeld, *Miquel*, 1938, Bd. 1, S. 448f. Das Wahlmanifest der Partei wurde veröffentlicht in der NZ am 6. September. Die Probleme des Wahlkampfes werden ausführlich erläutert in der NZ, s. bes. 13. Juli, 28. Juli, 10. August, 6., 13. und 26. September.

[6] EGK (1879), S. 229; NZ, 9. und 12. September 1879.

[7] Brief an Lasker, 16. August 1879, HW, Bd. 2, S. 273.

[8] Die Fortschrittspartei verlor dreizehn Sitze in Ostpreußen, fünf in Westpreußen, und jeweils sechs in Schlesien und im preußischen Sachsen: Richter, *Reichstag*, 1894-96, Bd. 2, S. 141 ff. Eine sehr scharfsinnige Analyse der Wahl findet sich in einer Reihe anonymer Artikel in der INR, 9, Nr. 2 (1879), S. 327-30, 542 ff., 571 ff. S. auch EGK (1879), S. 239f., VZ, 1., 2., 7. und 8. Oktober 1879.

[9] NZ (2. Oktober 1879); Müller, *Strömungen*, 1963, S. 124ff.

[10] Zitiert nach Block, *Krisis*, 1930, S. 59. Vgl. VZ (9. Oktober 1879).

[11] Matthes, „Spaltung", 1953, S. 125.

[12] Miquel handelte diesen Punkt in einem Brief vom 15. Oktober 1879 ab. HW, Bd.2, S. 278. S. auch Block, *Krisis*, 1930, S. 59ff.

[13] Oncken, *Bennigsen*, 1910, Bd. 2, S. 424ff.; Matthes, „Spaltung", 1953, S. 127ff.; Block, *Krisis*, 1930, S. 62ff.; Herzfeld, *Miquel*, 1938, Bd. 1, S. 450ff.

[14] Dieses Material ist wiederabgedruckt in HW, Bd. 2, S. 307ff.; s. auch EGK (1880), S. 88, sowie Dill, *Lasker*, 1958, S. 181. Forckenbeck äußerte im Februar eine

ähnliche Ansicht. HW, Bd. 2, S. 292 f. Vgl. Kapp, *Frühsozialisten*, 1969, S. 127 f.
¹⁵ Block, *Krisis*, 1930, S. 87 ff., sowie Matthes, „Spaltung", 1953, S. 130 f. Zu einem Beispiel für die Art des Druckes, den Bismarck auf die Liberalen ausübte, s. seine Reichstagsrede vom 8. Mai 1880, wiederabgedruckt in *Werke*, 1923–33, Bd. 12, S. 133 ff. Im Juli begann sich sogar Miquel zu fragen, ob nicht ein gewisses Maß an Unabhängigkeit vom Kanzler notwendig wäre. HW, Bd. 2, S. 325.
¹⁶ EGK (1880), S. 210 f.
¹⁷ S. die Briefe in HW, Bd. 2, S. 333 ff. Die formelle Erklärung der Sezessionisten ist wiederabgedruckt auf S. 355 ff. S. auch EGK (1880), S. 214 f. sowie Mommsen, *Parteiprogramm* 1964, S. 156 f. Eine Kritik vom rechten Flügel findet sich in der INR, 10, Nr. 2 (1880), S. 336–40, 405–9, 440–49.
¹⁸ Meiner Meinung nach überschätzt Seeber den Einfluß des Großkapitals in seiner ansonsten sehr nützlichen Skizze über die Führer der Sezession: *Bebel*, 1965, S. 114 ff. S. auch Block, *Krisis*, 1930, S. 22.
¹⁹ EGK (1880), S. 81, 101 f., 110 f.; Block, *Krisis*, 1930, S. 80 f.
²⁰ Rickert an Stauffenberg, 4. Januar 1880, sowie Stauffenberg an Lasker, 28. Januar 1880. HW, Bd. 2, S. 286, 290. Zu Stauffenbergs Rolle in dieser Periode s. H. Steinsdorfer, *Franz Freiherr Schenk von Stauffenberg* (Diss.), München 1959.
²¹ „Die Sezession", in Bamberger, *Schriften*, 1894—98, s. bes. Bd. 5, S. 56, 75 f., 132 f. Zum Hintergrund dieser Arbeit s. HW, Bd. 2, S. 372 f., sowie Zucker, *Bamberger*, 1975, S. 130 ff.
²² „Die natürliche Gruppierung deutscher Parteien". Gb, 38, Nr. 3 (1879), S. 200–204, sowie „Das neue Abgeordnetenhaus", 38, Nr. 4, S. 126–30.
²³ Jolly, *Der Reichstag und die Parteien*, Berlin 1880, die Zitate sind von S. 70 und 156 ff. Zu Jollys Laufbahn s. H. Baumgarten und L. Jolly, *Staatsminister Jolly*, Tübingen 1897.
²⁴ Zum Beispiel INR, 11, Nr. 1 (1881), S. 36–40, sowie 11, Nr. 2, S. 95–104, 201–11, 943–954. Zu den PJbb s. H. Schleicher, „Treitschke, Delbrück und die *PJ* in den 80er Jahren des 19. Jahrhunderts". JbG 1 (1967), bes. S. 147.
²⁵ R. Fleischer, „Ein Blick auf das Parteileben in Deutschland". DR, 3, Nr. 3 (1879), S. 232–40.
²⁶ Haym, *Leben*, 1902, S. 303. S. auch: Baumgarten, 1881, zitiert nach Bornkamm, „Staatsidee", 1950, S. 55. Wehrpfennig, zitiert nach C. von Tiedemann, *Sechs Jahre Chef der Reichskanzlei unter dem Fürsten Bismarck*, Leipzig 1909, S. 269; Gb, 41, Nr. 1 (1882), S. 57–66. Die beste Analyse bietet Gagel, *Wahlrechtsfrage*, 1958, S. 90 ff., 100 ff.
²⁷ Zu einigen Beispielen von Rümelins früheren Ansichten s. seine Arbeiten „Stadt und Land", 1870, sowie „Über das Verhältnis der Politik zur Moral", 1874, in seinen *Reden*, o. J., Bd. 1, bes. S. 170 f. und 351 f. Zu seiner Karriere s. Schmoller, „Rümelin", 1913.
²⁸ Rümelin an Haym, 30. Dezember 1879, nach Haym, *Briefwechsel*, 1967, S. 317.
²⁹ Wiederabgedruckt in Rümelin, *Reden*, o. J., Bd. 2, s. bes. S. 588, 617 ff. In der Fassung von 1878 hoffte Rümelin noch, daß Deutschland fähig sein würde, diese Probleme zu meistern; 1881 war er weniger optimistisch, s. S. 624. Zu einigen ähnlichen Ansichten s. Max Haushofer, „Die großstädtische Krankheit", DR, 4, Nr. 2 (1879), S. 238–47; A. Lasson, „Der Streit der Interessen und die Gesellschaft". DR, 6, Nr. 2 (1881); S. 180–93; GB, 42, Nr. 4 (1883), S. 386 ff.
³⁰ Rümelin, „Über den Wahlmodus für den Reichstag", 1880, *Reden*, o. J., Bd. 2, sowie „Begriff der Gesellschaft", 1888, Bd. 3.
³¹ Zunkel, *Unternehmer*, 1962, S. 225 f. Die vollständigste Analyse über Unternehmer im parlamentarischen Leben Deutschlands bietet Jaeger, *Unternehmer*, 1967, der sich auf die Periode nach 1890 konzentriert.

³² Zu zwei zeitgenössischen Zeugnissen für diese regionalen Unterschiede s. Marquardsen an Bennigsen, 24. August 1883, HW, Bd. 2, S. 399, sowie Stephani an Bennigsen, 4. September 1882, zitiert nach Oncken, *Bennigsen*, 1910, Bd. 2, S. 493. White, *Party*, 1976, S. 84 ff., bietet eine gute Darstellung der Spaltung zwischen Nord und Süd.

³³ EGK (1879), S. 258, sowie EGK (1881), S. 251, 259.

³⁴ S. Möckl, *Prinzregentenzeit*, 1972, S. 48 ff., über Bayern. Die Ergebnisse der sächsischen Wahlen finden sich in EGK (1881), S. 219 f.

³⁵ Die beste Analyse zu diesem Punkt bietet White, *Party*, s. auch Kriegbaum, *Tätigkeit*, 1962, S. 52 ff.

³⁶ Elben an Lasker, 17. März 1881, HW, Bd. 2, S. 376. Zur Situation in Württemberg s. Lang, *Partei*, 1891, S. 72 ff.

³⁷ Das Programm ist wiederabgedruckt in Oncken, *Bennigsen*, 1910, Bd. 2, S. 467 ff. S. auch EGK (1881), S. 305, 308; EGK (1882), S. 108 f.; Matthes, „Spaltung", 1953, S. 142 ff.

³⁸ Oncken, *Bennigsen*, 1910, Bd. 2, S. 497 ff.

³⁹ Die beste Abhandlung über Miquel bleibt Herzfelds Biographie, 1938, s. bes. Bd. 1, S. 411 ff., sowie Bd. 2, S. 11 ff.

⁴⁰ Die Heidelberger Erklärung ist, zusammen mit Miquels programmatischer Rede, zu finden in Miquel, *Reden*, 1911–13, Bd. 3, S. 114 ff. S. auch EGK (1884), S. 37 f., sowie Miquel, *Briefe*, 1912–13, S. 813 ff. Die beste Analyse dieser Entwicklung bietet White, *Party*, bes. S. 93 ff.

⁴¹ EGK (1884), S. 49 f. Zu einigen Reaktionen s. die Briefe von Elben und Fries in HW, Bd. 2, S. 409 ff., 413 f.

⁴² Der Brief vom 23. April 1884, HW, Bd. 2, S. 404 f.

⁴³ NZ, 6., 7. und 8. März 1884.

⁴⁴ NZ, 18. März 1884.

⁴⁵ G. Köhler an Miquel, 2. Mai 1884, HW, Bd. 2, S. 408 f.

⁴⁶ EGK (1884), S. 59; NZ, 19. Mai 1884; Miquel, *Reden*, 1911–14, Bd. 3, S. 128 ff. S. auch Nipperdey, *Organisation*, 1961, S. 125 f., sowie White, *Party*, 1976.

⁴⁷ Ehrenfeuchter, „Willensbildung", 1951, S. 52 f., sowie Müller, *Strömungen*, 1963, S. 189 ff.

⁴⁸ Dies geschah zum Beispiel Ernst Bassermann in Baden: K. Bassermann (Hrsg.), *Ernst Bassermann*, Mannheim o. J., S. 67.

⁴⁹ Das Standardwerk ist Wehler, *Bismarck*, 1969. Zu Beispielen für die politischen Nutzanwendungen des Kolonialismus s. EGK (1884), S. 4 f., 93, 415–70.

⁵⁰ Zwei Beispiele: Bein, *Hammacher*, 1932, S. 88, sowie Herzfeld, *Miquel*, 1938, Bd. 1, S. 24 f., 37 ff. Wehler, *Bismarck*, 1969, behandelt diesen Vorgang eingehend.

⁵¹ Hessen bietet das beste Beispiel für diese Situation: 1881 trat in fünfen der neun Wke des Landes eine der beiden konservativen Parteien an, während 1884 keine von ihnen Kandidaten aufstellte. Die Folge war, daß anscheinend fast alle konservativen Wähler zu den Nationalliberalen abwanderten. In Guben-Lübben (Preußen, Frankfurt WK 7) andererseits wandten sich die Liberalen der Rechten zu und unterstützten die Freikonservativen, mußten sich aber immer noch mit der Opposition der Konservativen Partei auseinandersetzen; s. L. Maenner, *Prinz Heinrich zu Schönaich-Carolath*, Stuttgart und Berlin 1931, S. 46.

⁵² 1881 konkurrierten die Nationalliberalen mit einer der konservativen Parteien in 72 Bezirken, 1884 nur noch in 42. Zur selben Zeit wuchs die Anzahl der direkten Konfrontationen zwischen einer nationalliberalen und einer linksliberalen Partei von 60 auf 99 an. (Bei diesen Angaben habe ich die weggelassen, in denen eine der Parteien weniger als fünf Prozent der Stimmen erhielt.)

Anmerkungen

[53] EGK (1887), S. 7–57, 60; Oncken, *Bennigsen*, 1910, Bd. 2, S. 529 ff.; Herzfeld, *Miquel*, 1938, Bd. 2, S. 64 ff., 93 ff.; Stürmer, „Militärkonflikt", 1974, S. 204 ff.
[54] Miquel, „Briefe", 1912–13, S. 94.
[55] Zitiert nach Müller, *Strömungen*, 1963, S. 228. Das Wahlmanifest der Partei findet sich in EGK (1887), S. 60 f. Zu einigen lokalen Studien über den Wahlkampf s. Steil, „Wahlen", 1961, S. 236 ff., über Trier; Schneider, „Anfänge", 1956, S. 100 ff., über die Pfalz; Nettmann, „Witten", 1972, S. 130 f.; Graf, *Entwicklung* 1958, S. 21 ff., über Dortmund; Kurt, *Wahlen*, 1966, S. 35 ff., über Offenbach.
[56] In Berlin (WK 3) war der Konflikt zwischen den beiden liberalen Parteien so heftig, daß sich die Nationalliberalen lieber zurückhielten, als die Fortschrittspartei gegen die SPD zu unterstützen.
[57] Stürmer, „Staatsstreichgedanken", 1969; J. Röhl, „The Disintegration of the Kartell and the Politics of Bismarck's Fall from Power, 1887–1890". HJ, 9, Nr. 1 (März 1966), S. 60–89; Herzfeld, *Miquel*, 1938, Bd. 2, S. 104 ff. Siehe auch Pack, *Ringen*, 1961, zu wechselnden Ansichten über die Sozialistengesetze.
[58] Zu den Liberalen in den preußischen Landtagswahlen s. NZ, 2. Oktober 1885, sowie 10., 17., 25., 26. und 28. Oktober 1888. Es ist bemerkenswert, daß 1888 sogar die linkslastige NZ versuchte, die Bedeutung von Wahlabkommen zwischen den Nationalliberalen und den Fortschrittlichen abzuwerten.
[59] EGK (1885), S. 11 f., NZ, 21. Januar 1885, über Baden; sowie AZ, 5.–25. Juni 1887, über Bayern.

14. Die linke Liberale und das harte Brot der Opposition

[1] Zitiert nach Wegner, *Barth*, 1968, S. 4.
[2] Siehe Richters Darstellung vom März 1877, abgedruckt in *Reichstag*, 1894–96, Bd. 2, S. 29. Das Parteiprogramm von 1877 findet sich in EGK (1877), S. 82 f.
[3] Das Protokoll des Parteitages wurde abgedruckt als *Fortschrittspartei, Parteitag*, 1879. S. auch EGK (1878), S. 187; Richter, *Reichstag*, 1894–96, Bd. 2, S. 85 ff.; Seeber, *Bebel*, 1965, S. 50 ff.; Gagel, *Wahlrechtsfrage*, 1958, S. 95 ff., und 104 ff.; Steinbrecher, *Parteiorganisation*, 1960, S. 28 ff.
[4] Fortschrittspartei, *Parteitag*, 1879, S. 53.
[5] Vitzthum, *Politik*, 1971, S. 72 ff.
[6] Fortschrittspartei, *Parteitag*, 1879, S. 20 ff., Virchow ist auf S. 22 zitiert. Zur Wahl von 1884 s. Seeber, *Bebel*, 1965, S. 136 ff., sowie Pack, *Ringen*, 1961, S. 136 ff.
[7] Fortschrittspartei, *Parteitag*, 1879, S. 30 ff.
[8] Vgl. Seeber, *Bebel*, 1965, S. 101 ff., zu einigen Daten über lokale Wahlorganisationen.
[9] Fortschrittspartei, *Parteitag*, 1879, S. 46 ff. S. auch Seeber, *Bebel*, 1965, S. 53 ff.; Steinbrecher, *Parteiorganisation*, 1960, S. 45 ff.; Nipperdey, *Organisation*, 1960, S. 176 ff.
[10] Steinbrecher, *Parteiorganisation*, 1960, S. 19.
[11] Richter an Lasker, 7. September 1880, HW, Bd. 2, S. 360; Richter, *Reichstag*, 1894–96, Bd. 2, S. 174 f.; Rachfahl, „Richter", 1912, S. 311 f.; Seeber, *Bebel*, 1965, S. 71 ff.
[12] Bamberger nannte Richters Anhänger „die niedrigste Sorte Stimmvieh". Zitiert nach Matthes, „Spaltung", 1953, S. 148.
[13] Nipperdey, *Organisation*, 1961, S. 32 ff. Zu einigen Beispielen s. White, *Party*, 1976, über Hessen; Oncken, *Bennigsen*, 1910, Bd. 2, S. 435 ff.; Kastendiek, „Liberalismus", 1952, S. 96 ff., über Bremen, sowie die Briefe in HW, Bd. 2, S. 358 ff.
[14] S. ihr Programm, abgedruckt in EGK (1880), S. 256 f., sowie Stauffenberg im Februar 1881, HW, Bd. 2, S. 375.

[15] Rachfahl, „Richter", 1912, S. 317. Siehe auch Laskers Briefe an Stauffenberg und Bennigsen, HW, Bd. 2, S. 379 f., 470-73. Unterstützung wurde der linksliberalen *Vereinigung* aus den Reihen der Fortschrittspartei von Albert Hänel zuteil, teilweise deshalb, weil er sich von ihr Hilfe gegen den schleswig-holsteinischen Rechtsliberalismus versprach; s. Kiehl, „Hänel", 1966, S. 382 ff.
[16] S. oben S. 226-231.
[17] EGK (1880), S. 185 f.
[18] S. zum Beispiel, „Zur Altenburger Wahl", Gb, 40, Nr. 1 (1881), S. 49 f.
[19] Seeber, *Bebel*, 1965, S. 58 ff.; Rachfahl, „Richter", 1912, S. 312 ff.; Richter, *Reichstag, 1894-96*, Bd. 2, S. 167 ff., 228 ff. Zu einem Beispiel für Richters Kritik an Bismarck s. seine Reden in der steuerpolitischen Debatte im Februar 1881, zusammengefaßt in EGK (1881), S. 77-88.
[20] EGK (1880), S. 72 f., 123.
[21] S. Kaehler, „Stoecker", 1922, sowie EGK (1880), S. 239 ff., über Stoecker; Wawrzinek, *Entstehung*, 1927, sowie Levy, *Downfall*, 1975, Kap. 1, zu den anderen Parteien; die Ausschreitungen von 1881 sind beschrieben in EGK (1881), S. 222 f., 230.
[22] S. oben S. 234 f.
[23] Richter zitiert nach EGK (1881), S. 279; Lasker in HW, Bd. 2, S. 386 f.
[24] Zu einer Kritik an Richter, die auf dieser Annahme basiert s. Seeber, *Bebel*, 1965, S. 32. Ein Argument ähnlich meinem eigenen ist zu finden in Matthes, „Spaltung", 1953, S. 147 ff.
[25] S. Phillips (Hrsg.), *Reichstags-Wahlen*, 1883; Frank, *Brandenburger*, 1934, S. 83 f., 105, 132; sowie Rückert, *Geschichte*, 1965, Kap. 3, Anmerkung 144, über Potsdam-Spandau.
[26] Zum Wahlverhalten von 1881 s. die folgenden lokalen Studien: Ehrenfeuchter, „Willensbildung" , 1951, bes. S. 135, über Hannover; Kurt, *Wahlen*, 1966, S. 34, über Offenbach; Müller, *Strömungen*, 1963, S. 140 ff., über Sieg, Mühlheim sowie Gummersbach; Steil, „Wahlen", 1961, über Trier; Nettmann, „Witten", 1972, S. 88 ff.; Kastendiek, „Liberalismus", 1952, S. 96; Böttcher, *Anfänge*, 1953, S. 125 f., über Bremen; Eckert, *Sozialdemokratie*, 1968, S. 236 f., über Nürnberg; sowie Graf, *Entwicklung*, 1958, S. 21 ff., über Dortmund.
[27] Zu den Beziehungen zwischen den liberalen Parteien während des Wahlkampfs s. EGK (1882), S. 148 f., 151, 178 f. Die Meinungsverschiedenheiten innerhalb der Fortschrittspartei sind auf S. 176 f. erörtert.
[28] Lasker, *Laskers*, (1902, S. 2 ff.), diskutiert die Gründe und Auswirkungen der Niederlage der Liberalen von 1882. S. auch Steinbrecher, *Parteiorganisation*, 1960, S. 83.
[29] Seeber, *Bebel*, 1965, S. 128 ff.; Matthes, „Spaltung", 1953, S. 151 ff.; Rachfahl, „Richter", 1912, S. 321 ff. Zu einigem zeitgenössischen Material s. HW, Bd. 2, S. 399 ff., sowie Bamberger, *Bismarcks*, 1932, S. 274 f., 288 ff.
[30] EGK (1884), S. 27 ff., 34. Das Programm ist wiederabgedruckt in Mommsen, *Parteiprogramme*, 1964, S. 157 f., sowie analysiert in Rubinstein, *Partei*, 1935, S. 17-21.
[31] Nipperdey, *Organisation*, 1961, S. 206-17; Steinbrecher, *Parteiorganisation*, 1960, S. 61 ff.; Rachfahl, „Richter", 1912, S. 334 ff.; Wegner, *Barth*, 1968, bes. S. 1, Anmerkung 3. Zu einem Beispiel für das Mißtrauen, mit dem Richter fortgesetzt betrachtet wurde, s. Hellpach, *Wirken*, 1948-49, Bd. 1, S. 46. Die liberale Linke entzweite sich noch stärker, weil es der Freisinnigen Partei nicht gelang, die süddeutsche Volkspartei an sich zu ziehen; s. EGK (1885), S. 102 f.
[32] Die andauernde Debatte über Militärpolitik ist erörtert in D. Dietz, *Die Heeresvorlage von 1880 und die liberalen Parteien* (Diss.), Berlin 1929. Zu den

Streitigkeiten innerhalb der linksliberalen Reihen s. Matthes, „Spaltung", 1953, S. 214 ff., sowie die folgenden Beispiele: EGK (1887), S. 61 f.; EGK (1889), S. 119, 148 f.; EGK (1890), S. 87, 101.

[33] Rachfahl, „Richter", 1912, S. 335; Matthes, „Spaltung", 1953, S. 185 ff. Seeber, *Bebel*, 1965, S. 143 ff., gibt den Sezessionisten die Schuld an dieser Niederlage; aber es ist wahrscheinlicher, daß der Zusammenschluß der zwei Parteien für beide schädlich war.

[34] Diese Wahlergebnisse aus Gumbinnen WKe 1 und 2 veranschaulichen die Verschiebung weg von der Linken.

	1881	1884	
	Gumbinnen Wk 1		
Fortschrittspartei	50%	29%	(der abgegebenen Stimmen)
Konservative	49%	70%	(der abgegebenen Stimmen)
Wahlbeteiligung	61%	62%	(der Wahlberechtigten)
	Gumbinnen Wk 2		
Fortschrittspartei	59%	21%	(der abgegebenen Stimmen)
Konservative	40%	78%	(der abgegebenen Stimmen)
Wahlbeteiligung	69%	58%	(der Wahlberechtigten)

Zu einem weiteren Beispiel s. I. Dunger, *Wilhelmshaven 1870–1914*, Wilhelmshaven 1962, S. 130 ff.

[35] Conze und Groh, *Arbeiterbewegung*, 1966, S. 125, sowie Steinbrecher, *Parteiorganisation*, 1960, S. 80.

[36] Die Linksliberalen verloren 16 WKe an die konservativen Parteien und 25 an die Nationalliberalen.

[37] Brief an Stauffenberg, 25. Februar 1887, HW, Bd. 2, S. 429.

[38] A. Dorpalen, „Emperor Frederick III and the German Liberal Movement". AHR, 54, Nr. 1 (Oktober 1948), S. 1–31, bietet eine gute Diskussion der Beziehung des Kaisers zu den Liberalen. Zu einigen Beispielen für die unterschiedliche Haltung der Liberalen s. Schrader an Stauffenberg, 9. April 1887, HW, Bd. 2, S. 433 f.; T. Barth, *Politische Porträts*, Berlin 1904, S. 84–93; E. Feder, *Politik und Humanität. Paul Nathan, ein Lebensbild*, Berlin 1929, S. 28, 48.

[39] Fraenkel, *Deutschland*, 1968, S. 30.

[40] Stürmer, „Staatsstreichgedanken", 1969.

[41] Einige Beispiele: Elben, *Lebenserinnerungen*, 1931, S. 201 ff.; Schulze-Delitzsch, *Schriften*, 1909–13, Bd. 2, S. 508 ff.; Heuss, *Mommsen*, 1956, S. 205; Bunsen, *Bunsen*, 1900, S. 291 ff.

[42] Brief vom August 1884, nach Kapp, *Frühsozialisten*, 1969, S. 137 f.

[43] Schrader an Stauffenberg, August 1884, HW, Bd. 2, S. 418; Bennigsen ist zitiert nach EGK (1888), S. 20 f.

[44] D. White, *Hessen and the Reformulation of National Liberalism* (unveröff. Diss.), Harvard 1966, S. 340.

[45] Helfferich, *Siemens*, 1921–23, Bd. 3, S. 223; Bamberger, *Bismarcks*, 1932, S. 339, Anfang Juni 1887; Baumgarten ist zitiert nach Marcks, „Einleitung", 1894, S. CXVIII.

VI. Das Wilhelminische Zeitalter 1890–1914

[1] Zu Bismarcks Amtsenthebung s. J. A. Nichols, *Germany after Bismarck. The Caprivi Era. 1890–1894*, Cambridge, Mass., 1958, S. 12–26, sowie J. Röhl, *Germany without Bismarck. The Crisis of Government in the Second Reich, 1890–1900*, London 1967, Kap. 2.

² Eine Zusammenfassung sozialer und wirtschaftlicher Entwicklungen findet sich in K. E. Born, „Der soziale und wirtschaftliche Strukturwandel Deutschlands am Ende des 19. Jahrhunderts", in Böckenförde, *Verfassungsgeschichte*, 1972, S. 451–70. Zu demographischen Tendenzen s. Köllmann, „Grundzüge", 1959, sowie „Industrialisierung", 1959. Hoffmann, *Wachstum*, 1965, hat einige nützliche Daten, insbesondere zum wirtschaftlichen Wachstum.

15. Von der Bewegung zur Minderheit

¹ Zitiert nach Michels, „Sozialdemokratie", 1906, S. 474.

² Im Jahre 1871 stimmten 4 Millionen Deutsche (52 Prozent der Berechtigten) ab; 1912 gingen über 12 Millionen (84,2 Prozent) zu den Wahlen. Der Einfluß dieser Tatsachen auf parlamentarische Gruppierungen wurde etwas abgeschwächt durch die Weigerung der Regierung, die Grenzen der WKe neu zu ziehen. Dies führte zu einer anwachsenden Unterrepräsentation der dichtestbesiedelten Gebiete. 1903 zum Beispiel hatten die zehn größten WKe einen Durchschnitt von 118 000 Wählern, während die zehn kleinsten durchschnittlich 13 000 hatten. Siehe Fenske, *Wahlrecht*, 1972, bes. S. 115 ff., 134 ff., sowie Milatz, „Reichstagswahlen", 1974, S. 208 ff.

³ Die beste Behandlung des Wachstums der Arbeiterbewegung nach 1890 enthält G. A. Ritter, *Die Arbeiterbewegung im Wilhelminischen Reich*, Berlin-Dahlem 1963, bes. S. 67 ff., T. Wacker, *Entwicklung der Sozialdemokratie in den zehn ersten Reichstagswahlen*, Freiburg 1903, bietet einige nützliche Daten über die Wahlen in den 90er Jahren.

⁴ Sogar bei den Wahlen von 1907, als sich alle nichtsozialistischen Parteien gegen das Zentrum verbündeten, blieb dessen Position annähernd stabil; s. G. Crothers, *The German Elections of 1907*, New York 1941, S. 180 ff. O. Eitner, „Die Stärke der Protestanten und Katholiken in den einzelnen Reichstagswahlkreisen und die Sozialdemokratie". Historisch-Politische Blätter, 144 (1912), S. 687–93, enthält einiges interessante Material zur Wählerschaft des Zentrums. Zur Gesamtentwicklung der Partei nach 1890 s. R. Morsey, *Die deutsche Zentrumspartei, 1917–1925*, Düsseldorf 1966, sowie R. Ross, *Beleaguered Tower: The Dilemma of Political Catholicism in Wilhelmine Germany*, Notre Dame, Ind., 1976. Eine brillante Analyse der Beziehungen zwischen Religion, sozialem Konflikt und Politik leistet D. Blackbourn in *Class, Religion and Local Politics in Wilhelmine Germany, The Centre Party in Württemberg before 1914*, New Haven und London 1980.

⁵ Matthes, „Spaltung", 1953, S. 241 ff., 333 f.

⁶ Von beiden liberalen Parteien umkämpfte WKe 1890: 113; 1893: 89; 1898: 68; 1903: 47; 1907: 29; 1912: 47. 1912 konzentrierten sich die umkämpften Bezirke in einigen wenigen Regionen: in Schleswig-Holstein (7 von 10 WKen), Hessen (6 von 9) sowie in den kleineren Ländern und den Stadtstaaten (11 von 50). In den östlichen Provinzen Preußens andererseits kam es nur in 5 von 140 WKen zur direkten Konfrontation. (Dabei sind nur die Fälle berücksichtigt, in denen die betreffenden Parteien jeweils mehr als 5 Prozent der abgegebenen Stimmen auf sich verbuchen konnten).

⁷ Ein Leitfaden zu den verschiedenen Wahlgesetzen findet sich in Vogel u. a., *Wahlen*, 1971.

⁸ Kalkoff, *Fraktion*, 1913, enthält eine große Menge Material zu den Parteien, unter besonderer Berücksichtigung der Nationalliberalen. Offizielle Wahlergebnisse sind veröffentlicht für die Wahlen von 1903, 1908 sowie 1913; vgl. Evert, „Landtagswahlen", 1905; Evert, „Landtagswahlen", 1909; sowie Höpker, „Landtagswahlen", 1916.

⁹ Warren, *Kingdom*, 1964, enthält Material über das politische Leben in Sachsen. Zur Wahlfrage s. EGK (1896), S. 21, sowie EGK (1909), S. 332.

¹⁰ Schadt, *Partei*, 1971, erörtert die Politik in Baden unter besonderer Berücksichtigung des Aufstiegs der Sozialdemokratischen Partei. Zur fortdauernden Wichtigkeit religiöser Probleme s. M. Stadelhofer, *Der Abbau der Kulturkampfgesetzgebung im Großherzogtum Baden 1878–1918*, Mainz 1969, sowie H. Köhler, *Lebenserinnerungen des Politikers und Staatsmannes, 1878–1949*, Stuttgart 1964. Zu den Wahlen von 1905 s. das Material in EGK (1905), S. 106.

¹¹ Zu Bayern s. Albrecht, *Landtag*, 1968; Möckl, Prinzregentenzeit, 1972; Thränhardt, Wahlen, 1973; Material zu den Wahlen von 1899 und 1905 ist zu finden in: EGK (1899), S. 118 f. und EGK (1905), S. 106.

¹² S. Adam, *Jahrhundert*, 1919; sowie Simon, *Demokraten*, 1969. Die Wahlen von 1895 sind geschildert in EGK (1895), S. 34; der Kampf um Wahlrechtsreformen in EGK (1905), S. 97 ff., sowie EGK (1906), S. 18, 127, 143. Erst nachdem ich mein Manuskript abgeschlossen hatte, stieß ich auf ein Exemplar des ausgezeichneten Buches von J. Hunt, *The People's Party in Württemberg and Southern Germany, 1890–1914*, Stuttgart 1975.

¹³ White, *Party*, 1976, ist die beste Einzelquelle über Hessen; Kurt, *Wahlen*, 1966, erörtert die Situation in Offenbach. Zum Antisemitismus in Hessen s. Broszat, „Bewegung", 1953, sowie R. Mack, „Otto Böckel und die antisemitische Bauernbewegung in Hessen (1887–1894)". Wetterauer Geschichtsblätter, 16, (1967), S. 113–47.

¹⁴ Schramm, *Hamburg*, 1943; C. Schröder, *Aus Hamburgs Blütezeit, Lebenserinnerungen*, Hamburg ²1921. R. A. Comfort, *Revolutionary Hamburg*, Stanford 1966, sowie J. Schult, *Geschichte der Hamburger Arbeiter 1890–1919*, Hannover 1967, diskutieren die Arbeiterbewegung. Bolland, *Bürgerschaft*, 1959, bietet eine Darstellung der parlamentarischen Vorgänge; er druckt die wichtigsten lokalen Parteiprogramme ab, s. S. 207–17. Zur Wahlrechtsfrage s. EGK (1906), S. 10, 18, sowie KP (1905), Bd. 5, S. 253 ff., und (1913), Bd. 13, S. 477 f.
Laut EGK (1913), S. 88, war die politische Zusammensetzung der Bürgerschaft wie folgt: Rechte 40; Linke 39; linke Mitte 30; „Vereinigte Liberale" 30; SPD 20; Konservative 1.

¹⁵ Die 30 verschiedenen Gesetze, welche die kommunalen Angelegenheiten regelten, sind angeführt bei O. Most (Hrsg.), *Die deutsche Stadt und ihre Verwaltung*, Berlin 1912, Bd. 1, S. 20 f. Den besten Leitfaden zu den verschiedenen Wahlsystemen enthält P. Hirsch und H. Lindemann, *Das kommunale Wahlrecht*, Berlin 1905. Die *Kommunale Praxis* brachte regelmäßig Artikel zu den Techniken, mit deren Hilfe man den Einfluß der Arbeiterbewegung in kommunalen Angelegenheiten eindämmen konnte.

¹⁶ Dressel, *Wahlen*, 1961, S. 245 ff. Es finden sich eine große Anzahl anderer Beispiele in den KPB.

¹⁷ Eine Reihe von Artikeln über Städte mit einer sozialistischen Mehrheit findet sich in KP (1913), Bd. 13, S. 1185 ff. Die folgenden Autobiographien bieten wertvolle Einsichten in die Funktion der Rathausmacht für die Arbeiterbewegung: P. Löbe, *Erinnerungen eines Reichstagspräsidenten*, Berlin 1949, S. 38 ff., über Breslau; G. Noske, *Erlebtes aus Aufstieg und Niedergang einer Demokratie*, Offenbach 1947, S. 17 ff., über Königsberg; Severing, *Lebensweg*, 1950, Bd. 1, S. 132 ff., über Bielefeld; K. Ulrich, *Erinnerungen des ersten hessischen Staatspräsidenten*, Offenbach 1953, S. 60 ff., über Offenbach.

¹⁸ Diese Frage wird eingehender diskutiert in Sheehan, „Liberalism and the City", 1971.
Die folgenden Monographien behandeln das politische Leben in deutschen Städten im Wilhelminischen Zeitalter: Croon, „Städtevertretung", 1958, über Krefeld und

Bochum, sowie *Auswirkungen*, 1960, über das Rheinland und Westfalen; Henning, *Geschichte* 1965, über Essen; Hofmann, *Stadtverordneten*, 1964, über Bielefeld; Köllmann, *Sozialgeschichte*, 1960, über Barmen; Kaufmann, „Strukturen", 1957, über Heidelberg; Schuckmann, *Willensbildung*, 1966, über Köln; VfSP, *Schriften*, 1900–07, Bde. 117–20, über eine Anzahl wichtiger Städte.

[19] Zu den Wahlen und Wahlkampfkosten s. Bertram, *Wahlen*, 1964, S. 173 ff., 190 ff. Ein guter Überblick über die Presse ist zu finden in Wernecke, *Wille*, 1970; s. auch Koszyk, *Geschichte*, 1966, sowie I. Rieger, *Die Wilhelminische Presse*, München 1957.

[20] KPB (1911), Bd. 2, S. 1. Als weiteres Beispiel s. Eduard Sprangers Bemerkungen, zitiert nach Knoll, *Führungsauslese*, 1957, S. 179.

[21] *Werke*, 1964, Bd. 4, S. 90. Siehe auch Naumanns Aufsätze „Liberalismus und Organisation", 1905, sowie „Die Erneuerung des Liberalismus", 1906, in *Werke*, Bd. 4, S. 258 ff., 270 ff. Zu einigen ähnlichen Ansichten s. Link, „Nationalverein", 1964, sowie Blaustein, „Uneinigkeit", 1911, bes. S. 21 f.

[22] Nipperdey, *Organisation*, 1961, S. 86 ff.; O'Donnell, „Liberalism", 1973, S. 170 ff.; Reiss, *Bassermann*, 1967, S. 11 ff.

[23] Zur Spaltung zwischen den zwei Flügeln der Freisinnigen Partei s. oben S. 311 f.

[24] Nipperdey, *Organisation*, 1961, S. 176 ff.; Robson, „Liberalism", 1966, S. 92 ff.; Elm, *Fortschritt*, 1968, S. 212 f., Reimann, *Müller-Meiningen*, 1968, S. 80.

[25] Nipperdey, *Organisation*, 1961, S. 86.

[26] Zitiert nach O'Donnell, „Liberalism", 1973, S. 187.

[27] Vgl. Reiss, *Bassermann*, 1967, über die Art, wie in der Fraktion Politik gemacht wurde. Ein Beispiel für die lokale Bedeutung eingesessener Führungsschichten ist zu finden in Bertram, *Wahlen*, 1964, S. 142 f. Die Verhältniszahl Mitglieder zu Wählern stammt aus Huber, Bd. 4, S. 22 f.

[28] Huber, Bd. 4, S. 22 f. Zu einigen lokalen Beispielen für die Organisationsprobleme der Linken s. Brooks, „Clubs", 1900, S. 377, sowie Helfferich, *Siemens*, 1921–23, Bd. 3, S. 195. M. G. Conrads *Wahlfahrten*, München 1894, das den Wahlkampf eines Kandidaten der Volkspartei in den 90er Jahren beschreibt, illustriert das begrenzte Verständnis demokratischer Organisationsformen, das sogar am äußersten linken Rand der Bewegung fortwirkte.

[29] Simon, *Demokraten*, 1969, S. 17 ff., 21 f., 37.

[30] Ein Beispiel hierfür ist die Feindseligkeit, die Gustav Stresemann von seiten vieler seiner nationalliberalen Kollegen entgegenschlug: A. Thimme, *Gustav Stresemann*, Hannover und Frankfurt 1957, S. 18 f., sowie Warren, *Kingdom*, 1964, S. 29 f.

[31] Klagen über die Entfremdung des Bürgertums von der Politik sind in vielen zeitgenössischen Darstellungen zu finden: H. Graf Lerchenfeld, *Erinnerungen und Denkwürdigkeiten 1843 bis 1925*, Berlin ²1935, S. 264; G. Reicke, *Ein Bürger zwischen Welt und Stadt*, Berlin 1923, S. 48; A. Stein (Irenäus), *Es war alles ganz anders. Aus der Werkstätte eines politischen Journalisten*, Frankfurt 1922, S. 141 ff.; Sombart, *Volkswirtschaft*, 1909, S. 128.

[32] F. Paulsen, *The German Universities and University Study*, New York 1906, S. 355. Einige andere Beispiele: W. Goetz, *Historiker in meiner Zeit*, Köln und Graz 1957, S. 37, sowie Hellpach, *Wirken*, 1948–49, Bd. 1, S. 207 f. Die klassischen Abhandlungen zur problematischen Beziehung zwischen Schulwesen und Politik sind wahrscheinlich Max Webers Vorträge „Politik als Beruf" und „Wissenschaft als Beruf" (1918) in *Gesammelte Aufsätze zur Wissenschaftslehre*, 1922. S. auch F. Ringer, *Decline*, 1969, bes. S. 134 ff. Die aktuellste Arbeit zu diesem Themenkreis ist R. vom Bruch, *Wissenschaft, Politik und öffentliche Meinung. Gelehrtenpolitik im wilhelminischen Deutschland 1890–1914*, Husum 1980.

[33] Georg Friedrich Knapp, zitiert nach J. Williamson, *Karl Helfferich, 1872–1924,*

Princeton 1971, S. 15. Knapps Tochter erinnerte sich, das über „Politik" in ihrem Elternhaus nie diskutiert wurde: E. Heuss-Knapp, *Ausblick vom Münsterturm*, Berlin 1934, S. 16.

[34] U. Scheuner, „Das Wesen des Staates und der Begriff des Politischen in der neueren Staatslehre", in K. Hesse u. a. (Hrsg.), *Staatsverfassung und Kirchenordnung. Festgabe für Rudolf Smend*, Tübingen 1962, S. 225–62; T. Schieder, „Wandlungen des Staates in der Neuzeit". HZ, 216, Nr. 2 (April 1973), S. 274 f.; Kurt Sontheimer, *Antidemokratisches Denken in der Weimarer Republik: Die politischen Ideen des deutschen Nationalismus zwischen 1918 und 1933*, München 1962, S. 82 ff.

[35] D. Lindenlaub, *Richtungskämpfe im Verein für Sozialpolitik. Wissenschaft und Sozialpolitik im Kaiserreich*, Wiesbaden 1967, Bd. 1, S. 14, 22 ff.

[36] S. zum Beispiel H.-H. Krill, *Die Rankerenaissance. Max Lenz und Erich Marcks. Ein Beitrag zum historisch-politischen Denken in Deutschland 1880–1935*, Berlin 1962.

[37] Nipperdey, „Jugend", 1974, S. 92.

[38] Zitiert nach R. H. Samuel und R. H. Thomas, *Education and Society in Modern Germany*, London 1949, S. 120.

[39] Henning, *Bürgertum*, 1972, S. 308 ff., 352 ff. Zwei Beispiele: Brecht, *Nähe*, 1966, S. 43, 91 ff., sowie G. Michaelis, *Für Staat und Volk. Eine Lebensgeschichte*, Berlin 1922, S. 263.

[40] *Franz Adickes. Sein Leben und sein Werk*, Frankfurt 1929. Einige andere Beispiele: H. Tramm, *Heinrich Tramm. Stadtdirektor von Hannover 1854–1932: Ein Lebensbild*, Hannover 1932, S. 16, sowie F. Horstmann, „Dr. Wilhelm Schmiedling, Oberbürgermeister der Stadt Dortmund 1836–1910". *Beiträge zur Geschichte Dortmunds und der Grafschaft Mark*, 58 (1962), S. 318.

[41] H. Luther, *Politiker ohne Partei: Erinnerungen*, Stuttgart 1960. Siehe auch W. Hofmann, *Zwischen Rathaus und Reichskanzlei. Die Oberbürgermeister in der Kommunal- und Staatspolitik des Deutschen Reiches von 1890–1933*, Stuttgart 1974.

[42] Horst Schallenberger, *Untersuchungen zum Geschichtsbild der Wilhelminischen Ära und der Weimarer Zeit: Eine vergleichende Schulbuchanalyse deutscher Schulgeschichtsbücher aus der Zeit von 1888–1933*, Ratingen bei Düsseldorf 1964, S. 57.

[43] Ein gutes Beispiel dafür ist die *Deutsche Revue*, von der ich die Jahrgänge 1890–1914 durchgesehen habe. S. auch Bramstedt, *Aristocracy*, 1964, zur *Gartenlaube*, sowie J. Haacke, *Julius Rodenberg und die Deutsche Rundschau*, Heidelberg 1950, S. 163 ff.

[44] M. Stürmer, „Bismarck in Perspective". CEH 4, Nr. 4 (Dezember 1971), S. 291–331, enthält eine kurze Diskussion der Bismarck-Verehrung.

[45] Brecht, *Nähe*, 1966, S. 17. Ein weiteres Beispiel ist Seyffardt, *Erinnerungen*, 1900, S. 356.

[46] Fontane, *Zwanzig*, 1967, S. 270, Anmerkung. Vgl. U. von Wilamowitz-Moellendorf, *My Recollections, 1848–1914*, London 1930, S. 230.

[47] Zitiert nach Dressel, *Wahlen*, 1961, S. 225. Ein weiteres Beispiel ist zitiert bei Henning, *Geschichte*, 1965, S. 37.

[48] O. Baumgarten, *Meine Lebensgeschichte*, Tübingen 1928, S. 216 f.

[49] O. Heinemann, *Kronenorden Vierter Klasse. Das Leben des Prokuristen Heinemann, 1864–1944*, Düsseldorf 1969, S. 93 f. Zwei andere Beispiele: AZ, 4. Juli 1905, berichtet über ein Treffen der Nationalliberalen in der Pfalz, sowie Möckl, *Prinzregentenzeit*, 1972, S. 292 f., Anmerkung, zu einem Treffen in München 1889.

[50] Angesichts der Intensität, mit der sich Teile des Mittelstandes in Vereinen und Interessengruppen betätigten, hege ich gewisse Zweifel an der These Dahrendorfs über den Gegensatz zwischen öffentlichem und privatem Verhalten in der deutschen Gesellschaft. S. *Gesellschaft*, 1969, S. 258 ff.

[51] Ich habe die Rolle des VfSP als Ersatzforum politischen Handelns erörtert in *Career*, 1966, bes. in Kap. 4.
[52] K. A. von Müller, *Aus Gärten der Vergangenheit. Erinnerungen, 1882–1914*, Stuttgart 1958, S. 396. Einige ähnliche Kommentare sind zu finden in Hellpach, *Wirken*, 1948–49, Bd. 1, S. 396ff.; E. Heuss-Knapp, *Ausblick vom Münsterturm. Erlebtes aus dem Elsaß und dem Reich*, Berlin 1934, S. 68; L. Curtius, *Deutsche und antike Welt. Lebenserinnerungen*, Stuttgart 1951, S. 160ff.; Meinecke, *Straßburg*, 1949, in *Werke*, 1957–68, Bd. 8, S. 214.
[53] Nipperdey, „Jugend", 1974, S. 94. Zu zwei Beispielen für Organisationen, die nach „kultureller Erneuerung" strebten, s. D. Gasman, *The Scientific Origins of National Socialism: Social Darwinism in Ernst Haeckel and the German Monist League*, London und New York 1971, S. 20ff., sowie G. Kratzsch, *Kunstwart und Dürerbund. Ein Beitrag zur Sozialgeschichte der deutschen Gebildeten in der Epoche des Imperialismus*, Göttingen 1969, bes. S. 138ff. Ebenso ist zu diesen Problemen von Interesse Stern, „Consequences", 1960.
[54] Als eine nationalliberale Zeitung 1908 erklärte, daß das Geschäftsleben „liberal oder nichts" zu sein habe, wies ein Funktionär einer Interessengruppe darauf hin, daß „die Industrie als ganzes keinen politischen Standpunkt benötigt". Zitiert nach Bertram, *Wahlen*, 1964, S. 30. Die zeitgenössische Literatur ist angefüllt mit Klagen über die politische „Apathie" deutscher Unternehmer: J. Risser, zitiert nach dem EGK (1909), S. 198ff.; Cecil, *Ballin*, 1967, S. 129ff.; J. Williamson, *Karl Helfferich*, Princeton 1971, S. 28; Kaelble, *Interessenpolitik*, 1967, S. 77ff.
[55] M. Lamberti, „The Attempt to Form a Jewish Bloc: Jewish Notables and Politics in Wilhelmian Germany". CEH, 3, Anm. 1–2 (März–Juni 1970), S. 73–93. S. auch I. Schorsch, *Jewish Reactions to German Anti-Semitism, 1807–1914*, New York 1972.
[56] Zitiert nach Knoll, *Führungsauslese*, 1957, S. 95, Anmerkung 106. S. auch Sheehan, „Liberalism and the City", 1971.
[57] G. von Diest, *Aus dem Leben eines Glücklichen*, Berlin 1904, S. 464f., über Merseburg, sowie E. Kraatz, *Aus dem Leben eines Bürgermeisters*, Leipzig 1914, S. 606ff., über Naumburg. Zu einigen anderen Beispielen s. Schmitt, *Vereinsleben*, 1963, sowie Meyer, *Vereinswesen*, 1970. Hopwood, „Paladins", 1974, enthält einige sehr nützliche Kommentare zu lokalen Organisationen. Siehe auch L. Beutin, „Die ‚Massengesellschaft' im 19. Jahrhundert". *Gesammelte Schriften zur Wirtschafts- und Sozialgeschichte*, Köln und Graz 1963, S. 337f., sowie H. Staudinger, *Individuum und Gemeinschaft in der Kulturorganisation des Vereins*, Jena 1913, bes. S. 79ff.
[58] Zu einigen zeitgenössischen Ansichten über die „Vereinsmeierei" s. Schmitt, *Vereinsleben*, 1963, S. 63, und bes. Tucholskys Gedicht „Das Mitglied" zitiert ebd., S. 94f.
[59] Der Begriff des „gesellschaftlichen Milieus" stammt von M. R. Lepsius; s. „Parteisystem", 1966, sowie ders., *Nationalismus*, 1966.

16. Die Zerbröckelung der liberalen Mittelschicht

[1] Naumann, *Werke*, 1964ff., Bd. IV, S. 218.
[2] Zur Fraktion der Nationalliberalen im Reichstag s. Kalkoff, *Parlamentarier*, 1917, S. 53; Jaeger, *Unternehmer*, 1967, S. 47, 50–56; Bertram, *Wahlen*, 1964, S. 160f.; O'Donnell, „Liberalism", 1973, S. 51ff., 61ff.
Molt, *Reichstag*, 1963, ist im Detail fehlerhaft, aber noch von erheblichem Interesse.
[3] Thieme, *Liberalismus*, 1963, S. 20ff.; Kalkoff, *Fraktion*, 1913, S. 101–56, sowie *Parlamentarier*, 1917, S. 141–258; Jaeger, *Unternehmer*, 1967, S. 67ff.; Kaelble, *Interessenpolitik*, 1967, S. 116.

⁴ Kalkoff, *Parlamentarier*, 1917, S. 237, 305; Jaeger, *Unternehmer*, 1967, S. 73 ff., sowie E. Heintz, *Der Beamtenabgeordnete im Bayerischen Landtag*, Berlin 1966, S. 83 f. Zu anderen Landtagen s. Kalkoff, S. 339 ff., 370 ff., 406 ff., sowie Jaeger S. 77 ff.

⁵ Kriegbaum, *Tätigkeit*, 1962, gibt einen Überblick über Heyls Karriere. Siehe Henning, *Bürgertum*, 1972, S. 277, über Hannover, sowie S. 352 ff., über das Rheinland; Schelm, *Volkspartei*, 1964, S. 39, sowie Anmerkung 104, über Braunschweig. O'Donnell, „Liberalism", 1973, insbesondere S. 396 ff., enthält eine gute Darstellung der politischen Rolle von Beamten in den westlichen Provinzen von Preußen. Jaeger, *Unternehmer*, 1967, S. 115, handelt von Unternehmern auf lokaler Ebene.

⁶ Nipperdey, *Organisation*, 1961, S. 103 ff. S. zum Beispiel Henning, *Geschichte*, 1965, Anhang, Tabelle 3, über Essen.

⁷ Zitiert nach Reiss, *Bassermann*, 1967, S. 17.

⁸ Zitiert nach Reimann, *Müller-Meiningen*, 1968, S. 10.

⁹ Jaeger, *Unternehmer*, 1967, S. 121 ff., sowie Elm, *Fortschritt*, 1968, S. 18 ff.

¹⁰ Bertram, *Wahlen*, 1964, S. 161 ff. Die soziale Zusammensetzung der Fortschrittsfraktion im preußischen Landtag läßt sich den offiziellen Berichten über die Wahlen von 1903, 1908 und 1913 entnehmen: G. Evert, „Landtagswahlen", 1905 und 1909, sowie Höpker, „Landtagswahlen", 1916.

¹¹ VfSP, *Schriften*, Bd. 117, S. 125-29, über Berlin; Hellpach, *Wirken*, 1948-49, Bd. 1, S. 31 ff. Einige andere Beispiele O. Meyer, *Von Bismarck zu Hitler, Erinnerungen und Betrachtungen*, Offenbach ²1948, S. 71 ff., Reimann, *Müller*, 1968, S. 14; C. Funck, *Lebenserinnerungen*, Frankfurt 1921.

¹² Simon, *Demokraten*, 1969, S. 28. Vgl. die Daten zur Fortschrittspartei in Robson, „Liberalism", 1966, S. 97.

¹³ S. VZ (2. November 1911) zu den Kandidaten für den Berliner Stadtrat; KP 4, Nr. 5 (1905), S. 107, zum Stuttgarter Stadtrat; sowie VfSP, *Schriften*, Bd. 117, S. 114, über den Frankfurter Stadtrat.

¹⁴ Wie oben bemerkt, basieren meine Berechnungen auf den offiziellen Angaben, wenn nicht eine andere Quelle angegeben ist. Zu einem Zitat zu diesen Daten s. oben Kap. 11, Anmerkung 24.

¹⁵ Kurt, *Wahlen*, 1966, S. 42 f.; Simon, *Demokraten*, 1969, S. 30 ff.; Ehrenfeuchter, „Willensbildung", 1951. Thränhardt, *Wahlen*, 1973, enthält nützliches Material über Bayern. Er weist auch auf die Allgäuer Milchbauern hin, die, wenn sie auch überzeugte Katholiken waren, doch bis zum Ersten Weltkrieg fortfuhren, liberal zu wählen; s. *Wahlen*, S. 71 ff.

¹⁶ Folgende Gruppierungen zeichneten sich 1912 ab: Die Nationalliberalen mit insgesamt 45 WKen in ganz Deutschland gewannen 8 in Hannover, 8 im Rheinland und Westfalen, 3 in Hessen, 4 in Baden, sowie 6 in den kleineren Ländern; die Fortschrittspartei, mit insgesamt 42 Sitzen, gewann 5 in Liegnitz (Ostpreußen), 7 in Schleswig-Holstein, 6 in Württemberg sowie 9 in den kleineren Ländern.

¹⁷ Schneider, „Anfänge", 1965, S. 85 ff.

¹⁸ Hier die Verteilung der von den Liberalen 1912 gewonnenen WKe nach ihrer Einwohnerzahl:

WKe unter 100 000 (61): NL 4 (6,5%), FVP 10 (16,4%)
    100-150 000 (181): NL 24 (13,2%), FVP 19 (10,5%)
    150-200 000 (85): NL 12 (14,1%), FVP 11 (12,9%)
    über 200 000 (70): NL 5 (7,1%), FVP 2 (2,8%)
    Gesamt (397): NL 45 (11,3%), FVP 42 (10,5%)

¹⁹ 1912 errangen in Hannover die Nationalliberalen insgesamt 25 Prozent der

Stimmen, 28,3 Prozent in ländlichen Gebieten sowie 17,3 Prozent in Städten mit mehr als 10 000 Einwohnern. Im ostpreußischen Bezirk Marienwerder war die Situation umgekehrt: insgesamt 20,7 Prozent, und zwar 17,2 Prozent in ländlichen Gebieten und 39,2 Prozent in größeren Städten. Die Linksliberalen andererseits schnitten in mehr städtisch geprägten Regionen gewöhnlich besser ab: In Stralsund zum Beispiel gewannen sie 31,2 Prozent der Stimmen, 21 Prozent in ländlichen Gebieten, 48,4 Prozent in den Städten. Zur Situation anderswo s. Klein, „Reichstagswahlen", 1968; Ehrenfeuchter, „Willensbildung", 1951; Schelm, *Volkspartei*, 1964, bes. S. 39; Thränhardt, *Wahlen*, 1973, bes. S. 68 ff.

[20] Bei den badischen Landtagswahlen von 1905 und 1909 gewannen die Liberalen 35,2 Prozent bzw, 32,1 Prozent der Gesamtstimmen, aber 43,5 Prozent bzw. 38,2 Prozent in Stadtgebieten. Errechnet für Baden, StJb (1913).

[21] O'Donnell, „Liberalism", 1973, S. 484.

[22] Heberle, *Democracy*, 1945, Kap. 2; Rubinstein, *Partei*, 1935, S. 22 ff., über Liegnitz; Ehrenfeuchter, „Willensbildung", 1951, S. 106 ff., 198, über Hannover; Simon, *Demokraten*, 1969, S. 3–6, über Württemberg. Zu einigen allgemeinen Kommentaren über die Politik in ländlichen Gebieten s. J. Hunt, „Peasants, Grain Tariffs and Meat Quotas: Imperial German Protectionism Reexamined". CEH, 7, Nr. 4 (Dezember 1974), S. 311–31.

[23] Ehrenfeuchter, „Willensbildung", 1951, S. 165 ff.

[24] Simon, *Demokraten*, 1969, S. 25–36. Ein ähnliches Bild bot sich in Frankfurt, was den Daten zur Stadtratswahl von 1904 entnommen werden kann, zu finden in VfSP, *Schriften*, Bd. 118, S. 112 f. S. auch KP (1904), Bd. 4, S. 403–6.

[25] Elm, *Fortschritt*, 1968, S. 9 ff.; Zunkel, *Unternehmer*, 1962, S. 227 f.; Wegner, *Barth*, 1968, S. 99 ff.

[26] Ein Symptom hierfür war das für beide liberalen Parteien ziemlich ungünstige Verhältnis zwischen den Gesamtstimmen und den gewählten Abgeordneten.

Reichsdurchschnitt 30 705 Wähler pro Abgeordneten
Nationalliberale 37 000 Wähler pro Abgeordneten
Fortschrittliche VP 35 000 Wähler pro Abgeordneten
Angegeben in Bertram, *Wahlen*, 1964, S. 215.

[27] Hans Block, „Das Wahlergebnis in Sachsen". Die neue Zeit, 25 (Februar 1907), S. 668 ff. Vgl. Ehrenfeuchter, „Willensbildung", 1951, S. 309, zu einer ähnlichen Situation in Hannover.

[28] Zwei Beispiele für die andauernden Abwanderungsbewegungen zu Lasten der Liberalen: Schneider, „Anfänge", 1956, S. 176, über die Pfalz, sowie Vogel und Haungs, *Wahlkampf*, 1965, S. 89 ff., über Heidelberg. Zum allgemeinen Problem der Sozialdemokratie und der „Mittelschicht" s. Michels, „Sozialdemokratie", 1906, S. 502 ff., sowie R. Blank, „Die soziale Zusammensetzung der sozialdemokratischen Wählerschaft Deutschlands". ASW 20 (1905), S. 507–53, mit den kritischen Kommentaren in G. A. Ritter, *Die Arbeiterbewegung im Wilhelminischen Reich*, Berlin-Dahlem 1963, S. 77 f., Anmerkung.

[29] In „Identification", 1972, S. 1221, Anm. 46, beschreibt Phillips Shively die vorläufigen Ergebnisse seiner Untersuchungen über die deutschen Wahlen von 1871 bis 1912 folgendermaßen: „Was die Distanz der Parteien voneinander betrifft, so scheinen zwei Hauptklüfte die Wahlen im Deutschen Reich bestimmt zu haben – die zwischen der Zentrumspartei und allen anderen Parteien, sowie die zwischen den Sozialdemokraten und allen anderen Parteien." Er stellt auch einen Stadt-Land-Gegensatz in Verfassungsfragen fest, betrachtet aber den Abstand zwischen den nicht-katholischen sowie den nicht-sozialistischen Parteien untereinander als ziemlich gering. Dies bedeutete, daß Konservative und Liberale immer wieder um den gleichen Wählertyp wetteiferten.

[30] Siehe zum Beispiel das unentwegte Hin und Her, das sich widerspiegelt in den Ergebnissen für Königsberg WKe 2 und 4, Gumbinnen WK 1, sowie Merseburg WK 7.

[31] Zum Bund der Landwirte s. Puhle, *Interessenpolitik*, 1966, S. 193 ff., über den Bund und die Nationalliberalen. Zur Situation im Südwesten s. Hunt, „Egalitarianism", 1975. R. Levy, *The Downfall of the Anti-Semitic Parties in Imperial Germany*, New Haven 1975, erörtert die Frage des antisemitischen Wählerpotentials, s. Kap. 2–4. Der am eingehendsten untersuchte Wandlungsprozeß liberaler Wähler hin zur radikalen Rechten ist der in Hessen: ergänzend zu White, *Party*, 1976, s. W. Schlau, *Politik und Bewußtsein. Voraussetzungen und Strukturen politischer Bildung in ländlichen Gemeinden*, Köln 1971, S. 385 ff., sowie W. Menges und W. Toonen, „Deutsche Parteientwicklung und Wahlentscheidungen seit 1871, unter besonderer Berücksichtigung der Entstehung des politischen Bildes von Hessen". Sociaal Kompas 4, Nr. 2 (1956), S. 68–99.

[32] E. Würzburger, „Die Partei der Nichtwähler". JbbNS, 3. Folge, 33 (1907), S. 381–89. Mehr darüber und einen Leitfaden zur neuen Literatur bietet Lavies, *Nichtwählen*, 1973.

[33] Daten über Einkommen, Produktion sowie Verteilung der Arbeitskräfte ist zu finden in G. Bry, *Wages in Germany, 1871–1945*, Princeton 1960, sowie Hoffmann, *Wachstum* 1965. B. Tipton, „Farm Labor and Power Politics: Germany, 1850–194". JEH 34, Nr. 4 (Dezember 1974), S. 951–79, bietet eine gute neue Abhandlung über landwirtschaftliche Entwicklungen. Borchardt, „Wachstumsdifferenzierung", 1968, analysiert regionale Unterschiede. Zur ungleichmäßigen Wachstumsrate verschiedener Unternehmen und Branchen s. Nussbaum, *Unternehmer*, 1966, S. 19 ff., und die Daten in Deutschland, StJb (1914), S. 59 f.

[34] Zum Beispiel schrieb Wilhelm Roscher 1892: „Unglücklicherweise scheint auf der höchsten Entwicklungsstufe eine Trennung zwischen einigen wenigen, sehr reichen Leuten und einem riesigen Proletariat unvermeidbar." Zitiert nach Winkler, *Mittelstand*, 1972, S. 26. Zusätzliche Zitate sind zu finden in Angel-Volkov, „Decline", 1974, S. 166 f.

[35] Wernicke, *Kapitalismus*, 1907, S. 186 ff., enthält Daten über den Einzelhandel. Hengel, „Warenhaus", 1952, S. 18, schätzt, daß 1908 nur ungefähr 2 Prozent des Einzelhandels von Warenhäusern betrieben wurde; ihr Anteil am Handel wuchs jedoch und war auf ein paar große Städte konzentriert. Zu anderen kleinen Unternehmen s. die Aufsätze von Fischer, *Wirtschaft*, 1972, sowie die sorgfältige Neubewertung des Problems in Angel-Volkov, „Decline", 1974. Nützlich sind auch Winkler, *Mittelstand*, 1972; A. Noll, „Wirtschaftliche und soziale Entwicklung des Handwerks in der zweiten Phase der Industrialisierung", in Rüegg und Neuloh (Hrsg.), *Theorie*, 1971, S. 193–212; O. Thissen, *Beiträge zur Geschichte des Handwerks in Preußen*, Tübingen 1901.

[36] Daten über die Verteilung des urbaren Bodens nebst einer guten Diskussion der mit ihrer Nutzung verbundenen Probleme finden sich in K. Grünberg, „Agrarverfassung: Begriffliches und Zuständliches". In *Grundriß der Sozialökonomik*, Tübingen 1922, Bd. 7, S. 137. Zu Gegensätzen innerhalb der Landwirtschaft s. Hunt, „Peasent", 1974.

[37] Die beste Analyse der Angestelltenschaft bietet Jürgen Kockas meisterhafte Studie über die Firma Siemens, *Unternehmensverwaltung*, 1969. S. auch F. Croner, *Soziologie der Angestellten*, Köln und Berlin 1962; H. Potthof, „Die deutsche Privatbeamtenschaft nach der Berufs- und Betriebszählung 1907". ASGS, 32 (1911), S. 124–35; E. Lederer, *Die Privatangestellten in der modernen Wirtschaftsentwicklung*, Tübingen

1912. Zum Wachstum der Bürokratie s. J. Röhl, „Higher Civil Servants in Germany, 1890-1900". JCH, 2, Nr. 3 (1967), S. 101-22; O. Hintze, „Der Beamtenstand", in *Abhandlungen*, 1962-67, Bd. 2, S. 66-125; J. P. Cullity, „The Growth of Governmental Employment in Germany, 1882-1950". ZfGS, 123, Nr. 2 (April 1967), S. 201-17.

[38] Dieser Prozeß brachte auch die Beschleunigung der sich seit Mitte des Jahrhunderts abzeichnenden Entwicklungen mit sich; s. oben Kap. 6 und 11.

Daten über Ungleichheiten im Einkommen finden sich in D. Crew, „Definitions of Modernity: Social Mobility in a German Town, 1880-1901". JSH, 7, Nr. 1 (Herbst 1973), S. 51-74; H. Croon, „Die Einwirkungen der Industrialisierung auf die gesellschaftliche Schichtung der Bevölkerung im rheinisch-westfälischen Industriegebiet". RV 20, Nr. 3 (1955), S. 301-16; R. Engelsing, „Die wirtschaftliche und soziale Differenzierung der deutschen kaufmännischen Angestellten im In- und Ausland, 1690-1900". In Engelsing, *Sozialgeschichte*, 1973, S. 51-111; W. Gutsche, „Die Veränderungen in der Wirtschaftsstruktur und der Differenzierungsprozeß innerhalb des Bürgertums der Stadt Erfurt in den ersten Jahren der Herrschaft des Imperialismus (Ende des 19. Jahrhunderts bis 1914)". JbG, 20 (1974), S. 343-71.

Soziale Mobilität und Bildung sind diskutiert in H. Kaelble, „Chancenungleichheit und akademische Ausbildung in Deutschland, 1910-1960". GuG, 1, Nr. 1 (1975), S. 121-49. Ringer, *Decline*, 1969, behandelt die Unterschiedlichkeit innerhalb der gebildeten Führungsschicht.

In einer sorgfältigen Studie über Beamte zeigt Otto Most, wie schwierig es für Staatsdiener war, einen „respektablen" Lebensstil aufrechtzuerhalten angesichts der steigenden Kosten: „Zur Wirtschafts- und Sozialstatistik der höheren Beamten in Preußen". SJb 39, Nr. 1 (1915), S. 181-218.

[39] Eine Liste von Interessengruppen der Arbeitgeber, Angestellten und Lohnarbeiter nebst Daten über ihre Mitgliedschaft und ihr Einkommen findet sich in Deutschland, *Reichsarbeitsblatt*, Sondernummer 2 (1915). Diese Daten sind zusammengefaßt in Deutschland, StJB (1914), S. 430 ff.

[40] Zitiert nach Gerhard Kessler, *Die deutschen Arbeitgeberverbände* (VfSP, *Schriften*, Bd. 124 [Leipzig 1907]), S. 7.

[41] Kaelble, *Interessenpolitik* 1967, sowie „Interessenverbände", 1971; H. König, *Entstehung und Wirkungsweise von Fachverbänden der Nahrungs- und Genußmittelindustrie*, Berlin 1965; H. Schmitt, *Entstehung und Wandlungen der Zielsetzungen, der Struktur und der Wirkungen der Berufsverbände*, Berlin 1966; Wein, *Verbandsbildung*, 1968.

Die Arbeitgeberverbände wurden gebildet, um den Arbeitgebern Unterstützung gegen die organisierte Arbeiterschaft, insbesondere gegen streikende Arbeiter zu gewähren. Kesslers Monographie (s. Anmerkung 40 oben) ist veraltet, aber noch informativ. S. auch Stegmann, *Erben*, 1970, S. 34-37, sowie zu einem bestimmten Fall K. Werner, „Gründung des Deutschen Arbeitgeberbundes für das Baugewerbe 1899 und seine Entwicklung bis 1910", in Varain (Hrsg.), *Interessenverbände*, 1973, S. 197-203.

[42] Nussbaum, *Unternehmer*, 1966, S. 38 ff.

[43] Siehe H. J. Varain, *Freie Gewerkschaften, Sozialdemokratie und Staat*, Düsseldorf 1956, zu den Verbänden; Puhle, *Interessenpolitik*, 1967, zum Bund der Landwirte; Winkler, „Mittelstand", 1971 sowie *Mittelstand*, 1972, über Handwerker und Geschäftsinhaber.

[44] E. Lederer, „Die ökonomischen Elemente und die politischen Ideen im modernen Parteiwesen". ZfP, 5 Nr. 4 (1912), S. 557. Zu einigen ähnlichen Erklärungen s. A. Thimme, *Hans Delbrück als Kritiker der Wilhelminischen Epoche*, Düsseldorf 1955, S. 23, Anmerkung 6, der eine Äußerung Delbrücks um 1896 zitiert; O. Richter,

Geschichte der Stadt Dresden in den Jahren 1871–1902, Dresden 1903, S. 127; H. Krueger, „Historische und kritische Untersuchungen über die freien Interessenvertretungen von Industrie, Handel und Gewerbe in Deutschland". SJb, 32, Nr. 4 (1908), S. 325–58; 33, Nr. 2 (1909), S. 189–240.

[45] Dieses Problem ist diskutiert in Sheehan, „Leadership", 1968; Nipperdey, „Grundzüge", 1965, sowie in den Aufsätzen von Fraenkel, *Deutschland*, 1968. Gustav Schmidt hat kürzlich behauptet, daß die Parteien kurz vor 1914 angefangen hätten, sich gegenüber den Verbänden wieder mehr Gewicht zu verschaffen: „Blockbildungen", 1972, S. 17 ff.

[46] Zu den Beziehungen zwischen wirtschaftlichen Interessengruppen und den Nationalliberalen s. Thieme, *Liberalismus*, 1963, S. 34 ff. Albert Ballin ist ein gutes Beispiel für das Unbehagen, das viele Unternehmer gegenüber den liberalen Parteien empfanden; s. Cecil, *Ballin*, 1967.

[47] Zitiert nach Winkler, *Mittelstand*, 1972, S. 219, Anmerkung 83. Winklers Monographie sowie sein Artikel über den „Mittelstand", 1971, sind gute Analysen dieses Prozesses.

[48] O'Donnell, „Liberalism", 1973, S. 77.

[49] 1912 lebten 26 nationalliberale sowie 27 fortschrittliche Abgeordnete außerhalb des Wahlkreises, in dem sie gewählt worden waren; 10 Nationalliberale und 9 Fortschrittler lebten in Berlin; s. Blaustein, „Abteilung", 1912, S. 370 ff.

[50] Wahlmanifest vom Januar 1890, EGK (1890), S. 11. S. dazu die ähnlichen Ansichten, die auf dem Parteitag von 1891 laut wurden, EGK (1891), S. 93, sowie die Verlautbarung von 1896, wiederabgedruckt in Mommsen, *Parteiprogramme*, 1964, S. 164 ff.

[51] Zitiert nach Seyffardt, *Erinnerungen*, 1900, S. 595 f.

[52] Zitiert nach Eschenburg, *Kaiserreich*, 1929, S. 122. S. auch die Artikel über Parteien und Interessenten in NZ (April-Mai 1908) bes. 14. Mai.

[53] Wiederabgedruckt in Mommsen, *Parteiprogramme*, 1964, S. 168 ff.

[54] Zitiert nach Elm, *Fortschritt* 1968, S. 16. S. auch Richters letzte Rede im preußischen Landtag (Juni 1904), zitiert bei Rachfahl, „Richter", 1912, S. 370.

[55] Elm, *Fortschritt*, 1968, S. 18 ff.; Wegner, *Barth*, 1968, S. 99 ff.; Rachfahl, „Richter", 1912, S. 347 f. Zur Situation im Süden s. Simon, *Demokraten*, 1969, S. 42 f.

[56] Zitiert nach Struve, *Elites*, 1973, S. 99. Die Literatur über Naumann ist weiter unten angeführt, Kap. 17, Anmerkung 46.

[57] Zitiert nach Robson, „Liberalism", 1966, S. 101.

[58] Mommsen, *Parteiprogramme*, 1964, S. 173, 178.

[59] G. Schmoller, *Was verstehen wir unter dem Mittelstande?* Göttingen 1897. S. Winkler, *Mittelstand*, 1972, S. 24.

[60] L. Müffelmann, *Die moderne Mittelstandsbewegung*, Leipzig und Berlin 1913; Wernicke, *Kapitalismus*, 1907, S. 327 f.

[61] Zitiert nach Winkler, „Mittelstand", 1971, S. 173. S. auch das Material in Kocka, *Unternehmensverwaltung*, 1969, S. 520, sowie A. Noll, „Wirtschaftliche und soziale Entwicklung des Handwerks in der zweiten Phase der Industrialisierung", in Rüegg und Neuloh (Hrsg.), *Theorie*, 1971, S. 206 ff.

[62] Einige Beispiele: Anonym, „Bürgertum". DR 20, (1895), S. 81 ff.; F. von Schulte, „Nationalsünden". DR 21 (1896), S. 89–97, 291–99, sowie „Bürgertum". DR 31 (1906), S. 65 ff. Sombart, *Volkswirtschaft*, 1909, S. 508 f.; H. Preuss, *Entwicklungsgeschichte der deutschen Städteverfassung*, Leipzig 1906, S. 374.

[63] „Der Nationalstaat und die Volkswirtschaftspolitik", 1895, in *Schriften*, 1958, S. 20. Zu dieser berühmten Rede s. A. Bergstraesser, „Max Webers Antrittsvorlesung in zeitgeschichtlicher Perspektive". VfZ 5, Nr. 3 (Juli 1957), S. 209–19.

Meine eigene Meinung über Weber wurde am meisten durch die Arbeit W. J. Mommsens beeinflußt; s. bes. *Weber*, 1959, sowie *The Age of Bureaucracy. Perspectives on the Political Sociology of Max Weber*, Oxford 1974.

⁶⁴ Fritz Friedrich in PJbb (1907), zitiert nach W. Hock, *Liberales Denken*, Münster 1957, S. 69. Vgl. Webers Bemerkungen von 1893, zitiert nach R. Bendix, *Max Weber: An Intellectual Portrait*, New York 1959, S. 30.

⁶⁵ Meinecke, „Alfred Dove und der klassische Liberalismus im Neuen Reich", 1925, in *Werke*, 1957-69, Bd. 7, S. 411. S. auch Meineckes Nachruf für Dove, 1916, in *Werke*, Bd. 7, bes. S. 382 f., und sein „Erlebtes" in *Werke*, Bd. 8, S. 101.

⁶⁶ A. Mitzmann, *Sociology and Estrangement. Three Sociologists of Imperial Germany*, New York 1973, sowie G. Lukács, *Die Zerstörung der Vernunft*, Neuwied 1962, S. 512 ff.

⁶⁷ Einige Beispiele: R. Graupp, „Die wachsende Nervosität unserer Zeit". DR, 39 (1909), S. 154-66; D. Schäfer, „Die Großstadt", Jb der Gehe-Stiftung, Bd. 9 (1903); D. Gasman, *The Scientific Origins of National Socialism: Social Darwinism in Ernst Haeckel and the German Monist League*, London und New York 1971, S. 22 f. S. auch A. Lees, „Debates", 1975; Schwarz, „Attitudes", 1961, S. 206 ff.; K. Bergmann, *Agrarromantik und Großstadtfeindschaft*, Meisenheim am Glan 1970; D. Rüschemeyer, „Modernisierung und die Gebildeten im kaiserlichen Deutschland", in Ludz (Hrsg.), *Soziologie*, 1972, S. 515-29.

⁶⁸ Ringer, *Decline*, 1969.

⁶⁹ R. Gneist, *Die nationale Rechtsidee von den Ständen und das Dreiklassenwahlsystem*, Berlin 1894, bes. Kap. 16, sowie K. Helfferich, *Deutschlands Volkswohlstand 1888-1913*, Berlin 1913.

⁷⁰ Ein gutes Beispiel für diese gemischten Gefühle bietet das Jubiläumsbuch, das zur Feier des 25. Jahrestages der Krönung Wilhelms II. herausgegeben wurde; s. Korte u. a. (Hrsg.), *Deutschland unter Wilhelm II.*, 4 Bde., Berlin 1916. S. auch eine Rede von 1911, abgedruckt in T. Spitta, *Aus meinem Leben. Bürger und Bürgermeister in Bremen*, München 1969, S. 60 ff., sowie Meinecke, „Straßburg", in *Werke*, 1957-69, Bd. 8, S. 212, 220.

Ergänzendes Material ist zu finden in Schwarz, „Attitudes", 1961; Lees, „Debates", 1975; M. Salewski, „Neujahr 1900. Die Säkularwende in zeitgenössischer Sicht". AfK, 52, Nr. 2 (1971), S. 335-81; B. Seidel, „Zeitgeist und Wirtschaftsgesinnung im Deutschland der Jahrhundertwende". SJb, 83, Nr. 2 (1963), S. 129-52; K.H. Höfele, „Selbstverständnis und Zeitkritik des deutschen Bürgertums vor dem ersten Weltkrieg". Zeitschrift für Religions- und Geistesgeschichte, 8, Nr. 1 (1956), S. 40-56.

⁷¹ Wehler, „Sozialdarwinismus", 1973, sowie Struve, *Elites*, 1973, S. 46 ff. Zu einem Beispiel s. Kockas Beschreibung von Wilhelm von Siemens in *Unternehmensverwaltung*, 1969, S. 385 f.

⁷² Sheehan, *Career*, 1966, S. 161 ff.

⁷³ Dies basiert auf F. Blaich, „Die Anfänge der deutschen Antikartellpolitik zwischen 1897 und 1914". JbS, 21, Nr. 2 (1970), S. 127-50, sowie ders., *Kartell- und Monopolpolitik im kaiserlichen Deutschland*, Düsseldorf 1973.

⁷⁴ Sheehan, *Career*, 1966, S. 159.

17. Die liberalen Parteien zwischen rechts und links

¹ Kulemann, *Erinnerungen*, 1911, S. 241.

² Dazu einige Beispiele: P. Busching, „Der Liberalismus in Bayern". Süddeutsche Monatshefte, 6, Nr. 2 (November 1909), S. 590-600; Blaustein, *Uneinigkeit*, 1911; O. Harnack, „Die Zukunft des deutschen Liberalismus". März, 4, Nr. 7 (1910), S. 1-4.

[3] Richters Bemerkung ist zitiert nach Pachnicke, *Männer*, 1930, S. 32; Bassermann nach Eschenburg, *Kaiserreich*, 1929, S. 21.

[4] Eine gute Darstellung dieses Prozesses findet sich in White, *Party*, 1976. S. dazu auch O'Donnell, „Liberalism", 1973, S. 204 ff.

[5] Die beste Abhandlung über Miquel während dieses Zeitraumes bleibt Herzfelds Biographie (1938); s. dazu auch Miquel, „Briefe", 1912–13, bes. 10, Nr. 1, S. 171. Die klassische Analyse der Sammlungspolitik findet sich in E. Kehr, *Schlachtflottenbau und Parteipolitik, 1894–1901*, Berlin 1930. S. auch J. Röhl, *Germany without Bismarck: The Crisis of Government in the Second Reich, 1890–1900*, London 1967, S. 246 ff.; Stegmann, *Erben*, 1970, S. 63 ff. Eine brauchbare Kritik dieser Literatur findet sich in Barkin, *Controversy*, 1970, S. 274 f., Anmerkung 1, sowie W. J. Mommsen, „Domestic Factors in German Foreign Policy before 1914". CEH, 6, Nr. 1 (März 1973), S. 3–43.

[6] Herzfeld, *Miquel*, 1938, Bd. 2, S. 526.

[7] Zitiert nach Stegmann, *Erben*, 1970, S. 66.

[8] Miquel wurde 1897 geadelt; seine Tochter heiratete einen adeligen Landbesitzer, ein Sohn wurde Kavallerieoffizier, ein weiterer Beamter, ein dritter trat dem diplomatischen Korps bei.

L. Cecil, „The Creation of Nobles in Prussia, 1871–1918". AHR, 75, Nr. 3 (Februar 1970), S. 757–95, hat gezeigt, daß eine direkte Erhebung in den Adelsstand ziemlich selten stattfand, daß dagegen die Chance, Auszeichnungen, Medaillen und Orden zu erhalten, viel größer war. Dazu einige Beispiele: P. H. Mertes, „Zum Sozialprofil der Oberschicht im Ruhrgebiet. Dargestellt an den Dortmunder Kommerzienräten". Beiträge zur Geschichte Dortmunds und der Grafschaft Mark, 67, (1971), S. 165–226, sowie J. Remak, *The Gentle Critic: Theodor Fontane and German Politics 1848–1898*, Syracuse 1964, S. 67. Mehr zu diesem Problem in Sheehan, „Conflict", 1972.

[9] Zu den außenpolitischen Gesichtspunkten der Sammlungspolitik s. mein *Resümee* und die in Anmerkung 4 angeführte Literatur.

[10] Die Anzahl der WKe, die zwischen den Nationalliberalen und einer der konservativen Parteien hin und her wechselten, stieg von zwei im Jahr 1890 auf neun im Jahr 1912. Zu einigen Beispielen über regionale Unterschiede s. Ehrenfeuchter „Willensbildung", 1951, S. 166 ff., Hannover Wk 19, sowie 202 f., Hannover WK 4.

[11] Heckart, *Bassermann*, 1974, überschätzt die Chance für einen „Großblock" auf nationaler Ebene sehr, die Arbeit bietet aber eine große Menge interessanter Informationen über seine Ursprünge und Entwicklung, s. bes. S. 91 ff.

Schlemmer „Rolle", 1953, S. 73 ff., erörtert die Sozialdemokratie in Baden. J. Thiel, *Die Großblockpolitik der Nationalliberalen Partei Badens 1905 bis 1914*, Stuttgart 1976, erschien zu spät für mich, um sie verwenden zu können. Über Bayern s. Möckl, *Prinzregentenzeit*, 1972; s. ferner O. Gesslers Erinnerungen an den Vorkriegsliberalismus in *Reichswehrpolitik in der Weimarer Zeit*, Stuttgart 1958, S. 543 ff.; Link, „Nationalverein", 1964.

[12] Wenn erzieherische oder religiöse Fragen für die nationale Politik wichtig wurden, konnten die gleichen auf ein Linksbündnis hindrängenden Kräfte auch im Reichstag wirksam werden. S. zum Beispiel die Auseinandersetzungen von 1900 über die „Lex Heinze", beschrieben in EGK (1900), S. 23 ff., 40, 51, 73 ff.

[13] White, *Party*, 1976, bes. S. 151.

[14] Zur Zollauseinandersetzung s. Barkin, *Controversy*, 1970; G. Schöne, *Die Verflechtung wirtschaftlicher und politischer Motive in der Haltung der Parteien zum Bülowschen Zolltarif (1901–2)* (Diss.), Halle 1934; Jaeger, *Unternehmer*, 1967, S. 116 ff.; Stegmann, *Erben*, 1970, S. 80 ff. Die Kontroverse um den Mittellandkanal zur Jahrhundertwende erzeugte eine ähnliche, aber nicht identische Konstellation von

Konflikten; s. H. Horn, *Der Kampf um den Bau des Mittellandkanals: Eine politologische Untersuchung über die Rolle eines wirtschaftlichen Interessenverbandes im Preußen Wilhelms II.*, Köln und Opladen 1964, bes. S. 291 ff.

[15] Zur Sozialpolitik nach 1890 s. K. E. Born, *Staat und Sozialpolitik seit Bismarcks Sturz*, Wiesbaden 1957, sowie K. E. Born und P. Rassow, *Akten zur staatlichen Sozialpolitik in Deutschland*, Wiesbaden 1959. Die Antwort der Nationalliberalen auf die sogenannte Umsturzvorlage bietet ein gutes Beispiel für ihre Uneinigkeit über diesen Punkt: J. A. Nichols, *Germany after Bismarck*, Cambridge, Mass. 1958, S. 331 ff.; Born, *Staat*, 1954, S. 112 ff.; EGK (1895), S. 5, Bennigsens Rede zum Gesetz, sowie S. 134 ff., Endabstimmung.

Dazu einige andere Beispiele für nationalliberale Ansichten zur Sozialpolitik: Herzfeld, *Miquel*, 1938, Bd. 2, S. 289 ff.; Bein, *Hammacher*, 1932, S. 124 ff.; Kulemann, *Erinnerungen*, 1911, S. 152 ff.

[16] Kaelble, *Interessenpolitik*, 1967, sowie „Interessenverbände", 1971, enthalten eine Menge nützliche Informationen über Konflikte innerhalb der Industrieunternehmerschaft. S. auch Nussbaum, *Unternehmer*, 1966, sowie Blaich, *Kartell*, 1973.

[17] Das Handwerksgesetz ist analysiert in Linke, „Rolle", 1955, S. 110 ff. und 138 ff., sowie Winkler, *Verbandsbildung*, 1968, S. 82 ff.; Hengel, „Warenhaus", 1952, S. 78 ff.

[18] Warren, *Kingdom*, 1964, enthält eine gute Darstellung der Karriere Stresemanns in Sachsen. Stresemann selbst liefert eine kurze Beschreibung der Politik in Sachsen, in Kalkoff, *Parlamentarier*, 1917; seine Ansichten zu anderen politischen und sozialen Fragen lassen sich seinen gesammelten Reden und Artikeln entnehmen, veröffentlicht als *Wirtschaftspolitische Zeitfragen*, Dresden 1911. S. auch H. A. Turner, *Stresemann and the Politics of the Weimar Republic*, Princeton 1963, Kap. 1.

[19] Eschenburg, *Kaiserreich*, 1929, S. 11 ff.; Nipperdey, *Organisation*, 1961, S. 96 ff.; EGK (1903), S. 128, zu ihrem Parteitag von 1903, sowie EGK (1906), S. 161, zu ihrer Mitgliedschaft. Kulemanns *Erinnerungen*, 1911, S. 194 ff., bieten eine gleichgesinnte zeitgenössische Ansicht. Das Programm der Jungliberalen ist abgedruckt in Salomon, *Parteiprogramme*, 1931–32, Bd. 2, S. 54 f.

[20] Die beste Darstellung der Karriere *Bassermanns* bietet Eschenburg, *Kaiserreich*, 1929, bes. S. 13 ff. S. auch K. Bassermann (Hrsg.), *Ernst Bassermann*, Mannheim o. J., sowie E. von Roon, *Ernst Bassermann*, Berlin 1925. Nussbaum, *Unternehmer*, 1966, S. 192, Anmerkung 461, führt seine Partei- und Gruppenbindungen auf. Wernecke, *Wille*, 1970, S. 33, enthält ein enthüllendes Zitat, das seine Ansichten über die Außenpolitik wiedergibt.

[21] Zitiert nach Eschenburg, *Kaiserreich*, 1929, S. 21. In Meineckes Erinnerung war Bassermann wie ein „Steuermann, der sich unsicher ist, ob er sich nach links oder rechts wenden soll"; s. „Straßburg", 1949, in *Werke*, 1957–68, Bd. 8, S. 217.

[22] Ich denke, beide, Eschenburg, *Kaiserreich*, 1929, wie auch W. Koch, *Volk und Staatsführung vor dem ersten Weltkrieg*, Stuttgart 1935, überschätzen die Fähigkeit des Blocks, die politischen Probleme Deutschlands zu lösen. Zu den Wahlen von 1907 s. Crothers, *Elections*, 1941, sowie C. Fricke, „Der deutsche Imperialismus und die Reichstagswahlen in Württemberg", *Süddeutsche Monatshefte*, 4, Nr. 4 (1907), S. 517–24, der eine interessante zeitgenössische Ansicht über den Einfluß des Blocks auf die lokale Politik darstellt.

[23] Zu den Spaltungen innerhalb des Blocks s. Stegmann, *Erben*, 1970, S.146 ff.; Nipperdey, „Interessenverbände", 1961; Nussbaum „Hintergrund", 1965. Die Finanzfrage ist mit großer Sorgfalt behandelt in Witt, *Finanzpolitik*, 1969. Eschenburg, *Kaiserreich*, 1929, S. 239 ff., beschreibt die endgültige Auflösung des Blocks.

[24] „Laßt uns daran erinnern", verkündete das Programm des Bauernbundes, „daß es die großen Landbesitzer waren, die einst der Landarbeiterschaft die Freiheit wegnah-

men... Wir wollen gegen die Art protestieren, in der sie sich nun selbst als die Führer der Landarbeiterschaft präsentieren." Zitiert nach U. Lindig, *Der Einfluß des Bundes der Landwirte auf die Politik des wilhelminischen Zeitalters, 1893–1914* (unveröff. Diss.), Hamburg 1954, S. 73 f. S. auch Bertram, *Wahlen*, 1964, S. 100 ff.

[25] „Hansabund Aufgaben", wiederveröffentlicht in Stresemann, *Wirtschaftspolitische Zeitfragen*, Dresden, 1911, S. 193 ff. Das Hansabundprogramm findet sich in EGK (1909), S. 198 ff., sowie Riesser, *Der Hansabund*, Jena 1912, bes. S. 43 f.

[26] Zum Hansabund s. Bertram, *Wahlen*, 1964, S. 102 ff. und 155, zu den Wahlen von 1912; Kaelble, *Interessenpolitik* 1967, S. 181 ff.; Winkler, *Mittelstand*, 1972, S. 55 ff.; Wein, *Verbandsbildung*, 1968, S. 121 ff., Eschenburg, *Kaiserreich*, 1929, S. 242 ff.; EGK (1910), S. 325, sowie EGK (1911, S. 121 ff. Ich schrieb meine Darstellung ohne Benutzung von S. Mielkes *Der Hansa-Bund für Gewerbe, Handel und Industrie, 1909–1914*, Göttingen 1975, die jetzt maßgebliche Abhandlung zu dieser Organisation.

[27] EGK (1911), S. 125, sowie Stegmann, *Erben*, 1970, S. 208 ff., 239 ff.

[28] Kaelble, *Interessenpolitik*, 1967, S. 145; Thieme, *Liberalismus*, 1963, S. 34–37; Bertram, *Wahlen*, 1964, S. 154.

[29] Die Streikbewegung vor dem Krieg beschreiben H. Kaelble und H. Volkmann, „Konjunktur und Streik während des Übergangs zum organisierten Kapitalismus in Deutschland", Zeitschrift für Wirtschafts- und Sozialwissenschaften, 92, Nr. 5 (1972). Zum Kartell s. Stegmann, *Erben*, 1970, S. 269 ff., 305 ff., 352 ff., sowie F. Fischer, *Krieg der Illusionen*, Düsseldorf 1969, S. 384–412.

[30] S. dazu Thieme, *Liberalismus*, 1963, über Preußen; Heckart, *Bassermann*, 1974, S. 257 ff., über Baden; Möckl, *Prinzregentenzeit*, 1972, S. 17, 543; Albrecht, *Landtag*, 1968, S. 35 ff., sowie Reimann, *Müller-Meiningen*, 1968, S. 142 ff., über Bayern.

[31] Bertram, *Wahlen*, 1964, S. 28 ff.; Reiss, *Bassermann*, 1967, S. 150 ff.; Stegmann, *Erben*, 1970, S. 206 ff., 312, 318 ff.

[32] Bassermann stellte diese Position in seiner Rede zum Kasseler Parteitag im Oktober 1910 klar: EGK (1910), S. 353 f. S. auch Reiss, *Bassermann*, 1967, S. 23 f.; Stegmann, *Erben*, 1970, S. 223 ff.

[33] Reiss, *Bassermann*, 1967, S. 90 ff., bietet eine gute Zusammenfassung des Zustands der Partei am Vorabend des Krieges. Zu einer zeitgenössischen Ansicht s. Meinecke, „Partei", 1912, in *Werke*, 1957–68, Bd. 2, S. 55 ff.

[34] Zitiert nach Stegmann, *Erben*, 1970, S. 443.

[35] Gagel, *Wahlrechtsfrage*, 1958, S. 126 ff., gibt einen Überblick über die liberalen Haltungen gegenüber der Wahlrechtsfrage. Der offizielle Standpunkt ist in der Wahlerklärung der Nationalliberalen von 1911 zu finden, wiederabgedruckt in Mommsen, *Parteiprogramme*, 1964, S. 177. Einige Beispiele für die Ansichten des rechten Flügels der Liberalen: R. Gneist, *Die nationale Rechtsidee von den Ständen und das preußische Dreiklassenwahlsystem*, Berlin 1894; Wippermann in Kommunale Rundschau (1908), Bd. 1, S. 341–44; G. Meyer, *Das parlamentarische Wahlrecht*, 1901; Eugen Schiffers Denkschrift von 1909, veröffentlicht in B. von Hutten-Czapski, *Sechzig Jahre Politik und Gesellschaft*, Berlin 1936, Bd. 2, S. 8–12. Das wiederholte Scheitern der Anläufe zu einer Wahlrechtsform nach 1914 beschreibt R. Patemann, *Der Kampf um die preußische Wahlrechtsreform im Ersten Weltkrieg*, Düsseldorf 1964, bes. S. 143 ff.

[36] Zitiert nach Reiss, *Bassermann*, 1967, S. 109. Vgl. auch Jellinek, *Regierung*, 1909, S. 36.

Eine nützliche Zusammenfassung der nationalliberalen Haltungen gegenüber der Verfassungsreform findet sich in Grosser, *Konstitutionalismus*, 1970, S. 69 ff. Heckart, *Bassermann*, 1974, S. 257, zeigt die Ambivalenz gegenüber dem Staat, die in der Partei während der durch den Zaberner Zwischenfall ausgelösten Krise herrschte. Zum Fortbestehen dieser Haltungen nach 1914 s. Grosser, *Konstitutionalismus*, S. 168 ff.; U. Bermbach, „Aspekte der Parlamentarismus-Diskussion im kaiserlichen Reichstag. Die Erörterung im Interfraktionellen Ausschuß, 1917–1918", PV 8, Nr. 1 (März 1967), S. 51–70, sowie K. Epstein, „Der Interfraktionelle Ausschuß und das Problem der Parlamentarisierung", HZ 191, Nr. 2 (1960), S. 562–84.

[37] Die Parteiprogramme finden sich in Salomon, *Parteiprogramme*, 1931–2, Bd. 1, S. 68–72. Zu den Ursprüngen und der Entwicklung der Spaltung s. Rachfahl, „Richter", 1912, S. 344–61; Elm, *Fortschritt*, 1968, S. 4 ff.; Matthes, „Spaltung", 1953, S. 250 ff., sowie Nipperdey, *Organisation*, 1961, S. 213 ff.

[38] J. A. Nichols, *Germany after Bismarck: The Caprivi Era, 1890–1894*, Cambridge, Mass., 1958, enthält eine gute Beschreibung der Regierung Caprivi.

[39] Rachfahl, „Richter", 1912, sowie Nipperdey, *Organisation*, 1961, S. 180, 217–24.

[40] Zitiert aus *Die Nation* 22. Juli 1893, nach Sheehan, *Career*, 1966, S. 137. S. auch Wegner, *Barth* 1968, sowie Nipperdey, *Organisation*, 1961, S. 224–30.

[41] Eine detaillierte Verteidigung dieser Position findet sich in Wernicke, *Kapitalismus*, 1907. Zu linksliberalen Haltungen gegenüber bestimmten Punkten der Gesetzgebung s. Linke, „Rolle", 1955, S. 41 ff., 110 ff., 172; Wein, *Verbandsbildung*, 1968, S. 79 ff.; Hengel, „Warenhaus", 1952, S. 89 ff.

[42] Barkin, *Controversy*, 1970, S. 186 ff.; Sheehan, *Career*, 1966, S. 132 f.; 136, 141 ff. Zu einem Beispiel für diese Anschauungsweise s. die frühen Aufsätze von H. Preuss, wiederabgedruckt in seinem Werk, *Staat, Recht und Freiheit*, Tübingen 1926.

[43] Zitiert nach Helfferich, *Siemens*, 1921–23, Bd. 3, S. 219. Zum Handelsvertragsverein s. Anderson, *Background*, 1939, S. 155 ff., sowie Nussbaum, *Unternehmer*, 1966, S. 151 ff.

[44] Heuss, *Mommsen*, 1956, S. 212 ff., sowie EGK (1902), S. 182 f. Sheehan, *Career*, 1966, S. 137 ff., erörtert Barths Beziehung zu Brentano. Zu einer kritischeren Ansicht s. Elm, *Fortschritt*, 1968, S. 29 ff., 103 ff.

[45] Naumann hat ein beträchtliches Maß an wissenschaftlicher Zuwendung auf sich gezogen; in der Tat könnte es bald so weit sein, daß es mehr Arbeiten über ihn gibt, als er je Anhänger hatte. Die klassische Darstellung bleibt Theodor Heuss' wohlwollende Biographie *Friedrich Naumann: Der Mann, das Werk, die Zeit*, Stuttgart und Tübingen ²1949. Eine Bibliographie von Arbeiten von und über Naumann wurde zusammengestellt von A. Milatz, *Friedrich Naumann Bibliographie*, Düsseldorf 1957. Einen guten Einblick in Naumanns Schriften geben die *Werke*, 1964. Zwei lesenswerte kurze Abhandlungen über seine Karriere bieten R. Nürnberger, „Imperialismus, Sozialismus und Christentum bei Friedrich Naumann". HZ, 180, Nr. 3 (Oktober 1950), S. 525–48, sowie W. Conze, „Friedrich Naumann. Grundlagen und Ansatz seiner Politik bei der national-sozialen Zeit (1895–1903)", in Hubatsch (Hrsg.), *Schicksalswege*, (1950), S. 355–86.

[46] Die neueste Arbeit zu den Nationalsozialen bietet D. Düdig, *Der Nationalsoziale Verein*, München 1972. Sheehan, *Career*, 1966, S. 137 ff., diskutiert Naumanns Beziehung zu Barth.

[47] Rachfahl, „Richter", 1912, S. 363 ff. S. auch EGK (1894), S. 137 ff., 151, zum Programm und Parteitag von 1894; EGK (1903), S. 103, 164, zu einer Polemik gegen die SPD und ihren Parteitag von 1903.

[48] Simon, *Demokraten*, 1969, S. 40 f. S. auch den Parteitag von 1903, geschildert in EGK (1903), S. 164.

[49] Elm, *Fortschritt*, 1968, S. 103 ff., 129 ff., sowie Nipperdey, *Organisation*, 1961, S. 226. Zu einem Beispiel für diese Gegensätze s. den Konflikt zwischen Naumann und Pachnicke, geschildert in *Die Hilfe* (1905), Nr. 41.

[50] 1893 gewann die Freisinnige Vereinigung 3 Sitze im ersten Wahlgang, 7 in Stichwahlen gegen die SPD, 5 in Stichwahlen gegen die Rechten. 1898 lauteten diese Zahlen 1, 5 und 8; 1903 0, 7 und 6. S. Wehner, *Barth*, 1968, S. 144 f.
[51] S. zu Preußen die offiziellen, oben angegebenen Ergebnisse, Kap. 15, Anmerkung 8. Beispiele aus dem Süden sind zu finden in Simon, *Demokraten*, 1969, S. 72 ff., über Württemberg; Reimann, *Müller-Meiningen*, 1968, S. 36 ff., 83 ff., über Bayern.
[52] Reimann, *Müller-Meiningen*, 1968, S. 42 ff., Elm, *Fortschritt*, 1968, S. 170 ff.; Simon, *Demokraten*, 1969, S. 81 ff.; Robson, „Liberalism", 1966, S. 48 ff.
[53] Die Wahlen von 1907 bieten eine weitere Illustration für die nach links und rechts wirkenden Fliehkräfte innerhalb des Liberalismus als Folge der Inkongruenz der lokalen und nationalen Institutionen: Die Volkspartei verbündete sich 1907 bei der Reichstagswahl mit anderen Parteien gegen die Sozialdemokraten, bei der württembergischen Landtagswahl dagegen mit der SPD gegen die Rechte. Heckart, *Bassermann*, 1974, S. 69.
[54] Sheehan, *Career*, 1966, S. 168 ff., erörtert dies und zitiert die maßgebliche Literatur. S. auch Fricke, Bd. 1, S. 280–84, über die von Barth gegründete Organisation.
[55] Das neue Parteiprogramm ist abgedruckt in Mommsen, *Parteiprogramme*, 1964, S. 173 ff. Zu einer Diskussion über die Verschmelzung s. Nipperdey, *Organisation*, 1961, S. 187 ff.; Robson, „Liberalism", 1966, Kap. 3; Simon, *Demokraten*, 1969, S. 90 ff.; Reimann, *Müller-Meiningen*, 1968, S. 61 ff.; Elm, *Fortschritt*, 1968, S. 208 ff.
[56] Gagel, *Wahlrechtsfrage*, 1958. Einige Beispiele für die Konflikte zwischen Linksliberalen und Sozialisten über das Wahlrecht, P. Hirsch und H. Lindemann, *Das kommunale Wahlrecht*, Berlin 1905, S. 8 f.; KP (1904), Bd. 4, S. 403–6, sowie (1909), Bd. 9, S. 1223 f.
[57] Am besten lassen sich die komplizierten Beziehungen zwischen den Liberalen und der SPD anhand der Lektüre der KP nachvollziehen. Auch die folgenden Autobiographien von Arbeiterführern sind interessant: K. Ulrich, *Erinnerungen des ersten hessischen Staatspräsidenten*, Offenbach/Main 1953, S. 60 ff.; G. Noske, *Erlebtes aus Aufstieg und Niedergang einer Demokratie*, Offenbach 1947, S. 17 ff.; P. Löbe, *Erinnerungen eines Reichstagspräsidenten*, Berlin 1949, S. 38 ff.; C. Severing, *Lebensweg*, 1950, Bd. 1, S. 132 ff. Sheehan, „Liberalism and the City", 1971, behandelt dieses Problem etwas umfassender.
[58] Zu einem guten Beispiel für die politische und soziale Isolation der Arbeiter s. Hellpach, *Wirken*, 1948–49, Bd. 1, S. 38 ff.
[59] Bertrams Analyse der Stichwahl in *Wahlen* 1964, S. 221–41, legt einige wichtige Modifikationen gegenüber Schorske, *Social Democracy*, 1955, S. 226 ff. nahe, aber ich denke, die Hauptlinie von Schorskes Argumentation bleibt erhalten. Zu einer weiteren Ansicht s. Robson, „Liberalism", 1966, S. 89 ff. Severing, *Lebensweg*, 1950, Bd. 1, S. 183 ff., enthält eine gute Darstellung des Unvermögens der Liberalen, ihre Wählerschaft in einem Wahlkreis im Griff zu behalten.
[60] Mommsen, *Parteiprogramme*, 1964, S. 174.
[61] Grosser, *Konstitutionalismus*, 1970, S. 60 ff., 163 ff., sowie H. Wasser, *Parlamentarismuskritik vom Kaiserreich zur Bundesrepublik*, Stuttgart 1974, S. 31–34, sind gute Einführungen zur Haltung der Linksliberalen in der Frage der Verfassungsreform.
[62] Zur Reaktion der Linksliberalen auf die Daily-Telegraph-Affäre s. Eschenburg, *Kaiserreich*, 1929, S. 166 ff.; Pachnicke, *Männer*, 1930, S. 88; Reimann, *Müller-Meiningen*, 1968, S. 58. Zu Zabern s. A. Dorpalen, „Wilhelminian Germany – A House Divided Against Itself". JCEA, 15, Nr. 3 (Oktober 1955), S. 244.
[63] F. Payer, *Von Bethmann Hollweg bis Ebert*, Frankfurt 1923, S. 15. Vgl. das Zitat in Fenske, *Wahlrecht*, 1972, S. 15.

⁶⁴ F. Naumann, *Demokratie und Kaisertum*, Berlin-Schöneberg ³1904. S. auch Naumanns Artikel „Pessimistische Liberalismus-Kaiserpolitik", Die Hilfe (1900), Nr. 16, S. 1 f.
⁶⁵ Zitiert nach Struve, *Elites*, 1973, S. 124. Zum politischen Denken der Linksliberalen nach 1890 s. P. Gilg, *Die Erneuerung des demokratischen Denkens im Wilhelminischen Deutschland*, Wiesbaden 1965, S. 102 ff., 107 ff., 220 ff.; Vitzthum, *Politik*, 1971, S. 84 ff., über Hänel, Wegner, Barth, 1968, S. 65 ff.; G. Schwarz, *Theodor Wolff und das „Berliner Tageblatt"*, Tübingen 1968, S. 52 ff.
⁶⁶ Ein Überblick über den Einfluß der Liberalen auf die Weimarer Verfassung findet sich in Fenske, *Wahlrecht*, 1972, S. 339 ff., sowie Portner, *Verfassungspolitik*, 1973. G. Schmidt, *Deutscher Historismus und der Übergang zur parlamentarischen Demokratie. Untersuchungen zu den politischen Gedanken von Meinecke, Troeltsch, Max Weber*, Lübeck und Hamburg 1964, untersucht die „der demokratischen Theorie anhaftenden retardierenden Elemente" am Ende der Kaiserzeit. S. auch Mommsen, „Wandlungen", 1975, S. 141 f.
⁶⁷ Einige anregende Ideen über den Zustand der deutschen Politik im Jahr 1914 sind zu finden in drei neuen Artikeln von Gustav Schmidt, „Deutschland am Vorabend des ersten Weltkriegs", in Stürmer (Hrsg.), *Deutschland*, 1970, S. 397–434; „Blockbildungen", 1972, sowie „Parlamentarisierung oder ‚Präventive Konterrevolution'?" in Ritter, *Gesellschaft*, 1974, S. 249–78. S. auch Ritters Vorwort zu diesem Band, bes. S. 41 ff.

Resümee: Liberalismus, Nationalismus und die deutsche Frage

¹ T. Schieder, *Das deutsche Kaiserreich von 1871 als Nationalstaat*, Köln und Opladen 1961, bes. S. 72 ff., Mosse, *Nationalization*, 1975; K. H. Höfele, „Selbstverständnis und Zeitkritik des deutschen Bürgertums vor' dem ersten Weltkrieg", Zeitschrift für Religions- und Geistesgeschichte, 8, Nr. 1 (1956), S. 40–56; Schwarz, „Attitudes", 1961, bes. Kap. 2. Einige interessante Bemerkungen zum Problem des Nationalismus finden sich in R. Berdahl, „New Thoughts on German Nationalism". AHR 77, Nr. 1 (Februar 1972), S. 65–80.
² Zu guten, kurzen Erklärungen von Treitschkes Position s. Krieger, *The German Idea*, 1957, S. 363 ff., sowie Dorpalen, *Treitschke*, 1957. Seine Ansichten wurden vorweggenommen von Rochau, *Grundsätze*, 1853–1869, wiederveröffentlicht 1972, s. S. 35.
³ Faber, „Realpolitik", 1966.
⁴ Zum Liberalismus und Imperialismus vor 1890 s. oben Kap. 13. Zur Wilhelminischen Ära s. Mommsen, „Wandlungen" 1975, sowie die anderen Aufsätze in Holl und List, *Liberalismus*, 1975, bes. die Kritik an Mommsen von Lothar Gall. Lesenswert ist auch M. Messerschmidt, „Reich und Nation im Bewußtsein der wilhelminischen Gesellschaft", in H. Schottelius und W. Diest (Hrsg.), *Marine und Marinepolitik im kaiserlichen Deutschland, 1871–1914*, Düsseldorf 1972.
⁵ Eine gute Einführung zu den patriotischen Vereinigungen ist K. Schilling, *Beiträge zu einer Geschichte des radikalen Nationalismus in der Wilhelminischen Ära 1890–1909* (Diss.), Köln 1968, sowie H. Pogge von Strandmann, „Nationale Verbände zwischen Weltpolitik und Kontinentalpolitik", in H. Schottelius und W. Diest (Hrsg.), *Marine und Marinepolitik im kaiserlichen Deutschland, 1871–1914*, Düsseldorf 1972. Artikel über einzelne Organisationen finden sich bei Fricke. Zu den Kriegervereinen s. H. Henning, „Kriegervereine in den preußischen Westprovinzen. Ein Beitrag zur preußischen Innenpolitik zwischen 1860 und 1914". RV 32, Anmerkungen 1–4 (1968), S. 430–75, sowie K. Saul, „Der ‚Deutsche Kriegerbund': Zur innenpolitischen Funk-

tion eines „nationalen' Verbandes im kaiserlichen Deutschland", Militärgeschichtliche Mitteilungen (1971), S. 97–143. Bei der Behandlung dieser Thematik wäre mir das Material sehr zustatten gekommen, das G. Eley in *Reshaping the German Right. Radical Nationalism and Political Change after Bismarck*, New Haven und London 1980, vorlegt.

[6] Mosse, *Nationalization*, 1975, S. 2.

[7] Zitiert nach H.-U. Wehler, *Das deutsche Kaiserreich*, Göttingen 1973, S. 195.

[8] Zitiert nach O'Donnell, „Liberalism", 1973, S. 309, aus dem Englischen rückübersetzt.

[9] O'Donnell, „Liberalism", 1973, S. 199.

[10] Reimann, *Müller-Meiningen*, 1968, S. 26 ff. und 74 ff.; Elm, *Fortschritt*, 1968; Simon, *Demokraten*, 1969, S. 98 ff., 118 f.; Anderson, *Background*, 1939, S. 98 ff.; Wernecke, *Wille*, 1970, S. 34, 294, diskutiert die linksliberale Presse.

[11] Ludwig Frank, zitiert nach Stegmann, *Erben*, 1970, S. 113.

[12] Mommsen, *Weber*, 1959. S. auch Meinecke, „Sammlungspolitik", 1910, in *Werke*, 1957–68, Bd. 2, S. 40 f.

[13] Otto Hintze zum Beispiel ging von derselben Voraussetzung aus wie Naumann und Weber, bediente sich ihrer jedoch, um den Status quo zu verteidigen. S. seinen Aufsatz „Das Monarchische Prinzip und die konstitutionelle Verfassung", 1911, wiederabgedruckt in *Abhandlungen*, 1962–67, Bd. 1, S. 359–89.

[14] B. Malinowski, *Magic, Science and Religion*, Garden City, N. Y., 1954, S. 129. Zum Unterschied zwischen Ideologie und Mythos s. W. Mullins, „On the Concept of Ideology in Political Science". APSR, 66, Nr. 2 (1972), bes. S. 505.

[15] Fraenkel, *Deutschland*, 1968, S. 28, sowie H. Arendt, *The Origins of Totalitarianism*, New York 1951, S. 254 f.; beide weisen auf diese Beziehung zwischen innerer Uneinigkeit und der Beschwörung nationaler Zusammengehörigkeit hin. S. auch Mommsen, „Wandlungen", 1975.

[16] Emil Lederer, zitiert nach G. Feldmann, *Army, Industry and Labor in Germany, 1914–1918*, Princeton 1966, S. 27.

[17] Zitiert nach Stern, „Consequence", 1960, S. 129, aus dem Englischen rückübersetzt. Zu Meineckes Erinnerungen an die Augusttage s. „Straßburg", in *Werke*, 1957–69, Bd. 8, S. 222 ff.

[18] V. Turner, *Dramas, Fields and Metaphers*, Ithaca, N. Y., 1974, S. 166 ff.

[19] J. Kocka, *Klassengesellschaft im Krieg. Deutsche Sozialgeschichte 1914–1918*, Göttingen 1973, bietet die beste allgemeine Einführung in die sozialen Auswirkungen des Kriegs. Zur „Mittelschicht" nach 1918 s. Charles Maier, *Recasting Bourgeois Europe: Stabilization in France, Germany, and Italy in the Decade after World War I*, Princeton 1975, bes. S. 256 ff., zur Inflation; Winkler, *Mittelstand*, 1972; W. T. Angress, „The Political Role of the Peasentry in the Weimar Republic". RP, 31, Nr. 3 (Juli 1959), S. 530–49; W. Kaltefleiter, *Wirtschaft und Politik in Deutschland. Konjunktur als Bestimmungsfaktor des Parteiensystems*, Köln 1966, S. 22 ff., sowie H. Lebovics, *Social Conservatism and the Middle Classes in Germany 1914–1933*, Princeton 1969. T. Geigers *Die soziale Schichtung des deutschen Volkes*, Stuttgart 1932, stellt eine klassische zeitgenössische Darstellung dar.

[20] Zu den Wahlen von 1919 und 1920 s. G. A. Ritter, „Kontinuität und Umformung des deutschen Parteisystems, 1918–1920", in Ritter (Hrsg.), *Entstehung*, 1970, S. 267 ff.; Albertin, *Liberalismus*, 1972, S. 138 ff., 153 ff.; sowie Hartenstein, *Anfänge*, 1962, S. 59 ff., 224 ff.

Eine allgemeine Einführung zur Wahlgeschichte von Weimar ist zu finden in A. Milatz, *Wähler und Wahlen in der Weimarer Republik*, Bonn 1965, sowie Fenske, *Wahlrecht*, 1972, Kap. 7–9.

[21] Zitiert nach Schumacher, *Mittelstandsfront*, 1972, S. 115. Siehe auch Winkler, *Mittelstand*, 1972, S. 121 ff. Zur Entwicklung des Liberalismus nach 1918 s. S. Neumann, *Die deutschen Parteien*, Berlin 1932, S. 46 ff.; G. Fischenberg, *Der deutsche Liberalismus und die Entstehung der Weimarer Republik* (unveröff. Diss.), Münster 1958; Portner, *Verfassungspolitik*, 1973; Albertin, *Liberalismus*, 1972. Zur Deutschen Demokratischen Partei s. bes. Robson, „Liberalism", 1966; E. Portner, „Der Ansatz zur demokratischen Massenpartei im deutschen Liberalismus". VfZ, 13, Nr. 2 (April 1965), S. 150–61; W. Stephan, *Aufstieg und Verfall des Linksliberalismus 1918–1933*, Göttingen und Zürich 1973; B. Frye, „The German Democratic Party, 1918–1930", The Western Political Quarterly, 16, Nr. 1 (März 1963), S. 167–79. Zur deutschen Volkspartei s. Booms, „Die Deutsche Volkspartei", in Matthias und Morsey, *Ende*, 1960, S. 523–39; Hartenstein, *Anfänge*, 1962; L. Döhn, *Politik und Interesse. Die Interessenstruktur der Deutschen Volkspartei*, Meisenheim am Glan 1970.

[22] Die beste regionale Studie bleibt Heberles Arbeit über Schleswig-Holstein, *Democracy*, 1945, sowie die längere deutsche Fassung *Landbevölkerung*, 1963. Schumacher, *Mittelstandsfront*, 1972, behandelt die Wirtschaftspartei; G. Opitz, *Der Christlich-soziale Volksdienst. Versuch einer protestantischen Partei in der Weimarer Republik*, Düsseldorf 1969, S. 223 ff., erörtert die protestantischen Parteien. Hopwood, „Paladins", 1974, S. 223 ff., enthält einige faszinierende Informationen über den Niedergang der traditionellen Parteien auf lokaler Ebene.

[23] Der Begriff des „sozialen Milieus" ist definiert in Lepsius, *Nationalismus*, 1966, bes. S. 24, 27.

[24] Die letzten Wahlen der Weimarer Ära sind sehr eingehend untersucht worden. Milatz' Aufsatz bietet den besten Einstieg in das Studium dieser Literatur; s. in Matthias und Morsey (Hrsg.), *Ende*, 1960. S. M. Lipsets Aufsatz in *Political Man*, 1963, stellt einen sehr einflußreichen Versuch dar, die Beziehungen zwischen dem Faschismus und der politischen „Mitte" herauszuarbeiten. Shively, „Identification", 1972, sowie Burnham, „Immunization" , 1972, verwenden ebenfalls nationale Wahlergebnisse, um Veränderungen im Wählerverhalten zu erklären. Obwohl alle diese Artikel nützliche Einblicke enthalten, müssen sie durch detaillierte Studien ergänzt werden. Dafür einige Beispiele: Heberles gerade zitierte Arbeiten (Anmerkung 22) sowie die interessante Überprüfung seiner Untersuchungen in T. Tilton, *Nazism, Neo-Nazism, and the Peasentry*, Bloomington, Ind., 1975; G. Pridham, *Hitler's Rise to Power: The Nazi Movement in Bavaria, 1923–1933*, New York 1973; Allen, *Seizure*, 1965; Faris, „Takeoff", 1975; J. Noakes, *The Nazi Party in Lower Saxony, 1921–1933*, New York 1972. Das beste Buch zu dieser Thematik ist neuerdings R. Hamilton, *Who Voted for Hitler?* Princeton 1982.

[25] Dieser Prozeß kann nachvollzogen werden anhand der Daten zu den Landtagswahlen, wie sie Milatz, „Das Ende", 1960, S. 759, 766, aufführt.

[26] Die wirksamste Kritik an Lipset von diesem Standpunkt aus enthält Winklers durchdachter Artikel „Extremismus der Mitte? Sozialgeschichtliche Aspekte der nationalsozialistischen Machtergreifung". VfZ 20, Nr. 2 (April 1972), S. 175–91.

[27] Zitiert nach Berelson u. a., *Voting*, bei Thränhardt, *Wahlen*, 1973, S. 20, Anmerkung 11. Heberles Arbeit ist oben zitiert, Anmerkung 22.

[28] Burnham meint zum Beispiel: „Wenn eine Krise eintritt, so ist das wesentliche unterscheidende Kriterium nicht die Zeitdauer des Ausgesetztseins, sondern die relative Intensität der politischen Bindung an eine der traditionellen Parteien." In „Immunization", 1972, S. 15.

[29] Schumacher weist richtig auf diese Verbindung hin, wenn er die Nazis die Erben der Splitterparteien nennt: *Mittelstandsfront*, 1972, S. 112.

[30] K. D. Bracher u. a., *Die Auflösung der Weimarer Republik*, Villingen ³1960, S. 355, sowie der Artikel „Staatspartei" in Matthias und Morsey, *Ende*, 1960, S. 31 ff.

[31] Eine teilweise gute Darstellung dazu findet sich in Allen, *Seizure*, 1965. S. auch Faris, „Takeoff", 1975, S. 160 f., zur Ausnutzung der Kampagne gegen den Young-Plan durch die Nazis. Zum allgemeinen Problem des Nationalismus und seiner politischen Nutzbarmachung s. Lepsius, *Nationalismus*, 1966.

[32] Zu einigen anderen Bemühungen, den Zusammenhang zwischen dem Liberalismus und dem Aufstieg des Faschismus in Deutschland zu verstehen s. Dahrendorf, *Gesellschaft*, 1969; Lepsius, „Demokratie", 1969; Winkler, *Mittelstand*, 1972, bes. S. 157 ff.; O'Donnell, „Liberalism", 1973, bes. S. 1 ff., 461 ff.

BIBLIOGRAPHIE

Adam, Albert, *Ein Jahrhundert württembergischer Verfassung*, Stuttgart 1919.
Adam, Reinhard, „Johann Jacobys politischer Werdegang, 1805–1840". HZ, 143, Nr. 1 (1930), S. 48–76.
–, „Der Liberalismus in der Provinz Preußen zur Zeit der neuen Ära und sein Anteil an der Entstehung der Deutschen Fortschrittspartei". *Altpreußische Beiträge. Festschrift zur Hauptversammlung des Gesamtvereins der deutschen Geschichts- und Altertums-Vereine zu Königsberg*, Königsberg 1933, S. 145–181.
Albertin, Lothar, *Liberalismus und Demokratie am Anfang der Weimarer Republik. Eine vergleichende Analyse der Deutschen Demokratischen Partei und der Deutschen Volkspartei*, Düsseldorf 1972.
Albrecht, Willy, *Landtag und Regierung in Bayern am Vorabend der Revolution von 1918. Studien zur gesellschaftlichen und staatlichen Entwicklung Deutschlands von 1912–1918*, Berlin 1968.
Allen, William S., *The Nazi Seizure of Power. The Experience of a Single German Town, 1930–1935*, Chicago 1965.
Allgemeine Zeitung, München 1866–1912.
Anderson, Eugene N., *The Social and Political Conflict in Prussia, 1858–1864*, Lincoln/Nebraska 1954.
–, *The Prussian Election Statistics, 1862 and 1863*, Lincoln/Nebraska 1954.
Anderson, Pauline, *The Background of Anti English Feelings in Germany, 1890–1902*, Washington / D. C. 1939.
Angel-Volkov, Shulamit, „The Decline of the German Handicrafts: Another Reappraisal". VSWG, 61, Nr. 2 (1974), S. 165–184.
–, „The Social and Political Function of a Late 19th Century Anti-Semitism: The Case of the Small Handicraft Masters". In Wehler (Hrsg.), *Sozialgeschichte*, 1974, S. 416–431.
Angermann Erich, „Karl Mathy als Sozial- und Wirtschaftspolitiker (1842–1848)". ZGO, Neue Folge, 64, Nr. 2 (1955), S. 492–622.
–, *Robert Mohl. 1799–1875. Leben und Werk eines altliberalen Staatsgelehrten*, Neuwied 1962.
Aris, Reinhold, *History of Political Thought in Germany, 1789–1815*, London 1936.
Ayçoberry, Pierre, „Probleme der Sozialschichtung in Köln im Zeitalter der Frühindustrialisierung". In W. Fischer (Hrsg.), *Wirtschaftsgeschichte*, 1968, S. 512–528.
–, „Der Strukturwandel im Kölner Mittelstand, 1820–1850". GuG 1, Nr. 1 (1975), S. 78–98.
Baden, *Verhandlungen der Stände Versammlung*, Karlsruhe 1868 und 1874.
Baden, *Statistisches Jahrbuch für Großherzogtum Baden, 1913*, Karlsruhe 1913.
Balser, Frolinde, *Die Anfänge der Erwachsenenbildung in Deutschland in der ersten Hälfte des 19. Jahrhunderts*, Stuttgart 1959.
–, *Sozial Demokratie 1848/49–1863: die erste deutsche Arbeiterorganisation*, 2 Bde., Stuttgart 1962.
Bamberger, Ludwig, *Gesammelte Schriften*, 5 Bde., Berlin 1894–1898.
–, *Erinnerungen*, Berlin 1899.
–, *Bismarcks großes Spiel. Die geheimen Tagebücher Ludwig Bambergers*, hrsg. v. Ernst Feder, Frankfurt 1932.

Barkin, Kenneth, *The Controversy over German Industrialization, 1890–1902*, Chicago 1970.
Bartel, Horst und Engelberg, E. (Hrsg.), *Die großpreußisch-militärische Reichsgründung 1871: Voraussetzung und Folgen*, 2 Bde., Berlin 1971.
Bauer, Wilhelm, *Die öffentliche Meinung und ihre geschichtlichen Grundlagen*, Tübingen 1914.
Baumgarten, Hermann, „Der deutsche Liberalismus. Eine Selbstkritik". PJbb, 18, Nr. 5 und 6 (1866), S. 455–517, 575–628.
Beau, Horst, *Das Leistungswissen des frühindustriellen Unternehmertums in Rheinland-Westfalen*, Köln 1959.
Bebel, August, *Aus meinem Leben*, Berlin ³1961.
Becker, Josef, *Liberaler Staat und Kirche in der Ära von Reichsgründung und Kulturkampf. Geschichte und Strukturen ihres Verhältnisses in Baden, 1860–1876*, Mainz 1973.
Bellot, Josef, *Das politische Leben in den Saarkreisen zwischen der Revolution von 1848/49 und dem deutsch-französischen Krieg von 1870/71* (unveröffentl. Diss.), Bonn 1951.
–, *Hundert Jahre politisches Leben an der Saar unter preußischer Herrschaft (1815–1918)*, Bonn 1954.
Bein, Alex und Goldschmidt, Hans, *Friedrich Hammacher. Lebensbild eines Parlamentariers und Wirtschaftsführers, 1824–1904*, Berlin 1932.
Bergsträsser, Ludwig, „Die Parteipolitische Lage beim Zusammentritt des Vorparlaments". ZfP, 6 (1913), S. 594–620.
–, „Kritische Studien zur Konfliktszeit". HV, 19, Nr. 3 (1919), S. 343–376.
–, „Parteien von 1848". PJbb, 177, Nr. 2 (1919), S. 180–211.
– (Hrsg.), *Das Frankfurter Parlament in Briefen und Tagebüchern: Ambrosch, Rümelin, Hallbauer, Blum*, Frankfurt 1929.
–, „Entstehung und Entwicklung der Parteikorrespondenzen in Deutschland im Jahre 1848/49". Zeitungswissenschaft, 8, Nr. 1 (1933), S. 12–25.
Bermbach, Udo, „Über Landstände. Zur Theorie der Repräsentation im deutschen Vormärz". In *Sprache und Politik: Festgabe für D. Sternberger*, hrsg. v. C. J. Friedrich und B. Reifenberg, Heidelberg 1968, S. 241–262.
Bertram, Jürgen, *Die Wahlen zum Deutschen Reichstag vom Jahre 1912: Parteien und Verbände in der Innenpolitik des Wilhelminischen Reiches*, Düsseldorf 1964.
Beseler, Georg, *Erlebtes und Erstrebtes. 1809–1859*, Berlin 1884.
Biedermann, Karl, *Erinnerungen aus der Paulskirche*, Leipzig 1849.
–, *Mein Leben und ein Stück Zeitgeschichte*, 2 Bde., Breslau 1886.
Bigler, Robert, *The Politics of German Protestantism. The Rise of the Protestant Church Elite in Prussia. 1815–1848*, Berkeley, Los Angeles und London 1972.
Birker, Karl, *Die deutschen Arbeiterbildungsvereine, 1840–1870*, Berlin 1973.
Birtsch, Günter, *Die Nation als sittliche Idee. Der Nationalstaatsbegriff in Geschichtsschreibung und politischer Gedankenwelt Johann Gustav Droysens*, Köln und Graz 1964.
Bismarck, Otto von, *Die gesammelten Werke*, 15 Bde., Berlin 1923–1933.
Blättner, Fritz, *Das Gymnasium. Aufgaben der höheren Schule in Geschichte und Gegenwart*, Heidelberg 1960.
Blaich, Fritz, „Die Anfänge der deutschen Antikartellpolitik zwischen 1897 und 1914". JbS, 21, Nr. 2 (1970), S. 127–150.
–, *Kartell- und Monopolpolitik im kaiserlichen Deutschland. Das Problem der Marktmacht im deutschen Reichstag zwischen 1879 und 1914*, Düsseldorf 1973.

Blaustein, Arthur, *Von der Uneinigkeit der Liberalen bei den Reichstagswahlen, 1867–1910*, München 1911.
–, „Soziologisch/Statistische Abteilung". ZfP, Ergänzungsband 1 (1912), S. 351–380.
Block, Hermann, *Die parlamentarische Krisis der nationalliberalen Partei, 1879–80*, Hamburg 1930.
Blum, Hans, *Auf dem Wege zur deutschen Einheit. Erinnerungen und Aufzeichnungen eines Mitkämpfers aus den Jahren 1867 bis 1870*, 2 Bde., Jena 1893.
Bluntschli, Johann Kaspar (Hrsg.), *Deutsches Staatswörterbuch*, 11 Bde., Stuttgart und Leipzig 1857–1870.
–, *Charakter und Geist der politischen Parteien*, Nördlingen 1869.
–, *Denkwürdiges aus meinem Leben*, 3 Bde., Nördlingen 1884.
Boberach, Heinz, *Wahlrechtsfrage im Vormärz; Die Wahlrechtsanschauung im Rheinland, 1815–1849, und die Entstehung des Dreiklassenwahlrechts*, Düsseldorf 1959.
Böckenförde, Ernst-Wolfgang (Hrsg.), *Moderne Deutsche Verfassungsgeschichte (1815–1918)*, Köln 1972.
–, „Die Einheit von nationaler und konstitutioneller politischer Bewegung im deutschen Frühliberalismus". In Böckenförde (Hrsg.), *Verfassungsgeschichte*, 1972, S. 27–39.
–, „Der Verfassungstyp der deutschen konstitutionellen Monarchie im 19. Jahrhundert". In Böckenförde (Hrsg.), *Verfassungsgeschichte*, 1972, S. 146–170.
Böhme, Helmut, *Deutschlands Weg zur Großmacht: Studien zum Verhältnis von Wirtschaft und Staat während der Reichsgründungszeit, 1848–1881*, Köln und Berlin 1966.
–, *Probleme der Reichsgründungszeit, 1848–1879*, Köln und Berlin 1968.
Böhmert, Carl Victor, „Die Entstehung des volkswirtschaftlichen Kongresses vor 25 Jahren. Zur Erinnerung an Schulze-Delitzsch und Huber, Lette und Prince Smith". Vierteljahrsschrift für Volkswirtschaft, Politik und Kulturgeschichte, 21, Nr. 1 (1884), S. 193–225.
Böttcher, Friedrich, *Eduard Stephani. Ein Beitrag zur Zeitgeschichte*, Leipzig 1887.
Böttcher, Ulrich, *Anfänge und Entwicklung der Arbeiterbewegung in Bremen von der Revolution 1848 bis zur Aufhebung des Sozialistengesetzes, 1890*, Bremen 1953.
Boldt, Hans, „Deutscher Konstitutionalismus und Bismarckreich". In Stürmer (Hrsg.), *Deutschland*, 1970, S. 119–142.
–, „Zwischen Patrimonialismus und Parlamentarismus. Zur Entwicklung vorparlamentarischer Theorien in der deutschen Staatslehre des Vormärz". In Ritter (Hrsg.), *Gesellschaft*, 1974, S. 77–100.
Boldt, Werner, *Die Anfänge des deutschen Parteiwesens. Fraktionen, politische Vereine und Parteien in der Revolution 1848*, Paderborn 1971.
–, „Konstitutionelle Monarchie oder parlamentarische Demokratie. Die Auseinandersetzung um die deutsche Nationalversammlung in der Revolution von 1848". HZ, 216, Nr. 3 (Juni 1973), S. 553–662.
Bolland, Jürgen, *Die hamburgische Bürgerschaft in alter und neuer Zeit*, Hamburg 1959.
Booms, Hans, *Die deutschkonservative Partei. Preußischer Charakter, Reichsauffassung, Nationalbegriff*, Düsseldorf 1954.
Borchardt, Knut, „Zur Frage des Kapitalmangels in der ersten Hälfte des 19. Jahrhunderts". JbbNS, 173 (September 1961), S. 401–421.
–, „Regionale Wachstumsdifferenzierung in Deutschland im 19. Jahrhundert unter besonderer Berücksichtigung des West-Ost-Gefälles". In F. Lütge (Hrsg.), *Wirtschaftliche und soziale Probleme der gewerblichen Entwicklung im 15.–16. und 19. Jahrhundert*, Stuttgart 1968, S. 115–130.

Born, Karl Erich (Hrsg.), *Probleme deutscher Wirtschaftsgeschichte*, Köln und Berlin 1966.
Born, Stephan, *Erinnerungen eines Achtundvierzigers*, Leipzig ²1898.
Bornkamm, Heinrich, „Die Staatsidee im Kulturkampf". HZ, 170, Nr. 1 und 2 (1950), S. 41-72 und 273-306.
Botzenhart, Manfred, „Die Parlamentarismusmodelle der deutschen Parteien 1848-49". In Ritter (Hrsg.), *Gesellschaft*, 1974, S. 121-143.
Bramstedt, E. K., *Aristocracy and the Middle Classes in Germany: Social Type in German Literature, 1830-1900*, neu überarbeitete Ausg. Chicago und London 1964.
Brandt, Hartwig, *Landständische Repräsentation im deutschen Vormärz. Politisches Denken im Einflußfeld des monarchischen Prinzips*, Neuwied 1968.
-, „Gesellschaft, Parlament, Regierung in Württemberg, 1830-1840". In Ritter (Hrsg.), *Gesellschaft*, 1974, S. 101-118.
Brecht, A., *Aus nächster Nähe. Lebenserinnerungen, 1884-1927*, Stuttgart 1966.
Briefs, Goetz, *The Proletariat*, New York 1937.
Brooks, Robert, „Political Clubs in Prussian Cities". Municipal Affairs, 4, Nr. 2 (Juni 1900), S. 375-384.
Broszat, Martin, *Die antisemitische Bewegung im wilhelminischen Deutschland* (unveröffentl. Diss.), Köln 1953.
Brunner, Otto u. a., *Geschichtliche Grundbegriffe. Historisches Lexikon zur politisch-sozialen Sprache in Deutschland*, 2 Bde., Stuttgart 1972 ff.
Bullik, Manfred, *Staat und Gesellschaft im hessischen Vormärz: Wahlrecht, Wahlen und öffentliche Meinung in Kurhessen, 1830-1848*, Köln und Wien 1972.
Büttner, S., *Die Anfänge des Parlamentarismus in Hessen-Darmstadt und das duThilsche System*, Darmstadt 1969.
Bunsen, Marie von, *Georg von Bunsen: Ein Charakterbild aus dem Lager der Besiegten*, Berlin 1900.
Burger, Annemarie, *Religionszugehörigkeit und soziales Verhalten. Untersuchungen und Statistiken der neueren Zeit in Deutschland*, Göttingen 1964.
Burnham, Walter D., „Political Immunization and Political Confessionalism: The United States and Weimar Germany". Journal of Interdisciplinary History, 3, Nr. 1 (Sommer 1972), S. 1-30.
Bussmann, Walter, „Zur Geschichte des deutschen Liberalismus im 19. Jahrhundert". HZ, 186, Nr. 3 (Dezember 1958), S. 527-557.
Cecil, Lamar, *Albert Ballin. Business and Politics in Imperial Germany, 1888-1918*, Princeton 1967.
Celotti, Joseph, *The Political Thought and Action of Friedrich Christoph Dahlmann* (unveröffentl. Diss.), Stanford 1970.
Christern, Hermann, „Friedrich Christoph Dahlmanns politische Entwicklung bis 1848. Ein Beitrag zur Geschichte des deutschen Liberalismus". Zeitschrift der Gesellschaft für Schleswig-holsteinische Geschichte, 50 (Sonderausgabe 1921), S. 146-392.
Clauss, Wilhelm, *Der Staatsbeamte als Abgeordneter in der Verfassungsentwicklung der deutschen Staaten*, Karlsruhe 1906.
Conze, Werner (Hrsg.), *Staat und Gesellschaft im deutschen Vormärz, 1815-1848*, Stuttgart 1962.
-, „Das Spannungsfeld von Staat und Gesellschaft im Vormärz". In Conze (Hrsg.), *Staat*, 1962, S. 207-269.
- u. a., „Nation und Gesellschaft. Zwei Grundbegriffe der revolutionären Epoche". HZ, 198, Nr. 1 (1964), S. 1-43.

–, *Möglichkeiten und Grenzen der liberalen Arbeiterbewegung in Deutschland. Das Beispiel Schulze-Delitzschs*, Heidelberg 1965.

–, „Vom ,Pöbel' zum ,Proletariat'. Sozialgeschichtliche Voraussetzungen für den Sozialismus in Deutschland". In Wehler (Hrsg.), *Sozialgeschichte*, 1966, S. 111–136.

– und Groh, Dieter, *Die Arbeiterbewegung in der nationalen Bewegung. Die deutsche Sozialdemokratie vor, während und nach der Reichsgründung*, Stuttgart 1966.

Crew, David, *Industry and Community: The Social History of a German Town, 1860–1914* (unveröffentl. Diss.), Cornell 1975.

Croon, Helmuth, „Die Einwirkungen der Industrialisierung auf die gesellschaftliche Schichtung der Bevölkerung im rheinisch-westfälischen Industriegebiet' '. RV, 20, Nr. 3 (1955), S. 301–316.

–, „Die Städtevertretung von Krefeld und Bochum im 19. Jahrhundert". In: *Forschungen zu Staat und Verfassung. Festgabe für Fritz Hartung*, Berlin 1958, S. 289–306.

–, *Die gesellschaftlichen Auswirkungen des Gemeindewahlrechts in den Gemeinden und Kreisen des Rheinlandes und Westfalens im 19. Jahrhundert*, Köln u. Opladen 1960.

–, „Bürgertum und Verwaltung in den Städten des Ruhrgebiets im 19. Jahrhundert". Tradition, 9, Nr. 1 (1964), S. 23–41.

Crothers, George C., *The German Elections of 1907*, New York 1941.

Dahlmann, F. C., *Die Politik auf den Grund und das Maß der gegebenen Zustände zurückgeführt*, 2. Aufl. 1847, wiedergedruckt Berlin 1924.

Dahrendorf, Ralf, *Gesellschaft und Demokratie in Deutschland*, München 1965.

Denk, Heinz, *Die Wahlen zum preußischen Abgeordnetenhaus und zum Konstituierenden Reichstag des Norddeutschen Bundes in der Stadt Köln in den Jahren 1849–1867* (unveröffentl. Diss.), Bonn 1955.

Deutsche Allgemeine Zeitung, Leipzig 1863–1877.

Deutsche Revue, Berlin 1877–1922.

Deutsche Vierteljahrs-Schrift, 1838–1850.

Dill, Richard Walker, *Der Parlamentarier Eduard Lasker und die parlamentarische Stilentwicklung der Jahre 1867–1884. Ein Beitrag zur Geistesgeschichte des politischen Stils in Deutschland* (Diss.), Erlangen 1958.

Dorn, Karl, *Die Anfänge der deutschen Fortschrittspartei in Bayern* (unveröffentl. Diss.), München 1922.

Dorpalen, Andreas, *Heinrich von Treitschke*, New Haven 1957.

Dressel, Hilmar, *Die politischen Wahlen in der Stadt Trier und in den Eifel- und Moselkreisen des Regierungsbezirks Trier 1888–1913* (Diss.), Bonn 1961.

Droysen, Johann Gustav, *Aktenstücke und Aufzeichnungen zur Geschichte der Frankfurter Nationalversammlung*, hrsg. v. R. Hübner, Osnabrück 1967 (Wiederabdruck der 1924 herausgegebenen Aufl.).

–, *Politische Schriften*, hrsg. v. F. Gilbert, München und Berlin 1933.

Droz, Jacques, „Liberale Anschauungen zur Wahlrechtsfrage und das preußische Dreiklassenwahlrecht". In Böckenförde (Hrsg.), *Verfassungsgeschichte*, 1972, S. 195–214.

Duncker, Max, *Zur Geschichte der Deutschen Reichsversammlung in Frankfurt*, Berlin 1849.

–, *Politischer Briefwechsel aus seinem Nachlaß*, hrsg. v. J. Schultze, Stuttgart und Berlin 1923.

Eckert, Hugo, *Liberal- oder Sozialdemokratie. Frühgeschichte der Nürnberger Arbeiterbewegung*, Stuttgart 1968.

Ehrenfeuchter, Bernhard, *Politische Willensbildung in Niedersachsen zur Zeit des Kaiserreiches. Ein Versuch auf Grund der Reichstagswahlen von 1867–1912, insbesondere seit 1890* (unveröffentl. Diss.), Göttingen 1951.

Eichmeier, Jens Peter, *Anfänge liberaler Parteibildung (1847–1854)*, (Diss.), Göttingen 1968.
Eisfeld, Gerhard, *Die Entstehung der liberalen Parteien in Deutschland 1858–70. Studie zu den Organisationen und Programmen der Liberalen und Demokraten*, Hannover 1969.
–, „Die Anfänge liberaler Parteien in Dortmund 1858–1870". Beiträge zur Geschichte Dortmunds und der Grafschaft Mark, 65 (1969), S. 81–86.
Eitner, Otto, „Die Stärke der Protestanten und Katholiken in den einzelnen Reichstagswahlkreisen und die Sozialdemokratie". Historisch-Politische Blätter, 149 (1912), S. 687–693.
Elben, Otto, *Lebenserinnerungen, 1823–1899*, Stuttgart 1931.
Elm, Ludwig, *Zwischen Fortschritt und Reaktion. Geschichte der Parteien der Liberalen Bourgeoisie in Deutschland, 1893–1918*, Berlin 1968.
Engelberg, Ernst (Hrsg.), *Im Widerstreit um die Reichsgründung. Eine Quellensammlung zur Klassenauseinandersetzung in der deutschen Geschichte von 1849 bis 1871*, Berlin 1970.
Engels, Friedrich, „Der Status Quo in Deutschland" (1847). *Karl Marx – Friedrich Engels Werke*, Berlin (DDR) 1964, Bd. 4, S. 40–57.
–, *Der deutsche Bauernkrieg*, in K. Marx, F. Engels *Werke*, Bd. 7, Berlin (DDR) 1960.
– *Revolution und Konterrevolution in Deutschland*, in K. Marx, F. Engels *Werke*, Bd. 8, Berlin (DDR) 1960.
Engelsing, Rolf, *Massenpublikum und Journalistentum im 19. Jahrhundert in Nordwestdeutschland*, Berlin 1966.
–, „Zur politischen Bildung der deutschen Unterschichten, 1789–1803". HZ, 206 (April 1968), S. 337–369.
–, „Probleme der Lebenshaltung in Deutschland im 18. und 19. Jahrhundert". ZGS, 126, Nr. 2 (1970), S. 290–308.
–, *Zur Sozialgeschichte deutscher Mittel- und Unterschichten*, Göttingen 1973.
Epstein, Klaus, *The Genesis of German Conservatism*, Princeton 1966.
Eschenburg, Theodor, *Das Kaiserreich am Scheideweg: Bassermann, Bülow, und der Block*, Berlin 1929.
Eulau, Heinz, „Early Theories of Parliamentarism". *Journeys in Politics*, Indianapolis und New York 1963.
Evert, Georg, „Die preußischen Landtagswahlen des Jahres 1903 und frühere Jahre". ZPSB, Ergänzungsband 23 (1905).
–, „Die preußischen Landtagswahlen von 1908 und aus früheren Jahren". ZPSB, Ergänzungsband 30 (1909).
Eyck, Erich, *Bismarck*, 3 Bde., Erlenbach-Zürich 1941–1944.
Eyck, Frank, *The Frankfurt Parliament, 1848–1849*, London 1968. (Eine deutsche Ausgabe dieses Werkes ist unter dem Titel *Deutschlands große Hoffnung*, München 1973 erschienen.)
Faber, Karl Georg, „Realpolitik als Ideologie: Die Bedeutung des Jahres 1866 für das politische Denken in Deutschland". HZ, 203, Nr. 1 (1966), S. 1–45.
–, *Die Rheinlande zwischen Restauration und Revolution: Probleme der rheinischen Geschichte von 1814 bis 1848 im Spiegel der zeitgenössischen Publizistik*, Wiesbaden 1966.
–, „Strukturprobleme des deutschen Liberalismus im 19. Jahrhundert". Der Staat, 14, Nr. 2 (1975), S. 201–228.
Falkson, Ferdinand, *Die liberale Bewegung in Königsberg 1840–1848*, Breslau 1888.
Faris, Ellsworth, „Takeoff Point for the National Socialist Party. The Landtag Election in Baden, 1929". CEH, 8, Nr. 2 (Juni 1975), S. 140–171.

Fenske, Hans, *Wahlrecht und Parteisystem. Ein Beitrag zur deutschen Parteiengeschichte*, Frankfurt 1972.
Ficker, Ludwig, *Der Kulturkampf in Münster*, hrsg. v. Otto Hellinghaus, Münster 1928.
Fiecker, Charles, *German Liberals and the Labor Question, 1844–1858* (unveröffentl. Diss.), Minnesota 1972.
Fischer, Wolfram, *Handwerksrecht und Handwerkswirtschaft um 1800. Studien zur Sozial- und Wirtschaftsverfassung vor der industriellen Revolution*, Berlin 1955.
–, „Der Volksschullehrer: Zur Sozialgeschichte eines Berufsstandes". Soziale Welt, 12, Nr. 1 (1961), S. 37–47.
–, *Der Staat und die Anfänge der Industrialisierung in Baden, 1800–1850*, Bd. 1, *Die Staatliche Gewerbepolitik*, Berlin 1962.
–, „Staat und Gesellschaft Badens im Vormärz". In Conze (Hrsg.), *Staat*, 1962, S. 143–171.
–, *Unternehmerschaft, Selbstverwaltung und Staat. Die Handelskammern in der deutschen Wirtschafts- und Staatsverfassung des 19. Jahrhunderts*, Berlin 1964.
–, „Konjunkturen und Krisen im Ruhrgebiet seit 1840 und die wirtschaftspolitische Willensbildung der Unternehmer". Westfälische Forschungen, 21 (1968), S. 42–53.
–, *Wirtschaft und Gesellschaft im Zeitalter der Industrialisierung: Aufsätze, Studien, Vorträge*, Göttingen 1972.
–, „Das Verhältnis von Staat und Wirtschaft in Deutschland am Beginn der Industrialisierung". In *Wirtschaft*, 1972, S. 60–74.
–, „Staatsverwaltung und Interessenverbände im Deutschen Reich, 1871–1914". In *Wirtschaft*, 1972, S. 194–213.
–, „Innerbetrieblicher und sozialer Status der frühen Fabrikarbeiterschaft". In *Wirtschaft*, 1972, S. 258–284.
–, „Das deutsche Handwerk in der Frühphase der Industrialisierung". In *Wirtschaft*, 1972, S. 315–337.
–, „Die Rolle des Kleingewerbes im wirtschaftlichen Wachstumsprozeß in Deutschland 1850 bis 1914". In *Wirtschaft*, 1972, S. 338–348.
–, „Ansätze zur Industrialisierung in Baden 1770–1870". In *Wirtschaft*, 1972, S. 358–391.
–, „Karl Mez (1808–1877), ein badischer Unternehmer im 19. Jahrhundert". In *Wirtschaft*, 1972, S. 443–463.
– und Bajor, G., *Die Soziale Frage. Neuere Studien zur Lage der Fabrikarbeiter in den Frühphasen der Industrialisierung*, Stuttgart 1967.
Flathmann, J., *Die Reichstagswahlen in der Provinz Hannover, 1867–1896*, Hannover 1897.
Flitner, Andreas, *Die politische Erziehung in Deutschland: Geschichte und Probleme, 1750–1880*, Tübingen 1957.
Fontane, Theodor, *Von Zwanzig bis Dreißig*, in Werke, Bd. 15, München 1967.
Fortschrittspartei, *Der erste Parteitag der deutschen Fortschrittspartei, Verhandlungen, Programm und Organisation*, Berlin 1879.
Fraenkel, Ernst, *Deutschland und die westlichen Demokratien*, Stuttgart ³1968.
Frank, Robert, *Der Brandenburger als Reichstagswähler* (Diss.), Berlin 1934.
Freytag, Gustav, *Erinnerungen aus meinem Leben*, Gesammelte Werke, 2. Folge, Bd. 8, Leipzig o. J.
–, *Karl Mathy*, Gesammelte Werke, Bd. 22, Leipzig 1898.
Fricke, Dieter u. a. (Hrsg.), *Die bürgerlichen Parteien in Deutschland. Handbuch der Geschichte der bürgerlichen Parteien und anderer bürgerliche Interessenorganisationen vom Vormärz bis zum Jahre 1945*, 2 Bde., Leipzig 1968; Berlin 1970.

Gagel, Walter, *Die Wahlrechtsfrage in der Geschichte der deutschen liberalen Parteien 1848–1918*, Düsseldorf 1958.
Gagern, Heinrich von, *Deutscher Liberalismus im Vormärz: Heinrich von Gagern, Briefe und Reden, 1815–1848*, Berlin, Frankfurt und Göttingen 1959.
Gall, Lothar, „Sozialistengesetz und innenpolitischer Umschwung. Baden und die Krise des Jahres 1878". ZGO, 111, Nr. 2 (1963), S. 473–577.
–, *Benjamin Constant. Seine politische Ideenwelt und der deutsche Vormärz*, Wiesbaden 1963.
–, „Die partei- und sozialgeschichtliche Problematik des badischen Kulturkampfes". ZGO, 113, Nr. 1 (1965), S. 151–196.
–, „Das Problem der parlamentarischen Opposition im deutschen Frühliberalismus". In Kluxen und Mommsen (Hrsg.), *Ideologien*, 1968, S. 153–170.
–, *Der Liberalismus als regierende Partei. Das Großherzogtum Baden zwischen Restauration und Reichsgründung*, Wiesbaden 1968.
–, „Liberalismus und ‚Bürgerliche Gesellschaft': Zu Charakter und Entwicklung der liberalen Bewegung in Deutschland". HZ, 220, Nr. 2 (1975), S. 324–356.
– (Hrsg.), *Liberalismus*, Köln 1976.
Gause, Fritz, *Die Geschichte der Stadt Königsberg in Preußen*, 2 Bde., Köln 1965–1968.
Gebhardt, Hartwig, *Revolution und liberale Bewegung. Die nationale Organisation der konstitutionellen Partei in Deutschland 1848/49*, Bremen 1974.
Geiss, Imanuel und Wendt, Bernd (Hrsg.), *Deutschland in der Weltpolitik des 19. und 20. Jahrhunderts. Fritz Fischer zum 65. Geburtstag*, Düsseldorf 1973.
Gerlach, Hans Christian, *Agitation und parlamentarische Wirksamkeit der deutschen Antisemitenparteien, 1873–1895* (unveröffentl. Diss.), Kiel 1956.
Germany, Statistik des Deutschen Reichs, 1873–1914.
Germany, Vierteljahrshefte zur Statistik des Deutschen Reichs, 1873–1876; 1892–1914.
Germany, Monatshefte zur Statistik des Deutschen Reichs, 1877–1891.
Germany, Statistisches Jahrbuch, 1880–1914.
Gerteis, Klaus, *Leopold Sonnemann. Ein Beitrag zur Geschichte des demokratischen Nationalstaatsgedankens in Deutschland*, Frankfurt 1970.
–, „Bildung und Revolution: Die deutschen Lesegesellschaften am Ende des 18. Jahrhunderts", AfK, 53, Nr. 1 (1971), S. 127–139.
Gerth, Hans, *Die sozialgeschichtliche Lage der bürgerlichen Intelligenz um die Wende des 18. Jahrhunderts. Ein Beitrag zur Soziologie des deutschen Frühliberalismus* (Diss.), Frankfurt 1935.
Gervinus, G. Gottfried, *Leben von ihm selbst (1860)*, Leipzig 1893.
Gillis, John R., *The Prussian Bureaucracy in Crisis, 1840–1860. Origins of an Administrative Ethos*, Stanford 1971.
Goessler, Peter, *Der Dualismus zwischen Volk und Regierung im Denken der vormärzlichen Liberalen in Baden und Württemberg* (Diss. Tübingen), Schramberg 1932.
Gothein, E., *Verfassungs- und Wirtschaftsgeschichte der Stadt Cöln vom Untergange der Reichsfreiheit bis zur Errichtung des Deutschen Reiches*, Bd. 1, Teil 1 von: *Die Stadt Cöln im ersten Jahrhundert unter preußischer Herrschaft. 1815–1915*, Köln 1916.
Graf, Hans, *Die Entwicklung der Wahlen und politischen Parteien in Groß-Dortmund* (Diss. Marburg 1955), Marburg 1958.
Grambow, Ludolf, *Die deutsche Freihandelspartei zur Zeit ihrer Blüte*, Jena 1903.
Grenzboten, 1842–1922.

Griewank, Karl, *Deutsche Studenten und Universitäten in der Revolution von 1848,* Weimar 1949.
Grösser, L., *Der gemäßigte Liberalismus im bayerischen Landtag von 819–1848* (Diss.), Augsburg 1929.
Grosser, Dieter, *Vom monarchischen Konstitutionalismus zur parlamentarischen Demokratie: Die Verfassungspolitik der deutschen Parteien im letzten Jahrzehnt des Kaiserreiches,* Den Haag, 1970.
Haas, Armin, *Die Wahlen zum preußischen Abgeordnetenhaus im Regierungsbezirk Aachen von der deutschen Revolution 1848/49 bis zum deutsch-französischen Krieg von 1870/71* (unveröffentl. Diss.), Bonn 1954.
Habermas, Jürgen, *Strukturwandel der Öffentlichkeit. Untersuchungen zu einer Kategorie der bürgerlichen Gesellschaft,* Neuwied 1962.
Haferland, Hans, *Mensch und Gesellschaft in Staatslexikon von Rotteck-Welcker. Ein Beitrag zur Gesellschaftstheorie des Frühliberalismus* (Diss.), Berlin 1957.
Hamerow, Theodore S., „History and the German Revolution of 1848". AHR, 60, Nr. 1 (Oktober 1954), S. 27–44.
–, *Restoration, Revolution, Reaction. Economics and Politics in Germany, 1815–1871,* Princeton 1958.
–, „The Elections to the Frankfurt Parliament". JMH, 33, Nr. 1 (März 1961), S. 15–32.
–, *The Social Foundations of German Unification, 1858–1871,* 2 Bde., Princeton 1969–1972.
Hansen, Joseph, *Gustav von Mevissen. Ein rheinisches Lebensbild 1815–1899,* 2 Bde., Berlin 1906.
–, *Rheinische Briefe und Akten zur Geschichte der politischen Bewegung, 1830–1850,* Bd. 1, *1830–1845* (1919), Osnabrück 1967.
–, *Rheinische Briefe und Akten zur Geschichte der politischen Bewegung, 1830–1850.* Bd. 2, *1846–1850,* Teil 1: *1846 – April 1848,* Bonn 1942.
Hardach, Karl, *Die Bedeutung wirtschaftlicher Faktoren bei der Wiedereinführung der Eisen- und Getreidezölle in Deutschland 1879,* Berlin 1967.
Harkort, Friedrich, *Schriften und Reden zur Volksschule und Volksbildung,* Paderborn, 1969.
Hartenstein, Wolfgang, *Die Anfänge der deutschen Volkspartei, 1918–1920,* Düsseldorf 1962.
Haseloff, W., *Die politischen Parteien und die Wahlen in Waldeck 1867–1953* (unveröffentl. Diss.), Marburg 1955.
Haym, Rudolf, *Aus meinem Leben. Erinnerungen* (Aus dem Nachlaß), Berlin 1902.
–, *Ausgewählter Briefwechsel Rudolf Hayms,* hrsg. v. H. Rosenberg, 1930, wiedergedruckt Osnabrück 1967.
Hebeisen, Gustav, *Die radikale und die konstitutionelle Partei in Baden am Vorabend des Frühjahresaufstandes von 1848* (Diss.), Freiburg 1909.
Heberle, Rudolf, *From Democracy to Nazism. A Regional Case Study on Political Parties in Germany,* Baton Rouge 1945.
–, *Landbevölkerung und Nationalsozialismus. Eine soziologische Untersuchung der politischen Willensbildung in Schleswig-Holstein. 1918 bis 1932,* Stuttgart 1963.
Heckart, Beverly, *From Bassermann to Bebel. The Grand Bloc's Quest for Reform in the Kaiserreich, 1900–1914,* New Haven und London 1974.
Heffter, Heinrich, *Die deutsche Selbstverwaltung im 19. Jahrhundert: Geschichte der Ideen und Institutionen,* Stuttgart 1950.
Hegel, G.W.F., *Grundlinien der Philosophie des Rechts,* in *Werke,* 20 Bde., Bd. 7, Frankfurt 1970.

Heger, Klaus, *Die deutsche Demokratische Partei in Württemberg und ihre Organisation*, Leipzig 1927.
Heiber, Helmut, *Die Rhetorik der Paulskirche* (unveröffentl. Diss.), Berlin 1953.
Heintz, Eckard, *Der Beamtenabgeordnete im Bayerischen Landtag. Eine politische Studie über die Stellung des Beamtentums in der parlamentarischen Entwicklung Deutschlands* (Diss.), Berlin 1966.
Helfferich, Karl, *Georg von Siemens. Ein Lebensbild aus Deutschlands großer Zeit*, 3 Bde., Berlin 1921–1923.
Hellpach, Willy, *Wirken in Wirren. Lebenserinnerungen*, 2 Bde., Hamburg 1948–1949.
Henderson, W. O., *The Zollverein*, Cambridge 1939.
Hengel, Peter, *Das Warenhaus als parteipolitisches Problem* (unveröffentl. Diss.), Tübingen 1952.
Henning, Hansjoachim, „Preußische Sozialpolitik im Vormärz?" VSWG, 52, Nr. 4 (Dezember 1965), S. 485–539.
–, *Das westdeutsche Bürgertum in der Epoche der Hochindustrialisierung 1860–1914. Soziales Verhalten und soziale Strukturen. Teil 1: Das Bildungsbürgertum in den preußischen Westprovinzen.* Wiesbaden 1972.
Henning, Wilhelm, *Geschichte der Stadtverordnetenversammlung von Essen (1890–1914)*, Essen 1965.
Hentschel, Volker, *Die deutschen Freihändler und der volkswirtschaftliche Kongreß 1858 bis 1885*, Stuttgart 1975.
Herzfeld, Hans, *Johannes von Miquel*, 2 Bde., Detmold 1938.
Hess, Adalbert, *Die Landtags- und Reichstagswahlen im Großherzogtum Hessen. 1865–1871*, Oberursel 1958.
–, *Das Parlament, das Bismarck widerstrebte: Zur Politik und sozialen Zusammensetzung des preußischen Abgeordnetenhauses der Konfliktszeit (1862–1866)*, Köln und Opladen 1964.
Heuss, Alfred, *Theodor Mommsen und das 19. Jahrhundert*, Kiel 1956.
Heyderhoff, Julius und Wentzcke, Paul, *Deutscher Liberalismus im Zeitalter Bismarcks: Eine politische Briefsammlung*, 2 Bde., Bonn und Leipzig 1925–1926.
Hintze, Otto, *Gesammelte Abhandlungen*, 3 Bde., Göttingen ²1962–1967.
Hock, Wolfgang, *Liberales Denken im Zeitalter der Paulskirche. Droysen und die Frankfurter Mitte*, Münster 1957.
Höpker, Heinrich, „Die preußischen Landtagswahlen von 1913". ZPSB, Ergänzungsband 43, Berlin 1916.
Hoffmann, W. G., „The Take-Off in Germany". In W. W. Rostow (Hrsg.), *The Economics of Take-Off into Sustained Growth*, New York 1963, S. 95–118.
–, *Das Wachstum der deutschen Wirtschaft seit der Mitte des 19. Jahrhunderts*, Berlin, Heidelberg und New York 1965.
Hofmann, Wolfgang, *Die Bielefelder Stadtverordneten. Ein Beitrag zu bürgerlicher Selbstverwaltung und sozialem Wandel 1850–1914*, Lübeck und Hamburg 1964.
Holl, Karl und List, Günter (Hrsg.), *Liberalismus und imperialistischer Staat: Der Imperialismus als Problem liberaler Parteien in Deutschland 1890–1914*, Göttingen 1975.
Hombach, Heinz-Jürgen, *Reichs- und Landtagswahlen im Siegkreis sowie in den Kreisen Mühlheim-am-Rhein, Wipperfürth, Gummersbach und Waldbröl, 1870–1878* (unveröffentl. Diss.), Bonn 1963.
Hopwood, Robert, „Paladins of the Buergertum: Cultural Clubs and Politics in Small German Towns. 1918–1925". Canadian Historical Association, Historical Papers (1974), S. 213–235.

Hubatsch, Walther (Hrsg.), *Schicksalswege deutscher Vergangenheit*, Düsseldorf 1950.
Huber, Ernst Rudolf, *Deutsche Verfassungsgeschichte*, 4. Bde., Stuttgart 1957–1969.
–, *Dokumente zur Deutschen Verfassungsgeschichte*, 3 Bde., Stuttgart 1961–1966.
Hunt, James C., „Peasants, Grain Tariffs, and Meat Quotas: Imperial German Protectionism Reexamined". CEH, 7, Nr. 4 (Dezember 1974), S. 311–331.
–, „The Egalitarianism of the Right. The Agrarian League in Southwest Germany, 1893–1914". JCH, 10, Nr. 3 (1975), S. 513–530.
Im neuen Reich, 1871–1881.
Jacoby, Johann, *Gesammelte Schriften und Reden*, 2 Bde., Hamburg 1872.
Jaeger, Hans, *Unternehmer in der deutschen Politik, 1890–1918*, Bonn 1967.
Jantke, Carl, *Der vierte Stand: Die gestaltenden Kräfte der deutschen Arbeiterbewegung im XIX. Jahrhundert*, Freiburg 1955.
– und Hilger, Dietrich (Hrsg.), *Die Eigentumslosen. Armutsnot und Arbeiterschicksal in Deutschland in zeitgenössischen Schilderungen und kritische Beobachtungen bis zum Ausgang der Emanzipationskrise des 19. Jahrhunderts*, München 1965.
Jolly, Julius, *Der Reichstag und die Parteien*, Berlin 1880.
Jordan, Herbert, *Die öffentliche Meinung in Sachsen, 1864–66*, Kamenz 1918.
Julku, Kyösti, *Die revolutionäre Bewegung im Rheinland am Ende des achtzehnten Jahrhunderts*, 2 Bde., Helsinki 1965–1969.
Kaehler, Siegfried, „Stoeckers Versuch, eine christlich-soziale Arbeiterpartei in Berlin zu begründen". In *Deutscher Staat und deutsche Parteien, Meinecke Festschrift*, hrsg. v. P. Wentzcke, Berlin 1922, S. 227–265.
Kaelble, Hartmut, *Industrielle Interessenpolitik in der Wilhelminischen Gesellschaft: Centralverband Deutscher Industriellen 1895–1914*, Berlin 1967.
–, „Industrielle Interessenverbände vor 1914". In W. Rüegg und O. Neuloh (Hrsg.), *Zur soziologischen Theorie und Analyse des 19. Jahrhunderts*, Göttingen 1971, S. 180–192.
–, „Kommunalverwaltung und Unternehmer in Berlin während der frühen Industrialisierung". In O. Büsch (Hrsg.), *Untersuchungen zur Geschichte der frühen Industrialisierung, Berlin 1971*, S. 371–415.
–, *Berliner Unternehmer während der frühen Industrialisierung. Herkunft, sozialer Status und politischer Einfluß*, Berlin 1972.
Kaiser, Renate, *Die politischen Strömungen in den Kreisen Bonn und Rheinbach 1848–1878*, Bonn 1963.
Kalkoff, Hermann, *Die nationalliberale Fraktion des Preußischen Abgeordnetenhauses, 1866–1913*, Berlin 1913.
– (Hrsg.), *Nationalliberale Parlamentarier des Reichstages und der Einzellandtage, 1867–1917*, Berlin 1917.
Kant, Immanuel, *Schriften zur Anthropologie, Geschichtsphilosophie, Politik und Pädagogik* in Werke, hrsg. v. W. Weischedel, Bd. 9 und 10, Wissenschaftliche Buchgesellschaft, Darmstadt 1970.
Kapp, Friedrich, *Vom radikalen Frühsozialisten des Vormärz zum liberalen Parteipolitiker des Bismarckreichs. Briefe, 1843–1884*, hrsg. v. H. U. Wehler, Frankfurt 1969.
Kastendiek, Hermann, *Der Liberalismus in Bremen* (unveröffentl. Diss.), Kiel 1952.
Kaufmann, Karlheinz, *Soziale Strukturen im politischen Feld, dargestellt am Beispiel Heidelbergs und der sozialdemokratischen Parteiorganisation in dieser Stadt* (unveröffentl. Diss.), Heidelberg 1957.
Kehr, Eckart, *Der Primat der Innenpolitik: Gesammelte Aufsätze zur preußischdeutschen Sozialgeschichte*, hrsg. v. H.-U. Wehler, Berlin 1965.

Kiehl, Hans-Georg, *Albert Hänel und der Linksliberalismus im Reichstagswahlkreis Kiel-Flensburg-Plön. 1867–1884* (Diss.), Kiel 1966.
Kiesselbach, Wilhelm, „Drei Generationen". DV, 23, Nr. 3 (1860), S. 1–37.
Klein, Thomas, „Reichstagswahlen und Abgeordnete der Provinz Sachsen und Anhalt 1867–1918". In W. Schlesinger (Hrsg.), *Festschrift für Friedrich Zahn*, Bd. 1, Köln-Graz 1968, S. 65–141.
Klein-Hattingen, Oskar, *Die Geschichte des deutschen Liberalismus*, 2 Bde., Berlin-Schöneberg 1911–1912.
Kluxen, Kurt und Mommsen, Wolfgang J. (Hrsg.), *Politische Ideologien und nationalstaatliche Ordnung. Festschrift für Theodor Schieder*, München und Wien 1968.
Knoll, J. H., *Führungsauslese in Liberalismus und Demokratie*, Stuttgart 1957.
Kochhann, Heinrich Eduard, *Auszüge aus seinen Tagebüchern*, 4 Bde., Berlin 1906.
Kocka, Jürgen, *Unternehmensverwaltung und Angestelltenschaft am Beispiel Siemens 1847–1914. Zum Verhältnis von Kapitalismus und Bürokratie in der deutschen Industrialisierung*, Stuttgart 1969.
–, „Preußischer Staat und Modernisierung im Vormärz: Marxistisch-leninistische Interpretationen und ihre Probleme". In Wehler (Hrsg.), *Sozialgeschichte*, 1974, S. 211–228.
Köllmann, W., „Industrialisierung, Binnenwanderung und ,Soziale Frage'. Zur Entstehungsgeschichte der deutschen Industriegroßstadt im 19. Jahrhundert". VSWG, 46, Nr. 1 (1959), S. 45–70.
–, „Grundzüge der Bevölkerungsgeschichte Deutschlands im 19. und 20. Jahrhundert". Studium Generale, 12, Nr. 6 (1959), S. 381–392.
–, *Sozialgeschichte der Stadt Barmen im 19. Jahrhundert*, Tübingen 1960.
–, „Politische und soziale Entwicklung der deutschen Arbeiterschaft 1850–1914". VSWG, 50, Nr. 4 (1964), S. 480–504.
–, *Friedrich Harkort*, Bd. 1, *1793–1838*, Düsseldorf 1964.
–, „Die Anfänge der staatlichen Sozialpolitik in Preußen bis 1869". VSWG, 53, Nr. 1 (März 1966), S. 28–52.
–, „Bevölkerung und Arbeitskräftepotential in Deutschland, 1815–1865. Ein Beitrag zur Analyse der Problematik des Pauperismus". Landesamt für Forschung, Nordrhein-Westfalen, Jahrbuch (1968), S. 209–254.
Kommunale Praxis, Bde. 1–14, 1900–1914.
Kommunale Rundschau, Monatsschrift für städtische Bau- und Bodenpolitik, Kommunaltechnik und Verwaltungswesen, 1907–1914.
Kommunalpolitische Blätter, 1910–1914.
Koselleck, Reinhart, *Kritik und Krise. Ein Beitrag zur Pathogenese der bürgerlichen Welt*, Freiburg und München 1959.
–, „Staat und Gesellschaft in Preußen 1815–1848". In Conze (Hrsg.), *Staat*, 1962, S. 79–112.
–, *Preußen zwischen Reform und Revolution. Allgemeines Landrecht. Verwaltung und soziale Bewegung von 1791 bis 1848*, Stuttgart 1967.
–, „Begriffsgeschichte und Sozialgeschichte". In Ludz (Hrsg.), *Soziologie*, 1972, S. 116–131.
Koser, Reinhold, „Zur Charakteristik des Vereinigten Landtags von 1847". In *Beiträge zur brandenburgischen und preußischen Geschichte. Festschrift für Gustav Schmoller*, Leipzig 1908.
–, „Die Anfänge der politischen Parteibildung in Preußen bis 1849". In *Zur preußischen und deutschen Geschichte. Aufsätze und Vorträge*, Stuttgart und Berlin 1921, S. 376–400.
Köster, Johanna, *Der rheinische Frühliberalismus und die soziale Frage*, Berlin 1938.

Koszyk, Kurt, "Carl d' Ester als Gemeinderat und Parlamentarier (1846–1849)". AfS, 1 (1960), S. 43–60.
–, *Geschichte der deutschen Presse.* Bd. 2, *Deutsche Presse im 19. Jahrhundert,* Berlin 1966.
Krabs, Otto, *Hamm. Beiträge zur Geschichte der Stadt im 19. Jahrhundert* (unveröffentl. Diss.), Göttingen 1964.
Kramer, Helmut, *Fraktionsbindungen in den deutschen Volksvertretungen 1819–1849,* Berlin 1968.
Krause, Hans, *Die demokratische Partei von 1848 und die soziale Frage. Ein Beitrag zur Geschichte der ersten deutschen Revolution,* Frankfurt 1923.
Kremer, Willy, *Der soziale Aufbau der Parteien des Deutschen Reichstages von 1871–1918,* Emsdetten 1934.
Kriegbaum, Günther, *Die parlamentarische Tätigkeit des Freiherrn C. W. Heyl zu Herresheim,* Meisenheim (Glan) 1962.
Krieger, Leonhard, *The German Idea of Freedom: History of a Political Tradition,* Boston 1957.
Kulemann, Wilhelm, *Politische Erinnerungen: Ein Beitrag zur neueren Zeitgeschichte,* Berlin 1911.
Kurmeier, Karl, *Die Entstehung der nationalliberalen Partei Hannovers* (Diss.), Göttingen 1923.
Kurt, Alfred, *Wahlen und Wähler im Wahlkreis Offenbach. Eine historisch-statistische Untersuchung zur politischen Struktur der Stadt und des Landkreises Offenbach,* Offenbach 1966.
Kurze, Dietrich (Hrsg.), *Aus Theorie und Praxis der Geschichtswissenschaft, Festschrift für Hans Herzfeld zum 80. Geburtstag,* Berlin 1972.
Lambers, Hanno, *Die Revolutionszeit in Hagen. Die politische Entwicklung von 1917 bis 1924 in Hagen und Haspe,* Hagen 1963.
Lambi, Ivo, *Free Trade an Protection in Germany, 1868–1879,* Wiesbaden 1963.
Lamer, Reinhard, *Der englische Parlamentarismus in der deutschen politischen Theorie im Zeitalter Bismarcks (1857–1890),* Lübeck und Hamburg 1963.
Landes, David S., "Japan and Europe: Contrasts in Industrialization". In W. Lockwood (Hrsg.), *The State and Economic Enterprise in Japan,* Princeton 1965, S. 93–182.
–, *The Unbound Prometheus. Technical Change and Industrial Development in Western Europe from 1750 to the Present,* Cambridge 1969.
Lang, Wilhelm, *Die deutsche Partei in Württemberg, 1866–1891,* Stuttgart 1891.
Langewiesche, Dieter, *Liberalismus und Demokratie in Württemberg zwischen Revolution und Reichsgründung,* Düsseldorf 1974.
Lasker, Eduard, "Aus Eduard Laskers Nachlaß. Sein Briefwechsel aus den Jahren 1870/71' '. DR, 17, Nr. 2, 3 und 4 (1892), S. 46–64, 166–186, 296–317; 59–82, 157–177, 283–301; 60–76, 190–203, 352–366.
Lasker Eduard, *Aus Eduard Laskers Nachlaß,* hrsg. v. W. Cahn, Berlin 1902.
Lavies, Ralf-Rainer, *Nichtwählen als Kategorie des Wahlverhaltens: Empirische Untersuchung zur Wahlenthaltung in historischer, politischer und statistischer Sicht,* Düsseldorf 1973.
Lebovics, Herman, *Social Conservatism and the Middle Classes in Germany 1914–1933,* Princeton 1969.
Lees, Andrew, *Revolution and Reflection: Intellectual Change in Germany during the 1850's,* Den Haag 1974.
–, "Debates about the Big City in Germany, 1890–1914". Societas, 5, Nr. 1 (Winter 1975), S. 31–47.

Lenk, Leonhard, „Katholizismus und Liberalismus. Zur Auseinandersetzung mit dem Zeitgeist in München, 1848-1918". In *Der Mönch im Wappen*, München 1960.

Lepsius, M. Rainer, „Parteisystem und Sozialstruktur: zum Problem der Demokratisierung der deutschen Gesellschaft". In W. Abel u. a. (Hrsg.), *Wirtschaft, Geschichte und Wirtschaftsgeschichte. Festschrift zum 65. Geburtstag von Friedrich Lütge*, Stuttgart 1966, S. 371-393.

-, *Extremer Nationalismus, Strukturbedingungen von der nationalsozialistischen Machtergreifung*, Stuttgart 1966.

Lewald, Fanny, *Erinnerungen aus dem Jahre 1848 (1850)*, hrsg. v. Dietrich Schaefer, Frankfurt 1969.

Link, Werner, „Der Nationalverein für das liberale Deutschland (1907-1918)". PV, 5, Nr. 4 (Dezember 1964), S. 422-444.

Linke, Wolf-Dieter, *Die Rolle des Reichstages bei der Einschränkung der Gewerbefreiheit: Ein Beitrag zum Problem ‚Handwerk und Parlament'* (unveröffentl. Diss.), Berlin 1955.

Ludz, Peter Christian (Hrsg.), *Soziologie und Sozialgeschichte*. Kölner Zeitschrift für Soziologie und Sozialpsychologie, Ergänzungsband 16, Opladen 1972.

Lüders, Gustav, *Die demokratische Bewegung in Berlin im Oktober 1848*, Berlin und Leipzig 1909.

Lütge, Friedrich (Hrsg.), *Die wirtschaftliche Situation in Deutschland und Österreich um die Wende vom 18. zum 19. Jahrhundert*, Stuttgart 1964.

Maenner, Ludwig, „Deutschlands Wirtschaft und Liberalismus in der Krise von 1879". Archiv für Politik und Geschichte, 9, Nr. 11 und 12 (1927), S. 347-382, 456-488.

Manheim, Ernst, *Die Träger der öffentlichen Meinung. Studien zur Soziologie der Öffentlichkeit*, Brunn 1933.

Marcks, Erich, „Biographische Einleitung zu H. Baumgartens historischen u. politischen Aufsätzen u. Reden". In Baumgarten, Hermann, *Historische u. politische Aufsätze u. Reden*, Straßburg 1894, S. CXVIII.

Marquardt, Frederick D., „A Working Class in Berlin in the 1840's?". In Wehler (Hrsg.), *Sozialgeschichte*, 1974, S. 191-210.

-, „Sozialer Aufstieg, sozialer Abstieg und die Entstehung der Berliner Arbeiterklasse, 1806-1848". GuG, 1, Nr. 1 (1975), S. 43-77.

Matern, Norberg, *Politische Wahlen in Hildesheim, 1848 bis 1867* (unveröffentl. Diss.), Bonn 1959.

Matthes, Heinz Edgar, *Die Spaltung der Nationalliberalen Partei und die Entwicklung des Linksliberalismus bis zur Auflösung der Deutsch-Freisinnigen Partei (1878-1893): Ein Beitrag zur Geschichte der Krise des deutschen politischen Liberalismus* (unveröffentl. Diss.), Kiel 1953.

Matthias, Erich und Morsey, Rudolf (Hrsg.), *Das Ende der Parteien 1933*, Düsseldorf 1960.

Mayer, Gustav, *Radikalismus, Sozialismus und bürgerliche Demokratie* hrsg. v. H. U. Wehler, Frankfurt 1969.

-, „Die Trennung der proletarischen von der bürgerlichen Demokratie in Deutschland, 1863-1870", (1912). In *Radikalismus*, 1969, S. 108-178.

-, „Die Anfänge des politischen Radikalismus im vormärzlichen Preußen", (1913). In *Radikalismus*, 1969, S. 7-107.

McClelland, Charles E., *The German Historian and England: A Study in Nineteenth-Century Views*, Cambridge 1971.

Meinecke, Friedrich, *Werke*, hrsg. v. H. Herzfeld u. a., 8 Bde., München 1957-1969.

–, „Alfred Dove und der klassische Liberalismus im Neuen Reich", (1925). *Werke*, Bd. 7, S. 386–412.
–, „Erlebtes. 1862–1901". *Werke*, Bd. 8, S. 3–136.
–, „Straßburg, Freiburg, Berlin. 1901–1919". *Werke*, Bd. 8, S. 137–322.
Menzinger, Rosemarie, *Verfassungsrevision und Demokratisierungsprozeß im Königreich Württemberg. Ein Beitrag zur Entstehungsgeschichte des parlamentarischen Regierungssystems in Deutschland*, Stuttgart 1969.
Meyer, Dora, *Das öffentliche Leben in Berlin im Jahr vor der Märzrevolution*, Berlin 1912.
Meyer, Wolfgang, *Das Vereinswesen der Stadt Nürnberg im 19. Jahrhundert*, Nürnberg 1970.
Michels, Robert, „Die deutsche Sozialdemokratie, I: Parteimitgliedschaft und soziale Zusammensetzung". ASW, 23 (1906), S. 471–556.
Milatz, Alfred, „Das Ende der Parteien im Spiegel der Wahlen 1930 bis 1933". In Matthias und Morsey (Hrsg.), *Ende*, 1960, S. 741–793.
–, „Die linksliberalen Parteien und Gruppen in den Reichstagswahlen von 1871–1912". AfS, 12, Nr. 2, (1972), S. 273–292.
–, „Reichstagswahlen und Mandatsverteilung 1871 bis 1918. Ein Beitrag zu Problemen des absoluten Mehrheitswahlrechts". In Ritter (Hrsg.), *Gesellschaft*, 1974, S. 207–223.
Miquel, Johannes von, *Reden*, 4 Bde., Halle 1911–1914.
–, „Die Briefe Miquels an Marquardsen". Süddeutsche Monatshefte, 10, Nr. 1 (1912–1913), S. 807–816, und 10, Nr. 2 (1912–1913), S. 90–96, 163–171.
Möckl, Karl, *Die Prinzregentenzeit. Gesellschaft und Politik während der Ära des Prinzregenten Luitpold in Bayern*, München und Wien 1972.
Möllers, Paul, *Die politischen Strömungen im Reichstags-Wahlkreis Essen zur Zeit der Reichsgründung und des Kulturkampfes (1867–1878)* (unveröffentl. Diss.), Bonn 1955.
Mohl, Robert von „Die Staatswissenschaften und die Gesellschaftswissenschaften" (1851). *Die Geschichte und Literatur der Staatswissenschaften*, Erlangen 1855, Bd. 1, S. 69–110.
–, „Drei deutsche Staatswörterbücher". PJbb, 2, Nr. 3 (1858), S. 243–267.
–, „Das Repräsentativsystem, seine Mängel und die Heilmittel". *Staatsrecht, Völkerrecht und Politik*, Tübingen 1860. Bd. 1, S. 367–458.
–, „Die geschichtlichen Phasen des Repräsentativsystems in Deutschland". ZfGS, 27, Nr. 1 (1871), S. 1–69.
–, *Lebenserinnerungen. 1799–1875*, 2 Bde., Stuttgart und Leipzig 1902.
–, *Poltische Schriften. Eine Auswahl*, hrsg. v. Klaus von Beyme, Köln und Opladen 1966.
Molt, Peter, *Der Reichstag vor der improvisierten Revolution*, Köln und Opladen 1963.
Mommsen, Wilhelm, *Johannes Miquel*, Bd. 1, *1828–1866*, Berlin und Leipzig 1928.
–, *Stein, Ranke, Bismarck. Ein Beitrag zur politischen und sozialen Bewegung des 19. Jahrhunderts*, München 1954.
–, *Deutsche Parteiprogramme*, München ²1964.
–, *Größe und Versagen des deutschen Bürgertums*, München ²1964.
Mommsen, Wolfgang J., *Max Weber und die deutsche Politik, 1890–1920*, Tübingen 1959.
–, „Wandlungen der liberalen Idee im Zeitalter des Imperialismus". In Holl und List (Hrsg.), *Liberalismus*, 1975, S. 109–147.
–, „Liberalismus und liberale Idee in Geschichte und Gegenwart". In Kurt Sontheimer

(Hrsg.), *Möglichkeiten und Grenzen liberaler Politik*, Düsseldorf 1975, S. 11–45.

Morsey, Rudolf, *Die oberste Reichsverwaltung unter Bismarck, 1867–1890*, Münster 1957.

Mosse, George L., *The Nationalization of the Masses. Political Symbolism and Mass Movements in Germany from the Napoleonic Wars through the Third Reich*, New York 1975.

Motteck, H. u. a., *Studien zur Geschichte der industriellen Revolution in Deutschland*, Berlin 1960.

–, „Die Gründerkrise: Produktionsbewegung, Wirkungen, theoretische Problematik". JbW, 1 (1966), S. 51–128.

Müller, Friedrich, *Korporation und Assoziation: Eine Problemgeschichte der Vereinigungsfreiheit im deutschen Vormärz*, Berlin 1965.

Müller, Klaus, *Politische Strömungen in den rechtsrheinischen Kreisen des Regierungsbezirks Köln (Sieg, Mülheim, Wipperfürth, Gummersbach und Waldbröl) von 1879 bis 1906* (Diss.), Bonn 1963.

Na'aman, Shlomo, *Demokratische und soziale Impulse in der Frühgeschichte der deutschen Arbeiterbewegung der Jahre 1862/63*, Wiesbaden 1969.

Nationalzeitung, Berlin 1862–1914.

Naumann, Friedrich, *Werke*, 6 Bde., Köln und Opladen 1964.

Nettmann, Wilhelm, „Witten in den Reichstagswahlen des deutschen Reiches, 1871–1918". Jahrbuch des Vereins für Orts- und Heimatkunde. Grafschaft Mark, 70 (1972), S. 77–165.

Neumüller, Michael, *Liberalismus und Revolution. Das Problem der Revolution in der deutschen liberalen Geschichtsschreibung des neunzehnten Jahrhunderts*, Düsseldorf 1973.

Nickel, Dietmar, *Die Revolution 1848/49 in Augsburg und Bayerisch-Schwaben*, Augsburg 1965.

Nipperdey, Thomas, „Interessenverbände und Parteien in Deutschland vor dem ersten Weltkrieg". PV, 2, Nr. 3 (1961), S. 262–280.

–, *Die Organisation der deutschen Parteien vor 1918*, Düsseldorf 1961.

–, „Über einige Grundzüge der deutschen Parteigeschichte". In *Festschrift für Hans Carl Nipperdey*, München 1965, Bd. 2, S. 815–841.

–, „Volksschule und Revolution im Vormärz". In Kluxen (Hrsg.), *Ideologien*, 1968, S. 117–142.

–, „Carl Bernhard Hundeshagen. Ein Beitrag zum Verhältnis von Geschichtsschreibung, Theologie und Politik im Vormärz". In *Festschrift für Hermann Heimpel zum 70. Geburtstag*, Göttingen 1971, Bd. 1, S. 368–409.

–, „Verein als soziale Struktur in Deutschland im späten 18. und frühen 19. Jahrhundert". In H. Bockmann u. a. (Hrsg.), *Geschichtswissenschaft und Vereinswesen im 19. Jahrhundert*, Göttingen 1972, S. 1–44.

–, „Grundprobleme der deutschen Parteigeschichte im 19. Jahrhundert". In G. A. Ritter (Hrsg.), *Parteien*, 1973, S. 32–55.

–, „Jugend und Politik um 1900". In W. Rüegg (Hrsg.), *Kulturkritik und Jugendkult*, Frankfurt 1974, S. 87–114.

Noyes, P. H., *Organizations and Revolution: Working-Class Associations in the German Revolutions of 1848–49*, Princeton 1966.

Nussbaum, Helga, *Unternehmer gegen Monopol. Über Struktur und Aktionen antimonopolistischer bürgerlicher Gruppen zu Beginn des 20. Jahrhunderts*, Berlin 1966.

O'Boyle, Lenore, „Liberal Political Leadership in Germany 1867–1884". JMH, 28, Nr. 4 (Dezember 1956), S. 338–352.

–, „The German Nationalverein". JCEA, 16, Nr. 4 (Januar 1957), S. 333–352.
–, „The Democratic Left in Germany, 1848". JMH, 33, Nr. 4 (1961), S. 374 bis 383.
–, „The Middle Class in Western Europe, 1815–1848". AHR, 71, Nr. 3 (1966), S. 826–845.
–, „The Image of the Journalist in France, Germany, and England, 1815–1848". CSSH, 10, Nr. 2 (1968), S. 290–317.
–, „The Problem of an Excess of Educated Men in Western Europe, 1800–1850". JMH, 42, Nr. 4 (1970), S. 471–495.
O'Donnell, Anthony, *National Liberalism and the Mass Politics of the German Right, 1890–1907* (unveröffentl. Diss.), Princeton 1973.
Oncken, Hermann, *Rudolf von Bennigsen. Ein deutscher liberaler Politiker*, 2 Bde., Stuttgart und Leipzig 1910.
Pachnicke, Hermann, *Führende Männer im alten und im neuen Reich*, Berlin 1930.
Pack, Wolfgang, *Das parlamentarische Ringen um das Sozialistengesetz Bismarcks, 1878–1890*, Düsseldorf 1961.
Pagenstecher, C. H. Alexander, *Lebenserinnerungen*, 3 Bde., Leipzig 1913.
–, „Aus den Lebenserinnerungen des Dr. med. C. H. Alexander Pagenstecher (1860–1866)". ZGO, 73, Nr. 2 (1919), S. 227–256.
Pankoke, Eckart, *Soziale Bewegung, Soziale Frage, Soziale Politik. Grundfragen der deutschen Sozialwissenschaft im 19. Jahrhundert*, Stuttgart 1970.
Parisius, Ludolf, *Leopold Freiherr von Hoverbeck: Ein Beitrag zur vaterländischen Geschichte*, 2 Bde., Berlin 1897–1900.
–, *Deutschlands politische Parteien und das Ministerium Bismarck*, Berlin 1878.
Petermeier, Karl, *Balthasar Daller. Politiker und Parteiführer, 1835–1911. Studien zur Geschichte der bayerischen Zentrumspartei* (unveröffentl. Diss.), München 1956.
Pflanze, Otto, *Bismarck and the Development of Germany: The Period of Unification, 1815–1871*, Princeton 1963.
–, „Judicial and Political Responsibility in Nineteenth Century Germany". In F. Stern und L. Krieger (Hrsg.), *The Responsibility of Power*, New York 1967, S. 162–182.
Philippson, Johanna, *Über den Ursprung und die Einführung des allgemeinen gleichen Wahlrechts in Deutschland mit besonderer Berücksichtigung der Wahlen zum Frankfurter Parlament im Großherzogtum Baden*, Berlin und Leipzig 1913.
Philippson, Martin, „Briefe Max von Forckenbecks". DR, 23, Nr. 2 (1898), S. 1–16, 141–158; 29, Nr. 1 und 2 (1899), S. 129–146, 164–174.
–, *Max von Forckenbeck: Ein Lebensbild*, Leipzig o. J. (1898).
Phillips, Adolf (Hrsg.), *Die Reichstags-Wahlen von 1867 bis 1883: Statistik der Wahlen zum konstituierenden und norddeutschen Reichstage, zum Zollparlament, sowie zu den fünf ersten Legislatur-Perioden des deutschen Reichstages*, Berlin 1883.
Piechocki, Werner, „Die kommunalpolitische Wirksamkeit Arnold Ruges in Halle während der Jahre 1831 bis 1841". Wissenschaftliche Zeitschrift der Universität Halle, Gesellschafts- und Sprachwissenschaftliche Reihe, 16, Nr. 2, 3 (1967), S. 173–196.
Poll, Bernhard, „Die neuere kommunale Selbstverwaltung Aachens. Ein Beitrag zur rheinischen Städteordnung 1856–1918". In *Im Schatten von St. Gereon, Erich Kiephal zum 1. Juli 1960*, Köln 1960, S. 259–284.
Portner, Ernst, *Die Verfassungspolitik der Liberalen 1919*, Bonn 1973.
Prince-Smith, John, *Gesammelte Schriften*, 3 Bde., Berlin 1877–1880.
Pülke, Engelbert, „Geschichte der politischen Parteien im Kreis Recklinghausen bis zum Ende des Kulturkampfes 1848–1889". Vestische Zeitschrift, 41 (1934), S. 3–163.

Puhle, Hans-Jürgen, *Agrarische Interessenpolitik und preußischer Konservatismus im wilhelminischen Reich (1893–1914)*, Hannover 1967.
–, „Parlament, Parteien und Interessenverbände. 1890–1914". In Stürmer (Hrsg.), *Deutschland*, 1970, S. 340–377.
Rachfahl, Felix, „Eugen Richter und der Linksliberalismus im neuen Reiche". ZfP, 5, Nr. 2, 3 (1912), S. 261–374.
Rapp, Alfred, *Die badischen Landtagsabgeordneten, 1905–1929*, Karlsruhe 1929.
Reichard, Richard W., *Crippled From Birth, German Social Democracy, 1844–1870*, Ames / Iowa 1969.
Reimann, Joachim, *Ernst Müller-Meiningen senior und der Linksliberalismus in seiner Zeit. Zur Biographie eines bayerischen und deutschen Politikers (1866–1944)*, München 1968.
Reiss, Klaus-Peter (Hrsg.), *Von Bassermann zu Stresemann. Die Sitzungsberichte des nationalliberalen Zentralvorstandes. 1912–1917*, Düsseldorf 1967.
Renner, Veronika, *Karl Twesten, Vorkämpfer der liberalen Rechtsstaatsidee. Studien zu seiner politischen Entwicklung* (unveröffentl. Diss.), Freiburg 1954.
Repgen, Konrad, *Märzbewegung und Maiwahlen des Revolutionsjahres 1848 im Rheinland*, Bonn 1955.
Richter, Eugen, *Im alten Reichstag: Erinnerungen*, 2 Bde., Berlin 1894–1896.
Ringer, Fritz, *The Decline of the German Mandarins. The German Academic Community, 1890–1933*, Cambridge / Mass. 1969.
Ritter, Gerhard A., „Kontinuität und Umformung des deutschen Parteisystems 1918–1920". In Ritter (Hrsg.), *Entstehung*, 1970, S. 342–384.
–, „Entwicklungsprobleme des deutschen Parlamentarismus". In Ritter (Hrsg.), *Gesellschaft*, 1974, S. 11–54.
– Hrsg., *Entstehung und Wandel der modernen Gesellschaft. Festschrift für Hans Rosenberg*, Berlin 1970.
–, *Die deutschen Parteien vor 1918*, Köln 1973.
–, *Gesellschaft, Parlament und Regierung. Zur Geschichte des Parlamentarismus in Deutschland*, Düsseldorf 1974.
Robolsky, Hermann, *Der deutsche Reichstag. Geschichte seines fünfundzwanzigjährigen Bestehens, 1867–1892*, Berlin 1893.
Robson, S. T., *Left-wing Liberalism in Germany, 1900–1919* (unveröffentl. Diss.), Oxford 1966.
Rochau, Ludwig August von, *Grundsätze der Realpolitik (1853–1869)*, hrsg. v. H. U. Wehler, Frankfurt, Berlin und Wien 1972.
Röttges, Otto, *Die politischen Wahlen in den linksrheinischen Kreisen des Regierungsbezirkes Düsseldorf, 1848–1867*, Kempen-Niederrhein 1964.
Rohr, Donald, *The Origins of Social Liberalism in Germany*, Chicago und London 1963.
Rosenberg, Hans, „Geistige und politische Strömungen an der Universität Halle in der ersten Hälfte des 19. Jahrhunderts". Deutsche Vierteljahrsschrift für Literaturwissenschaft und Geistesgeschichte, 7, Nr. 3 (1929), S. 560–586.
–, „Theologischer Rationalismus und vormärzlicher Vulgärliberalismus". HZ, 141, Nr. 3 (1930), S. 497–541.
–, *Rudolf Haym und die Anfänge des klassischen Liberalismus*, München und Berlin 1933.
–, *Die Weltwirtschaftskrise von 1857–1859*, Stuttgart 1934.
–, *Die nationalpolitische Publizistik Deutschlands. Vom Eintritt der Neuen Ära in Preußen bis zum Ausbruch des deutschen Krieges. Eine kritische Bibliographie*, 2 Bde., München und Berlin 1935.

–, *Bureaucracy, Aristocracy, and Autocracy. The Prussian Experience, 1660–1815*, Cambridge / Mass. 1958.
–, *Große Depression und Bismarckzeit. Wirtschaftsablauf, Gesellschaft und Politik in Mitteleuropa*, Berlin 1967.
–, „Honoratiorenpolitik und ‚Großdeutsche' Sammlungsbestrebungen im Reichsgründungsjahrzehnt". JbGMO, 19 (1970), S. 155–233.
–, *Politische Denkströmungen im deutschen Vormärz*, Göttingen 1972.
Rosenkranz, Karl, *Über den Begriff der politischen Partei*, Königsberg 1843.
–, *Aus einem Tagebuch. Königsberg Herbst 1833 bis Frühjahr 1846*, Leipzig 1854.
–, *Politische Briefe und Aufsätze, 1848–1856*, hrsg. v. Paul Herre, Leipzig 1919.
Rosskopf, Josef, *Johann Adam von Itzstein. Ein Beitrag zur Geschichte des badischen Liberalismus* (unveröffentl. Diss.), Mainz 1954.
Rotteck, Carl von, *Gesammelte und nachgelassene Schriften mit Biographie und Briefwechsel*, hrsg. v. H. von Rotteck, 5 Bde., Pforzheim 1841–1843.
Rubinstein, Adolf, *Die Deutsch-freisinnige Partei bis zu ihrem Auseinanderbruch, 1884–1893*, (Diss.), Basel 1936.
Rückert, Otto, *Zur Geschichte der Arbeiterbewegung im Reichstag Wahlkreis Potsdam-Spandau-Osthavelland*, 3 Teile, Potsdam 1965.
Rüegg, Walter und Neuloh, O. (Hrsg.), *Zur soziologischen Theorie und Analyse des 19. Jahrhunderts*, Göttingen 1971.
Rümelin, Gustav, *Aus der Paulskirche. Berichte an den Schwäbischen Merkur aus den Jahren 1848 und 1849*, Stuttgart 1892.
–, *Reden und Aufsätze*, 3 Bde., Freiburg und Leipzig o. J.
Runge, Gertrude, *Die Volkspartei in Württemberg von 1864 bis 1871. Die Erben der 48er Revolution im Kampf gegen die preußisch-kleindeutsche Lösung der nationalen Frage*, Stuttgart 1970.
Sachsen, Statistisches Jb., Bde. 40–41, Dresden 1912–1913.
Sachtler, Heinz, *Wandlungen des industriellen Unternehmers in Deutschland seit Beginn des 19. Jahrhunderts* (Diss. Halle), Berlin 1937.
Salomon, Felix, *Deutsche Parteiprogramme*, 3 Bde., Leipzig und Berlin ²1931–1932.
Sandberger, Dietrich, *Die Ministerkandidatur Bennigsens*, Berlin 1929.
Schaarschmidt, Erich, *Geschichte der Crimmitschauer Arbeiterbewegung* (Diss.), Dresden 1934.
Schadt, Jörg, *Die sozialdemokratische Partei in Baden. Von den Anfängen bis zur Jahrhundertwende (1868–1900)*, Hannover 1971.
Schelm-Spangenberg, Ursula, *Die deutsche Volkspartei im Lande Braunschweig, Gründung, Entwicklung, soziologische Struktur, politische Arbeit*, Braunschweig 1964.
Schib, Karl, *Die staatsrechtlichen Grundlagen der Politik von Rottecks. Ein Beitrag zur Geschichte des Liberalismus* (Diss. Basel), Mühlhausen 1927.
Schieder, Theodor, *Die kleindeutsche Partei in Bayern in den Kämpfen um die nationale Einheit, 1863–1871*, München 1936.
–, *Staat und Gesellschaft im Wandel unserer Zeit*, München 1958.
–, „Partikularismus und nationales Bewußtsein im Denken des Vormärz". In Conze (Hrsg.), *Staat*, 1962, S. 9–38.
Schieder, Theodor und Deuerlein, Ernst (Hrsg.), *Reichsgründung, 1870/71*, Stuttgart 1970.
Schieder, Wolfgang, *Anfänge der deutschen Arbeiterbewegung*, Stuttgart 1963.
Schierbaum, Hansjürgen, *Die politischen Wahlen in den Eifel- und Moselkreisen des Regierungsbezirks Trier, 1849-1867*, Düsseldorf 1960.

Schiffers, Heinrich, *Kulturkampf in Stadt und Regierungsbezirk Aachen*, Aachen 1929.

Schilfert, Gerhard, *Sieg und Niederlage des demokratischen Wahlrechts in der deutschen Revolution, 1848/49*, Berlin 1952.

Schlemmer, Hannelore, *Die Rolle der Sozialdemokratie in den Landtagen Badens und Württembergs und ihr Einfluß auf die Entwicklung der Gesamtpartei zwischen 1890 und 1914* (unveröffentl. Diss.), Freiburg 1953.

Schlumbohm, Jürgen, *Freiheit – Die Anfänge der bürgerlichen Emanzipationsbewegung in Deutschland im Spiegel ihres Leitworts*, Düsseldorf 1975.

Schmidt, Gerhard, *Die Staatsreform in Sachsen in der ersten Hälfte des 19. Jahrhunderts*, Weimar 1966.

Schmidt, Gustav, „Deutschland am Vorabend des Ersten Weltkrieges". In Stürmer (Hrsg.), *Deutschland*, 1970, S. 397–434.

–, „Innenpolitische Blockbildungen am Vorabend des Ersten Weltkrieges." *Das Parlament*, Ergänzungsband 20 (13. Mai 1972), S. 1–32.

–, „Die Nationalliberalen – eine regierungsfähige Partei? Zur Problematik der inneren Reichsgründung 1870–1878." In Ritter, G. A. (Hrsg.), *Parteien*, 1973, S. 208–223.

Schmidt, Siegfried, *Robert Blum: Vom Leipziger Liberalen zum Märtyrer der deutschen Demokratie*, Weimar 1971.

Schmierer, Wolfgang, *Von der Arbeiterbildung zur Arbeiterpolitik. Die Anfänge der Arbeiterbewegung in Württemberg, 1862/63–1878*, Hannover 1970.

Schmitt, Heinz, *Das Vereinsleben der Stadt Weinheim an der Bergstraße. Volkskundliche Untersuchung zum kulturellen Leben einer Mittelstadt*, Weinheim 1963.

Schmitz, Heinrich Karl, *Anfänge und Entwicklung der Arbeiterbewegung im Raum Düsseldorf. Die Arbeiterbewegung in Düsseldorf 1859–1878*, Hannover 1968.

Schmoller, Gustav, „Die Arbeiterfrage." PJbb, 14, Nr. 4 und 5 (1864), S. 393–422, 513–547; 15, Nr. 1 (1865), S. 32–62.

–, *Zur Geschichte des deutschen Kleingewerbes im 19. Jahrhundert*, Halle 1870.

–, *Was verstehen wir unter dem Mittelstande? Hat er im 19. Jahrhundert zu- oder abgenommen?* Göttingen 1897.

–, *Umrisse und Untersuchungen zur Verfassungs-, Verwaltungs- und Wirtschaftsgeschichte*, Leipzig 1898.

–, „Gustav Rümelin. Ein Lebensabriß des schwäbischen Staatsmannes, Statistikers und Sozialphilosophen". In *Charakterbilder*, München und Leipzig 1913, S. 141–188.

Schnabel, Franz, *Deutsche Geschichte im neunzehnten Jahrhundert*, 4 Bde., Freiburg ³1949–1959.

Schneider, Erich, *Die Anfänge der sozialistischen Arbeiterbewegung in der Rheinpfalz, 1864–1899. Ein Beitrag zur süddeutschen Parteiengeschichte* (unveröffentl. Diss.), Mainz 1956.

Schneider, Franz, *Pressefreiheit und politische Öffentlichkeit. Studien zur politischen Geschichte Deutschlands bis 1848*, Neuwied und Berlin 1966.

Schneider, Walter, *Wirtschafts- und Sozialpolitik im Frankfurter Parlament*, Frankfurt 1923.

Schorn, Karl, *Lebenserinnerungen: Ein Beitrag zur Geschichte des Rheinlands im 19. Jahrhundert*, 2 Bde., Bonn 1898.

Schorske, Carl E., *German Social Democracy, 1905–1917. The Development of the Great Schism*, Cambridge/Mass. 1955.

Schottelius, Herbert und Diest, W. (Hrsg.), *Marine und Marinepolitik im kaiserlichen Deutschland 1871–1914*, Düsseldorf 1972.

Schrader, Richard, *Die Fraktionen der preußischen Nationalversammlung von 1848* (unveröffentl. Diss.), Leipzig 1923.

Schrader, Wilhelm, *Erfahrungen und Bekenntnisse*, Berlin 1900.
Schraepler, Ernst, „Die politische Haltung des liberalen Bürgertums im Bismarckreich". GWU, 5, Nr. 9 (September 1954), S. 529–544.
–, „Linksliberalismus und Arbeiterschaft in der preußischen Konfliktszeit". In *Forschungen zu Staat und Verfassung. Festgabe für Fritz Hartung*, Berlin 1958, S. 385–401.
Schramm, Percy Ernst, *Hamburg, Deutschland und die Welt*, München 1943.
Schuckmann, G. von, *Die politische Willensbildung in der Großstadt Köln seit der Reichsgründung im Jahr 1871*, Köln 1966.
Schulte, Wilhelm, *Volk und Staat. Westfalen im Vormärz und in der Revolution, 1848/ 49*, Regensburg und Münster 1954.
Schulthess, Heinrich (Hrsg.), *Europäischer Geschichtskalender*, Nördlingen 1861–1914.
Schultze, Johanna, *Die Auseinandersetzung zwischen Adel und Bürgertum in den deutschen Zeitschriften der letzten drei Jahrzehnte des 18. Jahrhunderts (1773–1806)*, Berlin 1925.
Schulze-Delitzsch, Hermann, *Schriften und Reden*, hrsg. v. F. Thorwart, 5 Bde., Berlin 1909–1913.
Schumacher, Martin, *Gesellschafts- und Ständebegriff um 1846. Ein Beitrag zum sozialen Bild des süddeutschen Liberalismus nach dem Rotteck-Welckerschen Staatslexikon* (unveröffentl. Diss.), Göttingen 1956.
–, *Mittelstandsfront und Republik. Die Wirtschaftspartei, Reichspartei des deutschen Mittelstandes, 1919–1933*, Düsseldorf 1972.
Schunke, Werner, *Die preußischen Freihändler und die Entstehung der nationalliberalen Partei*, Leipzig 1916.
Schwarz, Georg, *Political Attitudes in the German Universities during the Reign of Wilhelm II.* (unveröffentl. Diss.), Oxford 1961.
Schweitzer, Carl Christoph, *Die Kritik der westlich-liberalen Oppositionsgruppen an der Außenpolitik Bismarcks von 1863 bis 1890* (unveröffentl. Diss.), Freiburg 1950.
Schwemer, Richard, *Geschichte der Freien Stadt Frankfurt am Main (1814–1866)*, 3 Bde., (in 4), Frankfurt 1910–1918.
Seeber, Gustav, *Zwischen Bebel und Bismarck. Zur Geschichte des Linksliberalismus in Deutschland 1871–1893*, Berlin 1965.
Seidel, Friedrich, *Das Armutsproblem im deutschen Vormärz bei F. List*, Köln 1970.
Seier, Hellmut, *Die Staatsidee Heinrich von Sybels in den Wandlungen der Reichsgründungszeit, 1862/71*, Lübeck und Hamburg 1961.
Sell, Friedrich, *Die Tragödie des deutschen Liberalismus*, Stuttgart 1953.
Sengle, Friedrich, *Biedermeierzeit. Deutsche Literatur im Spannungsfeld zwischen Restauration und Revolution 1815–1848*, 2 Bde., Stuttgart 1971–1972.
Severing, Carl, *Mein Lebensweg*, 2 Bde., Köln 1950.
Seyffardt, Ludwig Friedrich, *Erinnerungen*, Leipzig 1900.
Sheehan, James J., *The Career of Lujo Brentano: A Study of Liberalism and Social Reform in Imperial Germany*, Chicago und London 1966.
–, „Political Leadership in the German Reichstag, 1871–1918". AHR, 74, Nr. 2 (Dezember 1968), S. 511–528.
–, „Liberalism and the City in Nineteenth-Century Germany". PP, Nr. 51 (1971), S. 116–137.
–, „Quantification in the Study of German Social and Political History". In Lorwin, V. und Price, J. (Hrsg.), *Dimensions of the Past*, New Haven 1972, S. 301–332.
–, „Conflict and Cohesion among German Elites in the Nineteenth Century". In Bezucha, Robert (Hrsg.), *Modern European Social History*, Lexington/Mass. 1972, S. 3–27.

–, „Liberalism and Society in Germany, 1815–1848". JMH, 45, Nr. 4 (Dezember 1973), S. 583–604.
–, „Partei, Volk, und Staat: Some Reflections on the Relationship between Liberal Thought and Action in Vormärz". In Wehler (Hrsg.), *Sozialgeschichte*, 1974, S. 162–174.
Shively, W. Phillips, „Party Identification, Party Choice, and Voting Stability: The Weimar Case". APSR, 66, Nr. 4 (Dezember 1972), S. 1203–1225.
Simon, Klaus, *Die württembergischen Demokraten. Ihre Stellung und Arbeit im Parteien- und Verfassungssystem in Württemberg und im Deutschen Reich 1890–1920*, Stuttgart 1969.
Snell, John L., *The Democratic Movement in Germany, 1789–1914*, hrsg. und erw. von Hans Schmitt, Chapel Hill / North Carolina 1976.
Sombart. W., *Die deutsche Volkswirtschaft im neunzehnten Jahrhundert*, Berlin ²1909.
Sonnemann, Theodor, *Heinrich Albert Oppermann und der hannoversche Liberalismus* (unveröffentl. Diss.), Rostock 1922.
Spahn, Martin, „Zur Entstehung der nationalliberalen Partei". ZfP, 1, Nr. 3 (1908), S. 346–470.
Staatslexikon, hrsg. v. Rotteck, Karl von und Welcker, Karl Theodor, 15 Bde., Altona 1834–1843. Ergänzungsband, 4 Bde., Altona 1846–1848; 2. Aufl., 12 Bde., Altona 1845–1848; 3. Aufl., 14 Bde., Leipzig 1856–1866.
Stadelmann, Rudolf, *Soziale und politische Geschichte der Revolution von 1848*, München 1948.
Stadelmann, Rudolf und Fischer, W., *Die Bildungswelt des deutschen Handwerks um 1800*, Berlin 1955.
Der Stadtverordnete, 1911–1914.
Stegmann, Dirk, *Die Erben Bismarcks. Parteien und Verbände in der Spätphase des wilhelminischen Deutschlands*, Köln und Berlin 1970.
Steil, Hans-Willi, *Die politischen Wahlen in der Stadt Trier und in den Eifel- und Moselkreisen des Regierungsbezirks Trier 1867–1887* (Diss.), Bonn 1961.
Stein, Hans, „Pauperismus und Assoziation. Soziale Tatsachen und Ideen auf dem westeuropäischen Kontinent vom Ende des 18. bis zur Mitte des 19. Jahrhunderts, unter besonderer Berücksichtigung des Rheingebiets". IRSH, 1, Nr. 1 (1936), S. 1–120
Stein, Julius, *Geschichte der Stadt Breslau im neunzehnten Jahrhundert*, Breslau 1884.
Steinbrecher, Ursula, *Liberale Parteiorganisation unter besonderer Berücksichtigung des Linksliberalismus 1871–1893. Ein Beitrag zur deutschen Parteigeschichte* (Diss.), Köln 1960.
Stern, Fritz, „The Political Consequences of the Unpolitical German". History, 3 (1960), S. 104–134.
Stillich, Oskar, *Die politischen Parteien in Deutschland*, 2 Bde., Leipzig 1908–1911.
Stoffregen, Albert, *Die Geschichte der politischen Parteien und Wahlen im Gebiet des Kreises Gandersheim und der Stadt Salzgitter von 1867 bis 1963* (Diss.), Marburg 1965.
Stoltenberg, Gerhard, *Der deutsche Reichstag, 1871–1873*, Düsseldorf 1955.
Stresemann, Gustav, *Wirtschaftspolitische Zeitfragen*, Dresden 1911.
Striebich, Heinz, *Konfession und Partei. Ein Beitrag zur Entwicklung der politischen Willensbildung im alten Lande Baden* (unveröffentl. Diss.), Heidelberg 1955.
Struve, Walter, *Elites Against Democracy. Leadership Ideals in Bourgeois Political Thought in Germany, 1890–1933*, Princeton 1973.

Stürmer, Michael, „Machtgefüge und Verbandsentwicklung in Deutschland". Neue Politische Literatur, 14, Nr. 4 (1969), S. 490–507.
–, „Staatsstreichgedanken im Bismarckreich". HZ, 209, Nr. 3 (Dezember 1971), S. 291–331.
–, „Bismarckstaat und Cäsarismus". Der Staat, 12, Nr. 4 (1973), S. 467–498.
–, „Militärkonflikt und Bismarckstaat. Zur Bedeutung der Reichsmilitärgesetze 1874–1890". In Ritter (Hrsg.), *Gesellschaft*, 1974, S. 225–248.
–, *Regierung und Reichstag im Bismarckstaat, 1871–1880. Cäsarismus oder Parlamentarismus*, Düsseldorf 1974.
– (Hrsg.), *Das kaiserliche Deutschland, Politik und Gesellschaft, 1870–1918*, Düsseldorf 1970.
Sybel, Heinrich von, *Die politischen Parteien der Rheinprovinz*, Düsseldorf 1847.
Thieme, Hartwig, *Nationaler Liberalismus in der Krise. Die nationalliberale Fraktion des preußischen Abgeordnetenhauses, 1914–1918*, Boppard 1963.
Thomas, R. Hinton, *Liberalism, Nationalism, and the German Intellectuals (1822–1847): An Analysis of the Academic and Scientific Conferences of the Period*, Cambridge 1951.
Thorwart, Friedrich, *Hermann Schulze-Delitzsch* (Bd. 5 von Schulze, *Schriften und Reden*), Berlin 1913.
Thränhardt, Dietrich, *Wahlen und politische Strukturen in Bayern, 1848–1953*, Düsseldorf 1973.
Tilly, Richard, „The Political Economy of Public Finance and the Industrialization of Prussia, 1815–1866". JEH, 26, Nr. 4 (1966), S. 487–497.
–, „Germany 1815–1870." In Cameron, Rondo (Hrsg.), *Banking in the Early Stages of Industrialization*, New York 1967, S.151–182.
–, „Soll und Haben: Recent German Economic History and the Problem of Economic Development". JEH, 29, Nr. 2 (Juni 1969), S. 298–319.
–, „Popular Disorders in Nineteenth-Century Germany: A Preliminary Survey". JSH, 4, Nr.1 (1970), S. 1–40.
Tipton, Frank B., „The National Consensus in German Economic History". CEH, 7, Nr. 3 (September 1974), S. 195–224.
Toury, Jacob, *Die politischen Orientierungen der Juden in Deutschland von Jena bis Weimar*, Tübingen 1966.
Treitschke, Heinrich von, „Parteien und Fraktionen". PJbb, 27, Nr. 2 und 3 (1871), S. 175–208, 347–367.
–, *Sozialismus und seine Gönner*, Berlin 1875.
–, *Deutsche Geschichte im 19.Jahrhundert*, 6 Bde., Leipzig 1882–1921.
Uelsmann, Erich, „Beiträge zur niederrheinischen Parteigeschichte, insbesondere zur Neuen Ära und zum Verfassungskonflikt (1858–1863)". Annalen des Historischen Vereins für den Niederrhein, 109 (1926), S. 93–144.
Unruh, Hans Viktor von, *Erfahrungen aus den letzten drei Jahren. Ein Beitrag zur Kritik der politischen Mittelparteien*, Magdeburg 1851.
–, *Erinnerungen*, hrsg. von Poschinger, H., Stuttgart 1895.
Valentin, Veit, *Frankfurt am Main und die Revolution von 1848/49*, Stuttgart und Berlin 1908.
–, *Geschichte der deutschen Revolution, 1848–1849*, 2 Bde., Berlin 1930–1931.
Valjavec, Fritz, *Die Entstehung der politischen Strömungen in Deutschland, 1770–1815*, München 1951.
Varain, Heinz J., *Freie Gewerkschaften, Sozialdemokratie und Staat*, Düsseldorf 1956.
– (Hrsg.), *Interessenverbände in Deutschland*, Köln 1973.
Verein für Sozialpolitik, *Schriften*, Leipzig 1873–1914.

Verhandlungen der Eisenacher Versammlung zur Besprechung der sozialen Frage am 6. und 7. Oktober 1872, Leipzig 1873.
Vierhaus, Rudolf, „Politisches Bewußtsein in Deutschland vor 1789." Der Staat, 6, Nr. 2 (1967), S. 175–196.
Virchow, Rudolf, *Briefe an seine Eltern 1839–1864*, hrsg. v. M. Rahl, Leipzig ²1907.
Vitzthum, Stephan Graf, *Linksliberale Politik und materiale Staatsrechtslehre. Albert Hänel, 1833–1918*, Freiburg und München 1971.
Vogel, Bernhard und Haungs, P., *Wahlkampf und Wählertradition. Eine Studie zur Bundestagswahl von 1961*, Köln und Opladen 1965.
Vogel, Bernhard, Nohlen, Dieter und Schultze, Rainer-Olaf, *Wahlen in Deutschland. Theorie, Geschichte, Dokumente, 1848–1970*, Berlin 1971.
Volkmann, Heinrich, *Die Arbeiterfrage im preußischen Abgeordnetenhaus, 1848–1869*, Berlin 1968.
Volkszeitung, Berlin 1879; 1910–1914.
Vopelius, Marie Elisabeth, *Die altliberalen Ökonomen und die Reformzeit*, Stuttgart 1968.
Wachenheim, Hedwig, *Die deutsche Arbeiterbewegung 1844–1914*, Köln und Opladen 1967.
Wacker, Theodor, *Entwicklung der Sozialdemokratie in den zehn ersten Reichstagswahlen*, Freiburg 1903.
Walker, Mack, *German Home Towns: Community, State, General Estate, 1648–1871*, Ithaca / New York 1971.
Warren, Donald, *The Red Kingdom of Saxony. Lobbying Grounds for Gustav Stresemann*, Den Haag 1964.
Wasser, Hartmut, *Parlamentarismuskritik vom Kaiserreich zur Bundesrepublik*, Stuttgart 1974.
Weber, Max, *Gesammelte politische Schriften*, Tübingen ²1958.
Weber, Rolf, *Kleinbürgerliche Demokraten in der deutschen Einheitsbewegung, 1863–1866*, Berlin 1962.
–, *Die Revolution in Sachsen 1848/49. Entwicklung und Analyse ihrer Triebkräfte*, Berlin 1970.
Wegner, Konstanze, *Theodor Barth und die Freisinnige Vereinigung*, Tübingen 1968.
Wehler, Hans-Ulrich, „Die Polen im Ruhrgebiet bis 1918". In Wehler (Hrsg.), *Sozialgeschichte*, 1966, S. 437–455.
–, *Bismarck und der Imperialismus*, Köln und Berlin 1969.
–, „Theorieprobleme der modernen deutschen Wirtschaftsgeschichte, 1800–1945". In Ritter, G. A. (Hrsg.), *Entstehung*, 1970, S. 66–107.
–, *Krisenherde des Kaiserreichs. Studie zur deutschen Sozial- und Verfassungsgeschichte*, Göttingen 1970.
–, *Das Deutsche Kaiserreich, 1871–1918*, Göttingen 1973.
–, „Sozialdarwinismus im expandierenden Industriestaat". In Geiss, I. und Wendt, J. (Hrsg.), *Deutschland in der Weltpolitik des 19. und 20. Jahrhunderts. Fritz Fischer zum 65. Geburtstag*, Hamburg 1973, S. 133–142.
–, (Hrsg.), *Moderne deutsche Sozialgeschichte*, Köln und Berlin 1966.
– (Hrsg.), *Sozialgeschichte Heute. Festschrift für Hans Rosenberg zum 70. Geburtstag*, Göttingen 1974.
Weidemann, Wilhelm, „Friedrich Murhard (1778–1853) und der Altliberalismus". Zeitschrift des Vereins für Hessische Geschichte, 55 (1926), S. 229–276.
Wein, Josef, *Die Verbandsbildung im Einzelhandel*, Berlin 1968.
Weinacht, Paul Ludwig, *Staat. Studien zur Bedeutungsgeschichte des Wortes von den Anfängen bis ins 19. Jahrhundert*, Berlin 1968.

Weinandy, Klaus, *Die politischen Wahlen in den rechtsrheinischen Kreisen Sieg, Mülheim, Wipperfürth, Gummersbach und Waldbröl des Regierungsbezirkes Köln in der Zeit von 1849 bis 1870* (unveröffentl. Diss.), Bonn 1956.
Wentzcke, Paul (Hrsg.), *Deutscher Staat und deutsche Parteien: Beiträge zur deutschen Partei- und Ideengeschichte (Meinecke Festschrift)*, München und Berlin 1922.
Wernecke, Klaus, *Der Wille zur Weltgeltung. Außenpolitik und Öffentlichkeit im Kaiserreich am Vorabend des ersten Weltkrieges*, Düsseldorf 1970.
Werner, Karl Gustav, „Gründung des Deutschen Arbeiterbundes für das Baugewerbe 1899 und seine Entwicklung bis 1910". In Varain (Hrsg.), *Interessenverbände*, 1973, S. 197–203.
Werner, Lothar, *Der Alldeutsche Verband, 1890–1918*, Berlin 1955.
Wernicke, J., *Kapitalismus und Mittelstandspolitik*, Jena 1907.
Westphal, Otto, *Welt- und Staatsauffassung des deutschen Liberalismus. Eine Untersuchung über die Preußischen Jahrbücher und den konstitutionellen Liberalismus in Deutschland von 1858 bis 1863*, München und Berlin 1919.
White, Dan, *The Splintered Party. National Liberalism in Hessen and the Reich,1867–1918*, Cambridge / Mass. 1976.
Wichmann, W., *Denkwürdigkeiten aus dem ersten deutschen Parlament*, Hannover 1890.
Wieber, Walter, *Die politischen Ideen von Sylvester Jordan*, Tübingen 1913.
Wigard, Franz, *Stenographischer Bericht über die Verhandlungen der Deutschen constituierenden Nationalversammlung zu Frankfurt*, 9 Bde., Leipzig 1848–1849 und Frankfurt 1849–1850.
Wiggers, Julius, *Aus meinem Leben*, Leipzig 1901.
Wilhelm, Theodor, *Die englische Verfassung und der vormärzliche deutsche Liberalismus*, Stuttgart 1928.
–, *Die Idee des Berufsbeamtentums. Ein Beitrag zur Staatslehre des deutschen Frühkonstitutionalismus*, Tübingen 1933.
Winkler, Heinrich August, *Preußischer Liberalismus und deutscher Nationalstaat*, Tübingen 1964.
–, „Bürgerliche Emanzipation und nationale Einigung. Zur Entstehung des Nationalliberalismus in Preußen." In Böhme (Hrsg.), *Probleme*, 1968, S.226–242.
–, „Der rückversicherte Mittelstand. Die Interessenverbände von Handwerk und Kleinhandel im deutschen Kaiserreich". In Rüegg und Neuloh (Hrsg.), *Theorie*, 1971, S.163–179.
–, *Mittelstand, Demokratie und Nationalsozialismus: Die politische Entwicklung von Handwerk und Kleinhandel in der Weimarer Republik*, Köln 1972.
–, *Pluralismus oder Protektionismus. Verfassungspolitische Probleme des Verbandswesens im deutschen Kaiserreich*, Wiesbaden 1972.
–, „Extremismus der Mitte? Sozialgeschichtliche Aspekte der nationalsozialistischen Machtergreifung". VfZ, 20, Nr. 2 (April 1972), S. 175–191.
Witt, Peter Christian, *Die Finanzpolitik des Deutschen Reiches, 1903–1913*, Lübeck und Hamburg 1969.
Zeitschrift des Königlich Preußischen statistischen Bureaus, 1861–1914.
Zeitschrift des Königlich Sächsischen statistischen Bureaus, 1903–1909.
Zeitschrift für die gesamte Staatswissenschaft, 1844–1871.
Zeitschrift für Politik, Ergänzungsband 1, *Die Parteien*, 1912.
Zenz, Emil, *Die kommunale Selbstverwaltung der Stadt Trier seit Beginn der preußischen Zeit 1814–1949*, Trier 1959.
Ziebura, Gilbert, „Anfänge des deutschen Parlamentarismus (Geschäftsverfahren und Entscheidungsprozeß in der ersten deutschen Nationalversammlung 1848/49". In

Ritter, G. A. und Ziebura, G. (Hrsg.), *Faktoren der politischen Entscheidung (Festgabe für Ernst Fraenkel)*, Berlin 1963, S. 185–236.
Ziekursch, Johannes, *Politische Geschichte des neuen deutschen Kaiserreiches*, 3 Bde., Frankfurt 1925–1929.
Zorn, Wolfgang, „Typen und Entwicklungskräfte des deutschen Unternehmertums im 19. Jahrhundert". VSWG, 44, Nr. 1 (März 1957), S.57–77.
–, „Gesellschaft und Staat im Bayern des Vormärz". In Conze (Hrsg.), *Staat*, 1962. S.113–142.
–, „Wirtschafts- und sozialgeschichtliche Zusammenhänge der deutschen Reichsgründungszeit (1850–1879)". HZ, 197, Nr. 2 (Oktober 1963), S. 318–342.
–, „Parlament, Gesellschaft und Regierung in Bayern, 1870–1918". In Ritter, G. A.(Hrsg.), *Gesellschaft*, 1974, S. 229–315.
Zucker, Stanley, *Ludwig Bamberger: German Liberal Politician and Social Critic, 1823–1899.* Pittsburgh 1975.
Zunkel Friedrich, *Der Rheinisch-Westfälische Unternehmer 1834–1879: Ein Beitrag zur Geschichte des deutschen Bürgertums im 19. Jahrhundert*, Köln und Opladen 1962.
–, „Beamtenschaft und Unternehmertum beim Aufbau der Ruhrindustrie". Tradition, 9, Nr. 6 (1964), S. 261–277.

REGISTER

Abel s. Ministerium Abel in Bayern
Abgeordnetentag 116
Adel: in der liberalen Bewegung 23; sein Verhältnis zu anderen gesellschaftlichen Gruppen 385, A. 40; in liberaler Sicht 23, 34, 132, 203, 210f., 307
Adickes, Franz (1846–1901), Bürgermeister von Frankfurt 275
Aegidi, L. K. (1825–1901), liberaler Publizist 93
Alldeutscher Verband 323
Angestellte 290ff.
Antisemitismus: und Antiliberalismus 190f.; im rechtsliberalen Lager 231; im Jahr 1881 246; nach 1890 267; s. auch Konservative Partei; Juden
Anwälte: und Liberalismus 28, 280–284; s. auch Bildungsbürgertum
Arbeiter: Definitionsprobleme 33, 349, A. 71; Selbstverständnis 96; Zunahme des Klassenbewußtseins 171; A. und Liberalismus 31, 108–113, 170f., 182ff., 188f., 288, 365, A. 57; s. auch Sozialdemokratie; Gewerkschaften
Arbeitgeberverbände 291
Außenpolitik: als Faktor der Innenpolitik 135, 149, 255, 321–328; Charakterwandel der A. nach 1871 322; A. in liberaler Einschätzung 160, 238f., 322f., s. auch Heer; Kolonialpolitik; Nationale Einigung; Nationalismus
Autoritäre Mechanismen: Definition 169; ihr Einfluß auf das Wählerverhalten in den 1870er Jahren 170

Baden: Politik in 14, 17, 24, 29, 54, 101, 114, 133, 152, 179, 264ff.; Großblock 304, 307ff.; Liberalismus in 12, 119, 150f., 194, 264, 266
Badischer Landtag: Wahlen zum (1879–81) 234, (1881) 246, (1881–1913) 264, 266; politische Zusammensetzung des (1867–77) 177, (1881–1913) 265; soziale Zusammensetzung des (frühe 1860er Jahre) 98, (1867–73) 195; s. auch Parlamente; Wahlrecht
Balser, Frolinde 35
Bamberger, Ludwig (1823–99), liberaler Parlamentarier: seine Reaktion auf 1848 100; seine Haltung zur Frage der nationalen Einigung 148; zum politischen Daseinszweck des Nationalliberalismus 159; seine Opposition gegen soziale Reformpolitik 184, 251; seine wirtschaftspolitischen Auffassungen 206, 208, über die Wahl von 1878 217, 224; über die Sezession 229ff.; über die Wahl von 1887 254; über den deutschen Parlamentarismus 257; über Eugen Richter 392, A. 12
Barth, Theodor (1849–1909), linksliberaler Parlamentarier 241, 311–316
Bassermann, Ernst (1854–1917), nationalliberaler Parlamentarier: über wirtschaftliche Interessen und Nationalliberalismus 294; über die Einheit der liberalen Bewegung 303; Biographisches 306; als Parteiführer 306f., 309f.; über das Hoffen auf einen starken Mann 310; über den politischen Nutzen des Nationalismus 324
Bassermann, Friedrich (1811–55), liberaler Publizist 31, 66
Bastiat, Frédéric, französischer Wirtschaftstheoretiker 100
Bauer, Bruno (1809–82), radikaler Philosoph 65, 72
Bauernbund 308f.
Baumgarten, Hermann (1825–93), liberaler Historiker: über die Parteienkonstellation 1862 121; seine Reaktion auf die deutsche Einigung 147; „Liberalismus – Eine Selbstkritik"

210f., 231; über den Untergang liberaler Ideale 257
Baumgarten, Otto (1858–1934), liberaler Intellektueller 236
Bayerischer Landtag: Liberale im 98, 194, 266; Wahl von 1881 246; politische Zusammensetzung (1869–75) 178, (1881–1912) 266
Bayern: Politik in 14, 64, 75, 150f., 165; Liberale in 115, 120, 194, 234, 304; *s. auch* Patriotenpartei
Bebel, August (1840–1913), Arbeiterführer 96, 109, 170, 183, 214
Becker, Hermann (1820–85), liberaler Bürgermeister und Parlamentarier 98, 197, 275
Beckerath, Hermann von (1801–70), Unternehmer und Politiker 36
Bennigsen, Rudolf von (1824–1902), nationalliberaler Parlamentarier: verschreibt sich in den 1840er Jahren dem Liberalismus 48; seine Aktivitäten in den 1860er Jahren 120, 131, 138; über die Situation 1866 142; Verbindungen zur Wirtschaft 193; Verhandlungen mit Bismarck 1877–78 215; über das Sozialistengesetz 218; als nationalliberaler Parteiführer nach 1878 221, 225f., 235, 249, 309
Benzenberg, Johann Friedrich (1777–1846), früher liberaler Wortführer 24
Bernstein, Eduard (1850–1932), sozialistischer Intellektueller und Parlamentarier 312
Beseler, Georg (1809–88), liberaler Wortführer bei der Revolution von 1848 78f., 84
Bevölkerung *s.* Demographische Entwicklungstendenzen
Bewegung: Bedeutung für die Liberalen 7f., 24
Biedermann, Karl (1812–1901), liberaler Professor und Publizist: über Wissenschaft und Politik 22; Biographisches 33; über Eisenbahnen 37; über die „soziale Frage" vor 1848 41f.; über Genossenschaften und Sozialreformen in den 1860er Jahren 110; über Politik in den 1860er Jahren 125, 128

Bildung: Definition 21f.; Bildungsbegriff der Liberalen 21–25; Bildungspolitik 21f., 24f.; *s. auch* Demokratische Mitwirkung, Vokabular
Bildung: im Vormärz 27f.; nach 1866 203; in liberaler Einschätzung 41f., 50, 133; *s. auch* Demokratische Mitwirkung
Bildungsbürgertum: im Vormärz 27f.; Bismarcks Verhältnis zum B. 173; und Besitzbürgertum 193f., 206; und die Wirtschaftskrise von 1873 385, A. 48; sozialpolitische Orientierung nach 1890 298; Rolle des B.s in der liberalen Bewegung 97f., 106, 192–197, 274ff., 280ff.; *s. auch* Verwaltung; Anwälte; Liberalismus, Führungselite; Professoren; Universitäten
Bismarck, Otto von (1815–98), preußischer Ministerpräsident und Reichskanzler 11, 90, 303, 305, 307, 321f.;
–: Ernennung 132; langfristige Ziele 214f.; bietet Indemnitätsgesetz an 147f., 155, 159; B. und die Reichsverfassung 155f., 159, 173; Außen- und Innenpolitik 160, 163; B. und der Kulturkampf 162f.; B. und die Sozialdemokratie 214, 216; Wirtschaftspolitik 216; Einschätzung der Lage im Jahre 1877 213ff.; B. und die Kolonialpolitik 237f.; B. und der Kartellreichstag (1887–90) 239, 255f., 303; Einschätzung der Lage 1890 256; Entlassung 259; B.-Kult nach 1890 276;
–: Verhältnis zum Liberalismus: B. 1862–66 in den Augen der Liberalen 132, 136, 142; desgl. 1866 147ff.; desgl. 1867–77 159; B. und Fortschrittspartei 149, 159, 246; Veränderung des Verhältnisses nach 1876 163–166, 214–217, 220f., 223; Bündnis mit Rechtsradikalen 224, 232, 234ff.; L. Bambergers Kritik an B. 230
Blum, Hans (1841–1910), rechtsliberaler Publizist 209f.
Blum, Robert (1807–48), linksliberaler Politiker 20
Bluntschli, Johann (1808–81), liberaler Journalist und Publizist: als Herausgeber des *Staatswörterbuchs* 101, 104,

106, 127; über Politik in den 1860er Jahren 116, 119, 128, 137, 185; über politische Parteien 179
Böhmert, Viktor (1829–1918), liberaler Volkswirtschaftler 98, 110, 113
Bollmann, Karl 141
Born, Stephan (1824–98), radikaler liberaler Wortführer im Vormärz und 1848 31, 356, A. 32
Bourgeoisie s. Bürgertum; Mittelschichten; Mittelstand; Vokabular
Braunschweig, Liberalismus in 281
Brecht, Arnold 276
Brentano, Lujo (1844–1931), liberaler Volkswirtschaftler 182ff., 300f., 313
Brockhaus, Wörterbuch 24, 128
Brüggemann, Heinrich (1810–87), liberaler Politiker 37
Bülow, Bernhard von (1849–1929), Reichskanzler 307, 324
Bülow-Block 307ff., 315, 325; s. auch Reichstagswahlen (1907)
Bürgergesellschaft (in Königsberg) 30
Bürgertum: politische Einstellungen und parteipolitisches Engagement 266, 274–279, 286, 327–330; B. und Nationalismus 326; s. auch Liberalismus, soziale Zusammensetzung; Mittelstand; Vokabular
Bürokratie s. Verwaltung
Büttner, Siegfried 29
Buhl, Franz Peter (1809–62), liberaler Unternehmer und Parlamentarier 97
Bund der Landwirte 271, 289, 292f., 303, 305, 308f.; s. auch Konservative Partei; Interessengruppen
Bunsen, Georg von (1824–96), linksliberaler Parlamentarier 126, 222
Burke, Edmund 7
Burschenschaften 15f., 275

Cäsarismus: in den 1860er Jahren 141; nach 1900 320
Camphausen, Ludolf (1803–90), liberaler Unternehmer 31, 33, 37, 66, 70
Camphausen, Otto (1812–96), liberaler Beamter 49
Caprivi, Leon von (1831–99), Reichskanzler 303, 311f.
Centralverband deutscher Industrieller 205, 291, 309

Centralverein deutscher Staatsbürger jüdischen Glaubens 278

Dahlmann, Friedrich (1785–1860), liberaler Historiker und Parlamentarier: über Wissenschaft und Politik 22; über den Mittelstand 34; gegen Zensur 46; über Preußen 49; über Parlamente 54, 56; in der Revolution von 1848 85f., 89, 130
Daily-Telegraph-Affäre 310, 317
Darwinismus: Einfluß auf sozialphilosophisches Denken 299f.
Delbrück, Rudolf von (1817–1903), preußischer Beamter und kaiserlicher Minister unter Bismarck 161, 163f., 222, 227
Demographische Entwicklungstendenzen: im Vormärz 33, 39; in den 1850er Jahren 95f.; nach 1890 259; in liberaler Einschätzung 42, 233, 298
Demokratie s. Wahlrecht; Volk
Demokratische Mitwirkung: Ursprünge und Entwicklung 168ff., 270; und unpolitische Organisationen 168; und Verstädterung 348, A. 35; in liberaler Einschätzung 21, 115, 137–143, 242, 257, 274–278; s. auch Organisationen; Reichstag; Parlamente; Wahlrecht
Demokratische Partei: (Deutsche Demokratische Partei, 1919–30) 328
D'Ester, Carl, radikaler Politiker 31
Deutsche Partei 151, 175, 177, 195, 267; s. auch Württemberg
Deutsche Volkspartei 328
Deutsche Zeitung 64
Deutscher Bauernbund 292
Deutscher Bund 16, 64, 67, 93
Deutscher Juristentag 116
Deutscher Protestantenverein 116
Deutscher Verein 178f.
Dieterici, F. W. C. (1790–1859), preußischer Statistiker 95
Dohm, C. W. (1751–1820), preußischer Beamter 51
Dombrowski, Erich (1882–1972), Journalist 281
Dove, Alfred (1844–1916), liberaler Akademiker 208f., 298

Droysen, Johann Gustav (1808–84), liberaler Historiker und Parlamentarier 49f., 105
Duckwitz, Arnold (1802–81), liberaler Unternehmer 31
Duncker, Max (1811–86), liberaler Publizist 141

Eisenbahn: als Symbol des Fortschritts 33, 37; Entwicklung des E.-Netzes nach 1850 95, 116; Debatte über Verstaatlichung der E. 164
Elben, Otto (1823–99), liberaler Politiker 189
Engels, Friedrich (1820–95), sozialistischer Theoretiker 26, 31, 93, 344, A. 24
England: in liberaler Einschätzung 56, 158, 370, A. 35; 375, A. 39

Falk, Adalbert (1827–1900), preußischer Beamter 227
Falkson, Ferdinand (1820–1900), liberaler Wortführer in Königsberg 22f., 31, 120
Fischer, Wolfram 29
Flottenverein 323
Fontane, Theodor (1819–98), Dichter 31, 276, 356, A. 32
Forckenbeck, Max von (1821–92), liberaler Bürgermeister und Parlamentarier: macht sich Hoffnungen auf Einheit der liberalen Bewegung nach 1871 154; tritt für straffere Organisation ein 177; seine Rolle als Bürgermeister und Politiker 98, 194, 197; F. über die Situation im Jahr 1879 214; F. als Wortführer der freihändlerisch orientierten Liberalen 221f.; als Beispiel erwähnt 275
Fortschritt: in liberaler Einschätzung 36, 39f., 101, 105, 109, 297, 299
Fortschrittliche Volkspartei s. Linksliberalismus
Fortschrittspartei s. Linksliberalismus
Franckensteinsche Klausel (1879) 221
Frankfurter Nationalversammlung; s. auch Revolution von 1848
– Vorbereitungen und Wahlen: Vorparlament 66f., 77; Wahlen zur 67–71, 356, A. 28
– Zusammensetzung: soziale 69f.; politische 69f., 357, A. 33
– Debatten: Paulskirche, Ortsbeschreibung 72; Verfassungs- und Wirtschaftsausschuß 77–82, 88; Organisationsstrukturen 72–75; Grundrechtsdebatte 79–84; Verfassungsdebatte 84–90; Wahlrechtsfrage 88f.
Französische Revolution von 1789: Auswirkungen auf Deutschland 14f.; in liberaler Einschätzung 57f.
Freikonservative Partei: Gründung und Entwicklung 170, 218f., 247; und Liberale 238, 247, 252f.
Freisinnige Partei s. Linksliberalismus
Freisinnige Vereinigung s. Linksliberalismus
Freisinnige Volkspartei s. Linksliberalismus
Freytag, Gustav (1816–95), liberaler Publizist und Schriftsteller 96, 179
Friedrich III., Kaiser von Deutschland 250, 255f.
Friedrich Wilhelm IV., König von Preußen 17, 63, 90
Fröbel, Julius (1805–93), liberaler Publizist 106

Gagern, Heinrich von (1799–1880), liberaler Parlamentarier: über die Bedeutung politischer Parteien 23, 48; über Großstädte 38; G. 1848 66; über das Reichtagswahlrecht 185
Gegenparlament (Oktober 1848) 76
Geissel, Johannes (1796–1864), Erzbischof von Köln 70
Genossenschaften: als Vehikel für soziale Reformen 41f.; und soziale Reformen 110f.
Gervinus, Georg (1805–71), Historiker 22
Gewerbe s. Handwerk
Gewerkschaften: in liberaler Einschätzung 182ff., 206, 292, 300; s. auch Sozialdemokratie; Streiks; Arbeiter
Gladstone, William 245
Glagau, Otto, antisemitischer Journalist 190
Gneist, Rudolf (1816–95), liberaler Rechtsgelehrter 104, 186, 205
Goethe, Johann Wolfgang von 11

Register

Grenzboten 24, 63, 103, 106, 110, 128, 231f.
Großstadt: in liberaler Einschätzung 18, 38, 105, 201, 285, 298

Hänel, Albert (1833–1918), linksliberaler Parlamentarier und politischer Theoretiker: über Bismarck 159; Biographie und Führerrolle H.s 194, 197; über die Gefahren wirtschaftlicher Interessenpolitik 206; über parlamentarische Macht und Staatsmacht 242; H.s Wunsch nach Einheit der linksliberalen Kräfte 399, A. 15
Hambacher Fest (1832) 18, 30
Hamburg: Politik in (1890–1914) 268f.
Hammacher, Friedrich (1824–1904), liberaler Politiker und Unternehmer 97, 126
Handel: Einstellung der Liberalen zum H. 36f.
Handelskammern 20, 22, 116, 134, 205, 292, 341, A. 40
Handelspolitik s. Zölle
Handelstag 116, 220
Handelsvertragsverein 312
Handelsvertrag: französisch-preußischer (1862) 103, 134
Handwerk, Gewerbe s. auch Wirtschaftliche Entwicklung; Mittelschichten; Mittelstand
– allgemein: 1848 77–80, 82, 84; in den 1850er Jahren 96; nach 1866 204, 209; und die „soziale Frage" 111; nach 1890 290ff.
– Verhältnis zum Liberalismus: im Vormärz 30ff.; bei der Revolution von 1848 77–84; nach 1850 99, 102; zunehmende Aversionen gegen die Liberalen 171f.; nach 1890 288f., 305, 312
Handwerksgesetz (1897) 305
Hannover: Liberale in 14, 120, 200; s. auch Reichstagswahlen
Hansabund 308f.
Hansemann, David (1790–1864), liberaler Unternehmer und Staatsmann 18, 31, 33, 46, 52
Hansen, Joseph 298
Harkort, Friedrich (1793–1880), liberaler Unternehmer und Publizist: über die Schwierigkeiten politisch aktiver Unternehmer 29; über die Industriellen als eine neue Aristokratie 36; über Bildung 41, 50, 52; über die „soziale Frage" 110
Haym, Rudolf (1821–1901), rechtsliberaler Publizist und Akademiker: über Politik im Vormärz 21f.; H. 1848 68, 74; seine Untersuchung über den Vereinigten Landtag von 1847 121; über Außenpolitik im Jahr 1858 135; über die Situation 1866 142; Reaktion auf die nationale Einigung Deutschlands 147; über die Gefahren eines demokratischen Wahlrechts 185; über Bismarck 1877 213
Heberle, Rudolf 286, 330
Hegel, G.W.F. 42f., 104, 233
Heidelberger Erklärung (1884) 235–238, 303
Heinemann, Otto (1864–1944), liberaler Unternehmer 276
Held, Joseph (1815–90), liberaler Wortführer 122, 131, 138f.
Hellpach, Willy (1877–1955), liberaler Akademiker und politischer Führer 283
Heppenheimer Programm (1847) 64
Hertling, Ministerium H. in Bayern 266
Hessen, Liberale in 75, 120, 150ff., 234, 281, 304, 391, A. 51
Hessen-Darmstadt: Landtag von 1826 in 29; Politik in 63, 115
Hessischer Landtag: Liberale im 115, 267, 383, A. 13; politische Zusammensetzung (1866–78) 175f.; (1878–1914) 268
Heyl, Freiherr von (1850–1934), nationalliberaler Parlamentarier und Parteiführer in Hessen 234, 281
Hintze, Otto (1861–1940), Historiker 412, A. 13
Hirsch, Max (1832–1905), linksliberaler Politiker 182f., 206
Hirsch-Dunckersche Gewerkschaften 183, 292
Hitler, Adolf 331f.
Hobrecht, Arthur (1824–1912), nationalliberaler Parlamentarier 278, 294
Hodenberg, Bodo von (1826–1907), Politiker in Hannover 168

Hölder, Julius (1819–87), liberaler Wortführer in Württemberg 154
Hoffmann, Johann (1765–1847), preußischer Beamter 40
Hoverbeck, Leopold von (1822–75), linksliberaler Parlamentarier 126, 164
Huber, Johann (1830–79), Philosoph 104
Huber, V. A. (1800–1869), konservativer Gesellschaftstheoretiker 110
Hüffer, Johann (1784–1855), liberaler Wortführer im Vormärz 31
Humboldt, Wilhelm von 50

Ideologie: Liberalismus als I. 1; Definition 337, A. 1; I. und Mythos 327, 412, A. 14
Immermann, Karl (1796–1840), Erzähler 37
Imperialismus s. Kolonialpolitik
Industrie: in liberaler Einschätzung 37f.
Interessengruppen: zu ihrer Geschichte 385, A. 46; Ursprünge und Entwicklung 63, 205–208, 211, 277, 291–295; Verhältnis zu Parteien 292f.; und Liberale 206ff., 211, 293ff.
Italienische Einigung: Auswirkungen auf den deutschen Liberalismus 135
Itzstein, Johann Adam von (1775–1855), liberaler Wortführer im Vormärz 38

Jacoby, Johann (1805–77), liberaler Wortführer im Vormärz 19f., 27, 63
Jaup, Heinrich Karl (1781–1860), liberaler Beamter 31
Jörg, Josef Edmund (1819–1901), katholischer Publizist 190
Jolly, Julius (1823–91), liberaler Politiker und politischer Theoretiker 158, 232
Jordan, Sylvester (1792–1861), liberaler Parlamentarier 33, 46
Journalismus s. Verkehrs- und Nachrichtenverbindungen; Zeitungen; Publizistik
Juden, Emanzipation 51; J. und Politik nach 1890 277f.; J. und Liberalismus 27, 191; s. auch Antisemitismus
Junker s. Adel; Konservative Partei

Kant, Immanuel 13, 21, 35, 53

Kapp, Friedrich (1824–84), liberaler Parlamentarier: über den Charakterwandel der liberalen Führungselite in den 1850er Jahren 106; über Gegensätze innerhalb der liberalen Parteien 166; über Wahlkämpfe 178; über Wahlrecht 186; über die Wahlaussichten der Liberalen 1878 201; über die zunehmende Bedeutung der Interessenpolitik 256
Kartell der schaffenden Stände 309
Kartelle: in liberaler Einschätzung 300f.
Kathedersozialisten 183f.
Katholizismus: in liberaler Einschätzung 50f., 79, 82ff., 119, 133f., 154, 158, 162f., 172, 181, 256, 266f., 269, 276, 307, 330; s. auch Zentrumspartei; Kirche und Staat; Kulturkampf
Ketteler, E. von (1811–77), Bischof und politischer Wortführer des Katholizismus 110
Kiesselbach, Wilhelm, Unternehmer in Bremen 105
Kirche und Staat: im Vormärz 47f., 50f.; 1848–49 82; nach 1850 133; s. auch Kulturkampf
Kochhann, Heinrich, liberaler Honoratior in Berlin 30f.
Königgrätz, Schlacht von 145, 147
Kolonialpolitik 237f., 306f., 322f., 325f.; und Darwinismus 299f.; und Liberalismus 306f.; 313; s. auch Außenpolitik; Nationalismus; Reichstagswahlen (1854 und 1907)
Kommunalverwaltung s. Stadt- und Gemeinderäte
Kongreß deutscher Volkswirte 97, 101ff., 110, 116f., 180, 205
Konservative Partei: Ursprünge und Entwicklung nach 1866 169f., 188, 190, 268; nach 1890 271, 287f.; Verhältnis zum Liberalismus 209ff., 217–220, 234, 238f., 246–249, 252–255, 260f., 263, 288f., 302–304, 306–309, 318; s. auch Bund der Landwirte
Kriegervereine 323
Krimkrieg: Auswirkungen auf Deutschland 94
Kulemann, Wilhelm (1851–1926), liberaler Politiker 197, 302

Kulturkampf: Ursachen und Entwicklung 162ff., 172, 186, 198; Geschichte 375, A. 51; s. auch Katholizismus; Zentrumspartei; Kirche und Staat

Landwirtschaft: in der Sicht der liberalen Parteien 37, 281, 286f.

Lasker, Eduard (1829–84), Parteipolitiker und Parlamentarier, zunächst Nationalliberale Partei, später Sezession: als Berufspolitiker 98, 194; über verfassungsrechtliche Fragen in den 1860er Jahren 139; über Parteien und Fraktionen 152, 154; als Bismarck-Kritiker 157, 214ff.; über die Situation des Liberalismus 1877 166; über das Reichstagswahlrecht 173; Abspaltung von den Nationalliberalen 220, 222, 227, 230; über die Wahl von 1879 225f.; über die Wahl von 1881 246

Lassalle, Ferdinand (1825–64), Arbeiterführer 109ff., 127, 170, 182, 190

Laube, Heinrich (1806–84), liberaler Wortführer 194

Leiningen, Karl Fürst von (1804–56), Staatsmann 1848 86

Lette, Wilhelm (1799–1868), preußischer Beamter 102

Liberale Vereinigung s. Linksliberalismus, Sezession

Liberalismus. Zu den meisten Einzelaspekten s. die entsprechenden Stichwörter, z. B. Landwirtschaft, in liberaler Einschätzung. Zu den liberalen Parteien s. Linksliberalismus; Nationalliberalismus
- allgemein: Geschichte 8f., 337, A. 3; Definitionsprobleme 11f., 18; und europäischer L. 7f., 350, A. 5; Verfassung in den 1840er Jahren 17f., 58f., 61f.; nach 1850 115f., 128f., 1866 142f.; nach der nationalen Einigung 171f., in den 1880er Jahren 255ff.; 1914 318
- interne Gruppen- und Franktionsbildungen 66ff., 76, 120ff., 147–154, 165ff., 302f.
- Führungselite 26–32, 59ff., 97f., 191–198, 280–284
- soziale Zusammensetzung der Wählerschaft 29–32, 97–100, 198–202, 284–291

Lichtfreunde 21, 30, 47

Liebenstein, Ludwig von (1781–1824), Reformberater 31

Liebig, Justus von (1803–73), Chemiker 22

Liebknecht, Wilhelm (1826–1900), Arbeiterführer 183

Linksliberalismus
- allgemein: Führerschaft 282ff.; soziale Zusammensetzung der Parteien 1890–1914 282–288; Wirtschaftspolitik nach 1890 295f., 311f.; interne Konflikte 294, 313; regionale Unterschiede und Besonderheiten 314; und Nationalismus 325f.
- Fortschrittspartei (1861–84): Gründung 118, 138; Spaltung 1867 149; F. und Verfassungsdebatte 154–157; F. und Bismarck nach 1871 215f.; F. und Nationalliberalismus (1866 bis 1877) 149–167; F. und Sezession 244f., 311; Führungselite 164, 192ff., 197, 243ff.; soziale Zusammensetzung 183, 192, 196ff.; regionale Verteilung 200ff.; Programme 207f., 241ff.; Organisationen 123, 242, 244f.
- Sezession (auch Liberale Vereinigung) (1880–84): Ursprünge und Entwicklung 226–231; soziale und regionale Spezifik 227ff.; Organisationen und Führerschaft 244ff.; Verhältnis zu anderen Liberalen 244ff.
- Deutsche Freisinnige Partei (1884–93): Ursprünge, Organisationen und Programm 250f.; Spaltung 1893 311
- Freisinnige Volkspartei (1893 bis 1910) 282, 295, 311–314
- Freisinnige Vereinigung (1893 bis 1910) 282, 295, 311, 313f.
- Fortschrittliche Volkspartei (1910 bis 1919): Gründung 315; Programm 295; Organisationen 271ff.
- Volkspartei (1849–1910); 120, 151f., 247, 266f., 283, 313, 315, 410, A. 53

Lippe-Detmold: Politik in 165

Lipset, Seymour Martin 329

List, Friedrich (1789–1846), Volkswirtschaftler 37, 40, 51
Luther, Hans (1879–1962), Kommunal- und Reichspolitiker 275

Märzverein (1848–49) 74
Malinowski, Bronislaw 326
Malmö, Waffenstillstand von 86
Mann, Thomas 298
Marx, Karl 97, 170, 190
Mathy, Karl (1806–68), liberaler Publizist 37, 49
Meinecke, Friedrich (1862–1954), liberaler Historiker 298, 324, 327, 407, A. 21
Metternich, Klemens Fürst von (1773 bis 1859), österreichischer Staatsmann 45
Mevissen, Gustav (1815–99), liberaler Unternehmer: und die Führer des Vormärz-Liberalismus 31; über Staat und Wirtschaftsleben 42f., 51f.; über die Rolle der wirtschaftlichen Betätigung nach 1850 100, 103
Meyer, Heinrich Christian, liberaler Unternehmer 33
Meyer, Rudolf, konservativer Publizist 190
Mez, Karl (1808–77), liberaler Unternehmer 37
Militär, Verhältnis der Liberalen zum 132, 138, 230, 322
Militärpolitik 132, 160, 163, 228, 262; s. auch Außenpolitik
Ministerium Abel in Bayern 64
Ministerverantwortlichkeit: Ursprünge des Begriffs 353, A. 48; in liberaler Einschätzung 56, 90, 156, 215; s. auch Verfassung; Parlamente; Staat
Miquel, Johannes von (1828–1901), rechtsliberaler Führer und preußischer Minister: als Befürworter des Genossenschaftswesens 110; als liberaler Führer in Hannover 120, 137; als Bürgermeister von Osnabrück 179; und die Wirtschaft 193, 206; als Führer der nationalliberalen Rechten 235ff., 239; und Sammlungspolitik 303, 324; Beziehungen zum Hochadel 304, 406, A. 8
Mittelklasse s. Mittelschichten; Bürgertum; Vokabular
Mittelschichten: Definitionsprobleme 31–34, Charakterwandel 202ff., 286, 290–295, 321; politische Einstellungen und parteipolitisches Engagement 260, 277ff., 327ff.; und Nationalismus 326; s. auch Bürgertum; Liberalismus, soziale Zusammensetzung; Mittelstand; Vokabular
Mittelstand: Charakterwandel und Bedeutung 34ff., 40f., 89, 96, 106f., 181, 290f., 296f.; s. auch Bürgertum; Mittelschichten; Vokabular
Mittermaier, Karl (1787–1867), liberaler Publizist 106
Mohl, Robert von (1799–1875), liberaler Politiker und Gesellschaftstheoretiker: politische Ideale 7; über gesellschaftliche Entwicklungen im Vormärz 37f., 40, 42; wegen seiner Anschauungen verfolgt 46; über Staat und Gesellschaft 49, 56, 103f., 233; über parlamentarische Regierungsform 140, 158; über demokratisches Wahlrecht 185
Mommsen, Theodor (1817–1903), liberaler Historiker und Parlamentarier 141, 147, 313, 316
Montez, Lola 64
Montgelas, Maximilian Graf von (1759–1838), bayerischer Staatsmann 45
Müffelmann, Leopold (geb. 1881), Publizist 296
Müller-Meiningen, Ernst (1866–1944), Wortführer des süddeutschen Liberalismus 281f.
Mundt, Theodor (1808–61) 23
Murhard, Friedrich (1799–1853), liberaler Publizist 24, 36, 47, 57

Napoleon: Folgen seiner Herrschaft für Deutschland 15f., 44f., 135
Nassau: Politik in 17
Nationale Einigung: als liberale Zielvorstellung 52, 87, 135f.; Auswirkungen auf liberale Bewegung nach 1866 142, 145–149, 321f.; und territoriale Neuordnung Mitteleuropas 145; Auswirkungen auf die deutschen Einzelstaaten 150ff.; s. auch Bismarck; Außenpolitik; Nationalismus; Regionalismus

Nationale Minderheiten: politische Rolle der 169, 260
Nationalismus: Ursprünge als politischer Faktor 15; Liberale und 321 bis 332; und Mittelschichten 326; und nationalistische Interessenverbände 323f.
Nationalliberalismus s. auch Liberalismus
- allgemein: Ursprünge 149; und Bismarck 215f.; wirtschaftliche Interessen und Programme 208, 220f., 293f., 305f.; und Sozialistengesetze 218, 220; und Sozialpolitik 305f.; Erstarken des rechten Flügels 157, 165f., 185ff., 210f., 309f.; und Fortschrittspartei 149-167; und Sezession 245f.; und Nationalismus 323f.; und Kolonialpolitik 306
- Organisationen und Programme: Programm von 1867 153; Programm von 1881 235ff.; Parteitag von 1884 237; Parteitage nach 1890 272; Organisationen 177ff., 272ff.; „Jungliberale Bewegung" 306f.; innerparteiliche Konflikte 302-311; Führungselite 195, 197, 280-284
- Zusammensetzung: Regionale Verteilung und regionale Besonderheiten 149, 200f., 236, 239f., 304f.; gesellschaftlicher Unterbau 195, 197-200, 234f., 280ff.; soziale Zusammensetzung der Fraktion im preußischen Landtag (1866-79) 192f.; soziale Zusammensetzung der Reichstagsfraktion (1871-77) 191 und (1890 bis 1912) 280
Nationalsozialer Verein (1896 bis 1903) 277, 313; s. auch Naumann, Friedrich
Nationalsozialismus: und Liberalismus 329-332
Nationalverein 112, 116f., 120, 122f., 137, 142, 180
Nationalverein für das liberale Deutschland 305
Naumann, Friedrich (1860-1919), liberaler Publizist und Parlamentarier 260, 271, 277, 280, 295, 299, 313-318, 325f.

Neustadt; nationalliberale Konferenz in (1884) 236
Nietzsche, Friedrich 298
Noyes, Paul 77

O'Donnell, Anthony 325
Öffentliche Meinung: Entstehung im 18. Jahrhundert 13, 15, 17; 338, A. 2 und 4; in liberaler Einschätzung 125, 127f., 381, A. 61
Öffentlichkeit s. Öffentliche Meinung
Österreichisch-Preußischer Krieg 142, 145, 204
Offenburger Programm (1847) 64
Olmützer Punktation (1850) 135
Oppenheim, H. B. (1819-80), nationalliberaler Publizist 183f., 225
Organisationen, liberale: Ursprünge im 18. Jahrhundert 13f.; im Vormärz 20-26; 1847 63f.; 1848-49 66, 74, 76; in den 1860er Jahren 115-119, 122-125, 128f.; nach 1871 177-181; nach 1890 270f.; s. auch unter dem Namen einzelner Parteien und Organisationen, ferner unter: Interessengruppen; demokratische Mitwirkung

Pagenstecher, C. H. Alexander (1799 bis 1869), liberaler Wortführer in Baden 91, 93
Pariser Kommune: Auswirkungen auf Deutschland 182, 209
Parlamente: Entstehung im Reformzeitalter 16ff.; konservative Kritik an 17; in liberaler Einschätzung 53-58, 89f., 132, 135, 139f., 155-159, 232, 242, 276f., 317f.; s. auch Verfassung; Demokratische Mitwirkung; Staat; Wahlrecht; Volk
Parteien s. Freikonservative Partei; Konservative Partei; Linksliberalismus; Nationalliberalismus; Sozialdemokratie; Zentrumspartei
Parteipolitik: in liberaler Einschätzung: im Vormärz 22-25; nach 1850 178-181; nach 1890 273-278; s. auch Demokratische Mitwirkung; Organisationen
Patriotenpartei 151; s. auch Bayern
Payer, Friedrich (1847-1931), Wortführer des süddtsch. Liberalismus 317

Peterson, Carl, liberaler Wortführer in Hamburg 33
Pfizer, Paul (1801–67), 23, 49, 52, 57
Pierers *Universal-Lexikon* 121
Politische Kultur: Definition 339, A. 23; im Vormärz 17; 1848 68; nach 1850 117
Preußen: im Vormärz 14ff., 52; Vereinigter Landtag (1847) 17, 63; im Jahr 1848 70, 75, 83; und die Wahlen von 1849 76; Verfassungskonflikt in 132, 137ff., 142; nach 1866 147ff., 281, 304; kommunale Verwaltungsreform in den 1870er Jahren 161
Preußischer Landtag *s. auch* Parlamente; Wahlrecht
– Wahlen: 1855–63 124; 1862 97; 1863 100; 1866 147, 174f.; 1870 175; 1876 165f.; 1879 224ff.; 1882 249f.; 1893 311; 1913 309
– Zusammensetzung, politische: (1858–63) 114; (1866–76) 175; (1876 und 1879) 225; (1879–1913) 263f.; soziale (1862) 99
Prince-Smith, John (1809–74), Volkswirtschaftler und liberaler Publizist: seine Auffassungen zur „sozialen Frage" 39f., 108, 300; über den politischen Fortschritt 54; als Befürworter des Freihandels 63; Popularität seiner Auffassungen nach 1850 101f.; über demokratisches Wahlrecht 185
Professoren: und Politik 22, 26, 179f., 298; und Liberalismus 27f., 274, 277; *s. auch* Bildungsbürgertum; Universitäten
Proletariat: Herkunft und Bedeutung des Begriffs 41
Publizistik: im späten 18. Jahrhundert 13f.; in den 1840er Jahren 19; *s. auch* Verkehrs- und Nachrichtenverbindungen

Raabe, Wilhelm (1831–1910), Dichter 105
Rau, Karl Heinrich (1792–1870), Volkswirtschaftler 39
Raveaux, Franz (1810–51), radikaler Parlamentarier 70, 85
Rechtsstaat: Definition 53
Reformzeitalter (1789–1815) 15, 18, 44f.

Regionalismus: sozialer und wirtschaftlicher 32, 95f., 345, A. 30; politischer 14, 19f., 32f., 66, 117f., 149ff., 199f., 263, 340, A. 35
Reichenheim, Leonor (1814–68), liberaler Unternehmer und Parlamentarier 134
Reichsgründung *s.* Nationale Einigung
Reichspartei *s.* Freikonservative
Reichstag *s. auch* Verfassung; Parlamente; Wahlrecht
– allgemein: Rolle des R.s laut Verfassung 155–163, 310, 317, 320; Haushaltsdebatten 157; Debatten über wirtschaftspolitische Fragen 161, 206f.; über das Gerichtsverfassungsgesetz 164; über das Sozialistengesetz 216ff., 220, 239, 242
– Zusammensetzung: 1867–74 174; 1890–1912 260ff.
Reichstagswahlen: statistisches Material 198; Geschichte der 383, A. 24; Wahlbeteiligung bei den 260, 377, A. 3; Wahlen von 1871 und 1874 174; 1877 165f., 188; 1878 216–219; 1881 246ff.; 1884 238, 251ff.; 1887 239, 254ff., 303; 1890–1912 260–263; 1890 262f.; 1893 262, 311; 1907 307, 325; 1912 308f., 316, 395, A. 2, 400f., A. 16, 18, 19, 401, A. 26; 1919–32 328–332
Revolution von 1830 in Frankreich: Auswirkungen auf Deutschland 18, 22
Revolution: Recht auf 58; Angst der Liberalen vor der 57f., 186f., 209, 217
Revolution von 1848: Geschichte 353, A. 1; Ursachen 61f., 64f.; Einstellung der Liberalen zur R. im März 61ff.; regionale Verlaufsformen 65f., 76f.; politische Organisationen 70, 74; Wahlen auf Landes- und kommunaler Ebene 77, 80ff.; Kirche und Staat 82f.; Septemberkrise 86; nationale Frage 87f.; Scheitern der 91, 93; Auswirkungen auf den Liberalismus 91, 93f., 122f.; Vergleich mit der Revolution von 1918 86; *s. auch* Frankfurter Nationalversammlung
Rheinische Zeitung 23

Richter, Eugen (1838–1906), linksliberaler Parlamentarier: als Bismarck-Kritiker 157, 164, 220, 241; über die Reichstagswahl von 1877 166, 188; als Parteiführer (1874–90) 177f., 194, 241f., 244ff., 248–251, 254f., 257, 287; über Liberalismus und Volk 295; über die Rolle des Linksliberalismus nach 1890 303; und die Spaltung der Freisinnigen Partei 311, 313, 315
Rickert, Heinrich (1832–1902), liberaler Parlamentarier 227, 230
Rochau, Ludwig August von (1810–73), liberaler Publizist: über den Mittelstand 95, 106f.; über Ideen und Macht 103, 125; über das Volk 114; über Konstitutionalismus und Absolutismus 130f.; über Außen- und Innenpolitik 135f., 138; Reaktion auf Reichsgründung 147f.
Röckel, August, Wortführer der süddeutschen Demokraten 141
Rönne, Friedrich von (1798–1865), liberaler Parlamentarier 78
Roggenbach, Franz von (1825–1907), liberaler Staatsmann in Baden 133f.
Roscher, Wilhelm, Volkswirtschaftler 402, A. 34
Rosenberg, Hans 25
Rosenkranz, Karl (1805–79), liberaler Publizist 22
Rotteck, Karl von (1775–1840), liberaler Publizist und politischer Theoretiker 14, 24, 31, 36, 38, 54f., 127
Rümelin, Gustav (1815–88), liberaler Gesellschaftstheoretiker 233
Ruge, Arnold (1803–80), radikaler Publizist 13

Sachsen; Liberale in 64, 108, 115, 120, 151, 165, 195, 234, 306
Sächsischer Landtag: Wahlen (1869) 383, A. 14; (1879) 225; (1881) 246; (1914) 309; politische Zusammensetzung (1869–77) 175f.; (1881–1913) 263, 265; soziale Zusammensetzung (1864) 98
Sammlungspolitik (1897); Initiatoren der 303–306; Nationalliberale und 305f., 324
Schleiermacher, Friedrich 51

Schlözer, August von (1735–1809), reformorientierter Staatsbeamter 46
Schmidt-Weißenfels, E. 121
Schmoller, Gustav (1838–1917), Volkswirtschaftler 110, 179, 183, 186, 296
Schopenhauer, Arthur 298
Schorske, Carl E. 316
Schultheß, Heinrich (1815–85), liberaler Publizist 114, 117, 182, 206
Schulze-Delitzsch, Hermann (1808–83), liberaler Parlamentarier und Sozialreformer: Biographisches und Laufbahn 31, 109f.; Reaktion auf 1848 93, 103, 110; als Befürworter des Genossenschaftswesens 98, 110ff.; politische Aktivitäten und Ideen 126f., 139, 182f.
Seyffardt, L. F. (1827–1901), liberaler Parlamentarier 195
Siebenpfeiffer, Philipp (1789–1845), liberaler Wortführer im Vormärz 33
Siemens, Georg von (1839–1901), liberaler Unternehmer und Politiker 153, 257, 312
Simson, Eduard von (1811–99), liberaler Beamter und Parlamentarier 126, 354, A. 3
Soiron, Alexander von (1806–55), liberaler Publizist 93
Sonnemann, Leopold (1831–1909), linksliberaler Wortführer in Frankfurt 110
Sozialdemokratie: Entstehung und Entwicklung 179f., 188, 214, 219f., 239, 252, 254, 256, 270f., 288; und Liberale 109, 122, 188, 242, 253, 268, 276, 285f., 288, 302–318, 330f.; s. auch Sozialistengesetze; Arbeiter
Sozialistengesetze 216ff., 226, 239, 242, 270
Sozialphilosophie, liberale: im Vormärz 36–45; 1850–66 100–113; nach 1871 209ff., 233f.; nach 1890 295–301
Sozialreformen: in liberaler Einschätzung; im Vormärz 39ff; 1848 77–85; 1850–66 108–113; 1866–77 182–189; nach 1890 305f., 312f.; s. auch Handwerk; Sozialphilosophie; Volk; Arbeiter

Staat: in liberaler Einschätzung; im Vormärz 42f. 47–53, 56–59; 1848–49 84–90; nach 1850 104f., 130–143; nach 1866 154–167; nach 1878 222ff.; nach 1890 310, 318ff.; s. *auch* Verwaltung; Verfassung; Ministerverantwortlichkeit; Volk
Staatsbürger: Definition 53
Staatslexikon 20, 22, 43, 49, 55, 58, 101f., 106, 121, 126, 131, 138
Stadt- und Gemeinderäte; Liberale in 16, 29f., 63f., 176, 269; und die Zollfrage (1879) 221; Liberale und Sozialisten in den 315; politische Zusammensetzung der S. in fünfzehn ausgewählten Städten (1910–14) 269f.; s. *auch* Parlamente; Wahlrecht
Städtische Ressource (Breslau) 30
Stauffenberg, Franz Schenk von (1834–1901), liberaler Parlamentarier 154
Stein, Felix von (1828–91), liberaler Großgrundbesitzer 190
Stein, Karl vom (1757–1831), preußischer Reformer 15, 21
Stein, Lorenz von (1815–90), Gesellschaftstheoretiker 50
Stoecker, Adolf (1835–1909), konservativer Politiker 246, 313
Stosch, Albrecht von (1818–96), preußischer General 213
Stresemann, Gustav (1878–1929), nationalliberaler Parlamentarier 300, 305f., 308
Streiks: in den 1860er Jahren 134, 183; 1905 300; 1912–13 309
Sybel, Heinrich von (1817–95), Historiker und liberaler Parlamentarier: über Wissenschaft und Politik 22; über Bildungswesen und Kirche 133f.; politische Ideen und Aktivitäten in den 1860er Jahren 137, 139; Reaktion auf Reichsgründung 147; Opposition gegen politische Reformen 158; Antikatholizismus 162, 186; antidemokratische Anschauungen 127, 173, 179

Thiebauth, Philip (1811–87), liberaler Honoratior 31
Tille, Alexander (1866–1912), rechtsliberaler Publizist 299

Tirpitz, Alfred von (1849–1930), Admiral 324
Tönnies, Ferdinand (1855–1936), Gesellschaftstheoretiker 298
Treitschke, Heinrich von (1834–96), Historiker und liberaler Publizist: seine Kritik an Robert von Mohl 104; sein antidemokratisches Denken 185ff.; über die Notwendigkeit des Appells an die Massen in den 1860er Jahren 137; Reaktion auf Reichsgründung 147, 158; über Gründe für liberale Wahlerfolge 180; Opposition gegen soziale Reformen 184f.; und der Antisemitismus 191; über die Gefahren einer wirtschaftlichen Interessenpolitik 206; über Außen- und Innenpolitik 238, 322
Turner, Viktor 327
Twesten, Karl (1820–70), liberaler Parlamentarier 125, 136, 157

Universitäten: Politik an den 15, 22, 275; s. *auch* Bildungsbürgertum; Bildung; Professoren
Unruh, Hans Viktor von (1806–86), liberaler Parlamentarier 31, 130, 141
Unternehmer: in den 1850er Jahren 96f., 131, 134; nach 1866 202f.; nach 1890 290f.; und Liberalismus 28ff., 97, 102, 109, 183, 191–197, 205ff., 280–284, 293, 303; im Vormärz 32f., 37; s. *auch* wirtschaftliche Entwicklung; Interessengruppen

Valentin, Veit 76
Veit, Moritz (1808–64), Delegierter zur Frankfurter Nationalversammlung 81
Verband deutscher Juden 280
Verein deutscher Handwerker 123
Verein für Sozialpolitik 183, 277
Verfassung des Deutschen Reiches: Debatte über die 154–157; Liberale und Verfassungsreform 157–163, 310f., 318, 321
Verkehrs- und Nachrichtenverbindungen: im Vormärz 20, 32; 1848 69; 1850–66 117; nach 1866 168
Verwaltung: historische Entwicklung 44–47, 222, 290; Verhältnis zum Liberalismus 26f., 48, 132f., 275, 304; in

der Einschätzung der Liberalen 44 bis 46, 49; s. auch Bildungsbürgertum; Staat
Vincke, Georg von (1811–75), liberaler Parlamentarier 24, 118, 120, 125
Virchow, Rudolf (1821–1902), Mediziner und liberaler Parlamentarier 68, 242
Vokabular, politisches und soziologisches 8, 11, 32, 55f., 96, 107; s. auch unter den einzelnen Begriffen, z. B. Proletariat; Mittelstand; Volk
Volk: in liberaler Einschätzung 23, 34f., 52, 55, 57ff., 64, 67f., 85–90, 115, 122–129, 136–142, 173f., 318–321
Volkspartei s. Linksliberalismus
Volkswirtschaftliche Vereinigung 220
Vollmar, Georg von (1850–1922), sozialistischer Parlamentarier 312
Vopelius, Marie 39
Vorländer, Franz (1806–67) 109

Wählerschaft, liberale: 1848 68–71; in den 1860er Jahren 98ff.; soziale, regionale und religiöse Kennzeichen nach 1866 197–202, 284–289; Vergleich der W. der beiden großen liberalen Parteien 200f., 286–289; und Nationalismus 323ff., 332; und Nationalsozialismus 329–332; s. auch Reichstag; Parlamente; Wahlrecht; Länderparlamente (unter dem Namen der einzelnen Länder)
Wahlrecht: im Vormärz 17; 1848 88f.; nach 1850 123f.; im Deutschen Reich 168f., 173; in den Ländern 263f., 266f.; in den Städten 268f.; Probleme einer Reform des W.s 263f. 266; Folgen des Stichwahl-Systems für die Liberalen 288, 304; s. auch Demokratische Mitwirkung; Parlamente; Reichstag; Verfassung
– in liberaler Einschätzung: im Vormärz 35f.; nach 1850 118f., 127f.; in der Reichsverfassung 173f.; in den 1870er Jahren 185, 232f., 242, 251; nach 1890 310, 315f.; s. auch Volk
Waldeck, Benedikt (1802–70), liberaler Parlamentarier 108, 127
Weber, Max 28, 194, 297f., 318, 325
Weimarer Verfassung: liberale Einflüsse auf die W. 318

Welcker, Theodor (1790–1869), liberaler Akademiker und Publizist: und die liberale Führungselite im Vormärz 31; über Großstädte 38; über Staatsbürokratie 49; über Staat und Gesellschaft 55, 57; über den Mittelstand 106; über Wahlrechtsbestimmungen 126f.
Weltkrieg, Erster: Ausbruch 327; Reaktion der Parteien auf den 327f.
Wernicke, J. (geb. 1863), liberaler Sozialreformer 296
Wiggers, Julius (1811–1901), liberaler Akademiker 102, 186
Wilhelm I. (1797–1888), König von Preußen und Kaiser von Deutschland 118, 216
Wilhelm II. (1859–1941), Kaiser von Deutschland 256, 259, 276, 303, 310, 327
Windthorst, Ludwig (1812–91), führender Zentrumspolitiker 214
Wirtschaftliche Entwicklung: im Vormärz 32f., 39f.; in den 1850er Jahren 95–98; 1866–77 171f., 202–205; nach 1890 259, 290; in liberaler Einschätzung 37–40, 100–103, 131, 134f.
Wirtschaftliche Interessen und Politik 134f., 160f., 291–294
Wirtschaftsgesetzgebung 1867–69 160f.
Wirtschaftskrise von 1873 204ff.
Wittgenstein, Ludwig 11
Württemberg: Liberale in 14, 18, 63, 66, 75f., 108, 151f., 195f.; s. auch Deutsche Partei; Linksliberalismus; Volkspartei
Württembergischer Landtag: Liberale im 115, 266f.; politische Zusammensetzung (1868–76) 175, 177; (1895–1912) 267

Young-Plan: Auswirkungen auf die deutsche Politik 331

Zaberner Zwischenfall (1913) 317
Zachariä, K. S. (1769–1843), liberaler politischer Theoretiker 44, 57
Zeitungen: in liberaler Einschätzung 46; in den 1850er und 1860er Jahren 117
Zensur: im Vormärz 16, 46; in den 1850er Jahren 93, 123, 131

Zentralverein für das Wohl der arbeitenden Klassen 102
Zentrumspartei 169, 219, 225, 260f., 263–267, 270f.; Verhältnis zu den Liberalen 227, 289; *s. auch* Katholizismus; Kirche und Staat; Kulturkampf
Ziegler, Franz (1803–76), liberaler Parlamentarier 141

Zollparlament (1868) 174, 199
Zollpolitik: politische Konflikte über 63, 206ff., 220–223, 235, 237, 246, 248, 287, 305, 312, 386, A. 55
Zollverein 18, 38, 64
Zünfte: in liberaler Einschätzung 38, 209; *s. auch* Handwerk

ZUR GESCHICHTE DES 19. UND 20. JAHRHUNDERTS IM VERLAG C. H. BECK

Thomas Nipperdey
Deutsche Geschichte 1800–1866
Bürgerwelt und starker Staat
1983. 838 Seiten mit 36 Tabellen im Text. Leinen

Nipperdeys Buch behandelt die politische Geschichte ebenso wie die Strukturen und Veränderungen von Wirtschaft und Gesellschaft; Arbeit und Alltag ebenso wie Religion, Wissenschaften und Künste. Dieses Buch bietet 50 Jahre nach Franz Schnabels unvollendetem Werk zum ersten Mal wieder eine umfassende deutsche Geschichte der Zeit von 1800 bis 1866.

Gordon A. Craig
Deutsche Geschichte 1866–1945
Vom Norddeutschen Bund bis zum Ende des Dritten Reiches
Aus dem Englischen von Karl Heinz Siber
41.–49. Tausend. 1983. 806 Seiten. Leinen

„Die wichtigste Gesamtdarstellung des deutschen Nationalstaates, die seit langem erschien." *Michael Stürmer, FAZ*

Gordon A. Craig
Geschichte Europas 1815–1980
Vom Wiener Kongreß bis zur Gegenwart
Aus dem Englischen von Marianne Hopmann.
Einbändige Sonderausgabe.
1983. 707 Seiten mit 101 Abbildungen. Leinen

„... in diesem für ein breiteres Publikum geschriebenen Buch finden wir die Tugenden der früheren Werke Gordon Craigs: Die Klarheit und Ausgewogenheit der Darstellung verbindet sich mit einer zuverlässigen Beherrschung der so weit verzweigten zeitgeschichtlichen Forschung. Die Schilderung ist übersichtlich und doch faktenreich, mit originellen Akzenten und Beobachtungen, besonders auch wieder zu den Problemen der deutschen Geschichte vor und nach 1945..." *Karl Dietrich Bracher, Die Welt*

Gordon A. Craig
Über die Deutschen
Aus dem Englischen von Hermann Stiehl
34.–55. Tausend. 1983. 392 Seiten. Leinen

„Hier spricht einer, der uns genau kennt und dennoch nicht aufhören kann, uns zu mögen!" *Karl Heinz Bohrer, FAZ*

POLITISCHE BEWEGUNGEN UND STRÖMUNGEN

Dick Geary
Arbeiterprotest und Arbeiterbewegung in Europa 1848–1939
Aus dem Englischen von Holger Fließbach
1983. 220 Seiten. Broschiert

Streik
Zur Geschichte des Arbeitskampfes in Deutschland während der Industrialisierung
Herausgegeben von Klaus Tenfelde und Heinrich Volkmann
1981. 329 Seiten. Paperback (Beck'sche Elementarbücher)

Helga Grebing
Der Revisionismus
Von Bernstein bis zum „Prager Frühling"
1977. 281 Seiten. Paperback (Beck'sche Elementarbücher)

Karin Priester
Hat der Eurokommunismus eine Zukunft?
Perspektiven und Grenzen des Systemwandels in Westeuropa
1982. 236 Seiten. Broschiert

Neokonservative und „Neue Rechte"
Der Angriff gegen Sozialstaat und liberale Demokratie in den Vereinigten Staaten, Westeuropa und der Bundesrepublik
Herausgegeben von Iring Fetscher
1983. 268 Seiten. Broschiert

VERLAG C. H. BECK